普通高等教育"十一五"国家级规划教材

国家级精品课程　国家级精品资源共享课

东北财经大学会计学系列教材

刘淑莲　主编

财务管理

Financial Management

第6版

东北财经大学出版社
Dongbei University of Finance & Economics Press
大连

图书在版编目（CIP）数据

财务管理 / 刘淑莲主编. —6版. —大连：东北财经大学出版社，2022.8（2024.8重印）

（东北财经大学会计学系列教材）

ISBN 978-7-5654-4575-0

Ⅰ.财… Ⅱ.刘… Ⅲ.财务管理-高等学校-教材 Ⅳ.F275

中国版本图书馆CIP数据核字（2022）第130777号

东北财经大学出版社出版

（大连市黑石礁尖山街217号 邮政编码 116025）

网 址：http://www.dufep.cn

读者信箱：dufep@dufe.edu.cn

大连图腾彩色印刷有限公司印刷 东北财经大学出版社发行

幅面尺寸：185mm×260mm 字数：628千字 印张：26.5 插页：1

2022年8月第6版 2024年8月第5次印刷

责任编辑：田世忠 李 彬 王芃南 责任校对：珉 琪

封面设计：冀贵收 版式设计：钟福建

定价：45.00元

教学支持 售后服务 联系电话：（0411）84710309

如有印装质量问题，请联系营销部：（0411）84710711

东北财经大学会计学系列教材编委会

卷首语

谁都不能否认，经济与会计的关系越来越密切，尤其是经济全球化的趋势让全世界的会计准则制定机构都走上了会计准则的国际趋同和等效之路；谁也不能否认，我国的会计改革紧跟了我国和世界经济发展的步伐，尤其是20世纪90年代初至今，会计改革经历了与国际接轨、趋同和等效的阶段；谁都必须承认，会计人才的培养要适应经济与社会的发展变化，尤其要适应建设社会主义市场经济的需要。另外，一整套优秀的系列教材对于培养会计人才的重要性是显而易见的，尤为重要的是教材必须紧跟时代进步的节奏，把握好经济与会计发展的脉搏。

纵观"东北财经大学会计学系列教材"的生命线会发现，她之所以能常青，正是上述认识指引的硕果。

20世纪90年代初，我们编写了东北财经大学第1套会计学系列教材，其奉行的理念是：积数十年教材编写之经验，融十几位教授之心血，编系列精品教材。我们一直坚持这样的原则，前后共出版过4套系列教材，每一套系列教材都修订过若干次，总销量近千万册，其"足迹"遍布祖国的大江南北。在30多年中，东北财经大学会计学系列教材伴随着一批又一批的大学生成长，并且以教材编写为契机，在高等学府中培养了一代又一代的教师精英。

从时间上来推算，本套会计学系列教材是30多年中的第5套。本套会计学系列教材的第1版诞生于2007年1月，正好踏着2006年财政部发布"企业会计准则"体系的节拍。在此期间，我们又掌握和理解了更新的会计准则与规范，积累和领会了更多的专业知识，尤其是对会计准则与会计教材之间的关系有了更深刻的认识。基于此，我们才有了这一次的修订，并以新版的形式呈现在读者面前。

东北财经大学会计学系列教材修订的主要依据是财政部最近几年来修订或发布的企业会计、行政事业会计、税收、财务管理、管理会计等方面的法规：

•就企业会计准则而言，2017年以来，财政部发布修订后的《企业会计准则第22号——金融工具确认和计量》《企业会计准则第23号——金融资产转移》《企业会计准则第14号——收入》《企业会计准则第7号——非货币性资产交换》等8项准则，印发了《企业会计准则解释第13号》《企业会计准则解释第14号》，这些准则及其解释公告对财务会计类教材影响比较大；同时，我们根据2019年度一般企业财务报表格式对相关内容进行了调整。

•从管理会计来看，财政部发布了《管理会计基本指引》，分3批发布了34项《管理会计应用指引》，不仅有利于加强管理会计指引体系建设，还将对制定案例示范起统领作用。

•从成本会计来看，继《企业产品成本核算制度（试行）》发布后，财政部又发布了《企业产品成本核算制度——石油石化行业》《企业产品成本核算制度——钢铁行业》《企业产品成本核算制度——电网经营行业》等，对大中型石油化工企业等的成本核算业务进行规范。

•从审计来看，中国会计准则、审计准则与国际会计准则和审计准则持续趋同；内部控制审计指引出台；会计师事务所组织形式不断创新；会计师事务所做大做强战略实施和注册会计师执业领域不断拓展；风险导向审计模式进一步推广；中国注册会计师协会借鉴国际审计准则研究的最新成果，修订并增加了审计报告相关准则。

•财政部和国家档案局联合发布新《会计档案管理办法》，自2016年1月1日起施行。

•财政部和国家税务总局发布《关于调整增值税税率的通知》，自2018年5月1日起执行。

这些对于会计学系列教材建设都提出了新的挑战。

在修订的过程中，我们更加注重提升同教材配套的平台建设质量：

•关于习题与案例。按照修订后的教材内容体系，根据各章内容的安排重新进行习题与案例的修订。一是加大习题量，适当提高习题的难度。二是更换部分案例，使案例与实践更加贴近，学生通过案例的学习得到进一步启发。三是配置阶段性综合习题，根据内容模块设置习题，便于学生综合性地理解和掌握几个章节的内容，循序渐进，达到深入学习的效果。

•关于电子课件。电子课件的制作摒弃了复制主教材各级标题的简单做法，由各主教材的作者主持制作，这样能更好地把握授课内容，对各章节的内容进行更深入的讲解和逻辑勾勒，真正起到辅助和深化的作用。

•关于教学大纲。本套教材配有电子版教学大纲，为教师提供课时分配、重难点提示、教学结构等参考信息，进一步方便教师教学。

•关于慕课。《基础会计》《中级财务会计》《高级财务会计》《管理会计》等书的配套慕课在中国大学MOOK平台上播放。其中，《管理会计》获评“首批国家级线上线下混合式一流本科课程教材”。

•关于在线组卷。东北财经大学出版社网站的“会员中心”提供“在线组卷”功能，本套书所有教材都可以在线组卷，所有题目都来自教材的配套习题。

•关于课程思政。为了适应新时代会计教学改革的需要，本版教材尝试融入思政课堂相关知识，这既是对教材知识体系的必要补充，也进一步体现了教材应担负的立德树人使命，更是为人工智能环境下会计教学形式的创新创造条件。

为保证质量，我们陆续推出新版东北财经大学会计学系列教材，分别有：《基础会计》《中级财务会计》《高级财务会计》《成本会计》《管理会计》《财务管理》《会计信息系统》《内部控制》《财务分析》《会计学》《审计》《审计（精编版）》，共计12种。值得一提的是，截至目前：

•入选“十二五”普通高等教育本科国家级规划教材的有7种，普通高等教育“十一五”国家级规划教材的有4种，“十二五”普通高等教育本科省级规划教材的有9种；

•入选普通高等教育精品教材的有1种；

•荣获全国优秀畅销书奖的有6种，省级优秀畅销书奖的有6种；

•所支撑的课程获得国家级精品课程称号的有5种，所支撑的课程获得省级精品课程称号的有6种；

•获得国家级精品资源共享课称号的有5种，获得省级精品资源共享课称号的有2种；

•荣获2020年辽宁省普通高等教育本科优秀教材奖的有4种。

由于我们的时间和精力有限，教材中难免存在不足，我们恳请广大读者批评指正。

每次修订仅仅是一个新的起点，而不是终点，我们将随着经济的发展与会计环境的变化不断修订，使东北财经大学会计学系列教材紧随时代步伐，及时反映学科的最新进展。

东北财经大学会计学系列教材编委会

第6版前言

从理论渊源上看，财务管理学与金融学密切相关。金融学（finance）作为经济学的一个分支，研究的起点是宏观层面，研究的内容主要是货币银行学（money and banking）和国际金融（international finance）。直到20世纪50年代前后金融学才逐渐从经济学分离出来，成为一门独立的学科，研究的范围逐渐从宏观向微观层面延伸，研究的内容逐渐从“money and banking”向“finance”过渡，最后形成了以财务管理（financial management）或公司财务（corporate finance）、投资学（investment）和金融市场学（financial market）为核心的金融学；货币银行学、国际金融则成为宏观经济学的重要分支。伴随着学科研究内容的变化，金融活动的市场实践也形成了不同的管理范畴。正如格林斯潘所说，美联储只管货币（money），不管金融（finance）。

财务管理作为一门独立的学科，与金融市场学、投资学密切相关。金融市场学主要是分析金融市场的组织形式以及微观结构，考察不同的金融产品和它们的特征，以及其在实现资源配置过程中的作用。投资学是以投资者决策为出发点，研究金融市场和金融资产（包括股票、债券、期权和期货）定价模式及其投资分析与组合管理。财务管理则以公司决策为出发点，研究公司稀缺资源的取得（筹资决策）和使用（投资决策），即公司实物投资与资本运作的决策过程。在这三者中，投资学与财务管理的关系更加紧密，投资学的理论只有通过公司财务活动才能真正和实物经济发生联系，与商品市场发生联系；而公司价值又要通过金融市场的交易才能得到正确的评估。

作为一种价值管理，财务管理在研究资源配置时，需要借助其他学科，诸如数学、计量经济学、运筹学、会计学等各种分析工具和概念，搜集各种必要的信息，以便在不确定条件下选择最优方案，在这些学科中，又属会计学对财务管理影响最大。在财务管理中，如果要对某项财务活动作出抉择，例如资本支出、资本结构、兼并与收购、风险管理等都必须依靠有关信息的支持。在计划、组织、指挥、协调、控制企业的财务活动中，要想达到既定的目标，实现价值增值，也必须搜集、整理、利用有关的经济信息。在浩如烟海的信息中，会计信息是其中最重要的组成部分。利用会计信息的载体，如凭证、账簿和会计报告，可以传递有关的财务状况、经营成果以及现金流量等方面的历史信息，经过对这些会计信息的进一步分析、解释和加工，还可以获得有关经济活动变化趋势的预测信息。因此，从一定意义上说，会计作为一种商业语言为公司的财务决策提供了数据支持，因此财务管理与会计学有着千丝万缕的联系。

在过去的半个多世纪里，财务管理研究空前繁荣，从以融资为核心的传统财务学派，到以价值评估、价值创造为核心的现代财务学派，其研究视角发生了很大的变化。总体上说，公司财务管理的研究框架主要表现在两个方面：一是通过资源的流动和重组实现资源的优化配置和价值增值；二是通过金融工具的创新和资本结构的调整实现资本的扩张和增值。这两个问题的核心就是如何通过投资和融资决策为公司创造价值。

为实施科教兴国战略，强化现代化建设人才支撑，党的二十大报告中要求：坚持以人民为中心发展教育，加强基础学科、新兴学科、交叉学科建设，加快建设中国特色、世界一流的大学和优势学科，深化教育领域综合改革，加强教材建设和管理，完善学校管理和教育评价体系，健全学校家庭社会育人机制。推进教育数字化，建设全民终身学习的学习型社会、学习型大国。根据党的二十大报告提出的人才培养要求，教材建设是专业人才培养的基础。为培养一批既懂财务技术，又具全球视野的复合型、开放型财务管理专业人才，我们重新修订了《财务管理》教材，更新和补充财务管理新内容、新方法，帮助学生提升专业素养。

本书的特点

本书在第5版的基础上，对书中内容进行了增删、修订和调整。在各章内容中，以中国上市公司财务数据为基础，修改和增删了一些案例数据。为帮助读者更好地掌握书中内容，书中列示的主要例题的运算过程，以Excel形式提供给读者（读者可通过扫描二维码获得）。本书的特点主要表现在：

第一，在体系安排上注重学科知识的逻辑性。

基于对财务理论研究框架的理解，本书以公司理财为主体，以价值评估为主线，系统地介绍公司财务的基本理论和实用技术。全书共分三篇十四章：第一篇为财务估价基础篇。在阐述了财务管理内容、财务报表分析的基础上，系统介绍了货币时间价值、证券价值评估的基本理论与技术。从风险与收益的角度介绍了资产定价技术，其中必要收益率（折现率）既是前述各章价值评估的重要参数，也是后续投资、筹资决策的依据。第二篇为财务决策篇，根据投资决策、筹资决策、营运资本管理的内容，分别介绍了投资项目价值评估的基本方法，资本结构、股利政策、公司融资方式的基本理论与方法，流动资产管理与短期融资。第三篇为财务管理专题篇，分别阐述了经济增加值与价值管理、期权估价与公司财务、公司战略与实物期权、并购重组与资产剥离等基本理论与实用技术。书中内容设置积木化，各篇既相互联系，又独立成篇，便于根据实际需要组织教学与学生自主学习。

第二，在写作方法上注重理财技术的应用性。

本书力求突破公司理财教材的传统模式与写作方法，将求“实”与求“新”、求“深”相结合；将现代公司财务模式与我国公司理财现实情况相结合，尽量为读者提供一种理财的思路或导向。书中许多章节中以我国上市公司的财务数据为基础，通过大量的实例将各章的前后概念和财务术语联系起来，运用价值估价模型将公司投资决策、资本结构、营运资本管理和风险管理有机地结合在一起。通过反复讨论和提示给予读者更多的启发，可以帮助读者理解书中内容，掌握财务理论与应用技术。

第三，在内容安排上注重财务管理技能的演练性。

与一般教材不同的是，本书不仅融入了财务学研究的最新成果，使读者通过学习本书得到完整的财务知识，而且提供了按Excel财务函数解决一般财务问题的具体操作过程，通过模拟增加了读者对财务模型的理解和应用能力，学会利用Excel工具进行财务建模、财务决策和价值评估。本书是一本将财务理论带出课堂的教科书，读者在学习相关的财务理论后，只需具备Excel的基础知识，根据各种财务变量关系，导入真实数据，即可进行实际演练。基本训练与微型案例既有助于理解各章的基本内容，又适合小组作业和现场报告。在完成本课程学习后，学生应能够以上市公司的真实数据为依据，从公司财务业绩分析出发，预测公司收益与风险，预测现金流量、资本成本、公司现有资产和未来投资的价值创造及其驱动因素，据此撰写上市公司价值评估报告。

第四，在课程思政上注重思政知识点的融入性。

本书第6版修订过程中根据课程思政的基本要求，在各章内容中结合分析业务特点，融入了思政知识等内容。

教学方式

教材中的章节顺序体现了这门课程的一般授课过程，在一般情况下可按章节顺序讲授。教师也可根据需要变更次序或放弃某一部分内容。在课堂教学的过程中，教师主要应注意以下几个问题：

第一，处理好全面和重点的关系。财务管理的内容多，涉及面广，各章之间相互联系、相互影响。在教学过程中，要根据学生的特点和要求，精心组织教学内容，力求突出重点，讲清难点，解答疑点，使学生在全面理解的基础上，尽快掌握必要的理论、方法和技能。为了体现本课程的实务特色，课堂教学可采取问题导向的教学方式。在每次上课之前学生应仔细阅读教材，各章后面的小结、基本训练与微型案例可作为预习的线索。

第二，处理好理论教学与实务操作之间的关系。在教学方法上，以基本理论为基点，强调案例教学（真实案例和虚拟案例），坚持“理论-方法-案例”并行，以便使学生循序渐进，有所借鉴。为了培养学生的合作能力、沟通能力和实践能力，本课程宜采取研究训练计划（students research training，SRT）。例如，基本训练与微型案例适合小组作业和现场报告，即由5~7名学生组成小组，在主讲教师指导下，让学生按特定题目各抒己见，然后展开讨论，互相切磋，这样就为学生提供了在课堂中难以得到的自我表现机会。书后列示的参考文献和相关链接（网址）有利于开阔学生眼界，引发学生深入思考和研究。事实上，学生的知识并不仅仅是从教师讲课中得到的，从图书馆、网络资源、实验室也可获取相关的微型案例，使其成为课堂教学和习题测试的一个必要环节。

第三，处理好课堂讨论与微型案例的关系。为了使学生在进行专业基础理论学习的同时，增强对财务管理方法应用的感性认识，充分锻炼学生的分析能力和应用能力，要求学生上网搜集上市公司的相关资料，随着课程的进度进行相关的分析。微型案例（虚拟案例和真实案例）通常是运用财务管理的理论或方法，对某一事项进行计算或分析。与一般练习题不同，案例向读者提供的资料、信息往往不全或较为复杂；反映的情节具有一定的拟真性或真实性；提出的问题带有较多的思考性和启发性。为帮助理解各章后设置的讨论题，学生可以扫描二维码，查询讨论与微型案例指引。微型案例的答案一般会因人而异，没有标准答案。在微型案例中，学生首先需要认真阅读案例的内容，掌握其中的要点和重点，如公司名称、事件背景、数据资料、问题症结以及各要素之间的相互关系；其次从教材中找出用来解释相关问题的理论、方法或模型，确定思考问题和分析问题的角度；最后根据这些理论或模型的要求，整理、加工和筛选案例提供的数据，找出解决问题的方法，并以自己的观点进行阐述。

第四，处理好课堂教学与网络教学平台的关系。与财务管理学习相关的网络资源（国家精品课程共享资源系统 http：//www.icourses.cn/coursestatic/course_6585.html或东北财经大学天空教室 http：//classroom.dufe.edu.cn/jpkc/cwgl/zcr-1.htm）提供了一整套网络教学整合资源包，主要有：教学录像；教学资源包，如教学大纲、教学日历、教案、综合练习题、模拟试题、参考文献；多媒体教学资源包，如教学课件、网络辅助教学软件、网络视频教学课件；实践教学资源包，如学生上机实验和实验数据库。这些教学资源对于读者学习与自我测试、尽快掌握理财技术是非常好的辅助资源。教师可以通过网络教学平台的讨论区定期设定指定的题目或进行网上答疑，让学生主动参与讨论，并及时得到反馈。教师根据学生参加讨论的活动记录和所发表的见解及意见给予评价。这种教学模式不仅提高了学生的积极性和学习效果，而且在潜移默化中培养了学生的合作能力、表达沟通能力和实践能力。

2023年，OpenAI语言生成人工智能工具的出现，送给人类一个巨大的工具或杠杆。利用ChatGPT，使“一对一”提问式学习成为可能。得到创始人罗振宇认为，人类的学习将进入一个全新的“轴心时代”。在某种角度上，人工智能或将重现“孔子、苏格拉底、佛陀”时代的知识状态：个体知识在对话的过程中不断扩展，人类的学习状态向“轴心时代”回归。

ChatGPT作为一个工具，能为你产生多大的价值，关键在于你提问的质量。有句话说得好，“有多少好答案，在等待一个好问题”。就在最近，世界上出现了一个新词——“提示工程”（Prompt Engineering），其中有一部分内容就是这方面的工作。本书的目的就是给你提供一个底层的知识结构，给你学习财务知识的一个“Prompt”，使你知道向Chat GPT问什么，才能得到所要的答案。借助ChatGPT这个学习杠杆，不断放大学习效应，借助教材这个财务知识杠杆，使你积蓄的知识资产越来越多。

目标读者群

在本书中，假设学生已经学习了经济学、管理学、会计学、概率论与统计学，这些先修课程有助于学生加深对本书内容的理解。但是先修课程并非至关重要，为学习方便，本书对前续课程中的有关概念作了必要的铺垫性说明。书中许多内容曾作为高等院校相关专业的主要教材知识，并在使用过程中不断进行修订和补充。本书既可作为财务管理、会计学、金融学等专业本科教材，也可满足MBA、MPAcc课程学习和中高级管理人员培训需求。本书不论是对于渴望学到财务管理知识的学生，还是对于追求公司价值最大化的财务决策者，都可以找到值得学习和借鉴的地方。书中有关财务管理案例的讨论与分析既可应用在教学中，也可应用在公司董事会的办公室和投资银行的会议室中。书中所提供的财务知识和管理工具，可使财务经理将其来自市场的知识转化为可在公司中运用的知识。因此，本书可以成为财务管理从业人员书架上十分有用的参考手册。

全书框架由刘淑莲教授设计，各章具体分工如下：第一章、第五章、第八章、第十一章至第十四章由刘淑莲教授撰写；第二章由秦志敏教授撰写；第三章、第四章由罗菲副教授撰写；第六章由熊伟副教授撰写；第七章由姜英兵教授撰写；第九章由宋淑琴教授撰写；第十章由秦志敏教授和陈克兢副教授撰写。最后由刘淑莲教授对全书进行修改和总纂。

任何一本教材的架构和写作不仅源于作者的知识积累和创造，更来自前人的研究成果和贡献。本书在写作过程中，参阅了国内外许多财务专家、学者的最新研究成果，他们的思想和观点对本书的完成极为重要。为了反映这些专家和学者的贡献，对书中引用的观点或案例我们尽可能标注了相应的出处。对于这些专家和学者，我们再次表示诚挚的谢意！

感谢东北财经大学出版社的支持，感谢出版社责任编辑李彬老师、王芃南老师等在本书编辑出版过程中所付出的辛勤劳动，他们的支持和帮助使得本书能够顺利出版。

本书写作的目的在于通过财务知识的介绍、传播，帮助读者将财务概念用于解决现实问题，同时将我们从这个学科中获得的兴奋与快乐传递给读者。在本书的写作过程中，虽然穷尽了我们在这一领域教学与实践的积累，许多地方反复推敲，几易其稿，但限于水平和时间，书中难免有不足之处。谨以此书献给理论界与实务界的理财专家，献给在这一领域进行学习与探索的未来的理财专家，你们的批评和建议将是本书修订的重要依据。

刘淑莲

2023年5月

目 录

第一篇　财务估价基础

第二篇　财务决策

第一篇　财务估价基础

第一章

财务管理概述

有人说，财务管理是研究“以钱生钱”之术。“以钱生钱”是一个古老而简单的概念，也是一门全新而繁杂的技术。从一个公司的角度来看，“以钱生钱”就是将公司获得的资本投放到能够创造增长价值的活动。这里的“资本”通常是“他人的钱”（other people's money），对于上市公司来说，“他人的钱”主要是由股东和债权人提供的。公司作为资本的使用者，必须为资本的提供者提供报酬，这个报酬通常是公司用“他人的钱”，“以钱生钱”（投资）创造的。公司只有不断地为“他人”“生钱聚钱”，才能持续不断地得到“他人的钱”（外部融资）。因此，在研究“以钱生钱”之术时，必须正确权衡资本提供者与使用者之间的委托-代理关系，在为“他人”创造财富的同时，也为公司创造价值。

通过本章学习，你可以熟悉财务管理的内容和财务管理者的职责；了解企业组织形式和经典财务管理目标；熟悉委托-代理关系与代理问题；掌握金融资产的特点与价值决定因素；了解有效市场假说的基本内容。

第一节　财务管理的内容和职责

一、财务管理研究的内容

根据财务学科的范畴，财务管理是研究公司资源的取得与使用的管理学科。所谓资源的取得，主要指筹资活动，即筹措公司经营活动和投资活动所需要的资本；资源的使用主要是指投资活动，即将筹得的资本用于旨在提高公司价值的各项活动中。由于资源的取得和资源的使用在价值量上是相等的，因此，财务管理的内容可以用简易的资产负债表进行描述，如图 1-1 所示。

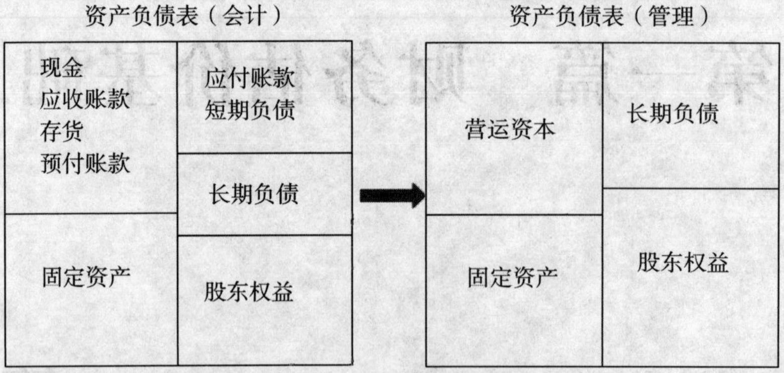

图1-1　资产负债表模式

图 1-1 描述了会计视角下的资产负债表和管理视角下的资产负债表。在管理资产负债表中，将公司财务管理的内容分为投资管理、筹资管理和营运资本管理三部分。投资管理（资本预算）主要侧重于公司长期资产的投向、规模、构成及使用效果管理，即对列示在管理资产负债表左下方有关项目的管理；筹资管理主要侧重于资本的来源渠道、筹措方式、资本结构、股利政策①的管理，即对列示在管理资产负债表右方有关项目的管理；营运资本管理主要侧重于流动资产和流动负债的管理，即对列示在管理资产负债表左上方有关项目的管理。投资、筹资及营运资本管理的目的在于使资本的使用效益大于资本的取得成本，从而实现公司价值最大化。

如果图 1-1 是从静态视角研究财务管理的内容，那么，图 1-2 从动态的视角描述了财务管理的主要内容。

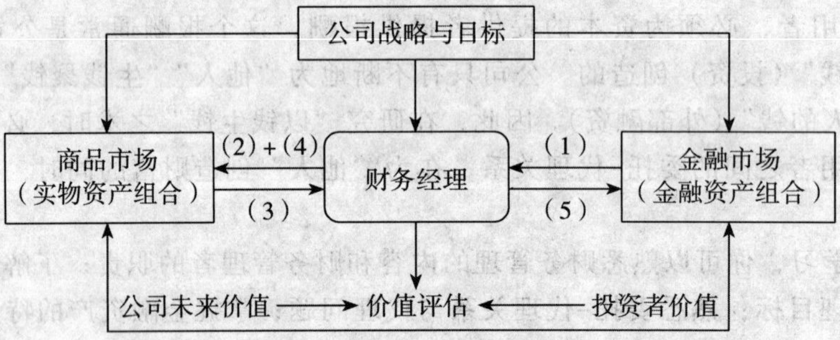

图1-2　财务管理流程模式

图 1-2 描述的财务管理内容反映了现金从投资者流向公司并最终返回投资者的过程。其中：(1) 通过资本市场向投资者出售金融资产组合；(2) 通过商品市场进行实物资产投资和产品经营；(3) 将筹资活动现金流量与投资和经营活动现金流量进行对比分析；(4) 将投资和经营活动创造的收益一部分用于再投资；(5) 将投资收益的一部分以利息、股息或红利的形式分配给投资者。由于现金流入、现金使用、现金分配是在不同时点发生的，因此，需要采用一定的方法将不同时点的现金调整为同一时点的现金再进行比较，以

---

① 需要说明的是，股利政策是确定公司的利润如何在股利和再投资这两方面进行分配。尽管分配股利会增加股东财富，但若不将利润作为股利分配给股东，它便成为公司的一项资本来源，将其进行再投资可为股东创造更多的财富。因此，在投资既定的情况下，公司的股利政策可作为融资活动的一个组成部分。

便评估公司未来价值以及为股东和债权人创造的价值。

根据图1-2，财务经理需要回答三个基本问题：一是如何在商品市场上进行实物资产投资，为公司创造价值；二是如何在金融市场上筹措资本，为投资者创造价值；三是如何分配新创造的价值。对第一个问题的回答是公司的投资决策，即根据公司的战略规划确定公司资本预算，参与投资方案的财务评估。对第二个问题的回答是公司的筹资决策，即根据公司筹资需要与商业银行或投资银行一起选择或设计各种筹资工具、设置资本结构等。对第三个问题的回答是公司的分配决策，即根据公司未来发展和投资者利益需求，对新创造的价值以利息、股利等方式在投资者之间进行分配。

二、财务经理职责

在公司制企业中，股东通过选举董事会实现对公司的控制，董事会将大部分日常经营决策权授予以首席执行官、首席运营官、首席财务官等为首的管理层。在工业发达国家，CFO负责公司的财务管理工作，其下设立会计部门和财务部门，分别由主计长（controller）和司库（treasurer）负责，其下再根据工作内容设置若干科室。主计长的职责主要是通过各种会计核算工作向外部投资者和公司管理层提供各种数量化的财务信息。司库的职责主要是负责公司的现金管理、资本筹措，以及与银行、股东及其他投资者保持联系。公司CFO的主要职责不仅是监管主计长和司库的工作，更重要的是根据公司战略规划和经营目标编制和调整财务计划，制定公司的财务政策等。典型的公司组织架构和财务经理职责如图1-3所示。

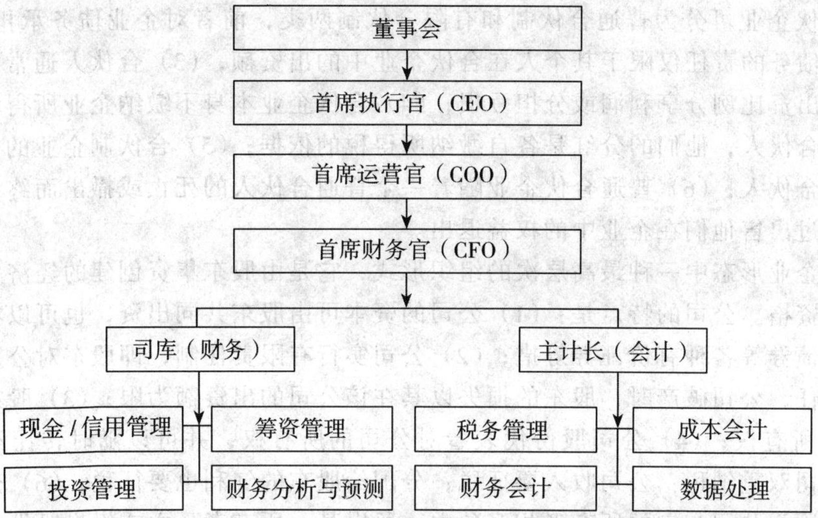

图1-3 典型的公司组织架构和财务经理职责

在上述各种管理职责中，有的集中在财务部门，有的是由几个部门共同管理，如应收账款中的信贷限额可由财务部负责，也可由市场部负责，但由此产生的现金流量必须通过财务部才能完成。又如，为公司现在经营或未来增长提供资本是财务经理的主要职责之一，但有关筹资工具或金融品种的设计、包装、发行等通常由财务部门和证券管理部门（如果公司专门设置了这一部门）共同完成。虽然公司的资本预算交由司库或CFO负责组织、监管，但重大资本投资项目、产品开发计划和产品营销等方面的决策需要相关部门经理参与筹划和分析，最终的决策须由公司CEO或董事会决定或批准。

随着经济全球化、金融一体化进程的加速，公司对资本市场的依赖程度不断增强，迫切需要越来越多的专业CFO，他们在战略规划、信息流程化管理、投资者关系管理、业绩评估、风险管理、公司治理等方面发挥着重要作用。CFO的战略视野和沟通能力被视为CFO的重要技能，其重要性甚至超过会计专业技能。

第二节　财务管理目标与代理问题

一、企业组织形式

企业的组织形式主要有独资、合伙和公司三种。

独资企业是指一个人所拥有的企业，其特点是：(1) 企业的资本主要来源于个人储蓄、银行借款、企业利润再投资等，不允许发行股票、债券或以企业名义发行任何可转让证券；(2) 个人拥有企业的全部资产，并对企业的债务承担全部责任；(3) 企业的收入即为企业所有者的收入，并以此向政府缴纳个人所得税；(4) 独资企业的存续期受制于企业所有者的生命期。

合伙企业是由两个或两个以上合伙人共同创办的企业，其特点是：(1) 合伙企业筹资与独资企业相同，企业开办资本主要来自合伙人的储蓄等，企业不能通过出售证券筹集资本；(2) 合伙企业可分为普通合伙制和有限合伙制两类，前者对企业债务承担无限责任，后者对企业债务的责任仅限于其个人在合伙企业中的出资额；(3) 合伙人通常按照他们对合伙企业的出资比例分享利润或分担亏损；(4) 合伙企业本身不缴纳企业所得税，其收益直接分配给合伙人，他们的分红是各自缴纳所得税的依据；(5) 合伙制企业的管理控制权归属于普通合伙人；(6) 普通合伙企业随着一个普通合伙人的死亡或撤出而终止，有限合伙人可以通过出售他们在企业中的权益退出。

公司是企业形态中一种最高层次的组织形式，它是由股东集资创建的经济实体，具有独立的法人资格。公司的特点是：(1) 公司的资本可由股东共同出资，也可以在资本市场发行股票、债券等各种有价证券筹措；(2) 公司实行有限责任制，即股东对公司的债务只负担有限责任，公司破产时，股东的损失以其在该公司的出资额为限；(3) 股东对公司的净利润拥有所有权；(4) 公司股份代表着对公司的所有权，并可以随时转让给新的所有者；(5) 公司双重纳税：公司收入要征税，分配给股东的红利也要征税；(6) 公司具有无限存续期，因为公司与它的所有者相互独立，所以某一所有者死亡或撤出股份在法律上并不能影响公司的存在。

与独资企业或合伙企业相比，公司最大的优点是有限责任、股权容易转让、易于获得外部资本、经营周期长等；公司的最大缺点是双重纳税。由于公司日渐成为企业的主导形式，本书以股份公司作为财务管理的主体，但基本原理同样适用于其他两种组织形式。

二、所有权、控制权与风险分担

现以一个假想的案例，说明组织形式变革对企业所有权、控制权与风险分担的影响。

（一）企业设立

假设企业创始人丁南首先用自己的资金购买材料，制造儿童玩具并卖给客户获得一定的收入。他又将销售所得的资金购买更多的材料，生产和销售更多的儿童玩具。图1-4列示了丁南最初的简易资产负债表。

现金×××	
存货×××	
厂房、设备×××	丁南权益××××
资产总额××××	负债+股东权益××××

图1-4　丁南最初的简易资产负债表

在图1-4中，丁南作为企业的唯一直接投资者，提供了全部资本。因此，负债和股东权益仅记录丁南的权益，丁南也是该企业的经理。最初资产负债表反映了三个特点：(1) 丁南享有该企业唯一所有权；(2) 丁南享有该企业及其资产的完全控制权（在法定范围内)；(3) 丁南承担该企业投资的全部风险。

（二）举债筹资

为了提高儿童玩具的生产量，丁南向银行借款，并承诺以企业销售收入归还借款本息，举债经营后的简易资产负债表如图1-5所示。

现金×××	
存货×××	银行借款××××
厂房、设备×××	丁南权益××××
资产总额××××	负债+股东权益××××

图1-5　丁南企业取得银行借款后的简易资产负债表

举债后的企业比初创时多了一个利益关系人（债权人)，现在的情况是：(1) 丁南保持企业的唯一所有权；(2) 丁南仍然是企业经营的控制者和管理者，但受银行借款义务的约束；(3) 此时，银行承担一定的违约风险，丁南承担其余全部风险。

（三）扩股筹资

随着企业规模扩大，订单增加，银行借款增加，企业负债比率上升，银行不愿意承担追加贷款的风险。为了筹措资本，银行建议丁南进行扩股筹资，通过发行新股筹措资本，此时公司的股东由丁南和新股东两部分组成，公司组建了董事会进行管理。图1-6描述了企业发行新股后的简易资产负债表。

现金×××	银行借款××××
存货×××	新股东权益××××
厂房、设备×××	丁南权益××××
资产总额××××	负债+股东权益××××

图1-6　丁南企业发行新股后的简易资产负债表

发行新股后的企业比初创时增加了债权人和新股东，在这种情况下：(1) 该企业已不再归丁南独有；(2) 丁南虽然控制企业的资产和收益，但要接受银行借款义务的约束，同时要承担为其他股东带来利益的义务；(3) 此时，银行仍然承担一定的风险；(4) 丁南不再承担其余全部风险，他和新股东按持股比例分担剩余的企业风险。

(四) 所有权、控制权分离

随着时间的推移，丁南决定聘请经理经营企业，自己退出企业管理，仅依靠投资分红获得企业收益。在这种情况下：(1) 丁南不再直接控制企业及其资产；(2) 与股东相比，企业的经理对资产拥有直接控制权；(3) 丁南与其他股东一样，委托经理为其经营企业。这时企业已成为一家股份公司。在初创时，其资产负债表右方非常简单，资产全部由丁南提供。变为股份公司后，不但存在股东与债权人、股东与管理者之间的控制权、风险分担等问题，股东之间一些隐性契约也会增加股东之间潜在的利益冲突。

三、经典财务管理目标

财务管理目标是一切财务活动的出发点和归宿。一般而言，最具有代表性的财务管理目标有以下三种：

(一) 利润最大化

基于“经济人”假说的利润最大化目标是经济学界的传统观点，时至今日，这种观点在理论界与实务界仍有较大影响。以追逐利润最大化作为财务管理目标的原因有以下三个方面：(1) 人类进行生产经营活动的目的是创造更多的剩余产品，在商品经济条件下，剩余产品的多少可以用利润这个价值指标来衡量；(2) 在自由竞争的资本市场中，资本的使用权最终属于获利最多的公司；(3) 只有每个公司都最大限度地获得利润，整个社会的财富才可能实现最大化，从而带来社会的进步和发展。

在实践中，利润最大化目标存在一些难以解决的问题：(1) 这里的利润是指公司一定时期实现的利润总额，它没有考虑货币的时间价值；(2) 没有反映创造的利润与投入的资本之间的关系，因而不利于不同资本规模的公司间或同一公司不同期间的比较；(3) 没有考虑风险因素，高额利润往往要承担较大的风险；(4) 片面追求利润最大化，可能导致公司短期行为，如忽视科技开发、产品开发、人才开发、生产安全、技术装备水平、生活福利设施、履行社会责任等。

(二) 股东财富最大化

以股东财富最大化作为财务管理的目标，主要是因为股东作为公司的所有者，承担着公司的全部风险，所以理应享受因经营活动带来的全部税后收益，或者说，股东对公司收益具有剩余要求权。这种剩余要求权赋予股东的权利、义务、风险、收益都大于公司的债权人、经营者和其他员工。因此，在确定公司财务管理目标时，应从股东的利益出发，选择股东财富最大化。在市场经济条件下，股东财富是由其持有的股票数量和股票市场价格两方面决定的，在股票数量一定的前提下，股票价格越高，股东财富越大。因此，股东财富最大化也可表示为股票价格最大化。

与利润最大化相比，将股东财富最大化作为财务管理目标具有积极意义，主要表现在：(1) 股票的内在价值是按照风险调整折现率折现后的现值，因此，股东财富这一指标能够考虑取得收益的时间因素和风险因素；(2) 由于股票价值是一个预期值，股东财富最大化在一定程度上可以克服公司在追求利润上的短期行为，保证了公司的长期发展；(3) 股东财富最大化能够充分体现公司所有者对资本保值与增值的要求。

股东财富最大化也存在一些缺点：(1) 股东财富最大化只适用于上市公司，对非上市公司很难适用；（2）股票价格的变动不是公司业绩的唯一反映，而是受诸多因素影响的综合结果，因而股票价格的高低实际上不能完全反映股东财富或价值的大小；（3）股东财富最大化目标在实际工作中可能导致公司所有者与其他利益主体之间的矛盾与冲突。

（三）公司价值最大化

公司价值是指公司全部资产的市场价值，即公司资产未来预期现金流量的现值。公司价值不同于利润，利润只是新创造价值的一部分，而公司价值不仅包含新创造的价值，还包含公司潜在的或预期的获利能力。评价公司价值一般是通过资本市场进行的，投资者对公司潜在的获利能力预期越高，其价值就越大。公司价值的一般表达方式为：

公司价值=债券市场价值+股票市场价值

以公司价值最大化作为财务管理的目标，其优点是考虑了货币的时间价值和投资的风险价值；反映了对公司资产保值增值的要求；有利于克服管理上的片面性和短期行为；有利于社会资源合理配置，社会资本通常流向公司价值最大的公司或行业，从而实现社会效益最大化。以公司价值最大化作为财务管理的目标也存在一些问题，特别是对于非上市公司，这一目标值不能依靠股票市价作出评判，而需通过资产评估方式进行，由于受评估标准和评估方式的影响，这种估价不一定客观和准确。此外，股票价值并非为公司控制，其价格波动也并非与公司财务状况的实际变动相一致，这给公司实际经营业绩的衡量也带来了一定的问题。

公司价值最大化把公司看成一个整体，强调公司全体利益相关者价值最大化，这一目标实现的前提条件是公司管理者的目标与股东的目标一致，公司经营不产生无法追踪的社会成本。

四、代理关系与公司治理

在公司制下，参与公司经营活动的关系人主要有两种：一种是公司资源的提供者——股东和债权人；另一种是公司资源的使用者——管理者。除此之外，公司在经营活动中还要与社会上的其他关系人（如社区、供应商、客户、政府等）发生往来。公司在经营活动中形成的各种关系表现为委托-代理关系，如图1-7所示。从公司财务的角度分析，这种委托-代理关系也可以看作公司财务活动形成的财务关系。

在图1-7中，与公司战略相关的市场份额、利润目标等反映了公司财务活动的经营成果，公司收入在供应商、雇员、政府、债权人、股东之间的利益分配关系可以通过利润表加以描述。图中的阴影部分类似一张简化的资产负债表，反映了公司资源提供者和资源使用者之间的关系，资产方反映了公司对各种资源的使用权，权益方反映了公司对各种资源提供者的责任或义务，对应这些责任或义务的是这些资源提供者对公司收益的索取权。一般来说，债权人对公司收益具有固定索取权或法定索取权，在公司持续经营的情况下，债权人只是一个“默默无闻”的商业伙伴，没有投票权。只有在公司清算时，债权人才可能参与管理。与债权人的固定索取权不同，股东对公司收益的索取权是一种剩余索取权。在公司持续经营的前提下，这种索取收益的权利仅限于公司的利润；在公司清算时，这种索取权位于其他关系人的索取权（工资、利息、税收等）之后。与剩余索取权相对应，股东成为公司风险的主要承担者，因此，股东拥有公司的控制权和管理权，以确保在投资、融资活动中增加公司价值和剩余索取权价值。公司资源的使用者主要指管理者，他们作为股

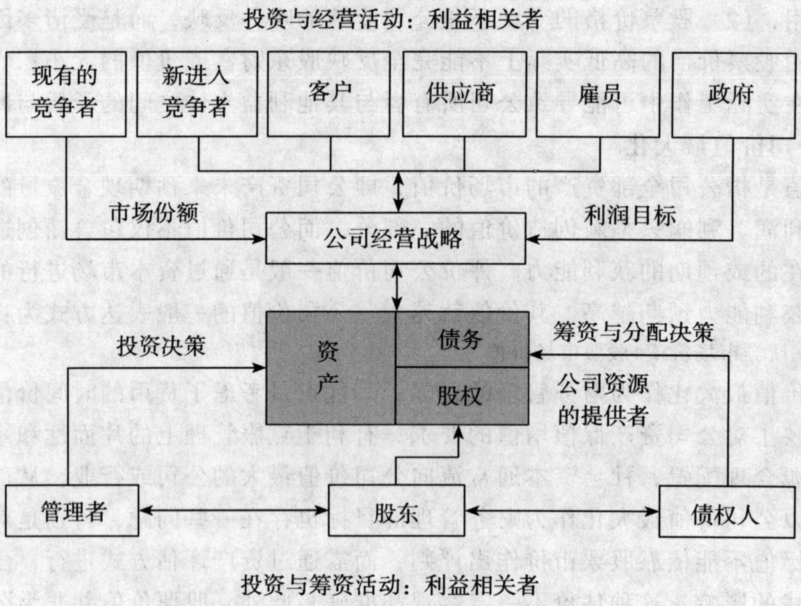

图1-7 委托-代理关系

东的代理人，在董事会领导下从事公司经营活动和投融资活动。他们对公司收益的索取权通常由契约规定，这是一种状态依存“或有索取权”，也就是说，这种索取权对收益享有的权利依存于未来某时刻（约定或未约定）某物（如果是约定的，又称为标的物）的状态，如可转换债券、认股权证和期权等。

（一）股东与管理者

股东与管理者之间委托-代理关系产生的主要原因是资本的所有权与经营权分离，但代理关系并不必然导致代理问题。如果代理人的目标函数与委托人的目标函数完全一致，则不会引发代理问题，但在两权分离的情况下，这一假设是很难满足的。拥有公司所有权的股东具有剩余索取权，他们追求的目标是资本的保值、增值，最大限度地提高资本收益，增加股东价值，集中表现为货币性收益目标；拥有公司经营权的管理者作为所有者的代理人，除了追求货币性收益目标（高工资、高奖励）外，还包括一些非货币性收益目标，如豪华的办公条件、气派的商业应酬以及个人声誉、社会地位等。由于代理人的目标函数既包括货币性收益，又包括非货币性收益，在其他因素一定的条件下，代理人对非货币性收益的追求是以牺牲股东利益为代价的。因此，如果没有适当的激励约束机制，代理人就有可能利用委托人的授权谋求更多的非货币性收益，使股东的最大利益难以实现。

除此之外，代理人作为“经济人”同样存在所谓的“机会主义倾向”，在代理过程中会产生职务怠慢、损害或侵蚀委托人利益等“道德风险”。由于委托人与代理人之间存在严重的信息不对称，因此，委托人对代理人努力程度的大小、有无机会主义行为较难察觉。管理者与股东目标间发生的偏离以及由此产生的代理成本（如签约成本、监督成本等）最终都由股东来承担。

根据代理理论，解决股东与管理者之间矛盾与冲突的最好方法就是建立激励和约束管理者的长期契约或合约，通过契约关系对代理人（管理者）行为进行密切监督以便约束代理人那些有悖于委托人（股东）利益的活动。这种监督机制既可以是股东大会和董事会对管理者的行政监督，也可以是具有超然独立性的内部审计部门对管理者的审计监督，或者是股东大会聘请的外部审计师对管理者的外部审计监督。除监督机制外，还可以采取激励机制解决目标偏离问题，如对管理者实行股票期权或年薪制等，使代理人为实现委托人的利益而努力工作。激励成本是股东财富的直接减项，只有当激励机制产生的收益高于激励成本时，这一机制才可能是有效的。除内部监督与激励机制外，控制权市场和经理人市场的存在，增加了管理者因并购或其他原因而被替换的机会和可能，迫于自身价值和职业声誉的压力，管理者必须恪守职责，努力工作，从而部分地纠正股东与管理者利益目标的偏差。

（二）股东与债权人

假设公司资本总额由股权资本（普通股）和负债资本（零息债券）两部分组成。债券到期时股票、债券和公司价值的关系如图1-8所示。债券到期时，如果公司价值（V）大于债券价值（B），债券价值等于B，股票价值等于V-B；如果公司价值（V）小于或等于债券价值（B），债券价值小于B，股票价值等于0。

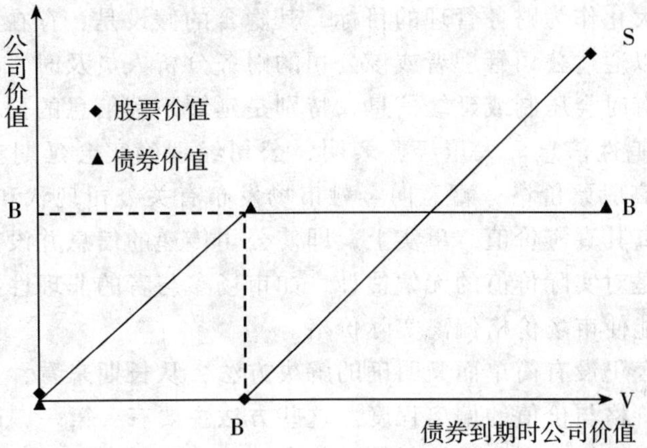

图1-8 股票、债券、公司价值的关系

根据股票、债券、公司价值之间的关系，当债权人借出资本后，便与股东形成了一种委托-代理关系。从某种意义上说，股东与债权人之间是一种“不平等”的契约关系。股东对公司资产承担有限责任，对公司价值享有剩余追索权。前者给予股东将公司资产交给债权人（发生破产时）而不必偿付全部债务的权利。后者给予股东获得潜在收益的最大好处。理论上说，有限责任使借款人对极端不利事态（如破产）的损失享有最低保障（债务人的收入不可能小于零），而对极端有利事态所获得的收益却有最高限制。这种风险与收益的“不对等契约”是股东与债权人之间矛盾与冲突的根源之一。

此外，由于在借贷活动中存在以债务人占有私有信息为特征的信息不对称现象，即债务人比处于公司外部的债权人更了解公司的状况。他们利用私有信息选择有利于增进自身效用而不利于债权人的各种行为，如债务人违反借款协议，私下改变资本用途，或从事高风险投资、转移资本、弃债逃债等。而债权人既不能亲自监督债务人的行为选择过程，也无法证实债务人已经选择的行为是违背契约的。

对于债务人的各种违约行为，理性的债权人一般通过降低债券投资的支付价格或提高资本的利率，以反映他们对股东行为的重新评估。不仅如此，他们还会在债务契约中增加各种限制性条款进行监督，这些条款包括限制生产或投资条款、限制股利支付条款、限制筹资条款和约束条款等。

（三）股东财富与社会责任

根据古典经济学的解释，在一个有效的市场中，市场机制这只“看不见的手”使股东财富增加与履行社会责任趋于一致。如股东在为自己创造财富（通过投资等活动增加收益）的同时，也为社会创造更多的就业机会，提供更多的产品，从而实现社会责任。但是，市场机制有时不能区分“对”和“错”，股东在追求财富最大化的同时，也可能会给社会带来负面影响，如为了公司自身利益生产各种污染环境的产品或损害公共利益的产品等。如果这些负面影响不能以成本的方式追索到特定的公司，从短期看，虽然可能增加了股东财富，但从长期看，通过损害社会利益增加股东财富方式会阻止股东价值的长期可持续增长。也就是说，如果股东希望从客户、供应商、员工或社会那里获得不合理的利益，最终都将减少股东或公司的利润。从长远来看，股东财富最大化的财务目标将意味着公平对待社会各个群体，而这些群体的经济状况与公司的经营状况和公司价值是密切相关的。

以股东财富最大化作为财务管理的目标，其隐含的假设是：存在一个有效反映信息的金融市场，信息可以通过公司管理者或该公司的财务分析人员及时、真实地传送到金融市场。实际上，公司有时会压制或延缓信息，特别是延缓不利信息的公布，甚至会向市场传送一些误导性或欺骗性信息。大量经验表明，公司经理确实会延期不利消息的公布。又如，一些公司为提高股票价格，蓄意向金融市场发布有关公司现状和前景的误导性信息，使股票市价严重偏离其真实价值。事实上，即使公司传递的信息并没有扭曲市场价格，也不能保证市场价格是对实际价值的无偏估计，如市场参与者的非理性投资、金融市场对信息的过度反应都可能使市场价格偏离实际价格。

对这些问题至今仍没有简单而又明确的解决方法，从长期来看，可以采取某些方法改善信息质量，降低价格与价值的偏离程度。这些方法主要有：第一，改善信息质量，如证券交易委员会的管理机构要求公司披露额外信息，并对提供误导性和欺骗性信息的公司进行惩罚；第二，改善市场效率，如提高市场流动性、降低交易成本等。市场效率这一概念并不要求市场价格总是等于真实价值，但它应是真实价值的“无偏”估计。

第三节　金融市场环境

一、金融市场功能

在现代经济系统中，金融市场是引导资本流向，沟通资本由盈余部门向短缺部门转移的市场。金融市场主要包括以下三层含义：第一，它是金融资产进行交易的一个有形和无形的场所；第二，它反映了金融资产的供应者和需求者之间的供求关系；第三，它包含了金融资产交易过程中所产生的运行机制，其中最主要的是价格（包括利率、汇率及各种证券的价格）机制。在金融市场上，市场参与者之间的关系已不是一种单纯的买卖关系，而是一种借贷关系或委托-代理关系，是以信用为基础的资本使用权和所有权的暂时分离或有条件让渡。

从公司理财的角度看，金融市场的作用主要表现在以下几个方面：

(1) 资本的筹措与投放。公司在金融市场上既可以发售不同性质的金融资产或金融工具，以吸收不同期限的资本；也可以通过购买金融工具进行投资，以获取额外收益。

(2) 分散风险。在金融市场的初级交易过程中，资本使用权的出售者在获得资本使用权购买者（生产性投资者）一部分收益的同时，也有条件地分担了生产性投资者所面临的一部分风险。这样，资本使用权出售者本身也变成了风险投资者，使经济活动中风险承担者的数量大大增加，从而减少了每个投资者所承担的风险量。在期货市场和期权市场，金融市场参与者还可以通过期货、期权交易进行筹资、投资的风险防范与控制。

(3) 转售市场。资本使用权出售者可根据需要在金融市场上将尚未到期的金融资产转售给其他投资者，或用其交换其他金融资产。如果没有金融资产的转售市场，公司几乎不可能筹集巨额资本。此外，由于公司股票没有到期日，即股票持有者无法从其发行者处收回购买股票的资本（除非股票发行者想收回已发行的股票），因此，股票转售市场的存在显得格外重要。

(4) 降低交易成本。金融市场减少了交易的搜索成本和信息成本。金融市场各种中介机构可为潜在的和实际的金融交易双方创造交易条件，沟通买卖双方的信息，从而使潜在的金融交易变为现实。金融中介机构的专业活动降低了公司的交易成本和信息成本。

(5) 确定金融资产价格。金融市场上买方与卖方的相互作用决定了交易资产的价格，或者说确定了金融资产要求的收益率，金融市场这一定价功能引导着资本流动的方向与性质。此外，在金融市场交易中形成的各种参数，如市场利率、汇率、证券价格和证券指数等，是进行财务决策的前提和基础。

二、金融市场的类型

在实务中，金融市场通常是以金融工具大类为标准进行分类，即把金融市场分为六个市场：股票市场、债券市场、货币市场、外汇市场、期货市场、期权市场。在这六大市场中，前三个市场又称有价证券市场，这三个市场的金融工具主要发挥筹措资本、投放资本的功能。无论从市场功能上还是从交易规模上看，有价证券市场都是整个金融市场的核心部分。外汇市场的交易工具主要是外国货币，这个市场具有买卖外国通货和保值投机的双重功能，但对筹措资本和投放资本这两大主要财务活动来说，它只是一个辅助性的市场。对于以筹资或投资为目的的金融市场参加者来说，他们利用外汇市场，只是为了最终参加其他国家的有价证券市场活动。期货市场和期权市场的辅助性质更为突出，它们既不能筹措资本用于生产，也不能投放资本以获得利息。对于具有筹资和投资目的的金融市场参与者来说，这两个市场主要是用来防止市场价格和市场利率剧烈波动给筹资、投资活动造成巨大损失的保护性机制。因此，这两个市场又称为保值市场。这六个市场之间的关系如图1-9所示。

从公司理财的角度进行分析，有价证券市场是一国金融市场的主体。要想进行筹资或投资活动，必须利用有价证券市场。外汇市场是一国有价证券市场和另一国有价证券市场之间的纽带，一国的投资者或筹资者要想进入另一国的有价证券市场，必须首先通过外汇市场这一环节。期货市场和期权市场是市场价格不稳定条件下有价证券市场和外汇市场的两个支点，它们提供保证金融市场稳定发展的机制。期货市场以其金融期货与有价证券市场和外汇市场相交，期权市场以期权的各种基础证券与其他金融市场相交。

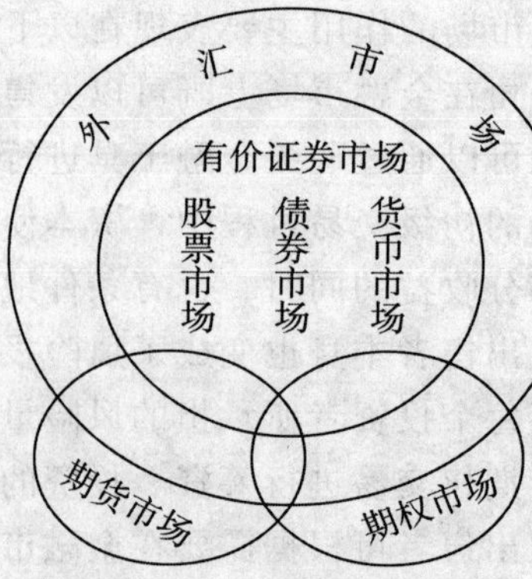

图1-9 金融市场关系图

为了从不同的角度说明同一事物的不同侧面，在分析中也运用其他一些分类方法。如按金融市场的组织方式不同，将金融市场分为拍卖市场（又称交易所市场）和柜台市场（又称证券公司市场或店头市场）。按金融工具的期限不同，将金融市场分为长期金融市场（又称资本市场）和短期金融市场（又称货币市场）。前者如期限在一年以上的股票、债券交易市场；后者如期限不超过一年的银行同业拆借市场、票据贴现市场、银行短期信贷市场、短期证券市场等。按金融市场活动的目的不同，将金融市场分为有价证券市场和保值市场。前者如股票市场、债券市场；后者如期货市场、期权市场等。按金融交易的过程不同，将金融市场分为初级市场和二级市场。前者是指从事新证券和票据等金融工具买卖的转让市场，又称为发行市场或一级市场；后者是指从事已上市的旧证券或票据等金融工具买卖的转让市场，又称为流通市场或次级市场。按金融市场所处的地理位置和范围不同，将金融市场分为地方金融市场、区域性金融市场、全国性金融市场、国际金融市场等。

三、金融资产的价值特征

金融资产是对未来现金流入量的索取权，其价值取决于它所能带来的现金流量。由于这个现金流量是未来的、尚未实现的，因此它具有时间性和不确定性两个特性。

从时间性分析，金融资产是一种特殊的资产形态，其特殊性在于对购买人来说，获得金融资产时支付的是现金，而持有金融资产后获得的收入流量仍然是现金。因此，购买金融资产，实质上是购买人把今天的现金变成未来的现金，把今天的现金使用权在一段时间内让渡给他人，然后按商定的条件逐渐收回。在商品经济条件下，金融资产的购买人通常要求所购买的金融资产能够带来比其价款更多的现金流量，多出的部分即为让渡现金使用权的补偿，这个补偿额的高低通常按让渡时间的长短计算。金融资产的期限越长，购买人要求的时间补偿就越大，这就是金融资产现金流量的时间性特征。

金融资产现金流量的不确定性主要表现在，当金融资产被购买后，购买人今天的现金流量便转移到金融资产出售人手中。出售人用这笔现金流量购买有形或无形资产，通过生产过程使其增值，再从这些资产创造的收入流量中分出一部分，变成现金支付给金融资产购买人。在商品经济下，由于未来的各种因素（经济因素、政治因素、社会因素等）是不确定的，在金融资产的买卖中，一方面，社会中暂时闲置的现金从金融资产购买人手中转移到金融资产出售人手中；另一方面，一部分生产性投资风险也从金融资产出售人那里转移到金融资产购买人那里，使后者也变成了风险投资人，其持有的金融资产的未来现金流入量就变成了一个不确定的量。金融资产购买人承担生产性风险并不是无条件的，他要求生产性投资人支付一定的报酬作为承担风险的补偿。这个补偿额的大小与投资风险成正比，金融资产的风险越大，购买人要求的风险补偿也越大，这就是金融资产现金流量的风险性因素特征。

根据金融资产的特点，其价值主要由时间价值和风险价值两部分构成。时间价值反映了投资者延期消费要求的补偿，影响这一价值的主观因素是投资者个人对收入进行消费的时间偏好。任何人进行投资都是以牺牲当前消费来换取未来的消费，由于未来消费具有不确定性，因此，人们看重现在消费甚于未来消费。这种时间偏好越强，对推迟消费要求的补偿就越大，要求的收益率就越高；反之亦然。影响这一价值的客观因素是各种经济因素和资本市场发展水平等，如经济周期、国家货币政策和财政政策、国际关系、国家利率管制等均有不同程度的影响。

风险价值主要是指与宏观经济有关的预期通货膨胀溢价和与证券特征有关的风险，如债券违约风险、流动性风险、到期期限风险、外汇风险和国家风险等。风险越大，投资者要求的风险溢价就越大。

四、有效市场假说

有效市场假说是现代经济学中理性预期理论在金融学中的发展。理性预期的思想表明，如果金融市场是有效的，那么市场预期就是基于所有可能信息的最优预测。在高度发达的金融市场中，已经发展出大量相互竞争的投资中介机构（包括商业银行、共同基金、保险公司等），这些投资中介机构高薪聘请专家，收集市场信息，包括国内外的政治、经济动态和行业发展状况、公司的财务状况和经营成果以及发展前景等。同时，他们还采取各种各样的方法迅速地处理这些信息，从而比较准确地判断有关证券的价位、收益率和风险程度。不同的中介机构对有关证券信息的收集、加工和处理能力不同，对证券未来价格的预期也不同。在一个完全竞争的市场里，那些收集信息越完整，作出判断越准确的中介机构越能吸收更多的资本，其投资行为对市场价格的影响就越大。因此，市场形成的均衡价格所包含的信息和对未来预期（金融市场的估价机制依赖于对未来的预期）的准确性远高于所有市场参加者预测估值的平均水平。这样，在金融市场中，由于投资中介机构的高度竞争化，市场就具备了高效率的“公允”价格的发现功能和形成机制。从财务的角度理解，这里的“公允”价格就是能正确地反映资产价值的市场均衡价格，这一价格也是在所有可能获得的信息的基础上作出的最优预测价格。

在金融市场上，不同信息对价格的影响程度不同，从而金融市场的效率程度因信息种类不同而异。一些经济学家将证券的有关信息分为历史信息、公开信息和全部信息三类，从而定义了弱式、半强式和强式三种不同程度的市场效率。

（一）弱式效率性（weak-form efficiency）

在一个具有弱式效率性的市场中，所有包含过去证券价格变动的资料和信息（价格、交易量等历史资料）都已完全反映在证券的现行市价中；证券价格的过去变化和未来变化是不相关的，即所有证券价格的变化都是相互独立的。由于有关证券的历史信息已经充分揭露、均匀分布和完全使用，因此，任何投资者均不能通过任何方法来分析这些历史信息以获取超额收益。反之，如果有关证券的历史资料对证券的价格变动仍有影响，说明证券市场尚未达到弱式效率。

（二）半强式效率性（semi-strong-form efficiency）

这一假说是指证券价格中不仅包含过去价格的信息，而且包含所有已公开的其他信息，如经济和政治形势的变化、收入情况、股票分割以及其他有关公司经营情况等重大信息。在一个具有半强式效率性的市场中，投资者无法利用已公开的信息获得超额利润。这是因为在新的资料尚未公布之前，证券价格基本上处于均衡状态。一旦新的信息出现，价格将根据新的信息而变化。公开信息传递的速度越快、越均匀，证券价格调整就越迅速；反之，就越慢。如果每个投资者都同时掌握和使用有关公开信息进行投资决策，则任何投资者都不可能使用任何方法来分析这些公开信息以获取超额收益。然而，公司的内线人物（如董事长或总经理等）却可能取得投资者所无法得到的信息去买卖自己公司的股票，从而获得超额利润。

（三）强式效率性（strong-form efficiency）

证券的现行市价中已经反映了所有已公开的或未公开的信息，即全部信息。因此，任何人甚至内线人物，都无法在证券市场中获得超额收益。如果有人利用内部信息买卖证券而获利，则说明证券市场尚未达到强式效率性。

在上述三种效率市场中，由于历史信息集是公开信息集的一个子集，而公开信息集又是所有信息集的一个子集，因此，强式效率市场包含半强式效率市场，半强式效率市场包含弱式效率市场。

对有效市场假说，经济学家进行了大量的实证研究来检验这一学说的合理性。如在弱式效率市场检验中，通过统计检验方法考察股票市场周收益率之间的关系，发现相邻两周收益之间几乎没有关系。在半强式效率市场检验中，研究者采用事件研究方法，检验了证券价格对利润或股利公告、兼并信息、宏观经济信息等消息的反应速度，发现当一家公司公布最新收益公告或宣布股利变化时，价格调整主要在5~10分钟内完成。对强式效率市场的检验则考察那些证券分析人士推介的、预期表现优于大盘的互助基金或养老基金。实证研究发现它们稍稍领先于大盘的表现，但考虑到管理成本，专业管理基金的收益与市场收益相比并没有什么超额的表现。

□ 思政课堂

如何分享企业创造的价值？

对企业来说，企业价值创造、价值分享与企业的目标有关。党的二十大报告提出要完善利益分配制度，增进民生福祉，提高人民生活品质。党的二十大报告指出：分配制度是促进共同富裕的基础性制度。坚持按劳分配为主体、多种分配方式并存，构建初次分配、再分配、第三次分配协调配套的制度体系。完善按要素分配政策制度，探索多种渠道增加中低收入群众要素收入，多渠道增加城乡居民财产性收入。引导、支持有意愿有能力的企业、社会组织和个人积极参与公益慈善事业。

2019年8月19日，181家美国公司首席执行官在华盛顿召开的美国商业组织“商业圆桌会议”（business roundtable）上联合签署了《公司的目的》宣言书。该宣言重新定义了公司运营的宗旨：股东利益不再是一个公司最重要的目标，公司的首要任务是创造一个更美好的社会。包括贝索斯、库克等在内的美国商业领导者强调，作为一个具有社会责任意识的公司，公司领导团队应该致力于达成以下的几个目标：向客户传递公司价值；通过雇用不同群体并提供公平的待遇来投资员工；与供应商交易时遵守商业道德；积极投身社会事业；注重可持续发展，为股东创造长期价值。

宣言一出，马上就引起了热烈的讨论，有人认为这是公司史上具有里程碑意义的事件，也有人说是作秀，没有实际意义。结合中国的现实你支持哪种观点？

第四次工业革命人才画像：你准备好了吗？

2020年1月，世界经济论坛（达沃斯论坛）发布了一份名为《未来学校：为第四次工业革命定义新的教育模式》的报告，提出在新的经济和社会背景下定义优质教育的八个关键特征：全球公民技能（global citizenship skills）、创新创造技能（innovation and creativity skills）、技术技能（technology skills）、人际关系技能（interpersonal skills）、可及性和包容性学习（accessible and inclusive learning）、基于问题和协作的学习（problem-based and collaborative learning）、个性化和自定进度的学习（personalized and self-paced learning）、终身学习和学生自驱动的学习（lifelong and student-driven learning）。

这一报告提出了“教育4.0”全球框架，为未来世界需要的人才勾勒了画像。报告提出生活在21世纪的学生需要掌握16种技能，以便为学习内容升级，为做未来世界需要的人才做准备。这16种技能是指：六项基础素养（读写文章、四则运算、科学素养、ICT素养、金融素养、文明市民）；四项能力素养（批判性思考能力、解决问题的能力、创造力、沟通能力和协作能力）；六项性格特点（好奇心、进取心、耐力、适应能力、领导能力、社会文化意识）。具备了其中所有的能力素养，就可以称得上是第四次工业革命时代的标准人才。

请组织学生查询《未来学校：为第四次工业革命定义新的教育模式》，了解未来人才八项关键特征的详细内容。讨论如何提高综合素养和能力，成为一个会思考、有能力解决财务等复合问题的创新型人才。

□ 本章小结

1.财务管理是研究公司资源的取得与使用的管理学科。所谓资源的取得，主要指筹资活动，即筹措公司经营活动和投资活动所需要的资本；资源的使用主要是指投资活动，即将筹得的资本用于旨在提高公司价值的各项活动中。

2.与独资企业或合伙企业相比，公司最大的优点是有限责任、股权容易转让、易于获得外部资本、经营周期长等，其缺点是双重纳税。

3.在公司制下，参与公司经营活动的关系人主要有两种：一种是公司资源的提供者——股东和债权人；另一种是公司资源的使用者——管理者。除此之外，公司在经营活动中还要与其他关系人（如社区、供应商、客户、政府等）发生往来。

4.股东、债权人、管理者之间的委托-代理关系源于资本所有权与使用权的分离；委托人与代理人之间的矛盾或冲突在于各方的目标函数不同、信息不对称和风险分担不均衡。

5.在金融市场上，不同的信息对价格的影响程度不同，因而金融市场效率程度因信息种类不同分为弱式效率性、半强式效率性和强式效率性三种。

□ 基本训练

1.根据《麦肯锡全球调查结果：财务部门的变革之道》（2009），财务部门在公司层面扮演的角色主要表现在四个方面：价值经理（占受访者的43%）、业务合作伙伴（占受访者的22%）、流程经理（占受访者的18%）、精算会计（占受访者的15%）。德国传媒公司贝塔斯曼集团（Bertelsmann AG）的CFO西格弗里德·路德（Siegfried Luther）认为，CFO“应该一半是会计师，一半是战略家；并且在这两个角色中，他都越来越有必要成为有效的沟通者”。神华集团首席财务官张克慧认为，CFO需要像传道士一样，不断给企业强调价值创造的理念，随着经济环境的变化和持续的呼吁，企业上下也会逐渐接受这一理念并贯彻在管理实践中。

基本训练指引 1-1

请上网查询相关资料（例如，上市公司对财务经理职位描述等），说明财务经理的基本职责，你认为一个合格的CFO应具备哪些条件？

2.2015年6月18日，上海家化（600315）长期激励计划正式通过最终审批。此次激励计划包括：

（1）2015年股票期权与限制性股票激励计划：拟向激励对象（涵盖333名公司董事、高级管理人员、公司核心人才等）授予权益总计260.62万份，其中股票期权不超过80.80万份，限制性股票不超过179.82万份。限制性股票的授予价格为19.00元，股票期权的行权价格为41.43元。行权/解锁的业绩条件为：以2013年业绩为基准，2015年、2016年、2017年营业收入相对于2013年增长率分别不低于37%、64%、102%，同时2015年、2016年、2017年加权平均净资产收益率均不低于18%。

（2）2015年员工持股计划：覆盖其他经董事会确定的、与上海家化签订劳动合同的正式全职员工。2015年员工持股计划的资金总额为634.37万元，参与人预计1 183人，股票来源为由公司授权的管理方在二级市场购买公司股票。

根据上述资料，你认为上海家化这一做法对解决股东与管理者之间的代理冲突有何普遍意义？你认为股权激励对防止经理的短期行为，引导其长期行为具有什么作用？员工持股计划对于建立员工、股东与公司风险共担、利益共享的机制，挖掘公司内部成长的原动力，提高公司自身的凝聚力和市场竞争力有什么作用？

基本训练指引 1-2

3.2002年，在美国连续发生了安然、世通公司财务丑闻后，美国国会批准了《萨班斯-奥克斯利法案》等三个旨在强化公司治理与会计改革的法案，这三个法案有一个共同点就是强调会计与审计的独立性，独立是公允的基础。CFO与经营层的相对独立不受经营层直接制约，向董事会负责，这就在制度安排上制约了管理者的内部人控制行为，维护了股东的利益。由此可见，CFO的制度设计是公司治理的产物；CFO的功能之一是强化公司治理；CFO的核心功能之一是治理能力。在公司治理中，你认为CFO的治理能力应包括哪些？

基本训练指引 1-3

4.针对1988年美国总统大选中的候选人老布什和杜卡基斯，加州大学伯克利分校的哈斯商学院进行了一次金融实验。参加实验的有350人，每个人获得一股老布什公司和杜卡基斯公司股票。根据大选信息在虚拟市场购入或卖出股票。大选结束前，老布什公司的股票价格为63美元，杜卡基斯公司的股票价格为37美元。令人惊讶的是：最后两位候选人在大选中的实际得票比例为：老布什得票64%，杜卡基斯得票36%，与这两家公司价格几乎相当。这次实验的结果远比其他民意测验准确得多，请用财务理论解释这种现象。

基本训练指引 1-4

□ 微型案例

案例1 雷士照明控制权之争

雷士照明控股有限公司（HK：02222，以下简称雷士照明）是一家中国领先的照明产品供应商。1998年，吴长江与杜刚、胡永宏共同出资创立雷士照明，三人合力领导雷士照明，一度被行业誉为“照明三剑客”。2005年，吴长江推出了渠道变革，遭到了杜刚和胡永宏的强烈反对，最终两位选择出局，但雷士照明必须即刻向两位股东各支付5 000万元人民币，并在半年内再各支付3 000万元人民币，总额1.6亿元人民币的现金流出让雷士照明不堪重负，吴长江开始寻找资金。此时，亚盛投资总裁毛区健丽带着自己的团队在雷士照明最缺钱时成功低价入股，一下子就稀释了吴长江30%的股权。此后，赛富亚洲投资基金（以下简称赛富）和高盛的资金陆续进入雷士照明后，吴长江的股权再次遭遇大幅稀释，第一大股东地位拱手于人，赛富成为雷士第一大股东。2014年，雷士引入战略投资者德豪润达国际（香港）有限公司，并通过股权置换成为雷士照明第一大股东。吴长江在大幅转让自己股权的同时，也为双方利益冲突以及爆发控制权纷争埋下了隐患。2014年7月14日，德豪润达联合赛富、施耐德全面替换雷士11家控股子公司董事，吴长江及其管理团队的核心成员全面出局。2014年8月8日，雷士照明董事会决议罢免吴长江的CEO职务，由董事长王冬雷担任临时CEO，同时罢免吴长江管理团队的核心成员副总裁职务。2014年8月29日，雷士照明在中国香港召开临时董事会，以95.84%的投票权罢免了吴长江执行董事及委员职务。表1-1列示了雷士照明股权变动情况。

表1-1 雷士照明股权变动情况

时间	融资与相关事项	股权结构	第一大股东
1998—2002年	吴长江、杜刚、胡永宏分别出资45万元人民币、27.50万元人民币、27.50万元人民币	吴长江45%，杜刚27.50%，胡永宏27.50%	吴长江
2002年	创始人重新划分股权	吴长江33.40%，杜刚33.30%，胡永宏33.30%	吴长江
2005年	创始人杜刚、胡永宏退出	吴长江100%	吴长江
2006年8月	亚盛投资总裁毛区健丽等出资894万美元用于解决公司财务危机，支付杜刚、胡永宏股权转让费	吴长江70%，毛区健丽20%，陈金霞、吴克忠、姜萍三人共占10%	吴长江
2006年9月	赛富亚洲投资基金出资2 200万美元，自然人叶志如出资200万美元，解决公司资金短缺，满足经营与发展的资金缺口	吴长江41.78%，赛富35.71%，毛区健丽12.88%，叶志如3.21%，陈金霞、吴克忠、姜萍三人共占6.43%	吴长江
2008年8月	高盛出资3 636万美元，赛富再出资1 000万美元，作为收购世通投资有限公司的现金对价	吴长江34.40%，赛富36.05%，高盛11.02%，毛区健丽9.50%，其他9.03%	赛富
2008年8月	定向增发326 930股雷士普通股给世纪集团作为收购对价的一部分	吴长江29.33%，赛富30.73%，世纪集团14.75%，高盛9.39%，毛区健丽7.74%，其他8.06%	赛富

续表

时间	融资与相关事项	股权结构	第一大股东
2010年5月	港交所IPO，发行6.94亿新股，占发行后总股份的23.85%，募资14.57亿港元	吴长江22.33%，赛富23.40%，世纪集团11.23%，高盛7.15%，毛区健丽5.89%，其他29.99%	赛富
2011年7月21日至2012年11月	由赛富、高盛联合吴长江等六大股东向法国施耐德电气转让2.88亿股股票，施耐德出资12.75亿港元用于拓展海外销售市场，拓展工程照明业务	吴长江15.33%，赛富18.48%，施耐德9.22%，世纪集团9.04%，高盛5.65%，其他42.28%	赛富
2012年12月至2014年12月	吴长江多次向德豪润达转让股份，到2013年12月31日，吴长江仅持股1.71%，主要拓展LED照明业务，对赛富、施耐德形成股权制衡	德豪润达27.03%，赛富18.50%，施耐德9.22%，世纪集团8.97%，高盛5.67%，其他39.58%	德豪润达

资料来源 依据雷士照明公司公告、年报以及媒体报道整理。

要求：上网查询雷士照明控制权纷争的相关信息，回答以下问题：

（1）雷士照明主要经历了三次大的控制权之争：第一次是2005年创始人吴长江与创始人杜刚、胡永宏之间的控制权之争；第二次是创始人吴长江与机构投资者（赛富）之间的控制权之争；第三次创始人吴长江与战略投资者（德豪润达）之间的控制权纷争。请说明吴长江引入资本导致控制权丧失对民营企业引入外部资本有什么启发？在实践中，为防止创始人控制权稀释，可以通过一些制度安排加以控制。请上网查询民营上市公司保持控制权的其他方法。例如，百度创始人李彦宏、搜狐创始人张朝阳、京东商城创始人刘强东如何将控制权保持在创始人手中。

案例1分析指引

（2）雷士照明2006年8月第一次出售股权是为了支付两位创始人的退出费用，后面几次融资（出售股权、IPO或定向增发、股权置换等）大部分是为了满足公司经营或战略需要，请查询雷士照明各次股权融资的原因和用途以及各次引入资金后对公司治理的影响。你认为公司创始人在公司需要资金时，采用什么样的方式筹资能降低控制权风险？

（3）雷士照明控制权之争并没有完结，可继续跟踪这一事件后续发展情况。你认为雷士照明控制权纷争对民营上市公司治理有什么启发？

案例2 公司治理结构案例

假设你刚到一家咨询公司工作，上司要求你选择一家公司进行公司治理结构分析。

（1）登录相关网站，获取相关信息。

登录浪潮网http：//www.cninfo.com.cn/information/，在主页右上角的搜索框，输入公司名称或公司查询代码（如输入600019），然后点击“搜索”，看到选择公司的相关信息，然后点击“公司概况”“高管人员”“股本结构”等栏目，下载需要的相关信息。在“定期报告”中，可以下载公司的资产负债表、利润表和现金流量表，以及其他与公司治理有关的数据。

（2）撰写一份公司治理结构报告，报告内容应包括：

①公司治理结构基本情况。

总经理或首席执行官：谁是公司的总经理或首席执行官？他或她担任这一职位多长时

问了？他或她是产生于企业内部还是来自外部的空降兵？如果公司是“家族企业”，那么总经理是这个家族的成员吗？如果不是，那么这位总经理走过了什么样的职业道路才达到这一职位？总经理的年收入是多少（包括工资、奖金、津贴）？总经理拥有多少该公司的股票或股票期权？

公司董事会：董事会成员情况，如持股比例、担任董事的时间、是内部董事还是外部董事？有多少董事与该公司有其他关联（作为供应商、客户或消费者）？有多少董事同时兼任其他公司的总经理？

②公司管理者与股东。

公司的股东通过何种方式行使其投票权？他们参加过股东大会吗？他们购买公司股票是为了获得资本利得还是股利收入？公司管理者是如何对股东负责的？股东采取何种方式（监督或激励）解决他们之间的矛盾与冲突？

③公司与债权人。

公司存在公开交易的债务吗？最大的债权人是谁？公司的信用等级为多少？资产负债率为多少？长短期负债比率为多少？公司债务契约中是否含有限制性条款或附有防止股东侵害债权人利益的保护性条款？如果股东与债权人之间存在矛盾和冲突，如何解决？

④公司与金融市场。

市场如何得到关于公司的信息？有多少分析人员对公司进行追踪分析？目前该公司股票的交易量和交易价格是多少？该公司上市后股票价格变化幅度如何？

⑤公司与社会。

公司如何看待自身的社会责任？如何树立自身的社会形象？如果公司具有某种声誉，那么它是如何获得这种声誉的？如果该公司成为社会舆论批评的目标，它会如何反应？

第二章

财务报表分析

从亚当·斯密（1776）将收益定义为财富的增加，到林德尔（1919）将收益理解为资本商品随着时间不断增值，从费舍（1936）将收益定义为精神收益、实际收益和货币收益的享受，到希克思（1946）的经济收益理论及其对会计收益的影响等，关于收益，人们一刻也没有失去对其研究的兴趣。会计收益是经济收益的合理内涵，也是投资者最为关心的财务报表数据，会计收益高低和会计收益质量无时无刻不通过财务报表及其相关信息浮出水面，进而影响公司的内含价值。虽然财务报表不能完全正确地揭示公司的内含价值，但理性投资者和分析师可以通过分析公司财务报表，全面了解公司的财务状况和经营环境，合理确定公司的现实与未来的会计收益，并且考虑到时间价值与风险价值因素，合理评估公司的内含价值[①]。本章将根据财务分析的基本理论和方法，阐述如何进行财务能力与财务效率分析，为评价公司内含价值奠定基础。

通过本章的学习，你可以理解财务报表分析的基本理念；观测基本财务报表信息，掌握会计分析与财务分析的方法；熟悉财务分析涉猎的各类效率比率；掌握反映财务效率的相关指标及影响因素；对现金流量和收益质量有相对清晰的认识。

第一节　财务报表信息及分析方法

一、基本财务报表信息含量

基本财务报表信息是指以数字方式反映的公司的经营成果、财务状况和现金流量状况，是财务报表分析的基础。基本财务报表信息主要包括资产负债表信息、利润表信息、现金流量表信息、会计报表附表附注信息等。

以JL公司2021年的数据为信息基础，将三张主表信息，即资产负债表、利润表、现金流量表的信息呈现如下，见表2-1、表2-2、表2-3。

财务报表信息是对财务活动结果的会计描述，财务报表信息的质量决定着报表分析结论的有用性，直接关系着公平（财富分配）与效率（资源配置），因此，读懂财务报表数字及其背后的含义，是财务报表分析者的基本职业素质。

① 黄世忠．财务报表分析［M］．北京：中国财政经济出版社，2007：12-17.

表2-1

资产负债表

编制单位：JL公司　　2021年12月31日　　单位：万元

资产	期末余额	上年年末余额	负债和所有者权益（或股东权益）	期末余额	上年年末余额
流动资产：			流动负债：		
货币资金	76 806	48 602	短期借款	135 546	133 656
交易性金融资产	0	0	交易性金融负债	0	0
应收票据	2 464	6 052	应付票据	63 426	14 842
应收账款	76 040	53 360	应付账款	130 068	101 974
预付款项	39 740	43 840	预收款项	12 342	11 602
其他应收款	207 104	196 214	应付职工薪酬	1 026	1 518
其中：应收利息	0	0	应交税费	12 924	1 950
应收股利	0	0	其他应付款	35 584	28 744
存货	117 586	76 890	其中：应付利息	0	0
持有待售资产	0	0	应付股利	920	1 002
一年内到期的非流动资产	0	0	一年内到期的非流动负债	46 376	115 204
其他流动资产	0	0	其他流动负债	5 108	1 626
流动资产合计	519 740	424 958	流动负债合计	442 400	412 118
非流动资产：			非流动负债：		
债权投资	0	0	长期借款	108 650	76 196
其他债权投资	0	0	应付债券	0	0
长期应收款	0	0	其中：优先股	0	0
长期股权投资	53 166	53 936	长期应付款	0	0
其他权益工具投资	0	0	预计负债	1 088	1 298
其他非流动金融资产	0	0	递延收益	0	0
投资性房地产	0	0	递延所得税负债	1 744	9 300
固定资产	107 702	122 028	其他非流动负债	0	0
在建工程	19 396	13 676	非流动负债合计	111 482	86 794
生产性生物资产	0	0	负债合计	553 882	498 912
油气资产	0	0	所有者权益（或股东权益）：		
使用权资产	0	0	实收资本（或股本）	57 956	57 956
无形资产	9 710	9 936	其他权益工具	0	0
开发支出	3 870	0	资本公积	80 014	80 014
商誉	0	0	减：库存股	0	0
长期待摊费用	2 180	2 618	其他综合收益	0	0
递延所得税资产	2 260	2 682	专项储备	0	0
其他非流动资产	0	0	盈余公积	12 072	8 610
非流动资产合计	198 284	204 876	未分配利润	14 100	-15 658
			所有者权益（或股东权益）合计	164 142	130 922
资产总计	718 024	629 834	负债和所有者权益（或股东权益）总计	718 024	629 834

表2-2 利润表

编制单位：JL公司 2021年度 单位：万元

项目	本期金额	上期金额
一、营业收入	436 036	338 524
减：营业成本	350 256	275 376
税金及附加	1 854	1 754
销售费用	16 490	14 518
管理费用	37 860	28 066
研发费用	168	0
财务费用	11 752	16 430
加：投资收益（损失以“-”号填列）	-426	3 518
公允价值变动收益（损失以“-”号填列）	0	0
信用减值损失（损失以“-”号填列）	0	0
资产减值损失（损失以“-”号填列）	-6 500	0
资产处置收益（损失以“-”号填列）	0	0
二、营业利润（亏损以“-”号填列）	10 730	5 898
加：营业外收入	21 440	424
减：营业外支出	632	264
三、利润总额（亏损总额以“-”号填列）	31 538	6 058
减：所得税费用	9 480	-280
四、净利润（净亏损以“-”号填列）	22 058	6 338
（一）持续经营净利润（净亏损以“-”号填列）	22 058	6 338
（二）终止经营净利润（净亏损以“-”号填列）	0	0
五、其他综合收益的税后净额	0	0
六、综合收益总额	22 058	6 338
七、每股收益：		
（一）基本每股收益	0.38	0.11
（二）稀释每股收益	0.38	0.11

表2-3

现金流量表

编制单位：JL公司　　2021年度　　单位：万元

项目	本年金额	上年金额
一、经营活动产生的现金流量：		
销售商品、提供劳务收到的现金	414 438	373 562
收到的税费返还	2 508	628
收到其他与经营活动有关的现金	36 402	23 112
经营活动现金流入小计	453 348	397 302
购买商品、接受劳务支付的现金	303 154	271 976
支付给职工以及为职工支付的现金	35 854	30 028
支付的各项税费	26 972	23 066
支付其他与经营活动有关的现金	32 744	34 008
经营活动现金流出小计	398 724	359 078
经营活动产生的现金流量净额	54 624	38 224
二、投资活动产生的现金流量：		
收回投资收到的现金	548	0
取得投资收益收到的现金	0	18
处置固定资产、无形资产和其他长期资产收回的现金净额	5 300	0
处置子公司及其他营业单位收到的现金净额	0	0
收到其他与投资活动有关的现金	0	0
投资活动现金流入小计	5 848	18
购建固定资产、无形资产和其他长期资产支付的现金	0	3 378
投资支付的现金	15 236	170
取得子公司及其他营业单位支付的现金净额	0	0
支付其他与投资活动有关的现金	0	4 620
投资活动现金流出小计	27 012	8 168
投资活动产生的现金流量净额	−21 164	−8 150
三、筹资活动产生的现金流量：		
吸收投资收到的现金	0	0
取得借款收到的现金	37 448	34 458
收到其他与筹资活动有关的现金	0	8 238
筹资活动现金流入小计	37 448	42 696
偿还债务支付的现金	30 952	24 590
分配股利、利润和偿付利息支付的现金	11 752	19 192
支付其他与筹资活动有关的现金	0	1 612
筹资活动现金流出小计	42 704	45 394
筹资活动产生的现金流量净额	−5 256	−2 698
四、汇率变动对现金的影响	0	0
五、现金及现金等价物净增加额	28 204	27 376
加：期初现金及现金等价物余额	48 602	21 226
六、期末现金及现金等价物余额	76 806	48 602

二、财务报表分析方法

（一）会计分析方法

会计分析一般可按以下步骤进行：①阅读财务报表；②比较财务报表；③解释财务报表；④修正财务信息。会计分析的作用表现在：一方面通过对会计政策、会计方法、会计披露的评价，揭示会计信息的质量状况；另一方面通过对会计政策、会计估价的调整，修正会计数据，为财务分析奠定基础，并保证财务分析结论的可靠性。

会计分析方法通常包括水平分析法、垂直分析法和趋势分析法。

1.水平分析法

水平分析法也称比较分析法，指将反映公司报告期财务状况的信息（特别指财务报表信息资料）与反映公司前期或历史某一时期财务状况的信息进行对比，研究公司各项经营业绩或财务状况的发展变动情况的一种财务分析方法。通过水平分析法进行对比，一般而言，不是指单项指标的对比，而是对反映某方面情况的报表的全面、综合对比分析，尤其在对财务报表分析中应用较多。水平分析法的基本要点是，将报表资料中不同时期的同项数据进行对比，对比的方式有以下几种：

一是绝对值增减变动，其计算公式是：

$$绝对值变动数量=分析期某项指标实际数-基期同项指标实际数 \quad (2\text{-}1)$$

二是增减变动率，其计算公式是：

$$变动率=\frac{分析期数值-基期数值}{基期数值}\times 100\% \quad (2\text{-}2)$$

三是变动比率值，其计算公式是：

$$完成率=\frac{分析期数值}{基期数值}\times 100\% \quad (2\text{-}3)$$

上式中所说的基期既可指上年度，也可指以前某年度。水平分析应该同时进行绝对值和变动率两种形式的对比，因为仅对比某种形式，可能得出偏颇的结论。

应当指出，水平分析法通过将公司报告期的财务会计资料与基期对比，揭示各方面存在的问题，为全面深入分析公司财务状况奠定了基础。因此水平分析法是会计分析的基本方法。另外水平分析法可用于一些可比性较强的同类公司之间的对比分析，以找出公司间存在的差距。但是，水平分析法在不同公司应用中，一定要注意其可比性问题，即使在同一公司应用，对于差异的评价也应考虑其可比基础。所谓可比基础，可以参照：行业特征、公司规模、市场占有、经营战略、最终产品与服务、股权特征、风险承担能力等。

2.垂直分析法

垂直分析法与水平分析法不同，它的基本点不是将公司报告期的分析数据直接与基期进行对比求出增减变动量和增减变动率，而是通过计算报表中各项目占总体的比重或结构，反映报表中的项目与总体关系情况及其变动情况。财务报表经过垂直分析法处理后，通常称为同度量报表，或者称总体结构报表、共同比报表等。如同度量资产负债表、同度量利润表、同度量成本表等，都是应用垂直分析法得到的。垂直分析法的一般步骤是：

第一，确定报表中各项目占总额的比重或百分比，其计算公式是：

$$某项目的比重=\frac{某项目金额}{项目总金额}\times 100\% \quad (2\text{-}4)$$

第二，通过各项目的比重，分析各项目的财务意义。

第三，将分析期各项目的比重与前期同项目比重对比，研究各项目的比重变动情况。也可将本公司报告期项目比重与同类公司的可比项目比重进行对比，研究本公司与同类公司的差异。

3.趋势分析法

趋势分析法是根据公司连续几年或几个时期的分析资料，运用指数或者完成率的计算，确定分析期各有关项目的变动情况和趋势的一种会计分析方法。趋势分析法既可用于对财务报表的整体分析，即研究一定时期报表各项目的变动趋势，也可对某些主要指标的发展趋势进行分析。趋势分析法的一般步骤是：

第一，计算趋势比率或指数。指数的计算通常有两种方法：一是定基指数，二是环比指数。定基指数是指各个时期的指数都是以某一固定时期为基期来计算的。环比指数是指各个时期的指数是以前一期为基期来计算的。趋势分析法通常采用定基指数。

第二，根据指数计算结果，评价与判断公司各项指标的变动趋势及其合理性。

第三，预测未来的发展趋势。根据公司以前各期的变动情况，研究其变动趋势或规律，从而预测公司未来发展变动情况。

（二）财务分析方法

1.比率分析法

比率分析法是将影响财务状况的两个相关因素联系起来，通过计算比率，反映它们之间的关系，借以评价公司财务状况和经营成果的一种财务分析方法。比率分析法的形式有：第一是百分率，如流动比率为200%；第二是比值，如速动比率为1∶1；第三是分数，如负债为总资产的1/2。比率分析法以其简单、明了、可比性强等优点而在财务报表分析实践中得到广泛采用。

2.因素分析法

因素分析法是依据分析指标与其影响因素之间的关系，按照一定的程序和方法，确定各因素对分析指标影响程度的一种技术方法。因素分析法是经济活动分析中最重要的方法之一，也是财务报表分析的方法之一。因素分析法根据其分析特点可分为连环替代法和差额计算法两种。

第二节 财务比率分析

一、财务比率的内涵

财务比率分析是信息使用者运用公司的财务数据，结合财务报表中其他有关信息，对同一报表内或不同报表间的相关项目以比率的形式反映它们的相互关系，据以评价该公司的财务状况和经营成果的一种分析方法。财务比率在公司财务分析中的重要作用体现在：

1.财务比率可以恰当地反映公司过去或者当前的财务活动和财务效益

公司的财务报表数据是直接反映财务状况和经营成果的会计语言，财务效益是投入和产出的比较，因此财务比率的恰当运用，可以更确切地呈现实质效益。例如，公司当期实现的利润总额并不能说明公司的最终经济利益，只有将利润总额和为实现利润总额而垫支的资本或者与发生的成本费用比较，确定投资回报率或者成本费用利润率后，才能作出更恰当的判断。

2.财务比率有利于行业及其规模的差别比较

公司的生产经营规模有大有小，所获得的财务成果及所发生的耗费也会随着规模而变化，因此，财务绝对数指标不具有公司间比较的基础。如采用财务比率，就可以排除规模上的差异甚至行业间的差异，使公司前后期指标以及不同公司指标之间具有广泛的可比性。

3.财务比率有利于分析影响公司财务业绩和财务状况的具体因素

财务比率是相对数，这就决定了影响该指标的因素至少是两个。通过对财务比率的逐步分析，可以了解影响公司财务业绩和财务状况的具体原因。

采用财务比率对公司财务效率进行分析时应该注意如下问题：第一，财务比率的有效性；第二，财务比率的可比性；第三，财务比率的相关性；第四，财务比率的可靠性。

财务比率是根据公司呈报的财务报表数据加工生成，判断财务比率是否合理则需要将其与标准比率进行比较。比较的标准一般包括四种形式，即绝对标准、预算标准、历史标准和行业标准。

① 绝对标准是一般公认的标准。其特点是：不分行业、规模、时间及分析目的，采用不变的标准去衡量动态现实。在西方财务中，经典数字是流动比率为200%的标准，速动比率为100%的标准，这种完全抽象的绝对标准不一定与不同行业、不同类型公司的目标相符。

② 预算标准是公司为了改进经营管理水平预先确定的指标。这种标准可以由公司内部制定，或者由其主管部门规定，目的在于强化对经济活动运作的监管。预算标准是否先进合理，对分析结果有直接的影响。

③ 历史标准是根据公司过去实际历史资料而产生的连续性财务比率标准。由于公司标准基于公司实务，因而在运用历史标准时有较强的可比性。通过现在指标与历史指标的比较，可以判断公司经营和管理的业绩。另外，根据按时间序列所整理的历史标准，可以预计现在和未来的变化趋势。但是，公司若发生重大变化，如吸收大规模投资或与其他公司合并等，就需要考虑此变化所带来的影响来调整历史标准，以便于比较和分析。

④ 行业标准是按行业平均财务比率标准或者分级财务比率。这种标准一般按不同的公司规模以及不同地域的特点而设置，因而在比率分析中被广泛采用。采用行业标准的目的在于增强比率分析的可比性，通过和行业标准比较，可以为公司提供重点分析的范围。但是，行业标准往往也无法统一行业内部的所有指标，另外，公司的产品结构、地区条件、经营环境不同，也会影响其可比性，因此行业标准应该规范较为精细或者通过样本数据取得相关比较标准（例如行业均值、行业中值）。

二、财务效率分析

财务效率是通过各种财务能力比率体现的，这些财务能力比率主要包括偿债能力比率、获利能力比率、营运能力比率、市场表现比率等。以报表为基础的财务效率比率可以分为三类：存量比率（时点比率）、流量比率（时期比率）、存量与流量之间的比率（时点与时期结合的比率)。

(一) 偿债能力比率分析

1.流动比率

流动比率是反映公司流动资产在短期债务到期前可以变现为现金用于偿还流动负债的能力指标，表明公司单位流动负债有多少流动资产作为支付的保障。其计算公式为:

$$流动比率=\frac{流动资产}{流动负债} \tag{2-5}$$

根据报表，JL公司分析期流动比率为1.174819（519 740÷442 400)。

用流动比率来衡量资产的流动性，自然要求公司的流动资产在清偿流动负债之后还有余力满足日常经营活动中的其他资金需要。特别是对债权人来说，此项比率越高越好，因为比率越高，债权越有保障。根据经验判定，一般要求流动比率在200%以上。但应当指出，各行业的经营性质不同，营业周期不同，对资产流动性的要求也不一样，应该有不同的衡量标准，而且从理财的观点来看，过高的流动比率不能说是好的现象，因为一个经营活动正常的公司，资金应当有效地在生产经营过程中运转，过多地滞留在流动资产的形态上，会影响公司的获利能力。

运用流动比率指标分析、评价公司偿债能力，应注意以下几个问题：第一，偿债能力判断必须结合所在行业的标准。流动比率为200%，是就一般情况而言，并不是绝对标准。第二，注意人为因素对流动比率指标的影响。第三，应结合公司的生产经营性质与特点以及流动资产的结构状况进行分析。第四，注意将该比率与流动资产质量结合进行分析。第五，注意从动态上反映公司的短期偿债能力。

2.速动比率

速动比率是反映公司能够迅速变现的资产用于偿还流动负债的能力指标。其计算公式为:

$$速动比率=\frac{速动资产}{流动负债} \tag{2-6}$$

速动资产=流动资产-存货

或者:

速动资产=货币资金+交易性金融资产+应收票据+应收账款+其他应收款+预付款项

根据报表，JL公司分析期速动比率为0.91（（519 740-117 586）÷442 400)。

速动比率是对流动比率的补充。在流动资产中，交易性金融资产可以在证券市场通过交易转化为现金；应收票据和应收账款通常也可能在较短的时期内变为现金；依据谨慎性原则，某些存货的流动性较差，变现时间长，而且可能发生冷背残次，不应包括在速动资产之内；至于预付款项等如果在流动资产中所占比重较小或者是以购货、交易为目的，一般不予考虑。因此，将货币资金、交易性金融资产、应收票据及应收账款等项目，称作速动资产，并将它与流动负债对比，组成速动比率。一般要求速动比率在100%以上，但是这个标准也不能说是绝对的，不同的行业应该有区别，可以参照同行业的资料和本公司的历史情况进行判断。

运用速动比率指标分析、评价公司偿债能力，虽然考虑到流动资产中迅速变现资产的实力，但是由于速动资产包括货币资金、交易性金融资产、应收票据、应收账款等项目，而应收票据和应收账款并不能保证按期收回，有些应收账款的回收期可能超过一年甚至几年，应收票据虽然可随时贴现，但有些票据当对方到期不承兑时，实际上等于增加了负债，将全部应收票据和应收账款都作为速动资产是不合适的。因此，应该注意人为因素对速动比率指标的影响，并且注意从动态上反映公司的短期偿债能力。

3.现金比率

现金比率是指公司的现金类资产与流动负债之间的比率，通常是按货币资金与流动负债之比计算现金比率，亦称货币资金率，其计算公式为：

$$现金比率=\frac{货币资金}{流动负债}\times 100\% \tag{2-7}$$

根据报表，JL公司分析期现金比率为17.36%（76 806÷442 400×100%）。

在公司的流动资产或速动资产中，现金及其等价物的流动性最好，可直接用于偿还公司的短期债务。从稳健角度出发，用现金比率衡量公司偿债能力最为保险。

4.利息保障倍数

利息保障倍数亦称利息保证倍数，指息税前营业利润与利息支出之比，其计算公式为：

$$利息保障倍数=\frac{利润总额+利息支出}{利息支出} \tag{2-8}$$

根据报表及其相关资料，若利息支出为5 000万元，JL公司分析期利息保障倍数为7.31倍（（31 538+5 000）÷5 000）。

利息保障倍数用于衡量公司因无法支付每年的利息支出而产生财务困难之前，其盈余尚能降低的程度，无法支付这笔债务可能促使债权人采取法律行动而导致公司破产。比率的标准因公司而异，一般说来，比率越高，债权人对公司贷款就越安全，同时从公司财务结构上讲，投资者增加长期债务可能性也越大。

5.资产负债率

资产负债率也称负债比率，用于衡量公司利用债权人提供资金进行经营活动的能力，也反映债权人发放贷款的安全程度。其计算公式为：

$$资产负债率=\frac{负债总额}{资产总额}\times 100\% \tag{2-9}$$

根据报表，JL公司分析期资产负债率为77.14%（553 882÷718 024×100%）。

该比率对债权人来说，越低越好。因为在公司清算时，资产变现所得很可能低于其账面价值，而所有者一般只承担有限责任，比率过高，债权人蒙受损失可能性较大。但就所有者而言通常希望该指标适当，这样有利于筹集资金扩大公司规模和利用财务杠杆增加所有者的获利能力，但过高又影响公司的筹资能力。如果资产负债率大于100%，表明公司已资不抵债，达到破产的警戒线。

6.权益乘数

权益乘数是指资产总额相当于股东权益的倍数，乘数越大，说明股东投入的资本在资产总额中所占的比重越小。其计算公式为：

$$权益乘数=\frac{资产总额}{股东权益} \tag{2-10}$$

根据报表，JL公司分析期权益乘数为4.37倍（718 024÷164 142）。

权益乘数也可用来衡量公司的财务风险，它与资产负债率同方向变动，乘数越高，负债率越高，公司的财务风险就越大。

7.到期债务本息偿还比率

这一比率用来衡量公司到期债务本金及利息可由经营活动创造的现金来支付的程度。其计算公式为：

$$到期债务本息偿还比率=\frac{经营现金净流量}{本期到期债务本息}\times100\% \tag{2-11}$$

若分析期到期债务本息为35 952万元（30 952+5 000），则到期债务本息偿还比率为151.94%（54 624÷35 952×100%）。

式中，到期债务本息均取自现金流量表“筹资活动产生的现金流量”。这一比率越大，表明公司偿付到期债务的能力越强。如果该比率小于100%，说明公司经营活动产生的现金不足以偿付分析期到期的债务及利息支出，公司必须对外筹资或出售资产才能偿还债务。

8.强制性现金支付比率

这一比率反映公司是否有足够的现金以履行其偿还债务、支付经营费用等责任。其计算公式如下：

$$强制性现金支付比率=\frac{现金流入量总计}{经营现金流出量+偿还本期债务本息付现}\times100\% \tag{2-12}$$

根据报表，JL公司分析期强制性现金支付比率为114.26%（（453 348+5 848+37 448）÷（398 724+35 952）×100%）。

在持续不断的经营过程中，公司的现金流入量至少应满足强制性支付需要，即用于经营活动支出和偿还债务。这一比率越大，其现金支付能力就越强。

（二）获利能力比率分析

1.营业利润率

营业利润率是用来衡量公司销售收入的获利能力。其计算公式为：

$$营业利润率=\frac{营业利润}{营业收入净额}\times100\% \tag{2-13}$$

上式中，营业收入净额指扣除销售折让、销售折扣和销售退回之后的营业净额。

根据报表，JL公司分析期营业利润率为2.46%（10 730÷436 036×100%）。

2.成本费用利润率

成本费用是公司为了取得利润而付出的代价，包括营业成本和三项期间费用。该比率的计算公式为：

$$成本费用利润率=\frac{利润总额}{成本费用总额}\times100\% \tag{2-14}$$

根据报表，JL公司分析期成本费用利润率为7.57%（31 538÷416 358×100%）。

该比率越高，说明公司为取得收益而付出的代价越小，公司的获利能力越强。因此，通过这一比率不仅可以评价公司获利能力的高低，也可以评价公司对成本费用的控制能力和经营管理水平。

3.净资产收益率

净资产收益率是指公司运用股东投入资本获得收益的能力。其计算公式为：

$$净资产收益率=\frac{净利润}{平均净资产}\times 100\% \tag{2-15}$$

根据报表，JL公司分析期平均净资产总额为147 532万元（（130 922+164 142）÷2），分析期净资产收益率为14.95%（22 058÷147 532×100%）。

净资产收益率是反映资本经营盈利能力的核心指标。因为公司的根本目标是所有者权益或股东价值最大化，而净资产收益率既可直接反映资本的增值能力，又影响公司股东价值的大小。该指标越高，说明公司盈利能力越好。评价标准通常可用社会平均利润率、行业平均利润率或资本成本率等。

4.总资产报酬率

总资产报酬率是用于衡量公司运用全部资产获利的能力。其计算公式为：

$$总资产报酬率=\frac{利润总额+利息支出}{平均总资产}\times 100\% \tag{2-16}$$

平均总资产=（期初总资产+期末总资产）÷2

若JL公司分析期利息支出为5 000万元，则分析期平均资产总额为673 929万元（（629 834+718 024）÷2），总资产报酬率为5.42%（（31 538+5 000）÷673 929×100%）。

上式中，资产总额等于负债总额和所有者权益总额之和；利息支出是借入资金所付的代价，从公司对社会的贡献来看，利息同利润具有同样的经济意义，都是公司总资产经营的回报。总资产报酬率高，说明公司资产的运用效率好，也意味着公司的资产盈利能力强，所以这个比率越高越好。评价总资产报酬率时，需要与公司前期的比率、同行业其他公司的这一比率等进行比较，并进一步找出影响该指标的不利因素，以利于公司加强经营管理。

5.资本保值增值率

资本保值增值率主要用于反映投资者投入公司资本的完整性和保全性。其计算公式为：

$$资本保值增值率=\frac{扣除客观因素后的期末所有者权益总额}{期初所有者权益总额}\times 100\% \tag{2-17}$$

上式中，期末所有者权益总额应按扣除客观因素后的余额计算，即由于非主观因素导致的分析期所有者权益增减的部分要予以调回。资本保值增值率等于100%，为资本保值；资本保值增值率大于100%，为资本增值。根据报表，JL公司分析期资本保值增值率为125.37%（164 142÷130 922×100%），分析期资本处于增值状态。

（三）营运能力比率分析

1.应收账款周转率

应收账款周转率也称收账比率，反映公司应收账款的流动程度（即周转快慢）。其计算公式为：

$$应收账款周转率=\frac{赊销收入净额}{平均应收账款余额} \tag{2-18}$$

其中：

赊销收入净额=营业收入-现销收入-销售退回、折让、折扣

平均应收账款余额=（期初应收账款+期末应收账款）÷2

根据报表，JL公司分析期平均应收账款为64 700万元（（53 360+76 040）÷2），则公

司分析期应收账款周转率为6.74次（436 036÷64 700）。

理论上讲，应收账款周转率分子按赊销收入净额计算较为精准。但外部人分析时，由于公司赊销与现销资料是商业机密，所以应收账款周转率的分子一般采用赊销收入与现销收入总和，即营业净收入（或者营业收入）。应收账款周转率可以用来估计应收账款变现的速度和管理的效率，回收迅速可以节约资本，说明公司信用状况好，不易发生坏账损失，一般认为周转率越高越好。在进行分析时，还可以结合应收账款周转天数（即平均收现期或账龄）进行辅助分析。

2.存货周转率

存货周转率用于衡量公司在一定时期内存货资产的周转次数，是反映公司购、产、销平衡效率的一种尺度。其计算公式为：

$$存货周转率=\frac{营业成本}{平均存货} \tag{2-19}$$

平均存货=（期初存货+期末存货）÷2

根据报表，JL公司分析期平均存货为97 238万元（（76 890 +117 586）÷2），则公司分析期存货周转率为3.6次（350 256÷97 238）。

一般而言，存货周转率越高越好。因为存货周转率越高，说明公司经营效率越高，库存存货适度；如过低则说明采购过量或产品积压，要及时分析处理。当然，存货周转率在不同行业之间可能有较大的差别，财务分析时要将本公司与同行业的平均数进行对比，以衡量公司存货管理的效率。同时，在实际工作中也可以利用存货周转天数进行补充分析。

3.流动资产周转率

流动资产周转率的计算公式为：

$$流动资产周转率=\frac{流动资产周转额}{平均流动资产} \tag{2-20}$$

根据报表，JL公司分析期流动资产周转率为0.92次（436 036÷472 349）。

上式中，流动资产周转额可以有两种计算方式：一种是按产品的营业收入计算；另一种是按销售产品的成本费用计算。按第一种方式计算，流动资产周转率不仅反映公司生产经营过程中投放流动资产的周转速度，而且反映生产经营过程中新创价值的情况，即周转率不仅受实际投入资产周转速度的影响，而且受盈利水平的影响。按第二种方式计算，流动资产周转率只反映公司投入的流动资产在生产经营过程中的周转速度。在会计实务工作中，通常采用第一种方式计算流动资产周转额。

流动资产周转率是分析流动资产周转情况的一个综合性指标，这一指标越高，说明流动资产周转速度越快。考核流动资产的周转情况还可以采用完成一次周转所需要的天数来表示。其计算公式为：

$$流动资产周转天数=\frac{日历天数}{流动资产周转率} \tag{2-21}$$

本例中流动资产周转天数为396.74天（365÷0.92）。

流动资产周转天数是一个逆指标，周转天数越短，说明流动资产利用效率越高。

4.总资产周转率

总资产周转率的计算公式为：

$$总资产周转率=\frac{营业收入}{平均总资产} \tag{2-22}$$

根据报表，JL公司分析期总资产周转率为0.65次（436 036÷673 929）。

该比率可用来分析公司全部资产的使用效率。如果这一比率较低，说明公司利用其资产进行经营的效率较差，会影响公司的获利能力，公司应采取措施提高销售收入或处置资产，以提高总资产利用率。

（四）市场表现比率分析

1.每股收益

每股收益是指普通股股东每持有一股普通股所能享受的可供普通股股东分配的净利润或承担的净亏损。每股收益既是反映股东价值表现的重要指标，也是衡量公司经营成果、普通股获利水平、投资风险以及成长潜力的重要财务比率。每股收益包括基本每股收益和稀释每股收益两类，基本每股收益分母仅考虑当期实际发行在外的普通股股数，而稀释每股收益分母的计算和列报主要是为了避免每股收益虚增可能带来的信息误导。稀释每股收益是以基本每股收益为基础，假设公司发行在外的稀释性潜在普通股均已转换为普通股，从而分别调整归属于普通股股东的当期净利润以及发行在外的普通股的加权平均数而得到的每股收益。

基本每股收益和稀释每股收益的计算公式为：

$$基本每股收益=\frac{税后利润-优先股股利}{当期流通在外普通股的算术加权平均股数} \tag{2-23}$$

其中：

$$\begin{matrix}当期流通在外普通股的\\算术加权平均股数\end{matrix}=\begin{matrix}期初流通在外\\的普通股股数\end{matrix}+\begin{matrix}当期新发行\\普通股股数\end{matrix}\times\frac{已发行时间}{报告期时间}-\begin{matrix}当期回购\\普通股股数\end{matrix}\times\frac{已回购时间}{报告期时间}$$

$$稀释每股收益=\frac{归属于普通股股东的当期净利润(调整后)}{当期流通在外普通股的算术加权平均数(调整后)} \tag{2-24}$$

根据报表，JL公司分析期流通在外的普通股股数为57 956万股，则基本每股收益为0.38元（22 058÷57 956）。

2.每股股利

每股股利可按下式计算：

$$每股股利=\frac{股利总额}{流通在外普通股股数} \tag{2-25}$$

在一般情况下，每股收益越高对投资者越有吸引力，公司的财务形象越好。但对于每股股利和股利发放率而言，很难说公司每股股利或股利发放率怎样才算比较合理；它取决于公司的股利政策。一些公司的股利政策使得股利发放率呈现出下降趋势，是因为公司少发放股利而保留更多的利润用于扩大再生产，可以增强公司实力，提高公司竞争力。虽然因此可能导致公司的股票市价暂时下降，但从长远来看，却呈上升趋势，对长期投资者十分有利。当然，对某些投资者尤其是短期投资者来说，他们更倾向于通过较高的股利发放率在短期内得到实惠，所以公司在分析该比率时要认真考虑有关因素的影响。

3.市盈率

市盈率反映的是投资者对单位收益所愿支付的价格，其计算公式为：

$$市盈率=\frac{普通股每股市价}{每股收益} \tag{2-26}$$

若JL公司当前普通股每股市价为5.5元，则分析期市盈率为14.47倍（5.5÷0.38）。

这一比率是投资者在市场上买卖股票时分析股价与上市公司净收益之间关系（即股票以几倍于每股收益的价格买入或卖出）的一个重要尺度。据此可以衡量某种股票就其公司利润而言是定价太高、定价适中或定价太低。一般来说，经营前景良好、很有发展前途的公司的股票市盈率会趋于上升；反之，发展机会不多、经营前景黯淡的公司，其股票市盈率处于较低的水平。但是，在股市上，一个公司的价格盈余比率可能会被非正常地抬高或压低，无法真实地反映该公司的资产收益率，导致投资者错误地估计公司的发展前景。而且，由于各公司的税负、价格、还贷等政策不尽相同，所以每股收益的确定口径也不一致，这就为运用该指标在各公司之间进行分析比较带来一定的困难。一般说来，比率越高，公司未来的成长潜能就越高；比率越低，公司的风险越大。同时，由于市盈率分母的局限性，还可以配合市净率、市销率等市场表现指标，进一步分析股票市价与公司净资产或者市场占有率的关系。

4.托宾Q指标分析

托宾Q（Tobin Q）指标是指公司资本的市场价值与其重置成本之比。托宾Q基本模型是用总资产的账面价值替代重置成本，普通股的市场价格和债务的账面价值之和表示市场价值，则：

托宾Q值=（股权市场价值+长短期债务账面价值合计）÷总资产账面价值

公式中长短期债务用账面价值而非市场价值，是因为公司债务的市场价值较难衡量，不过若可以衡量或估计其市场价值，则应当使用市场价值。如公司发行公司债券，则债务的账面价值应当采用债券的市场价值。若某公司的托宾Q值大于1，表明市场上对该公司的估价高于其自身的重置成本，该公司的市场价值较高；若某公司的托宾Q值小于1，则表明市场上对该公司的估价低于其自身的重置成本，该公司的市场价值较低。

第三节 现金流量表分析

一、现金、现金流量与现金流量表

财务管理意义上的现金是一个广义的概念，它包括现金和现金等价物。现金，是指公司库存现金以及可以随时用于支付的银行存款，不能随时用于支取的银行存款不属于现金。现金等价物，是指公司持有的期限短、流动性强、易于转换为已知金额现金、价值变动风险很小的投资。期限短，一般是指从购买日起三个月内到期。现金等价物通常包括三个月内到期的短期债券投资。权益性投资变现的金额通常不确定，因而不属于现金等价物。公司可以根据具体情况，确定现金等价物的范围，一经确定不得随意变更。

现金流量是指公司现金和现金等价物的流入或流出。根据资产负债表的会计恒等关系可得出现金资产变化的原因，即：现金资产=负债+所有者权益-非现金资产。等号左方内部变化不影响现金流量，例如公司从银行提取现金、用现金购买短期国库券等现金和现金等价物之间的转换不影响现金流量；等号右方内部变化不影响现金流量，例如公司购入存货产生应付账款、股东以固定资产进行投资、以应收账项方式实现营业收入等；只有同时涉及上述等式双方的业务，才影响公司现金流量，例如银行收到应收账款，处置固定资产收到现金，以现金等价物偿还应付账款、发行股票筹资存入银行等。

现金流量根据公司经济活动的性质，通常可分为经营活动现金流量、投资活动现金流量以及筹资活动现金流量。现金流量根据现金的流程，又可分为现金流入量、现金流出量以及现金净流量。

现金流量表是以收付实现制为基础编制的，反映公司一定会计期间内现金及现金等价物流入和流出信息的一张动态报表。我国会计准则规定现金流量表主表的编制格式为按经营活动、投资活动和筹资活动的现金流量分别归集其流入量、流出量和净流量，最后得出公司净现金流量。现金流量表补充资料的编制格式为以净利润为基础调整相关项目，得出经营活动净现金流量。现金流量表的现金与财务管理多处界定的现金概念一致。

二、现金流量表与其他报表信息的关系及其分析目的

现金流量表的编制和分析能弥补资产负债表与利润表的不足。资产负债表是反映公司在某一特定日期财务状况的报表，可以提供公司某一日期资产或负债的总额及其结构，表明公司拥有或控制的资源及其分布情况，公司未来需要用多少资产或劳务清偿债务以及清偿时间；同时还可以反映所有者所拥有的权益，据以判断资本保值、增值的情况以及对负债的保障程度。但是，资产负债表无法说明公司的资产、负债和所有者权益为什么发生了变化。利润表是反映公司在一定会计期间经营成果的报表。该表可以提供公司一定会计期间的收入实现情况和费用耗费情况，从而反映公司生产经营活动的成果。利润表中有关营业收入和营业成本等信息说明了经营活动对财务状况的影响，一定程度上说明了财务状况变动的原因，但由于利润表是按照权责发生制原则确认和计量收入与费用的，它没有提供经营活动引起的现金流入和现金流出的信息。利润表中有关投资损益和财务费用的信息反映了公司投资与筹资活动的效率及最终成果，如投资效益、成本费用等，但是没有反映投资和筹资本身的情况，即对外投资的规模和投向，以及筹集资金的规模和具体来源。

现金流量表主要提供有关公司现金流量方面的信息，在评价公司经营业绩、衡量公司财务资源和财务风险以及预测公司未来前景等方面，现金流量表有着十分重要的作用。通过现金流量表分析，可以达到如下目的：

1.有助于评价公司支付能力、偿债能力和周转能力

通过现金流量表，并配合资产负债表和利润表，将现金与流动负债进行比较，计算出现金比率；将现金流量净额与发行在外的普通股加权平均股数进行比较，计算出每股现金流量；将经营活动现金流量净额与净利润进行比较，计算出盈利现金比率，可以了解公司的现金能否偿还到期债务、支付股利和进行必要的固定资产投资，了解公司现金流转效率和效果。

2.有助于预测公司未来现金流量和评估公司估值

通过现金流量表所反映的公司过去一定期间的现金流量以及其他生产经营指标，可以了解公司现金的来源和用途是否合理，了解经营活动产生的现金流量有多少，公司在多大程度上依赖外部资金，就可以据以预测公司未来现金流量，从而为公司编制现金流量计

划、组织现金调度、合理节约地使用现金创造条件，为投资者和债权人评价公司的未来现金流量、作出投资和信贷决策提供必要信息。

公司价值评估方法可以分为收益法、市场法、成本法和期权估价法四种基本类型。公司价值评估中的收益法是指通过将被评估公司预期收益资本化或折现以确定评估对象价值的方法。收益法中的预期收益可采用现金流量、各种形式的利润（包括会计利润和经济利润）或现金红利等指标表示。因此，价值评估的收益法又可分为：以现金流量为基础的价值评估法和以经济利润为基础的价值评估法。确定有明确预测期的现金净流量现值是公司价值评估的重要内容，公司估值方法的科学性将直接影响到价值评估的结果及市场交易的实施。

3.有助于分析公司的盈利质量

利润表中列示的净利润指标，反映了一个公司的最终经营成果，但是，利润表是以权责发生制原则为基础编制的，它不能反映公司经营活动产生了多少现金，并且不能全面反映投资活动和筹资活动对公司财务状况的影响。通过现金流量表分析，可以掌握公司经营活动、投资活动和筹资活动的现金流量，将经营活动产生的现金净流量与净利润相比较，可以了解公司的盈利质量，从而获悉公司具有现金流量支持的利润有多少，高质量的盈利必须有相应的经营现金流入予以保证。

三、现金流量表的比率分析

现金流量表的分析目的，可以借助会计分析和比率分析的方法实现，在此重点介绍现金流量比率分析的内容。现金流量比率分析主要包括流动性分析和获取现金能力分析。

（一）流动性分析

所谓流动性，是指公司的资产能够以一个合理的价格顺利变现的能力。这种衡量往往是通过当期现金流量特别是经营活动净现金流量与负债规模之比体现。

1.流动负债保障率

流动负债保障率是通过当期经营活动净现金流量与平均流动负债之比，说明当期经营活动产生的净现金流量与短期债务的适应程度，体现公司的短期流动性。该比率越高，说明现金对流动负债的保障程度越强。其计算公式为：

$$\text{流动负债保障率}=\frac{\text{经营活动净现金流量}}{\text{平均流动负债}}\times 100\% \qquad (2\text{-}27)$$

根据表 2-1 和表 2-3，JL 公司分析期流动负债保障率为 12.78%（54 624÷427 259×100%）。

2.负债保障率

负债保障率是通过当期经营活动净现金流量与平均负债之比，说明当期经营活动产生的净现金流量与总债务的适应程度，体现公司的短期流动性。该比率越高，说明现金对负债总额的保障程度越强。其计算公式为：

$$\text{负债保障率}=\frac{\text{经营活动净现金流量}}{\text{平均负债}}\times 100\% \qquad (2\text{-}28)$$

根据表 2-1 和表 2-3，JL 公司分析期负债保障率为 10.38%（54 624÷526 397×100%）。

（二）获取现金能力分析

获取现金能力是指公司的财务投入与当期经营活动净现金流量之比。财务投入包括普通股股数、净资产、营运资本、总资产等财务资源。

1.每股经营现金流量

每股经营现金流量是公司当期经营活动净现金流量与流通在外的普通股数量之比，反映投资者每股股票的公司经营活动净现金流水平。其计算公式为：

$$每股经营现金流量=\frac{经营活动净现金流量}{流通在外的普通股股数} \quad (2-29)$$

根据报表，JL公司分析期每股经营现金流量为0.94元（54 624÷57 956）。

2.净资产现金回收率

净资产现金回收率是公司当期经营活动净现金流量与平均净资产之比，反映当期净资产所带来的经营活动净现金流水平。其计算公式为：

$$净资产现金回收率=\frac{经营活动净现金流量}{平均净资产} \quad (2-30)$$

根据报表，JL公司分析期净资产现金回收率为37%（54 624÷147 532×100%）。

3.营运资本现金回收率

营运资本现金回收率是公司当期经营活动净现金流量与平均营运资本之比，反映当期营运资本所带来的公司经营活动净现金流水平。其计算公式为：

$$营运资本现金回收率=\frac{经营活动净现金流量}{平均营运资本}\times 100\% \quad (2-31)$$

上式中，营运资本=流动资产-流动负债。

根据报表，JL公司分析期营运资本为77 340万元（519 740-442 400），上期营运资本为12 840万元（424 958-412 118），分析期平均营运资本为45 090万元（（77 340+12 840）÷2），则营运资本现金回收率为121.14%（54 624÷45 090×100%）。

4.资产现金回收率

资产现金回收率是公司当期经营活动净现金流量与平均总资产之比，反映总资产产生的公司经营活动净现金流水平。其计算公式为：

$$资产现金回收率=\frac{经营活动净现金流量}{平均总资产}\times 100\% \quad (2-32)$$

根据报表，JL公司分析期资产现金回收率为8.11%（54 624÷673 929×100%）。

四、经营活动净现金流量与净利润的关系及盈利质量分析

公司的利润又称会计收益，它是以权责发生制为基础计算出来的，而现金流量表中的现金流量是以收付实现制为基础计算的。一般来说，经营性利润增加，经营现金流量净额也增加，但在某些情况下，会出现经营现金流量净额严重低于经营性利润的现象，说明公司盈利的现金透明度较低，即盈利质量不佳。因此，通过现金流量和利润的比较分析，可以对公司的财务状况和盈利质量作出判断。

（一）经营活动净现金流量与净利润关系的分析

利润表是按照权责发生制来归集公司的收入和支出，而现金流量表是按照收付实现制来归集公司现金的流入和流出。它们所反映的经济活动是相同的，只是反映的角度不同。从较长会计期间看，二者反映的累计结果应该趋于一致，即净利润和经营活动产生的现金流量在很长一段时间内的累计结果应该趋于一致。但是在某个会计期间内，净利润和经营活动产生的现金流量净额却往往不一致。可用公式表示经营活动净现金流量与净利润之间

的关系如下：

$$\text{经营活动净现金流量}=\text{本期净利润}+\text{不减少现金的经营性费用}+\text{非经营性费用}+\text{非现金流动资产的减少}+\text{经营性流动负债的增加} \quad (2-33)$$

对于2-33关系式的分析，我们可以揭示从净利润到经营活动净现金流量的变化过程，反映经营活动净现金流量与净利润的区别与联系。现金流量表附表根据此原理编制、披露了将净利润调节为经营活动净现金流量的资料。具体见JL公司现金流量表附表，见表2-4。

表2-4　现金流量表附表

编制单位：JL公司　　2018年度　　单位：万元

项目	本年金额	上年金额
1.将净利润调节为经营活动净现金流量：		
净利润	22 058	6 338
加：资产减值准备	6 668	0
固定资产折旧、油气资产折耗、生产性生物资产折旧	14 228	15 886
无形资产摊销	238	238
长期待摊费用摊销	438	4 100
处置固定资产、无形资产和其他长期资产的损失（收益以“−”号填列）	−1 262	0
固定资产报废损失（收益以“−”号填列）	38	0
公允价值变动损失（收益以“−”号填列）	0	0
财务费用（收益以“−”号填列）	11 752	16 430
投资损失（收益以“−”号填列）	426	−3 518
递延所得税资产减少（增加以“−”号填列）	422	0
递延所得税负债增加（减少以“−”号填列）	−7 556	0
存货的减少（增加以“−”号填列）	−40 696	−15 256
经营性应收项目的减少（增加以“−”号填列）	−25 882	−17 358
经营性应付项目的增加（减少以“−”号填列）	73 752	30 638
其他	0	732
经营活动产生的现金流量净额	54 624	38 224
2.不涉及现金收支的重大投资和筹资活动：		
债务转为资本	0	0
一年内到期的可转换公司债券	0	0
融资租入固定资产	0	0
3.现金及现金等价物净变动情况：		
现金的期末余额	76 806	48 602
减：现金的期初余额	48 602	21 226
加：现金等价物的期末余额	0	0
减：现金等价物的期初余额	0	0
现金及现金等价物净增加额	28 204	27 376

（二）盈利质量分析

盈利质量是公司盈利水平的内在揭示，它是在盈利能力评价的基础上，以收付实现制为计算基础，以现金流量表所列示的各项财务数据为基本依据，通过一系列现金流量指标的计算，对公司盈利水平进一步修复与检验，对公司盈利状况进行多视角、全方位综合分析，从而反映公司获取的利润品质如何的一种评价结果。盈利质量分析可以借助现金流量与利润的相互关系的比率进行。

1. 盈余现金保障倍数

$$盈余现金保障倍数=\frac{经营活动净现金流量}{净利润} \tag{2-34}$$

该比率反映公司分析期经营活动产生的现金净流量与净利润之间的比率关系。一般情况下，比率越大，公司盈利质量就越高。如果比率小于1，说明分析期净利润中存在尚未实现的现金收入。在这种情况下，即使公司盈利，也可能发生现金短缺。诚然，应收账款的增加，可能有以下三方面原因：①为了扩大市场份额而导致赊销增加；②公司规模扩大（资产增加）从而拉动应收账款增加；③盈余管理促成虚列收入，应收项目加大。

根据报表，JL公司分析期盈余现金保障倍数为2.48倍（54 624÷22 058），说明公司当年盈利质量较高，净利润有充足的现金流量作保证。

在分析盈利质量时，仅靠一年的数据未必能说明问题，需要进行连续的盈余现金保障倍数的比较和行业大数据比较，若该指标一直小于1甚至为负数，则公司盈利的现金支撑能力不佳，利润质量 较低，严重时会导致公司破产。

2. 现金毛利率

$$现金毛利率=\frac{经营活动净现金流量}{经营活动现金流入量} \tag{2-35}$$

该比率是对销售净利率的有效补充，可以识别权责发生制下利润率计算不实或人为虚增的问题。报表使用者应当注意的是，对于特殊行业，特别是一次性投资规模较大、分期回笼现金的行业，如房地产、大型基础设施建设等行业，应该将该指标进行连续几期的计算，以确定现金毛利率的合理水平，正确评价公司业绩。

根据报表，JL公司分析期现金毛利率为12.05%（54 624÷453 348×100%）。该比率应该与行业优值或者均值进行比较，以便评价公司的同业竞争能力。

（三）现金充分性比率

现金充分性比率可对公司现金运作能力进行综合衡量，是分析公司是否有足够现金偿还到期债务、进行投资以及支付股利和利息等刚性需求的参照比率。其计算公式为：

$$\text{现金充分性比率}=\frac{\begin{matrix}\text{经营活动}\\\text{净现金流量}\end{matrix}+\begin{matrix}\text{投资活动}\\\text{净现金流量}\end{matrix}+\begin{matrix}\text{筹资活动}\\\text{净现金流量}\end{matrix}}{\text{债务到期偿还额}+\text{资本性支出额}+\text{支付股利利息额}}\times 100\% \tag{2-36}$$

从计算公式中可以看出，现金充分性比率保持在1以上，才能保障公式分母中各项刚性支出的现金需求；如果小于1，则会出现现金短缺局面，可能影响公司正常资金运转。

□ 思政课堂

格力电器现金流充裕，要给市场稳定预期

财联社记者从格力电器采访获悉，格力电器对未来3年股东回报有明确规划，公司要建立科学、持续、稳定的回报机制，给市场稳定的预期，同时公司现金流充裕，具备分红能力，秉承一直以来的重视回报股东的初心。2022年1月24日格力电器公告披露，2022—2024年公司每年进行两次利润分配，每年累计分红总额不低于当年净利润的50%。

近年来国家出台一系列的政策促进我国家电行业的发展，"一带一路"倡议推动了家电行业产品走出国门，开辟海外市场。党的二十大报告提出，把实施扩大内需战略同深化供给侧结构性改革有机结合起来，增强国内大循环内生动力和可靠性，提升国际循环质量和水平，加快建设现代化经济体系，着力提高全要素生产率，着力提升产业链供应链韧性和安全水平，着力推进城乡融合和区域协调发展，推动经济实现质的有效提升和量的合理增长。此外，我国产品消费升级的趋势日益明显，政府关注民生，对于高能效家电的关注程度越来越高，在供给侧结构性改革政策的要求下，家电企业进行产品升级，清除积压加速周转，以确保稳增长、促改革、调结构、惠民生、防风险、保稳定的发展方略。格力电器连续3年经营活动净现金流量与核心利润的关系见表2-5。

表2-5　**格力电器经营活动现金流量与核心利润的关系表**　金额单位：亿元

	2019年	2020年	2021年
营业成本	987.09	760.08	845.76
平均存货	91.46	118.24	120.5
存货周转率（次）	10.79	6.43	7.02
经营活动净现金流量	277.88	163.59	57.57
净利润	228.32	198.37	29.95
核心利润 （营业收入-营业成本-期间费用）	220.29	226	251.07
经营活动净现金流量/核心利润	1.26	0.72	0.23

格力在2019—2021年存货周转率都远高于2次，说明格力将存货推向市场的能力较强。其经营活动净现金流量与核心利润之比在2019年达到1.26，可见在2019年格力的核心利润以及净利润有较强的经营活动净现金流量支撑，即有利润更有现金净流量，说明在2019年的利润质量较高。2020—2021年受新冠肺炎疫情影响，格力电器经营活动净现金流量回笼受到影响。

根据经济增长理论，经济增长的动力在于资本的积累、劳动力的增加和生产效率的提高。在科技水平一定的条件下，资本的扩张也好，劳动力的增加也好，都不可能是一个无限的过程，假以时日总会遇到"天花板"。唯有以科技创新带动生产力，才是一个可以在知识累积基础上不断进行创造的无限过程，能够为经济增长提供取之不尽、用之不竭的动力。

对于格力电器而言，空调一直是其核心业务。但是目前空调行业的竞争异常激烈，市场过度饱和，并且受到经济下行、消费趋势低迷等外部环境的影响。格力电器正以科技创新推动高质量发展，采取相关多元化和非相关多元化并举的措施。前者是指进入与主营业务相关的小家电与冰箱领域，后者则是指涉足与主营业务不相关的智能手机、机器人、新能源汽车等领域。未来格力电器在科技创新、高质量发展的战略驱动下，利润与经营活动净现金流量将进一步向好，以实现近3年的市场稳定和股东回报预期。

资料来源 任超宇. 格力电器：公司现金流充裕 要给市场稳定预期［EB/OL］.［2022-01-24］. https://kong.citics.com. 数据根据格力电器2019—2021年年报加工整理，作者有修改。

□ 本章小结

1.会计分析方法通常包括水平分析法、垂直分析法和趋势分析法。水平分析法是指将反映公司报告期财务状况的信息（特别指财务报表信息资料）与反映公司前期或历史某一时期财务状况的信息进行对比，研究公司各项经营业绩或财务状况的发展变动情况的一种财务分析方法。垂直分析法是通过计算报表中各项目占总体的比重或结构，反映报表中的项目与总体的关系及变动情况。趋势分析法是根据公司连续几年或几个时期的分析资料，运用指数或者完成率计算、确定分析期各有关项目的变动情况和趋势的一种会计分析方法。

2.财务比率是根据公司报表实际数值加工生成的，判断财务比率是否恰当合理则需要将其与标准比率进行比较。比较的标准一般包括四种形式：绝对标准、预算标准、历史标准和行业标准。

3.每一类财务效率指标都有其自身的反映内容和具体指标。偿债能力比率包括流动比率、速动比率、现金比率、利息保障倍数、资产负债率、权益乘数、到期债务本息偿还比率、强制性现金支付比率等。获利能力比率包括营业利润率、成本费用利润率、净资产收益率、总资产报酬率、资本保值增值率等。营运能力比率主要包括各种周转率指标。市场表现比率包括每股收益、每股股利、市盈率、市净率、市销率、托宾Q值等指标。

4.现金流量比率分析主要包括流动性分析和获取现金能力分析。流动性分析是指公司的资产能够以一个合理的价格顺利变现的能力，其衡量指标往往是通过当期现金流量，特别是经营活动净现金流量与负债规模之比体现；获取现金能力分析主要考虑公司回收现金的能力，该能力是通过公司的财务投入与当期经营活动净现金流量之比体现，财务投入包括普通股股数、净资产、营运资本、总资产等财务资源。

5.盈利质量是公司盈利水平的内在揭示，它是在盈利能力评价的基础上，以收付实现制为计算基础，以现金流量表列示的各项财务数据为基本依据，通过一系列现金流量指标的计算，对公司盈利水平进一步修复与检验，对公司盈利状况进行多视角、全方位综合分析，从而反映公司获取的利润品质的一种评价结果。盈利质量分析可以借助经营活动净现金流量与利润的比率进行，具体包括盈余现金保障倍数、现金毛利率等。

基本训练指引 2-1

□ 基本训练

1.会计分析与财务分析的关系如何？如何对公司进行会计分析？您认为财务效率分析之后如何得出合理的综合性结论？

基本训练指引 2-2

2.分析上市公司的财务状况应该着重观测哪些方面？对于盈亏边缘和亏损公司应该如何预警？选择相关样本予以求证。

3.现金流量表与资产负债表、利润表的关系如何？现金流量表的信息是否比资产负债表、利润表的信息更为重要？为什么？财务报表粉饰的动机和手段有哪些？资产负债表的资产质量如何判断？

基本训练指引 2-3

4.结合公司的生命周期，如何看待公司的造血功能（经营活动现金流量）、输血功能（筹资活动现金流量）、献血功能（投资活动现金流量）的辩证关系？

基本训练指引 2-4

□ 微型案例

选择某行业一家上市公司的样本数据，观测连续5年以上的财务比率和其他必要信息，分析经营活动净现金流量与净利润的差异，观测案例公司的盈利质量。

（1）信息来源

巨灵财经网 http：//www.genius.com.cn/

中国证券网 http：//www.cnstock.com/

中国证券监督管理委员会网站 http：//www.csrc.gov.cn/pub/newsite/

巨潮资讯网 http：//www.cninfo.com.cn/new/index

全景网 http：//www.p5w.net/

东北财经大学精品课网站 http：//classroom.dufe.edu.cn

（2）搜集内容

① 上市公司“佛山照明”2015—2021年的有关偿债能力的相关指标。

② 我国上市公司连续10年的资产负债状况。

③ 某案例公司IPO前3年的财务报表信息。

（3）提出问题

① 上市公司“佛山照明”的偿债能力如何？原因是什么？

② 从我国上市公司的整体负债状况分析其融资偏好。

③ 根据某案例公司IPO前3年的财务报表信息，对其主要财务效率指标及其财务状况进行评价。

案例分析指引

④ 公司财务危机前的财务效率指标有何特点？面对财务危机，公司内外监管应该如何应对？

第三章

货币时间价值

高利贷[①]，为什么叫“高利”贷？为什么有很多人会因为借高利贷而倾家荡产？高利贷，顾名思义，是利息能够在短期间内上涨迅速的贷款。高利贷的资金价格一般是指1元钱一个月的月息。例如，某人借高利贷本金10万元，利息6分，也就是月利率为6%，则一年后的本利和将高达20.12万元（$10\times(1+6\%)^{12}$），相当于一年的利息比本金还要多。为什么会出现这样的结果？最主要的原因就是复利计算利息，即俗称的“利滚利”“驴打滚”“滚雪球”。而“复利”是货币时间价值当中的一个概念。货币时间价值是财务管理中非常重要的一个价值观念，无论是投资决策还是融资决策，货币时间价值都将起到非常重要的作用。因此，本章将要讲授的内容是进行公司理财活动的基础。

通过本章的学习，你可以理解货币时间价值的基本含义；熟悉货币时间价值的表示方法；掌握货币时间价值的计算；掌握利率的构成；了解利率的期限结构；熟悉利用Excel计算货币时间价值的财务函数。

第一节　货币时间价值

一、相关概念及符号

（一）时间轴

时间轴就是表示各个时间点的数轴。严格来讲，时间轴并不是货币时间价值的基本概念，而是对解决货币时间价值问题非常有用的一种工具。在解决货币时间价值的问题，甚至在解决整个公司理财中遇到的各种财务问题时，绘制时间轴都是第一个步骤。

由于不同时间点上发生的现金流量不能直接进行比较，因此，在比较现金流量的时候，就必须同时强调现金发生的时点。如图3-1所示，时间轴上的各个数字代表的就是各个不同的时点，一般用字母t表示。

这里需要注意两点：（1）除0点以外，每个时点数字代表的都是两个含义，即当期的期末和下一期的期初，如时点t=1就表示第1期的期末和第2期的期初。（2）现金流数字前面的正负号表示的是现金流入或现金流出，其中正号表示的数值是从公司外部流入公司

① 高利贷是违法的，请大家远离高利贷，以及具有高利贷性质的“校园贷”“求职贷”“培训贷”“创业贷”“美丽贷”等。

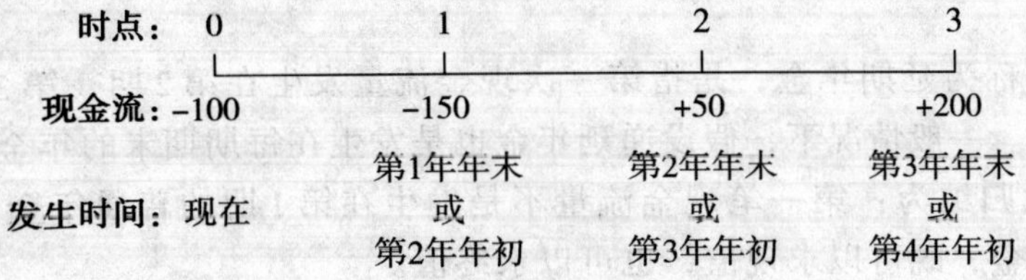

图3-1　货币时间价值时间轴

内部的现金，如收回的销售收入、固定资产的残值收入等；而负号表示的数值则是指从公司内部流出到外部的现金，如初始投资或其他现金投资等。

为简化，本章中的现金流量都作如下假设，即现金流入量均发生在每期期末，现金流出量均发生在每期期初。除非特别说明，决策所处的时点均为时点t=0，即“现在”。

（二）单利和复利

单利和复利是两种不同的利息计算体系。在单利（simple interest）情形下，只有本金计算利息，利息不计算利息；而在复利（compound interest）情形下，除本金计算利息之外，每经过一个计息期得到的利息也要计算利息，逐期滚算，俗称“利滚利”。

如果期限较短的话，单利和复利差别不大。但期限越长，二者之间的差别就越大。以100元人民币进行复利投资和单利投资为例，假设利率为10%：投资1年，二者终值完全相同；投资2年，单利终值为120元（100+100×2×10%），复利终值为121元（100×1.1^2），二者相差1元；而投资100年，二者相差1 376 961元。除非特别说明，本书中货币的时间价值一般都按复利计算。

（三）现值和终值

现值即现在（t=0）的价值，是一个或多个发生在未来的现金流相当于现在时刻的价值，用PV（present value）表示。终值即未来值（如t=n时的价值），是一个或多个现在发生或未来发生的现金流相当于未来时刻的价值，用FV（future value）表示。

（四）单一支付款项和系列支付款项

单一支付款项是指在某一特定时间内只发生一次的简单现金流量，如投资于到期一次偿还本息的公司债券就是单一支付款项。

系列支付款项是指在n期内多次发生现金流入或现金流出。年金是系列支付款项的特殊形式，是在一定时期内每隔相同时间（如一年）发生相同金额的现金流量，如折旧、租金、利息、保险金等通常都采用年金的形式。年金（用A表示，即annuity的简写）可以分为普通年金、预付年金、递延年金和永续年金等类型。

1.普通年金

普通年金又称为后付年金，是指一定时期内，每期期末发生的等额现金流量。例如，从投资的每年支付一次利息、到期一次还本的公司债券中每年得到的利息就是普通年金的形式。普通年金既可以求现值，也可以求终值。

2.预付年金

预付年金又称为先付年金，是指一定时期内，每期期初发生的等额现金流量。例如，对租入的设备，如果要求每年年初支付相等的租金额，那么该租金就属于预付年金的形式。与普通年金相同，预付年金既可以求现值，也可以求终值。

3.递延年金

递延年金又称为延期年金，是指第一次现金流量发生在第2期、第3期或第4期……的等额现金流量。一般情况下，假设递延年金也是发生在每期期末的年金，因此，递延年金也可以简单地归纳为：第一笔现金流量不是发生在第1期的普通年金，都属于递延年金。对于递延年金，既可以求现值，也可以求终值。

4.永续年金

永续年金是指无限期支付的年金，即永续年金的支付期n趋近于无穷大。由于永续年金没有终止的时间，因此只能计算现值，不能计算终值。

（五）Excel时间价值函数基本模型

当前，小型财务计算器和一些办公软件的广泛应用，不仅能方便快捷地检查和计算各种复杂形态的现金流量的价值，而且能相当有效地进行敏感性分析。现以Microsoft Excel™为例，介绍货币时间价值的计算方法。

在采用公式计算货币的时间价值时，每个公式都包含四个变量，如简单现金流量的四个变量是：PV、FV、r、n；系列现金流量的变量是：PV或FV、A、r、n。只要知道其中三个变量，就可以求出第四个变量。

Excel电子表格程序通常包含五个变量：PV、FV、PMT（A）、RATE（r）、NPER（n），这是因为计算机程序中被设计成：如果输入PMT（等额款项），PV或FV的值有一个为零时默认解决年金问题；输入PMT值为零时处理的是简单现金流量问题。在这五个变量中，只要输入四个变量值，就可以计算第五个变量。各个变量的求解公式见表3-1。

表3-1　　电子表格程序输入公式

求解变量	输入函数
计算终值：FV	=FV（Rate，Nper，Pmt，PV，Type）
计算现值：PV	=PV（Rate，Nper，Pmt，FV，Type）
计算每期等额现金流量：PMT	=PMT（Rate，Nper，PV，FV，Type）
计算期数：n	=NPER（Rate，Pmt，PV，FV，Type）
计算利率或折现率：r	=RATE（Nper，Pmt，PV，FV，Type）

利用电子表格程序求解任何一个变量值，可按照表3-1中“输入函数”括号中的顺序输入三个已知变量的值，将第四个变量值设为0（求简单现金流量的现值或终值，将Pmt设为0；求年金终值，将PV设为0；求年金现值，将FV设为0）。如果现金流量发生在每期期末，则“Type”项设为0或忽略；如果现金流量发生在每期期初，则“Type”项设为1。

在变量输入过程中，需要注意以下五个问题：

第一，现金流量的符号问题。在FV、PV和PMT三个变量中，其中总有一个数值为0，因此，在每一组现金流量中，总有两个异号的现金流量。在Excel内置函数中，PV函数认定年金PMT和终值FV现金流量的方向与计算出的现金流量现值的方向相反，即如果年金PMT和终值FV是付款，计算出的现值为收款；反之亦然。为了使计算出的现值显示为正数，应在输入PMT和FV参数时加上负号。计算复利现值或终值时亦然。

第二，如果某一变量值为0，可直接输入“0”或省略。

第三，如果某一变量值（在输入公式两个变量之间）为0，也可以用“,”代替。

第四，在使用函数时，函数名与其后的括号“（”之间不能有空格；当有多个参数时，参数之间要用逗号“,”分隔；参数可以是数值、文本、逻辑值、单元格地址或单元格区域地址，也可以是各种表达式或函数；函数中的逗号、括号等都是半角字符，而不是全角字符。

第五，如果对表3-1中列示的各种输入公式不熟悉，可在Microsoft Excel电子表格中，点击菜单栏中的“f_x”项，在“粘贴变量”对话框中点击“财务”，在“变量名”中点击需要计算的变量，如FV（终值）、PV（现值）等，点击“确定”后，即可根据对话框中的提示进行操作，求解变量值。

二、终值和现值的计算

货币时间价值中最常用的是终值FV和现值PV的计算。

（一）单一支付款项的终值和现值

单一支付款项的终值和现值一般简称为复利终值和复利现值。以下计算中，我们以r表示利率或折现率（计算终值时一般叫作利率，而在计算现值时常被称为折现率。二者并没有本质上的差别），以n表示计算期间。

1.复利终值（已知现值PV，求终值FV）

复利终值是指一项现金流量按复利计算的一段时期后的价值，其计算公式为：

$$FV = PV(1 + r)^n \tag{3-1}$$

式中，$(1+r)^n$通常称为“复利终值系数”，记作（F/P，r，n），可直接查阅书后的附表“复利终值系数表”。

［例3-1］假设某公司向银行借款100万元，年利率为10%，借款期5年，那么5年后该公司应向银行偿还的本利和是多少？

5年后该公司应向银行偿还的本利和为：

$FV=PV(1+r)^n=100\times(1+10\%)^5=100\times(F/P, 10\%, 5)$

$=100\times1.6105=161.05$（万元）

复利终值与时间和利率正相关。在其他条件不变的情况下，现金流量的终值与利率和时间呈同方向变动，现金流量时间间隔期越长，利率越高，终值越大。

2.复利现值（已知终值FV，求现值PV）

计算现值的过程通常称为折现，是指将未来预期发生的现金流量按折现率调整为现在的现金流量的过程。对于单一支付款项来说，现值和终值是互为逆运算的。现值的计算公式为：

$$PV = FV(1 + r)^{-n} \tag{3-2}$$

式中，$(1+r)^{-n}$通常称为“复利现值系数”，记作（P/F，r，n），可直接查阅书后的附表“复利现值系数表”。

［例3-2］假设某投资项目预计5年后可获得收益800万元，按年折现率12%计算，问这笔收益的现值是多少？

该笔收益的现值计算如下：

$PV=FV(1+r)^{-n}=800\times(1+12\%)^{-5}=800\times(P/F,12\%,5)$

$=800\times0.5674=453.92$（万元）

上述计算表明，在折现率为12%的条件下，5年后的800万元与现在的453.92万元在价值量上是相等的。

复利现值系数与时间和利率负相关。在其他条件不变的情况下，现金流量的现值与折现率和时间呈反向变动，现金流量间隔的时间越长，折现率越高，现值越小。

利用Excel计算上述例题过程及结果见二维码中的表格。

单一支付款项终值和现值的计算

（二）系列支付款项的终值和现值

由于系列支付款项可以分为普通年金、预付年金、递延年金和永续年金等类型，因此计算终值和现值时要区别对待。

1.普通年金终值（已知普通年金A，求终值FV）

年金[①]终值犹如零存整取的本利和，它是一定时期内每期期末现金流量的复利终值之和。

设每年的支付金额为A，利率为r，期数为n，则普通年金终值的计算公式为：

$$FV=A+A(1+r)+A(1+r)^2+A(1+r)^3+\cdots+A(1+r)^{n-1} \tag{3-3}$$

等式两边同乘（1+r），则：

$$FV(1+r)=A(1+r)+A(1+r)^2+A(1+r)^3+\cdots+A(1+r)^n \tag{3-4}$$

用公式（3-4）减公式（3-3），可得：

$$FV(1+r)-FV=A(1+r)^n-A$$

即：

$$FV=A\left[\frac{(1+r)^n-1}{r}\right] \tag{3-5}$$

式中，方括号中的数值通常称作“年金终值系数”，记作（F/A，r，n），可以直接查阅书后的附表“年金终值系数表”。

因此，该公式也可以写成：

$$FV=A(F/A,r,n) \tag{3-6}$$

［例3-3］假设某项目在3年建设期内每年年末向银行借款100万元，借款年利率为10%，问项目竣工（即第3年年末）时应该支付给银行的本利和总额是多少？

$$FV=A\left[\frac{(1+r)^n-1}{r}\right]=A(F/A,r,n)$$

$$=100\times\left[\frac{(1+10\%)^3-1}{10\%}\right]=100\times(F/A,10\%,3)$$

$$=100\times3.3100=331(\text{万元})$$

在实际工作中，公司可根据需要在贷款期内建立偿债基金，以保证在期满时有足够的现金偿还贷款的本金或兑现债券。此时的债务实际上等于年金终值FV，每年提取的偿债基金等于分次付款的年金A。也可以说，年偿债基金的计算实际上是年金终值的逆运算。其计算公式为：

① 本书中凡涉及年金问题，如不作特殊说明，均指普通年金。

$$A = FV\left[\frac{r}{(1+r)^n - 1}\right] \tag{3-7}$$

式中，方括号中的数值称作“偿债基金系数”，记作（A/F，r，n），可通过年金终值系数的倒数推算出来。

［例3-4］假设某公司有一笔4年后到期的借款，数额为1 000万元，为此要设置偿债基金，年利率为10%，到期一次还清借款，问每年年末应存入的金额是多少？

$$A = 1\,000 \times \left[\frac{10\%}{(1+10\%)^4 - 1}\right] = 1\,000 \times \left[\frac{1}{(F/A,\ 10\%,\ 4)}\right]$$

$$= 1\,000 \times 0.215 = 215(万元)$$

2.普通年金现值（已知普通年金A，求现值PV）

普通年金现值是指一定时期内每期期末现金流量的现值之和。年金现值计算的一般公式为：

$$PV = A(1+r)^{-1} + A(1+r)^{-2} + \cdots + A(1+r)^{-n} \tag{3-8}$$

等式两边同乘（1+r）可得到：

$$PV(1+r) = A + A(1+r)^{-1} + A(1+r)^{-2} + \cdots + A(1+r)^{-(n-1)} \tag{3-9}$$

用公式（3-9）减公式（3-8），可得到：

$$PV(1+r) - PV = A - A(1+r)^{-n}$$

$$PV = A\left[\frac{1-(1+r)^{-n}}{r}\right] \tag{3-10}$$

式中，方括号内的数值称作“年金现值系数”，记作（P/A，r，n），可直接查阅书后的附表“年金现值系数表”。

因此，公式（3-10）也可以写作：$PV = A(P/A,\ r,\ n)$。

［例3-5］假设某公司租入A设备，租期3年，要求每年年末支付100万元租金，在年折现率为10%的情况下，该公司3年中租金的现值是多少？

$$PV = 100 \times \left[\frac{1-(1+10\%)^{-3}}{10\%}\right] = 100 \times (P/A,\ 10\%,\ 3)$$

$$= 100 \times 2.4869 = 248.69(万元)$$

年金现值的逆运算是年资本回收额的计算。资本回收额是指在给定的年限内等额回收或清偿初始投入的资本或所欠的债务。年资本回收额的计算公式为：

$$A = PV\left[\frac{r}{1-(1+r)^{-n}}\right] \tag{3-11}$$

式中，方括号内的数值称作“资本回收系数”，记作（A/P，r，n），可利用年金现值系数的倒数求得。

［例3-6］假设某公司现在借到1 000万元的贷款，要按年利率12%在10年内均匀偿还，那么该公司每年应支付的金额是多少？

$$A = 1\,000 \times \left[\frac{12\%}{1-(1+12\%)^{-10}}\right] = 1\,000 \times \left[\frac{1}{(P/A,\ 12\%,\ 10)}\right]$$

$$= 1\,000 \times 0.177 = 177(万元)$$

3.预付年金终值（已知预付年金A，求预付年金终值FV）

系列支付款项终值和现值的计算

预付年金与普通年金的差别仅在于现金流量的发生时间不同。由于“年金终值系数表”和“年金现值系数表”是按常见的普通年金编制的，在利用普通年金系数表计算预付年金的终值和现值时，可在计算普通年金的基础上加以适当的调整。

预付年金终值的一般计算公式为：

$$FV = A\left[\frac{(1+r)^{n+1}-1}{r}-1\right] \tag{3-12}$$

式中，方括号内的数值称作“预付年金终值系数”，它和普通年金终值系数$\left[\frac{(1+r)^{n}-1}{r}\right]$相比，期数加1，系数减1，可记作［（F/A，r，n+1）−1］。

因此公式（3-12）也可以写成：

$$FV = A\left[(F/A,\ r,\ n+1)-1\right] \text{ 或 } FV = A(F/A,\ r,\ n)(1+r)$$

4.预付年金现值（已知预付年金A，求预付年金现值PV）

预付年金的现值可以在普通年金现值的基础上加以调整，其计算公式为：

$$PV = A\left[\frac{1-(1+r)^{-(n-1)}}{r}+1\right] \tag{3-13}$$

式中，方括号内的数值称作“预付年金现值系数”，它和普通年金现值系数$\left[\frac{1-(1+r)^{-n}}{r}\right]$相比，期数减1，系数加1，可记作［（P/A，r，n−1）+1］。

因此公式（3-13）也可以写成：

$$PV = A\left[(P/A,\ r,\ n-1)+1\right] \text{ 或 } PV = A(P/A,\ r,\ n)(1+r)$$

5.递延年金终值（已知递延年金A，求递延年金终值FV）

递延年金的第一次现金流量并不是发生在第一期的，但如果将发生递延年金的第一期设为时点1，则用时间轴表示的递延年金与普通年金完全相同，因此递延年金终值的计算方法与普通年金终值的计算基本相同，只是发生的期间n是发生递延年金的实际期限。

6.递延年金现值（已知递延年金A，求递延年金现值PV）

递延年金现值的计算有两种方法：

（1）分段法，其基本思路是将递延年金分段计算，先求出正常发生普通年金期间的递延期末的现值，然后再将该现值按单一支付款项的复利现值计算方法，折算为第一期期初的现值。

假设递延期为m（m<n），即先求出m期后的（n-m）期普通年金现值，然后再将此现值折算到第一期期初的现值。其计算公式为：

$$PV = A(P/A,\ r,\ n-m)(P/F,\ r,\ m) \tag{3-14}$$

（2）扣除法，其基本思路是假定递延期中也进行收付，先将递延年金视为正常的普通年金，计算普通年金现值，然后再扣除递延期内未发生的普通年金现值，其结果即为递延年金的现值。其计算公式为：

$$PV = A\left[(P/A,\ r,\ n)-(P/A,\ r,\ m)\right] \tag{3-15}$$

［例3-7］假设某公司打算在年初存入一笔资金，从第4年起每年年末取出100元，至第9年年末取完。在年利率为10%的情况下，问该公司最初一次应该存入多少钱？

该递延年金现值计算如下：

$$\begin{aligned}PV &= 100\times(P/A,\ 10\%,\ 9-3)\times(P/F,\ 10\%,\ 3)\\ &= 100\times4.355\times0.751\approx327(\text{元})\end{aligned}$$

或　$PV=100\times[(P/A,\ 10\%,\ 9)-(P/A,\ 10\%,\ 3)]$

$=100\times(5.759-2.487)\approx 327$(元)

7.永续年金现值（已知永续年金A，求永续年金现值PV）

永续年金的现值可以通过普通年金现值的计算公式推导得出。由公式（3-10）可知：

$$PV=A\left[\frac{1-(1+r)^{-n}}{r}\right]$$

当n→∞时，$(1+r)^{-n}$的极限为零，故上式可写成：

$$PV=A\times\frac{1}{r} \qquad (3-16)$$

［例3-8］假设某公司拟建立一项永久性的奖学金，每年计划颁发10 000元奖金资助某大学学生。如果利率为10%，那么公司现在应该存入多少钱?

$$PV=\frac{10\,000}{10\%}=100\,000(\text{元})$$

8.增长型永续年金现值

增长型永续年金是指无限期支付的，每年呈固定比率增长的各期现金流量。它与永续年金的区别在于，永续年金每期发生的金额都是固定的，而增长型永续年金的各期现金流量是以固定比率每期增长的。在现实生活中，增长型永续年金的典型例子是普通股股利，因此在普通股估价中经常会使用增长型永续年金现值的计算公式。

设C_0为第0期的现金流量，g表示现金流量每年预计增长率，则第1~n期及以后的增长型永续年金发生额分别为：$C_1=C_0(1+g)$、$C_2=C_0(1+g)^2$、$C_3=C_0(1+g)^3\cdots C_n=C_0(1+g)^n\cdots$，其现值计算公式可表示为：

$$PV=\frac{C_1}{1+r}+\frac{C_2}{(1+r)^2}+\frac{C_3}{(1+r)^3}+\cdots+\frac{C_n}{(1+r)^n}+\cdots$$

$$=\frac{C_0(1+g)}{1+r}+\frac{C_0(1+g)^2}{(1+r)^2}+\frac{C_0(1+g)^3}{(1+r)^3}+\cdots+\frac{C_0(1+g)^n}{(1+r)^n}+\cdots$$

上式是对几何级数求和，对此我们有一个简单的公式①：当增长率$g<$折现率r时，该增长型永续年金现值可简化为：

$$PV=\frac{C_0(1+g)}{r-g}=\frac{C_1}{r-g} \qquad (3-17)$$

三、利率与计息期数的计算

影响现金流量时间价值的因素有四个：现值、终值、利率（折现率）和计息期数，只要知道了其中任意三个因素就可求出第四个因素。以上计算都是假定利率（折现率）、计息期数、现值（或终值）是已知的，求解终值（或现值）。但在某些情况下，也可以根据计息期数、终值或现值求解利率（折现率），或根据利率（折现率）、终值或现值求解计息期数。

（一）利率r的计算

计算利率r时，可以首先列出终值或现值的计算公式，然后通过求解方程式的方法将未知数r求出来。首先根据已知条件计算出终值或现值的换算系数：

① 该公式为推导后得出的结果，推导过程略。

$$(F/P, r, n)=\frac{FV}{PV};\quad (P/F, r, n)=\frac{PV}{FV}$$

$$(F/A, r, n)=\frac{FV}{A};\quad (P/A, r, n)=\frac{PV}{A}$$

求出换算系数后，可从有关系数表中的n期各系数中找到最接近的系数。这个最接近的系数所属的r，就是要求的利率或折现率的近似值。

如果要使利率或折现率计算得相对准确，可采用插值法或利用Excel软件进行计算。

[例3-9] 假设你现在向银行存入10 000元，问折现率为多少时，才能保证在以后的10年中每年年末都能够从银行取出2 000元?

$$(P/A, r, 10)=\frac{10\ 000}{2\ 000}=5.000$$

从年金现值表中可以看出，在n=10的各系数中，r=14%时，系数是5.216；r=16%时，系数是4.833，可见利率应在14%～16%之间。

利率r的计算

设X为超过14%的百分数，则可用插值法计算X值如下：

$$\frac{X}{2\%}=\frac{0.216}{0.383}$$

$$r=14\%+X=14\%+2\%\times\frac{0.216}{0.383}$$

$$=14\%+1.129\%=15.129\%$$

(二) 计息期数n的计算

在已知终值、现值、利率的情况下，即可求出计息期数n，其基本方法同利率（折现率）的确定方法相同。在实务中，通常利用Excel软件进行计算。

四、Excel中混合现金流量的现值与折现率

Excel中的函数符号与财务教材通用的符号所代表的含义不完全相同。NPV在财务中表示净现值（现金流入量现值-现金流出量现值），在Excel中表示现值①，在计算净现值时，应将项目未来现金流量用NPV函数求出的现值再减去该项目的初始投资的现值，NPV函数输入方式为：

=NPV（rate，value1，value2，…）

式中，value1，value2…分别表示第1～∞笔支出或收入参数值，时间均匀分布并出现在每期期末。

[例3-10] 某投资项目在未来4年年末分别产生90元、100元、110元、80元确定的现金流量，初始投资300元，折现率为8%。求该项目的净现值NPV。采用Excel财务函数计算如下（见表3-2）：

表3-2 **混合现金流量现值计算举例**

	Rate	Value 1	Value 2	Value 3	Value 4	NPV	Excel函数公式
已知	0.08	90	100	110	80		
求NPV						15.19	=NPV（0.08，90，100，110，80）-300

当各期现金流量不相等时，可使用IRR函数计算折现率。IRR函数的功能是返回由数

① 在Excel中，函数NPV假定投资现金流量（初始投资）发生在第一期期末（Value 1），而在我们的分析中，通常假设投资发生在第0期。

值代表的一组现金流量的内部收益率，这些现金流量不一定必须为均衡的，但它们必须按固定的间隔发生（按月或年），其输入方式为：

=IRR（Values，Guess）

式中，Value表示数组或单元格，包含用来计算内部收益率的数字。Value必须包含至少一个正值和一个负值。函数IRR根据数值的顺序来解释现金流量的顺序，因此应按需要的顺序输入数值。Guess表示对函数IRR计算结果的估计值，在大多数情况下，并不需要为函数IRR的计算提供Guess值，如果省略Guess，假设其为0.1。

［例3-11］某公司支付200万元购买一台设备，预计使用5年。设备投入使用后每年预计现金净流量分别为30万元、50万元、60万元、80万元、60万元。请计算该公司购买这一设备的内部收益率IRR。采用Excel财务函数计算如下（见表3-3）：

表3-3 混合现金流量折现率计算举例

	A	B	C	D	E	F	G	H	I
1		Value 1	Value 2	Value 3	Value 4	Value 5	Value 6	IRR	Excel函数公式
2	已知	-200	30	50	60	80	60		
3	求IRR							10.96%	=IRR（B2：G2）

第二节 利率决定因素

一、利率报价与调整

到目前为止我们一直假设现金流量是发生在每年年末的，且每年计息一次。在实务中，在法国和德国，大多数公司的债券都是每年付息一次的。在美国和英国，债券大多是半年付息一次。而在我国，每年付息一次和半年付息一次的债券都比较常见。如果是半年付息一次，那么这些债券的投资者获得的第一笔利息就能获得额外6个月期的利息，也就是说，利率10%、半年复利一次的100元的债券投资，6个月后将变成105元，到年底就是110.25元（$1.05^2 \times 100$）。换句话说，利率10%、半年复利一次就等同于每年复利一次的年利率10.25%。

在实务中，金融机构提供的利率报价为名义的年利率，通常记作APR（annual percentage rate）。如果年复利期数大于1，则按不同计息期（如每半年、每季度或每月复利一次）计算的现值或终值就会有很大差别。通常将以年为基础计算的利率称为名义年利率APR，将名义年利率按不同计息期调整后的利率称为有效利率（effective annual rate，EAR）。

设1年复利次数为m次，名义年利率APR为r_{nom}，则有效利率EAR的调整公式为：

$$EAR = \left(1 + \frac{r_{nom}}{m}\right)^m - 1 \qquad (3\text{-}18)$$

以APR为6%为例，不同复利次数的EAR见表3-4。

表3-4 不同复利次数的EAR

频率	m	r_{nom}/m（%）	EAR（%）
按年计算	1	6.000	6.00
按半年计算	2	3.000	6.09
按季计算	4	1.500	6.14
按月计算	12	0.500	6.17
按周计算	52	0.115	6.18
按日计算	365	0.016	6.18
连续计算	∞	0	6.18

表3-4表明，如果每年复利一次，APR和EAR相等；随着复利次数的增加，EAR逐渐趋于一个定值。从理论上说，复利次数可以为无限大的值，当复利间隔趋于零时即为连续复利（continuous compounding），此时：

$$EAR=\lim_{m\to\infty}\left[\left(1+\frac{r_{nom}}{m}\right)^{m}-1\right]=e^{r_{nom}}-1 \tag{3-19}$$

［例3-12］假设你刚刚从银行取得了250 000元的房屋抵押贷款，年利率12%，贷款期为30年。银行给你提供了两种还款建议：(1) 在未来30年内按年利率12%等额偿还；(2) 在未来30年内按月利率1%等额偿还。

银行工作人员建议你选择第二种还款方式，理由是薪金按月支付，这样贷款偿还额可以每月直接从银行账户扣除，而且第二种还款方式成本更低。

(1) 如果按年偿还，则每年偿还额×（P/A，12%，30）=250 000=PV，其中，(P/A，12%，30)= $\frac{1-(1+12\%)^{-30}}{12\%}$ = 8.055，因此每年偿还额31 037元（250 000÷8.055）。

(2) 如果按月偿还，月利率为1%，共有30×12=360（月），则每月偿还额×（P/A，1%，360）=250 000=PV，其中，（P/A，1%，360）= $\frac{1-(1+1\%)^{-360}}{1\%}$ = 97.218，即每月偿还额2 572元（250 000÷97.218）。

也就是说，使用第二种偿还方式可使每年偿还额降低173元（31 037−12×2 572）。

但是，上述分析忽略了货币时间价值。尽管按月偿还的总金额是减少的，但支付的时间提前了。将货币时间价值因素纳入考虑范围，则按月偿还的本利总额就会高于按年偿还的本利总额。

从有效利率的调整计算中也可以得出相同的结论，根据公式（3-18）：

$$EAR=\left(1+\frac{r_{nom}}{m}\right)^{m}-1=[(1+\frac{12\%}{12})^{12}-1]\times 100\%=12.68\%$$

即如果选择按月支付1%，那么有效利率不是12%，而是12.68%，每年的利息支出高出了0.68个百分点。

在货币时间价值的现值或终值计算中，可以首先将APR调整为计息期（如月或半年）的利率，然后按实际计息期数计算；也可以首先将APR调整为EAR，然后按每年计息计算。二者将得到相同的结果。

在上例中，如果按月计息，本利和应为：250 000×（1+1%）^{360}=8 987 410（元）；如果按年计息，本利和应为：250 000×（1+12.68%）^{30}=8 981 423（元）[①]。而如果采用第一种还款方式，则到期本利和仅为：250 000×（1+12%）^{30}=7 489 981（元），比按月偿还少很多。

二、利率构成

一般情况下，利率由以下三大主要因素构成，即真实无风险利率（real risk-free rate，RRFR）、预期通货膨胀率I（inflation）及风险溢价RP（risk premium）。用公式可以表示为：

利率r=真实无风险利率+预期通货膨胀率+风险溢价　　(3-20)

公式（3-20）中真实无风险利率（RRFR）和预期通货膨胀率（I）构成基准利率BIR（benchmark interest rate）。因此公式（3-20）还可以写成：

利率r=基准利率+风险溢价　　(3-21)

（一）真实无风险利率与名义无风险利率

真实无风险利率是指无通货膨胀、无风险时的均衡利率，即货币的时间价值，反映了投资者延期消费要求的补偿。影响这一利率的主观因素是个人对其收入进行消费的时间偏好。影响真实无风险利率的客观因素是经济中存在的投资机会，这种投资机会取决于经济的长期真实增长率。经济的快速增长使资本有更多和更好的投资机会，并使投资产生正的收益率。通常，经济的真实增长率和RRFR之间存在一种正向关系。

名义无风险利率（nominal risk-free rate，NRFR）是指无违约风险、无再投资风险的收益率。在实务中，名义无风险利率就是与所分析的现金流量期限相同的零息政府债券利率。影响名义无风险利率的因素主要是资本市场条件和预期通货膨胀率。在投资中，如果投资者预期在其投资期内物价水平升高，他们就会要求收益率包含对预期通货膨胀率的补偿。假设你对一项无风险投资要求4%的真实收益率，但预期在投资期内物价会上升3%。在这种情况下，投资的必要收益率应达到7%（（1.04×1.03）-1）×100%）左右的水平。如果不增加必要收益率，年末你只能获得1%的真实收益率。因此，对一项无风险投资而言，一个投资者的名义无风险利率为：

名义无风险利率=（1+真实无风险利率）×（1+预期通货膨胀率）-1　　(3-22)

根据上式，一项投资的真实无风险利率如下：

$$\text{真实无风险利率} = \frac{1+\text{名义无风险利率}}{1+\text{预期通货膨胀率}} - 1 \qquad (3\text{-}23)$$

假设在一个特定年份短期国库券的名义收益率为9%，该年预期通货膨胀率为5%，则短期国库券的真实无风险利率为3.8%。

（二）风险溢价

基准利率与有效利率之间的利差不是由经济因素造成的，而是由产生不同风险溢价的不同资产的基本特征引起的。以债券为例，风险溢价可从五个方面进行分析：债券信用质

① 理论上两者应该是相等的，但此处相差了5 987元（8 987 410-8 981 423），原因是12.68%是四舍五入后的数值，因此出现了5 987元的累计误差。

量、流动性风险、期限风险、税收和债券契约条款和外国债券特别风险。在这五个因素中，债券信用质量和期限风险对公司债券风险溢价的影响最大。

（1）债券信用质量。债券信用质量反映了发行者偿付未清偿债务的能力。在实务中，它一般根据公司的信用等级来确定，且可以根据财务比率度量债券发行主体的违约风险。常用的财务比率包括利息保障倍数、经营现金净流量与负债总额比及投资收益率等。

（2）流动性风险。流动性风险（liquidity risk）是指某项资产迅速转化为现金的可能性。衡量流动性的标准有两个：资产出售时可实现的价格和变现时所需要的时间长短。其判断基础是，在价格没有明显损失的条件下，资产在短期内大量售出的能力。资产的流动性越差，为吸引投资者所需要的收益率就越高。

（3）期限风险。期限风险是指因到期时间不同而形成的利率变化的风险。例如，在流动性和违约风险相同的情况下，5年期国库券利率比3年期国库券利率要高，差别在于到期时间不同。一般来说，证券期限越长，其市场价值波动的风险越高。因此，为鼓励对长期证券的投资，必须给予投资者必要的风险补偿。

（4）税收和债券契约条款。税收和债券契约条款也会影响债券利率的高低。通常，对债券和银行存款投资获得的债息和利息政府要征收一定的所得税，但对国库券利息则免征所得税。因此，国库券比其他由公司或银行发行的债务工具更优越。

（5）外国债券特别风险，如外汇风险和国家风险等。外汇风险（exchange rate risk）是指投资者购买不以本国货币标价的证券而产生的收益的不确定性。国家风险（country risk）也称政治风险，是指一个国家的政治或经济环境发生重大变化的可能性所导致的收益不确定性。这种由于外汇汇率波动或政治因素导致的风险越大，投资者要求的风险溢价也就越大。

三、利率的期限结构

不同期限债券与利率之间的关系，称为利率的期限结构（the term structure of interest rate）。在市场均衡情况下，借款者的利率与贷款者的收益率是一致的，因此，利率的期限结构也可以说是收益率的期限结构[①]。

（一）即期利率

假设有一笔在时点1支付1元钱的简单贷款，则这笔贷款的现值为：

$$PV = \frac{1}{1 + r_1}$$

这里是用一个对于1年期贷款的适当利率水平r_1来对现金流进行折现，这一利率通常就被称为当前的1年期即期利率（spot rate）。使用即期利率表示，可以假设有一笔贷款，要求必须在时点1和时点2分别支付1元，则其现值应为：

$$PV = \frac{1}{1 + r_1} + \frac{1}{(1 + r_2)^2}$$

即第一个期间的现金流是用当前的1年期即期利率折现，而第二个期间的现金流要用当前的2年期即期利率折现。而一系列的即期利率r_1、r_2等正是利率期限结构（term structure）的一种表示方法。

① 利率的期限结构有两个限制条件：一是它只同债务性证券有关，因为只有债务性证券才有固定的偿还期限；二是利率的期限结构仅指其他条件（如风险、税收、变现力等）相同而只是期限不同的债务利率之间的关系。

给定期限的零息债券（zero coupon bond）的收益率就是该期限内的即期利率。由于一个期限的即期利率是单一的，即期利率可以准确地反映货币的时间价值。在任何一个时点，资本需求和资本供给共同决定了每个期限的即期利率，这个即期利率可以用来为各种未来现金流量定价。

理解这一问题的方法是把附息债券（国库券）看作一组零息债券①的组合，各期收到的利息就是到期价值与所付价值间的差额。例如，面值为1 000元、息票率为5%、5年期的附息国库券，可以看成5张零息债券：第一张的到期价值为50元，1年后到期；第二张的到期价值为50元，2年后到期……最后一张的到期价值为1 050元，5年后到期。显然，对于每种有息债券，它的价值等于其组成的零息债券的价值之和。假设有一张不能提前赎回的2年期债券，面值1 000元，息票率为5%，目前市场报价为914.06元，则债券的现值可写为：

$$PV_d = \frac{50}{1 + r_1} + \frac{1\,050}{(1 + r_2)^2} = 914.06\text{（元）}$$

上述计算结果可以看作两张零息债券的现值之和，式中的r_1、r_2是零息债券的收益率，或称即期利率。最短期的即期利率可从市场上观察到，然后依次计算各期的即期利率。假设r_1=8%，则2年期零息债券的利率为：

$$PV_d = \frac{50}{1 + 8\%} + \frac{1\,050}{(1 + r_2)^2} = 914.06\text{（元）}$$

这个方程解出的即期利率或零息债券收益率为10%，高于第一期的即期利率。在这种情况下，用横轴代表期限、用纵轴代表利率水平画出的收益率曲线是向上倾斜的，即期限越长，收益率越高。这一方式连续进行，就可以求出各期零息债券利率或不同期限的即期利率。

（二）远期利率

即期利率适用于贷款等现在投资而在以后偿还的债务合约，而远期利率则是现在签订合约在未来借贷一定期限资金时使用的利率。因此，在任何一个时点上可以有一个1年后发放1年期贷款的远期利率，有另一个2年后发放1年期贷款的远期利率，也可以有一个1年或1年后发放的2年期贷款的远期利率。即期利率与远期利率之间的关系如下：

$$f_n = \frac{(1 + r_n)^n}{(1 + r_{n-1})^{n-1}} - 1 \tag{3-24}$$

式中，f_n表示n年后的远期利率；r_n表示n年的即期利率；r_{n-1}表示n—1年的即期利率。

假设投资者面临两种可选择的投资策略：（1）投资于一张面值为100元、年利率（折现率）为10%的2年期零息债券；（2）投资于一张面值为100元、年利率为8%的1年期债券，同时签订一个远期合约，以远期利率f_1在1年后再投资于一张1年期的零息债券。

对于第一种选择，面值为100元的2年期零息债券的现值为82.64元，也就是说，将82.64元投资2年，每年利率为10%，2年后可得到100元。事实上，一个2年期债券的支付可以看成以两个潜在的不同利率投资2年的结果。这样，在第二种选择中，开始投入的82.64元在第1年年末为82.64×（$1+r_1$）元，第2年年末为82.64×（$1+r_1$）（$1+f_2$）元。如果

① 零息债券是指不支付利息但以低于面值的折价出售给投资者的一种债券，它提供给持有者的报酬不是利息收入，而是资本增值。

第1年的利率为8%，2年后的投资所得是100元，则远期利率f_2：

$$82.64\times(1+0.08)\times(1+f_2)=100$$

或 $$(1+0.1)^2=(1+0.08)\times(1+f_2)$$

$$f_2=12.04\%$$

上式结果表明，1年后再进行一个1年期的投资，其隐含的利率是12.04%。如果这一利率高于12.04%，投资者可以选择第二种方案；如果这一利率低于12.04%，投资者可以借入1年期现金，同时卖出一个1年的远期利率合约，并以2年的即期利率进行投资，以获得无风险收益。

即期利率与远期利率的关系可用下式描述：

$$(1+r_n)^n=(1+f_1)\times(1+f_2)\times\cdots\times(1+f_n) \tag{3-25}$$

上式表明，即期利率是远期利率的几何平均数，而远期利率可以看成未来某一段时期借款或贷款的边际成本。

（三）利率期限结构的具体分析

利率的期限结构可根据收益率曲线进行分析，图3-2描绘了四种假设国库券收益率曲线的形状。

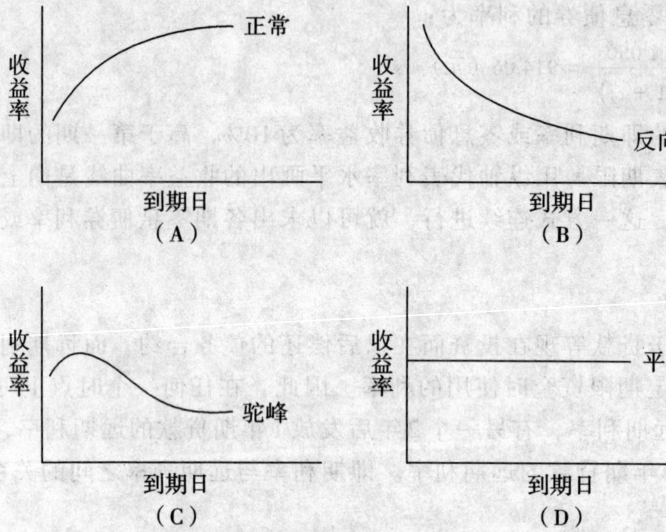

图3-2 国库券收益率曲线图

图3-2（A）中的收益率曲线自左下方向右上方延伸，这种形状的债券收益率曲线称作正收益率曲线（positive yield curve）。债券的正收益率曲线是在整个经济运行正常、不存在通货膨胀压力和经济衰退条件下出现的。它表示在其他条件一定的情况下，长期债券的即期利率高于短期债券的即期利率。或者说，未来债务合约的开始时间越远，远期利率越高。

图3-2（B）中的收益率曲线从左上方向右下方延伸，这种形状的收益率曲线称作反收益率曲线（inverse yield curve）。负斜率的收益率曲线意味着未来债务合约的开始时间越远，远期利率越低。在市场供求关系支配下，当人们过多追求长期债券的高收益时，必然造成长期资本供大于求，引起长期债券利率下降、短期利率上升，最后导致短期利率高于长期利率的反收益率曲线现象。反收益率曲线通常不会仅靠资本的供求关系影响而自动调

整为正收益率曲线。在投资人对长期债券的信心和兴趣恢复以前，中央银行必须首先采取有效的货币政策措施来消除利率混乱，修正收益率曲线。

当人们过分追求短期利率而把资本投入较短期限的债券时，短期利率因资本供应过多而下降，长期利率却因资本供应不足而上升，反收益率曲线又开始向正收益曲线回复。在正反收益率曲线相互替代的利率变化过程中，经常出现一种长、短期收益率趋于一致的过渡阶段。这时，债券的收益率曲线同坐标系中的横坐标趋于平行，这种形状的收益率曲线称作平收益率曲线（flat yield curve），如图3-2（D）所示。

收益率曲线还存在另一种形状，即在某期限之前债券的利率期限结构是正收益率曲线，而在该期限之后却变成了反收益率曲线，如图3-2（C）所示。这种形状的收益率曲线称作拱收益率曲线（humped yield curve），表示在某一时间限度内债券期限越长，收益率越高；超过这一限度，则债券期限越长，收益率越低。拱收益率曲线是短期利率急剧上升阶段所特有的利率期限结构现象。在西方经济极不稳定、市场利率起伏剧烈的20世纪70年代，拱收益率曲线成为美国债券市场和货币市场上一种最为常见的利率期限结构。

□ 思政课堂

诚信的价值

公元1797年，拿破仑参观卢森堡大公国（简称卢森堡）第一国立小学的时候，向该校赠送了一束价值3个路易的玫瑰花。拿破仑宣称，玫瑰花是两国友谊的象征，为了表示法兰西共和国（简称法国）爱好和平的诚意，只要法兰西共和国存在一天，他将每年向该校赠送一束同样价值的玫瑰花。当然，由于年年征战，拿破仑并没有履行他的诺言。但历史前进的脚步一刻也不曾停息，转眼间已是近一个世纪的时光。公元1894年，卢森堡郑重向法国政府致函：要求法国政府在拿破仑的声誉和1 375 596法郎中，选择其一，进行赔偿。这就是著名的“玫瑰花悬案”。而这高达百万法郎的巨款，就是3路易的本金（当时，1路易约等于20法郎），以5%的年利率，在97年的货币时间价值作用下的产物。当然，最后法国政府站在了诚信一边，保证“法国将始终不渝地对卢森堡大公国的中小学教育事业予以支持和赞助，来兑现我们的拿破仑将军那一诺千金的‘玫瑰花’的信誓”。

党的二十大报告提出，弘扬诚信文化，健全诚信建设长效机制。诚信，即诚实守信，是人类社会千百年传承下来的道德传统，是社会主义核心价值观的重要内容。社会主义核心价值观倡导的诚信，就是要以诚待人、以信取人，说老实话、办老实事、做老实人。激发真诚的人格力量，以个人的遵信守诺，构建言行一致、诚信有序的社会；激活宝贵的无形资产，以良好的信用关系，营造“守信光荣、失信可耻”的风尚，增强社会的凝聚力和向心力。诚实守信是人的立身之本、发展之需，也是财务人员应当遵守的最基本的职业道德规范，当代大学生要把诚信扎根在每个人的心里，让诚信伴随我们的一生。

□ 本章小结

1.现值是一个或多个发生在未来的现金流相当于现在时刻的价值，用PV表示；终值是一个或多个现在发生或未来发生的现金流相当于未来时刻的价值，用FV表示。

2.单一支付款项是指在某一特定时间内只发生一次的简单现金流量；系列支付款项是指在n期内多次发生现金流入或现金流出。年金是系列支付款项的特殊形式，是在一定时期内每隔相同时间（如一年）发生相同金额的现金流量，可以分为普通年金、预付年金、递延年金和永续年金等形式。

3.Excel电子表格程序通常包含五个变量：PV、FV、PMT（A）、RATE（r）、NPER（n）。在这五个变量中，只要输入四个变量值，就可以计算出第五个变量。

4.一般情况下，利率由以下三大要素构成，即真实无风险利率RRFR、预期通货膨胀率I及风险溢价RP。以债券为例，风险溢价可从五个方面进行分析：债券信用质量、债券流动性、期限风险、债券契约条款和外国债券特别风险。

5.不同期限债券与利率之间的关系，称为利率的期限结构。在市场均衡情况下，借款者的利率与贷款者的收益率是一致的，因此，利率的期限结构也可以说是收益率的期限结构。利率的期限结构可根据收益率曲线进行分析。

□ 基本训练

1.假设你购买彩票中了奖，获得一项奖励。可供选择的领取奖金方式有：（1）立刻领取100 000元；（2）第5年年末领取180 000元；（3）每年领取11 400元，不限期限；（4）今后10年每年领取19 000元；（5）第2年领取6 500元，以后每年增加5%，不限期限。如果利率为12%的话，你会选择哪种领取奖金的方式？

基本训练指引 3-1

2.王先生计划将100 000元投资于国债，投资期比较灵活，但最短想要投资5年。2018年第四批国债信息见表3-5。

表3-5 2018年第四批国债信息表

债券期限	3年	5年
利率	4%	4.27%

两期国债发行期为11月10日至11月19日，11月10日起息，按年付息，每年11月10日支付利息。你作为他的投资顾问，会给他提供何种建议？

（1）根据以上资料，你认为王先生有几种投资选择（至少列举三种投资组合）？

基本训练指引 3-2

（2）根据（1）的结论，王先生在每种选择中的投资价值（本金加利息）是多少？假设收益率曲线保持不变。

3.随着折现率的提高，现值是以不变的速度减少、以递减的速度减少，还是以递增的速度减少？为什么？随着未来款项收到的时间点往后推移，现值是以不变的速度减少、以递减的速度减少，还是以递增的速度减少？为什么？

4.ABC公司正在整理一项财务计划，这项计划将涉及公司未来3年的活动，需要预测公司的利息费用及相应的税收节减。公司最主要的债务是其分期偿还的房地产抵押贷款。这笔贷款额为85 000万元，年利率为9%，按月付息，偿还期为25年。根据与银行签订的贷款条款的规定，这笔抵押贷款的月利率应按下式计算：

基本训练指引 3-3

$$\left(1+\frac{r}{2}\right)^{\frac{1}{6}}-1$$

式中，r为年利率。

要求：

（1）利用Excel财务函数计算月有效利率、抵押贷款月偿还额（分别列示每月利息和月本金偿还额）、每期期初和期末贷款余额（只计算前3年的贷款偿还额）。

基本训练指引 3-4

（2）计算年利率为9%、9.5%、10%、10.5%、11%时每月贷款偿还额。

5. 简述在财务管理中，货币时间价值有什么作用？终值和现值的概念，你认为哪一个更有用？

基本训练指引 3-5

□ 微型案例

小王大学毕业5年了，目前他看好了一处房产，房款为500 000元，首付款为房款的20%，首付款他可以用自己积攒的资金支付，但其余房款必须依靠贷款。他决定向银行贷款，贷款期10年，每月分期付款。

银行给小王提供的贷款方式有两种：等额本息偿还和等额本金偿还。前者又称等额偿还，即借款人每月以相等的金额偿还贷款本息；后者又称递减偿还，即借款人每月等额偿还本金，贷款利息随本金逐月递减，还款额逐月递减。当前贷款月利率为0.42%。

请替小王回答以下问题：

（1）按等额本息、等额本金两种偿还方式计算的贷款偿还总额分别是多少？

（2）许多借款者认为等额本息偿还支付的利息多于等额本金偿还，因此，选择等额本金偿还有助于降低购房成本。你认为这种观点正确吗？为什么？

（3）两种还款方式发生差异的原因是什么？在什么条件下两种方式付款总额相等？

（4）不同的还款方式有什么特点？主要适用于哪种收入人群？

（5）你会选择哪种偿还方式？

案例分析指引

第四章

证券价值评估

2022年4月6日股票市场收盘时，浙江瑞晟智能科技股份有限公司（工业物联研发及生产公司；公司简称：瑞晟智能；股票代码：688215）股票收盘价为33.70元。而在同一天，国轩高科股份有限公司（动力锂电池、输配电设备生产公司；公司简称：国轩高科；股票代码：002074）股票收盘价为33.92元；北新集团建材股份有限公司（新型建筑材料制造和销售公司；公司简称：北新建材；股票代码：000786）股票收盘价为32.27元。由于这3家公司的股票价格非常接近，因此我们可能会预想到这3家公司发放给股东的股利应该也是非常接近的。实际上，瑞晟智能和北新建材两家公司在2021年确实派发了股利，其中，瑞晟智能在2021年5月20日10派1.5元，北新建材在2021年6月4日10派5.5元。但国轩高科最近一次派发股利是在2019年，之后并没有派发过任何股利。那么，股利水平是否会对股票估价产生影响？如何对股票进行估价？如何对债券进行估价？什么是证券的内在价值？如何确定其内在价值？这些都是本章将要探讨的问题。

通过本章的学习，你可以掌握债券价值评估的方法；了解影响债券价值的基本因素及变动方向；掌握普通股价值评估的方法；熟悉股权自由现金流量、公司自由现金流量的确定方法；掌握价格收益乘数估价方法。

第一节　债券价值评估

一、现值估价模型

从财务管理的角度出发，证券的价值就是其预期现金流量的现值。评估证券价值的步骤为：（1）估计预期现金流量；（2）确定每期现金流量的必要收益率或投资者要求的收益率；（3）将每期现金流量按必要收益率折现，然后将折现后得出的现值相加求得证券的总价值。

（一）债券估价基本模型

在现值估价模型下，债券价值P_d的计算公式为：

$$P_d = \sum_{t=1}^{n} \frac{CF_t}{(1 + r_d)^t} \tag{4-1}$$

式中，CF_t表示第t期债券现金流量，主要指利息（I）和到期本金（F）；r_d表示投资者要求的收益率或债券资本成本。

假设债券每年付息一次，投资者要求的收益率各期不变，债券现值的计算公式为：

$$P_d = \frac{I_1}{1 + r_d} + \frac{I_2}{(1 + r_d)^2} + \cdots + \frac{I_n}{(1 + r_d)^n} + \frac{F}{(1 + r_d)^n} \tag{4-2}$$

一般来说，债券内在价值既是发行者的发行价值，又是投资者的认购价值。如果市场是有效的，债券的内在价值与票面价值应该是一致的，即债券的票面价值可以公平地反映债券的真实价值。但债券的价值不是一成不变的，债券发行后，虽然债券的面值、息票率和债券期限一般会依据债券契约保持不变，但必要收益率会随市场状况的变化而变化，由此引起债券的价值（未来现金流量序列的现值）随之变化。

［例4-1］2013年7月，德国政府发行了面值为100欧元、利率为5%、2019年7月到期的长期国债。如果投资者要求的收益率为3.8%，根据上述债券现值计算公式，该德国国债的价值应为：

$$P_d = \frac{5}{1 + 3.8\%} + \frac{5}{(1 + 3.8\%)^2} + \frac{5}{(1 + 3.8\%)^3} + \frac{5}{(1 + 3.8\%)^4} + \frac{5}{(1 + 3.8\%)^5} + \frac{105}{(1 + 3.8\%)^6}$$
$$= 106.33(\text{欧元})$$

这里需要注意的是，上述例子中债券的利息是按复利计算的。其他国家的债券大多也采用复利计算，如美国（但美国通常为半年付息一次）等。而在我国，债券的利息通常是按单利计算的，此时计算债券的价值要对公式稍作调整。比如计算我国2022年3月10日发行的3年期凭证式国债的价值。该国债票面年利率为3.35%，从购买之日开始计息，到期一次还本付息，不计复利，逾期兑付不加计利息。如果市场平均收益率为5%，则根据公式（4-2），债券的现值或内在价值可以计算如下：

$$P_d = \frac{100 \times 3.35\% \times 3 + 100}{1.05^3} = 95.07(\text{元})$$

上述计算表明，由于该国债提供的息票率3.35%小于市场收益率5%，使得其价值95.07元低于其面值100元。

（二）可赎回债券估价

如果债券契约中载明允许发行公司在到期日前将债券从持有者手中赎回的条款，则当市场利率下降时，公司会发行利率较低的新债券，并以所筹措的资金赎回高利率的旧债券。在这种情况下，可赎回债券持有者的现金流量包括两部分：赎回前正常的利息收入和赎回价格（面值+赎回溢价）。

［例4-2］某公司拟发行债券融资，债券面值为1 000元，息票率为12%，期限为20年，每年付息一次，到期偿还本金。债券契约规定，5年后公司可以1 120元价格赎回。目前同类债券的利率为10%，分别计算债券被赎回和没有被赎回的价值。

如果债券被赎回，债券价值计算如下：

P_d=1 000×12%×（P/A，10%，5）+1 120×（P/F，10%，5）

=120×3.7908+1 120×0.6209

=1 150.30（元）

如果债券没有赎回条款，持有债券至到期日时债券的价值为：

P_d=1 000×12%×（P/A，10%，20）+1 000×（P/F，10%，20）

=120×8.5136+1 000×0.1486

=1 170.23（元）

在上述计算结果中，1 150.30元表示如果债券被赎回，该公司承诺的现金流量的现值；1 170.23元表示如果债券不被赎回，该公司承诺的现金流量的现值。这两者之间的差额表示如果债券被赎回该公司将节约的数额。如果5年后利率下跌，债券被赎回的可能性很大，因此与投资者相关的最可能价格是1 150.30元。

二、收益率估价模型

采用上述估价模型时，假设折现率已知，通过对债券的现金流量进行折现计算债券价值。在收益率模型中，假设折现率未知，用债券当前的市场价格代替公式（4-1）中债券的内在价值（P_d），从而计算折现率或预期收益率。其决策标准是，如果计算出来的收益率等于或大于必要收益率，则应购买该债券；反之，则应放弃。

收益率估价模型中的收益率可以分为两大类：债券到期收益率和债券赎回收益率。

（一）债券到期收益率

债券到期收益率（yield to maturity，YTM）是指债券按当前市场价格购买并持有至到期日所产生的预期收益率。如果同时满足以下两个假设条件，债券到期收益率就等于投资者实现的收益率：第一，假设投资者持有债券至到期日；第二，假设所有期间的现金流量（利息支付额）都以计算出的YTM进行再投资。

具体来说，到期收益率是指债券预期利息和到期本金（面值）的现值与债券现行市场价格相等时的折现率。其计算公式为：

$$P_d = \sum_{t=1}^{n} \frac{CF_t}{(1 + YTM)^t} \tag{4-3}$$

到期收益率一般根据Excel内置函数“RATE”来完成。一些网站，如中国债券信息网（www.chinabond.com.cn）列示了我国国债、企业债券的到期收益率等信息。

债券到期收益率YTM的计算

［例4-3］假设你可以1 050元的价格购买15年后到期、票面利率为12%、面值为1 000元、每年付息1次、到期1次还本的某公司债券。如果你购买后一直持有该债券至到期日，则债券到期收益率的计算方法如下：

P_d=1 000×12%×（P/A，YTM，15）+1 000×（P/F，YTM，15）=1 050（元）

根据Excel内置函数“RATE”求解债券到期收益率YTM，可得YTM=11.29%。

（二）债券赎回收益率

如果债券被赎回，投资者应根据债券赎回收益率（yield to call，YTC）而不是到期收益率YTM来估算债券的预期收益率。在［例4-2］中，假设债券按面值发行，如果5年后市场利率下降到8%，债券一定会被赎回，那么赎回债券时的收益率计算如下：

P_d=1 000×12%×（P/A，YTC，5）+1 120×（P/F，YTC，5）=1 000（元）

根据Excel内置函数“RATE”求解债券赎回收益率YTC，可得YTC=13.82%。

上式计算得出的赎回收益率YTC为13.82%，表面上看投资者似乎从债券赎回中得到了好处，其实不然。每年从每张债券收到120元的投资者，现在将收到一笔1 120元的新款项，假设将这笔款项按目前市场利率（8%）进行15期的债券投资，每年的现金流量就会从120元降到89.6元（1 120×8%），即投资者在以后15年中每年收入减少了30.4元（120-89.6）。尽管现在投资者可以在赎回日收到1 120元，但由于投资者减少的收入现值约为260元（30.4×（P/A，8%，15）），超出了赎回溢价120元（1 120–1 000）的现值38元（120×（P/F，8%，15）），因此债券赎回会使投资者蒙受损失。

从投资收益率看，虽然债券赎回可使投资者得到13.82%的高收益率，但仅是在5年期间，在其后的几年里，收益率就下降到8%。20年期、利率为12%的债券收益率将优于前5年收益率为13.82%、后15年收益率为8%的债券。假设债券在5年后被赎回，并且投资者把从债券回收得到的1 120元再按8%的利率进行投资，则此时20年债券的预期收益率为：

$$1\,000 = \sum_{t=1}^{5} \frac{120}{(1+YTC)^t} + \sum_{t=1}^{15} \frac{89.6}{(1+YTC)^t} \times \frac{1}{(1+YTC)^5} + \frac{1\,120}{(1+YTC)^{20}}$$

利用Excel中“RATE”函数求出预期收益率为10.54%。这表明，如果债券被赎回，投资者的债券投资收益率就会由原来的13.82%下降到10.54%，下降了3.28%。

三、债券价值的影响因素

债券价值主要由息票率、期限和收益率（市场利率）三个因素决定。它们对债券价值的影响主要表现在：（1）对于给定的到期时间和市场收益率，息票率越低，债券价值变动的幅度就越大；（2）对于给定的息票率和市场收益率，期限越长，债券价值变动的幅度就越大，但价值变动的相对幅度随期限的延长而缩小；（3）对同一债券，市场收益率下降一定幅度引起的债券价值上升幅度要高于由于市场收益率上升同一幅度引起的债券价值下跌幅度。

（一）收益率变动对不同息票率债券价值的影响

假设有X和Y两种债券，面值均为1 000元，期限为5年，息票率分别为5%和9%，如果初始收益率均为9%，则收益率变化对两种债券价值的影响见表4–1。

表4–1　收益率变动对不同息票率债券价值的影响

收益率（%）	收益率变动（%）	X（5年期，5%）（元）	Y（5年期，9%）（元）
6.0	−33.33	957.88	1 126.37
7.0	−22.22	918.00	1 082.00
8.0	−11.11	880.22	1 039.93
9.0	0	844.41	1 000.00
10.0	11.11	810.46	962.09
11.0	22.22	778.25	926.08
12.0	33.33	747.67	891.86

债券价值变动百分比

收益率（%）	收益率变动（%）	X（5年期，5%）（%）	Y（5年期，9%）（%）
6.0	−33.33	13.44	12.64
7.0	−22.22	8.71	8.20
8.0	−11.11	4.24	3.99
9.0	0	0	0
10.0	11.11	−4.02	−3.79
11.0	22.22	−7.84	−7.39
12.0	33.33	−11.46	−10.81

从表4-1可以看出，当债券收益率为9%时，X、Y债券的价值分别为844.41元和1 000元。如果收益率下降至6%，X债券的市场价值为957.88元，上升了13.44%；Y债券价值为1 126.37元，上升了12.64%。如果收益率上升至12%，X债券的市场价值为747.67元，下降了11.46%；Y债券价值为891.86元，下降了10.81%。这表明息票率为5%的债券价值变动幅度大于息票率为9%的债券价值变动幅度；而且对同一债券，收益率下降一定幅度引起的债券价值上升幅度要大于收益率上升同一幅度引起的债券价值下降幅度。

（二）收益率变动对不同期限债券价值的影响

假设债券面值1 000元，息票率为9%，债券的期限分别为5年、10年和15年，如果以9%的债券收益率作为定价基础，则收益率变动对不同期限债券价值的影响见表4-2。

表4-2 收益率变动对不同期限债券价值的影响 金额单位：元

收益率（%）	收益率变动（%）	5年	10年	15年
6.0	-33.33	1 126.37	1 220.80	1 291.37
7.0	-22.22	1 082.00	1 140.47	1 182.16
8.0	-11.11	1 039.93	1 067.10	1 085.59
9.0	0	1 000.00	1 000.00	1 000.00
10.0	11.11	962.09	938.55	923.94
11.0	22.22	926.08	882.22	856.18
12.0	33.33	891.86	830.49	795.67

债券价值变动百分比

收益率（%）	收益率变动（%）	5年（%）	10年（%）	15年（%）
6.0	-33.33	12.64	22.08	29.14
7.0	-22.22	8.20	14.05	18.22
8.0	-11.11	3.99	6.71	8.56
9.0	0	0	0	0
10.0	11.11	-3.79	-6.14	-7.61
11.0	22.22	-7.39	-11.78	-14.38
12.0	33.33	-10.81	-16.95	-20.43

从表4-2可以看出，债券期限越长，价值变动的幅度就越大。如果收益率从9%下降到6%，则5年期、10年期和15年期债券价值分别上升了12.64%、22.08%和29.14%；10年期和5年期债券的价值变动率相差9.44%，15年期和10年期债券的价值变动率相差7.06%。如果收益率从9%上升到12%，则不同期限债券价值分别下降了10.81%、16.95%和20.43%；10年期和5年期债券价值的变动率相差6.14%，15年期和10年期债券价值变动率相差3.48%。

第二节　股票价值评估

一、股票估价的基本模型

与债券价值评估类似，对普通股进行价值评估一般可以采用现金流量折现法（discounted cash flow，DCF），其一般模型为：

$$P_0=\sum_{t=1}^{\infty}\frac{CF_t}{\left(1+r_e\right)^t} \tag{4-4}$$

式中，P_0为股票价值；r_e为折现率（投资者的必要收益率或股权资本成本）；CF_t为第t期预计现金流量。

由于模型中预计现金流量可以分为两种：股利和自由现金流量，因此普通股价值评估模型也可以分为两大类：股利折现模型和自由现金流量折现模型。

二、股利折现模型

股利折现模型中的现金流量包括两部分：（1）每期的预期股利；（2）股票出售时的预期价格。因此，利用股利折现模型对普通股进行价值评估的一般模型如下：

$$P_0=\frac{Div_1}{1+r_e}+\frac{Div_2}{\left(1+r_e\right)^2}+\cdots+\frac{Div_n}{\left(1+r_e\right)^n}+\frac{P_n}{\left(1+r_n\right)^n} \tag{4-5}$$

式中，Div_n表示未来各期的普通股股利或红利（t=1，2，…，n）；r_e表示普通股投资必要收益率；P_n表示普通股在第n期预期售价；P_0表示普通股未来预期现金流量的现值。

从表面上看，公式（4-5）与债券价值评估模型很相似，因为它们都遵循了相同的估值概念：证券的价值等于期望未来现金流量的现值。但普通股的估值比债券价值评估要难得多，原因主要有两个方面：一是普通股投资期限是无限的，公司永远不必将其收回。因此，从理论上说，普通股价值取决于持续到永远的未来期望现金流量。二是普通股未来现金流量不像债券那样可以明确约定，未来现金流量必须以对公司未来的盈利和股利政策的预期为基础进行估计。

公式（4-5）假设在第n期期末卖出股票。对于在第n期期末买入，其后再持有m期的第二个持有者来说，这一股票价值可以用同样的方式确定。第n期股票的价值P_n可以表示成：

$$P_n=\frac{Div_{n+1}}{1+r_e}+\frac{Div_{n+2}}{\left(1+r_e\right)^2}+\cdots+\frac{Div_{n+m}}{\left(1+r_e\right)^m}+\frac{P_{n+m}}{\left(1+r_e\right)^m}$$

把P_n的这一表达式代入公式（4-5），P_0可以写成：

$$P_0=\frac{Div_1}{1+r_e}+\frac{Div_2}{\left(1+r_e\right)^2}+\cdots+\frac{Div_{n+m}}{\left(1+r_e\right)^{n+m}}+\frac{P_{n+m}}{\left(1+r_e\right)^{n+m}}$$

当然，这仅是比第一种情况更长的时间段（第n+m期）出售股票。如果将上述代入过程一直进行下去，即将这一概念用于所有的未来股票持有者，当持有期限趋于无穷大时（n→∞），其结果是：股票的公平价格可以被表示成用期望未来现金股利付款的无限流量的现值。公式（4-5）可写成：

$$P_0 = \frac{Div_1}{1+r_e} + \frac{Div_2}{(1+r_e)^2} + \cdots = \sum_{t=1}^{\infty}\frac{Div_t}{(1+r_e)^t} \tag{4-6}$$

根据公式（4-6），股票价值可根据未来预期股利和必要收益率求得。那么如何评价从未支付股利的股票的价值呢？在实务中，许多盈利公司很少支付现金股利，而是将所有的收益都用于再投资。公司股东虽然未得到股利，但可通过出售股票（股价上涨时）获得资本利得。当有利的投资机会减少，公司持有的资本超过投资需要时，公司就会支付股利(或回购其股份)。通常，公司通过扩大投资所赢得的收益，至少要和持股人接受股利所获得的收益相等。因此，在用公式（4-6）评估股票价值时，通常假设公司会在未来某一时候支付股利，或者说，当公司清算或被并购时会支付清算性股利或回购股票而发生现金支付。

（一）不同类型的普通股价值评估

在对普通股进行估价时，根据股利的变化情况，一般可以将股票分为三类：零增长股、固定增长股和非固定增长股。

1.零增长股

如果公司每年均发放固定的股利给股东，即预期股利增长率为零，则这种股票称为零增长股。此时，各年股利Div均为一固定常数，其股票价值可按永续年金折现公式计算：

$$P_0 = \frac{Div}{r_e} \tag{4-7}$$

2.固定增长股

如果某种股票的股利按照一个常数g增长，那么未来第t期的预期股利为：

$$Div_t = Div_0(1+g)^t$$

如果必要收益率r_e大于股利增长率g，则可按增长型永续年金折现公式计算：

$$P_0 = \sum_{t=1}^{\infty}\frac{Div_0(1+g)^t}{(1+r_e)^t} = \frac{Div_1}{r_e - g} \tag{4-8}$$

尽管上式中假设g和r_e是常数（且$r_e > g$），这与现实不符，但它通常可以提供用于价值预测的近似值。从公式（4-8）中可以看出，股票价值与预期股利、必要收益率和股利增长率三个因素的关系如下：每股股票的预期股利越高，股票价值越大；必要收益率越低，股票价值越大；股利增长率越高，股票价值越大。

[例4-4] 假设一个投资者正考虑购买X公司的股票。该股票从今天起的1年里将按每股3元支付股利，该股利预计在可预见的将来以每年8%的比例增长。投资者基于对该公司的风险评估，认为应得的收益率为12%，那么，该公司股票价格计算如下：

$$P_0 = \frac{3}{12\% - 8\%} = 75(元)$$

3.非固定增长股

根据公司未来的增长情况，对非固定增长股估价可采用两阶段模型或三阶段模型。现以两阶段模型加以说明。两阶段模型将增长分为两个阶段：股利高速增长阶段和随后的稳定增长阶段。在这种情况下，股票价值由两部分构成：高速增长阶段（n）股利现值和固定增长阶段股票价值的现值。其计算公式为：

$$P_0=\sum_{t=1}^{n}\frac{Div_t}{(1+r_e)^t}+\frac{P_n}{(1+r_e)^n} \tag{4-9}$$

其中，$P_n=\frac{Div_{n+1}}{r_{en}-g_n}$

式中，P_n表示第n期期末股票价值；r_{en}表示第n期以后股票投资必要收益率；g_n表示第n期以后股利稳定增长率。

［例4-5］假设Y公司目前拥有一种引人瞩目的新产品，预计在未来3年内，销售额以每年50%的速度增长，其股利将以每年13%的速度增长，此后预计股利增长率为7%。如果股东投资的必要收益率为15%，公司最近发放的现金股利为每股1.4元。那么Y公司的股票价值是多少？

根据资料，我们可以将该公司前3年作为高速增长阶段，第4年以后作为固定增长阶段。两个阶段股票价值计算如下：

$$P_{高速增长}=\frac{1.4\times1.13}{1+15\%}+\frac{1.4\times(1.13)^2}{(1+15\%)^2}+\frac{1.4\times(1.13)^3}{(1+15\%)^3}$$

$$=1.37+1.35+1.33=4.05（元）$$

$$P_{固定增长}=\frac{1.4\times(1.13)^3\times1.07}{15\%-7\%}\times\frac{1}{(1+15\%)^3}=17.76(元)$$

因此，Y公司普通股价值为21.81元（4.05+17.76）。

如果股利增长情况不限于两种情况，则还可以继续划分为三阶段或多阶段，只要最后将各个阶段的现值相加即可。

（二）股票收益率与股利增长率

从以上论述中可以看出，在普通股估价中，普通股投资的必要收益率是非常重要的。那么，如何确定普通股投资的必要收益率呢？在学术界有两种方法：一种是根据资本资产定价模型确定；另一种是根据预期收益率确定。本章只介绍第二种方法。

对于公开交易的股票来说，最近支付的价格是最易获得的价值估计。与债券价值评估模型一样，普通股价值评估模型提供了估计必要收益率的最好方法。如果已知股票市场价格、预期股利及股利增长率，根据公式（4-8）即可计算股票预期收益率：

$$r_e=\frac{Div_1}{P_0}+g \tag{4-10}$$

如果资本市场是有效的，必要收益率与期望收益率相等，因此按公式（4-10）估计的期望收益率是必要收益率的一个较好的估计。在上式中，股票收益率来源于两个因素：一是预期股利收益率Div_1/P_0；二是资本利得收益率（capital gains yield），它是预期的股票价格的年变化率。

假设在［例4-4］中，X公司股票的现时售价为75元，下一年的股利支付为3元，股利增长率为8%，则投资者的预期收益率或必要收益率为：

$$r_e=\frac{3}{75}+8\%=4\%+8\%=12\%$$

这一预期收益率包括4%的股利收益率和8%的资本利得收益率。如果下一年的预期股利为3.24元（3×1.08），这将导致P_1的预期价值为：

$$P_1=\frac{Div_2}{r_e-g}=\frac{3.24}{12\%-8\%}=81(元)$$

此时，资本利得收益率为8%（（81-75）÷75×100%）。这一例证说明了一个重要原理：在股利按常数增长的情况下，股票价格和股利可以预期同比率增长。

股利增长率是影响股票价值的重要因素，如果没有外来资本，股利增长的来源是留存收益和由该留存收益带来的报酬。对于公司的收益，公司可以将其用于投资，以获得比上一年更多的收益，进而可以支付更多的股利。如果公司将收益全部用于支付股利，则留存收益为零，或再投资等于零。在这种情况下，通常假设用金额等于折旧的一笔资本投资来维持公司的收益（公司收益不变）。再投资中大于折旧的部分，只能来自留存收益。在股利固定增长情况下，股利增长率可分解为两个部分：

股利增长率=（1-股利支付率）×净资产收益率

=留存收益比率×净资产收益率 (4-11)

［例4-6］假设Z公司近5年共获利1 000万元，同期共支付400万元的股利，股利支付率为40%。该公司预期明年的每股收益为4.5元，每股股利支付为1.8元。当前，Z公司股票每股售价为36元。如果Z公司预期净资产收益率为15%，Z公司股票的必要收益率为多少？

根据公式（4-11）和公式（4-10）计算Z公司股利增长率和必要收益率分别为：

$$g = (1 - 40\%) \times 15\% = 9\%$$

$$r_e = \frac{1.8}{36} + 9\% = 14\%$$

计算结果表明，投资必要收益率为14%，小于Z公司未来投资机会的预期净资产收益率15%，因此，该项投资会增加公司价值。如果Z公司未来投资机会的预期收益率不是15%，而是10%，在其他资料相同的条件下，该公司投资必要收益率为11%，超过了10%的预期投资收益率，这表明Z公司未来有净现值为负的投资项目。如果Z公司未来投资机会的预期收益率不是15%，而是12.5%，在其他资料相同的条件下，该公司投资必要收益率与期望投资收益率相同，这表明Z公司未来有净现值等于零的投资项目。以上从三个方面分析了未来投资期望收益率的各种假设对股票估计必要收益率的影响。实际上，股票只有一个必要收益率。

（三）增长机会

如果公司的收益不是全部用于股利支付，而是将其中的一部分转化为新的净投资，追加新的净投资会创造出新的收益，这时，可以把现在股票的价值分解为两部分：公司现有资产预期创造的收益（EPS_1）的现值和公司未来投资机会收益的现值，后一种价值可称作“增长机会的现值”（present value of growth opportunities，PVGO）[①]。在这种情况下，公司股票价格可表示为：

$$P_0 = \frac{EPS_1}{r_e} + PVGO \tag{4-12}$$

式中，第一项表示现存资产收益现值，即公司把所有的收益都分配给投资者时的股票价格。第二项表示增长机会的收益现值，即公司留存收益用于再投资所带来的新增价值。

为分析方便，假设根据股利支付率和新增投资收益率不同，将［例4-4］中的X公司分为三种不同情况：

① MYERS S C.Determinants of corporate borrowing［J］. Journal of Financial Economics，1977，(5)：147-175.

第一，假设X公司为增长型公司，相关资料与［例4-4］相同，公司目前股票价格为75元。

第二，假设X公司为维持型公司，每年的投资仅用来更新已损耗的设备，即维持原有的生产能力不变，这样公司未来净投资为零，未来增长机会的净现值也为零。如果该公司以后各期股票的每股收益均为5元，且全部用于股利发放，假设投资必要收益率为12%，则公司目前股票价格应为：

$$P_0=\frac{EPS_1}{r_e}=\frac{5}{12\%}=41.67(\text{元})$$

第三，假设X公司为收益型公司，虽然收益中的40%用于再投资，但新投资的预期收益率与原来公司必要收益率（12%）相同，其他因素与前述相同。按照固定股利增长模型来估值，这时X公司的收益增长率（即股利增长率）为4.8%（40%×12%），则股票价格为：

$$P_0=\frac{3}{12\%-4.8\%}=41.67(\text{元})$$

上述分析结果表明，增长型公司股票价格为75元，维持型公司与收益型公司股票价格为41.67元，其间的差异（33.33元）即为未来增长机会的现值PVGO。

通常我们可以利用PVGO来区分成长股和绩优股股票。以Google为例，Google从来不支付股利，它把所有的盈余都进行了再投资。2018年12月，它的股票价格为每股1 036美元，未来P/E约为23.42。2014年EPS为44.22美元。

假设Google是维持型公司，预计未来EPS将稳定维持在44.22美元的水平。这种情况下，Google可以支付每股44.22美元的固定股利。假设权益资本成本为10%，其市场价值PV则为每股442.2美元（44.22÷10%），比其实际市场价格1 036美元低了593.8美元。因此可以得出，投资者对Google未来投资机会的估价为每股593.8美元，超过其市场价值的一半。这是Google被视为成长股的真正原因。

三、自由现金流量模型

在股利折现法下，假设股利是股东收到的唯一现金流量。事实上，股利与净利润或现金流量在绝大多数情况下并不相等，按此种方法预测的结果往往不能真实反映股票价值。由于公司的股利政策受多种因素的影响，有的公司从不支付股利，有的公司虽然支付股利，但实际支付的金额与公司的支付能力出入很大（支付不足或支付超额）。在这种情况下，股权自由现金流量或公司自由现金流量就成为公司收益相对准确的替代指标。

（一）股权自由现金流量

股权自由现金流量（free cash flow to equity，FCFE）是指归属于股东的剩余现金流量，即公司在履行了所有的财务责任（如债务的还本付息），并满足其本身再投资需要之后的剩余现金流量，如果有发行在外的优先股，还应扣除优先股股息。其估算公式如下：

$$FCFE_t=NI_t+NCC_t-\Delta W_t-F_t-d_t+\Delta P_t+\Delta D_t \quad (4-13)$$

式中，$FCFE_t$表示股权自由现金流量；NI_t表示净利润或税后利润；NCC_t表示非现金支出净额（折旧或摊销）；ΔW_t表示营运资本追加支出；F_t表示资本性追加支出；d_t表示优先股股息；ΔP_t表示优先股净增加额；ΔD_t表示债务净增加额（发行新债与偿还旧债之间的差额)。

公式中的股权自由现金流量是以利润表中的净利润(NI)为起点进行调整的，有关调整项目说明如下：

第一，调整非现金支出。非现金支出是指各种不引起当期经营现金流量变动的项目净额。在估价中，非现金支出主要有以下几项：

(1) 折旧、无形资产摊销以及资产减值类费用，已经从当期收益中扣除，但它们并没有实际支付现金，因此，应将其加回到经营活动的现金流量中。

(2) 债券溢价(折价)摊销，通过减少(增加)财务费用影响净利润，但它们并未引起现金流量的变化，因此，应从经营活动的现金流量中扣除(加回)。

(3) 长期资产处置的收益(损失)之所以要扣除(加回)，并不是因为处置行为不产生现金流量，而是因为资产重组的现金流量属于投资活动，而非经营活动。

(4) 对于递延所得税来说，虽然从长期来看，应交所得税和所得税费用是一致的，但是，由于税法和会计对所得税确认的时间、口径不同，可能会产生递延所得税，因此，在进行调整时，必须用递延所得税将所得税费用还原到公司本期实际应交税金。对于一些属于非现金支付的重组费用，也要进行一定的调整。

第二，调整资本性支出。资本性支出是指当年发生的固定资产投资、无形资产投资以及其他长期资产投资，如厂房的新建、改建和扩建，设备更新、购置和新产品试制、专利费用支出等。资本性支出的信息主要来源于公司资产负债表和现金流量表中的投资活动现金流量。不过，当公司不是通过现金购买的方式直接取得长期资产，而是通过发行债券或股票等非现金交易形式(重大非现金交易在现金流量表附注中披露)取得长期资产，或者在公司并购中一并接收了长期资产时，应对公司今后资本性支出的金额作出合理的估计。此外，根据现金流量表计算资本性支出时，对处置长期资产所得的现金流量要予以扣除。例如，2015年公司在现金流量表的投资活动现金流量中披露，2015年公司以10万元的价格转让运输汽车一辆，那么这10万元就应作为当年公司资本性支出的减项。此外，公司发生的研究开发费用和经营性租赁费用应进行资本化处理，以便正确衡量公司资本性支出。

第三，调整其他项目。调整其他项目主要指派发优先股股息、偿还债务本金以及发行新债等引起的现金流量。

以上是以净利润为起点计算FCFE，如果公司以目标负债比率(负债/总资本=D/A)为追加的资本支出和营运资本进行融资，且通过发行新债偿还旧债券的本金，则股权自由现金流量可按下式计算：

$$FCFE_t = NI_t - (1 - D/A) \times (F_t - NCC_t) - (1 - D/A) \times \Delta W_t \quad (4-14)$$

股权自由现金流量既可以为正数，也可以为负数。在一般情况下，如果股权自由现金流量为负数，则公司将不得不通过发行新股来筹集股权资本；如果股权自由现金流量为正数，则公司就可能以股票现金红利的形式将剩余的现金流量派发给股权资本持有者。在实务中，股权自由现金流量是公司能否支付股利的一项衡量指标，有的公司将其所有的FCFE都作为股利支付给股东，但大多数公司都或多或少地保留部分股权自由现金流量。

以FCFE为基础预测股权价值，其计算方式与股利折现模型是一样的，差别仅在于将股利折现模型中的股利换成股权自由现金流量，因此一般形式可以表示为：

$$P_0=\sum_{t=1}^{\infty}\frac{FCFE_t}{(1+r_e)^t} \tag{4-15}$$

式中，P_0表示公司股票价值；$FCFE_t$表示第t年预期股权自由现金流量；r_e表示投资者要求的收益率或股本成本。

［例4-7］假设XYZ公司拥有较强的市场销售渠道，一流的生产设施和品牌，预期在未来5年内一直保持高速增长，5年之后，公司进入稳定增长阶段。有关估价资料如下：

（1）背景信息：目前，公司每股销售收入为28元，每股收益为7.2元，每股股利为2.52元，股利支付率为35%；每股资本支出10.9元，折旧5.29元，营运资本是销售收入的20%，本期每股营运资本追加支出为0.6元；目标资本结构（D/A）=51.20%。

（2）5年内公司高速增长，预计净资产收益率ROE为17.8%，股利支付率保持不变；净资本支出、折旧增长率为10%；该期间股本成本为12.75%。

（3）5年后公司进入稳定增长阶段，销售收入、净利润增长率为5%；资本性支出可以由折旧来弥补，营运资本仍为销售收入的20%；该期间股本成本为11.5%。

根据以上资料，估计XYZ公司股票价格方法如下：

第一步，计算高速增长阶段FCFE的增长率：

FCFE的增长率=（1-股利支付率）×净资产收益率=（1-35%）×17.8%=11.57%

第二步，计算高速增长阶段FCFE的现值，见表4-3。

表4-3　**XYZ公司高速增长阶段FCFE现值**　金额单位：元

项目	0	1	2	3	4	5
每股销售收入	28.00	31.24	34.85	38.89	43.39	48.41
营运资本	5.60	6.25	6.97	7.78	8.68	9.68
营运资本追加支出	0.60	0.65	0.72	0.81	0.90	1.00
净利润	7.20	8.03	8.96	10.00	11.16	12.45
（1-D/A）×（F_t-NCC_t）	2.74	3.01	3.31	3.64	4.01	4.41
（1-D/A）×ΔW_t	0.29	0.32	0.35	0.39	0.44	0.49
股权自由现金流量		4.71	5.30	5.96	6.71	7.55
FCFE现值（12.75%）		4.17	4.17	4.16	4.15	4.14

根据表4-3，XYZ公司高速增长阶段FCFE的现值为20.79元（即表4-3最后一行的合计数）。

第三步，计算稳定增长阶段FCFE的现值：

第6年净利润=12.45×（1+5%）=13.07（元）

第6年营运资本追加支出=（48.41×1.05-48.41）×20%=0.48（元）

第6年的FCFE=13.07-0.48×（1-51.2%）=12.84（元）

高速增长阶段结束时股票期末价值的现值：

$$P_n=\frac{12.84}{11.5\%-5\%}\times\frac{1}{(1+12.75\%)^5}=108.41\text{（元）}$$

第四步，计算公司当前股票价值：即高速增长阶段FCFE现值20.79元与稳定增长阶段FCFE现值108.41元的合计数，为129.2元。

FCFE模型可以看作股利折现模型的另一种表现形式。由于这两种模型有时会得出不同的估价结果，在增长率和折现率一定的情况下，可根据影响股利和FCFE的因素分析两者存在差别的原因。

（二）公司自由现金流量

公司自由现金流量（free cash flow to firm，FCFF）是指公司在支付了经营费用和所得税之后，向公司权利要求者（普通股股东、公司债权人和优先股股东）支付现金之前的全部现金流量。公司自由现金流量等于股权自由现金流量、债权现金流量和优先股权现金流量之和，用公式可以表示为：

$$\begin{aligned} FCFF_t &= [NI_t + NCC_t - \Delta W_t - F_t - d_t + \Delta P_t + \Delta D_t] + [I_t(1-\tau_t) - \Delta D_t] + [d_t - \Delta P_t] \\ &= NI_t + NCC_t - \Delta W_t - F_t + I_t(1-\tau_t) \\ &= EBIT_t(1-\tau_t) + NCC_t - \Delta W_t - F_t \end{aligned} \tag{4-16}$$

式中，第一个等号右边的第一项为股权自由现金流量；第二项为归属于债权人的现金流量，主要由税后利息、本金偿还额和发行新债等因素构成；第三项为归属于优先股股东的现金流量。

应用公司自由现金流量是对整个公司而不是股权进行估价，但股权价值可以用公司价值减去发行在外债务的市场价值得到。由于公司自由现金流量是债务偿还前的现金流量，所以使用公司估价方法的好处是不需要明确考虑与债务相关的现金流量，而估计股权自由现金流量时必须考虑这些与债务相关的现金流量。在财务杠杆预期将随时发生重大变化的情况下，这一特点有利于简化计算，但在确定折现率时需要负债比率和利率等信息用以计算加权平均资本成本。

采用FCFF模型，公司价值是指公司预期自由现金流量的现值，其基本表现形式为：

$$\text{公司价值} = \sum_{t=1}^{\infty}\frac{FCFF_t}{(1+r_w)^t} \tag{4-17}$$

$$\text{股权价值} = \sum_{t=1}^{\infty}\frac{FCFF_t}{(1+r_w)^t} - MV_D \tag{4-18}$$

式中，$FCFF_t$表示第t期公司自由现金流量；r_w表示加权平均资本成本；MV_D表示公司负债的市场价值。

同样，利用自由现金流量方法时，也可以根据自由现金流量增长率的不同特点采用零增长模型、固定增长模型、二阶段或更多阶段的非固定增长模型等对普通股进行价值评估。

四、价格乘数法

价格乘数法又称作相对估价法，主要是通过拟估价公司的某一变量乘以价格乘数来进行价值评估。确定适当的变量和乘数是应用这一方法的关键。在实务中，乘数是指股价与财务报表上某一指标的比值，常用的报表指标有每股收益、息税折旧摊销前收益、销售收入、账面价值和现金流量等，利用它们可以分别得到价格收益乘数（P/E ratio）、公司价值乘数（EV/EBITDA ratio）、销售收入乘数（P/S ratio）以及账面价值乘数（P/BV ratio）等。

只要估价变量与公司价值保持相对长期稳定的关系，就可以作为价格乘数的备选变量。这些比率或乘数只采用了财务报表的部分信息，计算方法简单易学，在实务中应用比较广泛。

根据Morgan Stanley的分析报告①，在欧洲企业价值评估中，采用最多的方法是价格/收益（P/E）乘数法，其后分别是公司价值与EBITDA乘数法、剩余收益（residual income）法、公司价值/收益增长率（EV/EG）乘数法，而折现现金流量方法DCF位于第五位。下面主要以采用最多的价格/收益（P/E）乘数法为例进行说明，利用其他方法的基本原理大体相似，仅乘数的表现形式不同。

价格/收益（P/E）乘数，也称市盈率模型，是股票价格相对于当前会计收益的比值。自从20世纪20年代出现于华尔街以来，经Benjamin Graham在其1934年出版的名著《证券分析》中正式表述得以流传，目前市盈率模型已成为股票价值评估最常用的类比估价模型。价格/收益乘数的数学意义为每1元年税后收益对应的股票价格；经济意义为购买公司1元税后收益支付的价格，或者按市场价格购买公司股票回收投资需要的年数，因此，又称为本益比。P/E乘数的投资意义是以一定的价格/收益乘数为基准，超过视为高估，低于视为低估。但这一投资实践意义并不明确，因为基准价格/收益乘数和高估或低估的数值界限很难确定。

价格/收益乘数把股价和公司盈利能力结合起来，在一般情况下可以真实地反映股票价格的高低。采用价格/收益乘数进行估价的一般公式为：

$$P_0 = EPS_1 \times P/E \tag{4-19}$$

应用公式（4-19）确定股票价值（格），主要取决于每股收益与价格/收益乘数两个因素。

在确定每股收益时，应注意以下几个问题：

（1）对于那些偶发事件导致的非正常收益，在计算EPS时应加以剔除；

（2）对于受商业周期或行业周期影响较大的企业，应注意不同周期（如成长期和衰退期）对EPS的影响；

（3）对于会计处理方法变更引起的EPS的差异，应进行相应的调整；

（4）如果公司有发行在外的认股权证、股票期权、可转换优先股或可转换债券，应注意这些含有期权性的证券行权后对每股收益的影响，计算稀释后的EPS（diluted EPS）。

如果以b代替留存收益比率，则股利支付率为（1-b），在股利以固定比率增长的条件下，公式（4-8）可改写为：

$$P_0 = \frac{EPS_1(1-b)}{r_e - g} \tag{4-20}$$

等式两边同除以EPS_1，可以得到：

$$\frac{P_0}{EPS_1} = \frac{1-b}{r_e - g} \tag{4-21}$$

公式（4-21）表明，影响市盈率的因素主要是留存收益比率（或股利支付率）、股利增长率以及股权资本成本。应用公式（4-19）确定股票价值（格），关键在于对公司市盈率的分析和预测，而市盈率的高低与整个经济形势和市场景气状况有关。一般来说，经济

① FERNÁNDEZ. Valuation using multiples: how do analysts reach their conclusions? [R]. [S.L.]: SSRN Working Paper, 2001.

前景良好、有发展潜力公司的股票市盈率会趋于上升；反之，发展机会不多、经营前景黯淡的公司，其股票市盈率会处于较低的水平。但在股票市场上，一个公司股票的市盈率可能会被非正常地抬高或压低，无法反映出该公司的资产收益状况，从而很难正确地评估股票价值。

在［例4-4］中，X公司的股票市盈率为：

$$\frac{P_0}{EPS_1}=\frac{1-b}{r_e-g}=\frac{1-40\%}{12\%-8\%}=15$$

按市盈率法，股票价格为：

$$P_0=EPS_1\times P/E=15\times 5=75(\text{元})$$

上述计算结果表明，如果市场是有效的，市盈率法与现金流量折现法所得出的结论是一致的。市盈率法方法简明易懂，计算简单，在实务中应用较多。

比如，东北证券股份有限公司位于吉林省长春市，2007年8月27日，公司在深圳证券交易所挂牌上市，股票简称为“东北证券”，股票代码为000686。表4-4列示了同为金融类的10家上市公司2021年9月30日的市盈率。

表4-4 金融类10家上市公司市盈率（2021年9月30日）

公司名称	股票代码	P/E
华夏银行	600015	3.74
浦发银行	600000	4.46
平安银行	000001	10.60
宁波银行	002142	12.63
东北证券	000686	14.75
广发证券	000776	15.70
长江证券	000783	16.47
陕国投A	000563	18.09
国元证券	000728	21.16
山西证券	002500	35.17
平均		15.28

从表4-4可以看出，东北证券的市盈率在行业中处于均值偏低的位置。根据东北证券2021年的第三季报，该公司2021年9月30日的每股收益为0.52元，如果根据东北证券的P/E乘数14.75以及10家公司平均P/E乘数15.28计算，东北证券的价格应该在7.67元（0.52×14.75）至7.95元（0.52×15.28）之间。

从理论上说，运用上述各种估值模型预测或分析股票价值一般都可以得到正确的结果，但其前提是估值所采用的各种参数必须是正确的，也就是说，普通股价值评估的质量最终取决于所获得信息的质量。因为不论什么参数，都会得到某种答案。如果各种参数不真实，则对股票进行价值评估就毫无用处，即通常所说的“垃圾进，垃圾出”（garbage in，garbage out）。利用价值评估模型需要注意的另一个问题就是获得信息的成本。任何模型得出的答案的价值必须与利用这一模型的成本相权衡。如果获得充分信息的成本太高，这个模型就毫无意义。

□ 思政课堂

全面了解环境，正确进行证券价值评估

证券交易是在证券市场上进行的，而证券市场是瞬息万变的，是一个异常复杂的体系，因此，证券市场上的证券价值均受多方面因素的影响。

例如，2020年新冠肺炎疫情暴发后，我国股市在年后第一个交易日刚刚开盘就出现了暴跌。而在这之后，全球股市均受到了负面的影响。但在我国疫苗研制出来之后，股票市场又有了正面的反映。首先，从整体大局出发，新冠疫苗的研发，在一定程度上抑制了病毒的传播，对于我国的复工复产有巨大的帮助，因此对经济的发展起到了非常正面的积极作用；而股市是经济的晴雨表，经济发展好了，股市的发展才能够更加稳定。其次，从具体层面上来讲，新冠疫苗的研发，对于整个医药板块有巨大的正面影响，特别是涉及疫苗研发的企业，从疫情开始之后到股市恢复以来，医药板块，尤其是疫苗研发企业的股票基本上都呈现出了上涨趋势。

再比如，2019年4月，第二届“一带一路”国际合作高峰论坛在北京举行。受此影响，“一带一路”板块，如银龙股份（603969）、鼎汉技术（300011）、北部湾港（000582）、西安旅游（000610）、中材国际（600970）、天山股份（000877）等个股均出现了不同程度的上涨。

从以上可以看出，证券价值不是孤立存在的。为更好地对证券价值进行评估，我们必须要对国际、国内的相关环境、政策、形势发展等具有相当的了解，这样才能对证券价值进行全面的评估。

□ 本章小结

1.债券（或任何其他资产）的内在价值都等于其预期现金流量的现值，即等于预期收到的利息和本金的现值。债券估价可以分为一般情况下的债券估价和可赎回情况下的债券估价。

2.债券价值与相关决定因素之间的关系可以归纳为：（1）对于给定的到期时间和市场收益率，息票率越低，债券价值变动的幅度就越大；（2）对于给定的息票率和市场收益率，债券期限越长，债券价值变动的幅度就越大，但价值变动的相对幅度随期限的延长而缩小；（3）对同一债券，市场利率下降一定幅度引起的债券价值上升幅度要高于由于市场利率上升同一幅度引起的债券价值下跌的幅度。

3.股利折现模型中的现金流量包括两部分：（1）每期的预期股利；（2）股票出售时的预期价格。根据股利的变化情况，一般可以将股票分为三类：零增长股、固定增长股和非固定增长股。在估价中，对股票收益率和股利增长率的确定是非常重要的。

4.普通股价值评估的第二种方法为自由现金流量法，分为股权自由现金流量方法和公司自由现金流量方法两大类。

5.普通股价值评估的第三种方法为价格乘数法，是通过拟估价公司的某一变量乘以价

格乘数来进行价值评估。其中，最常见的价格乘数是价格/收益乘数（P/E ratio），即市盈率。

□ 基本训练

基本训练指引 4-1

1.试用一些简单的例子，说明你对以下问题的回答：（1）如果利率升高，债券价格升还是降？（2）如果债券收益率高于息票率，债券价格应该比面值高还是低？（3）如果债券价格超过面值，收益率应该比息票率高还是低？（4）与低息票率债券相比，高息票率债券的出售价格应该更高还是更低？（5）如果利率发生变化，与低息票率债券相比，高息票率债券价格变化的比例会更高吗？

基本训练指引 4-2

2.山东未名生物医药股份有限公司2017年9月25日发行的17未名债（债券代码：112593；上市日期：2017年10月20日）和山东丽鹏股份有限公司2017年12月1日发行的17丽鹏G1（债券代码：112623；上市日期：2017年12月20日）票面利率大体相当，前者为6.7%，后者为6.5%。假设个人所得税税率为20%，其余相关资料见表4-5。

表4-5 **17未名债（112593）和17丽鹏G1（112623）的详细资料**

项目	发行额（亿元）	发行价（元）	期限（年）	年利率（%）	计息日	到期日	债券类型	付息方式	信用级别	剩余年限（年）	2022-04-06 收盘价（元）
17未名债	8	100	5	6.70	9-25	2022-09-25	固定	年付	AA	0.4685	101.98
17丽鹏G1	2.5	100	5	6.50	12-1	2022-12-01	固定	年付	AAA	0.6521	101.78

要求：如果选择其中一家公司债券为投资对象，你认为哪只债券收益率较高？请代投资人作出投资决策，利用Excel软件计算并填列表4-6：

表4-6 **债券投资决策计算表**

项目	利息（元）	到期收益率（%）	到期税后收益率（%）
17未名债			
17丽鹏G1			

基本训练指引 4-3

3.天津市东丽城市基础设施投资集团有限公司2016年1月7日发行企业债券15东丽投，债券代码127313，发行总额为25亿元人民币，面值100元，年利率4.28%，期限7年，到期日为2022年12月2日，发行价与面值相等，每年付息一次，到期一次还本。现在是2022年4月6日，15东丽投收盘价为61.39元。假设你今天购买这一债券并持有至到期，你的到期收益率为多少？假设个人所得税税率为20%。

基本训练指引 4-4

4.假设你正在考虑购买同一行业的两家上市公司的股票，这两只股票除了股利支付政策不同外，其他条件均相同。两家公司年收益的平均水平都是每股3元，甲公司的股利政策是所得利润全部用于支付股利，而乙公司的股利政策是所得利润的1/3用于股利发放，也就是每股支付1元的股利。甲公司股票的市场价格为每股15元，两家公司的风险相同。

请判断如下事项的正确性并进行说明：

（1）乙公司的成长速度要快于甲公司，因此其股票市场价值应大于每股15元。

（2）虽然乙公司的成长速度快，但甲公司现在的股利支付水平高于乙公司，因此，甲公司的股票市场价格应该较高。

（3）甲公司预期收益率和必要收益率都为20%，乙公司的预期收益率会更高，因为其预期增长率较高。

（4）如果乙公司股票市场价格也是每股15元，乙公司增长率的最合理估计应为10%。

5.你认为债券价值评估和股票价值评估有什么共同点？哪种证券的价值评估会更复杂一些？

基本训练指引 4-5

□ 微型案例

访问和讯网（http：// www.hexun.com），选取两家上市公司，讨论下列问题：

（1）这两家公司股票的最新价格为多少？当前年度股利及股利收益率是多少？

（2）过去的5年中，所选的两家公司的每股收益和每股股利增长率是多少？这些增长率是否表现出一种稳定的趋势？能否用于长期预测？

（3）所选的两家公司股票价格有差异的原因主要有哪些？你认为这两家股票是否属于成长股？

（4）你认为对这两家公司采用哪种价值评估模型（稳定增长、二阶段）较为合适？

（5）采用稳定增长模型所需的关键变量是股利在长期内的预期增长率。在估计增长率时你会怎样考虑下列各种因素：通货膨胀率上升；经济发展十分迅速；公司所处行业的增长潜力巨大；公司目前的经营管理质量很高。

（6）如果你认为这两家公司的股利增长率都不适合使用股利增长模型对公司的价值进行评估，你还可以使用什么方法？

案例分析指引

第五章

风险与收益

从欧文·费雪（Irving Fisher）的“时间价值”到威廉姆斯（Williams）的股利估价模型，都推动了资产估价的发展。但同时也给人们提出了一个问题：为什么不同的资产或证券有不同的收益？为什么有的人将钱存入银行或购买政府债券，而有的人却投入股市或进行实业投资？根据威廉姆斯的模型，价值评估以资产的未来收益为基础，而未来收益是不确定的，这种不确定性对投资者来说既可能是机会，也可能是损失。为获得机会投资者愿意承担风险，为规避损失投资者要求风险补偿，这种体现风险本身的价值称作“风险溢价”。从“时间价值”到“风险溢价”的理论演变，使资产估价理论得到了令人瞩目的发展。在此之前，我们主要讨论了证券价值的计算方法，而将价值评估采用的折现率视为外生给定的变量，本章将根据风险与收益的关系建立计算资产预期收益率的基本模型，为评价资产价值提供理论依据。根据风险与收益关系建立的资产定价模型，不仅反映了投资者要求的最低收益率，而且为公司进行投资决策、融资决策（融资成本）、业绩评价提供理论依据。

通过本章学习，学生可以理解预期收益率与必要收益率的关系；掌握风险与收益的衡量方法；熟悉投资组合收益与风险的基本思想、投资组合风险分散效应；了解资本市场线、证券市场线及证券特征线的特点；熟悉资本资产定价模型的影响因素与确定方法。

第一节　历史收益与风险的衡量

一、风险的含义与分类

从财务学的角度来说，风险是指资产未来实际收益相对预期收益变动的可能性和变动幅度。在汉语中，风险可用“危机”一词来描述，风险包含了“危险”和“机会”双重含义。机会使投资者和公司敢于承担风险，危险要求承担风险必须得到补偿。在风险管理中，一般是根据风险的不同特征进行分类。按风险能否分散，分为系统风险和非系统风险；按风险形成的来源，分为经营风险和财务风险。

系统风险（又称市场风险、不可分散风险）是指由于政治、经济及社会环境等公司外部因素的不确定性产生的风险，如通货膨胀、利率和汇率的波动、国家宏观经济政策变化、战争、政权更迭、所有制改革等。这些因素是个别公司或投资者无法通过多样化投资予以分散的。

非系统风险（又称公司特有风险、可分散风险）是指由于经营失误、劳资纠纷、新产品试制失败等影响所产生的个别公司的风险。非系统风险是由单个的特殊因素所引起的，由于这些因素的发生是随机的，因此可以通过多样化投资来分散。

经营风险是指经营行为（生产经营和投资活动）给公司收益带来的不确定性。通常采用息税前利润的变动程度描述经营风险的大小。这种风险是公司商业活动中固有的风险，主要来自客观经济环境的不确定性，如经济形势和经营环境的变化、市场供求和价格的变化、税收政策和金融政策的调整等外部因素，以及公司自身技术装备、产品结构、成本水平、研发能力等因素的变化等。

财务风险一般是指举债经营给股东收益带来的不确定性。通常用净资产收益率（ROE）或每股收益（EPS）的变动描述财务风险。这种风险主要来源于利率、汇率变化的不确定性以及公司负债比重。如果公司的经营收入不足以偿付到期利息和本金，就会使公司陷入财务危机，甚至导致公司破产。

二、收益的含义与类型

收益一般是指初始投资的价值增量。为分析方便，应区分三种不同的收益率：必要收益率、预期收益率和实际收益率。

必要收益率是指投资者进行投资要求得到的最低收益率，通常由无风险利率和风险溢价两部分构成，前者取决于零息政府债券利率，后者取决于公司经营风险和财务风险。

预期收益率是在不确定的条件下，投资者根据现有信息预测的某项资产未来可能实现的收益率。在证券估价中，如果将债券的现行市价代入债券现值公式，求出的折现率（YTM）即为债券预期收益率；如果将股票的现时市价作为股票的现值（P_0）代入股票现值公式，求出的折现率就是股票投资的预期收益率。在一个完善的资本市场中，如果证券的价格为公平市价，所有投资的净现值都为零。此时，预期收益率等于必要收益率。

必要收益率和预期收益率在时间点上都是面向未来，都具有不确定性，但必要收益率是由投资者主观上对投资项目的风险评价确定的，预期收益率是由市场交易条件决定的，即在当前市场价格水平下投资者可获得的收益。如果投资者的主观评价与市场的客观交易不一致，就会形成两个收益率的差异。但在一个完善的市场上，市场套利行为很快会消除这种差异，使两者趋于一致，此时，投资的预期收益率等于必要收益率。

例如，某公司拟发行面值为100元，息票率为8%，期限为1年的公司债，预计发行价为100元，如果投资者以预计的发行价购买该债券，则1年后的预期收益率为8%。如果投资者认为按100元的发行价格购买该债券，所提供的预期收益率（8%）不足以补偿持有该债券要求的收益率（时间价值和风险溢价），他们会要求更高的收益率补偿。假设投资者要求的收益率为12%，在这种条件下，该债券发行价只有低于96.43元（108/1.12）时，投资者才愿意购买。因为当发行价为96.43元，该债券所提供的预期收益率刚好等于12%，与投资者要求的收益率相等。而任何高于96.43元的发行价均不能激发投资者的购买意愿。如果该债券的发行价格预计为96.43元之下，假设发行价为94元，此时该债券可以提供14.89%（108/94−1）的预期收益率。这一收益率除了满足投资者要求的收益率12%之外，还提供了2.89%的超额收益率的套利机会，而这必然会引起投资者的抢购和追捧，促使债券价格即刻上涨，直到达到96.43元均衡价为止。这意味着公司应将债券发行价格定为96.43元，此时该债券所提供的预期收益率与投资者要求的收益率正好相等。也就是说，在完善的市场交易条件下，无套利的市场均衡价格使投资者要求的收益率与该投资提供的预期收益率在数值上是相等的。

实际收益率或历史收益率是在特定时期实际获得的收益率，它是已经发生的、不可能通过投资决策改变的收益率。由于存在着风险，实际收益率很少与预期收益率相同，这两者之间的差异越大，风险就越大，反之亦然。同样原因，实际收益率与必要收益率之间也没有必然的联系。

第四章介绍了如何通过市场价格和预期未来现金流量确定预期收益率并以此推断必要收益率。本章将继续运用这些概念来确定证券的价值，首先根据风险衡量方式讨论资产的预期收益率，然后根据风险与收益的关系建立一个计算资产必要收益率的模型。

三、历史收益率的衡量

历史收益率或实际收益率是投资者在一定期间实现的收益率。假设投资者在第t-1期期末购买股票，在第t期期末出售该股票，第t期支付股利为D_t，则第t期股票投资收益率可按离散型与连续型两种方法计算：

离散型股票投资收益率可定义为：

$$r_t = \frac{D_t + (P_t - P_{t-1})}{P_{t-1}} = \frac{D_t}{P_{t-1}} + \frac{P_t - P_{t-1}}{P_{t-1}} \tag{5-1}$$

式中：r_t表示第t期股票投资收益率；P_t和P_{t-1}分别表示第t期和第t-1期股票价格；D_t表示第t期股利。公式（5-1）等式右边第一项为股利收益率，第二项为资本利得率，即买卖价差。

连续型股票投资收益率可定义为：

$$r_t = \ln\left(\frac{P_t + D_t}{P_{t-1}}\right) \tag{5-2}$$

连续型股票投资收益率[①]比离散型股票投资收益率要小，但一般差别不大。表5-1列示了这两种方法计算结果的差别。

公式（5-1）是计算单项投资在单一年份的持有期收益率（holding period return, HPR），在一个多年期的个别投资中，还需要计算一个总体指标，集中反映该项投资的业绩。给定某单项投资各年度的持有期收益率，可以采用两个指标来衡量收益率：算术平均收益率和几何平均收益率，其计算公式分别为：

$$\bar{r}_{AM} = \sum_{i=1}^{n} r_i / n \tag{5-3}$$

$$\bar{r}_{GM} = [(1 + r_1)(1 + r_2)\cdots(1 + r_n)]^{1/n} - 1 \tag{5-4}$$

式中：$\bar{r}_{AM}$，$\bar{r}_{GM}$分别表示算术平均收益率和几何平均收益率；r_i代表收益率数据系列r_1，r_2，…，r_n（其中n是序列观测值的数目）。

假设股票X第1年至第4年的收益率分别为10%，-5%，20%，15%，持有4期的收益

① 一个比率取自然对数其值近似于分子与分母的百分比差异，因此，公式（5-2）可用来测试t-1期到t期的股票收益率。

率为40%，按算术平均数计算的收益率为：

$$\bar{r}_{AM} = \frac{10\% - 5\% + 20\% + 15\%}{4} = 10\%$$

几何平均数是指n期观察值连乘积的n次方根。当比较不同投资工具时，几何平均数是一个相对较好的衡量长期收益率的指标。上例中，按几何平均数计算的持有期收益率和平均收益率如下：

$$HPR = (1 + r_1) \times (1 + r_2) \times (1 + r_3) \times (1 + r_4) - 1$$
$$= 1.10 \times 0.95 \times 1.20 \times 1.15 - 1 = 44.21\%$$
$$(1 + \bar{r}_{GM})^4 = (1 + r_1) \times (1 + r_2) \times (1 + r_3) \times (1 + r_4)$$
$$\bar{r}_{GM} = \sqrt[4]{1.10 \times 0.95 \times 1.20 \times 1.15} - 1 = 9.5844\%$$

如果每年投资收益率为9.58844%，则持有期收益率为44.21%，即

$$1.4421 = (1.095844)^4$$

这一结果表明，如果以9.5844%的复利计算，那么，投资者期初投资的1元在4年后的期末价值为1.4421元。

采用算术平均数衡量一项资产的长期收益，其结果总是高于几何平均数。对于波动性大的资产，这一点更为明显。例如，某证券价格第一年从50元上升到100元，第二年又跌回到50元，按算术平均数计算，持有期间的收益率为：（100%-50%）÷2 = 25%。其实，这项投资没有带来任何财富的变化，收益应当为零。如果按几何平均数计算，持有期的收益率为0，这个结果准确地反映了该项投资没产生任何财富的事实。

$$\text{持有期收益率} = \sqrt{(1 + 100\%) \times (1 - 50\%)} - 1 = 0$$

四、历史收益率的方差和标准差

收益率的方差和标准差是描述风险或不确定性的两种统计量。方差（variance）是收益率与其均值之差的平方的平均值，标准差（standard deviation）是方差平方根。方差或标准差越大，表明收益率围绕其均值变化的幅度越大，收益率的风险越大。

如果数据来自总体，则总体收益率方差（Varp）和标准差（Stdp）计算公式为：

$$Varp\left(r_1, \ldots, r_N\right) = \frac{1}{N}\sum_{i=1}^{N}\left[r_i - \bar{r}\left(r_1, \cdots, r_N\right)\right]^2 \quad (5-5)$$

$$Stdp\left(r_1, \ldots, r_N\right) = \sqrt{Varp\left(r_1, \ldots, r_N\right)} \quad (5-6)$$

如果数据来自分布中的一个样本，那么，样本收益率方差（Var）和标准差（Std）的计算公式为：

$$Var\left(r_1, \ldots, r_N\right) = \frac{1}{N-1}\sum_{i=1}^{N}\left[r_i - \bar{r}\left(r_1, \ldots, r_N\right)\right]^2 \quad (5-7)$$

$$Std\left(r_1, \ldots, r_N\right) = \sqrt{Var\left(r_1, \ldots, r_N\right)} \quad (5-8)$$

总体收益率方差和样本收益率方差的区别在于公式是除以“N”还是除以“N-1”。大多数的教科书认为除以N-1而非N可以得到无偏的方差和标准差。但是，如果根据历史数据推测未来收益的方差，历史数据就可以表达总体分布，这样采用公式（5-5）就可以得到该收益分布的统计量。

［例5-1］长江电力（600900.SH）2020年12月至2021年12月各月股票收盘价、收益

率见表 5-1，据此计算长江电力股票在此期间的平均收益率、方差和标准差。[1]

表5-1 长江电力股票收盘价、收益率（2020年12月至2021年12月）

月份	收盘价（元）	收益率(r_i) 离散型	收益率(r_i) 连续型	$(r_i - \bar{r}_{AM})^2$
2020年12月	19.16			
2021年1月	19.68	2.71%	2.68%	0.02%
2021年2月	19.75	0.36%	0.36%	0.01%
2021年3月	21.44	8.56%	8.21%	0.46%
2021年4月	19.97	−6.86%	−7.10%	0.73%
2021年5月	19.86	−0.55%	−0.55%	0.04%
2021年6月	20.64	3.93%	3.85%	0.06%
2021年7月	19.00	−7.95%	−8.28%	0.94%
2021年8月	19.34	1.79%	1.77%	0.00%
2021年9月	22.00	13.75%	12.89%	1.32%
2021年10月	21.25	−3.41%	−3.47%	0.24%
2021年11月	19.53	−8.09%	−8.44%	0.97%
2021年12月	22.70	16.23%	15.04%	1.86%
合计		20.47%	16.95%	6.64%

资料来源 长江电力各月收盘价来源于https：//cn.investing.com/equities/yangtze-power-financial-summary（英为财情）.

表5-1中的数据是根据股票月末收盘价计算的月收益率，它假设投资者在t-1月末购买股票又在下一个月末出售该股票所获得的收益，为简化，月收益率没有考虑在此期间公司派发的股利。例如，

2021年1月股票收益率（离散型）=（19.68÷19.16−1）×100%=2.71%

2021年1月股票收益率（连续型）=LN（19.68/19.16）=2.68%

其他各月计算方法依此类推。

基本统计函数

根据表5-1的数据，按离散型计算的收益率大于按连续型计算的收益率。现以连续型为例，计算长江电力在此期间的平均收益率、方差、标准差如下：

$$\bar{r}_{AM} = 16.95\% \div 12 = 1.41\%$$

$$Var(r_{月}) = 6.64\% \div (12 - 1) = 0.6036\%$$

$$Var(r_{年}) = 0.6036\% \times 12 = 7.2432\%$$

$$Std(r_{月}) = \sqrt{0.6036\%} = 7.7692\%$$

$$Std(r_{年}) = \sqrt{7.2432\%} = 26.9132\%$$

表5-1中的收益率、方差和标准差可根据Excel内置函数计算。如果不熟悉可扫描二

① 在这里，选取了12个月的数据，仅仅是为了计算方便，并不能充分反映该只股票的收益和风险，也不能说明这只股票是否值得投资。

维码，查看Excel关于基本统计的内置函数。

分析一家公司股票收益与风险状况，通常要与市场指数相比较。长江电力于2003年11月18日上市，收盘价为6.18元。时隔近20年，股票价格随着股票市场的波动不断变化，2021年12月31日收盘价为22.7元。上证综指是以1990年12月19日为基期，基期指数定为100点，以样本股的发行股本数为权数进行加权计算，2021年12月31日的上证综指为3 637.78点。

图5-1描绘了长江电力与上证综指在2010年1月4日至2021年12月31日期间每日收盘价的变化趋势。从图5-1中可以看出，长江电力股票价格与上证综指的变化趋势基本一致。从收益率和风险看，在过去的12年中，不考虑股利收益，仅按日收盘价均值计算，长江电力日均收益率为0.0186%，年均收益率为6.7956%，上证综指的日均收益率为0.0040%，年均收益率为1.4418%，长江电力的市场表现好于上证综指。从收益率的离散程度看，长江电力和上证综指的年标准差分别为28.3904%和25.3042%。从整体上看，长江江电力的收益与风险都高于上证综指。

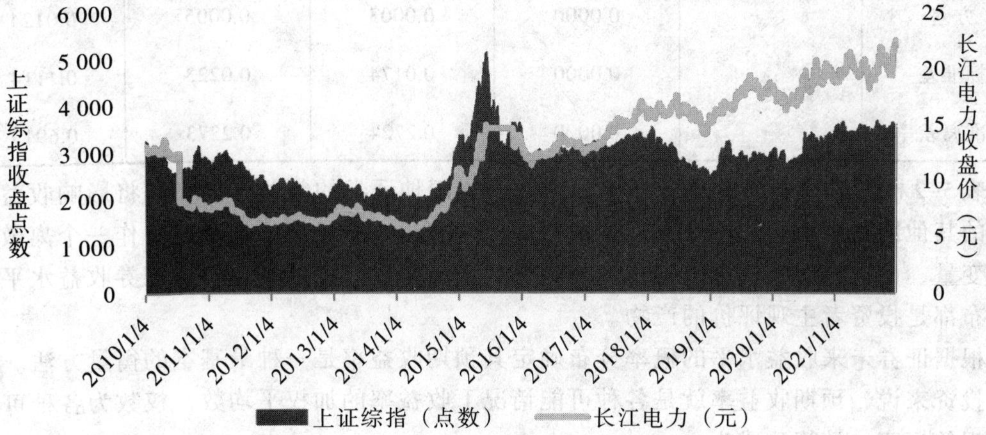

图5-1　长江电力与上证综指收盘价（2010年1月4至2021年12月31日）

资料来源　网易财经（http：//quotes.money.163.com/trade/lsjysj_600900.html#06f01），数据缺失时采用上一日股票收盘价。

第二节　预期收益与风险的衡量

一、预期收益率

预期收益率是某种资产所有可能的未来收益水平的平均值。一般通常有两种方法估计预期收益率：一是以某项资产收益率历史数据的样本均值作为估计数，这种方法假设该种资产未来收益的变化服从其历史上实际收益的大致概率分布；另一种是根据未来影响收益的各种可能结果及其概率分布估计预期收益率。

表5-2上半部分列出了四种概率分布，它们一一对应四种投资方案，其中政府债券的

收益是确定的，即不论经济状况如何，它都有3%的收益，因此，政府债券具有零风险[①]。与此不同，其他三种投资方案的收益不能在事先确切得知，因而被定为风险投资。

表5-2 **四种证券收益率均值及标准差**

经济环境	发生概率	投资收益率			
		政府债券G	公司债券B	股票X	股票Y
萧条	0.20	0.0300	0.0600	0.0700	(0.0200)
一般	0.50	0.0300	0.0800	0.1200	0.1500
繁荣	0.30	0.0300	0.0400	0.0800	0.3000
合计	1.00				
预期收益率		0.0300	0.0640	0.0980	0.1610
方差		0.0000	0.0003	0.0005	0.0124
标准差		0.0000	0.0174	0.0223	0.1114
标准离差率		0.0000	0.2724	0.2273	0.6919

表5-2根据三种不同的经济环境分别假设了四种证券的收益水平，并将影响收益水平变化的其他因素都舍弃。用数学上常用的方式来表达，就是把经济环境看作一个离散型的随机变量，而证券的收益水平则是这一随机变量的函数。在这里，每种证券收益水平的概率分布都是投资者主观评价的产物。

根据证券未来收益水平的概率分布确定其预期收益率是一种最基本的衡量方法。对于单项投资来说，预期收益率就是各种可能情况下收益率的加权平均数，权数为各种可能结果出现的概率。计算公式为：

$$E(r)=\sum_{i=1}^{n} r_i P_i \tag{5-9}$$

式中：$E(r)$表示预期收益率；r_i表示在第i种可能情况下的收益率；P_i表示第i种可能情况出现的概率；n表示可能情况的个数。

表5-2下半部分列示了各种证券预期收益率和标准差等的计算结果，以股票Y为例，其预期收益率计算如下：

$$E(r)=(-0.02)\times 20\%+0.15\times 50\%+0.3\times 30\%=16.1\%$$

二、预期收益率的方差和标准差

预期收益率的计算过程说明了投资风险的存在，但并没有说明这种风险有多大。从数学的角度分析，投资风险可以用未来可能收益水平的离散程度表示。或者说，风险量的大小，可以直接表示为未来可能收益水平围绕预期收益率变化的区间大小，即采用方差和标准差衡量预期收益率的风险，其计算公式分别为：

① 如果仅考虑市场风险，可以说政府债券为零风险。事实上，政府本身也有信用风险。历史上俄罗斯、希腊都违约过，一旦政府没有意愿或能力偿付债券，政府债券风险很大。没有任何一种投资品是零风险的。

$$Var(r)=\sum_{i=1}^{n}[r_i-E(r)]^2P_i \tag{5-10}$$

$$Std(r)=\sqrt{\sum_{i=1}^{n}[r_i-E(r)]^2P_i} \tag{5-11}$$

根据表5-2的资料，投资于股票Y的预期收益率方差和标准差计算如下：

$$Var(r)=(-0.02-0.161)^2\times20\%+(0.15-0.161)^2\times50\%+(0.30-0.161)^2\times30\%=0.012409$$

$$Std(r)=\sqrt{0.012409}=0.1113957$$

为了说明标准差在度量预期收益率不同的投资项目风险时的确切含义，应将标准差标准化，以度量单位收益的风险，这一目的可借助于标准离差率（CV）来实现。标准离差率是指标准差与预期收益率之比，其计算公式为：

$$CV=\frac{Std(r)}{E(r)} \tag{5-12}$$

表5-2中股票Y的标准离差率为：

$$CV=0.1113957\div0.161=0.6918988$$

表5-2中的四个备选方案，基本上反映了证券投资风险与收益的关系，随着收益率的提高，反映收益风险的标准差也在提高。在这种情况下，选择何种证券进行投资还应当以投资者对风险的态度为标准，例如，股票Y的收益率较高，但风险大于其他三个方案，并且有发生亏损的可能性，如果投资者不愿出现任何亏损，则股票Y就会被淘汰。除此之外，投资决策者还必须考虑收益率估计值的可靠程度，是否所有四个方案的概率分布都具有同等的可信度等。

第三节　投资组合收益与风险的衡量

一、投资组合预期收益率

前文主要讨论单项资产投资收益和风险。事实上，投资者很少把所有的资本都投入一种资产或单一项目中，而是构建一个投资组合或投资于一系列项目，通过资产多样化效应降低投资风险。对于投资组合来说，预期收益率是投资组合中单项资产预期收益率的加权平均数，权数是单项资产在总投资价值中所占的比重。

$$E(r_p)=\sum_{i=1}^{n}w_iE(r_i) \tag{5-13}$$

式中：E（r_p）表示投资组合的预期收益率；w_i表示第i种资产在投资组合总价值中所占的比重；E（r_i）表示第i种资产的预期收益率；n表示投资组合中资产的个数。

二、两项投资组合收益率的方差与标准差

投资组合收益率的方差是各种资产收益率方差的加权平均数，加上各种资产收益率的协方差。两项资产投资组合收益率的方差可按下式计算：

$$Var(r_p)=w_1^2Var(r_1)+w_2^2Var(r_2)+2w_1w_2Cov(r_1,\ r_2) \tag{5-14}$$

式中：w_1、w_2分别表示资产1和资产2在投资组合总体中所占的比重；$Var(r_1)$、

$Var(r_2)$分别表示组合中两种资产各自的预期收益率的方差；$Cov(r_1, r_2)$表示两种资产预期收益率的协方差。

协方差是两个变量（资产收益率）离差之积的预期值，资产1和资产2收益率的协方差$Cov(r_1, r_2)$可按下式计算：

$$Cov(r_1, r_2)=\sum_{i=1}^{n}\{[r_{1i}-E(r_1)][r_{2i}-E(r_2)]P_i\} \tag{5-15}$$

式中：$[r_{1i}-E(r_1)]$表示资产1的收益率在第i种经济状态下对其预期值的离差；$[r_{2i}-E(r_2)]$表示资产2的收益率在第i种经济状态下对其预期值的离差；P_i表示第i种经济状态发生的概率。

在公式（5-15）中，如果两个变量（资产1收益率和资产2收益率）的变化趋势一致，或者说如果其中一个大于（或小于）自身的期望值，另外一个也大于（或小于）自身的期望值，那么两个变量之间的协方差为正值；如果两个变量的变化趋势相反，即一个大于自身的期望值，另一个却小于自身的期望值，那么两个变量之间的协方差为负值；如果两个变量在统计上是独立的，那么两者之间的协方差等于零。一般来说，两种资产的不确定性越大，其标准差和协方差也越大，反之亦然。

采用历史数据预测两项资产的协方差时，如果按总体计算方差，则协方差按下式计算：

$$Cov(r_1, r_2)=\frac{1}{N}\sum_{i=1}^{n}\{[r_{1i}-E(r_1)][r_{2i}-E(r_2)]\} \tag{5-16}$$

如果按样本计算方差，则协方差计算方式如下：

$$Cov(r_1, r_2)=\frac{1}{N-1}\sum_{i=1}^{n}\{[r_{1i}-E(r_1)][r_{2i}-E(r_2)]\} \tag{5-17}$$

根据表5-2各项资产收益率数据，计算的四种证券预期收益率的协方差见表5-3。

表5-3 四种证券预期收益率协方差

证券	政府债券G	公司债券B	股票X	股票Y
政府债券G	0	0	0	0
公司债券B	0	0.0003040	0.0003280	-0.0009440
股票X	0	0.0003280	0.0004960	0.0001420
股票Y	0	-0.0009440	0.0001420	0.0124090

表5-3中公司债券B与股票X的协方差如下：

$$\begin{aligned}Cov(r_B, r_X)&=(0.06-0.064)\times(0.07-0.098)\times0.2+(0.08-0.064)\times(0.12-0.098)\times0.5+\\&\quad(0.04-0.064)\times(0.08-0.098)\times0.3\\&=0.000328\end{aligned}$$

从表5-3中可以发现：（1）政府债券的收益率恒为3%，标准差为0，则它与其他任何证券之间的协方差必定为零，这表明无风险证券与风险证券之间的收益不存在线性关系，彼此独立。（2）公司债券B与股票X的协方差为正数，表示这两种证券的收益率变动方向相同；公司债券B与股票Y的协方差为负数，表明这两种证券的收益率变动方向相反。（3）股票X与股票Y的协方差为正数，表明它们之间的收益率变动方向相同。

(4) 比较表5-2和表5-3可以发现，任一证券与自身的协方差等于这一证券收益率的方差。

衡量资产收益率相关程度的另一个指标是相关系数，通常以Corr表示。两项资产（资产1和资产2）收益率的相关系数可按下式计算：

$$\mathrm{Corr}(r_1,\ r_2)=\frac{\mathrm{Cov}(r_1,\ r_2)}{\mathrm{Std}(r_1)\mathrm{Std}(r_2)} \tag{5-18}$$

相关系数与协方差的关系可用下式描述：

$$\mathrm{Cov}(r_1,\ r_2)=\mathrm{Corr}(r_1,\ r_2)\times \mathrm{Std}(r_1)\times \mathrm{Std}(r_2) \tag{5-19}$$

根据表5-2和表5-3的资料，公司债券B和股票Y的相关系数计算如下：

$$\mathrm{Corr}(r_B,\ r_Y)=\frac{-0.000944}{0.0174356\times 0.111395}=-0.4860$$

计算结果表明，公司债券B和股票Y之间为负相关，其收益回归线斜率为负值。表5-4列示了三种风险证券之间的相关系数矩阵。

表5-4　**风险证券相关系数矩阵**

证券	公司债券B	股票X	股票Y
公司债券B	1.0000000	0.8446878	-0.4860342
股票X	0.8446878	1.0000000	0.0572373
股票Y	-0.4860342	0.0572373	1.0000000

协方差给出的是两个变量相互关系的绝对值，而相关系数是度量两个变量相互关系的相对数。相关系数是标准化的协方差，其取值范围在±1之间。如果两种资产（如A和B）收益率的相关系数等于+1，表明它们之间完全正相关，即两种资产收益率的变动方向相同，如图5-2a中正斜率直线所示。如果两种资产收益率的相关系数等于-1，表明它们之间完全负相关，即两种资产收益率的变动方向相反，如图5-2b中的负斜率直线所示。如果两种资产收益率的相关系数等于零，表明它们之间线性零相关或相互独立，如图5-2c中随机散落的点。

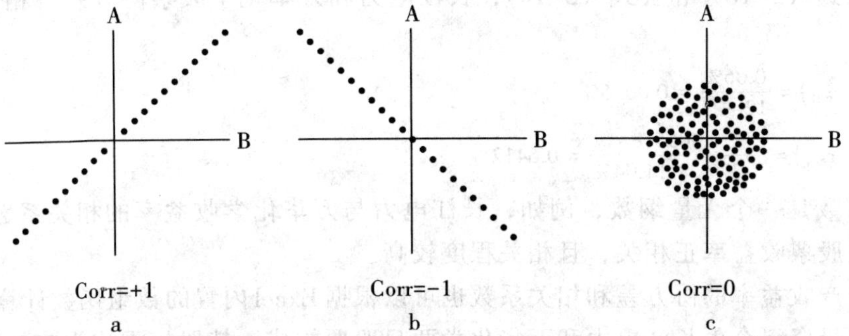

图5-2　证券A和证券B收益率的相关性

［例5-2］根据长江电力和万华化学两家公司股票2021年1月至12月各月收盘价计算的收益率、平均收益率、标准差见表5-5。

表5-5 长江电力与万华化学2012年1月至12月的收益率、收益率均值和标准差

日期	长江电力（CJ）		万华化学（WH）		乘积
	收益率 （1）	收益率减均值 （2）	收益率 （3）	收益率减均值 （4）	（5）＝（2）×（4）
2021/1/1	2.68%	1.26%	20.54%	19.68%	0.25%
2021/2/1	0.36%	−1.06%	15.70%	14.83%	−0.16%
2021/3/1	8.21%	6.80%	−21.40%	−22.27%	−1.51%
2021/4/1	−7.10%	−8.52%	−2.75%	−3.61%	0.31%
2021/5/1	−0.55%	−1.97%	5.71%	4.85%	−0.10%
2021/6/1	3.85%	2.44%	0.04%	−0.83%	−0.02%
2021/7/1	−8.28%	−9.69%	4.40%	3.54%	−0.34%
2021/8/1	1.77%	0.36%	−6.37%	−7.24%	−0.03%
2021/9/1	12.89%	11.47%	0.05%	−0.82%	−0.09%
2021/10/1	−3.47%	−4.88%	−1.21%	−2.07%	0.10%
2021/11/1	−8.44%	−9.85%	−9.67%	−10.53%	1.04%
2021/12/1	15.04%	13.63%	5.34%	4.47%	0.61%
合计					0.06%
均值	1.41%		0.87%		
标准差	7.77%		11.04%		

资料来源 月股票价格来自https：//cn.investing.com/equities/yangtze-power-related-indices，据此计算月收益率、收益率均值；收益率标准差采用Excel内置函数按样本标准差（STDEV.S）计算。

根据公式（5-16）和公式（5-18），长江电力和万华化学股票协方差、相关系数计算如下：

$$\mathrm{Cov}\left(r_{CJ},\ r_{WH}\right)=\frac{0.06\%}{12-1}=0.0055\%$$

$$\mathrm{Corr}\left(r_{CJ},\ r_{WH}\right)=\frac{0.0055\%}{7.77\%\times11.04\%}=0.6412$$

相关系数是一个无量纲数，例如，长江电力与万华化学收益率的相关系数为0.6412，表明这两只股票收益率正相关，且相关程度较高。

两项资产收益率的协方差和相关系数也可以根据Excel内置的数组函数计算。①

假设某投资组合由长江电力和万华化学两只股票构成，持股权重均为50%，这一组合

① 需要注意的是，VAR.P（number1，［number2］，...］）用于计算基于整个样本总体的方差，VAR.S（number1，［number2］，...］）函数于用估算基于样本的方差。STDEV.P（number1，［number2］，...］）函数用于计算基于整个样本总体的标准差，STDEV.S（number1，［number2］，...］）函数用于计算基于样本估算标准差。COVARIANCE.P（array1，array2）函数是指返回总体协方差，COVARIANCE.S（array1，array2）函数是指返回样本协方差。CORREL（array1，array2）函数是指返回单元格区域 array1 和 array2 之间的相关系数。

的月收益率和标准差计算如下：

$$E(r_p) = 50\% \times 1.41\% + 50\% \times 0.87\% = 1.14\%$$

$$Var(r_p) = 50\%^2 \times 7.77\%^2 + 50\%^2 \times 11.04\%^2 + 2 \times 50\% \times 50\% \times 0.0055\%$$

$$= 0.46\%$$

$$Std(r_p) = \sqrt{0.46\%} = 6.77\%$$

三、N项资产投资组合收益率方差与标准差

N项资产投资组合预期收益率的方差可按下式计算：

$$Var(r_p) = \sum_{i=1}^{n} w_i^2 Var(r_i) + \sum_{i=1}^{n}\sum_{j=1}^{n} w_i w_j Cov(r_i,\ r_j) \quad (i \neq j) \tag{5-20}$$

公式（5-20）中的第一项为各项资产的方差，反映了它们各自的风险状况；第二项为各项资产之间的协方差，反映了两两资产收益的风险状况。从公式（5-20）可知，当投资组合是由N项资产组成时，组合总体的方差是由N个方差和N（N-1）个协方差组成。例如，当投资组合包含3项资产时，组合总体的方差由9项构成：3个方差和6个协方差；当投资组合包含100项资产时，组合总体的方差由10 000项组成：100个方差和9 900个协方差。

表5-6列示了南方航空等五只股票收益率与标准差等指标，表中各年收益率是假设投资者在第t-1年按年末收盘价购买股票，在第t年末卖出股票获得的收益率。为简化，没有考虑投资者在股票持有期间收到的现金股利。表5-6中的收益率标准差、方差是采用Excel内置函数按样本标准差（STDEV）和样本方差（VAR）计算的。

表5-6　　五只股票收益率与标准差

日期	南方航空	同仁堂	格力地产	复星医药	青岛啤酒
2007-12-28	192.15%	70.87%	140.91%	87.55%	103.60%
2008-12-31	-217.00%	-104.21%	-132.96%	-33.01%	-67.19%
2009-12-31	64.17%	53.55%	133.27%	61.22%	63.20%
2010-12-31	47.45%	48.86%	-56.58%	-37.35%	-8.11%
2011-12-30	-72.02%	-89.34%	-34.20%	-45.57%	-3.52%
2012-12-31	-19.25%	23.91%	29.15%	20.57%	-1.26%
2013-12-31	-35.19%	18.31%	18.45%	62.46%	39.25%
2014-12-31	62.93%	4.70%	96.64%	7.43%	-15.84%
2015-12-31	50.73%	68.76%	-3.52%	10.73%	-22.99%
2016-12-30	-19.95%	-35.18%	-129.63%	-1.50%	-12.02%
收益率均值	5.40%	6.02%	6.15%	13.25%	7.51%
标准差	1.0740	0.6294	0.9811	0.4560	0.4856
方差	1.1535	0.3961	0.9626	0.2079	0.2358

表5-7列示了五只股票收益率方差-协方差矩阵，从表5-7中可以看出，组合的总体方差由5个方差，20个协方差构成。投资组合的方差或标准差，可根据每只股票收益率标准差、投资组合的方差-协方差矩阵、每只股票的投资权重，采用Excel数组函数进行计算。假设投资组合中每只股票的权重均为20%，采用Excel数组函数计算可以得到投资组合的收益率为7.67%，投资组合收益率标准差为0.6448。[①]

表5-7 五只股票收益率方差-协方差矩阵

公司	南方航空	同仁堂	格力地产	复星医药	青岛啤酒
南方航空	1.1535	0.5720	0.7912	0.3017	0.3858
同仁堂	0.5720	0.3961	0.4078	0.1870	0.1850
格力地产	0.7912	0.4078	0.9626	0.3374	0.3652
复星医药	0.3017	0.1870	0.3374	0.2079	0.1856
青岛啤酒	0.3858	0.1850	0.3652	0.1856	0.2358

随着投资组合包含资产个数的增加，单项资产的方差对投资组合总体方差形成的影响会越来越小；而资产与资产之间的协方差形成的影响将越来越大。当投资组合中包含的资产数目达到非常大时，单项资产的方差对投资组合总体方差造成的影响几乎可以忽略不计。

假设投资组合中包含了N项资产，每项资产在投资组合总体中所占的份额都相等（$w_i = 1/N$）。假设每种资产的方差都等于Var（r），并以$COV\left(r_i, r_j\right)$代表平均的协方差，则公式（5-20）可用下列简化公式表示：

$$\begin{aligned}Var(r_p) &= \sum_{i=1}^{n}\left(\frac{1}{N}\right)^2 Var(r) + \sum_{i=1}^{n}\sum_{j=1}^{n}\left(\frac{1}{N}\right)^2 Cov(r_i, r_j) \quad (i \neq j)\\ &= \left(\frac{1}{N^2}\right)N \cdot Var(r) + \left(\frac{1}{N^2}\right)N(N-1)Cov(r_i, r_j)\\ &= \left(\frac{1}{N}\right)Var(r) + \left(1 - \frac{1}{N}\right)Cov(r_i, r_j)\end{aligned}$$

当N→∞，（1/N）Var（r）→0，这表明当投资组合中资产个数增加时，公式中的第一项将逐渐消失；而（1-1/N）$Cov\left(r_i, r_j\right)$趋近于$Cov\left(r_i, r_j\right)$，即协方差在投资资产个数增加时并不完全消失，而是趋于平均值，即投资组合风险将趋于各项资产之间的平均协方差。这个平均值是所有投资活动的共同运动趋势，反映了系统风险。

假设市场中股票收益率方差平均为50%，任何两项资产的协方差平均为10%，则由n只等权重的公司股票构成的投资组合的标准差根据下式确定：

$$Var(r_p) = \frac{1}{n} \times 50\% + \left(1 - \frac{1}{n}\right) \times 10\%$$

根据上述公式可以计算不同股票数量组成的投资组合的收益率标准差，随着投资组合

① 投资组合方差、标准差通常需要通过Excel数组函数完成，Excel数组函数并不是本章主要内容。要了解相关知识，可参阅任一本Excel财务建模的教材。

数量的增加，组合的标准差逐渐下降，但下降的趋势呈递减趋势，如图5-3所示。

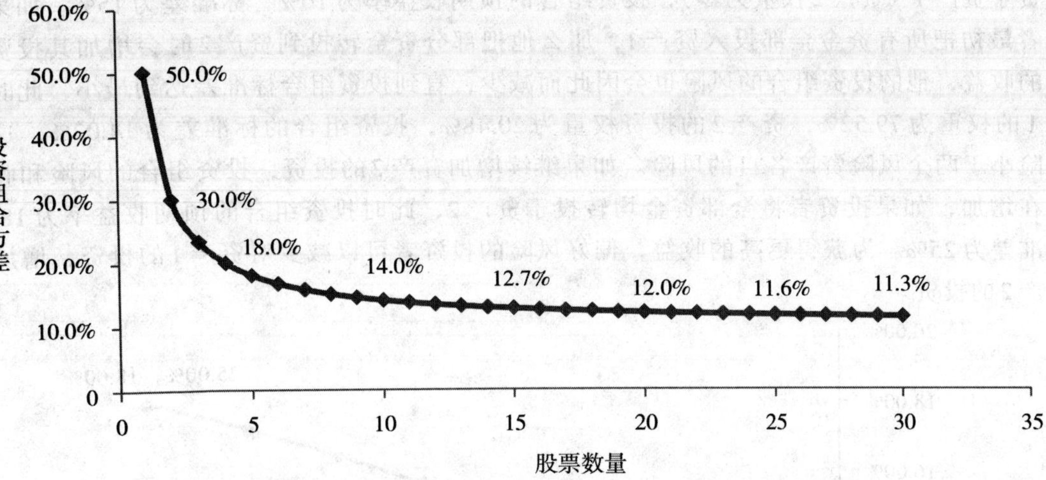

图5-3 投资组合方差和投资组合中的样本数

在图5-3中，当资产数量从1种增加到2种时，投资组合的方差从50%降到30%。当资产数量增加到5、10、20和30种时，投资组合的方差分别为18%、14%、12%、11.3%。事实上，当投资组合的数量增加到20种时，投资组合风险分散效应几乎很小，或者说，持有大约20种股票就可以获得几乎全部的风险分散效应，进一步增加资产数目只能分散很少的风险。而且，即使对于非常大的投资组合，也无法消除所有的风险。随着投资组合中资产数量的增加，上述投资组合的方差收敛于平均协方差10%。

四、风险资产有效边界

如果投资组合由风险资产X和风险资产Y组成，在预期收益率一定的情况下，最小风险的投资组合比例w_x可按下式计算：

$$w_x = \frac{Var(r_y) - Cov(r_x,\ r_y)}{Var(r_x) + Var(r_y) - 2Cov(r_x,\ r_y)} \tag{5-21}$$

公式（5-21）是一个使投资组合风险最小化的通式，公式中分子和分母中均含有协方差，而协方差与相关系数和风险资产的标准差有关。因此，w_x的值会因相关系数不同而不同。

假设有两项风险资产构成的投资组合，资产1的预期收益率为10%，标准差为15%；资产2的预期收益率为18%，标准差为25%；这两项资产收益率的相关系数为0.23。

据此计算的最小风险投资组合权重、投资组合的收益率、标准差如下：

$$w_1 = \frac{0.25^2 - 0.23 \times 0.15 \times 0.25}{0.15^2 + 0.25^2 - 2 \times 0.23 \times 0.15 \times 0.25} = 79.52\%$$

$$w_2 = 1 - 79.52\% = 20.48\%$$

$$E(r_p) = 79.52\% \times 10\% + 20.48\% \times 18\% = 11.64\%$$

$$Var(r_p) = 79.52\%^2 \times 15\%^2 + 20.48\%^2 \times 25\%^2 + 2 \times 79.52\% \times 20.48\% \times 0.23 \times 15\% \times 25\%$$
$$= 1.9658\%$$

$$Std(r_p) = \sqrt{1.9658\%} = 14.02\%$$

改变资产1的投资权重，可以描绘出两种资产不同投资权重的风险收益曲线。图5-4

描述了资产1权重从0到100%时的收益率与标准差。曲线左下端表示投资者将资金全部投资于资产1（资产2权重为零），投资组合的预期收益率为10%，标准差为15%。如果投资者最初把所有资金全部投入资产1，那么他把部分资金转投到资产2时会增加其投资组合的收益，他的投资组合的风险也会因此而减少，直到投资组合标准差达到最小，此时资产1的权重为79.52%，资产2的投资权重为20.48%，投资组合的标准差为14.02%，这一风险小于两个风险资产各自的风险。如果继续增加资产2的投资，投资组合的风险和收益都在增加，如果投资者将全部资金均转投于资产2，此时投资组合的预期收益率为18%，标准差为25%。为获得更高的收益，偏好风险的投资者可以减少对资产1的投资，增加对资产2的投资。

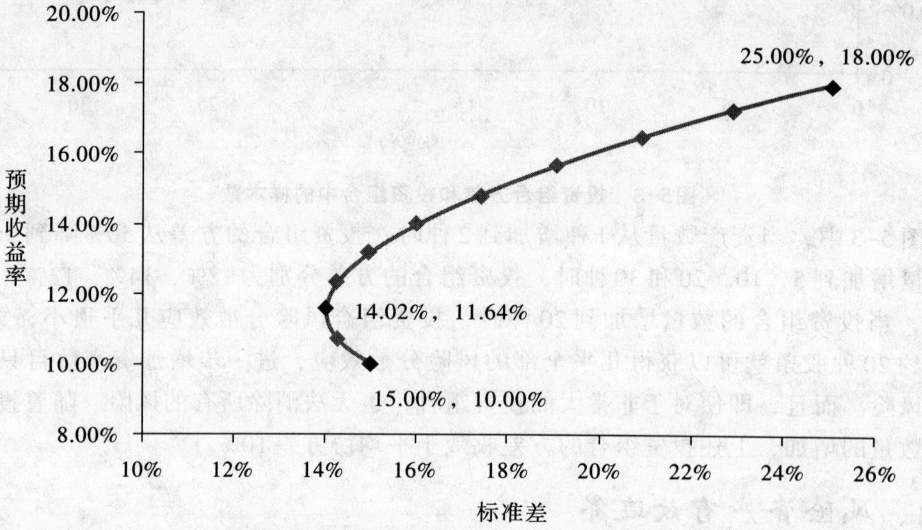

图5-4 资产1和资产2投资组合可行集合

在图5-4中，风险资产投资组合的可行集（feasible set）是可行投资组合的均值和标准差的集合。如果考察两个不同的资产组合，并绘出所有可能的权数对应的曲线，就会得到一个类似图5-5的图形。如果一个可行投资组合在给定的收益下有最小的方差，那么这个可行投资组合则在该可行集合的曲线上。如果一投资组合x在给定方差（标准差）下有最大收益，那么，该投资组合是一个有效投资组合。也就是说，如果没有其他投资组合y使得$E(r_y)>E(r_x)$和$Var(r_y)\leqslant Var(r_x)$，那么，x是有效的。因此，所有有效投资组合的集合构成了有效边界。

当资产种类增多时，可行集合在曲线右边的区域内。图5-5是根据表5-6、表5-7的数据构造的投资组合可行区域（南方航空等五只股票和一只假想的股票N），曲线中E-F线的各点为有效投资组合的集合，落于有效边界上的所有资产组合，与该边界下面的资产组合相比，要么在风险水平相同的条件下有较高预期收益率（E2相对于N点）；要么在预期收益率相等的条件下具有较低的风险水平（E1相对于N点）。因此，通常将E-F曲线称为可行投资组合的有效边界，这一有效边界是由资产组合构成而不是单项资产构成。从图5-5中可以看出，南方航空、同仁堂、格力地产、复星医药、青岛啤酒（五种风险资产没有一种落在有效边界上，因此，把所有的资金都投资在单一的资产上不是有效的。

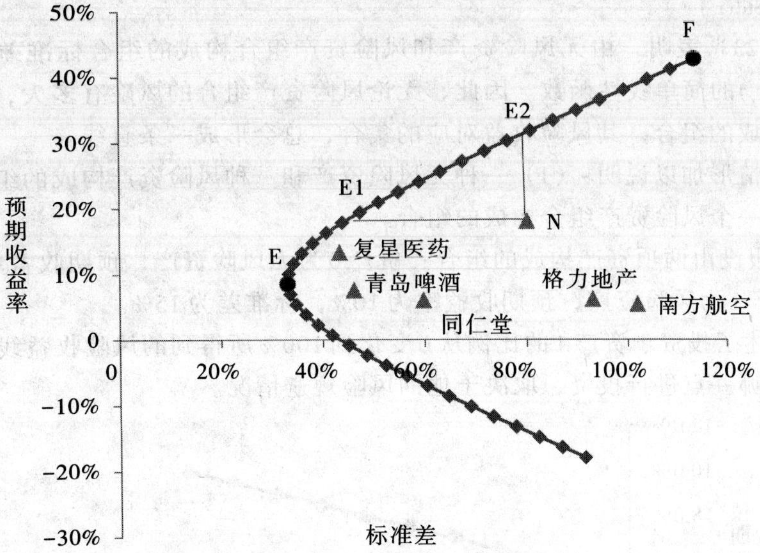

图5-5　风险资产构成的投资组合集

即使在E-F有效边界上也包括无数个可能的投资组合，其范围从最小风险和最小预期收益率的投资组合到最大风险和最大预期收益率的投资组合，每一点都代表一种不同的风险与收益的选择：预期收益越高，承担的风险也越大，没有一种投资组合先验地比其他组合优越。选择何种资产进行投资组合，不仅要考虑该项资产组合的预期收益水平、资产组合预期收益率的方差或标准差，还要考虑投资者的风险规避态度，以及他们对承担风险而要求获得的收益补偿水平。

第四节　资本资产定价模型

一、资本市场线

在上述投资组合中，假设所有资产均为风险资产。事实上，市场上可供选择的投资工具，除风险资产外，还有大量的无风险资产，因此不能忽略无风险资产对投资组合收益的影响。

设无风险资产f与风险资产组合i进行组合，无风险资产f的预期收益率为r_f，方差为Var（r_f）；风险资产组合i的预期收益率为r_i，方差为Var（r_i）。投资权重分别为w_f和w_i，且$w_f + w_i = 1$，则投资组合预期收益率$E(r_p)$为：

$$E(r_p) = w_f r_f + w_i r_i = (1 - w_i) r_f + w_i r_i = r_f + w_i(r_i - r_f) \quad (5-22)$$

根据公式（5-22），投资组合的预期收益率等于无风险收益率与风险资产组合的预期收益率的加权平均数；或者说，投资组合的预期收益率等于无风险收益率加上按风险资产投资比重计算的风险溢价$(r_i - r_f)$。投资组合的风险Var（r_p）为：

$$Var(r_p) = w_f^2 Var(r_f) + w_i^2 Var(r_i) + 2w_f w_i Cov(r_f,\ r_i)$$

由于证券f为无风险资产，所以$Var(r_f) = 0$，则$Var(r_p) = w_i^2 Var(r_i)$，因此

$$Std(r_p) = w_i Std(r_i) \quad (5\text{-}23)$$

公式（5-23）表明，由无风险资产和风险资产组合构成的组合标准差$Std(r_p)$是风险资产组合$Std(r_i)$的简单线性函数。因此，无论风险资产组合的风险有多大，由无风险资产和风险资产构成的组合，其风险收益对应的集合，总会形成一条直线。

现分两种情形加以说明：（1）一种无风险资产和一种风险资产构成的组合；（2）一种无风险资产和一个风险资产组合构成的组合。

情形1：假设由两项资产构成的组合：资产0为无风险资产，预期收益率为5%，标准差等于0；资产1为风险资产，预期收益率为10%，标准差为15%。

图5-6描述了投资于资产1的比例从0变化到100%所得到的风险收益线。投资者在这条直线上选择哪一点进行投资，取决于他的风险规避情况。

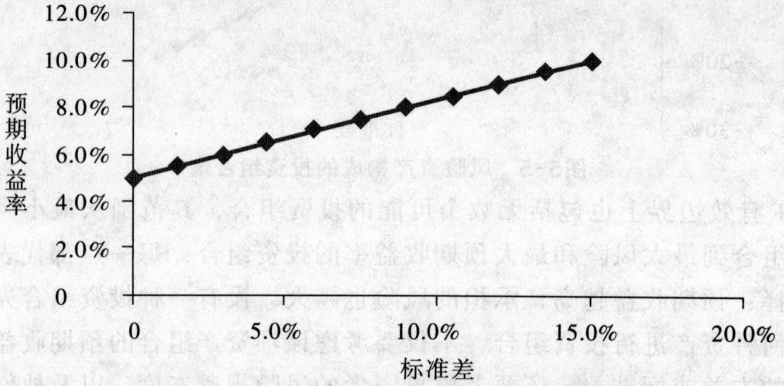

图5-6　一项无风险资产和风险资产的组合

情形2：假设投资组合是由一项无风险资产0和一个风险资产组合（资产1和资产2的组合）构成的，有关数据见表5-8。

表5-8　**一项无风险资产和一个风险投资组合的组合**

资产	预期收益率 $E(r_i)$	标准差 Std	预期收益率-无风险利率 $E(r_i) - r_f$
资产0	5%	0	
资产1	10.00%	15.00%	5.00%
资产2	18.00%	25.00%	13.00%
资产1与资产2相关系数		0.23	

无风险资产与风险资产组合有效边界相切时为最优投资组合。为计算切点处各资产的权重，需要计算超额收益率（即风险资产预期收益率超过无风险利率的收益率），分别定义为：$E(R_1) = E(r_1) - r_f$和$E(R_2) = E(r_2) - r_f$，风险最小投资组合权重（资产1）的计算公式为：

$$w_1 = \frac{Var(r_2)E(R_1) - Cov(r_1,\ r_2)E(R_2)}{Var(r_2)E(R_1) + Var(r_1)E(R_2) - Cov(r_1,\ r_2)[E(R_1) + E(R_2)]}$$

$$w_1 = \frac{25\%^2 \times 5\% - 0.23 \times 15\% \times 25\% \times 13\%}{25\%^2 \times 5\% + 15\%^2 \times 13\% - 0.23 \times 15\% \times 25\% \times (5\% + 13\%)} = 44.55\%$$

图5-7描绘了一项无风险资产和一个风险资产组合构成的投资组合的风险收益图，在

图中，边界线上的每个点都代表着资产1和资产2的某种组合。从无风险资产出发，连接有效边界上的投资组合，在直线与有效边界相切时，该切点就是最优投资组合，在这一切点上，无风险资产0的权重为0，风险资产1的权重为44.55%，风险资产2的权重为55.45%。在切点上，投资组合的收益率为14.44%，组合的标准差为16.72%。

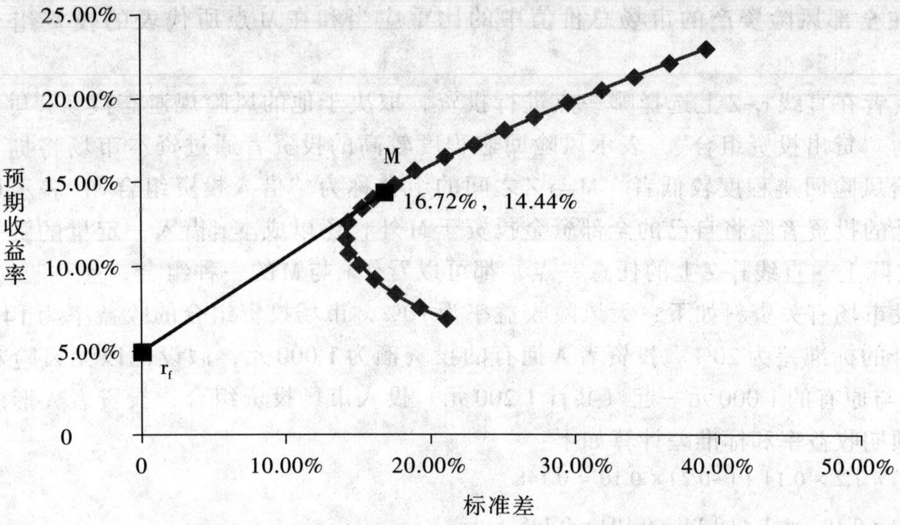

图5-7　无风险资产与风险资产组合的投资组合

在图5-7中，假设投资者是用自己的资金进行投资。如果市场是完善的，投资者可以无风险利率自由地借入或贷出资金（不考虑借贷交易成本）。在这种情况下，投资者可以无风险利率借入资金，再加上他自有的资金，增加对M点这个组合的投资。这时，所有可能投资组合的连线会超过M，并以相同的斜率继续上升，如图5-8所示。

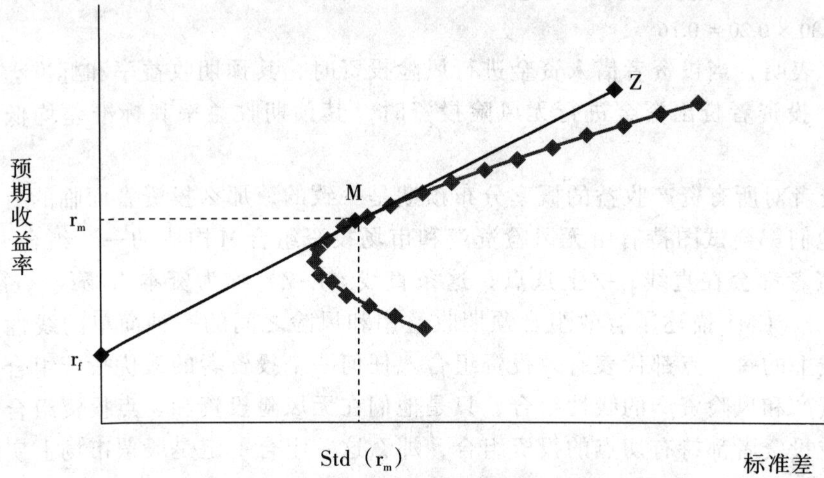

图5-8　资本市场线

在图5-8中，r_f和r_m分别代表无风险收益率和市场组合收益率，Std(r_m)代表市场投资组合的标准差。由r_f和Z构成的直线是图5-7中r_f –M线向上延伸形成的。从左向右看这条线与有效边界相切的直线，r_f点表示投资者将全部资本投入无风险资产，在切点M，投资者将全部资金投入风险资产组合M（44.55%资产1，55.45%资产2）。从图5-8可以看出，直线r_f–Z上的任一点投资组合都优于风险资产组合形成的曲线。

在直线r_f-Z上，通常将点M表示市场投资组合。这一市场组合有两个重要特征：第一，如果市场是有效的，M点所代表的投资组合包含了市场上存在的所有资产。第二，当市场均衡时，各种风险资产都不会有过度的需求和过度的供给。因为所有的理性投资者所选择的风险资产的比例都与M所代表的投资组合的权重相同。因此，各种风险资产的市场价值在全部风险资产的市场总价值中的比重应当和在M点所代表的投资组合的比重相同。

投资者在直线r_f-Z上选择哪一点进行投资，取决于他的风险规避态度。r_f与M之间的组合称为"贷出投资组合"，表示风险回避程度较高的投资者通过资本市场将拥有的部分资金贷给风险回避程度较低者。M与Z之间的组合称为"借入投资组合"，表示风险回避程度较低的投资者除将自己的全部资金投资于M外，还以成本r_f借入一定量的资金再投资于M。实际上，直线r_f-Z上的任意一点，都可以看作r_f与M的一种组合。

假设市场有关资料如下：无风险收益率为10%，市场投资组合的收益率为14%，市场投资组合的标准差为20%。投资者A拥有的投资额为1 000元，假设他以无风险利率借入200元，与原有的1 000元一起（共计1 200元）投入市场投资组合，投资者A形成的投资组合的预期收益率和标准差计算如下：

$$E(r_p) = 1.2 \times 0.14 + (-0.2) \times 0.10 = 0.148$$

或 $$E(r_p) = 0.10 + 1.2 \times (0.14 - 0.10) = 0.148$$

$$Std(r_p) = 1.20 \times 0.20 = 0.24$$

上述计算中，风险投资权重大于1，无风险投资权重小于1，表明投资者借钱增加对市场组合的投资。如果投资者A以无风险利率贷出200元，则用于购买市场投资组合的资金只剩下800元，由此形成的投资组合的预期收益率和标准差为：

$$E(r_p) = 0.80 \times 0.14 + 0.20 \times 0.10 = 0.132$$

$$Std(r_p) = 0.80 \times 0.20 = 0.16$$

上述计算表明，当投资者借入资金进行风险投资时，其预期收益率和标准差均高于市场平均值；当投资者贷出资金进行无风险投资时，其预期收益率和标准差均低于市场平均值。

如果投资者对所有资产收益的概率分布预期是一致的，那么投资者面临的有效组合就是一致的，他们都会试图持有由无风险资产和市场投资组合M构成的一个组合。或者说，任何一个投资者都会在直线r_f-Z上选点，这条直线（r_f-Z）称为资本市场线（capital market line，CML）。CML描述了有效组合预期收益率和风险之间的一种简单的线性关系，位于资本市场线上的每一点都代表有效投资组合。任何一个投资者的最优投资组合都可以表示为无风险资产和风险资产的线性组合，只是他们在无风险投资和切点投资组合上有所不同。如果每位投资者都持有切点的投资组合，那么这一组合一定是股票市场上实际可以观察到的投资组合，每股的投资组合权重是股票市场价值的一部分，该组合即为市场组合。

资本市场线与纵轴的截距为无风险收益率r_f，斜率为（r_m-r_f）/Std（r_m），CML可由下列方程表达：

$$E(r_p) = r_f + \frac{(r_m - r_f)}{Std(r_m)} \times Std(r_p) \tag{5-24}$$

公式（5-24）表明，任意有效投资组合的预期收益率等于无风险收益率与风险溢价之和，该风险溢价等于斜率与该投资组合标准差的乘积。

现仍以表5-8的数据为例，假设你有10 000元，希望获得18%的预期收益率，你可以将10 000元全部投资于资产2，也可以构造一种投资组合：风险资产组合（资产1的权重为44.55%，资产2的权重为55.45%）与无风险资产构成的组合，在后一种情况下，需要确定各种资产的投资比重。设风险资产组合的投资比重为w，则无风险资产比重为1-w，即：

$$18\% = 5\% + w(14.44\% - 5\%)$$

解得w=1.3777，即投资于风险资产组合的比例为1.3777，投资于无风险资产的比例为-0.3777。也就是说，你需要借入3 777元，加上你原有的10 000元进行风险资产投资，其中投资于资产1的比重为61.38%（1.3777×44.55%），投资于资产2的比重为76.39%（1.3777×55.45%），依此组合进行投资，其预期收益率和标准差分别为：

$$E\left(r_p\right) = 61.38\% \times 10\% + 76.39\% \times 18\% - 37.77\% \times 5\% = 18\%$$

$$Std\left(r_p\right) = 1.3777 \times 16.72\% = 23.03\%$$

投资组合的预期收益率也可以根据公式（5-24）计算，即：

$$E(r_p) = 5\% + \frac{(14.44\% - 5\%)}{16.72\%} \times 23.03\% = 18\%$$

上述结果表明，投资组合的预期收益率由两部分构成：无风险收益率（5%）加上风险溢价（13%）。从投资组合的风险看，在给定投资收益率（18%）的情况下，预期收益率的标准差为23.03%。相对于投资于风险资产2，虽然预期收益率也为18%，但预期收益的标准差为25%，高于投资组合标准差1.97%。也就是说，通过组合投资降低了投资风险。

二、证券市场线

如果说资本市场线揭示了有效组合预期收益率和风险之间的线性关系，那么，作为有效投资组合中的单项风险资产与市场组合之间存在着什么关系呢？美国学者威廉·夏普（William Sharp）等在20世纪60年代提出的资本资产定价模型（capital assets pricing model，CAPM），揭示了在市场均衡条件下，单项资产或资产组合（无论是否有效）与市场组合在预期收益率与风险上所存在的关系。

为简化，资本资产定价模型通常作如下假设：（1）所有的投资者都追求单期最终财富的效用最大化，他们根据投资组合预期收益率和标准差来选择优化投资组合；（2）所有的投资者都能以给定的无风险利率借入或贷出资本，其数额不受任何限制，市场上对卖空行为无任何约束；（3）所有的投资者对每一项资产收益的均值、方差的估计相同，即投资者对未来的展望相同；（4）所有的资产都可完全细分，并可完全变现（即可按市价卖出，且不发生任何交易费用）；（5）无任何税收；（6）所有的投资者都是价格的接受者，即所有的投资者各自的买卖活动不影响市场价格。

根据假设条件，在投资者只持有无风险资产和市场投资组合的情况下，单项资产的风险将以市场组合为标准进行度量。任何一项资产的风险就是它使市场组合风险增加的部分，这一增加的风险通常用这项资产与市场组合之间的协方差加以衡量。

假设$Var(r_m)$是未加入该项新资产时的市场组合方差，即将加入到市场组合的单项新

资产的方差为 $Var(r_j)$，该项资产占市场组合的比重为 w_j，该项资产与市场组合的协方差为 $Cov(r_j, r_m)$，则加入新资产（j）后的市场组合方差 $Var(r_{m'})$ 为：

$$Var(r_{m'}) = w_j^2 Var(r_j) + (1 - w_j)^2 Var(r_m) + 2w_j(1 - w_j) Cov(r_j, r_m)$$

由于市场组合包含市场中所有交易的资产，那么任何单项资产在市场组合的市场价值中的比重是很小的，因而上式中等式右边第一项接近零，第二项接近 $Var(r_m)$，剩下的第三项（协方差）可用于度量因资产 j 而增加的风险。或者说，对单项资产风险的衡量应是该资产与市场组合的协方差 $Cov(r_j, r_m)$。

单项资产与市场组合风险与收益的关系可用图5-9描述，图中的直线被称为证券市场线（security market line，SML），描述了第 j 种资产风险与收益的关系，其中协方差 $Cov(r_j, r_m)$ 是风险的衡量值。

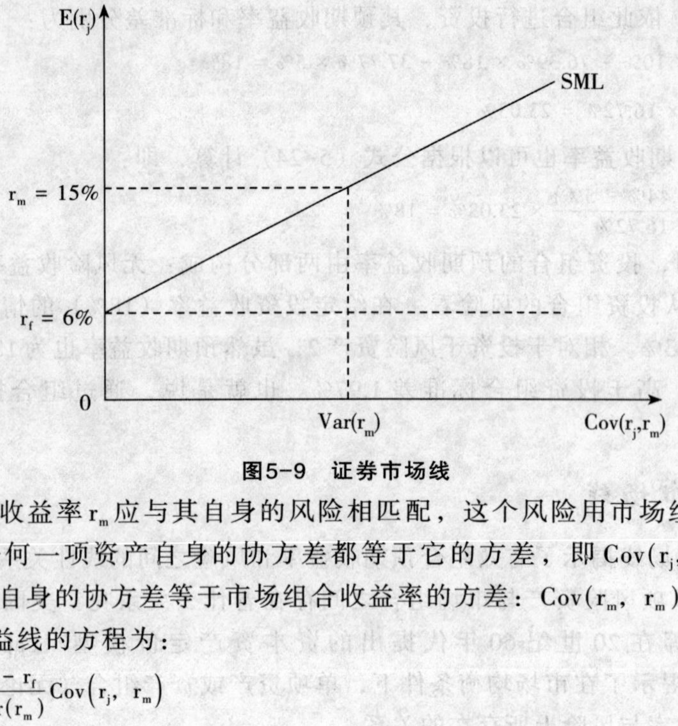

图5-9 证券市场线

市场组合的收益率 r_m 应与其自身的风险相匹配，这个风险用市场组合本身的协方差来衡量。由于任何一项资产自身的协方差都等于它的方差，即 $Cov(r_j, r_j) = Var(r_j)$。于是，市场组合与自身的协方差等于市场组合收益率的方差：$Cov(r_m, r_m) = Var(r_m)$。因此，图 5-9 中风险收益线的方程为：

$$E(r_j) = r_f + \frac{r_m - r_f}{Var(r_m)} Cov(r_j, r_m)$$

$$= r_f + \frac{Cov(r_j, r_m)}{Var(r_m)}(r_m - r_f)$$

由于协方差并不是市场风险的标准衡量指标，必须将其标准化。将单项资产与市场组合的协方差除以市场组合方差，就可得到市场风险的标准度量指标，通常用该项资产的 β 系数表示，从而导出了资本资产定价模型，即：

$$E(r_j) = r_f + \beta_j (r_m - r_f) \tag{5-25}$$

式中：$E(r_j)$ 表示第 j 种资产或组合的必要收益率或根据系统风险评估的预期收益率；r_f 表示无风险利率；β_j 表示第 j 种资产的 β 系数，用于衡量系统风险；r_m 表示市场投资组合收益率；$(r_m - r_f)$ 表示市场风险溢价；$\beta_j(r_m - r_f)$ 表示第 j 种资产或投资组合的风险溢价。

根据相关系数和协方差的关系，公式（5-25）中第 j 种证券的 β 系数，也可以写成：

$$\beta_j = \frac{Cov(r_j,\ r_m)}{Var(r_m)} = \frac{Std(r_j) \times Corr(r_j,\ r_m)}{Std(r_m)} \tag{5-26}$$

在式（5-26）中，β系数把单项资产和市场组合收益的协方差与市场组合的方差联系起来。据此可以得出市场组合的β系数等于1，即：

$$\beta_m = \frac{Std(r_m) \times Corr(r_m,\ r_m)}{Std(r_m)} = 1$$

由于无风险投资的收益率是确定性收益，波动率等于零，与市场组合不相关，根据公式（5-26），无风险资产的β系数=0，即：

$$\beta_f = \frac{Std(r_f) \times Corr(r_f,\ r_m)}{Std(r_m)} = 0$$

如果以β系数衡量某项资产的系统风险，则证券市场线（如图5-10所示）横轴可用β系数度量，注意证券市场线的斜率不是β系数，而是市场风险溢价，即$(r_m - r_f)$。

假设当前无风险收益率为8%，市场投资组合收益率为12%，市场投资组合收益的标准差为16%；ABC公司股票收益率的标准差为48%，ABC股票收益率与市场投资组合收益率的相关系数为0.665，则ABC股票的β系数和预期收益率计算如下：

$$\beta_{ABC} = \frac{Std(r_j) \times Corr(r_j,\ r_m)}{Std(r_m)} = \frac{48\% \times 0.665}{16\%} = 2.0$$

$$r_{ABC} = 8\% + 2 \times (12\% - 8\%) = 16\%$$

上述计算结果表明，市场投资组合的预期收益率每变动1%，ABC股票的收益率会变动2%。由于ABC股票的系统风险大于市场风险，要求的收益率为16%，即无风险收益率8%加上股票的风险溢价8%(2 ×(12% - 8%))。图5-10描述了不同β系数条件下，股票的预期收益率和风险溢价。

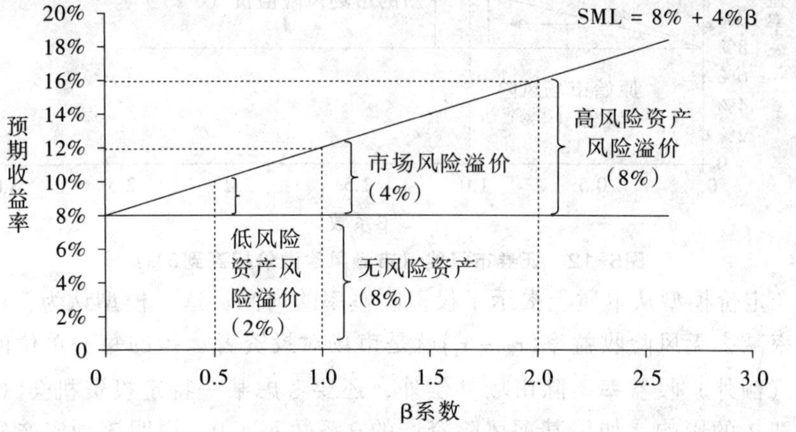

图5-10　股票收益率与β系数的关系

证券市场线是资本资产定价模型（CAPM）的图示形式，用以反映证券（资产）收益率与系统风险（β系数）之间的关系，说明相对于市场组合而言特定资产的系统风险是多少。证券市场线与单项证券在线上的位置，会随着利率、投资者的风险回避程度以及单项证券β系数等因素的改变而改变。

如果预期通货膨胀率增加2%，投资者所要求的无风险收益率就会增加，从而导致SML线向上平移2%，如图5-11所示。

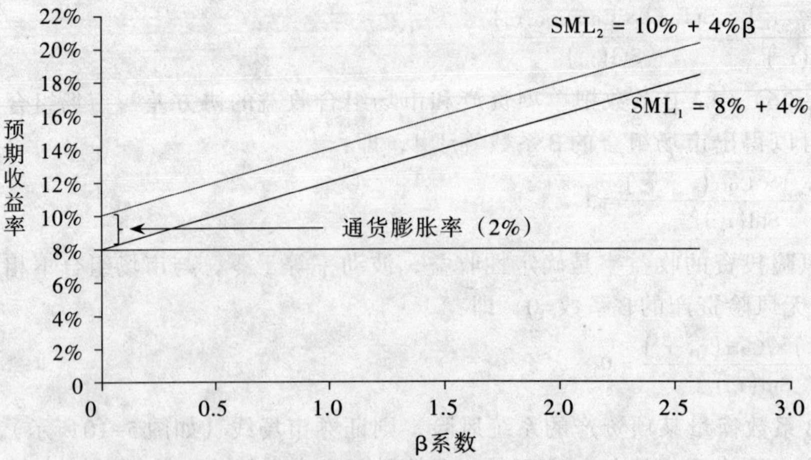

图5-11 证券市场线（通货膨胀率提高2%）

如果投资者的风险厌恶感增强，便会引起SML线的斜率增加。假设市场风险溢价从4%上升到6%，那么，投资者要求的收益率也会相应地提高，如图5-12所示。对于一项资产，影响其风险的任何变化都将导致该资产沿着SML移动。通常风险溢价会随SML斜率的变化而变化，并引起风险资产必要收益率的变化。

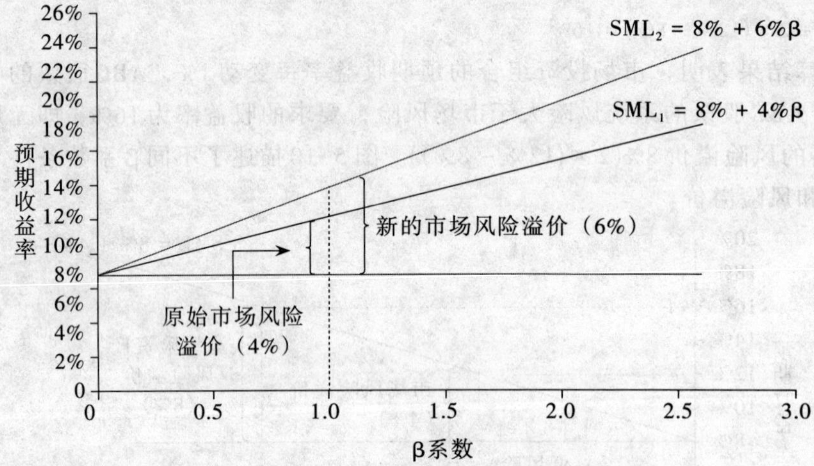

图5-12 证券市场线（市场风险溢价提高到6%）

资本资产定价模型从本质上揭示了投资收益率的内涵。这一模型认为，市场投资组合的预期收益率减去无风险收益率$(r_m - r_f)$就是市场对投资者承担的每一单位的风险而支付给他的必要（额外）收益率。除市场补偿外，还要考虑某一特定投资机会（如证券j）的风险因素，即β_j的影响。如果某项风险资产的β系数等于0，说明该项资产的风险完全由非系统风险组成，其风险可通过分散化投资加以消除，因而此项投资只能获得无风险收益率。如果风险资产的β系数等于1，说明在该项资产的总风险中，系统风险与市场组合风险在量上完全相等，此时投资者对该风险资产投资要求的收益率等于市场组合可以提供的预期收益率。如果风险资产的β系数大于1，表明该项资产的系统风险大于市场组合的风险，因此投资者对该项风险性投资要求的收益率大于市场组合提供的预期收益率。如果风险资产的β系数小于0，表明在该资产的总风险中，相应的系统风险与市场组合风险呈反向变化，此时投资者要求该风险性投资所提供的预期收益率小于无风险收益率。投资者之所以会投资于小于无风险收益率的风险资产，主要原因在于这类资产与市场组合预期收益率呈负相关，持有这类资产，投资者可以有效地降低投资组合的市场风险。从某种意义上说，可以将这类风险资产视为“经济衰退保险”，投资者为得到这种保险付出的代价是接受较低的收益率。

证券市场线与前述的资本市场线是非常重要的一组概念，也是非常容易混淆的一对“线”，从图5-13可以看出两者的区别。

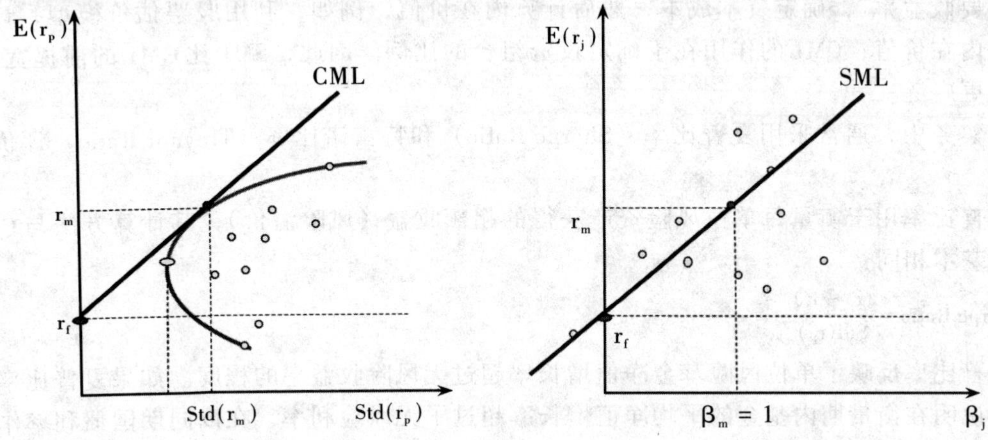

图5-13　资本市场线与证券市场线

(1) 风险衡量

CML描述的是由风险资产和无风险资产构成组合的预期收益与风险的关系，采用标准差衡量总风险（系统风险+非系统风险）。

SML描述的是市场均衡条件下单项或组合资产的期望收益与系统风险的关系，采用β系数衡量风险（系统风险）。

需要说明的是，虽然CML的横坐标是标准差，但实质上，非系统性风险在经过充分的投资组合后基本已被完全分散掉，剩余的仅有系统性风险（即市场风险），故资本市场线实质上也是反映系统性风险与预期收益率之间的对应关系。

(2) 适用范围

CML揭示的是“持有不同比例的无风险资产和市场组合情况下”风险和收益的权衡关系；SML揭示的是“证券的本身的风险和收益”之间的对应关系。因此，CML揭示了有效组合的收益风险关系，只适用于投资组合，而且必须是适用于有效组合；SML揭示了任意证券或组合的收益风险的关系，既适用于单个证券，也适用于投资组合，既适用于有效组合，也适用于无效组合。

(3) 直线斜率

CML的斜率为（r_m-r_f）/Std（r_m），SML的斜率是市场风险溢价，即(r_m-r_f)。

CML反映每单位总风险的超额收益，即风险的价格。其斜率不受投资者对待风险态度的影响，偏好风险的投资者可以借入资金，厌恶风险的投资者可以贷出资金，但无论如何，都是在资本市场线上作出选择，不会影响直线斜率。

SML反映单个证券或证券组合每单位系统性风险的超额收益。其斜率取决于全体投资者对待风险的态度，如果投资者都愿意承担风险，意味着风险越不值钱，风险程度较小，风险溢价越低，斜率越小；如果投资者都不愿意承担风险，一旦有人承担了风险，市场势必要多给他补偿，故风险溢价越高，斜率越大。

（4）直线作用

CML表示的是“预期收益率”；SML表示“预期或必要收益率”，即投资者要求得到的最低收益率。在市场均衡的条件下，预期收益率与必要收益率相等。SML的作用在于根据“必要收益率”，确定资本成本，然后计算内在价值，例如，利用股票估价模型，计算股票的内在价值；CML的作用在于确定投资组合的比例。因此，SML比CML的前提宽松，应用也更广泛。

在实务中，通常采用夏普比率（Sharpe Ratio）和特雷诺比率（Treynor Ratio）评价基金业绩。

夏普比率用于衡量每单位风险资产获得的超额收益（风险溢价），其计算方法与CML的斜率基本相同：

$$\text{Sharpe Ratio} = \frac{(r_p - r_f)}{\text{Std}(r_p)}$$

夏普比率反映了单位风险基金净值增长率超过无风险收益率的程度。如果夏普比率为正值，说明在衡量期内基金的平均净值增长率超过了无风险利率，在以同期国债利率作为无风险利率的情况下，说明投资基金比国债要好。夏普比率越大，说明基金的单位风险所获得的风险回报越高。夏普比率为负时，按大小排序没有意义。

特雷诺比率用于衡量每单位系统风险资产获得的超额收益（风险溢价），其计算方法与SML的斜率基本相同：

$$\text{Treynor Ratio} = \frac{(r_j - r_f)}{\beta_p}$$

特雷诺比率用于在系统风险基础上对投资的收益风险进行调整。该指标反映基金承担单位系统风险所获得的超额收益。指数值越大，承担单位系统风险所获得的超额收益越高。

三、证券市场线参数估计

根据CAPM，影响股权资本成本(r_j)的因素主要是无风险收益率(r_f)、市场风险溢价$(r_m - r_f)$，以及股票β系数，现简要说明各参数和确定方法。

1.无风险收益率

无风险资产是指实际收益率等于预期收益率的资产，无风险投资必须满足以下两个条件：第一，不存在违约风险；第二，不存在再投资风险。从证券投资看，前者意味着该证券必须是政府债券；后者意味着该证券必须是零息债券。在短期投资分析中，可采用短期国债利率作为无风险收益率；在长期投资分析中，采用与分析期限相同的长期政府债券利率。从理论上说，每一个现金流都用一个到期日与其相近的政府债券利率来折现，例如，一个10年后产生的现金流应该根据10年期零息债券得到的收益率来折现。但在现实中，很少能够找到相匹配的收益率折现每一个现金流。为简单起见，在价值评估价时会选择与整个要估价的现金流最为匹配的政府债券的到期收益率作为无风险利率。在实践中，如果为公司或长期项目估价，通常采用流动性较强的长期政府债券收益率作为无风险收益率。

确定无风险收益率时需要注意两个问题：第一，以国债利率作为无风险收益率是假设政府没有违约风险，但在一些新兴的市场，曾经出现过政府无法偿付到期债务的现象，因此，需要根据实际情况进行调整。第二，如果存在以外币计量的投资或筹资活动，还需要计算外汇风险对一国国债利率的影响。

2.市场风险溢价

风险溢价是指投资者将资本从无风险投资转移到风险投资时要求得到的“额外收益”。由于市场中每个投资者对某种投资可接受的风险溢价有不同的估计，因此，这个风险溢价应是个别风险溢价的加权平均数，其权数取决于各个投资者在市场中投入资本的大小。在实务中，主要根据历史风险溢价、国家风险溢价和隐含风险溢价三个方面估计风险溢价大小。

(1) 历史风险溢价

在CAPM中，预测风险溢价最常用的方法就是历史数据分析法，其基本步骤为：第一，确定代表市场指数的市场组合，如标准普尔（S&P）500、上证综指等；第二，确定抽样期间，实务中抽样期间往往为5年、10年或更长；第三，计算这个期间市场组合或股票指数的平均收益率，以及无风险资产的平均收益率；第四，确定风险溢价，即市场组合收益率与无风险资产收益率之间的差额。[①]美国市场不同时期的风险溢价见表5-9。

表5-9 **美国市场风险溢价历史数据**

历史时期	算术平均数		几何平均数	
	Stocks-T.Bills	Stocks-T.Bonds	Stocks-T.Bills	Stocks-T.Bonds
1928—2021年	8.49%	6.71%	2.05%	2.17%
1972—2021年	8.04%	5.47%	2.44%	2.76%
2012—2021年	16.47%	14.39%	3.88%	4.59%

资料来源 http：//www.stern.nyu.edu/~adamodar/New_Home_Page/AppldCF/appldCF.htm（数据采集日为2022年4月10日）。

在表5-9中，Stocks采用的是标准普尔500工业指数收益率，T.Bills采用的是3个月国债收益率，T.Bonds采用的是10年期国债收益率；Stocks-T.Bills代表股票与短期国债之间的风险溢价；Stocks-T.Bonds代表股票与长期国债之间的风险溢价。

根据表5-9的资料可知，风险溢价的历史数据会因所选择的方法（算术平均或几何平均）不同而不同，也会因时间起算点的不同而不同，还会因无风险收益率的选择（短期政府债券利率还是长期政府债券利率）而变化。到底以哪一种为标准确定风险溢价，并没有统一答案。一种观点认为短期政府债券利率提供的风险溢价无法反映平均水平，应采用长期政府债券利率（按几何平均数计算）作为无风险收益率。[②]另一种观点认为用长期平均

① 采用历史数据分析法，实际上假设：(1) 投资者的风险偏好在这段期间内没有系统性变化（风险偏好可能会逐年变化，但始终没有偏离历史平均水平）。(2) 在这段期间内，“风险性”市场投资组合的平均风险程度没有系统性变化。

② 达莫德伦. 公司财务——理论与实务［M］. 曾力伟，等译.北京：中国人民大学出版社，2001：99.

的估计值会出现偏差，因为在计算过程中并没有给当前数据更大的权重。由于价值评估是面向未来的，因而能够精确反映预期未来收益的平均数应该是在同样长的期间内同一种证券收益的算术平均数。实务中两种计算方法都存在，因此很难说哪一种方法的计算结果能够更准确地反映风险溢价。

在公司或项目估价中，如果无风险利率采用长期政府债券利率，与之相匹配的市场风险溢价应采用股票收益率与长期政府债券利率之差。

（2）国家风险溢价

在分析时，除了利用历史数据外，还需考虑其他一些因素，如宏观经济波动程度、一国的政治风险和市场结构等。表5-10列示了世界部分国家或地区2021年风险溢价，这个数据每年都发生一些变化。

表5-10 **部分国家或地区风险溢价（2021年）**

国家或地区	Moody 评级	调整后违约风险	股票风险溢价	国家风险溢价
南非	Ba2	0.025562	0.072109	0.029709
中国	A1	0.005987	0.049359	0.006959
印度	Baa3	0.018730	0.064169	0.021769
日本	A1	0.005987	0.049359	0.006959
韩国	Aa2	0.004222	0.047307	0.004907
新加坡	Aaa	0.000000	0.042400	0.000000
澳大利亚	Aaa	0.000000	0.042400	0.000000
巴西	Ba2	0.025562	0.072109	0.029709
墨西哥	Baa1	0.013587	0.058191	0.015791
俄罗斯	Baa3	0.018730	0.064169	0.021769
加拿大	Aaa	0.000000	0.042400	0.000000
美国	Aaa	0.000000	0.042400	0.000000
奥地利	Aa1	0.003377	0.046326	0.003926
法国	Aa2	0.004222	0.047307	0.004907
德国	Aaa	0.000000	0.042400	0.000000
意大利	Baa3	0.018730	0.064169	0.021769
英国	Aa3	0.005143	0.048377	0.005977

资料来源 http：//pages.stern.nyu.edu/~adamodar/，数据采集日为2022年4月10日。为简化，只列示了部分国家或地区的风险溢价。

一般来说，国家风险溢价是与特定市场相联系的潜在的经济不稳定性和政治风险的函数。对国家风险溢价的衡量一般是以每一国家所发行的国家债券的违约风险溢价为基础进行估计。Standard & Poor's、Moody's Investors Service等都对各国进行评级，这些评级主要用于衡量违约风险（而非股票风险），但它们同样受到驱动股票风险的许多因素的影响，例如，一国货币的稳定性、预算和贸易收支以及政治稳定性等。典型的风险溢价是通过观察某一国家在同一信用等级发行的债券的利率高于某一无风险利率（如美国国债或德国欧元利率）的差额进行估计的。

（3）隐含的股票风险溢价

风险溢价是建立在市场正确定价的基础上，根据股票定价模型倒推出的风险溢价。在股票价值评估中，一个典型的估价公式为：

$$股票价格 = \frac{下一期预期股利}{必要收益率 - 预期增长率}$$

上述公式有四个参数，其中三个参数可以从外部得到：目前股票价格、下一期预期股利和预期增长率。唯一“未知”的是必要收益率。如果这一参数确定了，就能够求出隐含的股票预期收益率，再从中扣除无风险收益率，就可以得到隐含的股票投资风险溢价。例如，股票现行市价为75元/股，下一期预期股利为3元/股，预期增长率为8%，则投资者要求的收益率为12%。如果目前的无风险收益率为5.5%，则风险溢价为6.5%。

3.β系数

在CAPM中，无风险利率和市场风险溢价对所有的公司都是相同的，只有β_j随公司不同而变化。β_j一般是根据第j只股票的收益率r_j和市场组合收益率r_m之间的线性关系确定，以反映第j种股票的市场风险。

（1）历史β系数

在实务中，一般是根据第j只股票和市场组合收益的历史相关系数和标准差估计的，如果第j只股票的β系数在一段时间内相对稳定，那么这一方法就是合理的。采用历史数据计算β_j的模式为：

$$r_j = \alpha_j + \beta_j \times r_m + \varepsilon_j \tag{5-27}$$

式中：r_j代表股票j的收益率；α_j代表回归截距；β_j代表回归线斜率，r_m代表市场组合收益率，ε_j代表随机误差，反映某给定期间实际收益率与回归预测收益率之间的差异，误差项的均值为零，在CAPM中，误差项对应的是可分散风险，与市场风险无关。

公式（5-27）中的参数α_j和β_j可通过回归分析软件确定。如果误差项均值为零（$\varepsilon_j = 0$），资本资产定价模型与回归方程的关系可描述如下：

证券市场线：$r_j = r_f + \beta(r_m - r_f) = r_f(1 - \beta) + \beta r_m$

线性回归：$r_j = \alpha_j + \beta r_m$

上述分析表明，截距（α_j）与$r_f(1 - \beta)$的比较，衡量的是股票的历史表现与根据CAPM（或证券市场线）估算的预期收益率之间的相对关系。

若$\alpha_j > r_f$（1-β），则表示在回归期间股票比预期表现要好；

若$\alpha_j = r_f$（1-β），则表示在回归期间股票与预期表现相同；

若$\alpha_j < r_f$（1-β），则表示在回归期间股票比预期表现要差。

回归过程的斜率为β系数，反映某只股票或投资组合的市场风险。投资组合的β_p系数，是每只股票β_j系数的加权平均数，权数w_j为各种证券在投资组合中所占的比重，其计算公式为：

$$\beta_p = \sum_{j=1}^{n} w_j \beta_j \tag{5-28}$$

回归过程中输出的数据R^2，测量了由一个或几个自变量解释的因变量的变异性比率，其统计意义在于它提供了回归拟和度的衡量指标，R^2的财务意义就在于它提供了一家公司的风险（方差）中市场风险所占比例的估计，（$1-R^2$）则代表了公司特有风险。

［例5-3］表5-11列示了浦发银行、上海机场、华能国际、中远海能、歌华有线、同仁堂六只股票，在2012年11月—2017年10月，按月末收盘价作为当月价格，采用连续方法计算的月收益率；以上证综指代表市场组合，以同一时期上证综指收盘点位作为基础，采用Excel内置函数计算六只股票的截距、斜率（β系数）、拟合系数R^2。

表5-11　六只股票和上证综指各月收益率数据（2012年11月—2017年10月）

日期	浦发银行	上海机场	华能国际	中远海能	歌华有线	同仁堂	上证综指
2012-11-30	-0.67%	-1.67%	2.15%	-4.03%	-6.98%	-6.55%	-4.39%
2012-12-31	28.50%	10.22%	8.32%	11.64%	11.87%	3.95%	13.62%
2013-01-31	14.61%	6.52%	-5.32%	3.60%	2.51%	11.44%	5.00%
2013-02-28	-3.73%	-0.68%	-2.39%	-2.53%	2.02%	6.68%	-0.83%
2013-03-29	-8.78%	1.87%	4.29%	-6.84%	-9.42%	5.38%	-5.61%
2013-04-26	-2.50%	-6.36%	-7.99%	-3.48%	-2.22%	-0.44%	-2.66%
⋮	⋮	⋮	⋮	⋮	⋮	⋮	⋮
2017-05-31	-16.94%	9.84%	-0.13%	-6.66%	-7.01%	3.98%	-1.20%
2017-06-30	-1.49%	-1.28%	-5.95%	6.06%	1.59%	7.94%	2.39%
2017-07-31	5.46%	0.37%	0.00%	3.12%	-3.14%	-6.16%	2.49%
2017-08-31	-4.99%	4.18%	-2.62%	-2.67%	5.85%	-1.84%	2.65%
2017-09-29	1.25%	-2.78%	-2.98%	-4.77%	-1.35%	0.43%	-0.35%
2017-10-31	-2.04%	14.14%	-3.07%	1.56%	-1.85%	3.81%	1.32%
收益率均值	0.86%	2.24%	0.08%	0.68%	1.37%	1.02%	0.82%
截距	0.0023	0.0167	-0.0070	-0.0033	0.0030	0.0010	0.
斜率	0.7715	0.6851	0.9399	1.2255	1.2932	1.1142	1.0000
拟合优度R^2	0.3797	0.4489	0.4815	0.5252	0.4581	0.4590	1.0000

资料来源　根据Wind金融数据库提供的各月末收盘价，按连续型计算各月收益率（为简化，中间部分数据未列示）。

在表5-11选择的六家公司中，仅从2012年11月至2017年10月60个月的数据看，中远海能、歌华有线和同仁堂的股票β系数（斜率）大于1，表明公司风险大于市场风险；浦发银行、上海机场和华能国际的股票β系数均小于1，表明公司风险小于市场风险。在本例中，采用60个月的数据，只是为了说明β系数的计算方法，其分析结果并不足以作为投资决策或评价某种股票收益与风险的依据。R^2是指模型的拟合程度，这个值越接近1，说明两个变量之间的相关性越强。

一定时期单项资产与市场组合收益率分布点的回归线称证券特征线（security characteristics line，SML）。图5-14描述了同仁堂与上证综指月收益率拟合回归线。

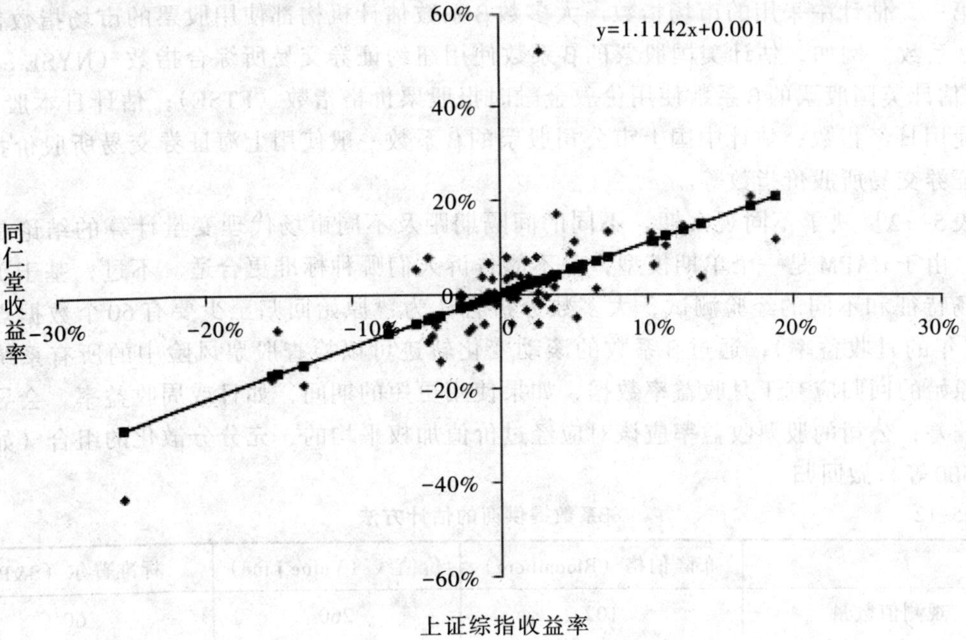

图5-14　同仁堂与上证综指月收益率回归线（2012年11月—2017年10月）

根据表5-11和图5-14，同仁堂与市场组合收益率回归统计数据分析如下：

第一，假设在此期间无风险收益率为3.49%，则：

$$r_f(1-\beta)=3.49\%\times(1-1.1142)=-0.004$$

回归线载距为0.001，大于$r_f(1-\beta)$，表明在此期间，同仁堂股票历史收益率高于按证券市场线估计的预期收益率。

第二，回归线斜率等于1.1142，这是同仁堂在此期间股票月收益率的β系数，它表明如果市场平均收益率上升1%，同仁堂收益率上升1.1142%；如果市场证券收益率下降1%，同仁堂收益率将下降1.1142%。

第三，根据回归输出的数据，回归拟合优度R^2=45.9%，这一指标表明同仁堂45.9%的风险来自市场风险（如利率、通货膨胀风险等），54.1%的风险来自公司特有风险，后一种风险是可分散风险，因此，在CAPM中是不能获得相应补偿的。

根据历史数据计算某一只股票的β系数时，分析人员要注意以下四个问题：

回归参数与CAPM定价功能

第一，估计期的期限。SML大部分数据提供商使用5年的数据估计β系数，也有的采用2年的数据。较长的估计期可以提供更多的数据，但公司的风险特征在这一期间也会发生变化。

第二，估计收益时间间隔期距。对不同时段的数据进行回归或对同一时段但以不同的间隔（每年、每月、每周或每天）进行回归，就会得到不同的β系数。例如，标准普尔估计β系数时使用的是最近5年的月收益率，价值线（Value Line）是使用最近五年的周收益率估计β系数，布隆伯格（Bloomberg）则根据最近两年的周收益率估计β系数。Wind资讯采用100周收益率滚动估计β系数。

第三，估计中采用的市场指数。大多数β系数估计机构都使用股票的市场指数估计公司的β系数。例如，估计美国股票的β系数使用纽约证券交易所综合指数（NYSE composite）；估计英国股票的β系数使用伦敦金融时报股票价格指数（FTSE）；估计日本股票的β系数使用日经指数；估计中国上市公司股票的β系数一般使用上海证券交易所股价指数或深圳证券交易所股价指数等。

表5-12反映了不同观察期、不同的间隔期距及不同市场代理变量计算的结论是不相同的。由于CAPM是一个单期模型，并不能告诉人们哪种标准更合适。不过，基于美国资本市场特征和不同的经验测试，大多数分析者认为：原始回归至少要有60个数据点（例如，5年的月收益率），通过β系数的滚动变化轨迹可以检查股票风险中的所有系统性变化；原始的回归应基于月收益率数据，如果使用更短的期间，如日或周收益率，会导致系统性偏差；公司的股票收益率应该对应经过价值加权平均的、充分分散化的组合（如标准普尔500等）做回归。

表5-12 **β系数提供商的估计方法**

	布隆伯格（Bloomberg）	价值线（Value Line）	标准普尔（S&P）
观测值数量	102	260	60
间隔期距	2年周收益率	5年周收益率	5年月收益率
市场指数代理变量	S&P 500	NYSE综合指数	S&P 500
样本β系数平均数	1.03	1.24	1.18
样本β系数中位数	1.0	1.2	1.21

资料来源 BRUNER，EADES，HARRIS，et al.Best practices in estimating the cost of capital：survey and synthesis［J］.Financial Practice & Education，1998（23）：15-33.

（2）行业β系数与财务杠杆

对β系数的估计并不是一个精确的过程，通过历史回归估算出同仁堂原始的β系数为1.1142，R^2为45.9%，从统计意义上解释，回归线的拟合度为45.9%。根据回归输出数据，β系数的标准差为0.1588，如果以两倍的标准差作为基础，同仁堂真实的β系数应落在0.7965～1.4319这个区间，严格来说，这个区间有些大。

为了提高β系数估计的准确度，可以采用行业β系数（而非个别公司）。同一行业的公司面临着相似的经营风险，所以其β系数也应相近。只要各公司的估算误差是不相关的，对各个β系数的高估或低估就趋于消除，因此行业β系数的中位数（或均值）就是一个比较好的估计值。

但是，简单地使用行业原始的β系数的中位数或均值忽略了一个重要的因素：各公司的负债水平可能不相同。一个公司的β系数不但与经营风险有关，而且与公司的财务风险有关。负债较多的公司的股东相对来说承担着更大的风险，这种风险就体现在β系数上。因此，为比较经营风险相似的公司的β系数，首先必须消除公司负债水平的影响，只有这样才能比较行业内公司的β系数。

如果公司的市场风险完全由股票持有者承担（债务β系数为零），且债务能给公司带来利息抵税效应，那么负债公司股票的β系数(β_L)和无负债公司股票的β系数(β_U)之间的关系可用下式表示：

$$\beta_L = \beta_U[1 + (1 - T)D/E] \tag{5-29}$$

式中：β_L、β_U分别表示有负债公司和无负债公司股票的β系数；T表示公司所得税税率；D/E表示负债资本与股权资本的比率（或称财务杠杆）。

无负债公司股票的β系数是由公司经营的业务类型和经营风险水平决定的；负债公司的β系数是由经营风险和财务风险共同决定的。由于财务风险会增加潜在的行业风险，因此，高风险行业的公司通常不愿意使用财务杠杆；同理，收入相对稳定的公司通常具有较高的财务杠杆。

以行业平均水平估算一家公司β系数的方法，主要分四步：第一，根据市场指数（例如，上证综指）对每一公司的股票收益率作回归，求出原始的β系数。第二，根据公司的财务杠杆把每个公司的β系数转化为无负债β系数，财务杠杆等于有息债务市场价值与股权市场价值之比。第三，计算行业内无负债β系数的中位数或平均数。第四，根据公司的目标财务杠杆（也可采用当前财务杠杆作为替代），把行业无负债β系数转换成各公司的负债β系数。

为简化，表5-13仅选择了10家医药行业的公司，计算该行业的无负债β系数。根据公式（5-29）将负债β系数转换为无负债β系数，求出行业平均无负债β系数为0.9119。

表5-13　**医药行业无负债β系数（2012年11月—2017年10月）**

公司	负债β系数	有息债务/股权价值*	所得税税率	无负债β系数
同仁堂	1.1142	0.0301	0.2500	1.0896
太极集团	1.4086	0.7770	0.2500	0.8900
复星医药	0.7586	0.1247	0.2500	0.6937
中新药业	0.9258	0.0391	0.2500	0.8995
亚宝药业	0.8052	0.1660	0.2500	0.7161
天药股份	1.1442	0.0728	0.2500	1.0850
康美药业	0.9107	0.1252	0.2500	0.8325
交大昂立	1.1696	0.0845	0.2500	1.1000
康恩贝	1.1748	0.1572	0.2500	1.0509
哈药股份	0.8126	0.0887	0.2500	0.7619
平均数				0.9119

*有息债务/股东权益数据来自Wind资讯，为简化，假设所得税税率均为25%。

表5-13中各公司负债β系数是以各月末收盘价作为当月价格，采用连续方法计算60

个月的收益率，以上证综指代表市场组合，以同一时期上证综指收盘点位作为基础计算的。

在公司估价时，通常采用有息债务和股权价值估计财务杠杆，其中：

有息债务=负债合计-无息流动负债-无息非流动负债

$$股权价值=A股收盘价\times A股合计+B股收盘价\times 人民币外汇牌价\times B股合计+海外流通股\times 海外流通股股价+(总股数-A股-B股-海外流通股)\times 每股净资产$$

由于大多数负债（特别是银行借款）并没有在市场交易，在估价中，一般采用账面价值近似地代替市场价值。在表5-13中，同仁堂股票无负债β_U系数计算方式如下：

$$\beta_U=\frac{\beta_L}{1+(1-T)(D/E)}=\frac{1.1142}{1+(1-25\%)\times 0.0301}=1.0896$$

其他各公司无负债β_U系数计算方式相同，按算术平均数计算医药行业无负债β_U系数为0.9119。

这种方法最主要的作用是用行业调整的β系数估计非上市公司的β系数，也就是说，无须知道个别公司或资产的历史价格，就可以估计β系数。例如，你要估计一家未上市的医药公司的β系数，假设该公司的财务杠杆为40%，所得税税率为25%，该公司的β系数估计值为：

$$\beta_L=0.9119\times\left[1+(1-25\%)\times 0.40\right]=1.1855$$

计算结果表明，在其他因素一定的条件下，提高财务杠杆同时提高了财务风险和公司的β系数。

（3）β系数的平滑调整

由于β系数是采用历史收益率数据进行计算的，通常将这一结果称为历史β系数或基础β系数（Fundamental β系数）。由于市场环境的变化，当前的β系数与历史β系数有一定的差别。为了得到更真实的β系数，一般会对基础β系数进行一定的平滑调整，调整后的β系数（Adjusted β系数），应该能够更接近真实的β系数。

调整 β系数=（1-X）基础 β系数+ X

这里的X具体取多少，不同的市场环境、不同的研究方法得出的结论不同。例如，布隆伯格（Bloomberg）取值（1/3）进行调整，即：

调整β系数=基础β系数×0.67+0.33

以同仁堂为例，采用回归方法计算的原始的β系数为1.1142，应用这个公式可以得到一个调整后的β系数1.077（1.1142×0.67+0.33）。

采用一定的方法对回归分析得到的β系数进行调整，以反映估计误差的可能性和β系数向平均值（或者是行业的，或者是整个市场的）回归的趋势。

假设无风险收益率为3.84%，市场收益率为9.9%（上证综指同期月均收益率×12个月，即0.82%×12），同仁堂股票必要收益率计算如下：

调整前必要收益率=3.84%+1.1142×（9.9%-3.84%）=10.59%

调整后必要收益率=3.84%+1.0771×（9.9%-3.84%）=10.36%

资本资产定价模型在理论上比较严密，但这一模型的假设条件与现实不完全符合。首先，该模型只考虑了股票市场的系统风险，也就是相当于假设普通股的相关风险只有市场风险，从而低估了普通股资本成本；其次，由于将β系数定义为股市平均风险的倍数，并用它来计算个别股票风险补偿相对于股市平均风险补偿的倍数，实际上是假设风险与收益呈线性关系，而这是缺乏逻辑依据的；最后，模型中所需要的各种数据特别是β系数有时很难取得，如果在估计时误差较大，估算的结果可能毫无意义。

四、CAPM定价功能

资本资产定价模型除了用以衡量系统风险外，在实务中主要广泛用于识别资产定价高低，确定股权资本成本以及作为项目评价和业绩考核的标准。

在市场均衡状态下，所有资产和所有资产组合都应落在SML上，也就说，所有资产都应被定价以便使其估计的收益率（estimated rate of return）与其系统风险水平相一致。这个估计的收益率是在现行市场价格下投资者期望得到的收益率。任何估计的收益率落在SML上方的证券应被认为定价过低，因为它表明了你估计得到的证券收益率高于根据系统风险计算的必要收益率。相反，估计的收益率分布在SML下方的证券则被认为定价过高，相对SML来说，这种位置说明你估计的收益率低于系统风险要求的收益率。

假设证券分析师对五只股票进行跟踪分析，预测五只股票的价格和股利见表5-14，据此计算出分析师预测的持有期间收益率。

表5-14　**股票市场价格和估计收益率**

股票	现价	预期价格	预期股利	估计的未来收益率
A	25	27	0.5	10.00%
B	40	42	0.5	6.25%
C	33	39	1	21.21%
D	64	65	1	3.13%
E	50	54		8.00%

为分析现行市场价格水平以及估计的收益率是否合理，可采用SML确定某一项特定资产的必要收益率进行比较，以便判定一项投资是否被恰当定价。假设无风险利率为6%，市场投资组合收益率为12%，五只股票的β系数和预期的必要收益率，以及估计收益率见表5-15。

表5-15　**必要收益率与估计收益率比较**

股票	β系数	必要收益率	估计收益率	估计收益率-必要收益率	评价
A	0.70	10.20%	10.00%	-0.20%	定价合理
B	1.00	12.00%	6.25%	-5.75%	定价过高
C	1.15	12.90%	21.21%	8.31%	定价过低
D	1.40	14.40%	3.13%	-11.28%	定价过高
E	-0.30	4.20%	8.00%	3.80%	定价过低

表5-15中的必要收益率是根据每只股票的系统风险计算的，估计收益率是根据股票现行价格、预期价格和股利计算的。估计收益率与必要收益率之间的差异被称为股票的超额收益率，这一指标可以为正（股票定价过低），也可以为负（股票定价过高），如果超额收益率为零，则股票正好落在SML上，其定价正好与其系统风险相当。股票β系数、必要收益率、估计收益率之间的关系如图5-15所示。

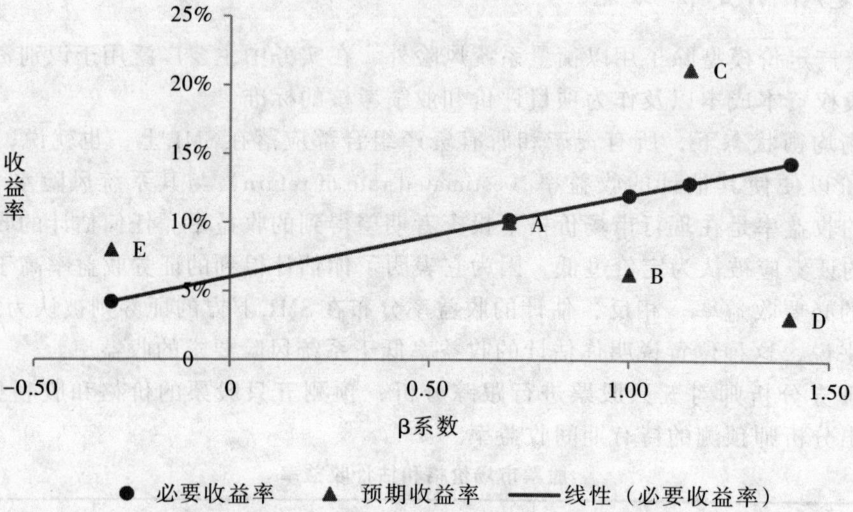

图5-15 估计收益率在SML上的分布

在图5-15中，股票A几乎正好在SML上，表明股票A的定价基本合理，因为它的估计收益率几乎与必要收益率相等；股票B和股票D的定价过高，因为它们在持有期间的估计收益率低于投资者要求或预期得到的与风险相关的收益率，结果它们处于SML的下方；相反，股票C和股票E的估计收益率大于根据系统风险计算的必要收益率，因此都处于SML上方，这表明它们是定价过低的股票。如果你相信分析师对估计收益率的预测，你会买入股票C和股票E，卖出股票B和股票D，而对股票A不会采取任何行动。如果你是一个激进型的投资者，也可以卖空股票B和股票D。

资本资产定价模型广泛用于确定股权资本成本，作为项目评价和业绩考核的标准。

［例5-4］SOF公司是一家软件提供商和服务商，公司主要由医疗健康互联、智能汽车互联、智慧城市、教育互联四家子公司组成。假设无风险利率为4%，债务利率为5.25%，所得税税率为25%，税后债务成本为3.94%。根据历史数据，市场风险溢价估计为6.5%。有关资本成本的数据和计算方式如下。

（1）估计各子公司无负债β系数。

未上市公司的β系数，通常是根据不同行业中可比公司的平均β系数和财务杠杆比率（负债/股权）的中位数或平均数估计各子公司的无负债β系数。在表5-16中，以医疗健康互联为例，选择与医疗健康互联相关的15家公司作为可比公司，这15家公司平均β系数为1.45，财务杠杆比率的中位数为46.46%，平均所得税税率为25%，根据公式（5-29），将医疗健康互联负债β系数转换为无负债β系数为1.0753［1.45/（1+（1-25%）×46.46%）］，其他各子公司计算方法相同，见表5-16。

表5-16　SOF公司各子公司无负债β系数

子公司	可比公司数量（家）	负债β系数（平均）	股权市场价值（亿元）	未清偿债务价值（亿元）	负债/股权（中位数）	无负债β系数
医疗健康互联	15	1.45	50	23.23	46.46%	1.0753
智能汽车互联	10	1.32	30	12.94	43.13%	0.9974
智慧城市	8	1.2	40	20.58	51.45%	0.8659
教育互联	6	0.95	35	15.26	43.60%	0.7159

（2）估计SOF公司无负债β系数。假设以各子公司营业收入为基础，采用乘数法计算各子公司价值。最后根据各子公司价值占公司总价值的比重，乘以各子公司无负债β系数，即可确定SOF公司加权平均的无负债β系数为0.9265，见表5-17。

表5-17　SOF公司无负债β系数　金额单位：亿元

子公司	营业收入	公司价值/营业收入	公司价值	价值权重	无负债β系数
医疗健康互联	25	3.35	83.75	35.21%	1.0753
智能汽车互联	16	2.56	40.96	17.22%	0.9974
智慧城市	14	4.03	56.42	23.72%	0.8659
教育互联	15	3.78	56.70	23.84%	0.7159
SOF公司	70		237.83	100.00%	0.9265

（3）估计SOF公司负债β系数。假设医疗健康互联、智能汽车互联、智慧城市、教育互联四家子公司未清偿债务价值见表5-18；将各子公司无负债β系数转化为负债β系数。例如，医疗健康互联负债β系数为1.4296（1.0753×（1+（1-25%）×43.93%）），其他依此类推，见表5-18。

表5-18　SOF公司负债β系数　金额单位：亿元

子公司	无负债β系数	公司价值	未清偿债务价值	负债/股权	负债β系数
医疗健康互联	1.0753	83.75	25.56	43.93%	1.4296
智能汽车互联	0.9974	40.96	14.00	51.93%	1.3858
智慧城市	0.8659	56.42	24.32	75.76%	1.3579
教育互联	0.7159	56.70	16.00	39.31%	0.9270
SOF公司	0.9265	237.83	79.88	50.57%	1.2779

根据表5-18的数据，SOF整个公司的β系数为1.2779，这个β系数一般与用SOF股票

与市场指数的历史收益率进行回归得到的β系数不相等。采用历史收益率与市场收益率回归得到β系数通常与计算采用的期间、每期间隔期、市场等有关参数有关，不同的期间、间隔期或市场参数都会得出不同的结论。在表5-18的计算中，SOF整个公司的β系数还受到各子公司价值权重的影响。

（4）根据无风险利率、风险溢价、β系数等计算股权资本成本，见表5-19。

表5-19 SOF公司股权资本成本

子公司	无风险利率	风险溢价	负债β系数	股权资本成本
医疗健康互联	4.00%	6.50%	1.4296	13.29%
智能汽车互联	4.00%	6.50%	1.3858	13.01%
智慧城市	4.00%	6.50%	1.3579	12.83%
教育互联	4.00%	6.50%	0.9270	10.03%
SOF公司	4.00%	6.50%	1.2779	12.31%

（5）根据税后债务成本和股权资本成本计算公司加权平均资本成本为9.50%，见表5-20。

表5-20 SOF公司加权平均资本成本

子公司	税后债务成本	股权资本成本	负债比率	加权平均资本成本
医疗健康互联	3.94%	13.29%	30.52%	10.44%
智能汽车互联	3.94%	13.01%	34.18%	9.91%
智慧城市	3.94%	12.83%	43.11%	8.99%
教育互联	3.94%	10.03%	28.22%	8.31%
SOF公司	3.94%	12.31%	33.59%	9.50%

公司加权平均资本成本可用作折现率评估SOF公司价值，如果SOF新投资项目的风险与公司资产风险相同，这一折现率也可以作为项目投资要求的最低收益率。

CAPM在使用中仍存在一些问题，例如，CAPM的假设与现实不完全符合，在实际中无风险资产与市场组合可能不存在，采用历史数据估价的β系数很难准确地衡量当前或未来的风险，选用的市场组合可能并不能代表真正的市场组合等。总之，由于CAPM的局限性，许多学者仍在不断探求比CAPM更为准确的资本市场理论。但到目前为止，尚无一种理论可与CAPM相匹敌。

五、资产定价多因素模型

在资本资产定价模型中，任何风险资产的预期收益率是该资产相对于市场的系统风险的线性函数，即所有资产的收益率与一个共同的因素——市场组合风险线性相关。此后，一些学者发现β系数无法完全解释资产的预期收益。

1.三因子模型

尤金·法码和肯尼思·弗兰奇（1992）[①]研究了美国股市1962—1989年股票收益与市场β系数、规模、财务杠杆、账面市值比、盈余价格比、现金流价格比、历史销售增长、历史长期回报及历史短期回报等因素之间的关系。他们发现市场β系数、财务杠杆及盈余价格比对股票收益的解释力较弱，而规模及账面市值比两个因素的联合基本可以对股票收益进行解释。1996年，他们通过对美国股市1963—1993年的数据的实证检验，认为股票收益可以由市场风险溢价（$r_m - r_f$）、公司规模因素溢价（SMB）以及账面市场价值比溢价（HML）三因素来解释，即：

$$r_{j,t} - r_{f,t} = \alpha_j + \beta_{MKT,j}\left(r_{m,t} - r_{f,t}\right) + \beta_{SMB,j}\left(SMB_{j,t}\right) + \beta_{HML_{j,t}}\left(HML_{j,t}\right) + \varepsilon_{j,t} \tag{5-30}$$

式中：$r_{j,t}$与$r_{m,t}$分别是证券j和市场投资组合在t期的收益，$r_{f,t}$是无风险收益率；$SMB_{j,t}$是小股票组合和大股票组合收益率之差；$HML_{j,t}$是高面值/市值比和低面值/市值比的股票组合收益率之间的差额；$\varepsilon_{j,t}$扰动项。

随后他们验证了包括美国在内的12个世界主要证券市场上价值型股票（high book-to market equity）的收益率要高于成长型股票（low book-to market equity）的收益率，在12个主要证券市场上有11个市场上的小公司股票的回报率高于大公司，就1975—1995年的样本数据而言，二者的年均差额达到7.6%，从而证明公司规模和账面市场价值比两个因素对股票横截面收益率的显著性很高。

1993年，法码和弗兰奇又发表了一篇题为《Common risk factors in the returns on stocks and bonds》的论文，正式标志着三因子模型的建立。在这篇文章里，他们发现三因子可以很好地解释股票的平均收益，而且回归分析的截距接近0（Alpha接近0），这意味着市场因子、规模因子和账面市值比因子三者一起可以很好地解释股票市场中的收益。

在Fama-French三因子模型基础上，Carhart（1997年）[②]提出了动量因子（Momentum）得到四因子模型。Fama-French（2015年）[③]在三因子的基础上继续增加两个因子：盈利能力因子（RMW）和投资因子（CMA），得到五因子模型。

2.套利定价理论

美国学者罗斯（Stephen A.Ross，1976）[④]提出的套利定价理论（arbitrage pricing theory，APT），解释了风险资产预期收益率与有关共同因素的预期收益率的关系。他认为任何资产的预期收益率都是K个要素的线性函数。资产分析的目的就在于识别经济中的这些因素，以及资产对这些经济因素变动的不同敏感性。APT将资本资产定价模型从单因素模式发展成为多因素模式，以期更加适应现实经济活动的复杂情况。按照APT模式，证券或资产j的预期收益率为：

$$E(r_j) = r_f + \beta_{j1}\left[E(r_{j1}) - r_f\right] + \beta_{j2}\left[E(r_{j2}) - r_f\right] + \cdots + \beta_{jk}\left[E(r_{jk}) - r_f\right] \tag{5-31}$$

式中：k是影响资产收益率因素的数量；E（r_{j1}），E（r_{j2}），…，E（r_{jk}）是证券j在因素为1，2，…，k时的预期收益率；β_{j1}，β_{j2}，…，β_{jK}是证券j对于因素1，2，…，k的敏

① FAMA，FRENCH．The cross-section of expected stock returns［J］.Journal of Finance，1992，47（2）：427-465.
② CARHART.On persistence in mutual fund performance［J］.Social Science Electronic Publishing，1997，52（1）：57-82.
③ FAMA，FRENCH．A five-factor asset pricing model［J］.Journal of Financial Economics，2015，116（1）：1-22.
④ ROSS．The arbitrage theory of capital asset pricing［J］.Journal of Economic Theory，1976，13（13）：341-360.

感系数。

多因素模型可以被认为是一种广义的资本资产定价模型，它为投资者提供了一种替代性的方法，来理解市场中的风险与收益率间的均衡关系。它与现代资产组合理论、资本资产定价模型、期权定价模型等一起构成了现代财务学的理论基础。

美国学者埃尔顿（E.L.Elton）、吉鲁伯（M.J.Gruber）和梅建平（J.P.Mei），在对纽约州九家公用事业公司的资本成本进行估算时，根据多因素模型确定预期收益率或资本成本的步骤如下：

第一步，确定宏观经济因素。他们选择了国债收益率价差（长期政府债券收益率与30天国库券收益率之差）、利率（短期国库券收益率的变化率）、汇率（美元兑“外汇一篮子货币”币值的变化率）、实际GDP的变化率和预期通货膨胀率作为共同因子，并且将其他未被上述五项共同因子涵盖的市场影响因素全部归入第六项共同因子——剩余市场风险（residual market risk）中。

第二步，估计各共同因子的风险溢价（$r_{因素}-r_f$），估计各因子的敏感系数。

第三步，根据当时的无风险收益率（7%），计算有关的资本成本。对九家公司研究后的结果见表5-21。

表5-21 **共同因子的风险溢价及预期收益率**

共同因子	共同因子风险溢价（%）	共同因子的敏感系数	风险溢价（%）
国库券收益率价差	5.01	1.04	5.21
利率	−0.61	−2.25	1.37
汇率	−0.59	0.70	−0.41
实际GDP的变化率	0.49	0.17	0.08
预期通货膨胀率	−0.83	−0.18	0.15
剩余市场风险	6.36	0.32	2.04
风险溢价合计			8.44
无风险收益率			7.00
预期收益率			15.44

资产定价多因素模型可以被认为是一种广义的资本资产定价模型，它为投资者提供了一种替代性的方法，来理解市场中的风险与收益率间的均衡关系。它与现代资产组合理论、资本资产定价模型、期权定价模型等一起构成了现代财务学的理论基础。

□ 思政课堂

全天候投资组合策略：你从中学到了什么？

党的二十大报告指出，我国发展进入战略机遇和风险挑战并存、不确定难预料因素增多的时期，各种“黑天鹅”“灰犀牛”事件随时可能发生。我们必须增强忧患意识，坚持底线思维，做到居安思危、未雨绸缪，准备经受风高浪急甚至惊涛骇浪的重大考验。规避投资风险的一个基本办法就是进行合理的资产配置，我们可以参考全天候投资组合策略以应对各类风险。

全天候策略（all weather strategy）是桥水基金（Bridgewater）创始人瑞·达利欧（Ray Dalio）推荐给投资者的低风险的资产配置策略。根据桥水公司公布的对于全天候策略解释的文件，全天候策略将基金面临的风险分为四大类：经济增长、通货膨胀、经济萎缩、通货紧缩。为了应对这些不同经济周期的风险，桥水基金的全天候策略基金，运用了非常复杂的配置结构并且始终运用杠杆来提高收益率。但是Ray也给普通的个人投资者提供了一个极简配置：股票30%、美国长期国债40%、美国中期国债15%、商品7.5%、黄金7.5%。全天候策略是一种被动投资策略，买入持有，不进行择时操作，通过合适的资产配置，定期调整持有资产的比例以期达到“全天候适应”的作用。

请组织学生查询桥水基金全天候投资组合策略，说明这一组合策略的理论基础和特点。这一投资组合的全天候策略符合中国投资者的需求吗？假设你将从事投资银行或资产管理工作，进行风险投资时应该考虑哪些因素？

如何评价你的知识资产？

在评估第j种股票历史收益率时，通常采用下列公式：

$$r_j = \alpha + \beta r_m + \varepsilon$$

假设上述公式中r_j代表学习获得的知识资产；α代表你的学习能力或自身努力情况等；βr_m中的r_m表示影响学生知识资产账户的外部因素，如教育制度、教师水平、教学方法等；ε代表影响学习的其他风险因素。

请组织学生讨论和评价影响自身知识资产账户的因素有哪些？

□ 本章小结

1. 投资风险与收益权衡的因素有三个：该项资产的预期收益水平；用资产收益率方差或标准差表示的该项资产的风险；投资者为承担风险而要求获得的收益补偿水平。

2. 投资组合的收益率是单项资产预期收益率的加权平均数，权数为投资组合价值中投资于每种资产的比重。投资组合的风险（收益率标准差）主要取决于任意两种资产收益率的协方差或相关系数，投资组合的风险并不是各种资产标准差的简单加权平均数。

3. 资本市场线是指有效组合预期收益率和风险之间的一种简单的线性关系的一条射线。它是沿着投资组合的有效边界，由风险资产和无风险资产构成的投资组合，位于资本市场线上的每一点都代表有效投资组合。证券市场线是资本资产定价模型的图示形式，用以反映证券收益率与系统风险（β系数）之间的关系，说明相对于市场组合而言特定资产的系统风险是多少。一定时期单项资产与市场组合收益率分布点的回归线是证券特征线。

4. 资本资产定价模型从本质上揭示了投资收益率的内涵。这一模型认为，市场投资组合的预期收益率减去无风险收益率$(r_m - r_f)$就是市场对投资者承担的每一单位的风险而支付给他的必要（额外）收益率。

5.资本资产定价模型认为任何风险资产的收益是该资产相对于市场的系统风险的线性函数；多因素模型认为，风险资产的收益率不但受市场风险的影响，还与其他许多因素相关，任何资产的收益率是K个要素的线性函数。在实务中，资本资产定价模型或多因素模型可以为确定风险资产（如投资项目）的资本成本提供理论依据。

□ 基本训练

1.Fama（1976）随机选择了50只在纽约证券交易所上市的证券，用1963年7月至1968年6月的月数据计算出它们的标准差。再从中随机取一只证券，该证券收益率的标准差为11%。然后，将这只证券与另一只随机取出的证券按照相同的权重形成两种证券的组合。此时，标准差降为7.2%左右。之后，越来越多的证券逐步随机地添加到证券组合之中，直到50种证券全部被包括在内。实验结果表明，当随机选择10~15只证券之后，几乎所有的可分散风险均被分散。另外，证券组合的标准差很快就趋于一个极限值，这一数值大致等于所有证券的平均协方差。请结合投资组合理论解释这一实验结果及其应用价值。

基本训练指引 5-1

2.假设你是XYZ公司财务主管，目前正在进行一项包括四个待选方案的投资分析工作。各方案的投资期相同，对应不同经济状况下的预期收益率见表5-22。

表5-22 待选方案预期收益率

经济状况	概率	A方案	B方案	C方案	D方案
衰退	0.2	10.0%	6.0%	22.0%	5.0%
一般	0.6	10.0%	11.0%	14.0%	15.0%
繁荣	0.2	10.0%	31.0%	-4.0%	25.0%

要求：

（1）计算各方案预期收益率、方差、标准差、标准离差率。

（2）根据各待选方案的预期收益率、标准差来确定可以淘汰的某一方案。

（3）假设你认为上述分析是以各方案的总风险（标准差）为依据，不十分科学，应进行系统风险分析。投资方案D是一种经过高度分散的基金性资产，可以代替市场投资。试计算各方案的β系数，然后用资本资产定价模型评价各方案。

基本训练指引 5-2

3.你已收集了过去5年ABC公司（一家大型的多种经营公司）股票收益率以及上证综指的收益率（见表5-23）。

表5-23 ABC公司股票收益率与上证综指收益率

年份	ABC公司股票收益率	上证综指收益率
2015	10%	5%
2016	5%	15%
2017	-5%	8%
2018	20%	12%
2019	-5%	-5%

要求：

（1）估计回归的截距和斜率。

（2）假设一年期国库券利率为6%，市场风险溢价为7.1%，如果你今天购买了ABC公司的股票，那么你预计下一年ABC公司股票的收益率为多少？

基本训练指引 5-3

（3）假设在过去的5年里，市场平均无风险收益率为5%，你认为ABC公司股票收益是否好于市场平均收益？

（4）ABC公司正在考虑出售它的一个部门，该部门的资产构成了ABC公司账面价值的50%，市场价值的20%。它的β系数为ABC公司的β系数的两倍（分离之前）。剥离这个部门后，ABC公司的β系数为多少？

4.假设你采用市场价格指数对MAP公司股票月收益率进行回归得到：

$r_{股票} = 0.06\% + 0.46r_{市场}$

该公司流通在外的股票为2 000万股，目前每股价格为2元；公司未清偿债务为2 000万元，所得税税率为36%。

基本训练指引 5-4

（1）假设国库券收益率为5%，市场组合收益率为12%，MAP公司股票投资者要求的收益率是多少？

（2）假设MAP公司有三个同等规模（按市场价值计算）的部门，公司希望以2 000万元的价格出售其中一个部门，以5 000万元收购另一个部门（公司需要再借入3 000万元以完成这次收购）。假设出售的部门所在行业平均无负债β系数为0.2；收购的部门所在行业的平均无负债β系数为0.8。收购完成后MAP公司的β系数为多少？

5.FIM公司现持有A、B、C三种股票组成的投资组合，已知A、B、C三种股票的β系数分别为2.3、1.8和0.8，相应地，各股票在投资组合中所占的比重分别为20%、50%和30%。本期无风险收益率为8%，下期的市场预期收益率及其概率见表5-24。

基本训练指引 5-5

表5-24 下期的市场预期收益率及其概率

概率	0.1	0.3	0.4	0.2
市场收益率	8%	10%	14%	18%

要求：

（1）计算市场预期收益率，并写出证券市场线（SML）的近似方程。

（2）计算该投资组合下期所要求的收益率。

（3）假设当前市场上有一新股票D可供投资，该股票的β系数为1.2，刚收到上一年派发的每股1元的现金股利，预计股利以后每年将按6%的比例稳定增长，目前该股票的价格为15元。分析目前该股票价格是否为均衡价格，如果不是，合适的均衡价格为多少，如何能够达到。

□ 微型案例

案例1 假设你刚刚大学毕业，受聘于CFB理财公司。你的第一个任务是代理客户进行投资，金额为100 000元，期限1年。1年后这笔资金另有他用。你的上司给你提供了下列投资备选方案，你需要填写表5-25中各方案的预期收益率、标准差、标准离差率、β系数。

表5-25 投资备选方案收益率

经济状态及指标	概率	估计收益率				
		国库券	股票A	股票B	股票C	市场组合
萧条	0.1	8.0%	-22.0%	28.0%	10.0%	-13.0%
复苏	0.2	8.0%	-2.0%	14.7%	-10.0%	1.0%
正常	0.4	8.0%	20.0%	0.0%	7.0%	15.0%
高涨	0.2	8.0%	35.0%	-10.0%	45.0%	29.0%
繁荣	0.1	8.0%	50.0%	-20.0%	30.0%	43.0%
预期收益率	—					
标准差	—					
标准离差率	—					
β系数	—					

在上述各项预期数据中，股票A属于高科技产业，该公司经营电子产品；股票B属于采矿业，该公司主要从事金矿开采；股票C属于橡胶与塑料业，生产与此有关的各种产品；CFB理财公司持有一种"指数基金"，它包含了公开交易的所有股票，代表着市场的平均收益率。根据上述资料，回答下列问题：

（1）为什么国库券的收益率与经济状态无关？为什么股票A收益率的变动与经济状态变动呈同方向变动，而股票B的收益率变动与经济状态变动呈反方向变化？

（2）计算不同投资方案的预期收益率，并填入表5-25中空白处。

（3）你知道仅仅依靠预期收益率指标进行投资选择是不够的，还必须进行风险分析。况且你的委托人是一个风险规避者。衡量投资风险的一个重要指标是收益率的标准差，计算不同投资方案的标准差，并填入表5-25中空白处。

（4）计算不同投资方案的标准离差率，并填入表5-25中。将标准离差率与标准差相比较，如果发生排序矛盾，你主张以哪种标准为主？为什么？

（5）各方案之间预期收益率的协方差见表5-26。根据表5-26中的数据，说明不同方案收益率协方差的特点。

表5-26 协方差矩阵

证券	国库券	股票A	股票B	股票C	市场组合
国库券	0.00%	0.00%	0.00%	0.00%	0.00%
股票A	0.00%	4.01%	-2.68%	2.63%	3.05%
股票B	0.00%	-2.68%	1.79%	-1.75%	-2.04%
股票C	0.00%	2.63%	-1.75%	3.54%	2.10%
市场组合	0.00%	3.05%	-2.04%	2.10%	2.35%

（6）假设你设计一个投资组合，将100 000元分别投资于股票A、股票B，投资比重相同，计算投资组合的预期收益率、标准差。比较投资组合风险与单独持有某一种股票的风险。

（7）计算各方案的β系数，填入表5-25中的空白处。说明不同证券β系数的特点。

案例1分析指引

案例2　你刚刚应聘一家投资公司，你的上司让你回答与公司资本成本有关问题。表5-27是从四个行业中选出的部分上市公司股票的β系数。

表5-27　**四个行业部分上市公司股票的β系数（2018—2019年，100周）**

公用事业（电力）		医疗保健		白酒		航空	
证券简称	β系数	证券简称	β系数	证券简称	β系数	证券简称	β系数
长江电力	0.17	恒瑞医药	1.08	贵州茅台	0.95	中国国航	1.62
中国广核	−0.67	迈瑞医疗	0.36	五粮液	1.26	东方航空	1.53
华能国际	0.27	药明康德	1.12	洋河股份	0.94	南方航空	1.44
中国核电	0.71	爱尔眼科	0.85	泸州老窖	1.22	春秋航空	0.95
华能水电	0.96	云南白药	0.54	山西汾酒	1.33	吉祥航空	1.21
国投电力	0.51	长春高新	1.08	古井贡酒	1.14	海航控股	0.68
浙能电力	0.43	智飞生物	1.16	今世缘	1.22	华夏航空	1.61
国电电力	0.53	复星医药	1.17	顺鑫农业	1.21	中信海直	1.20
大唐发电	0.59	片仔癀	0.96	口子窖	1.11	山航B	0.81
川投能源	0.54	乐普医疗	1.02	古井贡B	1.08		
中位数	0.52	中位数	1.05	中位数	1.17	中位数	1.21

资料来源　Wind资讯（数据提取日：2019年12月26日）。

要求：

（1）根据表5-27中的数据，以β系数的行业中位数为依据，说明为什么公共事业（电力）的β系数小于其他三个行业？影响股票β系数的主要因素是什么。

（2）假设无风险收益率为3.5%，市场风险溢价为6.5%，计算中国核电、复星医药、贵州茅台、南方航空股权资本成本，并对计算结果进行评价。你认为影响股权资本成本的因素主要有哪些？

（3）资本资产定价模型可以作为公司项目投资决策的折现率或项目资本成本。假设XYZ集团是一个充分多元化的公司，其组织结构如图5-16所示。

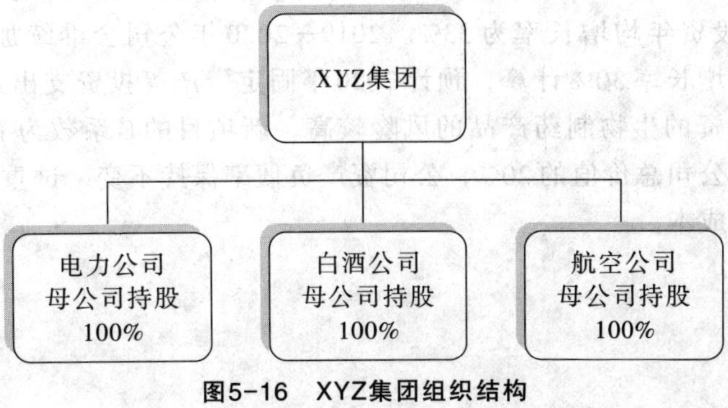

图5-16　XYZ集团组织结构

① 假设XYZ集团没有未清偿债务，拥有所有子公司的全部股权，且集团为公众公司，股票在上海证券交易所上市交易，公司的股票β系数等于1，计算公司的股权资本成本。假设将集团公司看作三个子公司的投资组合，分析公司股票的β系数，简述影响各子公司的β系数的因素。假设公司的子公司进行项目投资，资金全部来自各公司的留存收益。在项目评估中，是根据公司的β系数计算子公司项目的股权资本成本，还是分别计算各子公司项目的β系数?

② 如果子公司并未上市，没有历史数据计算其β系数，那么在这种情况下如何确定子公司的β系数？假设你的上司为你提供了医药行业10家公司的相关数据，见表5-28。以这10家公司代表医药行业，以公司价值为权重，计算行业加权平均无负债β系数。假设10家公司的所得税税率均为25%。如果XYZ集团要成立一家子公司，投资一个与医疗保健相关的项目，假设项目的资金50%来自债务融资，50%来自股权融资，试估计新项目或子公司的β系数，假设所得税税率保持不变。

表5-28 医药行业（10家公司）公司价值和资产负债率

证券简称	公司价值（万元）	资产负债率
恒瑞医药	36 877 425	10.39%
迈瑞医疗	21 390 088	27.99%
药明康德	15 277 878	36.75%
爱尔眼科	12 268 161	40.78%
云南白药	11 400 614	24.03%
长春高新	8 537 142	30.86%
智飞生物	8 252 469	52.76%
复星医药	8 839 380	51.70%
片仔癀	6 712 973	21.69%
乐普医疗	6 592 438	51.40%

资料来源 Wind资讯（数据提取日：2019年12月26日）。

（4）当前复星医药的长期借款利率为4.75%，5年期债务资本成本为4.68%，试估计复星医药加权平均资本成本。

（5）2018年复星医药固定资产和无形资产等资本支出大约为32亿元，公司在2009—2018年固定资产投资年均增长率为33%。2019—2020年公司会继续加大医药生物投资，按年增长率30%计算，预计2020年固定资产等投资支出达到54亿元。假设新投资的生物制药产品的风险较高，新项目的β系数为1.4，预计新项目价值占公司总价值的20%，公司资产负债率保持不变，试重新评估复星医药的资本成本。

案例2分析指引

第二篇 财务决策

第六章

投资决策与风险分析

资本预算作为长期投资决策的价值分析工具，旨在选择为公司创造价值的投资项目。从财务学的角度分析，价值创造等于收益与资源投入之间的差额，即扣除所有生产要素成本后的剩余收益。古典经济学家通常认为资源本身没有任何价值，只有当它被投入使用并在多个用途之间作比较时才能够予以估价。从债券、股票金融资产估价到投资项目等实物资产估价，虽然基本原理相同，但参数估计却相差很大。项目投资主要是厂房的新建、扩建、改建；设备的购置和更新；资源的开发和利用；现有产品的改造；新产品的研制与开发等。项目投资具有投资额大、周期长、风险大等特点，必须采用不同的方法进行风险分析，从不同的角度分析项目投资的可行性。

通过本章的学习，你可以掌握项目现金流量的预测原则和方法；掌握净现值、内部收益率、获利指数、投资回收期的计算与评价方法；熟悉项目风险敏感性分析和情景分析；熟悉风险调整的基本方法。

第一节 项目现金流量预测

一、现金流量预测的原则

投资决策是评价和选择投资项目，优化资源配置的一种经济活动。投资的目的是获得增加公司未来现金流量的长期资产，获得与风险相匹配的报酬。在市场经济条件下，公司能否把筹集到的资金投放到提高公司价值的项目上去，对公司的生存和发展十分重要。

在投资决策中，需要用特定的投资评价准则对投资项目进行可行性分析，现金流量是评价投资方案是否可行时的一个基础性数据。投资项目现金流量是指在一定时期内，投资项目实际收到或付出的现金数。凡是由于该项投资而增加的现金收入或现金支出节约额都称为现金流入；凡是由于该项投资引起的现金支出都称为现金流出；一定时期的现金流入量减去现金流出量的差额为现金净流量。

（一）实际现金流量原则

实际现金流量原则是指预期投资项目的成本和收益时，采用现金流量而不是会计收益。因为在会计收益的计算中包含了一些非现金因素，如折旧费及无形资产摊销在会计上作为一种费用抵减了当期的收益，但这种费用并没有发生实际的现金支出，只是账面记录而已，因此在现金流量分析中，折旧应加回到收益中。如果将折旧作为现金支出，就会出现固定资产投资支出的重复计算，一次是在期初购买固定资产时，一次是在每期计提折旧计入成本时。

实际现金流量原则的另一个含义是项目未来的现金流量必须用预计未来的价格和成本来计算，而不是用现在的价格和成本计算，如在通货膨胀时期应注意调整通货膨胀对现金流量的影响。

（二）增量现金流量原则

预测现金流量要建立在增量或边际的概念基础上。只有增量现金流量才是与项目相关的现金流量。所谓增量现金流量，是根据“有无”（with-versus-without）的原则，确认有这项投资与没有这项投资现金流量之间的差额。判断增量现金流量，决策者会面临以下四个问题：

1.附加效应

公司投资一个新的项目可能对其原来的项目或业务产生影响，这种影响可能是积极的，即新项目与原有项目之间存在互补关系，项目实施后将增加原有项目的收入；这种影响也可能是消极的，即新项目与原有项目之间存在替代关系，新项目实施后会冲击原有项目的收入或获利水平。例如，一种新产品问世后，客户对公司原有产品的需求可能会减少，在估计新产品现金流量时，必须从中扣除这部分减少的现金流量。

2.沉没成本

沉没成本是指过去已经发生、无法由现在或将来的任何决策所能改变的成本。在投资决策中，沉没成本属于决策无关成本。例如，某投资项目前期工程投资50万元，要使工程全部完工，需追加50万元。如果工程完工后的收益现值为60万元，则应追加投资，完成这一项目。因为公司面临的不是投资100万元收回60万元的问题，而是投资50万元收回60万元的问题。此时，工程前期发生的50万元投资就属于与决策无关的沉没成本。如果决策者将沉没成本纳入投资成本总额中，则会使一个有利的项目变得无利可图，从而造成决策失误。一般来说，大多数沉没成本是与研究开发以及投资决策前进行市场调查有关的成本。[①]

3.机会成本

机会成本是指在投资决策中，从多种方案中选取最优方案而放弃次优方案所丧失的收

① 尽管沉没成本不能作为投资决策考虑的因素，但一个公司必须在较长的时间里收回它所支付的沉没成本，才能为公司创造增量价值。

益。例如，某投资项目需在公司所有的一块土地上建设厂房，目前土地的市场价格为30万元。如果将这块土地用于项目投资，公司将损失土地出售收入。这部分丧失的收入即为投资的机会成本，虽然机会成本并未发生现金实体的交割或转让行为，但作为一种潜在的成本，必须加以认真对待，以便为既定资源寻求最佳使用途径。需要注意的是，无论该公司当初是以20万元还是40万元购进的土地，都以现行的市场价格作为这块土地的机会成本。

机会成本与投资选择的多样性和资源的稀缺性相联系，当存在多种投资机会而可供使用的资源又有限的时候，机会成本就一定存在。当考虑机会成本时，往往会使某些看上去有利可图的投资实际上无利可图甚至亏本。

4.制造费用

在确定项目现金流量时，对于制造费用，要做进一步分析，只有那些确因本项目投资而引起的费用（如增加的管理人员、租金和动力支出等），才能计入投资的现金流量；与公司投资进行与否无关的费用，则不应计入投资现金流量中。

二、项目现金流量计算方法

一个投资项目的现金流量一般包括初始现金流量、存续期现金流量和终结现金流量三部分。

（一）初始现金流量

初始现金流量是项目建设过程中发生的现金流量，主要包括以下4项：

1.项目初始投资

项目的投资主要指形成固定资产、无形资产和其他资产的投资。项目投资时直接形成固定资产的建设投资，如建筑工程费、设备购置费、安装工程费以及建设期利息①等。与项目相关的无形资产支出主要指技术转让费或技术使用费、商标权等。其他资产的费用主要指生产准备费、开办费、培训费、样品样机购置费等。②

2.营运资本

投资项目在初始期，必须垫支一定的营运资本才能投入运营。这部分垫支的营运资本一般在项目寿命终结时才能收回。营运资本是指流动资产与流动负债之间的差额。在项目存续期中，各期处于周转使用的营运资本增加额可按下式计算：

$$\Delta WC_t = WC_t - WC_{t-1} \tag{6-1}$$

在项目存续期末，满足项目需要的流动资产不再需要，如无须购买新的存货，应收账款将被收回且不会产生新的应收账款，因而投放在项目上的营运资本在项目存续期末被逐渐收回。

XYZ公司投资项目预计营运资本增加额见表6-1，在表6-1中，营运资本投资额随着营业收入的变化而变化，在项目生产期的第3年（2020年），前两期投入的营运资本逐渐被收回。

① 建设期利息是指举借债融资时在建设期内发生并按规定在投产后计入固定资产原值的利息，即资本化利息。

② 需要说明的是，对于土地使用权，按规定，在尚未开发或建造自用项目前，土地使用权作为无形资产核算，房地产开发公司开发商品房时，将其账面价值转入开发成本；公司建造自用项目时，将其账面价值转入在建工程成本。为了与以后折旧和摊销相协调，在项目投资估算时，通常将土地使用权直接列入固定资产其他费用中。

表6-1 XYZ公司投资项目预计营运资本增加额 单位：万元

年份	2017	2018	2019	2020	2021	2022
营业收入	4 000	4 400	4 840	3 800	1 800	1 000
现金（营业收入2%）	80	88	97	76	36	20
应收账款（营业收入8%）	320	352	387	304	144	80
存货（营业收入10%）	400	440	484	380	180	100
应付账款（营业收入7%）	280	308	339	266	126	70
营运资本	520	572	629	494	234	130
营运资本增加额		52	57	−135	−260	−104

XYZ公司投资项目预计营运资本增加额

3.原有固定资产变价收入

固定资产变价收入是指固定资产重置、旧设备出售时的现金净流量。

4.所得税效应

所得税效应是指固定资产重置时变价收入的税负损益。按规定，出售资产（如旧设备）时，如果出售价高于原价或账面净值，应缴纳所得税，多缴的所得税构成现金流出量；出售资产时发生的损失（出售价低于账面净值）可以抵减当年所得税支出，少缴的所得税构成现金流入量。诸如此类由投资引起的税负变化，应在计算项目现金流量时加以考虑。

（二）存续期现金流量

存续期项目现金流量是指项目建成后生产经营过程中发生的现金流量，这种现金流量一般是按年计算的。

1.项目增量收益

项目增量收益是指项目收入与成本的差额，项目收入是指在项目投产后增加的税后现金收入（或成本费用节约额）；项目成本是指与投资项目有关的以现金支付的各种税后成本费用（即不包括固定资产折旧费以及无形资产摊销费等，也称付现成本）以及各种税费支出。

［例6-1］SST公司正在考虑引进一条产品生产线，有关预测数据如下：预计初始投资额为3 000万元，营销部门预计在未来的5年内，这一生产线的年营业收入为6 000万元；预期每年的营业成本和管理费用分别为3 500万元和1 000万元；预计生产线使用年限为5年，按直线法计提折旧，5年后该生产线报废；企业所得税税率为25%。根据上述资料，SST公司生产线项目的各期收入与成本预测见表6-2。

表6-2 SST公司生产线项目预期增量收益 单位：万元

项目	第1年	第2年	第3年	第4年	第5年
营业收入	6 000	6 000	6 000	6 000	6 000
营业成本（支付现金成本）	3 500	3 500	3 500	3 500	3 500
毛利	2 500	2 500	2 500	2 500	2 500
管理费用	1 000	1 000	1 000	1 000	1 000
折旧	600	600	600	600	600
息税前利润	900	900	900	900	900
所得税（税率为25%）	225	225	225	225	225
净利润（无负债）	675	675	675	675	675

根据表6-2中的数据，净利润可用下式计算：

$$\begin{aligned}\text{净利润} &= (\text{销售收入} - \text{付现成本} - \text{折旧}) \times (1 - \text{所得税税率}) \\ &= \text{息税前利润} \times (1 - \text{所得税税率})\end{aligned} \tag{6-2}$$

需要说明的是，计算项目净利润时，通常不考虑利息费用，任何增加的利息费用都被视为与项目融资决策有关。或者说，项目评价仅考虑项目本身是否可行，而将其与融资决策相分离。因此，将表6-2计算的净利润称作无负债净利润或无杠杆净利润（unlevered net income），以表明不考虑任何与负债或杠杆相关的利息费用。

2.项目现金流量

表6-2计算的净利润是公司会计业绩的一种评价标准，在此基础上，加上折旧费用（非现金费用），就可以将净利润转化为经营现金净流量，即：

经营现金净流量=息税前利润×（1-所得税税率）+折旧　　(6-3)

在按上述公式估计经营现金净流量时，如果项目在经营期内追加营运资本和资本性支出，其增量投资额应从当年现金流量中扣除。因此，可将公式（6-3）改写为：

项目净现金流量=EBIT×（1-T）+折旧-资本性支出-营运资本增加额　　(6-4)

SST公司生产线项目现金流量预测

假设在项目经营期间，第1年年初营运资本投入为600万元，第5年收回垫支的营运资本，SST公司生产线项目现金流量预测见表6-3。

表6-3　SST公司生产线项目现金流量预测　单位：万元

项目	0	第1年	第2年	第3年	第4年	第5年
息税前利润		900	900	900	900	900
所得税（税率为25%）		225	225	225	225	225
净利润（无负债）		675	675	675	675	675
加：折旧		600	600	600	600	600
减：资本性支出	-3 000					
减：营运资本	-600					600
项目净现金流量	-3 600	1 275	1 275	1 275	1 275	1 875

（三）终结现金流量

终结现金流量是指项目存续期末发生的现金流量，主要包括两部分：存续期项目现金流量和存续期末现金流量。其中，存续期末现金流量主要包括：第一，固定资产残值变价收入以及出售时的税负损益。如果预计固定资产报废时残值收入大于税法规定的数额，就应缴纳所得税，形成一项现金流出量；反之，则可抵减所得税，形成现金流入量。第二，垫支营运资本的收回。这部分资本不受税收因素的影响，税法把它视为资本的内部转移，如同把存货和应收账款换成现金一样，因此，收回的营运资本仅仅是现金流量的增加。另外，某些特殊设备还可能会涉及弃置义务等现金支出。

第二节 投资项目评价准则

一、净现值准则

净现值（net present value，NPV）是反映投资项目在建设和生产服务年限内获利能力的指标。一个项目的净现值是指在整个建设和生产服务年限内各年现金净流量按一定的折现率计算的现值之和。其计算公式为：

$$NPV=\sum_{t=0}^{n}\frac{NCF_t}{(1+r)^t} \tag{6-5}$$

式中，NCF_t表示第t期净现金流量；r表示折现率；n表示项目周期。

净现值也可以表示为未来现金流量的总现值减去初始投资之后的价值。在公式（6-5）中，折现率是指项目投资要求的必要收益率或资本成本。如果拟进行的投资项目与公司历史上的投资项目具有相同的风险，公司的财务政策不会因为新的投资活动而受到影响，则可以用公司资本成本作为项目的资本成本。如果拟投资项目的风险与公司当前所有现存资产的风险不相同，就必须确定项目的资本成本。

项目周期包括项目建设期和生产期，一般可根据下列标准确定：（1）投资项目所使用的主要设备的平均物理寿命，但由于难以预测物理寿命期限内各期的现金流量，因此这一标准的经济意义不大。（2）项目产品的市场寿命（项目的经济寿命）。由于产品技术含量、实用性、市场竞争以及各方面的经验等因素，项目市场寿命的长短不易准确地确定。（3）现金流量预测期限，即估计销售量以及各类支出的期限，并假设在期限终了时投资项目的所有未来价值将包括在该项目的残值内。

假设有A、B两个投资项目，各期现金流量均发生在每期期末，项目的折现率均为8%，有关数据和计算结果见表6-4。

表6-4 A、B投资项目预期现金流量 金额单位：万元

	A	B	C	D	E	F	G	H
1	项 目	NCF_0	NCF_1	NCF_2	NCF_3	NPV（8%）	IRR	PI
2	A	-10 000	8 000	4 000	960	1 599	20%	1.16
3	B	-10 000	1 000	4 544	9 676	2 503	18%	1.25

根据表6-4的数据，项目A的净现值计算如下：

$$NPV=-10\,000+\frac{8\,000}{1+8\%}+\frac{4\,000}{(1+8\%)^2}+\frac{960}{(1+8\%)^3}$$

$$=-10\,000+11\,599=1\,599(\text{万元})$$

采用净现值准则进行项目决策的标准是：在无投资限额约束的情况下，接受净现值大于等于零的项目，放弃净现值小于零的项目。当一个投资项目有多个方案可供选择时，选择净现值最大的方案，或是按净现值大小进行项目排队并对净现值大的项目优先考虑。在上例中，选择项目B可以为投资者（股东）带来更多的价值。

在项目评价中，如果项目的净现值大于零，则表明该项目产生的现金流量可以向投资者提供超过他们要求之外的收益，这个收益的现值就是项目的NPV。此时，进行项目投资可以提高公司当前的市场价值，增加股东财富。如果项目的净现值等于零，则表明该项目产生的现金流量刚好满足投资者要求的必要收益率，项目投资不会改变公司当前的市场价值，不改变股东财富。如果项目的净现值小于零，则意味着项目实施后会降低公司当前的市场价值，减少股东财富。

采用净现值准则进行项目评价具有以下特点：

第一，净现值具有可加性。假设表6-4中的A、B项目是相互独立的，对它们评价时既可以将两个项目合并在一起，也可以分别评价。根据价值可加性原则，公司价值等于其所有项目价值之和，从某种意义上说，合并或分别计算所得到的结果是一致的。

第二，净现值准则假定一个项目所产生的中间现金流量（即发生在项目初始和终止之间的现金流量）能够以最低可接受的收益率（通常指资本成本）进行再投资。例如，上例中项目A的净现值也可写作：

$$NPV = -10\,000 + \frac{8\,000 \times 1.08^2 + 4\,000 \times 1.08 + 960}{(1 + 8\%)^3} = 1\,559(\text{万元})$$

第三，NPV计算考虑了预期期限结构和利率的变化。例如，在上例计算中，假设项目的折现率保持不变，这可能与现实不相符合。事实上，净现值可以用随时间变化的折现率进行计算，其公式为：

$$NPV = \sum_{t=1}^{n} \frac{NCF_t}{\prod_{j=1}^{t}(1 + r_j)} - I_0 \tag{6-6}$$

式中，I_0表示初始投资；$\prod$表示连乘号。

假设某投资项目第0年至第4年的现金流量（单位：万元）分别为-1 000、300、400、500、600，第1年至第4年的折现率分别为10%、11%、12%、13%，则项目的净现值计算如下：

$$\begin{aligned} NPV &= -1\,000 + \frac{300}{1.1} + \frac{400}{1.1 \times 1.11} + \frac{500}{1.1 \times 1.11 \times 1.12} + \frac{600}{1.1 \times 1.11 \times 1.12 \times 1.13} \\ &= -10\,000 + 272.3 + 327.6 + 365.63 + 388.27 \\ &= 354.23(\text{万元}) \end{aligned}$$

净现值准则考虑了项目周期各年现金流量的现时价值，考虑了货币时间价值，能够反映投资项目的收益，在理论上较为完善。但是，净现值是个金额的绝对值，在比较投资额不同的项目时有一定的局限性。采用净现值准则进行投资决策隐含的假设是：以当前预测的现金流量和折现率进行项目投资与否的决策，无论是“现在就投资”（如果NPV大于零），还是“永远不投资”（如果NPV小于零），都是一种当期的决策，而与决策后可能出现的新信息无关，从而忽略了随着时间的流逝和更多信息的获得导致项目发生变化的各种因素，否认了决策的灵活性。

二、内部收益率准则

内部收益率（internal rate of return，IRR）是指项目净现值为零时的折现率或现金流入量现值与现金流出量现值相等时的折现率。内部收益率满足下面公式：

$$NPV = \sum_{t=0}^{n} NCF_t (1 + IRR)^{-t} = 0 \quad (6-7)$$

根据表6-4的数据，项目A的内部收益率可按下式计算：

$$NPV = -10\,000 + \frac{8\,000}{1 + IRR} + \frac{4\,000}{(1 + IRR)^2} + \frac{960}{(1 + IRR)^3} = 0$$

公式（6-7）是一个n次方程，可采用试错法（trial and error）确定IRR。首先估计一个折现率，来计算项目的净现值。如果净现值大于零，说明项目本身的收益率大于折现率，就提高折现率进一步测试；如果净现值小于零，说明项目本身的收益率小于折现率，就降低折现率进一步测试。反复测试，直到找到净现值由正到负并且比较接近于零的两个折现率，再运用插值法计算出该项目的内部收益率。

还可以采用Excel函数进行计算，即在表6-4中的Excel电子表格单元格G2中输入"=IRR（B2：E2）"，回车后即可得到项目的内部收益率为20%。IRR函数的功能是返回由数值代表的一组现金流量的内部收益率，这些现金流量不一定必须是均衡的，但它们必须按固定的间隔发生（按月或年），其输入方式为：

=IRR（values，guess）

式中，values为数组或单元格，包含用来计算内部收益率的数字。values必须包含至少一个正值和一个负值。函数IRR根据数值的顺序来解释现金流量的顺序，因此应确定按需要的顺序输入数值。guess为函数IRR计算结果的估计值。

利用IRR准则评价投资项目的标准是：如果IRR大于或等于项目资本成本或投资最低收益率，则接受该项目；反之，则放弃。在互斥项目决策时，选择内部收益率最高的项目。内部收益率准则可直接根据投资项目本身的参数（现金流量）计算其投资收益率，在一般情况下，能够正确反映项目本身的获利能力。

需要注意的是，投资项目的内部收益率与资本成本是不同的，IRR是根据项目本身的现金流量计算的，反映项目投资本身的预期收益率；资本成本是投资者进行项目投资要求的最低收益率。与NPV遵守价值可加性原则不同，IRR标准是相对数，其值不能简单相加，而必须重新计算每一组合的IRR，不但计算繁琐，而且也往往与NPV标准的决策结果不一致。

如果投资项目的现金流量为传统型，即在投资有效期内只改变一次符号，且项目各期采用相同的折现率，并以资本成本作为比较基础，那么采用内部收益率准则和净现值准则，对项目投资评价的结论是一致的。图6-1描述了项目A净现值与内部收益率之间的函数关系。

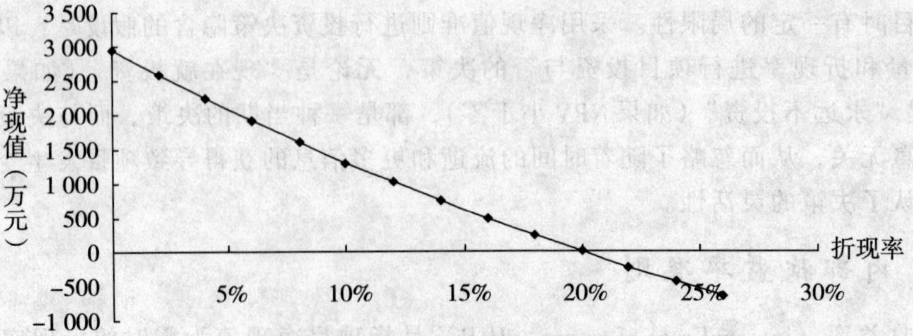

图6-1　项目A的NPV与IRR的关系

在图6-1中，NPV曲线与横轴的交点是内部收益率（IRR=20%），如果折现率或资本成本（r）小于20%，净现值大于零，按IRR和NPV两种标准判断，均应接受该投资项目。如果折现率或资本成本大于20%，则净现值小于零，按两种标准判断，均应放弃该项投资。显然，在IRR点左边的NPV均为正数，在IRR点右边的NPV均为负数。这表明，如果NPV大于零，IRR必然大于资本成本；如果NPV小于零，IRR必然小于资本成本。由此可知，如果净现值准则得到满足，内部收益率准则也必然得到满足，反之亦然。不论采取哪种决策准则，其结论都是一致的。

与净现值准则相比，内部收益率准则存在某些缺陷，具体表现在以下三个方面：

第一，IRR假设再投资利率等于项目本身的IRR。如上例中，假设项目A各年产生的现金流量按20%进行再投资，而项目B各年产生的现金流量按18%进行再投资。这种假设是以所要考虑的各个项目的现金流量为基础的，投资项目的IRR高，假设的再投资利率也高，反之亦然，这对未来的项目投资来说是不现实的。由于各项目的IRR不同，各项目的再投资利率也不同，这不仅影响评价标准的客观性，而且不利于各项目间的比较。相对而言，NPV准则假设的再投资利率是资本成本，在市场均衡的条件下，它表明项目投资者要求的最低收益率。这种设想隐含在净现值中，且对所有的投资项目（现在或未来）来说再投资利率都是相同的。在没有其他更确切的信息时，净现值关于再投资利率的假设是一种较为客观、合理的预期。

第二，项目可能存在多个内部收益率或无收益率。采用IRR进行项目评价时，如果一个投资项目的现金流量是交错型的，如现金流量为--++…-++，即非传统型现金流量，则该投资项目可能会有几个IRR，其个数要视现金流量序列中正负号变动的次数而定，在这种情况下，很难选择哪一个用于评价最合适。假设某投资项目在第0年至第4年的现金流量（万元）分别为-1 000、800、1 000、1 300、-2 200，其内部收益率分别为6.6%和36.6%，如图6-2所示。

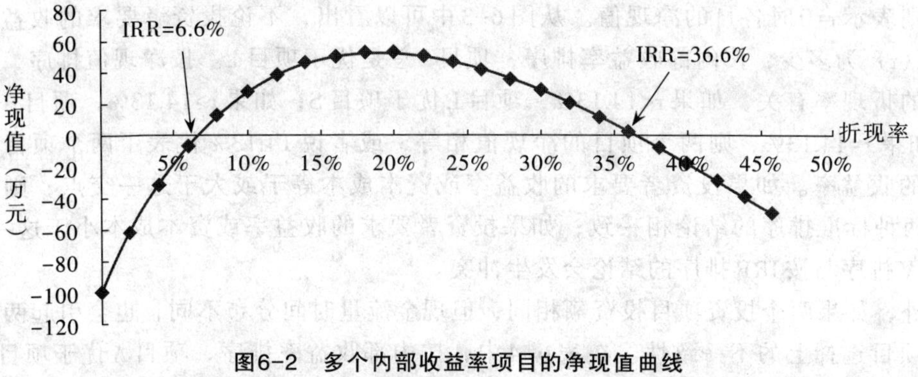

图6-2 多个内部收益率项目的净现值曲线

如果采用内部收益率准则，就要确定使用哪一个内部收益率进行比较。假设项目投资要求的最低收益率为12%，以6.6%作为内部收益率，项目是不可行的；以36.6%作为内部收益率，项目是可行的。如果采用NPV准则，在折现率为12%的条件下，只要项目的净现值大于零，就可以简单地判断这个项目是可行的。

与多个内部收益率不同，也可能会出现没有任何折现率能满足定义NPV=0，即IRR无解（如某项目的现金流量（万元）为-1、3、-2.5），在这种情况下，无法找到评价投资项目的标准。

第三，互斥项目排序矛盾。在互斥项目的比较分析中，如果两个项目的投资规模不同，或两个项目的现金流量时间分布不同，采用NPV准则或IRR准则进行项目排序，有时会得出相反的结论。表6-5描述了两个规模不同的项目的净现值和内部收益率。

表6-5 投资项目S和L的现金流量 金额单位：万元

项目	NCF_0	NCF_1	NCF_2	NCF_3	NCF_4	NPV（12%）	IRR（%）	PI
S	−26 900	10 000	10 000	10 000	10 000	3 473	18%	1.13
L	−55 960	20 000	20 000	20 000	20 000	4 787	16%	1.09
L-S	−29 060	10 000	10 000	10 000	10 000	1 313	14.13%	1.05

根据表6-5中的数据，S和L两个投资项目的内部收益率均大于资本成本（12%），净现值均大于零，如果可能，两者都应接受。如果两个项目只能选取一个，按内部收益率准则应选择项目S；按净现值准则应选择项目L，两种准则的结论是矛盾的。两个项目净现值曲线如图6-3所示。

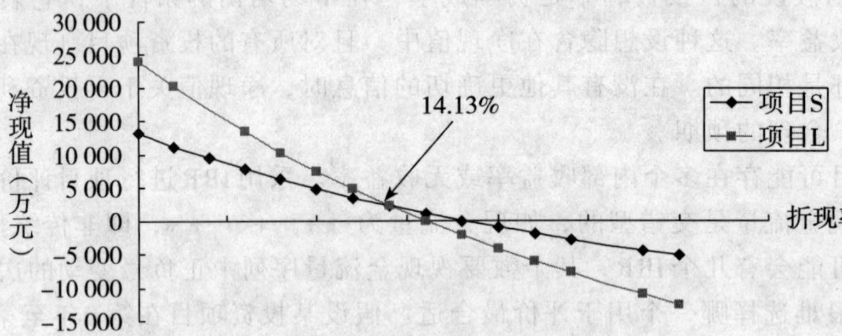

图6-3 项目S和L净现值曲线

在图6-3中，两个项目净现值曲线与横轴的交点分别代表各自的内部收益率，与纵轴的交点则表示r=0时各自的净现值。从图6-3中可以看出，不论投资者要求的收益率或资本成本（r）为多少，按内部收益率排序，项目S总是优于项目L。按净现值排序，结果与所选择的折现率有关，如果r<14.13%，项目L优于项目S；如果r>14.13%，项目S优于项目L；如果r=14.13%，则两个项目的净现值相等，或者说14.13%代表了两个项目净现值相等时的收益率。如果投资者要求的收益率或资本成本等于或大于这一交点，则按NPV或IRR两种标准排序的结论相一致；如果投资者要求的收益率或资本成本小于这一交点，则按NPV排序与按IRR排序的结论会发生冲突。

此外，如果两个投资项目投资额相同，但现金流量时间分布不同，也会引起两种标准在互斥项目选择上的不一致性。在表6-4中，按内部收益率排序，项目A优于项目B；按净现值排序，在折现率为8%的条件下，项目B优于项目A。造成这一差异的原因是两个投资项目现金流量时间分布不同，项目A的现金流量随着时间递减，而项目B的现金流量随着时间递增。

采用NPV准则和IRR准则出现排序矛盾时，究竟以哪种准则作为项目评价标准，取决于公司是否存在资本约束，如果公司有能力获得足够的资本进行项目投资，净现值准则提供了正确的答案。在本例中，在资本成本为8%的条件下，项目L可以为公司创造更多的价值。如果公司存在资本限额，内部收益率准则是一种较好的标准。

三、获利指数准则

获利指数（profitability index，PI）又称现值指数，是指投资项目未来现金净流量（NCF）现值与初始投资额（I_0）的比率。解决投资额不同的项目之间的比较问题，可以使用获利指数法。其计算公式为：

$$PI = \frac{PV(NCF)}{I_0} \tag{6-8}$$

根据表6-4的资料，项目A的获利指数如下：

$$PI = \frac{11\,599}{10\,000} = 1.16$$

根据获利指数准则进行项目选择的标准是：接受获利指数大于或等于1的项目；放弃获利指数小于1的项目。当存在资本约束、只能选择一个项目时，选择PI最大的项目。获利指数是相对数，反映投资的效率；净现值是绝对数，反映投资的效益。由于NPV与PI使用相同的信息评价投资项目，得出的结论常常是一致的，但在投资规模不同的互斥项目的选择中，则有可能得出不同的结论。如在表6-5中，按NPV准则，项目L优于项目S；按PI准则，项目S优于项目L。在这种情况下，项目选择的标准取决于公司是否存在资本约束，如果公司有能力获得足够的资本进行项目投资，净现值准则提供了正确的答案。如果公司存在资本限额，那么获利指数准则是一种较好的选择标准。

尽管从理论上说，NPV标准优于IRR或PI，但项目经理对IRR或PI有着强烈的偏好，其主要原因是：（1）IRR标准不需事先确定资本成本，使实务操作较为容易；（2）IRR和PI是相对数指标，进行不同投资规模的比较和评价更为直观。事实上，IRR和PI最大的投资项目不一定是最优的项目。NPV标准虽然是一个绝对数，但在分析时已考虑到投资的机会成本，只要净现值为正数，就可以为公司多创造价值。因此净现值标准与公司价值最大化这一目标相一致。综上所述，我们可以得出结论，若所评估的项目相互独立，NPV、IRR、PI可作出完全一致的接受或舍弃的决策，但所评估的项目互斥时，则应以NPV标准为基准。

四、投资回收期准则

投资回收期（payback period，PP）是指通过项目投产后的现金净流量收回初始投资所需要的时间。假设T为项目各年累计现金净流量首次出现正值的年份，投资回收期可按下式计算：

$$PP = (T-1) + \frac{\text{第T}-1\text{年累计现金净流量的绝对值}}{\text{第T年的现金净流量}} \tag{6-9}$$

根据表6-4的数据，项目A累计现金净流量（见表6-6）计算的投资回收期如下：

表6-6　　项目A累计现金净流量　　单位：万元

年份	0	1	2	3
现金净流量	-10 000	8 000	4 000	960
累计现金净流量	-10 000	-2 000	2 000	2 960
现金净流量现值（折现率为8%）	-10 000	7 407	3 429	762
累计折现现金净流量	-10 000	-2 593	837	1 599

$$PP=(2-1)+\frac{2\,000}{4\,000}=1.5(年)$$

采用投资回收期准则进行项目决策的标准是：如果投资回收期小于基准回收期（公司自行确定或根据行业标准确定），则接受该项目；反之，则放弃该项目。在互斥项目比较分析时，应以回收期最短的方案作为中选方案。

投资回收期以收回初始投资所需时间长短作为判断是否接受某项投资的标准，方法简单，反映直观，被广泛采用。但这种方法也存在一定的缺陷，主要表现在：（1）投资回收期准则没有考虑货币时间价值和投资风险价值。在应用这个指标时，实际上是认定r=0，也就是假设在计算期内任何时点上的现金流量的价值都与它的现时价值相等，这显然是不科学的。（2）投资回收期准则只考虑回收期以前各期现金流量的贡献，而对回收期以后的现金流量不予考虑，完全忽略了回收期以后现金流量的经济效益，这样就忽略了不同方案的实际差异。该种方法会促使公司接受短期项目，放弃有战略意义的长期项目。例如，在表6-7中，如果按净现值准则，应选择项目D，拒绝项目C；如果按投资回收期准则，则与NPV的结论相反。从公司价值的角度分析，实施项目D可以增加公司财富，而实施项目C将减少公司财富。

表6-7 **投资项目净现值与回收期** 金额单位：万元

年份	0	1	2	3	4	5	NPV（15%）	PP（年）
项目C	−1 000	500	500	150	80	50	−17.92	2
项目D	−1 000	500	300	400	300	150	170.73	2.5

为了弥补投资回收期准则未考虑货币时间价值和投资风险价值这一缺陷，可采用折现投资回收期准则，这一准则是将未来各期现金流量用该项目的折现率进行折现，求得累计净现值与初始投资现值相等时所需的时间（如根据表6-6的数据，折现后的投资回收期为1.76年）。但这一准则仍未考虑投资项目回收以后各期现金流量的影响。

尽管投资回收期在项目评价中存在一些缺陷，但它确实告诉人们投入资本被项目占用了多长时间。在其他因素不变的情况下，项目回收期越短，项目的流动性就越大，而且由于远期现金流量的风险大于近期现金流量的风险，因此，投资回收期通常作为衡量项目风险的指标。

五、会计收益率准则

会计收益率（accounting rate of return，ARR）是指投资项目年平均净利润与该项目年平均投资总额的比率。其计算公式为：

$$会计收益率=\frac{年平均净利润}{年平均投资总额}\times 100\% \tag{6-10}$$

式中，年平均净利润可按项目投产后各年净利润总和简单平均计算；年平均投资总额是指固定资产投资账面价值的算术平均数。

利用会计收益率准则衡量投资项目的标准是：如果会计收益率大于基准会计收益率（通常由公司自行确定或根据行业标准确定），则应接受该项目；反之，则放弃该项目。在有多个方案的互斥选择中，则应选择会计收益率最高的项目。

会计收益率指标的优点是简明、易懂、易算。但它存在明显的缺陷，主要表现为：第一，会计收益率标准没有考虑货币的时间价值和投资的风险价值，第一年的会计收益与最后一年的会计收益被看作具有相同的价值。第二，会计收益率是按投资项目账面价值计算的，使用账面利润而非现金流量，当投资项目存在机会成本时，其判断结果与净现值等标准差异很大，有时甚至得出相反的结论，影响投资决策的正确性。因此，会计收益率只能作为一种辅助标准衡量投资项目的优劣。

六、项目评价准则的应用

现以投资项目为例，说明各种评价准则在项目评估中的应用过程。

[例6-2] ABC公司正在对某项目做投资决策分析，目前公司研究开发出一种保健产品，其销售市场前景看好。为了解保健产品的潜在市场，公司支付了50 000元聘请咨询机构进行市场调查，调查结果表明这一产品市场有10%～15%的市场份额有待开发。公司决定对该保健产品投资进行成本效益分析。

第一步，预测项目现金流量。

(1) 市场调研费50 000元为沉没成本，属于项目投资决策的无关成本。

(2) 保健品生产设备购置费为110 000元，使用年限为5年，设备残值为5 500元，按直线法计提折旧，每年折旧费为20 900元；预计5年后不再生产该产品后可将设备出售，其售价为30 000元。

(3) 公司购买一处可以满足项目需要的厂房，价款为70 000元，根据税法规定，厂房按20年计提折旧，假设5年后该厂房的市场价值为60 000元。

(4) 预计保健品各年的销售量（件）依次为500、800、1 200、1 000、600；保健品市场销售价格，第一年为每件200元，由于通货膨胀和竞争因素，售价每年将以2%的幅度增长；保健品单位付现成本第一年100元，以后随着原材料价格的大幅度上升，单位付现成本每年将以10%的比率增长。

(5) 生产保健品需要垫支营运资本，假设各期按下期销售收入的10%估计。第1年年初营运资本投资10 000元，第5年年末营运资本为零。

(6) 企业所得税税率为25%，假设在整个经营期内保持不变。

根据上述（1）～（6）的相关数据，首先编制经营收入与付现成本预测表，见表6-8，然后编制项目现金流量预测表，见表6-9。

表6-8　**经营收入与付现成本预测**　金额单位：元

年份	销售量（件）	单价	营业收入	单位付现成本	付现成本总额
1	500	200.00	100 000	100.00	50 000
2	800	204.00	163 200	110.00	88 000
3	1 200	208.08	249 696	121.00	145 200
4	1 000	212.24	212 242	133.10	133 100
5	600	216.49	129 892	146.41	87 846

表6-9 现金流量预测 单位：元

项目	0	1	2	3	4	5
项目存续期现金流量：						
营业收入		100 000	163 200	249 696	212 242	129 892
营业成本（付现成本）		50 000	88 000	145 200	133 100	87 846
设备折旧		20 900	20 900	20 900	20 900	20 900
厂房折旧		3 500	3 500	3 500	3 500	3 500
息税前利润		25 600	50 800	80 096	54 742	17 646
所得税（税率为25%）		6 400	12 700	20 024	13 685	4 411
净利润（无负债）		19 200	38 100	60 072	41 056	13 234
折旧		24 400	24 400	24 400	24 400	24 400
经营现金流量		43 600	62 500	84 472	65 456	37 634
固定资产投资：						
设备投资	−110 000					23 875*
厂房	−70 000					58 125**
营运资本：						
营运资本（需要量）	10 000	16 320	24 970	21 224	12 989	0
营运资本增加额	−10 000	−6 320	−8 650	3 745	8 235	12 989
投资与净营运资本增加额	−190 000	−6 320	−8 650	3 745	8 235	94 989
现金净流量	−190 000	37 280	53 850	88 217	73 691	132 624
累计现金净流量	−190 000	−152 720	−98 870	−10 652	63 039	195 663

*设备投资中第5年为设备出售时的资本利得，根据预测，设备5年后的出售价为30 000元，而账面价值仅为5 500元，出售价超过账面价值的差额应缴纳所得税6 125元（（30 000−5 500）×0.25），出售设备税后净收入为23 875元（30 000−6 125）。

**根据预测，第5年项目结束时，厂房的市场价值为60 000元，账面价值为52 500元，出售厂房税后收入为58 125元，计算方法与设备相同。

现金流量预测

说明：表中数据是利用Excel电子表格完成的，与手工计算结果有一定的尾数差异。

第二步，确定项目资本成本。

如果该项目风险与公司风险相同，那么可以采用公司加权平均资本成本作为折现率。假设ABC公司当前资产总额为2 000 000元，负债总额为800 000元，债务比率为40%，所得税税率为25%，税前债务资本成本为6%，股权资本成本为13.67%，则公司加权平均资本成本为：

加权平均资本成本=6%×（1−25%）×40%+13.67%×60%=10%

预计公司真实资本成本（不考虑通货膨胀因素）第1年等于公司当前资本成本10%，以后各年逐年上升，到第5年上升至12.15%，预计通货膨胀率第1年为2%，每年上升0.5%，到第5年上升至4%。投资项目资本成本、净现值及内部收益率计算见表6-10。

表6-10　**项目资本成本、净现值与内部收益率**　金额单位：元

	A	B	C	D	E	F	G
1	项目	0	1	2	3	4	5
2	资本成本						
3	真实资本成本（%）		10.00	10.50	11.05	11.60	12.15
4	预计通货膨胀率（%）		2.00	2.50	3.00	3.50	4.00
5	名义资本成本（%）		12.20	13.26	14.38	15.51	16.64
6	累计折现因子（%）		12.20	27.08	45.36	67.90	95.83
7	现金净流量	−190 000	37 280	53 850	88 217	73 691	132 624
8	现金净流量现值	−190 000	33 226	42 375	60 690	43 891	67 725
9	净现值	57 908	B9=B8+SUM（C8：G8）				
10	内部收益率	23.53%	B10=IRR（B7：G7）				

对表6-10中有关项目说明如下：

（1）由于项目的现金流量是按名义现金流量计算的，因此需将真实资本成本调整为名义资本成本，其调整公式为：

名义利率=（1+真实利率）×（1+预期通货膨胀率）−1　（6-11）

第1年名义资本成本=（1+10%）×（1+2%）−1=12.2%

其他以此类推。

（2）由于项目资本成本各年不相同，需计算各年累计资本成本。例如，第2年累计资本成本27.08%（（1+12.2%）×（1+13.26%）−1），其他以此类推。

第三步，进行项目评价。

根据上述各项数据，投资项目净现值计算如下：

$$NPV = -190\,000 + \frac{37\,280}{1+12.20\%} + \frac{53\,850}{1+27.08\%} + \frac{88\,217}{1+45.36\%} + \frac{73\,691}{1+67.90\%} + \frac{132\,624}{1+95.83\%}$$
$$= -190\,000 + 247\,908 = 57\,908(\text{元})$$

根据表6-10，该项目的内部收益率为23.53%；根据表6-9和表6-10的数据计算获利指数和投资回收期、会计收益率如下：

$$PI = \frac{247\,908}{190\,000} = 1.3$$

$$PP = 3 + \frac{10\,652}{73\,691} = 3.15(\text{年})$$

$$ARR = \frac{(19\,200 + 38\,100 + 60\,072 + 41\,056 + 13\,234) \div 5}{180\,000 \div 2} \times 100\% = 38.1\%$$

在这个案例中，NPV大于0，PI大于1，IRR大于资本成本，会计收益率比较高，但

投资回收期比较长。根据现有假设条件和预测数据，这个项目是可行的。但是，项目各种评价标准在本质上都是一个预期值，它与项目最终的结果可能存在很大的差别。根据当前信息确定的一个“好”项目，不一定意味着最终一定是一个“好”项目；或者说一个“坏”项目也不意味着该项目肯定无法成功。这不仅因为上述评价的各种参数都是预期值，与未来可能相差很大，而且因为项目估价仅仅具有技术层面的参考价值，而最终的决定与实施取决于其他因素和决策层判断。

第三节　投资项目风险分析

一、项目风险来源

项目风险是指某一投资项目本身特有的风险，即不考虑与公司其他项目组合的风险，单纯反映特定项目未来收益（净现值或内部收益率）可能结果相对于预期值的离散程度。项目风险通常采用概率的方法，用项目标准差进行衡量。

投资项目风险一方面来源于项目特有因素或估计误差带来的风险，另一方面来自于各种外部因素引起的风险，其中具有普遍性且比较重要的因素如下：

（1）项目收益风险。它是指影响项目收入的不确定性因素，如产品价格波动、市场状况、消费者偏好、意外事故等。项目收入比经济分析所采用的任何其他的参数都具有更大的不确定性，这种不确定性将给公司带来更大的投资风险。

（2）投资与经营成本风险。它是指对各项费用估计不足的风险。例如，对厂房及机器设备的类型与数量、土地征用和拆迁安置费、机械使用费等建设投资估计不足，对材料费、工资费、各种管理费等经营成本估计不足，以及建设期的延长等对费用的影响估计不足等。

（3）融资风险。它是指项目资本来源、供应量与供应时间、利率、汇率变化对融资成本的影响。

（4）其他风险。它主要指社会、政治、经济的稳定程度，项目施工与经营管理的水平，技术进步与经济发展的状况，国家的投资及产业政策，投资决策部门的预测能力，项目设计质量和可靠性，通货膨胀和汇率等。

进行风险性投资分析有两类基本方法。一类是对项目的基础状态的不确定性进行分析，包括敏感性分析、情景分析等，这类方法通过研究投资基础状态变动对投资分析结果的影响力，来分析该项投资的适用性。另一类方法是对项目的风险因素进行调整，包括风险调整折现率法和风险调整现金流量法。

二、敏感性分析

敏感性分析是衡量不确定因素变化对项目评价标准（如NPV或IRR）的影响程度。如果某一因素在较小范围内发生变动就会影响原定项目的盈利能力，即表明该因素的敏感性强；如果某一因素在较大范围内变动才会影响原定项目的盈利能力，即表明该因素的敏感性弱。敏感性分析的目的是找出投资机会的“盈利能力”对哪些因素最敏感，从而为决策者提供重要的决策信息。

投资项目敏感性分析的具体步骤如下：

第一，确定敏感性分析对象。在进行敏感性分析时，可根据不同投资项目的特点，挑选出最能反映项目效益的指标作为分析对象，如净现值、内部收益率等，并根据投资项目现金流量中的收入、成本等基本数据，分别计算出项目或几个对比项日的净现值、内部收益率等评价指标。

第二，选择不确定因素。投资项目不确定因素的内容，依项目的规模、类型的不同而不同。例如，对于一家工厂改建的评估，必须估计与总改建费用（包括机器）、劳动力成本、广告费用、原材料成本和销售收入有关的现金流量。此外，还需要有关折现率和项目寿命期的信息。显然，这一过程中产生的各种评估数据都会受到不确定因素的影响。在评估中，通常不需要对全部可能出现的不确定因素逐个分析，只是分析那些在成本收益构成中占比重较大、对盈利能力有重大影响并在经济寿命周期中最有可能发生的因素。一般共同的不确定因素主要包括市场规模、销售价格、市场增长率、市场份额、项目投资额、变动成本、固定成本、项目周期等。对选取的不确定因素，可按其发生变化时增加（减少）一定的百分比（±10%、±15%、±20%）分别计算出这些因素变化对项目的净现值、内部收益率等评价指标的影响。

第三，调整现金流量。进行敏感性分析时，有可能一个敏感性因素的变化会使其他条件发生相应的变化。因此，在调整现金流量时，需注意以下几个问题：（1）销售价格的变化直接影响销售收入的变化，在调整时不要忽略与销售收入有关的税费的变化；（2）原材料、燃料价格的变化，要调整变动成本；（3）项目投产后，产量发生了变化，在相关范围内，只调整变动成本，固定成本不变。

在分析计算的过程中，先假定一个因素变化而其他因素不变，算出项目效益对这个变化的敏感程度，再假定第二个因素变化，算出项目效益对这个变化的敏感程度，这样一个一个地往下进行，直到把对投资项目的经济效益有影响的那些主要因素和它们相应的敏感度都算完为止。

当完成了上述各项步骤之后，将得到的数据按不同项目列入表内，彼此相互对照，并据以进行项目的取舍。

现以保健品投资项目为例加以说明，假设影响该项目收益变动的因素主要是销售量、单位付现成本以及资本成本，现以该项目的净现值（57 908元）为基数值，计算上述各因素围绕基数值分别增减10%、15%（每次只有一个因素变化）时新的净现值。表6-11和图6-4描述了销售量、单位付现成本和资本成本单独变动对净现值的影响程度。

表6-11　**各项因素变化对净现值的影响**　金额单位：元

因素变化百分比（%）	销售量	单位付现成本	资本成本
115	84 136	19 901	43 788
110	75 393	32 570	48 356
100	57 908	57 908	57 908
90	40 423	83 246	68 052
85	31 680	95 915	73 360

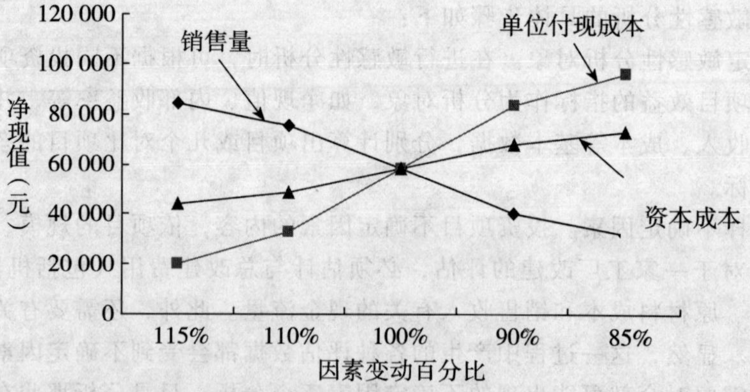

图6-4 项目净现值对销售量、单位付现成本和资本成本的敏感度

从图6-4可以看出，项目净现值对单位付现成本最为敏感（斜率比较大），其次为销售量，相对而言，资本成本变动对净现值的影响较为平缓。

对投资项目进行敏感性分析的另一种形式就是通过计算各种因素允许变动的临界值。这里的临界值是指在不改变某一评价指标决策结论的条件下，该种因素所能变动的上限或下限。以净现值敏感性分析为例，在其他因素不变的情况下，某种因素所能变动的上限或下限可由其盈亏平衡方程导出。

［例6-3］假设某公司正在考虑一项投资，初始投资额为10 000万元，第1—5年每年的营业收入为64 000万元，变动成本总额为42 000万元，固定成本总额为18 000万元，其中折旧费为1 600万元，假设所得税税率为25%，折现率为10%，则该项投资各年经营现金净流量和净现值计算如下：

$NCF_{1-5}=(64\,000-42\,000-18\,000)\times(1-25\%)+1\,600=4\,600$(万元)

$NPV=-10\,000+4\,600(P/A,\ 10\%,\ 5)=7\,438$(万元)

从净现值评价指标看，这个项目值得投资。问题在于计算净现值所用数据仅仅是预计值，而实际现金流量可能与预计值大不相同。通过敏感性分析，可依次检验净现值计算中使用的每一个数据，从而确定预计值的变动对净现值的影响。根据［例6-3］中的数据，利用Excel软件中的单变量求解，依次检验每一项预计值并确定项目的净现值由正值变为零之前的变动程度，见表6-12。

表6-12 净现值为零时各因素变动上下限 金额单位：万元

项目	原预计现金流量	NPV=0的现金流量	现金流量变动上下限（%）
投资额	10 000	17 438	74.38
销售收入	64 000	61 384	-4.09
变动成本	42 000	44 616	6.23
固定成本	18 000	20 616	14.53
折现率（%）	10	36	260
项目年限（年）	5.0	2.6	-48.60

在表6-12中，如果初始投资额由预计的10 000万元升至17 438万元，即比原预计值上升74.38%（假设所有其他预计值保持不变），净现值将会由7 438万元降至零，因此，74.38%的升幅是实际投资额超过预计投资额的最大限度。类似地，在其他因素不变的情况下，如果销售收入下降幅度超过4.09%，变动成本上升幅度超过6.23%，固定成本上升幅度超过14.53%等，项目净现值将变为负数。表6-12中的数据表明，对该项目净现值变动最敏感的因素是销售收入，其后依次是变动成本、固定成本、项目年限、投资额、折现率。事实上，净现值为零时的销售收入（61 384万元）恰好是项目各年盈亏平衡点的销售收入。公司在投资决策时必须慎重，以防止预计失误给公司带来不利后果。

敏感性分析主要解决一系列“如果……会怎样”的问题。例如，如果销售量比预期值下降10%会怎样？如果投资额增加20%会怎样？这种方法在一定程度上就多种不确定因素的变化对项目评价标准的影响进行定量分析，它有助于决策者了解项目决策时需重点分析与控制的因素。但敏感性分析也存在一定的局限性，如它没有考虑各种不确定因素在未来发生变动的概率分布状况，因而影响风险分析的正确性。在实际中可能会出现这样的情况，通过敏感性分析找出的某一敏感因素未来发生不利变化的概率很小，所引起的风险也很小，而另一个相对不太敏感的因素未来发生不利变化的概率却很大，实际所带来的风险比敏感因素更大。敏感性分析采取固定其他变量、改变某一变量的方法，往往与实际情况相脱离。事实上，许多变量都是相互联系的，孤立地考察每一变量的影响情况往往不能得出正确的结论。

三、情景分析

投资项目风险不仅取决于对各主要因素变动的敏感性，而且取决于各种因素变化的概率分布状况。敏感性分析只考虑了第一种情况，情景分析可以同时考虑这两种情况。

在情景分析中，分析人员在各因素基数值的基础上，分别确定一组“差”的情况（销售量低、售价低、成本高等）和一组“好”的情况，然后计算“差”和“好”两种情况下的净现值，并将计算结果与基数净现值进行比较。

在［例6-3］中，预期项目的净现值为7 438万元。在决定是否接受此项目之前，可将影响项目的关键因素，如投资额、销售收入、成本等方面的变化，分为最佳、最差、正常（预期值）三种情况，并计算不同情况的投资净现值。为分析方便，假设分析人员确信，除销售收入和变动成本以外，影响现金流量的其他因素都是确定的。据预测，营业收入最低为56 000万元，最高为73 600万元；变动成本则在38 640万元至453 600万元之间变动。不同情景下的项目净现值计算见表6-13。

表6-13　**情景分析**　金额单位：万元

方案	概率	销售收入	变动成本	净现值
最差情况	0.2	56 000	38 640	-5 754
正常情况	0.5	64 000	42 000	7 438
最佳情况	0.3	73 600	45 360	25 179

表6-13表明，项目的净现值在-5 754万元至25 179万元之间波动，为了解项目的风险情况，还可以计算该项目期望净现值，以及不同情景下项目净现值与期望净现值离差。情景分析可以提供项目特有风险的有用信息，但这种方法只考虑项目的几个离散情况，其分析结果有时不能完全反映项目的风险状况。

四、项目风险调整

以净现值准则为基础进行风险调整，主要有风险调整折现率法和风险调整现金流量法。前者是调整净现值公式的分母，后者是调整净现值公式的分子。

风险调整折现率法指的是将与特定投资项目有关的风险报酬加入到资本成本或公司必要报酬率中，构成按风险调整的折现率，并据以进行投资决策分析的方法。

在风险调整折现率法下，净现值公式可写成：

$$NPV=\sum_{t=0}^{n}\frac{NCF_t}{(1+r)^t}=\sum_{t=0}^{n}\frac{NCF_t}{(1+i+\theta)^t} \tag{6-12}$$

式中，i表示无风险利率；θ表示风险溢价。

采用风险调整折现率法时，通常根据同类项目的风险收益系数与反映特定项目风险程度的标准离差率估计风险溢价，然后再加上无风险利率，即为该项目的风险调整折现率。其计算公式为：

风险调整折现率=无风险利率+同类项目风险收益系数×特定项目的标准离差率 (6-13)

采用风险调整折现率法时，对风险大的项目采用较高的折现率，对风险小的项目采用较低的折现率。这种方法简单明了，符合逻辑，在实际中运用得较为普遍。但是这种方法把风险收益与时间价值混在一起，并依此进行现金流量的折现，不论第t年为哪一年，第t+1年的复利现值系数总是小于第t年的复利现值系数，这意味着风险必然随着时间的推移而被人为地逐年扩大。这样处理常常与实际情况相反，有的投资项目往往对前几年的现金流量没有把握，而对以后的现金流量却较有把握，如果按风险调整折现率法，则将不能正确地反映项目的风险程度。

风险调整现金流量法又称确定等值法或肯定当量法，这一方法要求项目决策者首先确定与风险现金流量同等效用的无风险现金流量，然后用无风险利率折现，计算项目的净现值，以此作为决策的基础。在确定等值法下，风险项目的净现值可按下式计算：

$$NPV=\sum_{t=0}^{n}\frac{\alpha_t NCF_t}{(1+i)^t} \tag{6-14}$$

式中，各年的α_t表示无风险现金流量和风险现金流量之间的等值系数，其计算公式为：

$$\alpha_t=\frac{确定现金流量}{风险现金流量}\qquad(0\leqslant\alpha_t\leqslant 1) \tag{6-15}$$

式中，各年的α_t值反映了管理层对风险的态度，管理层的风险规避程度越高，确定等值系数就越小。对公司而言，如果项目的风险处于正常水平，且资本成本和无风险利率已知，则可以估计确定等值系数。

假设某项目的寿命周期为1年，年末预期现金流量为6 000万元，投资者要求的收益率为12%，无风险利率为6%，假设不考虑项目的初始成本，项目的现值为：

$$PV=\frac{6\,000}{1+12\%}=5\,357(万元)$$

根据上述计算结果，采用无风险利率取代资本成本，就可以得到确定等值系数：

$$\frac{\alpha \times 6\,000}{1+6\%}=5\,357 \qquad \alpha=0.9464$$

计算结果表明，投资项目1年后收到的不确定现金流量6 000万元，或确定现金流量5 679万元（6 000×0.9464），对项目投资价值的影响是一样的，即都可得到等值的项目现值。

在实践中，α_t值可由经验丰富的分析人员凭主观判断确定，也可以根据各年现金流量不同的离散程度，即现金流量标准离差率确定。例如，将标准离差率划分为若干档次，并为每一档次规定一个相应的α_t值，标准离差率越低，风险越小，α_t值就越大；反之，则越小。标准离差率与确定等值系数之间并没有公认的客观标准。因此，标准离差率如何分档，各档的确定等值系数如何规定，均取决于投资决策者对风险的规避程度。当现金流量确定时，α_t值取1；当现金流量风险很小时，α_t值接近1；当现金流量风险一般时，α_t值取0.4到0.8之间；当现金流量风险很大时，α_t值接近0。

确定等值法是通过对现金流量的调整来反映各年的投资风险，并将风险因素与时间因素分开讨论，这在理论上是成立的。但是，确定等值系数α_t很难确定，每个人都会有不同的估算，数值差别很大。在更为复杂的情况下，确定等值系数反映的是股票持有者对风险的偏好，而不是公司管理当局的风险观。因此，风险调整现金流量法在决策应用中较少采用。

大多数公司在投资分析中都进行风险分析，但采用的分析方法有很大的差别。约翰·R.格雷厄姆与坎贝尔·R.哈维在1999年对1998年“财富500强”的CFO发出问卷调查，329家公司的CFO回复了问卷。有关项目风险调整的反馈情况见表6-14。

表6-14　**项目风险调整反馈表（%）**

风险来源	调整折现率	调整现金流量	两者同时使用	两者都不采用
1.预期通货膨胀风险	11.90	14.45	11.90	61.75
2.利率风险	15.30	8.78	24.65	51.27
3.利率期限风险（长期与短期利率变动）	8.57	3.71	12.57	75.14
4.GDP或商业周期风险	6.84	18.80	18.80	55.56
5.商品价格风险	2.86	18.86	10.86	67.43
6.外汇风险	10.80	15.34	18.75	55.11
7.财务危机（破产概率）	7.41	6.27	4.84	81.84
8.公司规模	15.00	6.00	13.43	66.00
9.“市场-账面”比率（市场价值/公司资产账面价值）	3.98	1.99	7.10	86.93
10.成长趋势（近期股票价格走势）	3.43	2.86	4.86	88.85

表6-14列示除了市场风险以外的风险来源，反馈者在项目评估时对风险的调整方式主要有调整折现率、调整现金流量、同时调整、两者都不调整。总体来说，对公司而言，

最重要的风险因素是利率风险、汇率风险、商业周期风险和通货膨胀风险。在计算折现率时，最重要的因素是利率风险、公司规模、通货膨胀风险和汇率风险。在计算现金流量时，最重要的风险是商品价格、GDP增长、通货膨胀风险和汇率风险。很少有公司因为账面价值与市场价值比率、财务危机或者成长趋势（momentum）风险而调整折现率或现金流量。只有13.1%的反馈者考虑会因为账面价值和市场价值的不同而调整现金流量或折现率。有11.15%的反馈者认为成长趋势是非常重要的。

思政课堂

用好政府投资资金，带动扩大有效投资

党的二十大报告提出，加强财政政策和货币政策协调配合，着力扩大内需，增强消费对经济发展的基础性作用和投资对优化供给结构的关键作用。作为拉动经济增长的“三驾马车”之一，投资是连接供给与需求两端的关键变量，对经济起着重要的支撑作用。当前，我国经济发展面临需求收缩、供给冲击、预期转弱三重压力，着力稳定宏观经济大盘，保持经济运行在合理区间，需要强化跨周期和逆周期调节，为经济平稳运行提供有力支撑。

积极扩大有效投资，必须用好政府投资资金，进一步提高政府投资资金使用效能。政府投资是宏观调控的重要手段，也是改善国计民生的重要方式。这就要求必须在坚持“稳”的基础上，突出针对性、有效性。政府投资要更多向民生项目倾斜，加大社会民生领域补短板力度。要围绕国家重大战略部署和“十四五”规划，适度超前开展基础设施投资；对于重点水利工程、综合立体交通网、重要能源基地和设施等重点工程，要加强前瞻性部署和谋划。既要在“投什么”上下功夫，也要在“怎么投”上做精细，强化绩效导向，坚持“资金跟着项目走”，做深做实项目储备，提高项目质量。

积极扩大有效投资，必须发挥重大项目牵引和政府投资撬动作用。民间投资在投资中占大头，要实现扩大有效投资和带动作用，仅仅依赖政府财政资金是不够的，必须充分吸纳社会资本，充分调动民间投资积极性。一方面要以重大项目为牵引，合理放宽社会资本准入，完善社会资本投融资合作对接机制，提高各类主体的资金投入和效率。另一方面要发挥政府投资资金的作用，支持重点产业领域发展，促进中小企业发展和产业技术创新。政府资金的投入代表政府的支持鼓励，必将对社会资本和金融市场产生显著的带动和示范作用，让民间投资者看到良好的投资前景，从而持续激发社会资本的投资热情。

当然，积极扩大有效投资，不能搞“大水漫灌”，也不能“一投了之”，要优化投资结构，强化政府投资绩效导向，加强项目全生命周期管理，切实提高政府投资项目的效能。

资料来源　佚名. 人民财评：用好政府投资资金，带动扩大有效投资［EB/OL］.［2022-03-11］. https://baijiahao.baidu.com/s?id=1726990008531246124&wfr=spider&for=pc. 作者有修改.

本章小结

1.投资项目现金流量应遵循实际现金流量原则、增量现金流量原则和税后原则。在预测项目现金流量时，通常不包括与项目举债融资有关的现金流量，利息费用在项目的资本成本中考虑。

2.净现值是按项目必要收益率对项目的现金流量进行折现后的价值，它是项目必要收益率的单调减函数。利用IRR标准选择投资项目的基本原则是：若IRR大于或等于项目资

本成本或投资最低收益率，则接受该项目；反之，则放弃。

3.在其他因素不变的情况下，项目回收期越短，项目的流动性就越大。由于远期现金流量的风险大于近期现金流量的风险，因此，投资回收期通常作为衡量项目风险的指标。

4.风险调整折现率法就是调整净现值公式的分母，项目的风险越大，折现率就越高，项目收益的现值就越小。确定等值法是效用理论在风险投资决策中的直接应用。这一方法要求项目决策者首先确定与其风险性现金流量带来同等效用的无风险现金流量，然后用无风险利率折现，计算项目的净现值，以此作为决策的基础。

5.对公司而言，最重要的风险因素是利率风险、汇率风险、商业周期风险和通货膨胀风险。在计算折现率时，最重要的因素是利率风险、公司规模、通货膨胀风险和汇率风险。在计算现金流量时，最重要的风险是商品价格、GDP增长、通货膨胀风险和汇率风险。

□ 基本训练

1.Warden公司正在考虑一项新投资，公司可从当地一家银行取得贷款。该公司的财务部门根据预测的现金流量、项目的NPV和IRR，认为这个项目是可行的。但银行的贷款主管对这项分析不满意，他坚持认为现金流量中应包含利息因素，即将利息作为项目的一项成本。试根据投资决策理论向这位银行主管进行解释。

基本训练指引
6-1

2.OPT公司计划购置一台新机床以扩充生产能力，现有A、B两种类型的机床可供选择。购置A型机床需一次性投资60 000元，使用寿命为5年，5年后设备无残值，5年中每年实现收现销售收入为68 000元，付现成本为50 000元。B型机床需一次性投资81 000元，使用寿命也为5年，预计第5年年末净残值为1 000元，5年中每年实现的营业收入为80 000元，付现成本第一年为54 000元，以后随着设备陈旧，逐年将增加设备的维修费用1 000元，另需垫支营运资本5 000元。假设两种类型的机床均按直线法计提折旧，公司的所得税税率为25%，投资要求的必要收益率为8%。请分别计算A、B两种类型机床的现金净流量。

基本训练指引
6-2

3.假设你是公司财务经理，现有甲、乙两个投资项目，它们的初始投资额均为100万元，资本成本均为12%，各项目预计现金净流量如表6-15所示。

表6-15　　投资项目现金净流量表　　单位：万元

项目＼年限	0	1	2	3	4	5
甲项目	−100	32	32	32	32	32
乙项目	−100	60	35	20	20	10

要求：

（1）分别计算两个项目的投资回收期、净现值、获利指数以及内部收益率；

（2）如果这两个项目是互相独立的，哪个项目会被接受，请说明理由；

（3）如果这两个项目是互相排斥的，按NPV和IRR分别评价两个项目会出现什么现象，此时应如何决策，请说明理由。

基本训练指引
6-3

4.OAP公司的董事局已经决定在明年进行投资，但是投资资金存在限制，投资限额为1 000万美元，并且正在准备资本预算。公司考虑以下5个项目，见表6-16。

表6-16 **项目评估方案** 单位：美元

项目	初始投资	净现值
项目A	2 500 000	1 000 000
项目B	2 300 000	1 550 000
项目C	2 600 000	1 350 000
项目D	1 900 000	1 500 000
项目E	5 000 000	0

基本训练指引 6-4

这5个项目有4年的项目寿命期。项目A、B、C和D的初始投资并不要求在初始期一次性投入，是可以陆续进行的，项目B和D是互斥的。所有净现值是税后净现值。

OAP的董事局已经决定将项目E定位为重要的战略项目，不管项目的财务可接受性，为了保持公司的竞争力，项目E要承担起这一责任。

要求：

（1）计算投资1 000万美元的资金可获得的最大净现值。

（2）讨论OAP公司董事局决定明年限制投资资金的原因。

5.OKM公司对投资生产W33产品的项目进行评估，近期研发部门在市场调研中发现该产品的市场表现不错。以下是有关此次投资提议的相关信息：

初始投资	\$2 000 000
销售价格	\$20/个
售价预期通货膨胀率	3%/年
变动成本	\$8/个
固定成本	\$170 000/年
成本预期通货膨胀率	4%/年

研发部门将需求量预测（见表6-17）作为市场调研的结果，这一预测反映了预期技术变革对W33产品预期生命周期的影响。

表6-17 **需求量预测**

年份	1	2	3	4
需求量（个）	60 000	70 000	120 000	45 000

为了遵循公司零库存的政策，假设所有完工的W33产品将全部售出。4年之后W33产品停产，并且最终价值和设备残值为零。对OKM公司进行投资估价时，折现率为10%，预期会计收益率为30%。不考虑所得税，所有成本都是经营付现成本。

基本训练指引 6-5

要求：

（1）计算下列各项指标：净现值、内部收益率、会计收益率。

（2）根据（1）题中各项计算指标结果，简述你的发现并且对此项投资提议是否能被接受提出建议。

□ 微型案例

BIO公司是一家生物技术公司，研究开发了一种新产品，有关新产品投入市场的财务可行性研究已完成，营销和财务部门打算向董事会撰写一份联合计划书，他们希望董事会能够批准新的投资项目。一名实习会计师自告奋勇，为BIO公司财务总监草拟了一份投资项目的评估方案，该项目与BIO公司目前的经营业务一致，具体情况见表6-18。假设不考虑所得税的问题，且全部成本为付现成本。计划书中的资本预算部分只包括估计的未来费用和收入。该项目的主管之一张某坚持认为，项目资本预算中应该包括过去几年花费在研发上的资金。他说忽略或省去那些项目研发费不仅低估了项目的费用，而且是对董事会的一种欺骗。

表6-18　　项目评估方案　　金额单位：千美元

项目计算期（第t年）	1	2	3	4
销售量（件）	250 000	400 000	500 000	250 000
贡献边际	1 330	2 128	2 660	1 330
固定成本	（530）	（562）	（596）	（631）
折旧	（438）	（438）	（437）	（437）
利息支出	（200）	（200）	（200）	（200）
现金净流量	162	928	1 427	62
残值				250
现金流	162	928	1 427	312
10%的复利现值系数	0.909	0.826	0.751	0.683
现值	147	767	1 072	213

净现值=2 199 000-3 000 000=-801 000（美元）

因此拒绝该项目。

投资评估方案中包括以下信息：

（1）初始投资3 000 000美元。

（2）销售单价：12美元（当前价格水平），售价通货膨胀率为5%/年。

（3）单位变动成本：7美元（当前价格水平），变动成本通货膨胀率为4%/年。

（4）固定成本：500 000美元/年（当前价格水平），固定成本通货膨胀率为6%/年。

（5）上述固定成本中包含每年200 000美元的固定性研发成本，该项成本属于沉没成本，属于不相关成本。

（6）该投资项目的融资是以10%/年的固定利率贷款200万美元。

（7）四年项目结束时机器设备的残值是250 000美元。

（8）OKM公司的实际加权平均资本成本是7%/年。

（9）一般预计通货膨胀率为4.7%/年

要求：

（1）识别和评价由实习会计师准备的投资评估方案中的错误。

（2）对于项目主管张某的观点，如果你不同意，你将如何向他解释并让他接受你的观点。

案例分析指引

第七章

杠杆效应与资本结构

MM定理的创始者米勒在一次访谈中曾经这样描述过MM定理：比萨饼送货员在约吉·贝拉比赛结束后来到他面前，问道："约吉，你想怎么切比萨饼，是切成四份还是八份？"约吉回答道："还是切成八份吧，我今晚饿极了。"大家都知道这是一个笑话，显然，比萨饼份额的多少和形状不会影响比萨饼的大小。类似地，公司发行的股票、债券和认股权证等都不影响公司的总价值，它们只是以不同的方式分割资产的收益。

对MM定理的直觉理解可能像分割比萨饼一样简单，但其对公司财务的影响却是深远的。MM定理表明，公司财务政策的真正作用是应对（和可能利用）诸如税收和交易成本等金融市场不完备因素。本章将考察这些市场摩擦对公司价值的影响。

通过本章的学习，你可以理解和掌握资本成本、经营杠杆、财务杠杆的概念及相关计算；掌握完美资本市场中的资本结构理论；以及资本市场有摩擦时的资本结构决策模型。

第一节　资本成本

一、资本成本的概念

正确计算和合理降低资本成本，是制定筹资决策的基础。公司的投资决策也必须建立在资本成本的基础上，任何投资项目的收益率都必须高于其资本成本。

（一）资本成本的定义

资本成本是公司的投资者（包括股东和债权人）对投入公司的资本所要求的最低收益率或投资的机会成本，即投资于具有相同风险和期限的其他证券所能获得的期望收益率。

（二）资本成本计算模式

资本成本是指公司接受不同来源的资本净额与预计的未来现金流出量的现值相等时的折现率。这里的资本净额是指公司收到的全部资本扣除各种筹资费用后的剩余部分；未来现金流出量是指公司未来各年支付的利息、股利和本金等。资本成本的一般表达式为：

$$P_0(1-f)=\frac{CF_1}{1+r}+\frac{CF_2}{(1+r)^2}+\cdots+\frac{CF_n}{(1+r)^n} \tag{7-1}$$

式中，CF_n表示第n期支付的资金使用费；r表示资本成本；P_0表示公司筹资获得的资本总额；f表示筹资费用与筹资总额的比率，简称筹资费率。

公司从不同渠道、以不同方式取得资本（长期负债和股东权益）所付出的代价和承担的风险是不同的。在计算资本成本时，可先分别计算不同来源的资本成本，然后再据以计算总体加权平均资本成本。

二、个别资本成本

个别资本成本是指各种资本来源的成本，包括债务成本、优先股成本、普通股成本、留存收益成本等。所有成本都应表示成税后的形式，这与投资项目的现金流量按税后的形式表达是一致的。

（一）债务成本

支付债务利息可以减少税前利润而少缴一部分所得税，所以公司实际支付的债务利息而增加的开支就是“债务利息×（1–所得税税率）”。

债务成本是使下式成立的r_d（也称内含收益率）：

$$P_0\ (1-f)=\sum_{t=1}^{N}\frac{P_t+I_t\ (1-\tau)}{(1+r_d)^t} \tag{7-2}$$

式中，P_0表示债券的发行价格或借款的金额，即债务的现值；P_t表示第t期偿还的本金；I_t表示债务的约定利息；N表示债务的期限，通常以年表示；τ表示企业所得税税率；f表示筹资费率。

若债务平价发行、无手续费，则：

税后资本成本=债务利率×（1–企业所得税税率）

［例7–1］为筹措项目资本，某公司决定按面值发行票面利率为8%的10年期债券，面值为1 000元。假设筹资费率为3%，企业所得税税率为25%。债券每年付息一次，到期一次性还本，则该债券的资本成本可通过下式求得：

$$1\,000\times(1-3\%)=\sum_{t=1}^{10}\frac{1\,000\times8\%\times(1-25\%)}{(1+r_d)^t}+\frac{1\,000}{(1+r_d)^{10}}$$

利用插值法或Excel函数，可解得债券资本成本约为6.42%。

［例7–2］假设某公司发行的债券的面值为1 000元，息票利率为8%，期限为6年，每半年付息一次，假设相同期限政府债券的收益率为7%，考虑风险因素，投资者对公司债券要求的收益率为9%，则半年期利率为4.4%（1.091/2–1）。根据上述资料，该种债券的资本成本计算如下：

第一步，根据投资者要求的收益率确定债券的价格P_b，即：

$$P_b=\sum_{t=1}^{12}\frac{1\,000\times4\%}{(1+4.4\%)^t}+\frac{1\,000}{(1+4.4\%)^{12}}=963.3\text{（元）}$$

第二步，将投资者要求的收益率转化为债券的资本成本。假设企业所得税税率为25%，税前筹资费率为发行额的3%，则债券资本成本（半年）为：

$$963.3\times(1-3\%)=\sum_{t=1}^{12}\frac{1\,000\times4\%\times(1-25\%)}{(1+r_d)^t}+\frac{1\,000}{(1+r_d)^{12}}$$

解得债券资本成本（半年）为3.7%。在此基础上，将半年期资本成本转化为年资本成本：

$$r_d=(1.037^2-1)\times100\%=7.54\%$$

从理论上看，债务资本成本的估算并不困难，但是实际上往往很麻烦。债务的形式具有多样性，如浮动利率债务、利息和本金偿还时间不固定的债务、可转换债券和附带认股权的债务等，都会使债务成本的估计复杂化。

（二）优先股成本

优先股要定期支付股息，但是没有到期日。其股息用税后收益支付，不能获得税收优惠。如果优先股股利每年相等，则可视为永续年金，采用下式计算资本成本：

$$r_p = \frac{D_p}{P_0(1-f)} \tag{7-3}$$

式中，D_p表示优先股年股息；P_0表示优先股的现行市价；r_p表示优先股的资本成本；f表示筹资费率。

（三）普通股和留存收益的成本

权益资本可以从内部通过留存收益筹集，也可通过出售普通股筹集。留存收益是公司缴纳所得税后形成的，其所有权属于股东。股东将这一部分未分派的税后利润留存于公司，实质上是对公司追加投资。如果公司将留存收益用于再投资所获得的收益率低于股东自己进行另一项风险相似的投资的收益率，公司就不应该保留留存收益而应将其分派给股东。从这个意义上看，留存收益也是一种筹资行为，是有成本的。

依据资本资产定价模型，权益资本成本的计算公式为：

$$r_e = r_f + \beta(r_m - r_f) \tag{7-4}$$

式中，r_f表示无风险收益率；β表示股票的贝塔系数；r_m表示股票市场的平均必要收益率；(r_m-r_f) 表示市场平均风险溢价。

［例7-3］假设目前短期国债利率为4.7%；历史数据分析表明，在过去的5年里，市场风险溢价在5%～6%之间变动，在此以6%作为计算依据；根据过去5年某只股票收益率与市场平均收益率的回归分析可知，该股票的贝塔系数为1.12。根据上述数据，该股票投资的必要收益率为：

$$r_e = 4.7\% + 1.12 \times 6\% = 11.42\%$$

该股票的资本成本为11.42%。虽然看上去资本资产定价模型能够对权益资本成本进行精确估计，但事实上还存在一些问题。如果一个公司的股东投资分散化不够，那么可能会面临“独立风险”，而不仅仅是系统风险。在这种情况下，公司的真正投资风险不能通过贝塔系数来衡量，资本资产定价模型会低估r_e的数值。

三、加权平均资本成本

公司往往通过多种方式筹集所需资本，为此，进行筹资决策就要计算确定公司全部长期资金的总成本——加权平均资本成本。加权平均资本成本一般是以各种资本占全部资本的比重为权数，对个别资本成本进行加权平均确定的。其计算公式为：

$$r_w = \sum_{j=1}^{n} r_j w_j \tag{7-5}$$

式中，r_w表示加权平均资本成本；r_j表示第j种资本的个别资本成本；w_j表示第j种资本占全部资本的比重（权数）。

［例7-4］某公司2021年账面反映的资本共500万元，其中借款150万元，普通股250万元，留存收益100万元；其个别资本成本分别为7.5%、11.26%、11%。该公司的加权平

均资本成本为：

$$7.5\% \times \frac{150}{500} + 11.26\% \times \frac{250}{500} + 11\% \times \frac{100}{500} = 10.08\%$$

账面价值与公司已存在的资本相关，或与历史筹资成本相关。以账面价值为权数，容易从资产负债表中取得资料，计算结果相对稳定。但若债券和股票的市场价值已脱离账面价值，据此计算的加权平均资本成本则不能正确地反映实际的资本成本水平。

市场价值与资本市场的当前状况相关，以市场价值为权数，代表了公司目前实际的资本成本水平，有利于财务决策。但由于证券市场价值处于经常变动之中，故需要采用一定的方法进行预测。为弥补证券市场价格变动频繁的不便，计算时也可选用债券或股票的平均价格。

致力于价值最大化的公司会确定其理想的资本结构，用它作为目标资本结构。然后，在筹集新资本时，保持实际资本结构与目标资本结构相一致。目标价值权数是指债券、股票以未来预计的目标市场价值确定权数。我们可假定公司已经确定了理想的资本结构，并在筹资过程中保持这一资本结构不变。虽然在短期内资本筹集呈“波浪起伏”状，不可能保持严格的比例，但是从长期看，绝大多数公司都能按照一个大致的比例筹资。

第二节 杠杆原理

一、经营风险与经营杠杆

（一）经营风险

经营风险是指由于商品经营上的原因给公司的收益（指息税前利润）或收益率带来的不确定性。经营风险依赖于一系列的因素，比如，需求、产品售价、投入成本的波动性、调整价格的能力、研发能力、固定成本等。在公司全部成本中，当固定成本所占比重较大时，单位产品分摊的固定成本就多，若产量发生变动，单位产品分摊的固定成本会随之变动，最后导致利润更大幅度地变动，经营风险就大；反之，经营风险就小。

（二）经营杠杆

固定成本总额为一个常数，与销售量的变动无关。固定成本的存在使得销售量每变动一个百分点就会使息税前利润变动更大的百分点，这类似于杠杆原理。这种利用固定成本为杠杆，通过扩大销售量取得的利益，称作经营杠杆利益。杠杆效应不仅可以放大公司的息税前利润，也可以放大亏损。比如，巨额广告支出会使经营杠杆作用加大，给公司带来更大的经营风险。有的公司通过做广告来树立品牌，但需要牢记，公司必须有较长的时间承受巨额广告支出的能力；否则，公司的市场份额会很容易丧失。巨额广告支出作为一项固定期间费用，它本身不受公司产品销售量变动的影响，巨额广告支出将改变公司原有的成本结构，使固定成本在产品成本中的比例增大，由此使公司的经营杠杆作用也随之增大。经营杠杆对公司的作用是两方面的：当销售量增加时，公司的利润因经营杠杆的正面作用而大幅度提高；而当销售量减少时，公司的利润也将因经营杠杆的负面作用而大幅度下降。可见，广告“标王”加大了公司经营杠杆的作用程度，从而也加大了公司的经营风险，只要公司产品市场稍有风吹草动，就可能使公司的经营陷入困境。

经营杠杆反映销售量与息税前利润之间的关系，衡量销售量变动对息税前利润的影响。

1.息税前利润与盈亏平衡分析

息税前利润的计算公式为：

$$EBIT = Q(P - V) - F \tag{7-6}$$

式中，EBIT表示息税前利润；P表示产品单位销售价格；V表示产品单位变动成本；F表示总固定成本。

盈亏平衡点Q_{BE}为使得总收入和总成本相等或使息税前利润等于零所要求的销售量。因此：

$$EBIT = Q_{BE}(P - V) - F = 0 \tag{7-7}$$

$$Q_{BE} = \frac{F}{P - V} \tag{7-8}$$

超过盈亏平衡点的额外销售量，将使利润增加；销售量跌到盈亏平衡点以下时，亏损将增加。例如，某公司生产A产品，销售单价为50元，单位变动成本为25元，固定成本总额为100 000元，则盈亏平衡点为：

$$Q_{BE} = \frac{100\,000}{50 - 25} = 4\,000\text{（件）}$$

2.经营杠杆系数

经营杠杆的大小一般用经营杠杆系数表示，它是息税前利润变动率与销售量变动率两者之比。其计算公式为：

$$DOL = \frac{\Delta EBIT/EBIT}{\Delta Q/Q} \tag{7-9}$$

式中，DOL表示经营杠杆系数；ΔEBIT表示息税前利润变动额；EBIT表示变动前的息税前利润；ΔQ表示销售量的变动额；Q表示变动前的销售量。

假定公司的成本-销量-利润保持线性关系，可变成本在销售收入中所占的比例不变，固定成本也保持稳定，经营杠杆系数便可通过销售额和成本来表示，即：

$$DOL_Q = \frac{Q(P - V)}{Q(P - V) - F} = \frac{Q}{Q - Q_{BE}} \tag{7-10}$$

式中，DOL_Q表示销售量为Q时的经营杠杆系数；P表示产品单位销售价格；V表示产品单位变动成本；F表示总固定成本；Q_{BE}表示盈亏平衡点。

$$DOL_S = \frac{S - VC}{S - VC - F} = \frac{EBIT + F}{EBIT} \tag{7-11}$$

式中，DOL_S表示销售额为S时的经营杠杆系数；S表示销售额；VC表示变动成本总额。

值得注意的是，经营杠杆系数本身并不是经营风险变化的来源。如果公司保持固定的销售水平和固定的成本结构，再高的经营杠杆系数也是没有意义的。但是，由于销售和成本水平的潜在变动性，经营杠杆系数会放大息税前利润的变动性，也就放大了公司的经营风险。经营杠杆系数应当仅被看作对“潜在风险”的衡量，这种潜在风险只有在销售和生产成本存在变动性的条件下才会被“激活”。

二、财务风险与财务杠杆

（一）财务风险

财务风险是由于公司决定通过债务筹资而给公司的普通股股东增加的风险。财务风险包括可能丧失偿债能力的风险和每股收益变动性的增加。公司在资本结构中增加固定成本筹资的比例时，固定的现金流出量就会增加，结果导致丧失偿债能力的概率也增加。财务风险的第二个方面涉及每股收益的相对离散程度。在公司经营中，股东面临一定的内在风险。如果公司采用债务筹资，就会将经营风险集中到少部分普通股股东身上。这种经营风险的集中之所以会发生，是因为公司的债权人除了得到固定的利息外，并不承担公司的经营风险。财务风险分析通常用财务杠杆系数来衡量。

（二）财务杠杆

财务杠杆来自于固定的筹资成本。在公司负债经营且资本结构一定的条件下，不论利润多少，债务利息都是不变的，从而使得息税前利润发生增减变动时，每1元息税前利润所负担的固定资本成本就会相应地减少或增加，从而给普通股股东带来一定的财务杠杆收益或损失。事实上，财务杠杆是两步利润放大过程的第二步，第一步是经营杠杆放大了销售量变动对息税前利润的影响；第二步是利用财务杠杆将前一步导致的息税前利润变动对每股收益变动的影响进一步放大。

财务杠杆作用的大小通常用财务杠杆系数表示。财务杠杆系数越大，表明财务杠杆作用越大，财务风险也就越大；反之则越小。财务杠杆系数的计算公式为：

$$DFL = \frac{\Delta EPS/EPS}{\Delta EBIT/EBIT} \tag{7-12}$$

式中，DFL表示财务杠杆系数；ΔEPS表示普通股每股收益的变动额；EPS表示变动前的普通股每股收益；ΔEBIT表示息税前利润的变动额；EBIT表示变动前的息税前利润。

上述公式还可以推导为：

$$DFL = \frac{EBIT}{EBIT - I - \frac{D_p}{1-\tau}} \tag{7-13}$$

式中，I表示债务利息；D_p表示优先股股利；τ表示企业所得税税率。

三、公司总风险与复合杠杆

公司总风险是指财务风险和经营风险之和。总风险分析通常用复合杠杆来衡量。将财务杠杆和经营杠杆联合在一起，结果就是复合杠杆（或总杠杆）。将财务杠杆和经营杠杆联合起来的效果是，销售量的任何变动都将经两步放大为每股收益的更大变动。每股收益对销售量变动的总敏感性的数量化衡量指标就是总杠杆系数（DTL）。总杠杆系数是指每股收益变动率相当于产销量变动率的倍数，其计算公式为：

$$DTL = \frac{\Delta EPS/EPS}{\Delta Q/Q} \tag{7-14}$$

式中，DTL表示总杠杆系数；ΔEPS表示普通股每股收益的变动额；EPS表示变动前的普通股每股收益；ΔQ表示销售变动量；Q表示变动前的销售量。

假定公司的成本-销售量-利润保持线性关系，可变成本在销售收入中所占的比例不变，固定成本也保持稳定，总杠杆系数便可通过销售额和成本来表示。

$$DTL_Q = \frac{Q(P-V)}{Q(P-V)-F-I-\frac{D_p}{1-\tau}} \tag{7-15}$$

式中，DTL_Q表示销售量为Q时的总杠杆系数；P表示产品单位销售价格；V表示产品单位变动成本；F表示总固定成本；I表示债务利息；D_p表示优先股股利；τ表示所得税税率。

在计算上，总杠杆系数就是经营杠杆系数和财务杠杆系数的乘积：

$$DTL = DOL \cdot DFL \tag{7-16}$$

一般来说，公司的总杠杆系数越大，每股收益随销售量增长而扩张的能力就越强，但风险也随之放大。公司的风险越大，债权人和投资者要求的贷款利率和预期的投资收益率就越高。或者说，过多使用总杠杆的公司将不得不为此付出较高的固定成本；而较高的固定成本支出反过来又在一定程度上抵消普通股股东因公司发挥财务杠杆和经营杠杆的作用而获得的收益。

公司对财务风险的控制程度相对大于对经营风险的控制。公司可以通过财务政策的选择在合理的范围内控制其财务风险。但公司所采用的经营杠杆水平有时候是由公司经营的物质需要确定的。比如，一家钢厂由于大量投资于厂房和设备，因而其拥有很大的包含折旧的固定营业成本，从而有高的经营杠杆和经营风险水平。

在实际工作中，经营杠杆和财务杠杆可以按多种方式联合以得到一个理想的总杠杆系数和公司总风险水平。合适的公司总风险水平需要在公司总风险和期望收益率之间进行权衡，这一权衡过程必须与公司价值最大化的财务管理目标相一致。

第三节　资本结构决策

一、完美资本市场中的资本结构

公司发行在外的债务（包括尚未偿还的银行借款和流通的债券）、股权和其他衍生证券的相对比例，构成了公司的资本结构。公司向外部投资者筹集资金时，必须要选择发行哪种类型的证券。最常见的选择是单纯以股权筹资，或者股权筹资与债务筹资相结合。注意，本节有时将债务称作杠杆（借债会放大风险，故称其为杠杆），两者通用。

（一）套利与公司价值

考虑某公司只有如下的一个投资机会：今年项目初始投资800万元，预期明年产生的现金流量为1 400万元或900万元（分别取决于经济形势的强或弱）。出现这两种情形的概率相等。

项目的现金流量取决于总体经济形势，因而含有系统风险。假定项目的投资者在当前5%的无风险利率基础之上，要求10%的风险溢价作为补偿。给定的无风险利率为5%，风险溢价为10%，则项目的资本成本为15%。由于1年后的期望现金流量为1 150元（1/2×1 400+1/2×900），故项目的净现值为：

$$NPV=-800+\frac{1\,150}{1.15}=200\text{（万元）}$$

如果项目单纯以股权筹资，在无套利情形下，则股权价值等于该项目所产生的现金流量的现值。假设公司没有其他负债，项目在1期产生的现金流量将全部归股东所有。公司股权的价值为：

PV（股权现金流量）=1 150÷1.15=1 000（万元）

公司通过出售股权可以筹集1 000万元。公司在支付800万元的投资成本后，可以保留剩余的200万元——项目的净现值——作为利润。

无债务公司的股权称作无杠杆股权。由于没有债务，在1期，无杠杆股权的现金流量就等于项目的现金流量。给定股权的初始价值为1 000万元，股东的收益率为40%（（1 400−1 000）÷1 000）或者−10%（（900−1 000）÷1 000）。假设经济形势为强或弱的概率相等，则无杠杆股权的期望收益率为15%（1/2×40%+1/2×（−10%））。无杠杆股权的风险等于项目的风险，股东取得的回报恰好补偿了其承担的风险。

假设公司除了出售股权外，还决定在最初借入500万元的债务。项目产生的现金流量总能满足债务的偿付，债务是无风险的。公司能够以5%的无风险利率借入债务，1年后将向债权人偿还525万元（500×1.05）。

存在尚未偿付债务的公司的股权，称作有杠杆股权。公司向债权人承诺的支付，必须先于公司向股东的任何支付。给定525万元的债务支付义务，股东在经济强劲时将只能收到875万元（1 400−525）；经济衰弱时将收到375万元（900−525）。表7-1给出了债务的现金流量、有杠杆股权的现金流量以及公司的现金流量。

表7-1 债务、有杠杆股权和公司现金流量 单位：万元

0期		1期：现金流量	
	初始价值	经济强劲	经济衰弱
债务	500	525	525
有杠杆股权	E=?	875	375
公司	1 000	1 400	900

此时，有杠杆股权的价值E应该为多少？哪种资本结构选择为最优？莫迪利安尼和米勒的一篇重要论文给出了这一问题的答案，他们认为，在无摩擦（无交易成本、无所得税；投资者完全理性，对投资决策具有同质预期；信息完全对称）的资本市场中，公司的总价值不应该依赖于公司的资本结构，两者是无关的。就本例而言，他们的推理过程为：虽然资本结构改变，但公司的总现金流量仍然等于项目的现金流量，因此公司的价值与项目的现值相同，都为先前计算的1 000万元。根据无套利原理，初始债务和股权的价值之和必定等于1 000万元。如果债务的价值为500万元，则有杠杆股权的价值必定为“E=1 000−500=500（万元）”。

莫迪利安尼和米勒的结论与常识相抵触。有人认为，有杠杆股权的价值会超过500万元，因为股权的期望现金流量按15%的折现率折现后的现值为：

（1/2×875+1/2×375）÷（1+15%）=543（万元）

这一推导并不正确，原因是举债增加了公司股权的风险。以适用于无杠杆股权的15%的折现率，来折现有杠杆股权的现金流量是不恰当的。有杠杆股权的投资者要求更高的期望收益率，以补偿增加的风险。有杠杆和无杠杆时，股东的收益率显著不同。无杠杆股权的收益率分别为40%或-10%，期望收益率为15%。因为股东在债权人之后取得剩余收益，有杠杆股权的风险较高，其收益率分别为75%（（875-500）÷500×100%）或-25%（（375-500）÷500×100%）。为了补偿使用债务的风险，有杠杆股权的所有者要求得到较高的期望收益率为25%（1/2×75%+1/2×（-25%））。尽管公司没有违约风险，但债务的使用仍增加了股权的风险。虽然单独考虑债务筹资时，它较便宜，但它增加了股权的资本成本。同时考虑这两种资本来源，有杠杆公司的加权平均资本成本为15%（1/2×5%+1/2×25%），与无杠杆公司的加权平均资本成本相同。

在上面的例子中，举债不影响公司的总价值（公司能够筹集到的资金），它仅仅改变了现金流量在债权人和股东之间的分配，而没有改变公司的整体现金流量。莫迪利安尼和米勒（简称为MM）证明，在完美资本市场的一系列假设下，上述结论具备一般性。

完美资本市场假设是指：投资者和公司能够以竞争性的市场价格买卖同一集合的证券，竞争性的市价等于证券产生的未来现金流量的现值；没有税负、交易成本和与证券交易相关的发行成本；公司的筹资决策不改变投资产生的现金流量，也不会揭示有关投资的新信息。在这些条件下，MM证明了关于资本结构对公司价值影响的下述结论：

MM第一定理：在完美资本市场中，公司的总价值等于公司资产产生的全部现金流量的市场价值，它不受公司资本结构选择的影响。

MM通过下面简单的论证确立了他们的结论：若没有税收和其他交易成本，公司向所有的公司证券持有者支付的现金流量，等于公司资产产生的全部现金流量。根据无套利原理，公司发行的全部证券和公司资产必定拥有相同的总市值。只要公司的证券选择不改变公司资产产生的现金流量，筹资决策就不会影响公司的总价值或公司能够筹集的资本量。

MM定理表明公司价值不受资本结构选择的影响。但是假如相对公司选定的资本结构，投资者更偏好另一种资本结构，又将怎样呢？MM定理认为，在这种情形下，投资者可以自行借入或贷出资金而实现相同的结果（偏好的资本结构）。例如，相对公司已选定的债务水平，假如投资者偏好更高的债务水平，那么他就可以借入资金，从而提高他个人投资组合中债务的比例。只要投资者能够以与公司相同的利率借入或贷出资金，自制杠杆就可以完全取代公司使用的财务杠杆。

［例7-5］假设有两家公司，在1期的现金流量均为1 400万元或900万元（出现两种情形的概率相等）。除资本结构外，两家公司完全相同。一家公司无债务，其股权市值为990万元。另一家公司借债500万元，其股权市值为510万元。MM第一定理成立吗？可以利用自制杠杆套利吗？

MM第一定理表明，每家公司的总价值应该等于其资产的价值，即例中的两家公司持有相同的资产，那么公司的总价值应该相等。但题中出现了不同的价格：无杠杆公司价值为990万元，有杠杆公司价值为1 010万元（510+500）。在这种情况下，投资者可借入500万元，以990万元买入无杠杆公司的股权，通过使用成本只有490万元（990-500）的自制杠杆，再造有杠杆公司的股权现金流量。然后以510万元的价格卖出有杠杆公司的股权，从而套利20万元。这一套利过程见表7-2：

表7-2 套利过程描述 单位：万元

	0期	1期：现金流量	
	现金流量	经济强劲	经济衰弱
借款	500	-525	-525
购买无杠杆股权	-990	1 400	900
卖出有杠杆股权	510	-875	-375
总现金流量	20	0	0

注意，套利者买入无杠杆公司股权，同时出售有杠杆公司的股权，这一套利行为将导致无杠杆公司的股价上升，有杠杆公司的股价下降，直到两家公司的价值相等，套利机会消失为止，MM定理成立。

（二）借债、风险与资本成本

再次考虑前面的例子。若项目单纯以股权筹资，股东要求15%的期望收益率。公司也可选择以5%的无风险利率借款，在这种情形下，与股权相比，难道债务不是既便宜又好的资本来源吗？债务资本成本确实比股权资本成本要低，但我们不应孤立地考虑债务成本。债务本身可能是便宜的，但它增加了股权的风险，从而提高了股权资本成本。低债务资本成本产生的节约，恰好被较高的股权资本成本抵销，因此，公司没有任何净节约。

可以通过MM第一定理，推导出债务比率和股权资本成本之间的明确关系。在公司有债务时，分别用E和D表示股权和债务的市值；用U表示无杠杆公司的（股权）市值；用A表示公司资产的市值。MM第一定理可表示为：

$$E+D=U=A \tag{7-17}$$

公式表明，不论公司是否使用债务，公司发行的证券的总市值都等于公司资产的市值。

通过持有公司股权和债务的组合，可复制投资于无杠杆股权的现金流量。因为投资组合的收益率等于组合中各种证券收益率的加权平均，所以有杠杆股权的收益率（R_E）、债务的收益率（R_D）和无杠杆股权的收益率（R_U）之间，存在如下关系：

$$\frac{E}{E+D}R_E+\frac{D}{E+D}R_D=R_U \tag{7-18}$$

从公司的角度来看，将上式中的收益率都换作资本成本，r_U即为无杠杆公司U的资本成本，或称作无杠杆资本成本、税前加权平均资本成本：

$$r_U=\frac{E}{E+D}r_E+\frac{D}{E+D}r_D \tag{7-19}$$

式中，r_U表示无杠杆资本成本；r_E表示有杠杆股权的资本成本；r_D表示债务资本成本。

根据公式（7-18）求出R_E，即可得到有杠杆股权收益率R_E的表达式：

$$R_E=R_U+\frac{D}{E}(R_U-R_D) \tag{7-20}$$

将上式中的收益率都相应地换成资本成本，或者直接由（7-19）式求解，可得到有杠杆股权的资本成本r_E为：

$$r_E = r_U + \frac{D}{E}(r_U - r_D) \tag{7-21}$$

由此，我们得到MM第二定理：

有杠杆股权的资本成本等于无杠杆资本成本加上与以市值计算的债务与股权比率成比例的风险溢价（公式（7-21）右边的后半部分即为债务的财务风险溢价）。

可以用MM第二定理说明本节开头的投资项目。如果公司完全为股权筹资，则无杠杆股权的期望收益率为15%。如果公司借入500万元的债务，则债务的期望收益率是无风险利率5%。根据MM第二定理，有杠杆股权的期望收益率为：

$$R_E = 15\% + \frac{500}{500}(15\% - 5\%) = 25\%$$

这个结果与前面计算的期望收益率一致。

根据（7-21）式，随着债务筹资比例的增加，股权和债务的风险都加大，它们的资本成本也随之上升。然而由于低成本债务的权重更大，故加权平均资本成本保持不变，它等于公司的无杠杆资本成本。

［例7-6］M公司以市值计算的债务与股权比率为2。假设当前的债务资本成本为6%，股权资本成本为12%。还假设，公司发行股票并用筹集的资金偿还债务，公司的债务与股权比率降为1，同时公司的债务资本成本下降到5.5%。在完美资本市场中，这项交易对公司的股权资本成本和WACC将产生什么影响？

公司的初始WACC为：

$$WACC = \frac{E}{E+D}r_E + \frac{D}{E+D}r_D = \frac{1}{1+2} \times 12\% + \frac{2}{1+2} \times 6\% = 8\%$$

在完美资本市场中，WACC不因公司资本结构的变动而改变。根据公式（7-19），公司的无杠杆资本成本 r_U=8%。再根据MM第二定理，计算杠杆降低后公司的股权资本成本：

$$r_E = r_U + \frac{D}{E}(r_U - r_D) = 8\% + \frac{1}{1}(8\% - 5.5\%) = 10.5\%$$

杠杆的减少将使股权资本成本下降到10.5%。公司的WACC保持不变，仍然为8%（1/2×10.5%+1/2×5.5%）。

公司资产负债表中的资产包括所持有的现金或无风险证券，而这些资产是无风险的，它们降低了公司资产的风险，从而降低了投资者对公司资产要求的风险溢价。因此，持有现金会产生与债务对风险和收益的影响相反的效应。实际上，可以将现金视为负债务。如果公司持有1元现金和1元的无风险债务，它持有现金获取的利息等于为债务支付的利息。现金资产和债务产生的现金流量相互抵销，如同公司没有现金和债务一样。我们在评估除持有现金之外的公司的其他经营性资产时，用净债务衡量公司的举债水平：

净债务=债务-现金和无风险证券　（7-22）

例如，我们用公司价值衡量公司经营性资产的市值，公司价值就等于公司股权和净债务的市场价值之和。同样地，我们使用净债务的市值计算WACC，以衡量公司经营性资产的资本成本。

（三）根据MM定理确定投资项目的资本成本

利用公司的加权平均资本成本作为项目资本成本必须满足以下假定：一是项目的系统风险与公司当前资产的平均系统风险相同，二是公司继续采用相同的资本结构为新项目筹资。如不满足上述假定，公司就应当为每一个项目确定一个单独的可接受标准，即以项目的资本成本作为评价标准。

项目资本成本要取决于项目的系统风险。在现实中，公司某一具体项目的系统风险往往与公司投资的平均风险水平存在差别。项目的债务筹资水平也会有所不同，如果项目的系统风险和资本结构与公司整体的系统风险和资本结构不同，如何计算项目的资本成本？

如果项目的系统风险与公司其他项目的系统风险不同，则应先计算项目的无杠杆资本成本。例如，假设A公司要设立一个新的部门，新部门的业务与公司的主营业务面临不同的系统风险。我们可以将新业务与具有相似经营风险，且只单纯经营这种业务的其他公司进行对比，来估计这一项目的无杠杆资本成本r_U。假设有两家可比公司与A公司的新业务部门具有可比性，并具有表7-3的特征：

表7-3 两家可比公司的特征

公司	股权资本成本	债务资本成本	债务与公司价值比率
可比公司1	12.0%	6.0%	40%
可比公司2	10.7%	5.5%	25%

假设两家可比公司都保持目标资本结构，我们可通过计算税前加权平均资本成本估计每家可比公司的无杠杆资本成本：

可比公司1：$r_U = 0.60 \times 12.0\% + 0.40 \times 6.0\% = 9.6\%$

可比公司2：$r_U = 0.75 \times 10.7\% + 0.25 \times 5.5\% = 9.4\%$

根据这两家可比公司，估计A公司新业务的无杠杆资本成本为9.5%（两家可比公司的平均值）。假设公司根据目标债务比率为新项目筹资，公司不同的投资部门或不同类型的投资可能有不同的最优借债能力，所以这一目标债务比率往往不同于公司总体的债务比率。

具体投资项目的股权资本成本取决于它的无杠杆资本成本r_U，以及用于支持项目投资的增量筹资的债务与股权比率（依据MM第二定理）：

假设新项目的债务筹资与股权筹资额相等，预期借债成本仍为6%。给定项目的无杠杆资本成本为9.5%，则项目的股权资本成本为：

$$r_E = r_U + \frac{D}{E}(r_U - r_D) = 9.5\% + \frac{0.50}{0.50} \times (9.5\% - 6\%) = 13.0\%$$

计算出项目的股权资本成本，就可以确定项目的加权平均资本成本（假设企业所得税税率为25%）为：

$$\begin{aligned} WACC &= \frac{E}{E+D} r_E + \frac{D}{E+D} r_D (1-\tau) \\ &= 0.50 \times 13.0\% + 0.50 \times 6.0\% \times (1 - 0.25) = 8.75\% \end{aligned}$$

根据这些估计，A公司的新项目决策应使用8.75%的加权平均资本成本。

（四）杠杆和每股收益

财务杠杆可以增加公司的预期每股收益。考虑下面的例子，某无负债公司，预期明年将产生的息税前利润（EBIT）为1 000万元，不考虑企业所得税。公司当前有1 000万股流通股，每股交易价格为7.50元。公司打算以8%的利率借款1 500万元，并用所借资金以每股7.50元的价格回购200万股股票，从而调整资本结构。

没有债务时，公司的预期每股收益为“EPS=净利润/股票数量=1 000÷1 000=1（元/股）”；新债务使得公司每年支付的利息为120万元（1 500×8%），预期支付利息后的利润为880万元（1 000–120），同时流通股的数量在股票回购后也将减少为800万股（1 000–200），公司的预期每股收益为1.1元（880÷800）。可见，预期的每股收益随债务的增加而增加。每股收益的增加似乎会使股东的处境变得更好，可能会促使股价上升。然而，只要证券被公允定价，上述借债回购股票交易的净现值就为零，不能为股东提供任何收益。该如何调和这一看似矛盾的结论呢？

答案就在于收益的风险已经发生变化。假设支付利息前的利润仅为400万元。如果没有债务，EPS为0.40元（400÷1 000）。但如果借入新债，支付利息后的利润为280万元（400–120），致使每股收益变为0.35元（280÷800）。可见，公司的收益较低时，财务杠杆将导致EPS比没有杠杆时下降得更多。根据表7–4的计算，如果息税前利润超过600万元，则有杠杆时的EPS要更高；如果息税前利润低于600万元，有杠杆时的EPS要低于无杠杆时的EPS。尽管公司的预期每股收益随着杠杆的增加而增加，但每股收益的风险同时也在增加。如图7–1所示，有杠杆时的EPS线比无杠杆时的EPS线更加陡峭，这表明，公司一旦引入杠杆，则相同幅度EBIT的波动将会导致EPS比无杠杆时有更大幅度的波动。尽管平均而言EPS将增加，但这种增加对补偿股东额外承担的风险而言是必要的，因此，公司的股价并未因资本结构重整而增加。

表7–4 息税前利润与每股收益分析

EBIT（百万元）	无杠杆EPS（元）	EBIT–I（百万元）	有杠杆EPS（元）
0	0.00	–1.2	–0.15
4	0.40	2.8	0.35
6	0.60	4.8	0.60
10	1.00	8.8	1.10
16	1.60	14.8	1.85
20	2.00	18.8	2.35

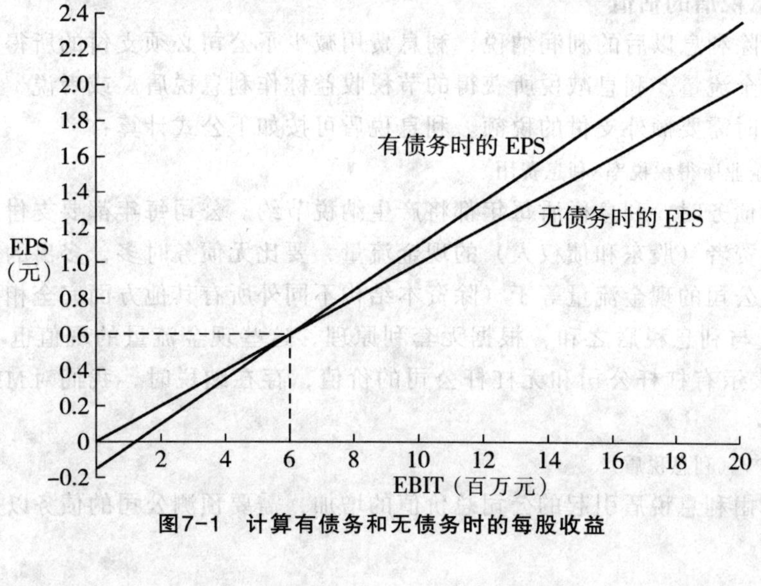

图7–1 计算有债务和无债务时的每股收益

［例7-7］接上文的叙述，假设该公司的EBIT预期在未来不会增长，所有利润都将作为股利发放。用MM第一和第二定理证明，公司预期每股收益的增加不会导致股价上升。

如果没有债务，每年的预期每股收益和股利都是1元，股票价格为7.50元。r_U表示无杠杆资本成本。根据永续年金公式计算公司的价值：

$$P = 7.50 = \frac{Div}{r_U} = \frac{EPS}{r_U} = \frac{1.00}{r_U}$$

公司当前的股价表明：

r_U=1÷7.50=13.33%

无债务时，股票市值为7 500万元（7.50元/股×1 000万股）。如果公司用债务筹资回购价值1 500万元的股票（即200万股），根据MM第一定理，剩余股票的价值为6 000万元（7 500−1 500）。交易完成后，债务与股权市值比率为1 500÷6 000= 0.25。根据MM第二定理，有杠杆股权的资本成本为：

$$r_E = r_U + \frac{D}{E}(r_U - r_D) = 13.33\% + 0.25 \times (13.33\% - 8\%) = 14.66\%$$

给定当前1.10元的预期EPS，新股价为：

$$P = \frac{1.10}{r_E} = \frac{1.10}{14.66\%} = 7.50（元/股）$$

尽管每股收益较高，但由于额外的风险，股东将要求较高的回报。这些效应相互抵消，结果是每股价格将保持不变。可见，无法简单地用每股收益来比较不同资本结构的优劣，因为它没有考虑与资本结构相关的风险。

债务影响公司的每股收益和市盈率，这表明，我们无法可靠地比较资本结构不同的公司的这些财务指标。因此，在对资本结构显著不同的公司进行分析时，大多数财务分析师偏好使用公司价值与EBIT（或EBITDA，即息、税、折旧、摊销前收益）比率，而不是P/E（市盈率）比率衡量公司业绩。

二、债务和税收

（一）利息税盾的估值

公司按扣除利息以后的利润纳税，利息费用减少了公司必须支付的所得税，从而增加了公司税后现金流量。利息减税所获得的节税收益称作利息税盾。或者说，利息税盾是假若公司无杠杆时需要额外支付的税额。利息税盾可按如下公式计算：

利息税盾=企业所得税税率×利息费用 （7-23）

公司使用债务时，利息税盾每年都将产生纳税节约。公司每年都要支付利息，有债务时公司带给投资者（股东和债权人）的现金流量，要比无债务时多，多出的部分就是利息税盾。有杠杆公司的现金流量等于（除资本结构不同外所有其他方面完全相同）无杠杆公司的现金流量与利息税盾之和，根据无套利原理，这些现金流量的现值也必定相同。令V_L和V_U分别表示有杠杆公司和无杠杆公司的价值，存在纳税时，我们对MM第一定理进行如下调整：

$$V_L = V_U + PV（利息税盾） \quad (7-24)$$

为了计算由利息税盾引起的公司总价值的增加，需要预测公司的债务以及支付的利息以后将如何变化。在预测未来利息支出的基础上，可确定利息税盾，然后用与其风险相适应的折现率将其折现，计算出它的现值。

［例7-8］假设L公司在未来的10年内每年支付1 000万元的利息，在第10年年末偿还2亿元的本金。这些支付是无风险的。在此期间，每年的企业所得税税率均为25%。无风险利率为5%，利息税盾可以使公司的价值增加多少？

未来10年内每年的利息税盾为250万元（25%×1 000）。将利息税盾视为10年期的普通年金，纳税节约额为已知的，且无风险，故可用5%的无风险利率将其折现：

$$PV（利息税盾）=250\times\frac{1}{5\%}\left(1-\frac{1}{1.05^{10}}\right)=1\,930（万元）$$

10年后最终本金的偿付不能在税前扣除，不会产生税盾收益。

债务的节税收益也可以用加权平均资本成本来表示。公司使用债务筹资时，它必须支付的利息成本，部分地被利息税盾产生的节税收益所抵销。由于存在利息抵税，实际的税后借债成本为$r_D(1-\tau)$。有税时的加权平均资本成本为：

$$r_{WACC}=\frac{E}{E+D}r_E+\frac{D}{E+D}r_D(1-\tau)=\underbrace{\frac{E}{E+D}r_E+\frac{D}{E+D}r_D}_{税前WACC}-\underbrace{\frac{D}{E+D}r_D\tau}_{利息税盾的抵减}$$

令$d=\dfrac{D}{D+E}$，即d为债务与价值比率，并且根据公式（7-19），上式可以改写为：

$$r_{WACC}=r_U-d\tau r_D \tag{7-25}$$

上式表明，WACC随着债务筹资的增加而降低。

（二）维持目标债务与股权比率时的利息税盾

如果公司调整债务以维持目标债务与股权比率，那么就可用加权平均资本成本折现公司的自由现金流量，计算出公司的有杠杆价值V_L。将V_L与无杠杆价值V_U相比较，即可确定利息税盾的价值。其中，V_U是将公司自由现金流量以无杠杆资本成本，即税前WACC折现得出的。

［例7-9］某公司预计来年产生的自由现金流量为400万元，此后自由现金流量每年按4%的比率增长。公司的股权资本成本为10%，债务资本成本为6%，企业所得税税率为25%。如果公司维持0.5的目标债务与股权比率，利息税盾的价值是多少？

用税前WACC折现公司的自由现金流量，采用固定增长模型计算出无杠杆价值为：

$$税前WACC=\frac{E}{E+D}r_E+\frac{D}{E+D}r_D=\frac{1}{1+0.5}\times10\%+\frac{0.5}{1+0.5}\times6\%=8.67\%$$

$$V_U=\frac{400}{8.67\%-4\%}=8\,565（万元）$$

为了计算公司的有杠杆价值，要计算它的税后WACC：

$$WACC=\frac{E}{E+D}r_E+\frac{D}{E+D}r_D(1-\tau)$$

$$=\frac{1}{1+0.5}\times10\%+\frac{0.5}{1+0.5}\times6\%\times(1-0.25)=8.17\%$$

根据固定成长估价模型，包含利息税盾的公司价值为：

$$V_L=\frac{400}{8.17\%-4\%}=9\,592（万元）$$

利息税盾的价值为：

$$PV（利息税盾）=V_L-V_U=9\,592-8\,565=1\,027（万元）$$

除税收之外，债务和股权筹资的另一个重要区别就是，债务必须要偿付，否则公司要破产，而公司却没有必须支付股利和实现资本利得的义务。如果破产成本高昂，这些成本就可能抵销债务筹资的抵税优势。

（三）调整现值法

调整现值法（adjusted present value，APV）是确定投资的有杠杆价值V_L的另一种估值方法。它首先计算投资的无杠杆价值V_U，即不考虑债务税盾效应时的价值，然后加上利息税盾的价值，再减去由其他市场摩擦引起的成本。为简化问题的分析，假设企业所得税是唯一要考虑的市场摩擦，债务对公司价值的影响主要是通过利息税盾效应起作用的，其他市场摩擦（如财务困境成本或代理成本）在所选择的债务水平上不显著。我们只考虑债务的税盾收益，而忽略债务的其他成本。当然，APV法也可以很容易地拓展到将这些成本包含进来。事实上，对于债务水平并不是很高的公司，利息税盾很可能是影响资本预算决策最重要的市场摩擦。APV法的简单计算公式如下：

$V_L=V_U+PV$（利息税盾） (7-26)

APV法直接加入了利息税盾的价值，而不是像加权平均资本成本法（WACC法）那样通过调整折现率来实现。

APV法的第一步是用无杠杆资本成本来折现有债务公司的现金流量，得到无杠杆价值，就相当于没有考虑债务的税盾效应，它并不是指项目或公司没有债务，而是指没有考虑债务税盾收益时的价值（又因为r_U的确是无债务公司或全权益公司的资本成本，故将其称为无杠杆资本成本）。目标杠杆比率是指公司根据项目的价值或现金流量成比例地调整债务水平（这一比例不必恒定不变），固定的债务与股权比率是目标杠杆比率的一种特殊情形。APV法适用于不同的筹资政策，具有很强的灵活性。

公司的无杠杆资本成本等于它的税前加权平均资本成本：计算时使用的是债务的税前成本r_D，而不是税后成本r_D（$1-\tau$）。如果投资项目的系统风险与公司的主营业务的系统风险大致相同，或者属于同一行业内的投资或并购，则投资项目的无杠杆资本成本就等于公司的无杠杆资本成本；如果不同，则要参照与项目的系统风险相当的可比公司的无杠杆资本成本，来计算项目自身的无杠杆资本成本。APV法对债务的利息税盾单独估值，不像WACC法那样将利息税盾收益包含在折现率中。

项目的无杠杆价值V_U没有包含债务的利息费用产生的税盾价值。APV法的第二步就是根据项目的借债能力估计出预期的利息费用和税盾，继而计算出债务利息税盾的价值。第t年的利息费用，要根据上一年年末的未偿还债务的余额来计算：

第t年的利息费用$=r_D \times D_{t-1}$ (7-27)

式中，r_D表示债务的利率；D_{t-1}表示第t-1年年末的债务余额。

要计算利息税盾的现值，需确定合适的资本成本。若公司保持目标杠杆比率，它的未来利息税盾与项目的现金流具有相同的风险，则利息税盾应以项目的无杠杆资本成本来折现。

应用APV法确定有杠杆投资的价值，步骤如下：

（1）用无杠杆资本成本r_U对投资项目的自由现金流量折现，确定投资的无杠杆价值V_U。给定固定的债务与股权比率，可估计r_U。

（2）确定利息税盾的现值：

① 确定预期的利息税盾：给定t期的预期债务D_t，则t+1期的利息税盾为$\tau r_D D_t$。

② 对利息税盾折现。如果公司保持不变的债务与股权比率，则用r_U对利息税盾折现是合适的。

（3）将利息税盾的现值加到投资的无杠杆价值V_U上，以确定投资的有杠杆价值V_L。

APV法比WACC法复杂，APV法需要分别进行两次估值：无杠杆项目与利息税盾的估值。要计算利息税盾，需要计算和确定项目的借债能力，而项目的借债能力又取决于项目的价值。要计算APV，就要知道每期的债务水平以确定每期支付的利息，从而确定每期的利息税盾，但在保持不变的债务与股权比率时，需要知道项目每期的价值才能确定每期的债务水平。因此，在保持债务与股权比率不变的前提下应用APV法，需要同时求解项目的债务筹资额和价值。不过，只要设定每期债务水平和公司价值的内在等式，运用Excel的迭代运算，就很容易同时求解这两项。

具体来说，在电子数据计算表中，在借债数额这一行插入一个公式，将借债能力设定为项目每年价值的目标比例。这样，项目每年价值这一行的值依赖于借债能力这一行的值，反之亦然，即在数据表中产生了循环参照。在Excel表中对数据表进行迭代运算，直到这两行的值保持一致（满足目标资本结构）为止。

APV法比较复杂，但仍然有很多优点。如果公司不能保持不变的债务与股权比率，APV法就比WACC法更易于应用。APV法也可以明确地对市场摩擦估值，使得管理者能够衡量这些市场摩擦对价值的影响。

[例7-10] 假设L公司正在考虑收购其所在行业中的另一家公司。预计此次收购将在第1年使得L公司增加300万元的自由现金流量，从第2年起，自由现金流量将以3%的速度增长。L的协议收购价格为4 000万元。交易完成后，L公司将调整资本结构以维持公司当前的债务与股权比率不变。L公司的股权资本成本为12%，债务成本为8%，公司始终保持债务与股权比率为0.5，企业所得税税率为25%。此次收购的系统风险与L公司其他投资的系统风险大致相当。收购需要初始投入资金4 000万元，其中2 500万元将通过新债务筹资获得。使用APV法计算收购投资的价值。（计算取整数）

首先计算L公司的无杠杆资本成本r_U：

$r_U = 12\% \times 0.5 + 8\% \times 0.5 = 10\%$，

接下来计算收购交易的无杠杆价值：

$V_U = 300 \div (10\% - 3\%) = 4\,286$（万元）

L公司初始时将新增债务2 500万元为收购筹资，利率为8%，第1年的利息费用为200万元（8%×2 500），利息税盾为50万元（25%×200）。预期收购的价值将以每年3%的速度增长，所以收购交易需要的债务筹资额以及相应的利息税盾，也将以相同的速度增长。利息税盾的现值为：

$$
\begin{aligned}
PV(\text{利息税盾}) &= 50 \div (10\% - 3\%) \\
&= 714(\text{万元})
\end{aligned}
$$

应用APV法计算杠杆收购的价值为：

$$
\begin{aligned}
V_L &= V_U + PV(\text{利息税盾}) = 4\,286 + 714 \\
&= 5\,000(\text{万元})
\end{aligned}
$$

在更复杂的资本结构情形下应用APV法，关键是要分析利息税盾是如何变化的，从而合理地确定对利息税盾的折现率。对利息税盾的折现率可能不止一种，这取决于项目或公司的筹资政策。

三、财务困境、管理者激励与信息

（一）财务困境成本与公司价值

未来现金流量不稳定以及对经济冲击高度敏感的公司，如果使用过多的债务，则破产风险增大。破产成本至少部分地抵销了利息税盾的收益，从而促使公司比单纯考虑节税因素时使用较少的债务。如果公司在履行债务的偿付时遇到麻烦，则表明公司陷入财务困境。

《中华人民共和国企业破产法》的设立规定了解决公司债务的程序。然而，破产程序复杂、耗时而且成本高昂。除了破产的直接的法律和咨询、管理费用外，还有许多其他的与财务困境相关的间接成本（不论公司是否已经正式申请破产）。尽管这些成本难以准确计量，但它们通常比破产的直接成本大得多。比如，客户、供应商、员工的流失，应收账款的损失，资产的“救火式”出售（陷入财务困境的公司可能被迫迅速出售资产以筹集现金，这意味着公司必须接受低于资产实际价值的价格）以及延迟清算（公司的管理层可能运用破产保护来推迟本应该被关闭的公司的清算）。如果对公司的贷款对债权人而言是一项重大的资产，公司的违约可能导致债权人陷入代价高昂的财务困境。

应该综合考虑债务的利息税盾收益与财务困境成本，以确定公司为最大化公司价值而应该筹集的债务额。这一分析被称作权衡理论，也即对有债务公司的债务税盾收益和财务困境成本两者进行权衡。根据权衡理论，有杠杆公司的总价值等于无杠杆价值加上债务抵税收益的现值，再减去财务困境成本的现值：

$$V_L=V_U+PV（利息税盾）-PV（财务困境成本） \tag{7-28}$$

财务困境成本的现值由两个重要的定量因素决定：①发生财务困境的概率；②公司遭遇财务困境的成本。财务困境成本取决于这些成本来源的相对重要性，而且，成本大小也因行业而异。例如，如果高科技公司陷入财务困境，由于潜在客户和核心员工的流失以及缺乏容易清算的有形资产，招致的财务困境成本可能会很高。相反，不动产密集性高的公司的财务困境成本可能会较低，因为公司价值大多来自于相对容易出售和变现的资产。财务困境发生的概率取决于公司将无力履行偿债义务因而违约的可能性。财务困境出现的概率随着公司负债的增加（相对于公司的资产）而增加，它还随公司现金流量和资产价值的波动而增加。现金流量稳定可靠的公司，比如公用事业公司，就有能力举借较多的债务，而同时，违约的概率仍然非常低。价值和现金流量的波动性很高的公司应该使用较少的债务以避免显著的违约风险。

权衡理论有助于解决有关债务的两个难解之谜。财务困境成本的存在可以解释，为什么公司选择的债务水平过低以至于不能充分利用利息税盾。财务困境成本的大小和现金流量的波动性能够解释不同行业间债务比例的差异。

（二）管理者激励、债务的代理成本和代理收益

1.债务的代理成本

管理者的决策一般会增加公司股权的价值。公司有债务时，如果投资决策对股权价值

和债务价值产生不同的影响和后果，此时就会发生利益冲突。如果公司陷入财务困境的风险较高，这样的利益冲突最有可能发生。在某些情形下，管理者可能会采取一些使股东受益但会损害债权人利益的行动，结果导致公司的总价值下降。

假设某小公司有一笔100万元年末到期的贷款。如果公司的策略不变，到年末，公司资产的市值将只值90万元，公司将违约。公司的管理者正在考虑一项新策略，这一策略粗看似乎有前途，但仔细分析后，实际充满风险。它不需要预先投资，但是成功的可能性只有50%。如果成功，它将使公司的资产价值增加到130万元；如果失败，资产价值将急剧下降到30万元。在新的策略下，公司资产的期望价值为80万元（50%×130+50%×30），与原先90万元的公司价值相比，减少了10万元。尽管如此，一些管理者仍然建议应该实施新策略。

如表7-5所示，如果公司不实施新策略，公司最终将违约，股东必定一无所有。如果公司尝试这个风险策略，股东也没有什么可损失的。但是，如果策略成功，公司在偿付债务后，股东将得到30万元。假定成功的可能性为50%，则股东的期望所得为15万元。

表7-5　**在每种策略下，债务与股权的价值**　单位：万元

	旧策略	新的风险策略		
项目	价值	成功	失败	期望值
资产价值	90	130	30	80
债务	90	100	30	65
股权	0	30	0	15

新策略的总体期望价值为负，但股东仍可从实施新策略中获利，而债权人将遭受损失：若公司采取新策略，债权人的总体期望所得为65万元，与原先（旧策略下）将会收到的90万元相比，损失了25万元。债权人损失的25万元，相应地包含了股东得到的15万元，以及因新策略的风险加大而带来的预期损失10万元。实质上，股东是在用债权人的钱冒险。这个例子表明了一个基本观点：在公司遭遇财务困境时，即使投资项目的净现值为负，股东仍可能从公司的高风险投资中获利，此即“过度投资问题”：管理者和股东有动机投资于净现值为负的高风险项目。

与上例相反，管理者考虑另一个有吸引力的投资机会，该投资要求初始投资10万元，预期将产生50%的无风险收益率。如果当前的无风险利率为5%，这项投资的净现值明显为正。唯一的问题是，公司手头没有充足的现金进行投资。由于公司已陷入财务困境，无法发行新股筹资，假设现有股东向公司提供所需要的10万元新资本。如果股东为项目提供10万元，那他们只能收回5万元。项目产生的另外10万元流向债权人，债权人的所得从90万元增加到100万元。由于债权人得到该项目的大部分收益，所以尽管该项目为公司提供了正的净现值，对股东来说却是一项净现值为负的投资机会（-5万元（5-10））。

这一例子表明了另一个观点：公司面临财务困境时，它可能不会选择净现值为正的新

项目筹资。在这种情形下，存在“投资不足问题”：股东不愿意投资于净现值为正的项目。股东拒绝投资净现值为正的项目，放弃了投资机会的净现值，这将对债权人和公司的总价值造成损害。对于那些未来可能有大量的盈利性增长机会需要投资的公司而言，这种成本将更高。

上面的简化例子表明，债务的存在可能会激励管理者和股东从事减少公司价值的行为。在上述每一种情形下，股东的获利都是以债权人的损失为代价的。

2.债务的代理收益

使用债务的一个优势就是，使得公司原先的股东能够维持他们的股权不被稀释。作为大股东，他们有强烈的利益动机去做最有利于公司的事情。发行股票的一个负面影响就是可能会诱使管理者享受在职消费。管理者努力程度的降低和过度的在职消费，构成了代理成本的另一种形式。这些代理成本的产生，是由于公司发行股票从而导致股权被稀释所致。如果证券被公允定价，则由公司的原先股东承担这种代理成本。

管理者要从事浪费性投资，就必须要有可投资的现金。自由现金流假说认为，如果公司在满足了所有净现值为正的投资和对债权人的偿付所需要的现金后，仍然有现金流量，这样的公司就更易于发生浪费性开支。在现金流量紧缺时，管理者更可能会竭尽所能地有效经营公司。根据这一假说，债务的存在使得公司承担了未来支付利息的责任和义务，从而减少了公司剩余的现金流量，进而减少了管理者的浪费性投资。此外，公司的债务水平较高时，债权人自己也会密切监督管理者的行为，从而为抑制管理者的疏忽失职提供了额外的防护（过多的债务也可能削弱公司，加大公司的财务脆弱性）。

3.权衡理论的扩展

考虑债务的代理成本和代理收益后，资本结构决策的权衡模型可以扩展为如下形式：

$$V_L=V_U+PV（利息税盾）-PV（财务困境成本）-PV（债务的代理成本）+PV（债务的代理收益） \quad (7-29)$$

权衡理论解释了公司应该如何选择其资本结构以最大化公司的价值。但这些结论不必与公司的实际做法相一致。同投资决策一样，资本结构决策也是由管理者按自己的动机作出的。现实中的资本结构决策还要考虑更多的因素。

（三）信息不对称与资本结构

管理者很可能比外部投资者掌握更多的关于公司及其未来现金流量的信息，管理者和投资者之间存在信息不对称。信息不对称会影响管理者的资本结构决策。

1.作为可靠信号的债务

假如管理者认为公司的股价被市场低估了，公司坚信产品创新和即将引入的生产制造改进技术，将使公司继续领先于其竞争对手，并且有能力将当前良好的盈利能力一直保持到未来。公司要努力使投资者相信公司光明的未来，以提升公司当前的股价。一种措施是发起一项改善投资者关系的行动，如向投资者召开新闻发布会，描述产品创新和生产改进的好处。但投资者预期这种信息发布可能是有偏差的，为了使市场信服，公司必须采取行动，向市场传递关于管理层对公司了解的可置信信号。基于自利动机的消息宣告，只有当其有行动支持时才是可信的；如果宣告的消息不真实，那么要采取的行动就会因成本太高而无法实施。

解决上述问题的一种策略就是，使公司未来承担大量的债务偿付的义务。如果管理者是正确的，公司未来的债务偿付就不会有麻烦。财务困境对公司的代价很高，对管理者也是如此。管理者可通过使用债务这种方式，使投资者相信他们确实知道公司未来会成长，即使管理者不能提供有关成长源泉的可验证的细节信息。投资者知道如果没有成长机会，公司会有违约风险，因此，从某种程度上，他们会将公司债务水平的增加视为管理者信心的一个可靠信号。

2.排序理论

当卖方拥有关于商品价值的私密信息时，由于逆向选择，买方将选择折价支付。这一原理可应用于股票市场。公司所有者出售股权的意愿，可能导致潜在投资者怀疑这一投资机会是否真的好，所以会降低愿意为该项投资支付的价格。由逆向选择带来的价格折扣构成股票发行的一项潜在成本，它可能会使有好消息的公司回避发行股票，这称作股票发行的逆向选择。

假设某生物科技公司没有债务，有2 000万股流通股，当前股价为每股10元，股票总市值为20 000万元。基于正在研发的某种新药的前景，公司的管理者相信，目前公司的真实价值应该为30 000万元，相应地，股价应该为15元。管理者相信，待明年药物的临床试验结束后，股价将反映这一更高的价值。

公司已经宣布计划筹资6 000万元建立新的实验室。依据当前每股10元的价格，公司需要发行600万股新股。到明年，好消息（研发实验成功）公布后，公司资产的价值将变为36 000万元（30 000万元（现有资产）+6 000万元（新实验室的价值））。流通股总数为2 600万股，新的股价将为13.85元（36 000÷2 600）。

假设公司等待好消息公布后，股价上升到15元时，再发行新股。那么，到时公司要出售400万股以筹集6 000万元。公司资产的总价值又将为36 000万元，但公司却只有2 400万股流通股，股价为15元（36 000÷2 400）。

以上分析表明，当管理者知道股价被低估时，发行新股将使公司原先的股东遭受损失，他们的股票将只值13.85元而非15元。结果是，如果管理者主要关注公司现有股东的利益，他们将不愿意以低于其真实价值的价格出售股票。如果管理者认为当前股票被低估，他们宁愿等待股价上涨后再发行股票。

[例7-11] 某公司需要为一个新的投资项目筹集9 500万元资金。如果公司发行1年期债券，它必须支付8%的利率，尽管该公司的管理者认为在给定的风险水平下6%的利率才是合理的。然而，如果公司发行股票，管理者认为股价可能被低估5%。公司分别运用留存收益、发行债券和发行股票的方式为项目筹资时，现有股东负担的成本分别是多少？

可以通过比较以下两方面成本来评价筹资选择：公司为得到筹资必须支付的成本；管理者认为市场拥有与他们同样的信息时，公司应该为筹资支付的成本。

如果公司用9 500万元留存收益投资，而不是将其以红利的形式派发给股东，那么为项目筹资的成本就是9 500万元。

发行1年期的债券将使公司1年后要支出10 260万元（9 500×1.08），根据管理者对公司风险的认识，此项支出的现值为9 679万元（10 260÷1.06）。

如果股票价值被低估5%，为了筹集9 500万元，公司需要发行实际价值为10 000万元的新股。例如，如果公司每股价值为50元，但售价仅为每股47.50元（0.95×50），则需要发行200万股（9 500÷47.50）。这些股票的真实价值为10 000万元（200×50）。因此，股权筹资的成本为10 000万元。

比较上述三种筹资选择可知，留存收益是最便宜的资金来源，其次是债务，最后是发行股票。这个排序反映了管理者与投资者之间信息不对称的影响，信息差异将导致发行新证券，特别是发行新股时的“柠檬效应”问题。

公司在价值被低估时倾向于不发行股票，由于逆向选择，投资者只愿意为证券投资支付低于其真实价值的折扣价格。如果公司试图发行股票，投资者将在他们原先愿意支付的价格上打折，以此来反映管理者隐藏坏消息的可能性。管理者发现，在股票被低估时发行股票的成本高昂，所以他们可能会选择其他筹资方式。低风险债务的价值对管理者关于公司的私密信息不是非常敏感（债务的价值主要由利率决定），债务价值被低估的程度一般要比股权的小。当然，如果公司尽可能地使用留存收益为投资项目筹资，就能够完全避免股权和债务的价值被低估。因此，认为公司股权价值被低估的管理者将会偏好使用留存收益或债务为投资活动筹资，而不是依靠股权筹资。反过来说也是正确的：认为公司股权价值被高估的管理者将偏好股票筹资，而不是靠债务或留存收益筹资。考虑信息不对称和逆向选择的影响，管理者偏好首选留存收益筹资，然后是债务筹资，而将发行新股作为最后的选择，这一观点通常被称为排序理论。此外，积极主动地改变公司的资本结构（例如，通过出售或者回购股票或债券）牵涉到交易成本，公司很可能不愿意改变资本结构，除非资本结构严重偏离了最优水平。由于公司股权的市值随股价的变化而波动，所以大多数公司的资本结构变动很可能是被动发生的。

□ 思政课堂

把国企降杠杆作为“去杠杆”重中之重

2017年8月23日召开的国务院常务会议提出，当前要抓住央企效益转降回升的有利时机，把国企降杠杆作为“去杠杆”的重中之重，做好降低央企负债率工作。供给侧结构性改革的微观基础在于企业改革，其中国有企业是主力军，也是主战场。建立严格的分行业负债率警戒线管控制度，建立多渠道降低企业债务机制，积极稳妥推进市场化、法治化、债转股，强化问责，在推动新旧动能接续转换中实现产业转型升级和降杠杆……此次的国务院常务会议就央企深化改革降低杠杆作出了一系列具体部署。

国资委对一些高负债企业实施负债率和负债规模“双管控”，通过预算、考核、薪酬、投资管理等方面联动，加大管控力度。除了部分央企与有关银行签订了市场化债转股框架协议外，国资委还鼓励企业通过IPO、配股等方式从资本市场融资，改善资本结构；支持企业开展资产证券化业务，盘活存量资产来筹集发展资金，尽量减少对负债的依赖。

目前开展的市场化债转股主要集中在钢铁、煤炭、冶金等行业，未来应积极稳妥地扩大到更多负债率较高、产品有市场、有竞争力的实体经济行业和企业。兼并重组也是国企“去杠杆”的有效途径，有利于提高国企的资源整合和使用效率，进而降低企业的杠杆率。推动央企资产负债率总体持续稳中有降，一方面要从内部发力，可以在深化国企改革、盘活存量资产、增加经营积累、强化资本约束、拓展股权融资、推进债务重组等方面综合施策；另一方面要从外部着力，加快多层次资本市场建设，创新金融服务方式，提升金融服务的效率和水平。

□ 本章小结

1.资本成本是公司的投资者（包括股东和债权人）对投入公司的资本所要求的最低收益率或投资的机会成本，即投资于具有相同风险和期限的其他证券所能获得的期望收益率。资本成本是指公司接受不同来源的资本净额与预计的未来现金流出量的现值相等时的折现率，这里的资本净额是指公司收到的全部资本扣除各种筹资费用后的剩余部分，未来现金流出量是指公司未来各年支付的利息、股利和本金等。

2.经营风险是指由于商品经营上的原因给公司的收益带来的不确定性，影响经营风险的因素主要有产品需求、价格和产品成本变动等，通常用经营杠杆系数来衡量这一风险；财务风险是指举债经营给公司收益带来的不确定性，影响财务风险的因素主要有资本供求、利率水平、获利能力以及资本结构的变化等，财务风险通常用财务杠杆系数来衡量。

3.根据MM第一定理，在完美资本市场中，公司价值与其资本结构无关。根据MM第二定理，举债增加了股权的风险，提高了股权资本成本。较低的债务成本的优势被较高的股权资本成本所抵消，结果，在完美资本市场中，公司的加权平均资本成本保持不变。考虑所得税时，有杠杆公司的总价值等于公司的无杠杆价值加上利息税盾的现值。

4.如果利益相关者之间存在利益冲突，就会产生代理成本。公司遭遇财务困境时，股东可以靠激进地投资于风险高、净现值为负的项目而获利；公司也许不为净现值为正的新项目筹资；股东有动机以低于资产市值的价格清算资产，并将所得现金作为红利发放。

5.如果管理者比投资者拥有更多的信息，就会存在信息不对称。给定不对称信息，管理者可以使用债务作为置信信号，向投资者传递公司产生未来自由现金流的能力。

□ 基本训练

1.购置房地产通常至少80%的资金要靠债务筹资，然而大多数公司的债务筹资比例不足50%。运用权衡理论解释这种差别。

基本训练指引 7-1

2.某公司的主要业务是通过其庞大的天然气管道网络输送天然气。公司资产的当前市值为15 000万元。公司正在考虑出售部分管道网络以筹集5 000万元用于投资光纤网络的可能性。光纤网络投资主要是依靠出售高速网络宽带从而取得收入，虽然这项新投资预期能增加利润，但同时也将显著地加大公司的风险。公司在有债务时与无债务时相比，这项投资将对股东产生更大还是更小的吸引力？

基本训练指引 7-2

3.根据权衡理论，以下哪些行业的公司会有较低的最优债务水平？哪些行业的公司会有较高的最优债务水平？

a.烟草公司　　　　　b.会计公司

c.成熟的餐饮连锁店　d.木材公司

e.移动电话制造商

基本训练指引 7-3

4.20世纪90年代后期的互联网繁荣期间，许多互联网公司的股票价格飙升到极端的高度。作为这样一家公司的CEO，如果你认为你公司的股价被严重地高估，那么，用你公司的股票换取非互联网公司的股票（换股合并）是一个明智的选择吗？为了获得对方股票你必须要为它们的公允市值支付小额的溢价吗？

基本训练指引 7-4

5.2007年一项中国上市公司理财行为问卷调查研究显示，与公司财务理论描述的不同，52.47%的受访对象认为股权筹资成本低于债务筹资成本，只有47.53%的调查对象认为股权筹资成本高于债务筹资成本。这印证了各方面对中国上市公司筹资行为的“感觉”，同时也解释了为什么中国上市公司更加偏好股权筹资方式。你认为大部分样本公司对筹资成本高低的这种错误判断，可能的原因有哪些？

基本训练指引 7-5

6.K公司为一家服装零售商。公司当前股价为每股10元，有2 500万股流通股。公司宣布，为了降低企业所得税支出，计划借债10 000万元，并用全部借债所得回购本公司股票。

（1）假设资本市场为完美资本市场，则消息宣布后，公司股价为多少？

（2）假设企业所得税税率是35%，股东预期债务的变动是永久性的，则消息宣布后，公司股价为多少？

（3）假设企业所得税税率是35%，股东预期债务的变动是永久性的，如果借债并回购股票的消息宣布后，公司的股价是10.85元，估算K公司的财务困境成本的现值。

基本训练指引 7-6

7.假如你自己经营一家全权益（无杠杆）公司，为了公司的快速成长，公司需要融资5 000万元。如果公司的扩张成功，则公司的无杠杆价值为7 500万元。你担心在融资后无法拥有超过50%的公司股权，你想保持对公司的绝对控制权。也就是说，如果采用股权融资，你可能会失去对公司的控制权。

（1）假设资本市场为无摩擦的完美市场，公司借入（或发行债券）3 000万元新债务，新发行价值2 000万元的股票，共筹集5 000万元。融资完成后，你在公司的持股比例是多少？

（2）假设资本市场为无摩擦的完美市场，公司借入2 500万元新债务，新发行价值2 500万元的股票，共筹集5 000万元。融资完成后，你在公司的持股比例是多少？

（3）假设资本市场为除了存在企业所得税外的完美市场。企业所得税税率为40%。你决定借入2 500万元新债务，新发行价值2 500万元的股票，共筹集5 000万元。融资完成后，你在公司的持股比例是多少？

基本训练指引 7-7

（4）假设资本市场为除了存在企业所得税外的完美市场。企业所得税税率为40%。如果你想保持你在公司的最低持股比例为50%，那么你为公司扩张而发行的新债务至少应该是多少？假如企业所得税税率为35%，你想保持你在公司的最低持股比例为50%，那么你为公司扩张而发行的新债务至少应该是多少？

基本训练指引 7-8

8.M公司准备开发一种新产品。按新产品的开发成功情况，公司价值可能为100万元、150万元或191万元，出现上述三种结果的概率相等。假设公司现金流与经济状态不相关

（也即，投资项目的风险是可分散的），于是项目的贝塔值为0，项目的资本成本等于5%的无风险利率。假设M公司在债务违约的情形下，因为破产成本，公司将损失20%的资产价值。

基本训练指引 7-9

（1）M公司的初始无杠杆价值（V_U）是多少？

（2）假设公司下一年将有面值125万元的零息票债券到期。M公司债务的初始价值为多少？债券的到期收益率（YTM）为多少？

（3）假设公司下一年将有面值125万元的零息票债券到期。M公司股权的初始价值为多少？M公司的总价值为多少？

（4）M公司的财务困境成本的现值是多少？

（5）假设在年初，公司没有债务，流通股股数为5.6万股，公司的股价是多少？

（6）假设在年初，公司没有债务，流通股股数为5.6万股。现在如果M公司发行将于下一年末到期的债券，债券到期时需要偿还125万元，使用发行债券所得资金回购股票，则宣告发行债券并回购股票的消息时，M公司的股价为多少？

9.W公司是一家制造家庭智能管理系统设备及开发软件的公司，公司目前正在考虑向新的市场扩张。扩张业务的风险和公司现有资产的经营风险相同。经营扩张需要5 000万元的初始投资，投资后预期每年将产生2 000万元的、永久性的息税前利润。初始投资以后，预期未来每年的资本性支出等于折旧，预计不需要再投入净营运资本。

公司当前的资本结构由50 000万元股权和30 000万元债务（市场价值）构成，流通股有1 000万股。无杠杆资本成本为10%，债务为无风险债务，利率为4%。企业所得税税率为35%，无个人所得税。

（1）公司最初计划通过发行股票筹资。如果投资者没有预期到这一扩张，并且如果他们将分享公司所预期的扩张收益的话，那么一旦公司宣布扩张计划，股票价格会是多少？

（2）假设投资者认为公司扩张产生的息税前利润每年只有400万元，在这一情形下，公司股价又将是多少？公司需要发行多少股票？

（3）假设公司在（2）问的情形下发行股票，发行股票不久后，由于新信息的出现，使得投资者相信，实际上管理者关于业务扩张产生的未来现金流量的估计原本是正确的。则此时的股价会是多少？为什么与（1）问中计算的股价不同？

（4）假设公司通过发行5 000万元的永久性无风险债券筹资。如果公司运用债务资金从事扩张投资活动，一旦新消息发布，新的股价将是多少？将你的答案与（3）问比较，分析此时债务筹资的两种优势是什么？

□ 微型案例

R公司生产制造在设备器械和其他应用中使用的微处理机芯片。公司没有债务，有流通股10 000万股。股票的准确价格应该是每股14.50元或12.50元，投资者认为出现这两种情形的概率很可能相等，于是股票当前的交易价格为13.50元。

该公司必须筹集50 000万元建造一个新的生产设备。管理者意识到，如果公司遭遇财务困境，随着客户和技术人才的流失，将会给公司带来极大的损失，管理者还估计，公司如果借债50 000万元，财务困境成本的现值将超出债务的税盾收益2 000万元。同时，由于投资者认为管理者知道公司股票的准确价格，如果公司发行股票筹集50 000万元，将会面临逆向选择问题。

（1）假设，如果公司发行股票，每股价格仍为13.50元。一旦管理者知道公司的真正价值（假设为a或b），为最大化公司的长期股票价格，管理者会选择发行股票，还是会选择借入50 000万元？

a.管理者知道每股的准确价格为12.50元。

b.管理者知道每股的准确价格为14.50元。

（2）根据你在（1）问中的答案，如果公司发行股票，投资者应该得出什么结论？股价将发生怎样的变化？

案例分析指引

（3）根据（1）问的答案，如果企业发行债券，投资者应该得出什么结论？股价又将发生怎样的变化？

（4）如果没有财务困境成本，只有杠杆的节税收益，你的答案将会如何变化？

第八章

股利政策

从1976年布莱克提出“股利之谜”，到2001年法玛和弗兰奇提出“消失的现金股利之谜”，经济学家作出了种种解释，迄今仍未达成共识。观察股利政策的实践，可以发现公司收益的分配方式各不相同。美国通用汽车公司多年一直奉行稳定的股利政策，1982年对其股票进行分割，并把股利从每股5美元上升到每股6美元，这一决定的宣布使公司的股价升值了5%。微软公司1986年上市直到2003年才开始分红，2004年7月公司宣布向在册股东一次性派发现金股利320亿美元，同时计划在以后的4年内回购股票价值300亿美元。但许多公司不断降低股利支付率，甚至很少支付现金股利。据投资银行摩根的数据，美国500家最大公司的股利支付率已从1990年的50%以上降至30%左右，即所谓的“股利消失”现象。作为现金股利的替代方式，股票回购起源于20世纪50年代的美国，在20世纪70年代后快速发展。20世纪70年代尼克松政府为扭转经济下行限制上市公司发放现金股利，使得股票回购增加，回购成为发放股利的主要形式。2018年，美股标准普尔500指数成分股回购规模与其走势趋同，刷新历史高位。2018年上半年美国上市公司宣布了约6 800亿美元的股票回购，超过2017年5 300亿美元的纪录。与此相同，中国A股公司回购规模近年逐渐扩大，至2018年9月A股回购规模达236亿元，超过2017年全年水平。商业贸易板块回购规模领先，美的集团、永辉超市等个股回购额居前。美股和A股股票回购公司均表现出较高盈利能力且相对估值水平较低，股份回购公司营业收入增速、净利润增速高于整体水平。

通过本章学习，你可以掌握现金股利与股票股利的动机；熟悉股票回购与股票分割对公司价值和投资者收益的影响；了解股利政策无关论和税收差别理论的基本思想；理解股利政策与公司价值、税收、代理成本、交易成本等基本思想；掌握股利政策的决定因素和实务中的基本做法。

第一节　股利支付方式

一、现金股利

股利作为股东的一种财产权利，是股东获取投资报酬的重要形式之一。以现金支付股利是公司最常采用的股利支付形式。一旦公司宣布发放股利，股利就会成为公司一项不可撤销的负债。

现以万华化学（600309）现金股利为例，说明现金股利发放程序。根据万华化学股份有限公司2021年4月20日发布的2020年度利润分配实施公告，公司将以2020年末总股数3139 746 626股为基数，每股派发现金红利1.30元（含税），共计派发现金红利4 081 670 613.80元。本次分红的股权登记日为2021年4月23日，除息日为2021年4月26日，现金股利发放日为2021年4月26日。

（1）股利宣告日（declaration date），即董事会宣告发放股利的日期。万华化学的股利宣告日为2021年4月20日。

（2）股权登记日（holder-of-record date），即确定股东是否有资格领取股利的截止日期。只有在股权登记日之前登记注册的股东才有权利分享股利。在本例中，如果万华化学的股东将其股票卖给另一位投资者，而且在股权登记日2021年4月23日下午5点之前办妥了所有权转移手续，则这位新股东就可以得到股利。但是如果股票所有权转移手续是在2021年4月23日以后才办好，则卖出股票的股东将收到股利。

（3）除息日（ex-dividend date），是指领取股利的权利与股票彼此分开的那一日。由于股票的买卖过户需要一段时间，按照国际惯例，如果股票的所有权转移发生在股权登记日往前算起的第二个工作日之后，则卖方仍为股票持有人，有权享有股利；只有股票所有权的转移手续在股权登记日的前两个工作日以前办好，买方才能成为股票持有人并有权享有股利。与国际惯例不同，在我国，大多数公司将股权登记日作为除息日。万华化学此次派发股利的除息日为股权登记日后第一个工作日（4月24日、25日为周末），也就是说如果你在2021年4月26日或以后购入万华化学股票，不再享有该公司此次分红配股。

（4）股利支付日。股利支付日（payment date）即公司向股东发放股利的日期。本例中万华化学只有在2021年4月26日才会将股利划给名字已列入“股权登记日股东名册”中的股东账户中。股利支付日可以与除息日为同一天，也可以在除息日之后的某一天。

公司宣告发放现金股利后，股票价格通常在除息日下跌，如图8-1所示。

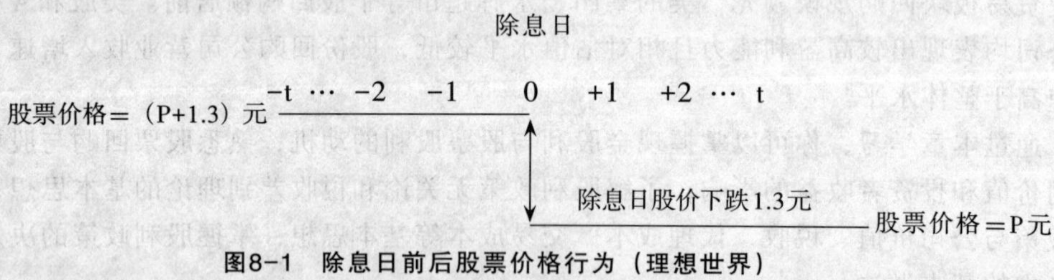

图8-1 除息日前后股票价格行为（理想世界）

在既无税收又无交易成本的理想世界里，股票价格下跌数额应等于股利数额。如果除息日之前股票价格等于P+Div，那么除息日或除息日之后股票价格等于P。实证研究表明由于个人所得税的影响，股票价格的下跌额将小于股利额。

二、股票回购

向投资者支付现金股利的替代方式是股票回购，即上市公司利用现金等方式，从市场上购回本公司发行在外的一定数额的股票的行为。一般情况，公司在回购完成后会将所回购的股票注销。其他情况，公司将回购的股票作为“库存股”保留。在我国，库存股可以用于发行可转债、实施员工持股计划或者股权激励等，也可以在需要的时候出售用以增加公司的资金。

［例8-1］假设ABC公司流通在外普通股股数100 000股，每股市价10元。假设有两种股利分配方式：（1）公司决定每股发放1元的现金股利；（2）以每股10元的价格回购10%的股票。在无税收、无交易成本的理想世界里，发放现金股利、股票回购前后的资产负债表见表8-1。

表8-1　**ABC公司现金股利与股票回购**　金额单位：元

资产		负债和股东权益	
A.股利分配前资产负债表			
库存现金	150 000	负债	0
其他资产	850 000	股东权益	1 000 000
合计	1 000 000	合计	1 000 000
流通在外普通股股数（股）	100 000		
每股市价	10		
B.发放现金股利后资产负债表			
库存现金	50 000	负债	0
其他资产	850 000	股东权益	900 000
合计	900 000	合计	900 000
流通在外普通股股数（股）	100 000		
每股市价	9		
C.股票回购后资产负债表			
库存现金	50 000	负债	0
其他资产	850 000	股东权益	900 000
合计	900 000	合计	900 000
流通在外普通股股数（股）	90 000		
每股市价	10		

根据表8-1，如果公司决定每股发放1元的现金股利，需要支付现金100 000元，由此使公司资产的市场价值下降到900 000元，每股市价下降到9元。如果公司从现有股东手中回购10%的股票，随着现金支出和公司资产市值的减少，公司持有的股票股数减少为90 000股，资产市值减少与流通股股数减少相互抵销，股票的市场价格仍然保持10元的水平。上述分析表明，现金股利政策和股票回购政策是相同的。在这两种方式下，公司都需要支付一定数量的现金给股票的持有者，不论是以现金的形式发放股利，还是以现金的形式回购股票，其结果都使公司总资产减少了100 000元。

对投资者来说，无论是收到现金股利，还是出售股票获得现金，其财富价值并没发生变化。假设投资者A在股利分配前持有1 000股价值10 000元的ABC公司的股票，发放现金股利后，他可以得到1 000元的现金（股利）和1 000股价值9 000元的股票。如果公司采取股票回购方式，投资者A在股票回购前持有1 000股该公司的股票，占公司股票总数的1%。如果他将手中10%的股票100股出售给该公司，其所占的股数仍然为1%，这时该投资者的收入包括1 000元的现金收入和900股价值9 000元的该公司股票。

假设不考虑税收因素（股票回购收益缴纳资本利得税，其税率通常不等于股利所得税税率），现金股利和股票回购并不影响投资者财富价值，见表8-2。

表8-2 现金股利与股票回购对投资者财富的影响

项目	发放股利	股票回购
股利分配前价值	10元/股×1 000股=10 000元	10元/股×1 000股=10 000元
股利分配后价值		
现金股利或股票回购	1元/股×1 000股=1 000元	10元/股×100股=1 000元
股票市场价值	9元/股×1 000股=9 000元	10元/股×900股=9 000元

在实务中，采用现金回购流通在外的股票主要有三种方式：

（1）公司像普通投资者一样按照公司股票当前市场价格购买自己的股票。在这种公开市场回购中，公司无须披露其购买身份，因此，股票卖方根本无法判断其股票是回售给公司还是其他投资者。

（2）要约回购。公司向所有股东宣布将以某一价格回购一定数量的股票，这个价格一般比目前市场价格高20%，以吸引股东卖出他们的股票，股东可以选择是否接受。例如，假设ABC公司发出要约将以每股12元的价格回购10 000股流通在外的股票。实际上，如果要约价格足够高，股东打算卖出的股票数量就会多于10 000股。在极端情况下，所有流通在外的股票都接受要约，此时ABC公司将按10：1的比例回购股票。另一种情况，如果公司并未收购足够的股份，那么要约可以撤消。

与要约收购有关的另一种方法就是荷兰式拍卖（Dutch auction）。在这种方式下，公司将公布一系列准备回购股票的价格，股东则投标宣布在每一个价格下愿意卖出股票的数量，公司进而选择能够实现既定目标的最低价格。

（3）目标回购。在这种情况下，公司向特定股东回购一定数量的股票。采用这种方法可能出于以下原因：向个别大股东回购股票的价格通常要低于要约回购的价格，法律费用较低；另外，回购大股东的股票还可以避免对管理层不利的收购兼并。

从管理当局而言，公司采取股票回购的方式主要有以下目的：

第一，用于公司兼并或收购。在收购或兼并的场合，产权交换的支付方式无非为现金购买或以股票换股票两种。如果公司有库存股票，即可使用公司的库存股票来交换被购并公司的股票，由此可以减少公司的现金支出。

第二，满足可转换条款和有助于认股权的行使。在公司发行可转换证券或附认股权证的情况下，公司通过回购股票，即可使用库存股票来满足认股权证持有人以特定的价格认购股票，以及可转换证券持有人将其转换成普通股的要求，而不必另外发行新股。

第三，建立企业职工持股制度的需要。公司以回购的股票作为奖励优秀经营管理人员、以优惠的价格转让给职工的股票储备。

第四，改善公司的资本结构。如果公司认为其股东权益所占的比例过大、负债对股权的比例失衡时，就有可能对外举债，并用举债获得的现金回购自己的股票，由此实现资本结构的合理化。

第五，分配公司的超额现金。如果公司的现金超过其投资机会所需要的现金，但又没有足够的盈利性投资机会可以使用这笔现金，就有可能采取股票回购的方式，将现金分配给股东。这样，流通在外的普通股股数就会减少，在其他条件不变的情况下，可使每股收益和每股市价提高。

第六，稳定公司股价。股价过低会使人们对公司的信心下降，削弱公司出售产品、开拓市场的能力。在这种情况下，通过回购股票以支撑公司股价，有利于改善公司形象，股价在上升过程中，投资者又重新关注公司的运营情况，公司也有了进一步配股融资的可能。

一般来说，股票回购向市场传递的信息是公司的股票被低估了，意味着上市公司有充足的现金购买自己的股票。因此，上市公司回购股票向市场传递的是好消息。

股票回购对上市公司也可能会产生负面影响：(1) 上市公司回购股票需要大量的资金来支付，大量的现金消费会降低公司的资产流动性，可能会造成公司资金紧张，影响企业发展。(2) 股票回购等同于减少公司资本，忽视了公司的长远发展，损害了公司的利益。(3) 股票回购容易导致股价操纵。

三、股票股利

股票股利是指公司将应分给投资者的股利以股票的形式发放。从会计的角度看，股票股利只是资本在股东权益账户之间的转移，而不是资本的运用。即它只不过是将资本从留存收益账户转移到其他股东权益账户，并未改变每位股东的股权比例，也不增加公司资产。

假设ABC公司宣布发放10%的股票股利，股票的公平市价为每股10元，即公司要增发10万股的普通股，现有股东每持有10股即可收到1股增发的普通股。随着股票股利的发放，留存收益中有100万元（100×10%×10）的资本要转移到普通股和资本公积账户上去。由于面额（1元）不变，因此，增发10万股普通股，普通股账户仅增加10万元，其余90万元超面额部分则转移到资本公积账户，而该公司股东权益总额不变。发放股票股利前后股东权益见表8-3。

表8-3　**发放股票股利前后股东权益**　单位：万元

发放股票股利前股东权益		发放股票股利后股东权益	
普通股（100万股，每股1元）	100	普通股（110万股，每股1元）	110
资本公积	100	资本公积	190
留存收益	500	留存收益	400
股东权益合计	700	股东权益合计	700
负债和股东权益总计	1 000	负债和股东权益总计	1 000

就股东而言，股票股利除了使其所持股票增加外，几乎没有任何价值。由于公司的收益不变，其所持股份的比例不变，因此，每位股东所持有股票的市场价值总额也保持不

变。如果公司在发放股票股利之后，还能发放现金股利，且能维持每股现金股利不变，则股东因所持股数的增加能得到更多的现金股利。

对管理当局而言，发放股票股利可能出于下列原因：第一，在盈利和现金股利预期不会增加的情况下，股票股利的发放可以有效地降低每股价格，由此可提高投资者的投资兴趣；第二，股票股利的发放是让股东分享公司的收益而无须分配现金，由此可以将更多的现金留存下来，用于再投资，有利于公司的长期健康、稳定发展。

四、股票分割

股票股利的替代方式是股票分割（stock spilt），是指将面额较高的股票交换成数股面额较低的股票的行为。从会计的角度分析，股票分割对公司的财务结构不会产生任何影响，一般只会使发行在外的股数增加、每股面值降低，并由此使每股市价下跌，而资产负债表中股东权益各账户的余额都保持不变，股东权益合计数也维持不变。

假设ABC公司决定实施股票分割计划，股东每拥有1股，就会收到额外的1股，股票面值从每股1元降到每股0.5元。股票分割前后的股东权益见表8-4。

表8-4 **股票分割前后的股东权益** 单位：万元

股票分割前		股票分割后	
普通股（100万股，每股1元）	100	普通股（200万股，每股0.5元）	100
资本公积	100	资本公积	100
留存收益	500	留存收益	500
股东权益合计	700	股东权益合计	700

股票股利和股票分割，除了会计处理不同之外，两者基本上相同：（1）两者都没有增加股东的现金流量；（2）两者都使流通在外的普通股股数增加，且使股票市场价格下降；（3）两者都没有改变股东权益总额，但前者使股东权益内部发生了变化，并必须以当期或留存收益进行股利支付，而股票分割却不受此限制，即使公司过去或现在没有留存收益。

就公司管理当局而言，实行股票分割的主要原因是：

第一，降低股票市价。一般来说，股票价格过高，不利于股票交易活动。通过股票分割降低股价，可使公司股票更广泛地分散到投资者手中。

第二，为新股发行做准备。股票价格过高使许多潜在投资者力不从心而不敢轻易对公司股票进行投资。在新股发行之前，利用股票分割降低股票价格，有利于提高股票的可转让性和促进市场交易活动，由此增加投资者对股票的兴趣，促进新发行股票的流通。

第三，有助于公司兼并、合并政策的实施。当一个公司兼并或合并另一个公司时，首先将自己的股票加以分割，可提高对被兼并方股东的吸引力。假设A公司准备通过股票交易实施对B公司的兼并，设两公司目前股票市场价格分别为50元和5元，根据对对方公司价值的分析，A公司管理当局认为以1：10的交换比率（即10股B公司股票换1股A公司股票），对于双方都是合理的。但1：10可能会使B公司的股东心理上难以承受。为此，A公司决定先按1股变5股对本公司的股票进行分割，然后再按1：2的交换比率实施对B公司的兼并。尽管实质并未改变，但1∶2的交换比率更易为B公司的股东所接受。

第二节　股利政策的争论

一、股利政策无关论

股利政策无关论是由米勒和莫迪利安尼（Miller，Modigliani，1961）[①]首次提出的，M-M理论认为在完善的资本市场条件下，股利政策不会影响公司的价值。即公司价值是由公司投资决策所确定的获利能力和风险组合所决定的，而不是由公司盈余的分割方式(即股利分配政策）决定的。

M-M理论的基本假设是：（1）公司所有的股东均能准确地掌握公司的情况，对于将来的投资机会，投资者与管理者拥有相同的信息。（2）不存在个人或公司所得税，对投资者来说，无论收到的是股利还是资本利得都是无差别的。（3）不存在任何股票发行或交易费用。（4）公司的投资决策独立于其股利政策。M-M理论认为，在不改变投资决策和目标资本结构的条件下，无论用剩余现金流量支付的股利是多少，都不会影响股东的财富。在此主要从三个方面进行分析：

第一，如果公司在满足项目投资需要之后，尚有剩余现金N元支付股利，股利支付前，股东对公司资产具有N元的要求权，股利支付后，一方面公司“库存现金”账户与“股东权益”账户金额等额减少，另一方面股东在得到N元现金后，也丧失了对公司资产相应的要求权。

第二，如果公司没有足够的现金支付股利，股利支付前，它必须增发与股利支付额等同的新股，这可以暂时地增加公司价值，股利支付后，公司价值又回到发行新股前的价值。

第三，如果公司不支付股利，但现有股东希望获取现金股利，那么他们可以通过出售部分股票给新的投资者来换取现金。现有股东在换取现金的过程中，将自己的一部分股权让渡给新的投资者。在完善的市场条件下，新股东购买股票的愿付价格必须与公司股票价值一致。因此，这一活动的结果是新老股东间的价值转移——老股东将自己拥有的一部分资产转让给新股东，新股东则把同等价值的现金交付给老股东，公司的价值保持不变。这种直接交易（股东通过出售股票以换取现金）被称作自制股利（homemade dividend）。

［例8-2］假设AS公司预期每年净利润均为1 600万元；公司下年度资本支出1 600万元，流通在外的普通股股数为320万股，投资者要求的收益率为20%。假设投资者A拥有该公司股票3 000股，不同股利支付政策对投资者财富的影响分析如下：

（1）公司股利支付率为0，净利润全部用于项目投资，项目投资后公司每年预期现金流量为2 000万元（假设持续经营），公司价值为10 000万元（2 000÷20%），新项目公告后每股价格为31.25元（10 000÷320），投资者A预期财富价值为93 750元（31.25 × 3 000）。

（2）公司净利润全部用于股利发放，每股股利为5元（1 600÷320），投资者A收到股

① MILLER M H，MODIGLIANI F.Dividend policy，growth，and the valuation of shares［J］. Journal of Business，1961，34（4）：411-433.

利15 000元（5× 3 000）。为满足项目投资需求，公司需发行新股融资1 600万元。此时，新股东权益占公司价值的比重为16%（1 600÷10 000），原股东权益占公司价值的比重为84%。假设新股发行后的普通股股数为N，那么，新股发行数和发行价格计算如下：

0.84×N=3 200 000（股）

N=3 809 524（股）

新股发行数=3 809 524−3 200 000=609 524（股）

新股发行价=100 000 000÷3 809 524=26.25（元）

如果AS公司每股股利为5元，且发行新股为项目融资，则投资者A的财富总值为93 750元，其中现金股利为15 000元（3 000×5），股票市场价值78 750元（3 000×26.25）。

假设市场是完善的，投资者A也可在资本市场上按每股26.25元出售给购买者（新股东），通过“自制股利”满足其现金需求。公司股利政策对股东财富的影响见表8-5。

表8-5 股利支付与股东财富

项目	股利支付率=0	股利支付率=100%
公司现金流量（万元）	2 000	2 000
投资者要求的收益率	20%	20%
公司价值（万元）	10 000	10 000
流通在外股数（万股）	320	380.9524
每股价格（元）	31.25	26.25
投资者A的股数（股）	3 000	3 000
股利支付率	0	100%
现金股利（元）	0	15 000
股票市场价值（元）	93 750	78 750
合计（元）	93 750	93 750

MM的股利政策无关论是以多种假设为前提的，在现实生活中，这些假设并不存在。如股票的交易要付出交易成本；发行股票要支付发行费用；管理当局通常比外界投资者拥有更多的信息；政府对公司和个人都要征收所得税等。因此，关于股利政策无关的结论在现实条件下并不一定有效。

二、差别税收理论

差别税收理论是由Litzenberger和Ramaswamy（1979）①提出的。这种观点认为，由于股利收入所得税税率高于资本利得所得税税率，这样，公司留存收益而不是支付股利对投资者更有利。或者说对这两种所得均需纳税的股东会倾向于选择资本利得而非现金股利。此外，资本利得税要递延到股票真正售出的时候才发生（即当资本利得实现的时候），考虑到货币的时间价值，将来支付1元钱的价值要比现在支付1元钱的价值小，这种税收延期的特点给资本利得提供了另一种优惠。此外，即使对股利和资本利得征收的税率相同，

① LITZENBERGER R H，RAMASWAMY K.The effect of personal taxes and dividends on capital asset prices：theory and empirical evidence［J］. Journal of Financial Economics，1979，7（2）：163-195.

实际的资本利得税（以现值为形式）也比股利收益税率要低。这意味着支付股利的股票必须比具有同等风险但不支付股利的股票提供一个更高的预期税前收益率，才能补偿纳税义务给股东造成的价值损失。

[例8-3] 假设股利所得税税率为20%，资本利得税税率为零。现有A、B两家公司，有关资料如下：A公司当前股票价格为100元，不支付股利，投资者预期一年后股票价格为112.5元。因此股东预期的资本利得为每股12.5元。则股东税前、税后预期收益率均为12.5%。

$$预期收益率 = \frac{112.5 - 100}{100} \times 100\% = 12.5\%$$

B公司除在当年年末支付10元的现金股利外，其他情况与A公司相同。扣除股利后的价格为102.5元（112.5−10）。由于B公司股票与A公司股票风险相同，B公司的股票也应当或能够提供12.5%的税后收益率。由于股利需支付所得税，因此，为提供与A公司股票相同的税后收益率，必须提高B公司股票税前收益率。在股利纳税、资本利得不纳税的情况下，B公司的股票价格应为多少？

股利所得税税率为20%，股利税后所得为8元（10×80%），B公司股东每股拥有的价值为110.5元（102.5+8）。为了提供12.5%的收益率，B公司现在每股价值应为预期未来价值的现值，即

$$每股价格 = \frac{110.5}{1 + 0.125} = 98.22(元)$$

B公司股票的税前收益率为：

$$税前收益率 = \frac{112.5 - 98.22}{98.22} \times 100\% = 14.54\%$$

上述计算结果表明，B公司股票必须提供比A公司更高的预期税前收益率（14.54%）。这一较高的收益率用于补偿纳税义务给股东造成的损失。

表8-6列示了税率差别对两个公司股东收益率的影响。支付现金股利的B公司的税前收益率高于A公司，但由于股利所得税税率高于资本利得税税率，在其他因素（风险）一定的情况下，投资者不论持有A公司股票或B公司股票，其税后投资收益率都为12.5%。

表8-6　**股东投资收益率**　金额单位：元

项目	A公司	B公司
预计明年股价	112.5	102.5
股利	0	10.0
税前收益	112.5	112.5
当前股价	100	98.22
资本利得	12.5	4.28
税前收益率	12.5%（（112.5÷100−1）×100%）	14.54%（（112.5÷98.22−1）×100%）
股利所得税（20%）	0	2
资本利得税（0）	0	0
税后收益	12.5	12.28
税后收益率	12.5%（12.5÷100×100%）	12.5%（12.28÷98.22×100%）

除股利所得税税率与资本利得税税率之间的差异外，有关学者还研究了投资、股利和税收之间关系，分析了不同税收等级的投资者对股利支付率的不同要求。为分析方便，假设：（1）公司支付的有效边际税率T_c=40%；（2）个人对股利收益支付不同的个人所得税，承担较高税率的股东支付个人所得税税率T_{ph}=50%，而承担较低税率的股东支付个人所得税税率T_{pl}=20%；（3）资本利得税T_g=0；（4）税务局以向股利支付征税的相同方式对定期的公司股票回购征税；（5）没有债务；（6）对实物资产的投资获得r=18%的税前利润。

在上述假设条件下，对于承担较高税率的股东而言，收到股利的税后收益率为：

$$r(1-T_c)(1-T_{ph}) = 18\% \times (1-40\%) \times (1-50\%) = 5.4\%$$

如果这笔资本由公司留存，要获得相同的税后收益率所要求的税前收益率为：

$$r(1-T_c) = 5.4\% \qquad r = 9\%$$

对于承担较低税率的股东而言，收到股利的税后收益率为：

$$r(1-T_c)(1-T_{pl}) = 18\% \times (1-40\%) \times (1-20\%) = 8.64\%$$

如果这笔资本由公司留存，要获得相同的税后收益率所要求的税前收益率为：

$$r(1-T_c) = 8.64\%, \qquad r = 14.4\%$$

上述分析表明，对于承担较高税率的股东而言，要想获得5.4%的税后收益率，用留存收益进行投资所要求的税前收益率为9%，而当这笔收益支付给股东，既要缴纳公司税又要缴纳个人所得税时，则要求的税前收益率为18%。同样，当股东仅仅支付20%的个人所得税时，则要求的税前收益率为14.4%。较低纳税等级的股东所得到的股利税后收益率高于高纳税等级的股东所能得到的收益率，因此，对股利有较大的偏好。而高纳税等级的股东却愿意将税后利润留存于公司进行再投资，直到税前利润下降到9%为止。

在其他因素一定的情况下，留存收益是股东对公司的追加投资，股东所要求的税后收益率就是公司使用这部分资本的成本或代价。对于股票由承担高税率的股东所持有的公司而言，留存收益的税前成本为9%，如果低于外部融资成本，公司将不会支付股利，而是将其资本留存用于投资需要；如果股东处于低税率等级，公司则会支付等于它的内部资本的股利，而扩大投资所需资本主要依靠外部融资筹得。由此看来，所得税税率的高低对公司股利支付率的高低具有一定的影响，并由此影响公司扩大投资所需资本的筹措方式。

三、交易成本与代理成本

代理理论认为，股利的发放将减少由于控制权和所有权分离而产生的代理成本。一方面，通过发放高股利减少了管理者可支配的自由现金流量，从而减少了管理者能够带给股东损失的道德风险。另一方面，股利发放增加了公司更多地发行社会公众股的可能性，从而使公司更频繁地受到来自资本市场的监管，减轻了代理冲突。但是，较高的股利支付率隐含着较高的外部融资成本，又降低公司价值。因此，Rozeff，M.S.（1982）①认为公司最佳股利支付率是在提高股利支付率引起的外部融资成本增加与代理成本减少相互权衡的结果。在图8-2中，股利支付率（PAY）越高，外部融资的成本相对越高，但与股利相关的代理成本相对越低，两者总成本最低时为最佳股利支付率（PAY*）。这一理论也可以解释为什么有的公司在宣布发放股利的同时对外发行新股融资的现象。

① ROZEFF M S.Growth，Beta and Agency Costs as Determinants of Dividend Payout Ratios［J］. Journal of Financial Research，1982，5（3）：249-259.

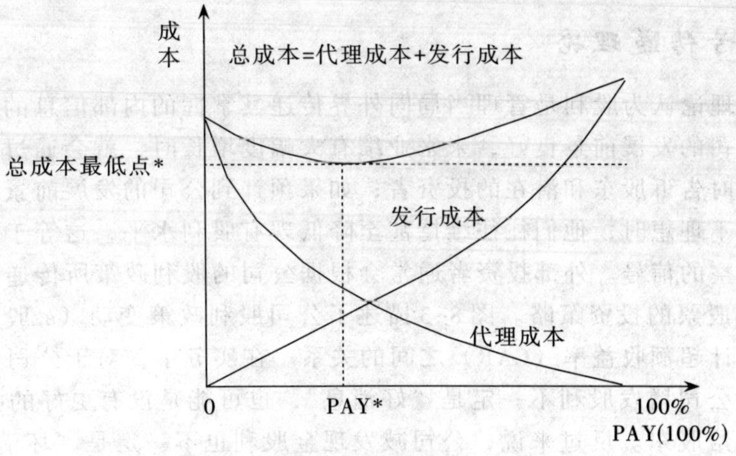

图8-2　股利支付率与代理成本、发行成本的关系

四、客户效应

首先提出追随者效应概念的是Miller和Modigliani，他们认为，正如设计产品往往针对某一特定目标市场一样，公司在制定股利政策时同样遵循市场学中的市场细分原理，"每个公司都会试图以其特定的股利支付率来吸引一些喜好它的追随者"。Black和Scholes（1974）①认为，投资者按照某种潜在标准权衡收到股利的成本效益后，一些投资者会偏好高股利而另一些则希望获得低股利。他们将投资者归纳为三种类型的追随者群体，即股利偏好型、股利厌恶型、股利中性型；每一种股票都会吸引一批偏好该公司股利支付水平的投资者。一些学者研究发现富裕或年轻的投资者、股利所得税税率和资本利得税税率差异较大的投资者、资产组合的系统风险较高的投资者，常常偏好低股利收益率的股票，而年龄较大、收入较低的投资者偏好高股利的股票。表8-7列示了股利收益率与不同投资者特征之间的关系。这项研究表明，在公司股东中，年龄大和低收入人群对现金股利的偏好大于年轻人和收入高的人群；股利收益率随着股利税收的增加而减少。

表8-7　股利收益率与投资者特征

变量	相关系数	含义
常数	0.0422	
β系数	−2 145	β系数越高股利支付水平越低
年龄/100	3.131	投资者年龄越大，支付股利越多
收入/1 000	−3.726	投资者收入越高，支付的股利越少
差别税率	−2.849	如果普通收入的税率高于资本利得税税率，公司支付的股利就少

资料来源　根据http：//pages.stern.nyu.edu/~adamodar/资料整理。

① BLACK F，SCHOLES M.The effects of dividend yield and dividend policy on common stock prices and returns［J］. Journal of Financial Economics，1974，1（1）：1-22.

五、信号传递理论

信号传递理论认为股利是管理当局向外界传递其掌握的内部信息的一种手段，如果他们预计到公司的发展前景良好，未来业绩有大幅度增长时，就会通过增加股利的方式将这一信息及时告诉股东和潜在的投资者；如果预计到公司的发展前景不太好，未来盈利将呈持续性不理想时，他们往往维持甚至降低现有股利水平，这等于向股东和潜在投资者发出了利空的信号。外部投资者通常会根据公司的股利政策所传递出的信号进行证券估价，确定股票的投资策略。图8-3描述了公司股利政策变动（a.股利减少，b.股利增加）与其累计超额收益率（CAR）之间的关系。在实务中，对于公司股利政策的解释要十分谨慎，公司增发股利不一定是"好消息"，也可能是没有更好的投资机会，而将剩余现金返还给股东。反过来说，公司减发现金股利也不一定是"坏消息"，可能是公司未来的较好投资机会，从长远看，留存现金，满足未来投资需求有利于股东的长期利益。

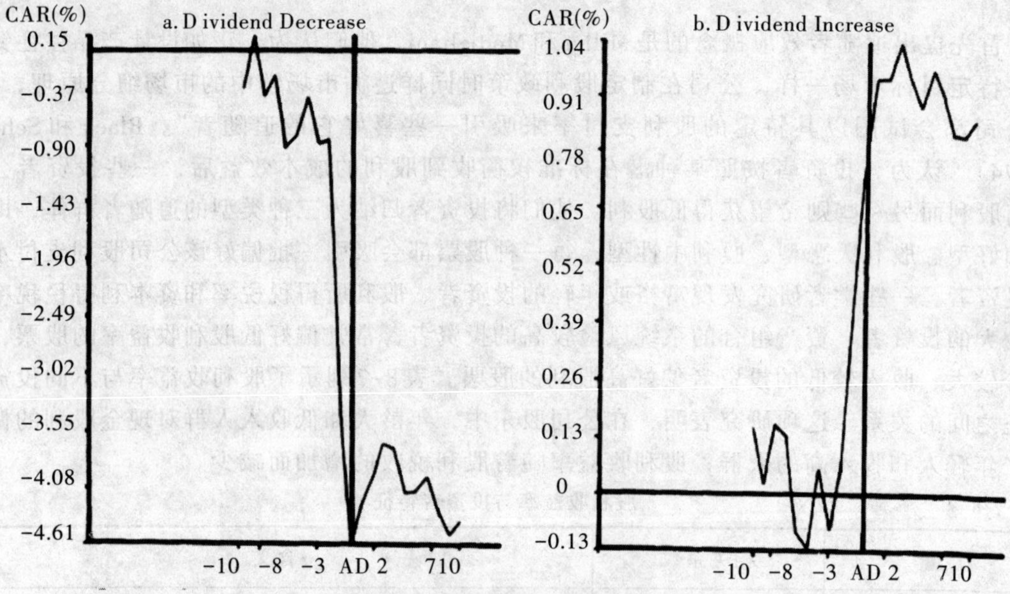

图8-3 与宣布股利变动相关的超额收益率

资料来源 根据http：//pages.stern.nyu.edu/~adamodar/资料整理。

Aharony and Swary（1980）①对1963年至1976年149家公司的资料，进行股利宣告与盈利宣告时间关系研究，结果发现，市场对股利宣告的反应比盈余宣告反应显著，他们认为股利和盈余数字对管理层而言，是可以用来传递公司未来发展信息的重要工具。

与股利增发传递积极信号相反，股利增发也会向市场传递负面信号。一些公司的经理认为"支付股利就等于向股东承认公司没有更好的事情可做"，向市场传递公司未来的投资机会较少，从而引起股价下跌。

作为支付股利的替代方式是用现金回购公司股票，这种方式也会向市场传递管理者掌

① AHARONY J，SWARY I. Quarterly dividend and earnings announcements and stockholders' returns：an empirical analysis［J］. The Journal of Finance，1980，35（1）：1-12.

握的信息。根据市场择时理论，当公司股票价值被低估时，公司可能会回购公司的股票。实践中也确实如此，2004年的一项调查表明，87%的CFO认为当股价低于其真实价值时，公司应该回购股票。[①]这意味着，股票回购可以成为管理者认为其股票被低估的信号。在这种条件下，投资者对于股票回购消息会产生积极有利的反应，从而引起股票价格上升。一项研究表明，在公开市场宣布股票回购计划时，股票的平均价格大约上升了3%（随着回购的流通股比例的增加，股价的反应更强烈）。[②]

第三节　股利政策分析

一、影响股利政策的因素

公司在确定股利分配政策时，通常要考虑法律、契约、公司、股东等有关因素，现简要说明如下。

（一）法律因素

为了保护公司债权人和股东的利益，有关法规对公司股利的分配进行了一定的限制，主要包括：（1）资本保全。规定公司不能用筹集的经营资本发放股利，至于“资本”一词，是指公司普通股的面值还是公司普通股面值与超过面值缴入的资本之和，应视具体法规而定。公司的溢缴资本也不能发放股利。实行这一限制的目的是保证公司具有完整的产权基础，以充分维护债权人的利益。（2）公司积累。规定公司股利只能从当期的利润和过去累积的留存收益中支付。也就是说，公司股利的支付，不能超过当期与过去的留存收益之和。（3）净利润。规定公司账面累计税后利润必须是正数时才可以发放股利，以前年度的亏损必须足额弥补。（4）偿债能力。规定公司如要发放股利，就必须保有充分的偿债能力。也就是说，如果公司无力偿付到期债务或因支付股利将使其失去偿债能力，则公司不能支付现金股利，以保障债权人的利益。（5）超额累计利润。规定如果公司的留存收益超过法律认可的合理水平，将被加征额外的税款。这是因为股东所获得的收益包括股利和资本利得，前者的税率一般大于后者，公司通过少发股利，累积利润使股价上涨以帮助股东避税。我国的法律对公司累积利润未作限制性规定。

（二）契约性约束

当公司以长期借款协议、债券契约、优先股协议以及租赁合约等形式向公司外部融资时，常常应对方的要求，接受一些关于股利支付的限制性条款。这种限制常常包括：未来股利只能用协议签订以后的新的收益支付（即限制动用以前的留存收益）；营运资本低于一定标准时不得支付股利；利息保障倍数低于一定标准时不得支付股利。其目的在于促使公司把利润的一部分按有关条款的要求，以某种形式（如偿债基金）进行再投资，以保障借款如期归还，维护债权人的利益。

① BRAV A，GRAHAMJ R，HARVEY C R et al.Payout policy in the 21st century.［J］. Journal of Financial Economics，2005，77（3）：483-527.

② IKENBERRY D，LAKONISHOK J，VERMAELEN T.Market underreaction to open market share repurchases［J］. Journal of Financial Economics，1994，39（39），：181 - 208.

（三）公司因素

影响股利政策的公司因素主要有：(1) 变现能力。公司资产的变现能力，即保有一定的现金和其他适当的流动资产，是维持其正常商品经营的重要条件。较多地支付现金股利会减少公司的现金持有量，降低公司资产的流动性。因此，公司现金股利的支付能力，在很大程度上受其资产变现能力的限制。(2) 举债能力。不同的公司在资本市场上举借债务的能力有一定的差别，举债能力较强的公司往往采取较为宽松的股利政策；举债能力较弱的公司，为维持正常的经营就不得不留滞利润，因而常采取较紧的股利政策。(3) 盈利能力。公司的股利政策在很大程度上会受其盈利能力的限制。一般而言，盈利能力比较强的公司，通常采取较宽松的股利支付政策，而盈利能力较弱或不够稳定的公司，通常采取较紧的股利支付政策。(4) 投资机会。公司的股利政策与其所面临的新的投资机会密切相关。如果公司有良好的投资机会，必然需要大量的资本支持，因而往往会将大部分盈余用于投资，而少发放股利；如果公司暂时缺乏良好的投资机会，则倾向于先向股东支付股利，以防止保留大量现金造成资本浪费。正因为如此，许多成长中的公司，往往采取较低的股利支付率，而许多处于经营收缩期的公司，却往往采取较高的股利支付率。(5) 资本成本。与发行新股和举债融资相比，采用留存收益作为内部融资的方式，不需支付发行费用，其资本成本较低。当公司筹措大量资本时，应选择比较经济的融资渠道，以降低资本成本。在这种情况下，公司通常采取较低的股利支付政策。同时，以留存收益进行融资，还会增加股东权益资本的比重，进而提高公司的借贷能力。

（四）股东因素

股东要求也会对公司的股利政策产生影响，主要表现在：(1) 稳定收入。公司股东的收益包括两部分，即股利收入和资本利得。对于永久性持有股票的股东来说，往往要求较为稳定的股利收入，如果公司留存较多的收益，将首先遭到这部分股东的反对。而且，公司留存收益带来的新收益或股票交易价格产生的资本利得具有很大的不确定性，因此，与其获得不确定的未来收益，不如得到现实的确定的股利。(2) 股权稀释。公司举借新债，除要付出一定的代价外，还会增加公司的财务风险。如果通过增募股本的方式筹集资本，现有股东的控制权就有可能被稀释，当他们没有足够的现金认购新股时，为防止自己的控制权被稀释，宁可不分配股利而反对募集新股。另外，随着新股的发行，流通在外的普通股的股数必将增加，最终将导致普通股的每股收益和每股市价下跌，从而，对现有的股东产生不利的影响。(3) 税负。主要是指股利所得税税率和资本利得税税率之间的差异，不同收入阶层所得税税率之间的差异在一定程度上也会影响公司的股利政策。

二、投资、融资、股利政策分析框架

股利政策涉及的主要是公司对其收益进行分配或留存用于再投资的决策问题，在投资决策既定的情况下，这种选择就归结为，公司是否用留存收益（内部融资）或以出售新股票（外部融资）来融通投资所需要的股权资本。从财务的角度分析，公司未来财务活动主要是三大财务决策（投资、融资、股利政策）的决策和调整。如果公司存在较多的投资机会，其经营现金又不足以满足投资需要时，向股东派发的股利越多，需要筹措的外部资本（发行债券、优先股、普通股）也越多。因此，在投资既定的情况下，公司股利政策的选择可以看作融资决策的一个组成部分。如果公司已确定了投资方案和目标资本结构，这意味着公司资金需要量和负债比率是确定的，这时公司或者改变现存的股利政策，或者增发新股，或者减少资本支出，或者从外部筹措资金。

假设某公司当前的政策是：负债比率（负债/资产总额）为50%，总资产收益率为15%，股利支付率（每股股利/每股收益）为33%。公司未来有一个投资机会，需要增加资本25万元。现有四个调整方案，见表8-8，各方案调整方式如图8-4所示。

表8-8　**投资、融资、股利政策调整方案**

方案	投资规模（万元）	负债比率	股利支付率	发行新股融资（万元）
A：改变股利政策	25	50%	16.7%	0
B：改变资本结构	25	52%	33%	0
C：改变投资规模	20	50%	33%	0
D：发行新股融资	25	50%	33%	2.5

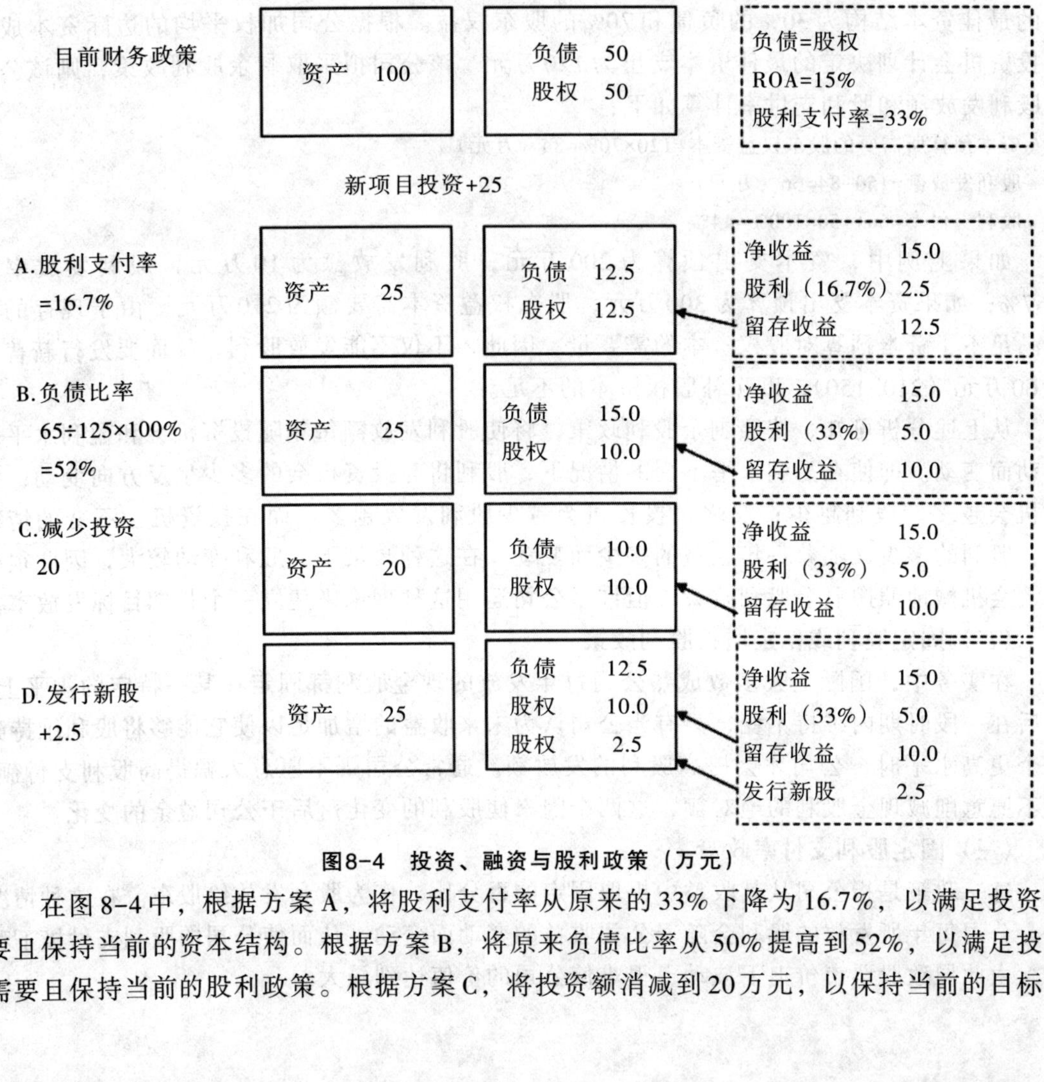

图8-4　投资、融资与股利政策（万元）

在图8-4中，根据方案A，将股利支付率从原来的33%下降为16.7%，以满足投资需要且保持当前的资本结构。根据方案B，将原来负债比率从50%提高到52%，以满足投资需要且保持当前的股利政策。根据方案C，将投资额消减到20万元，以保持当前的目标资本结构和股利政策。根据方案D，增发新的普通股2.5万元以满足投资需要，且保持当前的目标资本结构和股利政策。

三、股利政策分析

公司的股利政策主要有剩余股利政策、固定股利或稳定增长股利政策、固定股利支付率政策等。

（一）剩余股利政策

剩余股利政策主张，公司的收益首先应当用于盈利性投资项目资本的需要，在满足了盈利性投资项目的资本需要之后，若有剩余，则公司可将剩余部分作为股利发放给股东。

采用这一政策，应遵循以下几个步骤：第一，根据资本投资计划和加权平均资本成本确定最佳资本支出水平。第二，设定目标资本结构，即确定股东权益资本和债务资本的比率，并以此确定所需达到的股东权益的数额。第三，最大限度地利用留存收益来满足这一股东权益数，如果留存收益不足，则需发行新股弥补不足。第四，在留存收益有剩余的情况下才可发放股利。

假设某公司现有利润150万元，可用于发放股利，也可留存，用于再投资。假设该公司的最佳资本结构为30%的负债和70%的股东权益。根据公司加权平均的边际资本成本和投资机会计划决定的最佳资本支出为120万元。该公司拟采取剩余股利政策，则该公司的股利发放额和股利支付率计算如下：

资本预算所需要的股东权益资本=120×70%=84（万元）

股利发放额=150-84=66（万元）

股利支付率=66÷150×100%=44%

如果上例中，资本支出预算为200万元，股利发放额为10万元，股利发放率为6.67%；如果资本支出预算为300万元，股东权益资本需要额为210万元，由于现存的收益满足不了资本预算对股权资本的需要量，因此，不仅不能发放股利，反而要发行新普通股60万元（210-150），以弥补股权资本的不足。

从上述分析可知，按照剩余股利政策，将使股利发放额每年随投资机会和盈利水平的变动而变动。即使在盈利水平不变的情况下，股利将与投资机会的多少呈反方向变动，投资机会越多，股利越少；反之，投资机会越少股利发放越多。而在投资机会不变的情况下，股利的多少又随着每年收益的多少而变动。在这种政策下，股利变动较大，因此很少有人会机械地照搬剩余股利政策，但许多公司运用这种理论来建立一个长期目标发放率。

（二）固定股利或稳定增长股利政策

在实务中，国际上大多数成熟公司每年发放的现金股利都固定在某一特定的水平上，然后在一段时期内维持不变，只有当公司认为未来收益的增加足以使它能够将股利维持到一个更高水平时，公司才会提高股利的发放额。通常公司既不愿意大幅提高股利支付额，也不愿意削减现金股利的绝对额，这两个因素使股利的变化落后于公司盈余的变化。

（三）固定股利支付率政策

这一政策是指公司从其收益中提取固定的百分比，作为股利发放给股东。在这种情况下，公司每年所发放的股利会随着公司收益的变动而变动，从而使公司的股利支付极不稳定，由此导致股票市价上下波动，很难使公司的价值达到最大。

（四）低正常股利加额外股利政策

这一政策是指公司每年只支付数额较低的正常股利，只有在公司繁荣时期向股东发放额外股利。额外股利的运用，既可以使公司保持固定股利的稳定记录，又可以使股东分享公司繁荣的好处。如果公司经常连续支付额外股利，那么它就失去了原有的目的，额外股利就变成了一种期望回报。但如能以适当的方式表明这是额外股利的话，额外股利或者特别股利仍然能向市场传递有关公司目前与未来经营业绩的积极信息。

［例8-4］BEC公司2022年实现的净利润为3 000万元，可用于发放股利或用于留存，假设该公司目前不存在有息负债。该公司2023年预计有三个投资机会：A方案，投资额为2 400万元；B方案，投资额为3 600万元；C方案，投资额为4 800万元。公司适用的所得税税率为25%。现从三个方面说明不同股利政策对资本支出、股权融资、债务融资的影响。

（1）采用剩余股利政策，目标资本结构为30%的负债和70%的股权。假设有息长期负债全部为平价债券，债券的票面利率为8%。无风险收益率为5%，该公司股票的β系数为1.2，市场组合的收益率为10%。采用剩余股利政策，对资本支出、融资方案的影响见表8-9。

表8-9　**剩余股利政策**　金额单位：万元

项　目	投资机会		
	A方案	B方案	C方案
资本支出预算	2 400	3 600	4 800
净利润	3 000	3 000	3 000
资本支出预算所需的股权资本	1 680	2 520	3 360
股利支付额	1 320	480	0
股利支付率	44%	16%	0
增发新股	0	0	360
增发长期债券	720	1 080	1 440
股权资本成本	11%	11%	11%
税后债务资本成本	6%	6%	6%
新增资本的加权平均资本成本	9.5%	9.5%	9.5%

以投资机会A方案为例进行说明：

资本支出预算需要的股权资本=2 400×（1-30%）=1 680（万元）

股利支付额=IF（净利润>资本支出需要的股权资本，净利润-资本支出需要的股权资本，0）

股利支付率=1 320÷3 000×100%=44%

增发新股=IF（净利润>资本支出需要的股权资本，0，资本支出需要的股权资本-净利润）

增发长期债券=2 400-1 680=720（万元）

股权资本成本=5%+1.2×（10%-5%）=11%

税后债务资本成本=8%×（1-25%）=6%

新增资本的加权平均资本成本=6%×30%+11%×（1-30%）=9.5%

（2）采用固定股利政策，固定的股利支付额为900万元。假设有息长期负债全部为平价债券，债券的票面年利率为8%。目前该公司股票总市价为5 000万元。外部融资时发行债券融资优先于增发普通股融资，但长期债券融资额不得高于追加投资资本的45%。采用固定股利政策，其对资本支出、融资方案的影响见表8-10。

表8-10 固定股利政策 金额单位：万元

项 目	投资机会		
	A方案	B方案	C方案
资本支出预算	2 400	3 600	4 800
净利润	3 000	3 000	3 000
留存收益满足资本支出数额	2 100	2 100	2 100
股利支付额	900	900	900
股利支付率	30%	30%	30%
增发长期债券	300	1 500	2 160
增发新股	0	0	540
股权资本成本	18%	18%	18%

以投资机会A方案为例进行说明：

留存收益满足资本支出数额=3 000-900=2 100（万元）

股利支付率=900÷3 000×100%=30%

增发长期债券=IF（资本支出预算-留存收益满足资本支出数额）<资本支出预算×45%，资本支出预算-留存收益满足资本支出数额，资本支出预算×45%）

增发新股=资本支出预算-留存收益满足资本支出数额-增发的长期债券

股权资本成本=固定股利÷股票总市值=900÷5 000=18%

（3）采用固定股利支付率政策，股利支付率为35%，固定增长率为6%。有息长期负债假设全部为平价债券，债券的票面年利率为8%。目前该公司股票总市价为8 000万元。外部融资时发行债券融资优先于增发普通股融资，但长期债券融资额不得高于追加投资资本的40%。采用固定股利支付率政策，对资本支出、融资方案的影响见表8-11。

表8-11 固定股利支付率政策 金额单位：万元

项 目	投资机会		
	A方案	B方案	C方案
资本支出预算	2 400	3 600	4 800
净利润	3 000	3 000	3 000
留存收益满足资本支出数额	1 950	1 950	1 950
股利支付额	1 050	1 050	1 050
股利支付率	35%	35%	35%
增发长期债券	450	1 440	1 920
增发新股	0	210	930
股权资本成本	19.91%	19.91%	19.91%

以投资机会A方案为例进行说明：

留存收益满足资本支出数额=净利润-净利润×35%

=3 000-3 000×35%=1 950（万元）

股利支付额=净利润×35%=3 000×35%=1 050（万元）

增发长期债券=IF（资本支出预算-留存收益满足资本支出数额）<资本支出预算额×40%，资本支出预算-留存收益满足资本支出数额，资本支出预算×40%）

增发新股=资本支出预算-留存收益满足资本支出数额-增发长期债券

$$股权资本成本 = \frac{D_1}{P_0} + g = \frac{1\,050 \times (1 + 6\%)}{8\,000} + 6\% = 19.91\%$$

在实务中，影响股利政策的因素很多，很难采用固定股利支付政策，大多数企业根据投资、融资等情况确定各年度的现金分红，从而使股利支付率变动幅度较大。

以万华化学为例，该公司自上市以来累计分红22次，累计分红金额为361.896亿元。图8-5描述了万华化学2000—2021年各年现金分红与股利支付率，从图中可以看出万华化学的现金分红整体上呈增长趋势，股权支付率的变化幅度较大。

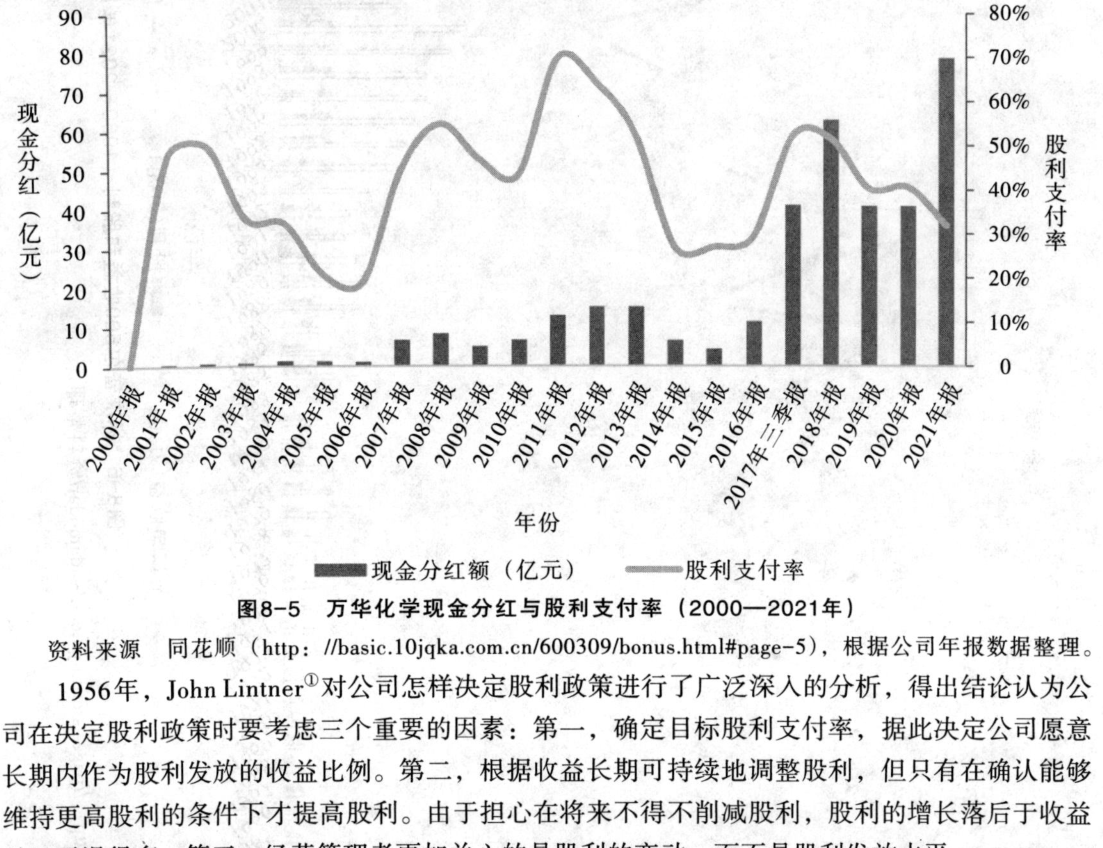

图8-5 万华化学现金分红与股利支付率（2000—2021年）

资料来源 同花顺（http：//basic.10jqka.com.cn/600309/bonus.html#page-5），根据公司年报数据整理。

1956年，John Lintner①对公司怎样决定股利政策进行了广泛深入的分析，得出结论认为公司在决定股利政策时要考虑三个重要的因素：第一，确定目标股利支付率，据此决定公司愿意长期内作为股利发放的收益比例。第二，根据收益长期可持续地调整股利，但只有在确认能够维持更高股利的条件下才提高股利。由于担心在将来不得不削减股利，股利的增长落后于收益并且平滑得多。第三，经营管理者更加关心的是股利的变动，而不是股利发放水平。

图8-6描述了标准普尔500在1960—2021年收益和股利的变动情况，从图8-6中可以看出：一是股利随着收益的变化而变化；二是股利变动要比收益变动更平缓；三是股利支付率整体呈下降趋势。

① LINTNER J V.Distribution of Income Among Dividends，Retained Earnings，and Taxes [J]. American Economic Review，1956，45（2）.

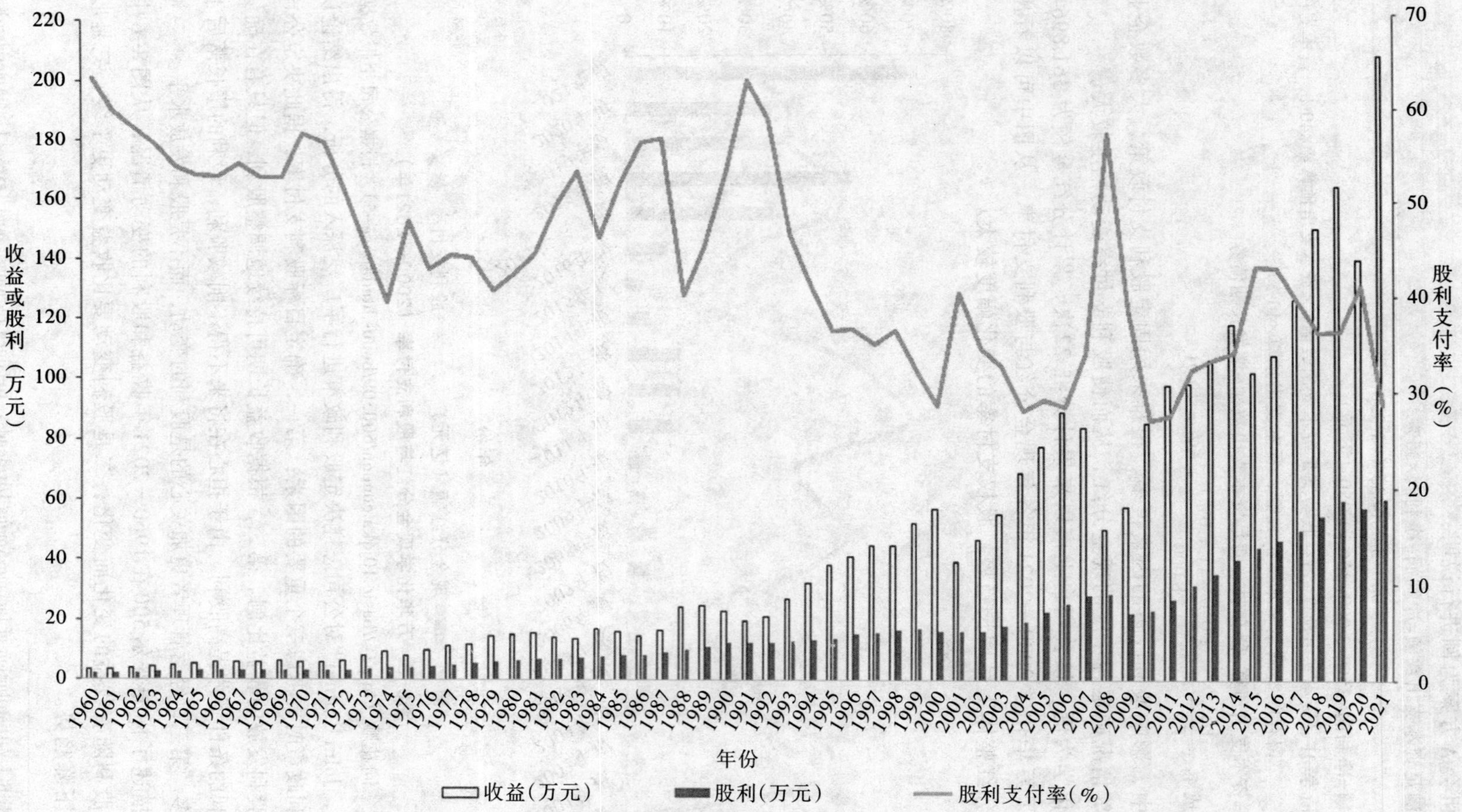

图8-6　标准普尔500收益和股利（1960—2021年）

资料来源　根据http：//pages.stern.nyu.edu/~adamodar/资料整理。

Fama和Babiak（1968）[①]通过对股利和收益在当期和前期的回归，发现股利明显地滞后于收益。他们也证实了Lintner的股利随收益变动的结论。这种股利的稳定性可通过两个有关的测定数据来加以证实和支持。第一，历史上股利的变动程度远远低于收益的变动程度。例如，根据1960—1994年每年的收益和股利的数据，得出股利的标准差是5.13%而收益的标准差是14.09%。第二，不同公司收益率的标准差是18.57%，要比股利的标准差大得多，换句话说，即收益率的变动比股利收益率的变动大得多。

四、股利支付决策

股利支付决策主要回答：公司在满足资本支出和经营性营运资本支出后，还有多少现金用于发放股利？实际支付的现金股利是多少？回答这一问题的关键在于确定公司发放现金股利的最大限额，在平衡投资、融资和股利政策的基础上，确定派发多少现金股利。

公司在满足资本支出和经营性营运资本支出后，可用于支付现金股利的最大限额为股权自由现金流量。假设不考虑优先股，股权自由现金流量（FCFE）计算公式如下：

FCFE=净利润-净资本支出-经营性营运资本追加支出+债务净增加额　(8-1)

式中：

净资本支出=资本支出-折旧

经营性营运资本=经营性流动资产-经营性流动负债

经营性流动资产=流动资产-超额现金-交易性金融资产

经营性流动负债=流动负债-短期借款等融资性负债

第t期经营性营运资本追加支出=第t期经营性营运资本-第$t-1$期经营性营运资本

为简化，可直接用营运资本（流动资产-流动负债）支出代替经营性营运资本支出；或直接根据经营性营运资本占销售收入百分比的历史数据加以确定。

债务净增加额=发行新债-偿还旧债

根据公式（8-1）计算的股权自由现金流量是公司能够发放股利的最大现金流量。在一般情况下，如果FCFE为负数，公司将发行新股融资；如果FCFE为正数，公司就有可能以现金股利形式将剩余现金流量派发给股东，实际支付现金股利多少取决于投资机会、资本结构、信号传递等许多因素。

［例8-5］2022年，CBS公司宣布的净利润为7 000万元，同年的资本支出为1.5亿元，折旧为6 000万元，经营性营运资本为8 000万元，营业收入为80 000万元。公司预期：（1）净利润在今后5年每年递增15%；（2）净资本支出和折旧估计今后5年每年递增10%；（3）经营性营运资本占收入的比例保持在2022年的水平，营业收入预计每年递增12%。公司目前的净资本支出和经营性营运资本的资本需求全部来自股权融资。据此估计今后5年公司各年股权自由现金流量见表8-12上半部分。

从表8-12上半部分可以看出，如果公司的净资本支出和经营性营运资本均来自股权融资，那么各年股权自由现金流量均为负数，公司不应支付现金股利。

---

① EUGENE F，FAMA，BABIAK H.Dividend policy：an empirical analysis［J］. Journal of the American Statistical Association，1968，63（324）：1132-1161.

表8-12 CBS公司预计股权自由现金流量 单位：万元

年份	第0年	第1年	第2年	第3年	第4年	第5年
无负债融资						
净利润	7 000	8 050	9 258	10 646	12 243	14 080
资本支出	15 000	16 500	18 150	19 965	21 962	24 158
折旧	6 000	6 600	7 260	7 986	8 785	9 663
营业收入	80 000	89 600	100 352	112 394	125 882	140 987
经营性营运资本	8 000	8 960	10 035	11 239	12 588	14 099
追加营运资本		960	1 075	1 204	1 349	1 511
债务融资	0	0	0	0	0	0
股权自由现金流量		−2 810	−2 708	−2 537	−2 283	−1 926
负债融资比率（25%）						
债务融资		2 715	2 991	3 296	3 631	4 001
股权自由现金流量		−95	284	759	1 349	2 076

在表8-12下半部分中，如果公司净资本支出和经营性营运资本追加支出中25%来自债务融资，则从第二年开始，股权自由现金流量为正数，这可以看作公司可支付现金股利的最大值。但是，由于股权自由现金流量由负转正是由于债务融资造成的，而不是经营或投资活动创造的现金流量，如果公司未来投资项目的收益大于项目的资本成本，则公司不应借钱支付现金股利，而应用现金满足经营或投资活动的资金需求。

如果资本需求（净资本支出+经营性营运资本追加支出）采用特定的负债率（δ）进行债务融资，则股权自由现金流量可按下式计算：

FCFE=净利润−净资本支出×（1−δ）−经营性营运资本追加支出×（1−δ） (8-2)

公式中的负债率可以采用公司目标负债率，或采用公司平均负债率或行业负债率。

根据公式（8-2），采用特定负债率时，股权自由现金流量计算见表8-13。

表8-13 CBS公司预计股权自由现金流量 单位：万元

年份	第0年	第1年	第2年	第3年	第4年	第5年
无负债融资						
净利润	7 000	8 050	9 258	10 646	12 243	14 080
资本支出	15 000	16 500	18 150	19 965	21 962	24 158
折旧	6 000	6 600	7 260	7 986	8 785	9 663
营业收入	80 000	89 600	100 352	112 394	125 882	140 987
经营性营运资本	8 000	8 960	10 035	11 239	12 588	14 099
经营性营运资本追加支出	8 000	960	1 075	1 204	1 349	1 511
（资本支出−折旧）×（1−δ）	6 750	7 425	8 168	8 984	9 883	10 871
经营性营运资本追加支出×（1−δ）	6 000	720	806	903	1 012	1 133
股权自由现金流量		−95	284	759	1 349	2 076

股权自由现金流量与现金股利都是归属于股东的现金流量，如果公司的资本全部来自普通股投资，没有现金存款，则FCFE和现金股利是等价的。但在实务中，公司总会保留一定的现金，其原因主要表现在以下几点：

第一，现金股利稳定性偏好。FCFE是决定公司能否支付现金股利和确定现金股利的重要指标，公司可以将所有的FCFE分配给股东，也可以将FCFE部分地分配给股东。由于未来的FCFE难以预料，即使在收益或FCFE快速增长时，公司也不会轻易地提高现金股利支付额；在某些情况下，如果FCFE为负数，为保证现金股利的稳定性，公司可以用内部留存的现金支付股利。

第二，未来投资的需要。如果预计未来需要大笔的资本性支出，出于降低融资成本或外部融资困难的考虑，公司会留存部分现金流量以满足未来投资的需要。

第三，税收因素的影响。如果对现金股利的征税过高，公司会倾向于将更多的现金留存在公司内部以获得长期的资本增值。

第四，信号传递作用。在一般情况下，支付现金股利具有一定的信号传递作用。即股利增加会引起股价上升，股利减少会引起股价下跌。因此公司可以利用现金股利向市场传递关于未来前景的信号，这也是保持现金股利稳定的一个原因。

［例8-6］ASD公司当前流通在外的普通股为5 000万股，每年股利为2元/股。公司负债率为30%，所得税税率为25%，公司股权自由现金流量见表8-14。

表8-14 ASD公司股权自由现金流量 单位：百万元

项目	当前	明年
净利润	450	577
资本支出-折旧	300	380
经营性营运资本追加支出	50	60
债务增加额	105	132
股权自由现金流量	205	269

当前股利支付率=2×50÷450×100%=22.22%

股利与当前股权自由现金流量比率=100÷205×100%=48.78%

公司明年可用于发放股利的最大值为269百万元。公司是否支付最大数额的股利取决于未来的投资机会及其经营风险，如果未来不确定性较大，则公司不会支付最大数额的股利。

假设公司当前的资本支出为5亿元，下年度公司预计有五个投资项目，项目投资额、内部收益率、资本成本等数据见表8-15。

在上述五个项目中，A、B、C三个项目的内部收益率大于项目加权平均资本成本；D、E两个项目的内部收益率小于项目加权平均资本成本。A、B、C三个项目预计投资额为600百万元。

下年度公司用于发放股利的最大数额为269百万元，低于预计投资额600百万元，为满足项目投资资本需求，公司应减少或不支付现金股利，同时发行新债满足项目投资需要。不过，需注意降低或不发放股利政策对市场的影响。

表8-15 投资项目资本成本及项目决策

项目	投资额（百万元）	内部收益率	β系数	股权资本成本	税后债务成本	加权平均资本成本	决策
A	100	9.5%	0.80	10.20%	6%	8.94%	接受
B	200	11.0%	1.00	11.50%	6%	9.85%	接受
C	300	12.0%	1.40	14.10%	6%	11.67%	接受
D	400	14.0%	2.00	18.00%	6%	14.40%	拒绝
E	500	16.0%	2.40	20.60%	6%	16.22%	拒绝

五、中国上市公司股利行为分析

理论上说，公司赚取利润后可以对股东分红或者留存公司用于再投资。按照公司价值最大化的原则，公司分红与否的根本依据是资本的使用效率。当公司具有好的投资机会，公司不但不应该分红，还应该继续融资，以促使股东价值的最大化。而当资金在公司中没有更高效率的使用途径时，则应将剩余资金返还给股东。在股价高估时以现金分红方式返还，而当股价低估时则采用回购股票的方式返还。图8-7描述了上市公司在1993—2017年，分红、净利润、股利支付率时间序列情况。

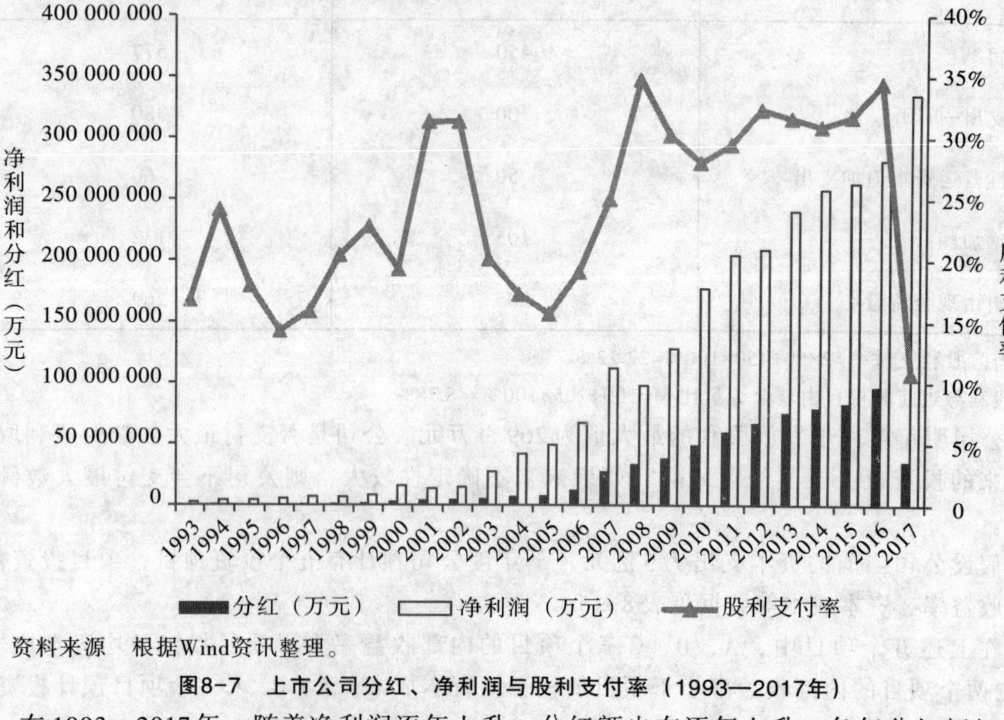

资料来源 根据Wind资讯整理。

图8-7 上市公司分红、净利润与股利支付率（1993—2017年）

在1993—2017年，随着净利润逐年上升，分红额也在逐年上升，各年分红额与净利润基本上同步变化，但股利支付率各年变动幅度较大，2017年的净利润可能会在2018年派发股利，从而使2017年的股利支付率降低。

图 8-8 列示了自上市以来股利支付率分布情况（各上市公司自上市以来至2018年，累计现金分红占累计实现净利润比例）。从图 8-8 中可以看出，上市公司股利支付率主要分布在 10%～40%，上市以来从未支付现金股利的公司为223家，股利支付率超过100%的公司有7家。

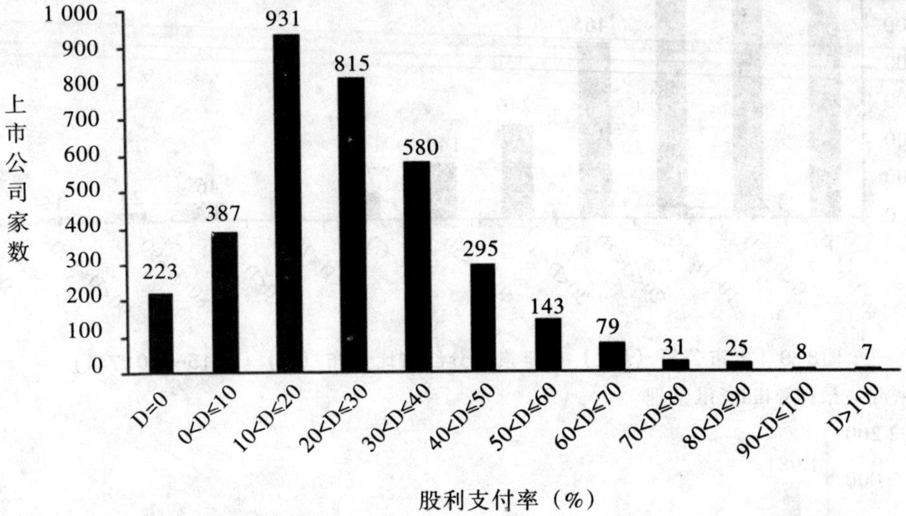

资料来源　根据Wind资讯整理。

图8-8　上市公司（A股）股利支付率分布（自上市以来至2018年5月）

在图 8-7 中，上市公司各年股利支付率呈稳步上升趋势，特别是2005年股权分置改革以后，上市公司的派现水平有较大幅度提高，这可能与中国证监会出台的一系列与再融资资格相挂钩的股利分配政策有关。为了鼓励上市公司的股利分配行为，证监会自2000年起规定，只有发放股利的公司才有资格利用公开资本市场再融资。2006年5月6日，在证监会颁布的《上市公司证券发行管理办法》中规定：最近三年以现金或股票方式累计分配的利润不少于最近三年实现的年均可分配利润的百分之二十。2008年10月9日，证监会颁布的《关于修改上市公司现金分红若干规定的决定》中，将此项规定修改为“最近三年以现金方式累计分配的利润不少于最近三年实现的年均可分配利润的百分之三十”。这些规定的颁布和实施旨在运用外部融资约束来影响上市公司股利分配的决策。对于具有再融资意愿的公司来说，也可能会根据该政策来调整自身的股利发放政策。图 8-9 描述了上市公司 3 年（2015年、2016年、2017年）累计分红占比情况①，从图 8-9 中可以看出，在2015—2017年 3 年间，大部分公司 3 年累计分红比率低于30%；从满足再融资条件看，符合再融资条件的上市公司为673家，占上市公司的19.10%，不符合再融资条件的上市公司2 851家，占上市公司的80.90%。

图 8-10 描述了上市公司（A 股）2017年度每股股利分布情况，从图 8-10 中可以看出，2017年度，不发放现金股利的上市公司有1 981家，占全部上市公司的56.21%，每股股利小于0.2元的上市公司1 109家（701+408）；每股股利大于0.3元的公司仅为434家；每股股利大于0.5元的公司仅为103家。

① 最近 3 年年报分红总额（年度累计分红总额）/最近 3 年年报未分配利润的算术平均数。

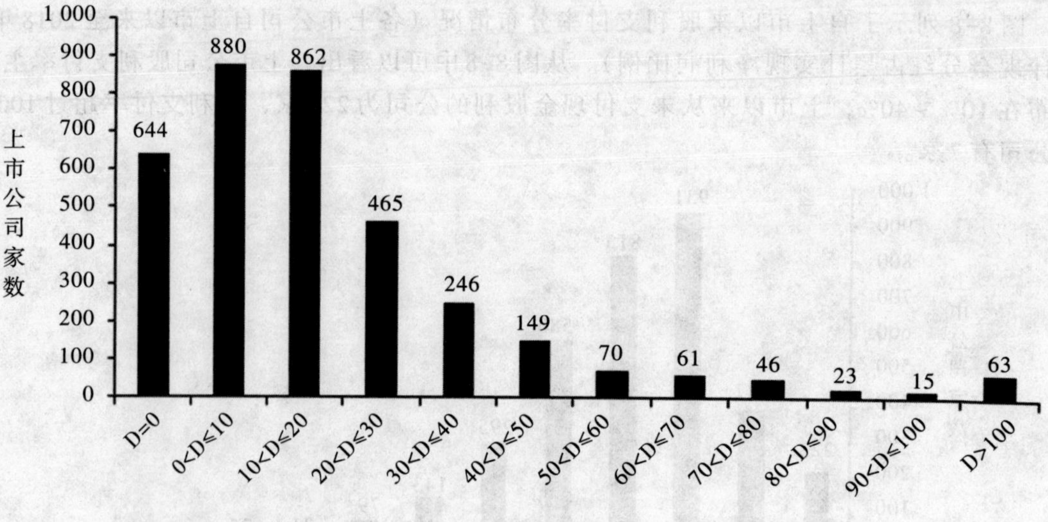

图8-9 上市公司（A股）3年累计分红占比分布（%）（2015—2017年）

资料来源 根据Wind资讯整理。

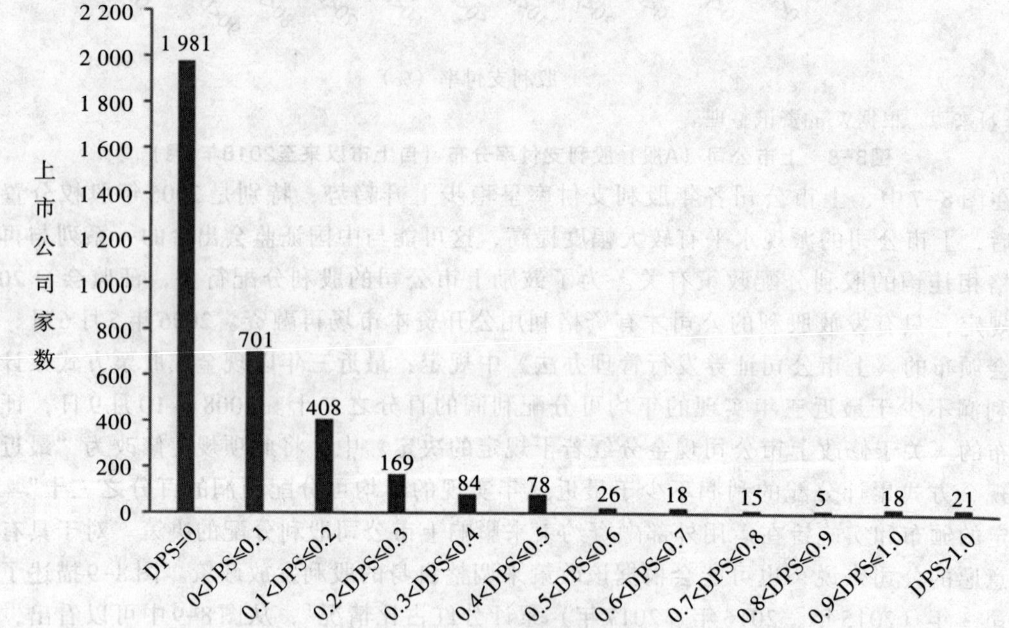

图8-10 上市公司（A股）每股股利分布（2017年）

资料来源 根据Wind资讯整理。

除现金股利外，上市公司还通过送股、资本公积转增资本等形式派发股利。

与国际成熟公司稳定股利支付政策不同，在我国上市公司的股利分配方案中常常出现“转增”“配股”等概念，也有人将其视同股利分配的形式，但从严格意义上讲，它们都不属于股利的范畴。

转增是指将公积金转为股本，并按股东原有股份比例派送新股或者增加每股面值的形式。转增虽然增加了股本规模，但并没有改变股东权益，其客观结果与送股（股票股利）

相似。转增与送股的本质区别在于资金来源不同，送股资金来自公司年度税后利润，只有在公司有盈余的情况下，才能向股东送股；而转增股本资金却来自公积金，它可以不受公司本年度可分配收益多少及时间限制，只是将转增数从公司的公积金账户转入注册资本中即可。从严格意义上讲，转增并不属于对股东的分红回报。

配股是指上市公司为扩大再生产，向原有股东按一定比例配售新股的行为。它是上市公司股权融资的主要形式之一。虽然，配股与送股在某些方面有相似性，但其性质不同，两者主要区别在于：第一，送股是股东向公司投资的一种报酬，是股东参与公司税后利润分配的一种形式；而配股仅是公司增资扩股的一种形式，属于发行新股的范畴。第二，送股的资金来源为公司税后利润中用于分红的部分，是将本应派发给股东的现金转为股本，并具体到每个股东名下，股东无须额外追加投资；配股的资金来自公司以外，是股东对公司的追加投入。第三，送股和配股都使公司总股本增加，但前者并不增加股东权益，因为送股的资金本来就是公司股东权益的一部分；而后者增加股本的同时，股东权益也相应增大，因为股东追加了投资。第四，送股是无偿的，且非股东不能享有；而配股是有偿的，股东可以接受，也可以放弃，在配股权证可流通的情况下，还可以转让，投资者只要购买配股权证就可获得配股的权利。

□ 思政课堂

格力电器派发现金股利还是进行股票回购?

2018年4月25日晚间，格力电器发布了2017年年度报告，年报披露格力电器不发放现金红利，不以公积金转增股本。这是格力电器11年来首次不分红，不分红方案公告第二天，4月26日格力电器股价大跌近10%，格力市值一天蒸发200亿。深圳证券交易所午间发出关注函询问未分红的具体原因。对此，格力电器表示，企业转型为多元化的全球工业集团，研发投入增加。格力电器已经从单一的专业空调企业转为多元化的全球工业集团，如公告所言，智能装备、智能家电、集成电路等新产业需要大量研发资金，同时，留存资金也将用于生产基地建设、智慧工厂升级，“这是为了企业的长远发展和股东的长期利益”。

为了应对市场反应，格力电器火速回函称，考虑投资者诉求，拟2018年度中期分红。2018年8月31日，格力电器在披露的半年报宣布上半年拟向全体股东每10股派发现金红利6元（含税）。以格力电器股份为基数，向股东分红总额将超过36亿元。

2020年4月13日，格力电器公布了回购公告：拟使用不低于人民币30亿元（含）且不超过人民币60亿元（含）的自有资金回购公司股份，回购价格不超过70元/股，预计可回购股份占公司目前总股本的0.71%～1.42%。作为2020年拟回购金额最大的回购，这次回购公告发布对于股价影响并不显著，虽然13日当天格力电器涨幅5.03%，但后面几天就显得疲软，连续两天下跌。

请组织学生上网查询格力电器股利政策，将学生分为两组，分别代表公司股东和管理层，讨论公司派发现金股利或留存现金的条件是什么？公司派发现金股利的原因是什么？公司为什么要实施股票回购？股票回购对公司控制权有什么影响？如果你是投资者，你希望公司派发现金股利还是股票回购？

□ 本章小结

1.从投资者的角度分析，股票价格在除息日会下跌。在既无税收又无交易成本的理想世界里，股票价格下跌额应等于股利额。股票股利和股票分割对投资者的影响是一样的，两者都使股票市场价格下降。为改善公司资本结构或分配超额现金，公司通常会采取股票回购方式向股东分配现金。

2.公司管理当局在确定股利政策时，要考虑法律规定、公司资本需求、经营风险、流动性、举债能力、价值信息评价、控制权以及债务合同限制等问题。

3.实务中的股利政策主要有剩余股利政策、固定股利或稳定增长股利政策、固定股利支付率政策、低正常股利加额外股利政策。

4.股利支付决策主要回答：公司在满足资本支出和经营性营运资本支出后，还有多少现金用于发放股利，即公司发放现金股利的最大限额（股权自由现金流量）。在平衡投资、融资和股利政策的基础上，确定派发多少现金股利。

5.从理论上说，公司赚取利润后可以对股东现金分红或者留存公司用于再投资。按照公司价值最大化的原则，公司现金分红与否的根本依据是资本的使用效率。当公司具有好的投资机会，公司不但不应该现金分红，还应该继续融资，以促进股东价值的最大化。而当资金在公司中没有更高效率的使用途径时，则应将剩余资金返还给股东。

□ 基本训练

1.XYZ公司的产品正处于产品生命周期的成熟期，其每股收益稳定地以3%的低速增长。公司的股利政策是：每年税后收益的75%用于发放股利。由于该公司的增长率很低，所以其股票价格主要受股利水平的影响。公司经理向董事会提交了一个新项目：在迅速发展的华北市场投资5 000万元建造一个新厂。预计此项投资的年收益率在32%之上，是公司当前平均收益率的两倍多。此项目的融资方案有如下三种：

（1）全部发行普通股融资。

（2）所需资金的一半以留存收益的方式解决，另一半以发行新股方式筹集，此方案将仅使当年的股利减少。

（3）以现有的资本结构中的负债比例发行一部分债券，不减少应发的股利，所需股本通过发行普通股的方式融资。

基本训练指引 8-1

请根据财务管理的相关理论评价不同方案对公司股利政策及股票价格的影响。

2.SAT公司是一家上市公司，有关资料如下：

资料1：2022年3月31日SAT公司股票每股市价为25元，每股收益为2元；股东权益项目构成如下：普通股为4 000万股，每股面值为1元，共计4 000万元；资本公积为500万元；留存收益为9 500万元。公司实行稳定增长的股利政策，股利年增长率为5%。目前1年期国债利率为4%，市场组合风险溢价为6%。

资料2：2022年4月1日，SAT公司公布的2021年度分红方案为：凡在2022年4月15日前登记在册的本公司股东，有权享有每股1.15元的现金股利，除息日是2022年4月16日，享有本次股利的股东可于5月16日领取股息。

要求：

（1）根据资料1：

① 计算SAT公司股票的市盈率。

② 如果SAT公司股票所含系统风险与市场组合的风险一致，确定SAT公司股票β系数。

基本训练指引 8-2

③ 如果SAT公司股票β系数为1.05，运用资本资产定价模型计算其必要收益率。

（2）假定目前普通股每股市价为23元，根据资料1和资料2，运用股利折现模型计算股权资本成本。

（3）假定SAT公司发放10%的股票股利替代现金股利，并于2022年4月16日完成该分配方案，结合资料1计算完成分红方案后的下列指标：

① 普通股股数；

② 股东权益各项目的数额。

（4）假定2022年3月31日SAT公司准备用现金按照每股市价25元回购800万股股票，且公司净利润与市盈率保持不变。计算净利润、股票回购之后的每股收益、股票回购之后的每股市价。

3.你是一个机构投资者，收集到五家医药公司的有关信息（见表8-16），并对其股利政策进行评估。假设这期间平均无风险利率为5%，市场风险溢价为6.5%。

要求：

（1）计算表8-16中第（5）栏、第（7）栏中的数据，比较ROE与资本成本，在第（6）栏填列“是”或“否”。

（2）你认为这五家公司中，哪些公司应提高股利支付率，哪些公司应降低股利支付率？

基本训练指引 8-3

（3）如果未来医药业有较大的发展机会，在什么条件下你会修改你在（2）中所做的某些结论？

表8-16 医药公司收益、成本与股利分配数据 金额单位：万元

公司	FCFE	股利	ROE	β系数	资本成本	比较（3）和（5）	股利/FCFE
	（1）	（2）	（3）	（4）	（5）	（6）	（7）
A	500	300	8.0%	0.85			
B	600	120	14.5%	1.32			
C	-150	50	4.0%	1.25			
D	200	100	1.5%	0.90			
E	-50	80	14.0%	1.05			

4.Int软件公司正考虑是否应该支付股利。目前，公司未清偿债务为1亿元，流通在外普通为3 000万股，每股售价为10元。公司目前的净利润为9 000万元，折旧费为1 000万元。公司的股权资本成本为12%，债务资本成本为7%，所得税税率为25%。公司预计的投资项目见表8-17。

表8-17 **INT公司投资项目** 金额单位：万元

项目	初始投资	EBIT	年折旧	项目期限（年）	残值
1	1 000	100	50	5	250
2	4 000	500	100	10	1 000
3	5 000	500	100	10	1 000

公司计划对其将来资本投资需要的25%通过债务融资。

基本训练指引 8-4

要求：

（1）公司应选择哪一个投资项目？假设每个项目的风险与公司风险相同。

（2）公司应支付（如果有）多少股利？

5. 假设你被邀请对CNN公司今后五年内可用于回购股票和支付股利的现金流量进行预测。在预测之前，假设2022年有关基础数据和增长情况如下：（1）2022年净利润为450亿元，预计每年增长10%。（2）资本支出为490亿元，折旧为290亿元，估计每年增长8%。（3）2022年的收入是3 750亿美元，预计每年增长5%。2022年经营性营运资本为370亿元，经营性营运资本占收入的比率保持在2022年的水平。（4）通过债务融资的净资本支出和营运资本追加支出的比例为30%。

基本训练指引 8-5

要求：

（1）估计公司今后五年可用于支付股利和回购股票的现金。

（2）现金流量不确定性如何影响你的股利决策和股票回购决策。

□ 微型案例

案例1 SSR公司是由两位软件工程师创办的合伙企业。随着企业的发展，两位创始人希望引入其他股东，将企业改组成公司形式，并在合适的时机上市融资。到目前为止，企业创造的盈余全部用于再投资，因此不存在股利分配问题。当引入其他投资者或成为上市公司，两位创始人需要了解有关股利政策的相关问题。假设你最近被一家咨询公司聘用，其要求你为SSR公司的股利政策提供帮助。为此，你被要求给公司的两位创始人提供一份书面材料，在这份材料中，你需要对股利政策的相关理论和实务问题向两位创始人进行解释。

1. 由沃伦·巴菲特（Warren Buffett）创建于1956年的伯克希尔·哈撒韦公司，是一家世界著名的保险和多元化投资集团，总部在美国。该公司主要通过国民保障公司和GEICO及再保险巨头通用再保险公司等附属机构从事财产/伤亡保险、再保险业务。伯克希尔·哈撒韦公司在珠宝经销连锁店Helzberb Diamonds、糖果公司See's Candies、从事飞行培训业务的Flight Safety等拥有股份；公司还持有美国运通、可口可乐、吉列等公司的股份。查阅巴菲特传记等资料，发现巴菲特很少向投资者派发现金红利。请向SSR公司两位创始人解释巴菲特思想，说明公司在什么时候应该向投资者派发现金股利？

2. 假设某公司有关资料如下：股票账面价值=初始价值，P_0=30元/股，净资产收益率（ROE）=15%，每股收益（EPS）=4.5元（30×15%），每股股利=每股收益×股利支付率，股利增长率（g）=（1-股利支付率）×净资产收益率，股权资本成本（r_e）=股利收益率+

股利增长率。假设无论采取何种股利政策，公司投资机会均保持不变。如果提高股利支付率，公司资本预算所需要的股权资本可通过发行新股筹得；如果留存收益超过资本预算所需要的股权资本，公司可通过回购股票减少股本。为简化，假设没有交易费用。请根据MM股利无关论说明股利支付率对股权资本成本的影响。

3.根据2中的数据，假设股利支付率分别为0、50%、100%时股票价格分别为30元/股、25元/股、20元/股。请根据税收差别理论说明不同股利支付率对股权资本成本的影响。

4.举例说明公司如何根据股东偏好确定股利政策。

5.你认为股利增加或减少会向市场传递什么信号？请根据信号传递理论解释下列现象：

（1）一家制造公司在过去5年以每年5%的增长率向股东派发现金股利。2022年4月，公司年报宣布对2021年的收益进行股利分配，股利支付从每股1.0元提高至每股1.02元，你认为股价对此公告会做何反应？为什么？

（2）一家上市的软件公司，近年来高速增长，创造的利润全部留存以满足日益增长的投资机会，因此公司从未派发股利。但它宣布下季度将开始派发股利，你认为股价会做何反应？为什么？

（3）一家小制造厂商在过去5年内每年都支付每股1元的股利。它宣布明年股利将增加至每股1.25元，你认为股价会有什么变动？为什么？

（4）一家服装零售商宣布由于收入和盈利的迅速下滑，下年将削减股利，你认为股价会有何反应？为什么？

（5）某公司迫于股东压力，宣布通过出售部分资产的形式大大提高对股东的股利支付，你认为股价会有何变动？为什么？

6.一个资本投资支出少、股利支付水平高的公司，正在进军一个资本支出较大的新行业。公司应采取何种股利政策？在实际中可能遇到什么问题？

7.假如你正在比较三家公司不同的股利支付。在除息日，三家公司的信息见表8-18。

表8-18　三家公司股利发放前后价格　单位：元

项目	A公司	B公司	C公司
股利发放前每股价格	50	70	100
股利发放后每股价格	48	67	95
每股股利	4	4	5

如果你是一个免税投资者，你会利用哪家公司的股利套利获得收益？具体怎么做？

8.一家有超额现金的公司要决定是支付定期股利，还是支付额外股利，或是进行股票回购，在作出决定时要考虑哪些因素？

9.一家教育培训公司上市，2020年、2021年现金分红分别为14.19亿元、14.8亿元，占当期归属于上市公司股东净利润的123%、82%，占当期可供分配利润的99%、97%。你认为该公司派发股利的现金是从哪里来的？这种分配方案是否造成现金短缺，是否影响公司正常经营及资本支出。

案例1分析指引

案例2 佛山照明股利政策分析

曾被媒体誉为“现金奶牛”的佛山照明，从1993年上市至2015年，累计发放现金股利超过365 005万元，上市以来股利支付率为70.13%。图8-11描述了佛山照明自上市以来至2015年各年股利支付率和留存收益比率。从图8-11中可以看出，除1993年和2015年外，其他各年的股利支付率均大于留存收益比率，这表明佛山照明将各年创造的利润大部分返还给了投资者。

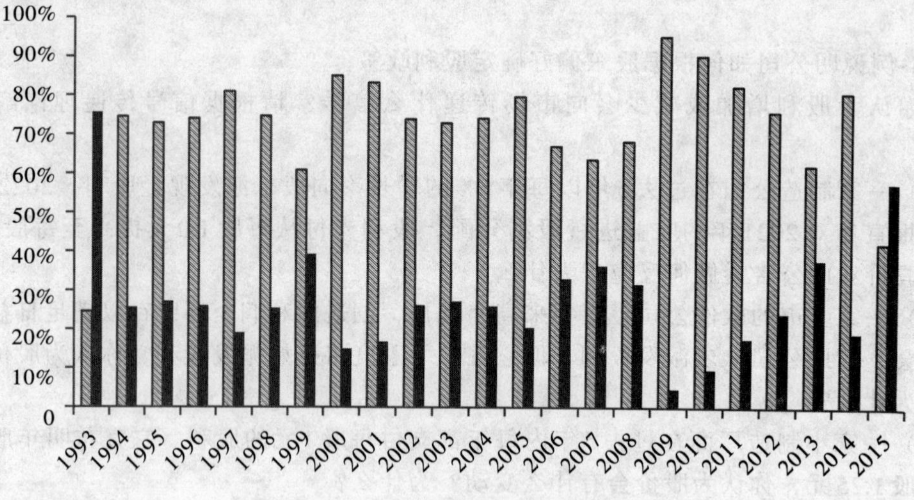

图8-11 佛山照明上市以来分红统计

资料来源 根据Wind资讯整理。

图8-12描述了投资收益率（ROIC）和股利支付率的关系，从图中可以看出，两者的变化趋势不完全一致，甚至在有的年份相背离，从而导致两者的相关系数仅为0.45，这可能与佛山照明在特定年份投资机会、现金流状况有关。例如，2007年投资收益率上升到15.72%，股利支付率下降为63.55%；在2009年，投资收益率下降为8.06%，股利支付率上升为95.16%。

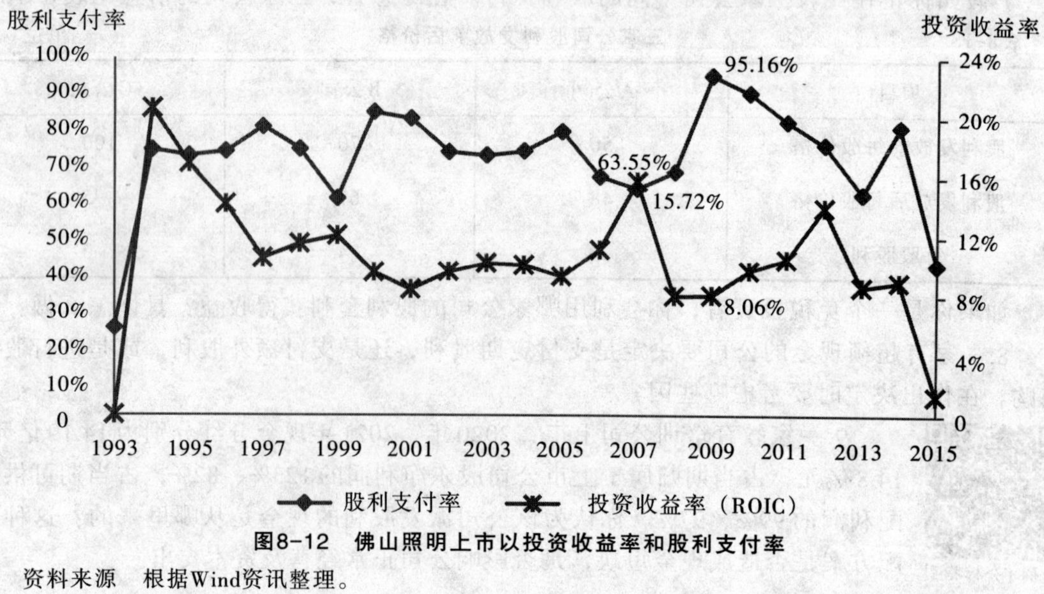

图8-12 佛山照明上市以投资收益率和股利支付率

资料来源 根据Wind资讯整理。

佛山照明在高比例支付股利同时，在IPO以后进行再融资，总额约为84 097.43万元，见表8-19。在表中可以发现佛山照明的外部资金全部来自股权融资，其中再融资占80.99%。通过查看佛山照明各年银行借款情况发现，该公司仅在1994—1996年三年中存在短期或一年期银行借款（2015年资产负债率为16.38%，负债主要是应付账款等商业信用）。这表明公司运营资金主要来自股权融资和内部留存收益，佛山照明的融资政策和资本结构设置较为保守。

表8-19　**佛山照明上市以来累计募集资金**

融资方式	金额（万元）	占比（%）	融资年份
直接融资			
首发IPO	19 743.90	19.01%	1993
股权再融资	84 097.43	80.99%	
其中：配股	14 522.43	13.99%	1994
定向增发	0		
公开增发	69 575.00	67.00%	2000
优先股	0		
发行债券融资	0		
直接融资合计	103 841.33	100.00%	
间接融资（按增量银行借款计算）	0	0	

资料来源　Wind资讯，数据截止日为2017年2月17日。

（1）请查询并分析佛山照明上市以来的股利支付率、投入资本收益率，以及IPO和股权再融资等情况评价佛山照明的股利政策及其对公司财务状况和经营成果的影响。

（2）2016年4月23日佛山电器照明股份有限公司发布关于2015年度分红派息方案，以公司现有总股数（1 272 132 868股）为基数，向全体股东每10股派现金人民币0.125元(含税)。公告发布后第一个工作日（2016年4月25日），佛山照明股票价格由前一个交易日的9.15元下跌至9.03元，下跌1.31%，4月26日股票价格上升为9.16元，上升1.44%。请查询并分析分红派息公告前后5个交易日股票收盘价变化，并与同期深证综指变化进行比较分析，解释佛山照明股价波动原因。

案例2分析指引

第九章

长期融资

科创板、注册制的相关规则公布后，引发市场及科创企业的热议。2019年1月，中央全面深化改革委员会第六次会议审议通过了《在上海证券交易所设立科创板并试点注册制总体实施方案》。会议指出，在上海证券交易所设立科创板并试点注册制是实施创新驱动发展战略、深化资本市场改革的重要举措。要增强资本市场对科技创新企业的包容性，着力支持关键核心技术创新，提高服务实体经济能力。要稳步试点注册制，统筹推进发行、上市、信息披露、交易、退市等基础制度改革，建立健全以信息披露为中心的股票发行上市制度。从保荐制到注册制，资本市场需要一个接受和适应的过程，此次推行注册制，资本市场传来了很多疑问的声音："注册制了，企业上市是不是更容易了？""我如果是家科创企业，怎样做可以更快上市？"的确，注册制是中国资本市场的一个创新制度安排，这是无数拟上市企业翘首以盼的。此次推出的注册制，确定在科创板先行先试，既显示了大力推进改革的决心，又兼顾了改革节奏与市场发展的平衡，是资本市场基础性制度的一次突破。注册制会对科创企业上市带来怎样的影响？创业板与主板的股票发行条件有什么差别？除了股权融资还有哪些创新的融资方式？带着这些问题，我们来学习一下长期融资的相关知识。

通过本章的学习，你能够了解公司长短期资金融通的方式和方法。熟悉股票融资的政策及条件；掌握长期债务融资各种方式的特点及具体操作方法；掌握公司短期融资主要方式的具体做法和特点；熟悉短期融资策略及其应用。

第一节　股票融资

一、私募股权融资

私募股权融资是指公司以非公开方式向潜在的投资者筹集股权资本的行为，风险投资公司、天使投资者、机构投资者以及公司投资者是私募股权融资的主要来源。

风险投资公司（venture capital firm）是为初创公司提供启动资本的有限合伙制企业，通过风险投资基金来进行投资；而天使投资者（angel investor）则是为初创公司提供资本的个人，与风险投资公司受托管理资本不同，天使投资者使用自己的资金进行投资。从本质上说，两者都属于风险投资，两者的共同点主要表现在：（1）投资对象多为初创期

(start-up）的中小型企业，而且多为高新技术企业，高风险、高收益并存。(2) 投资期限较长，从风险资本投入到撤出投资为止，这一过程需要3～5年甚至更长的时间。(3) 投资方式一般为股权投资，通常占被投资企业30%左右股权，而不要求控股权，也不需要任何担保或抵押。(4) 风险投资人（venture capitalist）一般积极参与被投资企业的经营管理，提供增值服务；除了种子期（seed）融资外，风险投资人一般也对被投资企业以后各发展阶段的融资需求予以帮助。(5) 投资的目的并不是获得企业的所有权，不是为了控股，更不是为了经营企业，而是通过投资和提供增值服务把投资企业做大，然后通过公开上市（IPO)、兼并收购或其他方式退出，在产权流动中实现投资回报。

风险投资公司为公司发展开辟了新的融资渠道，解决了公司创业发展阶段的融资难题，打破了公司发展初期的资金瓶颈，为培育具有发展潜力的创新科技型公司作出了贡献。但风险投资对投资对象的选择比较严格，条件比较苛刻，使得风险资本的融通对一般公司来说有一定的困难。

机构投资者通常指用自有资本或者从分散的公众手中筹集的资本专门进行有价证券投资活动的法人机构。在西方国家，以有价证券投资收益为其重要收入来源的证券公司、投资公司、保险公司、各种福利基金、养老基金及金融财团等，一般称为机构投资者。其中最典型的机构投资者是专门从事有价证券投资的共同基金。在中国，机构投资者目前主要是具有证券自营业务资格的证券经营机构，符合国家有关政策法规规定的投资管理基金等。

上述三种股权投资者关注的重点是项目的投资收益，而公司的投资者（corporate investor)，如公司的合作伙伴（corporate partner)、战略合作伙伴（strategic partner)，或战略投资者（strategic investor)，投资的目的不仅是获得投资收益，更重要的是实现公司战略目标、提高资源的配置效率。

二、新股发行（IPO）

上市公司首次公开发行股票募集资本，简称为IPO（initial public offerings，IPO)。IPO发行机制是指首次公开发行股票的上市公司与其承销商，在上市前对股票发行价格进行定价，并将股票出售给投资者进而实现其融资目的的一种制度安排。

（一）首次公开发行中的行为主体

首次公开发行股票是指企业公开向社会公众发行股票并上市的过程。IPO发行涉及的行为主体包括证监会、发行人、投资银行和投资者，如图9-1所示。

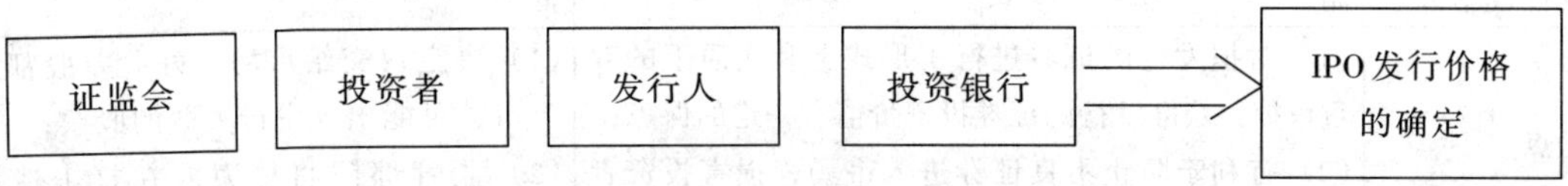

图9-1 首次公开发行股票中的行为主体

在图9-1中，证监会等作为监管机构分别通过尽职调查、禁售条款、负债比率、信息披露要求等措施对IPO进行监督和管理。在新股发行定价中，证监会基本上遵循的是窗口指导原则，例如，从最初的13～15倍发行市盈率的控制，到1999年逐渐放松管制，再到后来的20倍市盈率管制。证监会对IPO的监管方式，不仅影响IPO的发行速度和发行量，也影响IPO的定价机制。

IPO的发行人与投资银行、投资银行与投资者均通过签订发行股票契约成为IPO的行为主体。投资银行作为证券发行承销商，一方面为发行人提供金融中介服务，包括发行人上市融资辅导、发行公司融资工具和发行方案设计，根据发行人的发行规模、行业特征和公司业绩，结合投资者的购买预期确定新股定价区间等；另一方面为投资者提供尽职的投资价值分析服务。投资银行家或资本市场专家通过分析报告影响投资者的投资策略，如果投资者认购发行股票则成为发行人的股东。

（二）IPO发行审批制度

国际证券市场股票发行的审批制度有三类：审批制、核准制和注册制。

审批制一般是在证券市场发展初期，在特殊的市场环境下，一些国家和地区采用的一种股票发行制度。审批制也称严格实质管理，即股票发行不仅要满足信息公开的各种条件和各项标准，还要接受计划指标前提下的更为严格的实质性审查。中国在证券市场发展初期也实行过以“额度控制”和“两级审批”为特点的审批制。

核准制也称实质审查制。它要求证券监管机构依据法定标准对拟发行股票的公司营业性质、资本结构、资金投向、收益水平、管理人员素质、公司竞争力、公司治理结构等方面进行实质性审查，并据此作出发行公司是否具备发行条件的判断。具有代表性的是美国的部分州、中国大陆、中国台湾等地区。

注册制也称申报制。它要求拟发行股票的公司将应公开的各种信息向证券发行监管机构申报注册。申报公司须对所提供信息的真实性、准确性、完整性和及时性承担法律责任，证券监管机构只对申报公司所公开信息的形式要件和真实性进行审查，不做实质条件的限制。其代表国家是美国、日本和韩国。2019年3月，中国证监会颁布了第153号令《科创板首次公开发行股票注册管理办法（试行）》，开启了我国注册制的试点运行机制。

《科创板首次公开发行股票注册管理办法（试行）》

目前，我国现行核准制和注册制的区别见表9-1。

表9-1 现行核准制和注册制的区别

区别	现行核准制	注册制
主要推荐人	中介机构	中介机构
对发行做实质判断的主体	中介机构和证监会分别实质审核	证监会形式审核，中介机构实质审核
市场化程度	逐步市场化	完全市场化
发行效率	低	高
发行成本	高	低
优点	（1）对拟发行的证券进行了形式上和实质上的双重审核，获准发行的证券投资价值有一定的保障； （2）有利于防止不良证券进入市场，损害投资者利益	（1）决定权交给市场，好股差股都能上市，可能出现发行失败的股票； （2）监管部门将精力放在打击造假上，信息更透明
缺点	（1）主管机关负荷过重，在证券发行种类和数量增多的情况下，审核质量不高的情况也可能发生； （2）容易造成投资人的依赖心理，不利于培育成熟的投资人群； （3）不利于发展新兴产业，具有发展潜力的企业可能因一时不具备较高的发行条件而被排斥在外	（1）政府只负责材料的全面和真实性，不负责股票的质量，不对股票市场上散户面临的情况进行分析； （2）短期可能引发大量股票上市，股市大跌

（三）IPO发行方式

发行方式是指发行公司及承销商采用什么方式、通过何种渠道发售新股。我国IPO发行方式的演变可分为两个阶段。第一阶段是证券市场建立以前，这一阶段股票发行特点是：面值不统一；发行对象多为内部职工或当地投资者；由于技术条件和认知水平的限制，较多采用的是认购证、与储蓄存款挂钩、全额预缴款等网下发行方式。第二阶段是20世纪90年代初证券市场建立到现在。这一阶段由于电子交易技术的发展，使得股票发行方式不断创新。网下发行方式逐步被淘汰，网上发行方式逐渐成为主流且形式多样，主要有网上竞价发行、网上定价发行、网上询价发行、新股配售等方式。

（四）IPO定价机制

世界范围内广泛应用的三种定价机制是固定价格法、拍卖法和累计投标询价法。

固定价格法是由承销商事先根据一定的标准（如市盈率等财务指标）确定发行价格，投资者以此价格进行申购。

拍卖法是由投资者在规定的时间内申报申购数量和价格，申购结束后，主承销商对所有有效申报按价格由高到低进行累计，累计申购量达到新股发行量的价格就是有效价位，高于此的所有申报都中标，并将此价位作为新股的发行价格（统一价格拍卖法）或最低发行价格（差别价格拍卖法）。

累计投标询价法则是使股票价格更趋近于真实价值的方法，它通过三个过程最终确定发行价和股票的分配份额。首先，承销商根据拟上市公司的财务、经营状况，运用一定的估价方法（现金流量折现法、市盈率法等）确定新股发行的询价区间；其次，机构投资者、发行公司和主承销商一同进行路演，收集关于需求量和需求价格的信息，修正发行价格区间；最后，承销商通过对询价及路演收集到的申购报价及申购数量信息进行汇总分析，确定发行价格。

我国证券市场建立后，IPO定价主要采用过如下方式：（1）网上竞价。它是拍卖机制的一种形式，买方报价的高低决定其能否获得股票分配及股票的分配数量。发行时主承销商为唯一的“卖方”，其卖出数为新股发行数，卖出价格为发行底价，投资者在规定时间内以不低于发行底价的价格申购，申购结束后证券交易所按照“时间优先、价格优先”的竞价原则，确定申购成功者和实际发行价格。（2）网上定价。它是固定价格机制的一种形式，投资者只能以固定的发行价格进行申购。（3）网上或网下询价。网上询价也称网上累计投标询价，是一种事先确定发行数量而发行价格不定的发行方式。它与网上定价的区别在于申购时发行公司和主承销商只给出发行价格区间，而不是固定的发行价格，投资者在该价格区间进行申购。申购结束后，根据申购结果按照一定的超额申购倍数确定发行价格，高于或等于该发行价格的申购为有效申购，再由证券交易系统统计有效申购总量和户数，根据发行数量、有效申购总量和有效申购户数确定申购者的认购股数。2006年6月，我国开始采用网下累计投标询价与资金申购网上定价相结合的方式。

（五）IPO发行条件

在资本市场上，不同的投资者与融资者都有不同的规模大小与主体特征，存在着对资本市场金融服务的不同需求。投资者与融资者对投融资金融服务的多样化需求决定了资本市场应该是一个多层次的市场经济体系。我国资本市场主要包括沪深主板、中小板、创业板、新三板和科创板等板块，在不同板块的资本市场公开发行新股的条件不同，主要的财务要求见表9-2。

表9-2　　不同板块资本市场IPO发行条件

	主板	中小板	创业板	新三板	科创板
市场类型	场内市场	场内市场	场内市场	场外市场	场内市场
公司类型	大型成熟企业	中型企业	高增长性、创新性企业；中小企业	非上市企业	成长型科创企业
上市制度	核准制	核准制	核准制	注册制	注册制，上交所负责审核，证监会20个工作日批复注册决定
存续期	3年以上	3年以上	3年以上	2年以上	3年以上
盈利要求	最近3个会计年度连续盈利，且累计净利润大于3 000万元；或营业收入累计大于3亿元		最近2年连续盈利，且累计净利润大于等于1 000万元；或者最近1年盈利，最近1年营业收入大于等于5 000万元	最近2个完整会计年度的营业收入累计大于等于1 000万元；因研发周期较长导致营业收入少于1 000万元，但最近一期期末净资产大于等于3 000万元的除外	允许符合科创板定位的，尚未盈利或存在累计未弥补亏损的企业上市，按照市值指定5套标准： （1）预计市值不低于10亿元，最近2年净利润均为正且累计净利润不低于人民币5 000万元或最近一年净利润为正且营业收入不低于1亿元； （2）预计市值不低于15亿元，最近一年营业收入不低于2亿元，且最近3年研发投入合计占最近3年营业收入的比例不低于15%； （3）预计市值不低于20亿元，最近一年营业收入不低于3亿元，且最近3年经营活动产生的现金流量净额累计不低于1亿元； （4）预计市值不低于30亿元，且最近一年营业收入不低于3亿元； （5）预计市值不低于40亿元，主要业务或产品需经国家有关部门批准，市场空间大，目前已取得阶段性成果，并获得知名投资机构一定金额的投资。医药行业企业需取得至少一项一类新药二期临床试验批件，其他符合科创板定位的企业需具备明显的科技优势并满足相应条件
现金流要求	最近3个会计年度经营活动现金流量净额累计大于5 000万元		无	每一个会计期间内形成与同期业务相关的持续营运记录，不能仅存在偶发性交易或事项	
净资产要求	最近一期期末无形资产占净资产比小于等于20%；最近一期期末不存在未弥补亏损		最近一期无形资产占注册资本的比例不高于70%； 最近一期期末净资产大于等于2 000万元，且不存在未弥补亏损	报告期末每股净资产大于等于1元/股	
股本要求	发行前股本总额不少于5 000万元		发行前股本总额不少于3 000万元	发行后股本总额不少于3 000万元	发行后股本总额不少于3 000万元

（六）退市条件

资本市场遵循优胜劣汰的原则，股票在资本市场的表现会影响到投资者的利益，当公司经营状况恶化，不再适合在二级市场进行交易时，应该有健全的退市制度帮助其退出资本市场。退市制度是资本市场的一项基础性制度，是证券交易所制定的关于上市公司暂停、终止上市等相关机制，以及风险警示等退市配套机制的制度性安排，也是市场经济优胜劣汰铁律的一个体现，是市场经济健康稳定运行的基石。由于不同板块市场的上市条件不同，因此退市监管标准也不同，具体退市条件见表9-3。

表9-3　　不同板块退市条件

<table>
<tr><th colspan="2" rowspan="2">标准</th><th colspan="2">退市风险警示处理</th><th colspan="3">暂停上市</th><th colspan="4">终止上市</th></tr>
<tr><th>主板</th><th>科创板</th><th>主板</th><th>中小板</th><th>创业板</th><th>主板</th><th>中小板</th><th>创业板</th><th>科创板</th></tr>
<tr><td rowspan="3">财务类</td><td>连续亏损</td><td>2年</td><td rowspan="3">（1）最近一个会计年度经审计的扣除非经常性损益之前或之后的净利润（含被追溯重述）为负值，且最近一个会计年度经审计的营业收入（含被追溯重述）低于1亿元；（2）最近一个会计年度经审计的净资产（含被追溯重述）为负值；（3）上市公司营业收入主要来源于与主营业务无关的贸易业务或者不具备商业实质的关联交易收入，公司明显丧失持续经营能力的；（4）研发型上市公司主要业务、产品或者所依赖的基础技术研发失败或者被禁止使用</td><td colspan="3">3年</td><td colspan="3">4年（或被暂停上市后未在指定期限内披露首个年报）</td><td rowspan="3">（1）主营业务大部分停滞或者规模极低；（2）经营资产大幅减少导致无法维持日常经营；（3）营业收入或者利润主要来源于不具备商业实质的关联交易；（4）营业收入或者利润主要来源于与主营业务无关的贸易业务；（5）其他明显丧失持续经营能力的情形</td></tr>
<tr><td>净资产为负</td><td>1年</td><td>—</td><td>—</td><td>1年</td><td colspan="2">2年（或净资产虽为正但扣除非经常性损益后净利润为负）（或被暂停上市后未在法定期限内披露首个年报）</td><td>2年（或被暂停上市后未在法定期限内披露首个年报）</td></tr>
<tr><td>营业收入低于1 000万元</td><td>2年</td><td>3年</td><td>3年</td><td>—</td><td colspan="2">4年（或净资产虽为正但扣除非经常性损益后净利润为负）（或被暂停上市后未在法定期限内披露首个年报）</td><td>—</td></tr>
<tr><td rowspan="3">交易类</td><td>成交量过低</td><td>—</td><td>上市公司出现连续90个交易日（不含公司股票停牌日）通过本所交易系统实现的累计股票成交量低于150万股的，应当在下一交易日发布公司股票可能被终止上市的风险提示公告，其后每个交易日披露一次</td><td>—</td><td>—</td><td>—</td><td>连续120个交易日累计成交量低于500万股</td><td>连续120个交易日累计成交量低于300万股</td><td>连续120个交易日累计成交量低于100万股</td><td>连续120个交易日累计成交量低于200万股</td></tr>
<tr><td>收盘价、每股面值与每日市值</td><td>—</td><td>上市公司连续10个交易日（不含公司股票停牌日）出现每日股票收盘价均低于股票面值、每日股票市值低于3亿元</td><td>—</td><td>—</td><td>—</td><td colspan="3">连续20个交易日每日收盘价均低于每股面值</td><td>连续20个交易日每日收盘价均低于每股面值，每日股票市值低于3亿元</td></tr>
<tr><td>交易股东数量</td><td>—</td><td>上市公司连续10个交易日（不含公司股票停牌日）出现每日股东数量低于400人</td><td>—</td><td>—</td><td>—</td><td>—</td><td>—</td><td>—</td><td>连续20个交易日股东数量低于400人</td></tr>
<tr><td rowspan="4">规范类</td><td>审计报告为否定或无法表示意见</td><td>1年</td><td>—</td><td colspan="3">2年</td><td colspan="2">3年（或被暂停上市后未在法定期限内披露首个年报）</td><td>2年半</td><td>1年</td></tr>
<tr><td>未改正财务会计报告中的重大差错或虚假记载</td><td colspan="2">2个月</td><td colspan="3">4个月</td><td colspan="3">6个月</td><td>4个月</td></tr>
<tr><td>未在法定期限内披露年度报告或中期报告</td><td colspan="2">2个月</td><td colspan="3">4个月</td><td colspan="2">6个月</td><td>3个月</td><td>4个月</td></tr>
<tr><td>连续20个交易日股权分布不符合上市条件</td><td>—</td><td>此后公司在股票停牌1个月内仍未解决</td><td colspan="3">方案公布后6个月仍不符合上市条件</td><td colspan="3">方案公布后6个月仍不符合上市条件</td><td>方案公布后6个月仍不符合上市条件</td></tr>
</table>

三、股权再融资（SEO）

上市公司融资按其发生的时间不同，分为初始融资和再融资。上市公司首次向社会公开发行股票并上市的行为称为初始融资，其后的融资行为统称为再融资。再融资如果通过资本市场以股权的形式直接获得，就是股权再融资。目前，股权再融资的主要形式有配股和增发新股。

（一）配股

配股是上市公司获得证券监管部门批准后，向现有股东按其持股的一定比例配售股份的行为。其实质是上市公司增发股票，原有股东享有优先认购权，是向原有股东定向募集资金。

尽管配股融资是公司上市后融资的主要方式，但并不是所有的上市公司都可以运用配股方式融资。为了保护投资者利益，促进证券市场健康发展，证券监管部门对上市公司配股融资的条件进行了限制，规定了配股资格线。目前，上市公司配股融资应具备的条件主要包括：（1）上市公司配股距上一次发行时间间隔不得少于1个完整会计年度。（2）上市公司最近3个会计年度连续盈利。（3）上市公司最近3年以现金和股票方式累计分配的利润不少于最近3年实现的年均可分配利润的20%。（4）上市公司募集资金用途应符合国家的产业政策，配股比例的上限为10：3。

在我国，配股是公司上市后融资的主要方式之一。通过大比例配股，可以将更多的优质资产注入上市公司，实现上市公司的快速发展。而配股后的填权行为使原有股东获得远高于现金股利的资本利得。但由于配股条件的限制，一些业绩不好的上市公司很难通过自身的努力进行融资，错失良好的投资机会；而那些已经实施了资产重组并已恢复生机，急需资金注入的公司，却可能由于达不到配股条件不能配股融资而重新陷入困境。

（二）增发新股

增发新股是指已经历过IPO并已挂牌交易的上市公司，根据其发展战略和经营需要，经证券监管部门批准，再次通过证券市场向社会投资者发售股票的融资行为。

增发新股募集资金的对象是社会投资者，包括原有股东、机构投资者和社会公众。如果增发新股募集资金的对象是经过发行公司或承销商选择的机构投资者或个人，这种增发就是定向增发。对于证券市场来说，定向增发经常被作为一种并购技术和支付方式，在成熟资本市场中运用较为普遍，通常用于公司并购、资产收购、产业整合，是一种股权置换资产的方法。目前，上市公司增发新股须具备的条件主要有：（1）最近3个会计年度加权平均净资产收益率平均不低于6%；如果低于6%，但公司具有良好的经营和发展前景，且增发完成，当年加权平均净资产收益率不低于发行前一年的水平，也可以增发。（2）增发新股募集资金量不超过公司上年度未经审计的净资产值。（3）发行前最近1年财务报表中资产负债率不低于同行业上市公司的平均水平。（4）前次募集资金投资项目的完工进度不低于70%。

增发新股融资方式的出现，为证券市场股权融资开辟了新途径；面向证券市场的众多投资者融资，有利于上市公司股东多元化及股权结构调整；增发新股融资多采用股票市场定价，融资的市场化程度较高。我国证券市场增发新股存在的问题主要表现为：证券监管部门没有对增发新股规模和间隔时间作出限制，这极易导致上市公司盲目融资，降低资本使用效率，也极易造成上市公司恶意圈钱行为的发生；股票市场的大规模扩容，也加大了二级市场的风险。

四、股票融资的优缺点

普通股融资的优点主要表现在：①普通股没有到期日，是一项永久性资本来源，除非公司清算时才予以偿还（但公司可在允许的条件下，通过二级市场回收股票）。②普通股没有固定的股利负担。其股利分配的多少与公司盈利与否、是否有投资机会等有关。③普通股融资风险小。普通股没有固定的到期日，一般也不用支付固定的股利。④普通股融资能增强公司的信誉，是公司筹措债务资本的基础。⑤普通股比债券更容易出售，这是因为普通股的预期收益高于优先股和债券，而且在通货膨胀时期，普通股增值优于优先股和债券。

普通股融资的缺点主要表现在：①股票发行费用比较高。发行费用是指发行公司支付给与股票发行相关的中介机构的费用，如承销费、注册会计师费（审计、验资、盈利预测审核等费用）、资产评估费、律师费等。其中，承销费用所占的比例最高。此外，股票发行成功后，上市公司仍然需要为股票在交易所流通支付相当高的费用。不仅如此，普通股的融资成本从税后收益中支付，不能享受减税优惠，从而导致普通股融资成本比较高。②一方面普通股融资会影响公司的控制权或管理权，另一方面新股东对公司已积累的盈余具有分配权，这就会降低普通股的每股净收益，从而可能引起普通股市价下跌。③股票上市后要向社会披露信息，要接受证券监管部门的监管等。

第二节　长期债务融资

一、长期借款融资

长期借款是指公司向银行和非银行的金融机构和其他单位借入的、期限在1年以上的借款。其主要用于购建固定资产和满足非流动资产占用的需要。

目前，我国金融机构提供的长期借款种类主要有：固定资产投资借款、更新改造借款、科技开发和新产品试制借款等，这是依据借款的用途来划分的；长期借款按借款公司是否提供抵押品，还可分为信用借款和抵押借款；按发放借款的金融机构的性质，又可分为政策性银行借款和商业银行借款等。

（一）长期借款的条件

公司申请借款一般应具备的条件有：①独立核算、自负盈亏、有法人资格；②经营方向和业务范围符合国家产业政策，借款用途属于银行贷款办法规定的范围；③借款公司具有一定的物资和财产保证，担保单位具有相应的经济实力；④具有偿还贷款的能力；⑤财务管理和经济核算制度健全，资金使用效益及公司经济效益良好；⑥在银行开立账户，办理结算。

公司具备上述条件后，可向银行提出借款申请，陈述借款原因与金额、用款时间与计划、还款时间与计划。银行对借款公司的财务状况、信用情况、盈利水平、发展前景、投资项目的可行性等进行审查。银行审查符合贷款条件后再与借款公司进一步协商贷款的具体条件，确定贷款的种类、用途、期限、金额、利率、还款的资金来源及方式、保护性条款、违约责任等，并以借款合同的形式将其法律化。借款合同生效后，公司即可取得借款。

（二）长期借款的保护性条款

长期借款的期限长、风险高、金额大，按国际惯例，银行通常会对借款公司提出一些有助于保证借款按时足额偿还的条件，这些条件写进借款合同中，形成了合同中借款的保护性条款。这些条款的主要内容是：

（1）一般性保护条款。大多数借款合同都包含一般性保护条款，其内容包括对借款公司流动资金保持量的规定，如要求借款公司保持最低的流动资金净额、规定最低的流动比率，以保证借款公司持有资金的流动性和偿付能力；对借款公司股利支出、工资支出和回购股票的限制，以防止借款期间现金过分外流；资本支出规模的限制，以防止投资收益不确定给银行带来过多的风险；对其他长期债务的限制，如未经银行同意，不得借入新的长期借款，不得以资产抵押举债等，其目的是防止其他债权人取得对公司资产的优先索偿权。

（2）例行性保护条款。大多数借款合同中也包括例行性保护条款，其内容有要求公司定期向银行提交财务报表，以便银行及时、充分地了解公司的财务状况及经营情况；不准在正常情况下出售较多资产，以保持公司正常的生产经营能力；如期清偿应缴的税金和到期债务，以防止被罚款造成现金流失；限制租赁固定资产的规模，防止公司高额的租赁费用支出，降低偿债能力。

（3）特殊性保护条款。在某些特殊情况下，借款合同中将包含此部分内容，其目的在于防止公司发生不利于借款银行的行为。这些条款有明确贷款用途，借款公司不得将借款挪作他用；要求公司主要领导人在合同有效期内不得调离领导岗位；限制借款公司的投资，以防止公司投资于短期内不能收回资金的项目。

（三）长期借款的利率

银行借款的利息率取决于资本市场的供求关系、借款的期限、借款有无担保及公司资信状况等。一般情况下，长期借款的利息率要高于短期借款的利息率。长期借款的利息率可采用固定利率、变动利率和浮动利率三种。

（1）固定利率。固定利率是在贷款合同签订时即设定好的利率。此利率一经确定，不得随意改变。不论贷款期内市场利率如何变动，借款公司都按照借款合同中约定的固定利率支付利息。

（2）变动利率。变动利率是指在长期借款的期限内，利率可以定期调整，一般根据金融市场的行情每半年或一年调整一次。调整后尚未偿还的借款余额按新利率计息。

（3）浮动利率。浮动利率是指随资本市场利率变动而调整的利率。公司借入资金时一般开出浮动利率期票，期票注明借款期限，利率则在“优惠利率”（又称主要利率）基础上加成计算。通常将市场上信誉最好的公司借款利率或商业票据利率作为优惠利率，并在此基础上加0.5至2个百分点作为浮动利率，浮动利率票据到期按面值还本，平时按规定的付息期定期按浮动利率付息。

(四) 长期借款的偿还

公司以长期借款方式筹集的资本属于借入资本，需要按期还本付息。长期借款的偿还方式主要有一次性偿付法、等额利息法、等额本金法和等额本息法等。

一次性偿付法是指在借款到期时一次性偿还本金和利息的方法，它对借款公司的财务影响是，使借款公司一次性发生较大额度的现金流出；等额利息法是指借款期内每个期末按借款利息率偿还固定利息，到期一次偿还本金，较之一次性偿付本息，等额利息法使借款公司的现金流出更为分散，减缓了借款公司集中支付的压力；等额本金法是指借款期内每期偿还固定的本金及按借款余额计算的利息，这一还款方式每期偿还的本金数相等，但每年支付的利息数额随着每期剩余本金余额的减少而逐年降低；等额本息法是指借款期内每期偿还相等数额的本金和利息的合计数，但每年偿还的本金和利息是不同的，随着本金的不断偿还，每期剩余的未偿还本金逐期减少，从而每期偿还额中包含的利息逐期减少，而每期偿还额中所包含的本金逐期增加。后两种还款方式使借款公司现金流出分散在各期，减少了公司集中支付的压力，比较适合于数额大、期限长的借款偿还。

(五) 长期借款融资的优缺点

长期借款的优点主要表现在：①融资速度快。与发行股票、债券相比，长期借款免去了证券发行过程中不可缺少的报批、宣传、印刷、发行等环节，程序比证券融资简单，能较快取得资金。②借款成本较低。长期借款利息可在所得税前支付，这就使公司减轻了利息负担，使借款成本低于股票成本；长期借款和长期债券利息都是税前支付，但长期借款是由公司直接融资，不需经过证券机构，减少了融资费用，故银行借款融资成本低于债券融资成本。③借款弹性较大。公司在借入款项时，可与银行商定借款的数额、期限、利率、偿还方式等；借款后，如公司财务状况发生变化，也可与银行协商，变更借款数额、期限、偿还方式等。而证券融资的对象是社会广大投资者，协商改变融资条件不现实。④可发挥财务杠杆作用。公司借入款项后，如能使投资收益率大于长期借款的利息率，公司即可获得财务杠杆利益。

长期借款的缺点主要表现在：①融资风险较高。借款通常有固定的利息负担和固定的偿付期限。在公司经营不佳时，可能产生不能偿付的风险，如公司严重亏损，且无法支付到期债务，就会面临破产。②限制条件较多。贷款银行为了保护自身利益，在与公司签订的贷款协议中通常附加许多限制性条款。这些条款限制了借款公司的经营活动，降低了借款的使用效果。③融资数量有限。长期借款难以取得债券、股票融资形式所能取得的资金数额。

二、公司债券融资

债券是指公司依照法律程序发行，承诺按约定的日期支付利息和本金的一种书面债务凭证。它代表债权人与债务人之间的契约关系，这种关系使债权人对公司收益具有固定索取权，对公司财产具有优先（先于股东）清偿权。

(一) 债券融资品种与创新

在过去的30年里，资本市场不断创造出新的债券融资工具。这些创新使公司和债券购买者具有一定的选择权并可以根据自己的能力发行或购买符合自己特定需要的债券。在实务中，债券融资品种主要有如下几种：

（1）抵押债券。它是指以公司财产作为担保而发行的一种公司债券。可作抵押品的资产有不动产、动产和公司持有的债券、股票。

（2）信用债券。它是指没有抵押品，完全靠公司良好的信誉而发行的债券。通常只有经济实力雄厚、信誉较高的公司才有能力发行这种债券。

（3）次级信用债券。它是指资产或收益的求偿权次于其他债务的债券。一旦公司破产清算，只有在全部付清其他有担保的和无担保的债券之后，该项债券的持有人才能获得清偿。其求偿权顺序居于优先股和普通股之前。

（4）零息债券。它是指票面利率为零，但却以低于面值的价格出售给投资人的债券。其基本特点是不必支付利息，按低于面值的价格折价出售，到期按面值归还本金。

（5）浮动利率债券。它是指票面利率随一般利率水平的变动而调整的债券。其票面利率通常定期（例如，3个月或6个月）根据某些作为基准的市场利率（如国库券利率）调整，每期调整一般限制在某一最大幅度范围和某一期间内。①

（6）收益债券。它是指在公司有足够的利润时才支付利息的一种债券。当公司因收益不足而无法支付债券利息时，收益债券并不处于违约状态。该债券规定期限，到期必须还本。

（7）指数债券，亦称购买力债券。它与一般债券基本相同，只是债券利率随价格指数的变动而变动。当通货膨胀率上升时，债券利息也随之上升，因而可以保护债券持有人不因通货膨胀而受到损害。

（8）可转换债券。它是指在一定时期内，可以按规定的价格或一定的比例，由持有人自由选择转换为普通股的债券。由于这种债券可调换成普通股，所以利率一般较低。

（9）可赎回债券。它是指债券发行者有权在债券到期前向债券持有人赎回所发行的债券，这对发行债券的融资者来说是比较有利的。

（10）可退还债券。如果说可赎回债券给予发行者一种买权，那么可退还债券则给予投资者一种卖权，投资者在购买了这种债券后，如果市场利率不变或持续下降，他就持有已买入的债券，得到等于或高于市场利率的利息收入；如果市场利率上升，他就可以把这种利率相对较低的债券按约定价格卖给债券发行者，以便利用自己的资本去获得较高的收益。

（11）分离交易可转债，又称附认股权证债券。它是指在发行债券的同时，附有一份认股权证。债券和股票权证发行时是组合在一起的，但在上市后则自动拆分成可转换债券和股票权证，可分别进行交易。分离交易可转债这种融资方式赋予了上市公司一次发行两次融资的机会。先是发行附认股权证公司债，这属于债权融资；然后是认股权证持有人在行权期或者到期行权，这属于股权融资。

（12）信用敏感债券。它是指债券的票面利率与发行人的信用状况反向变动的债券，

① 另外还有逆向浮动利率债券，即在基准利率下降时利息反而上升的债券。奥兰治县就曾购买过这种债券，它在某种程度上导致了1994年12月奥兰治县的破产。

即票面利率随着发行人信用状况的改善而降低，随着发行人信用状况的恶化而上升。

(13) 商品链债券。它是指本金偿还以及在某些情况下的息票支付是与某一特定商品(如石油或白银)或与某种指定商品价格指数相联系的一种债券。这类债务的构造通常能为某种商品的生产商在出现商品价格暴跌和相应的收入锐减时，提供避免损失的保值作用。

(14) 双重货币债券。它是指涉及两种货币的固定收益的债券，其利息使用一种基本货币（通常指投资者所在国货币），本金使用另一种非基本货币（通常是发行者所在国货币）。

(15) 垃圾债券（junk bond）。它是指由于财务状况不稳定或其他原因被认为很危险的公司发行的债券。其投资利息高、风险大，对投资人本金的保障较弱。

(16) 灾难债券。它是指明确规定某种灾难性事件发生时将不再支付利息或本金的债券。

(二) 债券发行价格

公司债券的发行价格是发行公司（或其承销机构）发行债券时所使用的价格，也是投资者向发行公司认购其所发行债券时实际支付的价格。影响公司债券发行价格的因素主要包括：①发行者的类型。债券市场是按发行人的类型分类的，不同的发行人被称为不同的市场部门（market sector），如公司、政府等。②发行人的资信。如果发行人资信状况好，债券信用等级高，投资者承受的风险相对小，债券的票面利率就可以定得比其他条件相同的债券低一些，反之就高一些。③债券期限。债券价格的波动与债券期限密切相关，期限越长，价格波动的风险越大，票面利率会高于期限较短的债券。④赎回与转换条款。在债券契约中，通常设置某些条款，如允许债券发行人全部或部分提前偿还债务的赎回条款(call provision)，持有可转换债券的债权人可根据情况将手中的债权转换为股权等。一般来说，市场投资者对含有利于发行人的赎回条款的债券会要求较高的收益，而对含有利于投资者的转换条款的债券则要求较低的收益。

债券的买卖价格，包括发行价格和转让价格都是根据债券的现值来确定的。当然，其他许多经济的、非经济的因素也在同时影响债券的发行价格，但无论这些因素的作用有多大，债券的发行价格始终围绕债券的内在价值上下波动。在实务中，公司债券的发行价格通常有等价、溢价、折价三种情况。

(三) 债券发行条件

按照国际惯例，发行债券需要符合规定的条件，一般包括发行债券最高限额、发行公司自有资本最低限额、公司获利能力、债券利率水平等。根据《中华人民共和国证券法》的规定，公司发行债券必须符合下列条件：公司规模达到规定的要求；公司财务会计制度符合国家规定；具有偿债能力；公司经济效益良好，发行债券前3年盈利；所融资本的用途符合国家的产业政策，不得用于房地产买卖、股票买卖和期货交易等与本公司生产经营无关的风险性投资。按规定，发行公司发生下列情形之一的，不得再次发行公司债券：①前一次发行的公司债券尚未募足的；②对已发行的公司债券或其债务有违约延迟支付本息的事实，且仍处于继续状态的；③最近3年平均可分配利润不足以支付发行债券1年利息的。

（四）债券的偿还与收回

（1）赎回条款。如果公司债券契约中规定了赎回条款，公司就可以按特定的价格在到期之前买回债券。赎回条款一般有两种：随时赎回条款和推迟赎回条款。随时赎回条款规定，债券一经发行，债券发行人即有权随时赎回债券；推迟赎回条款规定，债券发行人只能在一定时间后才能赎回已发行的债券。

（2）偿债基金。偿债基金是在到期日前为定期收回债券而设立的基金，要求发行公司定期向受托人支付。通过偿债基金收回债券有两种方式：一种方式是公司向受托人支付一笔现金，由受托人按照偿债基金赎回价格回收债券（偿债基金赎回价格通常低于普通赎回价格），并按照债券的序列号以抽签的方式决定被收回的债券。另一种方式是发行公司在公开市场上购买债券。偿债基金缩短了该债务的实际期限，从而能和期限较短的债务一样减少债务的风险。

（3）分批偿还债券。在发行同一种债券的当时就订有不同的到期日的债券，为分批偿还债券。由于投资者可以选择最适合自己的到期日，因此，发行这类债券比发行同一天到期的债券能吸引更广泛的投资者群体。

（4）债券调换。发行新的债券来调换一次或多次发行的原有的债券叫债券调换。这种债券调换，主要是因为：①以利率较低的新债券替换利率较高的旧债券，从而减少债务的利息；②消除债券原契约中某些限制性条款，以利于公司的进一步发展；③推迟债务的到期日，以改善公司的现金流量；④将公司多次发行且尚未清偿的债券予以合并，从而便于对债券的统一管理；⑤保持当前最佳的资本结构和税负效果。

（5）转换成普通股。如果公司发行的是可转换债券，那么，可通过转换成普通股来收回债券。

（五）债券评级

从20世纪初期开始，债券被指定了反映其违约概率的质量等级，即债券评级。债券评级是指由专门的信用评级机构，对拟发行债券单位的债券质量作出的等级评价。根据中国人民银行的有关规定，凡是向社会公开发行债券的公司，都必须由中国人民银行及其授权的分行指定的资信评定机构或公证机构进行信誉评定。债券评级的目的是确认债券发行主体的信誉等级，从而向社会公众揭示所发行债券的质量，作为投资者投资决策的参考依据。

目前，国际上三个主要的评信机构分别是穆迪投资服务公司（Moody's）、标准普尔公司和惠誉国际信用评级公司（Fitch Ratings）。按照国际惯例，债券信用等级一般分为三等九级，具体分为AAA、AA、A，BBB、BB、B，CCC、CC、C。按照债券等级排列，依次反映了债券违约风险的大小。3A和双A债券是非常安全的，单A和3B债券也足够安全，被称为投资等级债券。双B以及更低级别的债券是投机性债券或垃圾债券，这些债券的违约风险较高。

债券评级是基于定性和定量因素结合得到的结果，主要受以下因素影响：①偿债能力比率。偿债能力比率包括资产负债率、产权比率以及利息保障倍数等。偿债能力越强，评级越高。②抵押条款。如果债券有抵押保障，而且抵押物价值大于债务价值，则债券的评级会上升。③附属条款。如果债券附属于其他债券，那么要比没有附属的债券评级低一等。④担保条款。如果实力较弱公司的债券由一家实力强的公司（通常是发行公司的母公司或关联方）担保，则债券的评级会上升。⑤偿债基金。如果债券有偿债基金来保证系统性地偿付，则债券的评级会上升。⑥到期时间。在其他条件不变的情况下，到期时间较短的债券风险小于到期时间较长的债券，因此，一般地，短期债券比长期债券评级高。⑦稳定性。如果发行公司的销售收入和利润趋于稳定，则债券的评级会上升。⑧政府管制。政府管制能够降低债券发行人的违约风险，比如公用事业类和电信类公司等受政府管制比较多。如果债券发行人受政府管制，则评级会上升。⑨跨国经营。如果当地政治环境比较差，则公司的收入、资产和利润中来自跨国经营的比例越高，风险分散效应越好。因此，跨国经营能够分散风险，评级会上升。⑩劳工动荡。如果公司存在潜在的劳工问题，使得公司雇员不稳定，则会导致评级降低。会计政策。如果公司采用相对保守的会计政策，其报告的利润比不使用保守政策得到的数据质量高。因此，保守的会计政策能够使评级上升。

公司债券评级的变化会影响其借入长期资本的能力以及这些资本的成本。评级机构会定期重新评估流通在外的债券，偶尔会因为发行者条件的变化调高或调低债券的等级。

（六）债券融资的优缺点

债券融资的优点主要表现在：①债券成本较低。公司债券的利息费用可在税前支付，从而可以享受扣减所得税的优惠，因而其实际负担的资本成本较低。②可利用财务杠杆。债券持有人一般只能收取固定的利息，不能参加剩余利润的分配，当公司资本收益率高于债券利率时，可以为普通股股东带来更多的收益。③便于调整资本结构。在公司发行可转换债券或可提前赎回债券的情况下，公司可根据需要主动合理地调整资本结构。④保障股东控制权。债券持有人无权参与公司经营管理，因此，发行债券融资不会分散股东对公司的控制权。

债券融资的缺点主要表现在：①财务风险较高。债券有固定的到期日，并需要定期支付利息，发行公司必须承担按期还本付息的义务。在公司经营不景气时，也需要向债券持有人支付本息，这会给公司带来更大的财务困难，有时甚至会导致破产。②限制条件较多。发行债券的限制条件一般要比定期借款、租赁融资的限制条件多且严格，从而限制了公司对债券融资方式的使用，有时还会影响公司以后的融资能力。

第三节 租赁融资

一、租赁融资的种类

2018年12月，财政部对《企业会计准则第21号——租赁》进行了修订，变更了租赁的定义、分类和会计处理方法。本节将以新的会计准则为依据，介绍租赁融资的相关内容。租赁是指在一定期间内，出租人将资产的使用权让与承租人以获取对价的经济行为。在租赁期限内，承租人获得了资产的使用权却没有完全支付获得资产使用权的费用，因此，它是融资与融物相结合的一种融资方式。新租赁会计准则取消了经营租赁和融资租赁的分类，但增加了短期租赁和低价值资产租赁的分类，具体分类内容如下。

（一）短期租赁

短期租赁是指在租赁期开始日，租赁期不超过12个月的租赁。包含购买选择权的租赁不属于短期租赁。

（二）低价值资产租赁

低价值资产租赁，是指单项租赁资产为全新资产时价值较低的租赁。低价值资产租赁的判定仅与资产的绝对价值有关，不受承租人规模、性质或其他情况影响。承租人转租或预期转租租赁资产的，原租赁不属于低价值资产租赁。

（三）售后回租

售后回租是指资产的所有者在出售某项资产后，立即按照特定条款从购买者手中租回该项资产。租赁资产的购买方可以是保险公司、商业银行、租赁公司等。售后回租一方面可以使公司取得出售资产的现金收入，另一方面又可以继续使用该项设备，因此，它具有融资租赁的基本特征。与传统的融资租赁不同的是，融资租赁的对象是从供应商或制造商手中购买的新资产，而售后回租的对象是资产使用者手中的旧资产。

二、租赁负债的确定

租赁负债按照租赁期开始日尚未支付的租赁付款额的现值进行初始计量。租赁付款额是承租人向出租人支付的与在租赁期内使用租赁资产的权利相关的款项，包括：①固定付款额及实质固定付款额，扣除租赁激励；②取决于指数或比率的可变租赁付款额；③购买选择权的行权价格，前提是承租人合理确定将行使该选择权；④行使终止租赁选择权需支付的款项，前提是租赁期反映出承租人将行使终止租赁选择权；⑤根据承租人提供的担保余值预计应支付的款项。

租金是租赁负债分期付款的金额，租金的大小还取决于：①贷款利率，租赁负债的利息费用按照“固定的周期性利率计算”，一般以一定周期的银行贷款基准利率为计算标准。②租赁期限，指租赁合同约定的租赁时间，租赁期限越长，每期支付的租金越少。③租赁费用的支付方式，指租赁费用是按年还是按季支付以及租赁费用在期初还是期末支付。

在短期租赁和低价值资产租赁方式下，租金一般采用直线法，即将租金总额按支付次数进行简单平均。因为租赁期限较短，计算租金时不需考虑时间价值。

三、租赁对资产负债表的影响

对于一项租赁准则规范的合同，在租赁期开始日，承租人应当对所有租赁确认为使用权资产和租赁负债。新准则定义了“使用权资产”，指承租人在租赁期内使用租赁资产的权利。租赁开始日指出租人提供租赁资产使其可供承租人使用的起始日期。使用权资产初始入账成本的构成包括：租赁负债、租赁预付款、租赁激励、初始直接费用、预计拆除/移除/复原/恢复成本。其中，租赁激励是指出租人为达成租赁向承租人提供的优惠。初始直接费用是指为达成租赁所发生的增量成本。预计拆除/移除/复原/恢复成本是指承租人为拆卸及移除租赁资产、复原租赁资产所在场地或租赁资产恢复至租赁条款约定状态预计将发生的成本。

假设某公司需要增加一项资产，价值2 000万元，采用短期租赁、一般租赁和借款购置三种方式对资产负债表的影响见表9-4。

表9-4　三种方式对资产负债表的影响比较　单位：万元

项目	资产增加前	资产增加后		
		短期租赁	一般租赁	借款购置
资产				
流动资产	3 000	3 000	3 000	3 000
固定资产	5 000	5 000	5 000	7 000
使用权资产（租赁）	—	—	2 000	—
资产总计	8 000	8 000	10 000	10 000
负债和股东权益				
流动负债	2 000	2 000	2 000	2 000
其他流动负债	1 000	1 000	3 000	3 000
其中：租赁负债	—	—	2 000	—
股东权益	5 000	5 000	5 000	5 000
负债和股东权益总计	8 000	8 000	10 000	10 000

从表9-4可以看出，一般租赁对资产负债表的影响与负债融资的影响相同；而短期租赁对资产负债表中资产和负债均不产生影响。

四、租赁融资的优缺点

租赁融资的优点主要表现在：①租赁是一种融资与融物相结合的融资方式，融资速度比较快。公司选择租赁方式在筹措到资本的同时也取得了资产的使用权，这对于满足公司生产经营所需，提高公司资产使用效率极具意义。这也是其他融资方式不能比拟的。②租赁融资支出可以抵减公司所得税。无论是短期租赁还是一般租赁，其租赁费用按现行财务制度规定均可计入税前成本予以支付，这就起到了所得税的抵减作用。世界上许多国家对租赁减税都有相关的规定，如减免投资税、减免关税等。③融资限制少。与其他融资方式相比租赁融资限制条件较少。长期借款融资通常在借款合同中要求借款公司以某些财产作为借款的抵押物，并且对借款公司使用借款及生产经营活动规定了诸多限制性条款。而对于租赁融资，虽然合约中也有抵押物的要求，但通常情况下，借款的抵押物即为租赁资产本身，因此，不会对公司已有的生产经营能力带来影响。④租赁融资可以转移资产贬值的风险。租赁双方可以在租赁合约中规定承租方在租赁期满时对资产所有权的控制。当租赁期满，资产所有权不发生转移时，承租方不必关心资产的期末残值，这等于租赁合约把租赁资产价值变动的风险由承租方转移至出租方。在社会技术进步较快的时期，这是公司选择租赁融资的重要原因。

租赁融资的缺点主要表现在：①租赁融资成本高。通常情况下，租赁业务的全部租金比资产本身的购置成本要高出30%，这使得租赁融资的成本明显高于银行借款和发行债券融资。当公司经营出现支付困难时，不可解约的租赁费用支出将成为公司的财务负担。②当事人发生违约风险的可能性增大。租赁业务的一些新形式如杠杆租赁和售后回租，涉及的当事人较多，如果其中一方违约，就会给其他当事人带来风险。③利率和税率的变动风险。在租赁合约约定的时间内，如果银行利率或税率发生变动，就会给租赁当事人带来一定的风险。如利率下跌，承租人却需要按租赁合约约定的租金支付，这会使承租方发生损失。若利率提高，则出租人的收入将减少。

□ 思政课堂

科创板开市上演“速度与激情” IPO审核迎来“冰与火”考验

科创板是由国家主席习近平于2018年11月5日在首届中国国际进口博览会开幕式上宣布设立，是独立于现有主板市场的新设板块，并在该板块内进行注册制试点。

2019年6月13日，科创板正式开板；7月22日，科创板首批公司上市（25家）；8月8日，第二批科创板公司挂牌上市（8家）。科创板注重“硬科技”，伴随2022年6月底一批科创企业集中“赶考”，科创板受理企业总数顺利突破800家，进一步壮大了硬科技的上市“后备军”。注册制实施简化了IPO流程，提高了融资效率，降低了融资成本。下面以交控科技（688015）为例描述科创板IPO流程。

交控科技股份有限公司（以下简称“交控科技”，）成立于2009年12月，并于2019年7月成为首批科创板上市企业。该公司是全生命周期管家式服务的轨道交通整体解决方案提供商，以具有自主知识产权的CBTC（基于通信的列车控制系统）技术为核心，专业从事城市轨道交通信号系统的研发、关键设备的研制、系统集成以及信号系统总承包、维保维护服务及其他相关技术服务等业务。交控科技IPO流程图如图9-2所示。

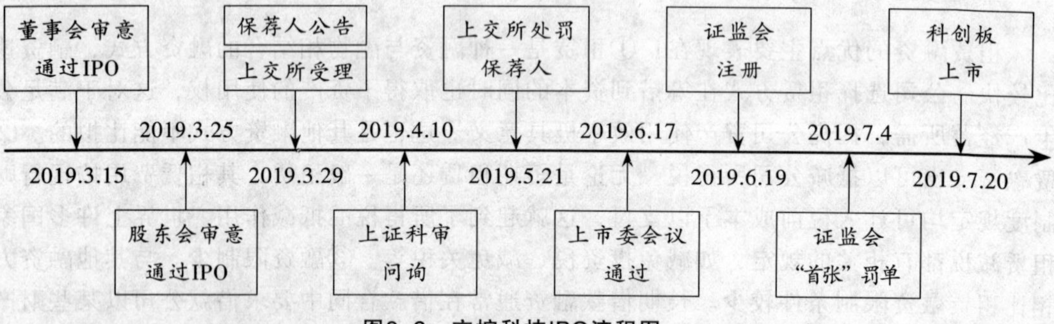

图9-2 交控科技IPO流程图

从交控科技IPO流程图可以看出，交控科技从IPO立项到科创板上市仅用4个月的时间，这足以体现注册制下IPO的“速度”。

交控科技本次发行采用战略配售、网下发行、网上发行相结合的方式进行。网上、网下投资者放弃认购股份全部由主承销商包销，主承销商包销股份数量为11 120股。公司本次公开发行新股共募集资金64 720万元，募集资金净额为58 516.49万元。

$$筹资费率 = \frac{64\,720 - 58\,516.49}{64\,720} \times 100\% = 9.6\%$$

交控科技科创板上市发生的筹资费率为9.6%。2019年创业板新增上市公司52家，平均筹资费率达到16.80%[①]，可见，交控科技科创板上市的筹资费率较低，这也说明了科创板能为科技型企业IPO融资带来“激情”。

交控科技IPO流程虽然用时比较短，但其IPO之路并非一帆风顺。5月21日，上海证券交易所向交控科技的保荐人开出了科创板第一张“罚单。7月4日，证监会分别给了中金公司和交控科技处罚，理由是中金公司在保荐交控科技科创板IPO申请过程中，未经同意，擅自改动注册申请文件。注册申请文件是科创板股票发行上市过程中具有法律约束力的文件，注册申请文件受理后，未经证监会或者交易所同意不得改动。

从IPO审核看，证监会将审核职责前移，由保荐人履行审核义务，并不是说明证监会放松了对科创板IPO的监管，IPO审核仍然面临“冰与火”考验。

资料来源　根据交控科技招股说明书和交控科技公告整理得出。

□ 本章小结

1.私募股权融资是指公司以非公开方式发行证券取得权益性资本的融资行为，风险投资是私募股权融资的一种方式。上市公司首次公开发行股票募集资金，简称为IPO。IPO发行机制一般包括发行审批制度、发行方式、发行定价三方面内容。

2.注册制也称申报制。它要求拟发行股票的公司将应公开的各种信息向证券发行监管机构申报注册。申报公司须对所提供信息的真实性、准确性、完整性和及时性承担法律责任，证券监管机构只对申报公司所公开信息的形式要件和真实性进行审查，不做实质条件的限制。

3.按国际惯例，银行通常对借款公司提出一些有助于保证贷款按时足额偿还的条件，形成了贷款合同中的保护性条款，主要有一般性保护条款、特殊性保护条款和例行性保护条款。自20世纪80年代以来，资本市场新的融资方式不断出现。债券市场上出现了零息债券、浮动利息债券和垃圾债券等新的债券品种，使公司融资方式更为多样化。

4.公司债券的发行价格是发行公司（或其承销机构）发行债券时所使用的价格，也是投资者向发行公司认购其所发行债券时实际支付的价格。影响公司债券发行价格的因素主要包括：发行者的类型、发行人的资信、债券期限、赎回与转换条款。在实务中，公司债券的发行价格通常有等价、溢价、折价三种情况。

5.租赁是出租方以收取租金为目的，在契约或合同规定的期限内，将资产租让给承租方使用的一种经济行为。它是融资与融物相结合的一种融资方式。一般租赁对资产负债表的影响与负债融资的影响相同；而短期租赁对资产负债表中资产和负债均不产生影响。一般租赁对资产负债表的影响与负债融资的影响相同；而短期租赁对资产负债表中资产和负债均不产生影响。

□ 基本训练

1.2022年第一季度共计27家新股科创板上市，合计募资净额544.29亿元，平均募资20.16亿元。但上市之路并不是一帆风顺的，今年一季度除了

基本训练指引
9-1

① 根据wind数据库整理计算得出。

成功上市的27只科创板新股，有8只拟科创板IPO新股终止审核，4只科创板IPO终止注册。了解我国科创板上市财务上应具备的条件。

2. 垃圾债券是20世纪80年代为满足杠杆收购、兼并，以及为问题公司融资而设计推出的一种高风险、高预期收益的债券品种，它的出现为一些无力与大公司抗衡的新兴公司提供了融资渠道，也为产权市场的并购与重组提供了可能，但它的高风险也让涉足于此的购买者尝到了苦果。在世界性金融危机的背景下，如何看待垃圾债券这一融资手段？债券创新对公司融资产生了哪些影响？

基本训练指引
9-2

3. 中国铁建房地产集团有限公司2022年面向专业投资者公开发行公司债券（第四期）（简称：22中铁04），请在巨潮咨询网（www.cninfo.com.cn）上下载22中铁04的发行公告、募集说明书和信用评级报告，了解债券22中铁04的发行规模、发行期限、票面利率、募集资金用途、信用评级等信息。

基本训练指引
9-3

□ 微型案例

2021年12月28日，证监会按法定程序同意晶科能源股份有限公司（以下简称“晶科能源”）科创板首次公开发行股票注册。2022年6月，晶科能源科创板IPO获得受理，9月通过上交所上市委会议，于10月提交注册，科创板上市节奏马不停蹄。近半年后，晶科能源终获准注册。

晶科能源成立于2006年，间接控股股东晶科能源控股2010年在纽约证券交易所上市。过去数年，晶科能源经营业绩持续攀升，2018—2020年公司营业收入规模分别为245.09亿元、294.90亿元、336.60亿元，年复合增长率达17.19%。

上网下载晶科能源招股说明书、上市公告书、路演公告等IPO相关信息披露，回答下列问题：

（1）查询晶科能源上市时的财务状况、IPO的参与主体。

（2）查询晶科能源IPO程序、路演和询价程序。

（3）查询晶科能源IPO发行费用、募集资金用途。

（4）查询晶科能源IPO后股价与大盘的走势差异。

案例分析指引

第十章

营运资本管理

制造业自主经营的公司，主要是通过存货周转实现盈利。流动资产的占用能为公司创造更多的利润，增加经济附加值？还是能带来潜在的不良资产，造成周转不灵？应收账款的增加将会给公司利润及利润质量带来何种影响？存货到底是公司正常经营的必要条件还是“罪恶”的源泉？如何进行短期融资决策来配合企业发展？营运资本管理是公司理财永恒的话题。流动资产的流动性、安全性和收益性，决定了它在公司短期投资中不可或缺的地位，决策者必须对各项流动资产投资的最佳数量进行决策，决策中收益与风险权衡的理财理念再次凸显其魅力。本章将根据持有量与成本的关系建立经济批量的基本模型，为流动资产和短期融资的管理与决策提供思路。

通过本章的学习，你将掌握营运资本管理策略；掌握公司目标现金持有量确定方法、现金日常收支管理方法；掌握公司信用政策确定方法和信用风险的防范措施；熟悉存货成本的内容以及经济订货批量的基本模型；理解ABC管理法和适时供应法的管理思想；掌握公司短期融资主要方式的具体做法和特点；熟悉短期融资策略及其应用。

第一节　营运资本管理策略

营运资本是指流动资产和流动负债的差额，是投入日常经营活动（营业活动）的资本。营运资本管理可以分为流动资产管理和流动负债管理两个方面，前者是对营运资本投资的管理，后者是对营运资本筹资的管理。

一、营运资本投资策略

营运资本投资策略可以分为保守型投资策略、激进型投资策略和适中型投资策略。

（一）保守型投资策略

如果上述影响流动资产投资的诸因素都是确定并已知的，我们不难计算出特定企业所需要的流动资产投资。这些流动资产可以满足经营活动的平稳进行，保证企业按时支付到期债务，及时供应生产用材料，准时向客户提供产品。

问题在于现实世界中的流动资产周转天数、销售额及其增长和成本水平都是不定的。因此，流动资产的需求是不稳定的。

例如，预计今年的销售收入为1 000万元，假设存货与收入比为10%，计算出来的存货投资需求为100万元，企业据此储备了存货。如果实际销售额为800万元，有效的存货为80万元，过量存储20万元。假设等风险投资的资本成本为10%，则企业损失了2万元(20×10%)。如果实际市场需求为1 200万元，由于存货不足，实际为1 000万元，丢失销售收入200万元。假设销售利润率为1%，则企业损失了2万元（200×1%)。

面对这种不确定性，企业应如何确定流动资产投资呢？是多投资一些还是少投资一些呢？这就需要权衡与之相关的收益和成本。流动资产投资管理的核心问题就是如何应对投资需求的不确定性。

保守型流动资产投资政策，就是企业持有较多的现金和有价证券，充足的存货供给，客户宽松的付款条件并保持较高的应收账款水平。保守型流动资产投资政策，表现为较高的流动资产与收入比。

这种政策需要较多的流动资产投资，承担较大的流动资产持有成本，主要是资金的机会成本，有时还包括其他的持有成本。但是，充足的现金、存货和宽松的信用条件使企业中断经营的风险很小，其短缺成本较小。

（二）激进型投资策略

激进型流动资产投资政策，就是公司持有尽可能少的现金和小额的有价证券投资，在存货上作少量投资，采用严格的销售信用政策或者禁止赊销。激进型流动资产投资政策，表现为较低的流动资产与收入比。

该策略可以节约流动资产的持有成本，例如节约资金的机会成本。与此同时，公司要承担较大的风险，例如经营中断和丢失销售收入等短缺成本。

（三）适中型投资策略

在销售额不变的情况下，企业安排较少的流动资产投资，可以缩短流动资产周转天数，节约投资成本。但是，投资不足可能会引发经营中断，增加短缺成本，给企业带来损失。企业为了降低经营中断的风险，在销售不变的情况下安排较多的营运资本投资，会延长流动资产周转天数。但是，投资过量会出现闲置的流动资产，白白浪费了投资，增加持有成本。因此，需要权衡得失，确定最佳投资需要量，也就是使短缺成本和持有成本之和最小化的投资额。这种投资政策要求短缺成本和持有成本大体相等，称为适中型投资策略。

1.短缺成本

短缺成本是指随着流动资产投资水平降低而增加的成本。

例如，因投资不足发生现金短缺，需要出售有价证券并承担交易成本；出售有价证券不足以解决问题时，需要紧急借款并承担较高的利息；借不到足够的款项就要违约并承担违约成本，或者被迫紧急抛售存货并承担低价出售损失。

再如，因投资不足出现存货短缺，会打乱原有生产进程或停工待料，需要重新调整生产并承担生产准备成本，或者需要紧急订货并承担较高的交易成本；若不能及时补充存货就会失去销售机会，甚至失去客户。

2.持有成本

投资过度需要承担额外的持有成本。流动资产持有成本是指随着流动资产投资增加而增加的成本，持有成本主要是与流动资产相关的机会成本。即这些投资如果不用于流动资产，可用于其他投资机会并赚取收益，这些失去的风险投资的期望收益，就是流动资产投资的持有成本。它低于企业加权平均的资本成本，也低于总资产的平均报酬率，因为流动性越高的资产，其报酬率越低。一般情况下，流动资产的流动性强，收益率就低，通常不会高于短期借款的利息。

3.最优投资规模

流动资产最优的投资规模，取决于持有成本和短缺成本总计的最小化。企业持有成本随投资规模增加而增加，短缺成本随投资规模增加而减少，在两者相等时达到最佳的投资规模，如图10-1所示。

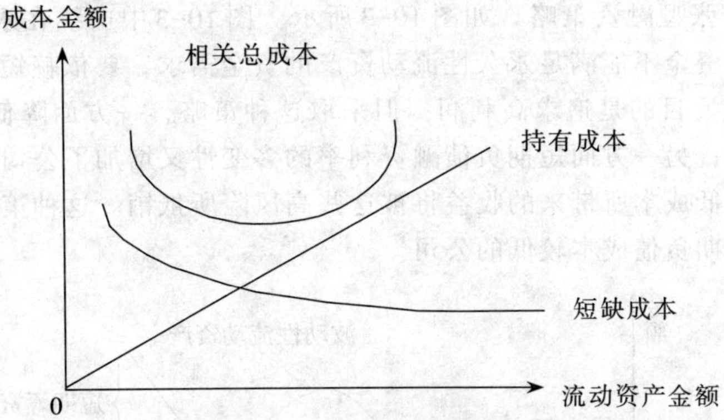

图10-1　最优投资规模

适中的流动资产投资政策，就是按照预期的流动资产周转天数、销售额及其增长，成本水平和通货膨胀等因素确定的最优投资规模，安排流动资产投资。

二、营运资本融资策略

营运资本融资策略是指如何配置流动资产与其资金来源等问题。对临时性和永久性流动资产的融资策略一般有3种类型：稳健型、激进型和折中型。

（一）稳健型融资策略

这是一种较为谨慎的融资策略，如图10-2所示。图10-2中虚线在永久性流动资产线以上，这表明公司的长期资金不但能满足永久性流动资产的资金需求，而且还能满足部分

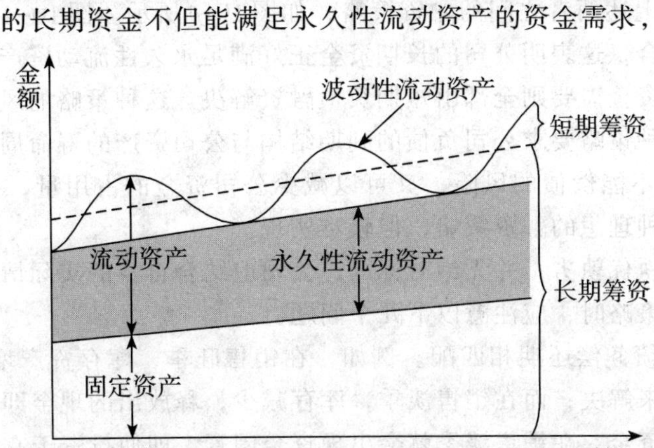

图10-2　稳健型融资策略

短期或波动性流动资产的资金需求。长期资金来源超出永久性流动资产需求部分，通常以可迅速变现的有价证券形式存在，当波动性流动资产需求处于低谷时，这部分证券可获得部分短期投资收益；当波动性资产需求处于高峰时，则将其转换为现金。

稳健型融资策略的主要目的是规避风险。采取这一策略，公司短期负债比例相对较低，其优点是可增强公司的偿债能力，降低利率变动风险。但这种策略将使公司的资本成本增加，利润减少；如用股权资本代替负债，还会丧失财务杠杆利益，降低股东的收益率。这种策略通常适合于长期资金多余，但又找不到更好投资机会的公司。

（二）激进型融资策略

这是一种扩张型融资策略，如图 10-3 所示。图 10-3 中虚线在永久性流动资产以内，这表明公司长期资金不能满足永久性流动资产的资金需求，要依赖短期负债来弥补。激进型融资策略的主要目的是追求高利润。但采取这种策略，一方面降低了公司的流动比率，加大了偿债风险；另一方面短期负债融资利率的多变性又增加了公司盈利的不确定性。因此，短期负债的低成本所带来的收益将被这些高风险所抵销。这种策略一般适合于长期资金来源不足或短期负债成本较低的公司。

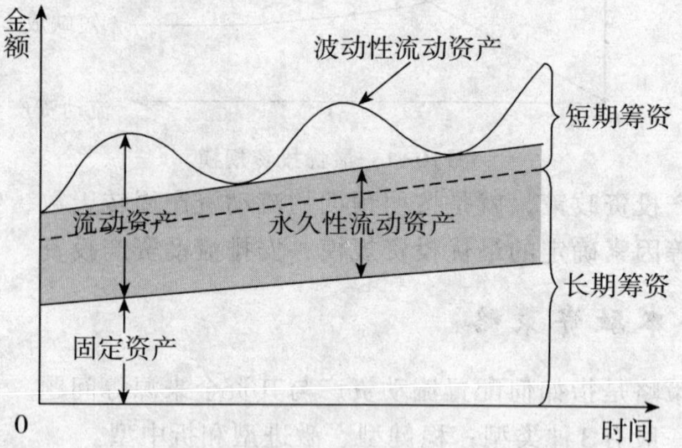

图10-3 激进型融资策略

（三）折中型融资策略

这是一种介于上述两者之间的融资策略，如图 10-4 所示。图 10-4 中虚线刚好与永久性流动资产线相重合，这表明公司的长期资金正好满足永久性流动资产的资金需要量，而波动性流动资产的资金需要则全部由短期负债融资解决。这种策略的风险介于稳健型和激进型策略之间。这种策略要求公司负债的到期结构与公司资产的寿命周期相匹配，这样既可以减少公司到期不能偿债的风险，又可以减少公司资金的占用量，提高资金的利用效率。这种策略是一种理想的融资策略，但较难实现。

上述各种策略孰优孰劣，并无绝对标准，公司应结合自身的实际情况，灵活运用这些策略。在选择组合策略时，应注意以下几个问题：

第一，资产与债务偿还期相匹配。例如，在销售旺季，库存资产增加所需要的资金，一般应以短期负债来解决；而在销售淡季，库存减少，释放出的现金即可用于归还短期负债。如果采用长期资金，在销售淡季就会出现资金闲置，即使投资于有价证券，其收益相对也较低；相反，如果固定资产投资以短期借款融资，则无法用该项投资产生的现金流入量还本付息。按照资产与债务偿还期相匹配的原则，公司应将长期资金来源用于固定资产

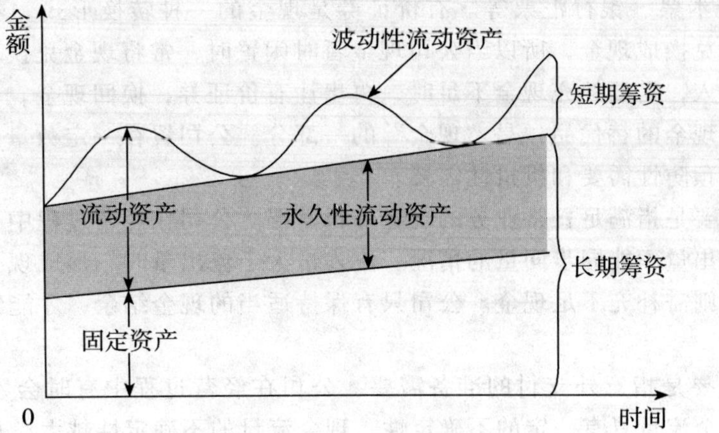

图10-4　折中型融资策略

投资。因为不论公司的盈利能力如何，如果没有足够的现金支付到期债务或当前费用，公司就会陷入财务危机。

第二，净营运资本应以长期资金来源解决。净营运资本是流动负债抵补流动资产后的差额，在公司流动负债规模既定的情况下，这部分资产必须依靠长期负债或所有者权益来解决。

第三，保留一定的资金或融资能力。这样可使公司在需要时能够更方便地使用资金，保留一定的资金并非一定意味着公司实际上拥有一部分现金节余，它还包括公司的借贷能力，即公司保持一定的借款额度，需要时随时取得借款。但这一原则容易造成资金使用效率低下，导致某种机会成本的损失，因此，公司应在资金使用方便和资金使用效率之间寻找一个合适的均衡点。

（四）短期负债组合策略

短期负债本身也是由各种不同项目所组成的，如短期借款、应付账款、短期融资券以及由于法规和结算上的原因形成的应计项目等。短期负债中不同项目的资本成本和偿还期限是不一样的，它们对风险与收益的影响也各有差异。相对来说，短期借款的基本特征是低风险、高成本，当公司由于某种原因暂时不能偿还借款时，银行一般不会立即诉诸法律，而是采取提高利率的方法来制约公司。应付账款、短期融资券融资一般则是低成本、高风险，当公司不能按期付款时，债权人有可能会诉诸法律，如能按期付款，其成本比较小，应付账款甚至没有成本。由于法律和结算原因形成的各种应交税费、应付工资、应计利息等应计项目属于“自然性融资”方式，公司一般只需加以合理利用。短期负债各项目的组合策略主要是根据生产经营的规律，合理安排各种融资方式的借款期限、还款期限和使用期限，即按不同的偿还期限筹措各种短期资金，以保证既能满足生产经营需要，又能及时清偿各种到期债务。

第二节　现金和有价证券管理

一、持有现金的目的

现金是公司资产中变现能力及流动性最强的资产，具体包括库存现金、各种形式的银行存款、银行本票、银行汇票等。有价证券是现金的一种转换形式。有价证券变现能力强，可以随时兑换成现金，所以当公司现金暂时闲置时，常将现金兑换成有价证券；待现金流出大于流入，需要补充现金不足时，再出让有价证券，换回现金。在这种情况下，有价证券就成了现金的替代品，是“现金”的一部分。公司置存一定数量现金，主要是出于交易性需要、预防性需要和投机性需要。

交易性需要是指满足日常业务的现金支付需要。公司在经营过程中，经常发生现金流入量和现金流出量不能同步同量的情况。流入量大于流出量时，形成现金置存；流入量小于流出量时，则需补充不足现金。公司只有保持适当的现金结余，才能维持其业务活动正常、顺利进行。

预防性需要是指意外支付的准备需要。公司在经营过程中有时会发生预料之外的开支，从而使现金流量具有一定的不确定性。现金流量的不确定性越大，预防性现金数额就应增多；反之亦然。当然，预防性现金流量的多少与公司的借款能力有关。如果公司有能力随时筹措短期资本，也可以减少预防性现金的数额；若融资能力有限，则应增加预防性现金的数额。

投机性需要是指置存现金用于不寻常购买机会的需要。市场上各种商品及证券的价格随时会发生变动，使人们产生了“为买而卖”的投机心理。当公司确信得到了有利的购买时机而需要动用现金时，拥有一定数额的现金储备可以为捕捉有利的投机机会提供方便。

公司持有现金，一方面可以满足交易性、预防性与投机性的需要，另一方面又会增加持有现金的机会成本。在市场正常的情况下，一般流动性较强的资产，其收益相对较低，这就意味着公司应适当地置存现金，并合理分布和应用资本，避免资本闲置或者过多地用于低收益项目而带来损失。由此看来，公司经常面临现金不足和现金过量两方面的威胁。公司现金管理的目标，就是在资产的流动性和盈利性之间作出抉择，合理确定现金持有量，以便提高现金使用效率。

二、目标现金持有量的确定

公司目标现金持有量的确定，应根据公司的经营管理范围和现金管理特点，选择适当的模式。本节将介绍目标现金持有量成本分析模式、存货模式、现金周转模式、随机模式等内容。

（一）成本分析模式

成本分析模式是通过分析持有现金的相关成本，寻求持有成本最低的现金持有模式。公司持有现金的成本主要表现为置存成本、管理成本和短缺成本三种：

（1）置存成本。现金作为公司的一项资本占用，是有代价的，这种代价就是它的持有成本，现金持有额越大，持有成本越高。现金置存成本通常按公司资本收益率或有价证券投资收益率计算。

（2）管理成本。公司拥有现金，就会发生管理费用，如管理人员工资、安全措施等。这些费用是现金的管理成本。管理成本是一种固定成本，与现金持有量之间无明显的比例关系。

（3）短缺成本。短缺成本是指公司在经营时因缺乏必要的现金，不能满足业务开支所需，而使公司蒙受损失或为此付出的代价。现金的短缺成本随现金持有量的增加而下降，随现金持有量的减少而上升。

在成本分析模式下，现金置存成本、管理成本和短缺成本之和最小时的现金持有量即为公司最佳现金持有量。

[例10-1] 某公司有4种现金持有方案，假设公司资本收益率为10%。各方案的相关成本和持有成本计算见表10-1。

表10-1 现金持有量与持有成本 单位：元

项目	甲	乙	丙	丁
现金持有量	30 000	60 000	90 000	120 000
置存成本	3 000	6 000	9 000	12 000
管理成本	20 000	20 000	20 000	20 000
短缺成本	12 000	8 000	2 500	0
持有成本	35 000	34 000	31 500	32 000

根据表10-1的资料，丙方案的持有成本最低，也就是说当公司持有90 000元现金时，各方面的总代价最低，故90 000元是公司的最佳现金持有量。

（二）存货模式

存货模式类似于存货的经济批量模型。采用这种模型确定最佳现金持有量的基本假设前提是：（1）公司的现金流入量是稳定并且可以预测的；（2）公司的现金流出量是稳定并且可以预测的；（3）在预测期内，公司的现金需求量是一定的；（4）在预测期内，公司不能发生现金短缺，并且可以出售有价证券来补充现金。

存货模式可用来解决公司现金在一定时期内最佳变现次数问题，公司现金不足时，就将变现一部分有价证券。不论是持有现金还是变现证券，都要付出代价。持有现金，就丧失了投资与证券所得的相应利息，即置存成本；若要降低置存成本，就要降低现金置存量，加大证券变现次数，而证券每次变现又要支付各种佣金和手续费等，我们称之为交易成本。置存成本与交易成本变化方向相反，置存成本随着现金持有量的增大而增大，交易成本却随着现金持有量的增大而减少，公司现金持有成本等于置存成本与交易成本之和，而现金持有成本最低时对应的现金置存量，应该是一定时期公司现金的最佳持有量。具体如图10-5所示。

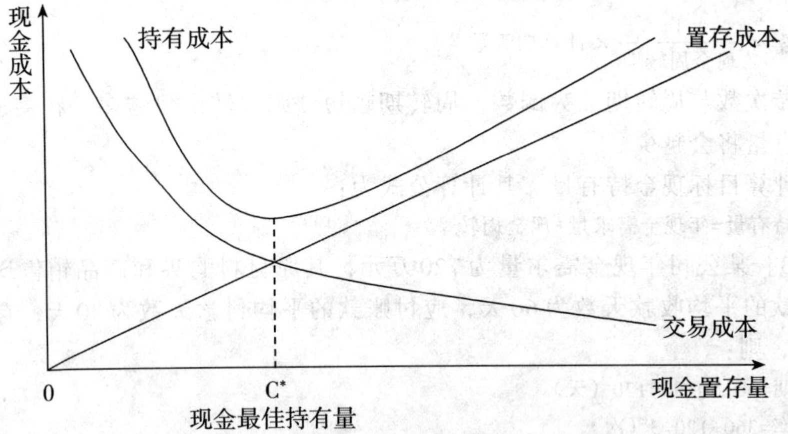

图10-5 存货模式与现金置存量关系图

在存货模型下，现金置存成本与现金交易成本之和为持有现金的总成本，计算公式如下：

$$现金持有的总成本(TC)=\frac{C}{2}\times K+\frac{T}{C}\times F \quad (10-1)$$

式中：C表示现金持有量；K表示有价证券利率；T表示一定时期现金总需求量；F表示每次转换有价证券的交易成本。

将公式（10-1）中的C作为变量，TC作为C的函数，对该公式求一阶导数并令其等于零，即可得出现金持有总成本最低时的最佳持有量C^*的公式：

$$目标现金持有量(C^*)=\sqrt{\frac{2TF}{K}} \quad (10-2)$$

$$最低现金持有成本=\sqrt{2TFK} \quad (10-3)$$

$$有价证券最佳交易次数(N)=\frac{T}{C^*} \quad (10-4)$$

[例10-2] 某公司预计1个月经营所需现金640 000元，公司现金支出较稳定，故准备用短期有价证券变现取得，平均每次证券固定变现费用为100元，证券的市场利率为6%，则：

$$最佳现金持有量=\sqrt{\frac{2\times 640\,000\times 100}{6\%\div 12}}=160\,000(元)$$

$$最低现金持有成本=\sqrt{2\times 640\,000\times 100\times \frac{6\%}{12}}=800(元)$$

$$1个月内最佳变现次数=\frac{640\,000}{160\,000}=4(次)$$

（三）现金周转模式

现金周转模式是从现金周转的角度出发，根据现金周转速度来确定最佳现金持有量的模式。该模式的运用包括以下三个步骤。

第一，计算现金周转期。现金周转期是指公司从购买材料支付现金至销售商品收回现金的时间，即现金周转一次所需要的天数。其具体计算为：

现金周转期=应收账款周转期−应付账款周转期+存货周转期

第二，计算现金周转率。现金周转率是指一年或一个经营周期内现金的周转次数。其计算公式为：

$$现金周转率=\frac{1}{现金周转期}\times 计算期天数$$

现金周转次数与周转期互为倒数，周转期越短，则周转次数越多，在一定现金需求额下，现金持有量将会越少。

第三，计算目标现金持有量。其计算公式为：

目标现金持有量=年现金需求量÷现金周转率

[例10-3] 某公司年现金需求量为720万元，其原材料购买和产品销售均采取赊账方式，应收账款的平均收款天数为60天，应付账款的平均付款天数为30天，存货平均周转天数为90天，则：

现金周转期=60−30+90=120（天）

现金周转率=360÷120=3（次）

目标现金持有量=720÷3=240（万元）

现金周转模式的使用条件是：第一，公司预计期内现金总需要量可以预知；第二，现金周转天数与次数可以测算，测算结果应符合实际，保证科学与准确。

（四）随机模式

随机模式就是根据随机现象出现大量次数时，运用数学中的概率和数理统计方法测算各种可能出现结果的平均水平的一种方法。如果公司的现金支出是随机的，且一定时期现金需要量事先无法确定，则可根据公司一定时期内现金的随机支出中的最高支出额和最低支出额，制定一个现金控制区域，再确定其平均水平。在控制区域内，当现金金额达到上限时，将现金转换成有价证券或通过资本市场短期拆借给需用单位、短期投资于其他项目；当现金余额降到下限时，则转让有价证券或贷款拆借。现金持有量上下限额（即控制区域）的确定则取决于货币资金持有量的机会成本和筹集货币资金的相关成本。这里介绍一种运用较为广泛的"米勒-欧尔模型"（Miller-Orr model），测定控制极限如图10-6所示。

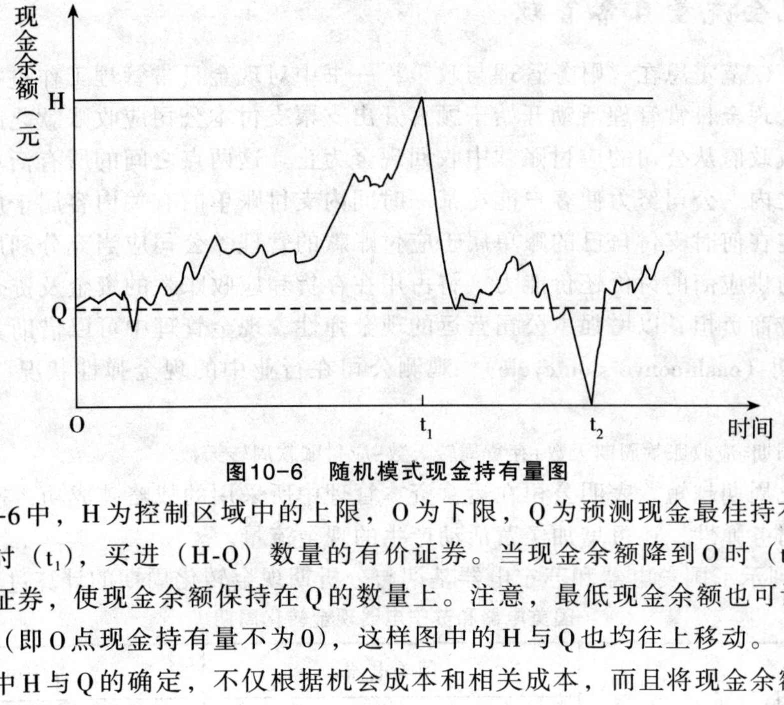

图10-6 随机模式现金持有量图

在图10-6中，H为控制区域中的上限，O为下限，Q为预测现金最佳持有量。当现金余额达到H时（t_1），买进（H-Q）数量的有价证券。当现金余额降到O时（t_2），则卖出Q数量的有价证券，使现金余额保持在Q的数量上。注意，最低现金余额也可设在较O点稍高的水平上（即O点现金持有量不为0），这样图中的H与Q也均往上移动。

该模式中H与Q的确定，不仅根据机会成本和相关成本，而且将现金余额可能出现的波动程度（σ^2）也考虑进去，然后通过数学模型来预测最佳现金持有量。其计算公式为：

$$\text{目标现金持有量}(Q) = \sqrt[3]{\frac{3F\sigma^2}{4K}} \tag{10-5}$$

$$\text{最优现金返回线}(R) = O + Q \tag{10-6}$$

$$\text{控制区上限}(H) = O + 3Q \quad \text{或者}(H) = 3R - 2O \tag{10-7}$$

式中：F表示每次有价证券的固定转换成本；σ表示预期每日现金余额变化的标准差；K表示有价证券的日利率；O表示控制区下限。

该模式可使现金持有总成本（即机会成本加相关成本）最小。由于现金流量是随机的，其平均现金余额无法事先准确确定，但根据模型测算，大约是（H+Q）÷3。

［例10-4］某公司每天净现金流量的标准差是2 250元，资本短期拆借利率为12%，每次筹集资本的相关成本为1 000元。公司认为，现金的保险储备最低限度为5 000元，则

年最佳现金持有量、控制区上限和平均现金余额分别计算如下：

$$Q=\sqrt[3]{\frac{3\times 1\,000\times 2\,250^2}{4\times 0.12\div 360}}=22\,500\text{（元）}$$

H=3Q+O=3×22 500+5 000=72 500（元）

平均现金余额=（H+Q）÷3=（72 500+22 500）÷3=31 667（元）

R=22 500+5 000=27 500（元）

因此，当公司现金余额达到72 500元时，应该及时以45 000元（72 500-27 500）投资于有价证券，使现金总持有量回落为27 500元；若公司现金余额降至5 000元时，应转让22 500元的有价证券，使现金总持有量回升为27 500元。

随机模式主要是在未来现金流量不可预测的假设下确定最佳现金持有量，因此，其准确性是相对的。实践证明，通过这一模型计算出来的现金持有量相对保守。

三、现金流量日常管理

詹姆斯·C.范霍恩在《财务管理与政策》一书中对现金日常管理工作进行了详细的描述。他认为：现金日常管理活动开始于顾客开出支票支付本公司应收账款之时，结束于供应商、雇员或政府从公司的应付账款中收回现金为止。这两点之间的所有活动都包括在现金管理活动之内。公司努力使客户能在某一时间内支付账单的有关内容属于应收账款的管理；公司决定在何时支付自己的账单属于应付账款的管理。公司应当充分利用做大规模的优势，增强与供应商的讨价还价能力，将占用在存货和应收账款的资金及资金成本适度合理转嫁给供应商负担，以增强本公司营运的现金弹性，现金管理中可以借助关键性指标即现金转化周期（cash conversion cycle），观测公司在行业中的现金弹性状况。其计算公式如下：

现金转化周期=应收账款周期天数+存货周转天数-应付账款周转天数 （10-8）

现金转化周期越短，表明公司在运营资本管理中所采用的战略越成功，这不仅有助于增强公司的财务弹性，还可增加经营活动产生的现金流量。

表10-2列示了国美电器和苏宁电器基期与分析期现金转化周期的计算过程。

表10-2 国美电器和苏宁电器现金转化周期

项目名称	国美电器		苏宁电器	
	基期	分析期	基期	分析期
存货（百万元）	1 109	2 725	769	2 017
应收账款（百万元）	128	236	64	206
应付账款（百万元）	3 193	6 805	912	2 767
存货周转天数（天）	42	55	31	46
应收账款周转天数（天）	5	5	3	5
减：应付账款周转天数（天）	120	138	37	63
现金转化周期	−73	−78	−3	−12

可见，国美电器和苏宁电器在运营资本管理中对现金转化周期战略的运用都很成功，尤其是国美电器更是运用自如，以此弥补了这两个“大卖场”财务弹性的不足。这种盈利模式虽然高明，为其股东带来丰厚的回报（国美电器和苏宁电器分析期的净资产收益率分别为42%和30%），但却蕴涵着极大的经营风险和财务风险。

现金日常管理的重要目标之一，即尽快收回应收账款。公司在保持信誉的前提下，尽可能延迟支付账单。

（一）加速收款

为了提高现金的使用率，加速现金周转，公司应尽快加速收款，即在不影响销售的前提下，尽可能加快现金回笼。公司加速收款的任务不仅在于尽量让客户早付款，还要尽快地使这些付款转化为现金。为此，公司应该力争缩短公司收到客户支票的兑换时间，加快现金存入自己往来银行的过程。在现代信息技术飞速发展，金融全球化步伐加快的前提下，现金管理方式发生了根本性变革。网上银行作为以高新信息技术支持金融业发展的产物，对加速收款、降低收款成本具有重要作用。

网上银行又称网络银行、在线银行，是指银行利用Internet技术，通过Internet向客户提供开户、销户、查询、对账、行内转账、跨行转账、信贷、网上证券、投资理财等传统服务项目。网上银行又被称为“3A银行”，因为它不受时间、空间限制，能够在任何时间（anytime）、任何地点（anywhere），以任何方式（anyhow）为客户提供金融服务。

随着网上银行同业竞争的加剧，公司可以较低费用在网上银行进行“汇划即时通”“集团理财”“银企对接”“对公账户查询”“报关即时通”“境外账户管理”等业务，网银将提供资金汇划、批量委托、授权模式定制、到账时间查询、E-mail付款通知、预约付款、定向支付、期货保证金支付、期货出入金支付、交易数据下载，本外币账户实时余额、当日交易、历史余额、历史交易查询，集团内部资本集中管理、统一对外收付等个性化页面定制等服务。

虽然通过“网上银行”系统可以完成上述现金与非现金交易，但互联网是一个开放的网络，银行交易服务器是网上的公开站点，网上银行系统也使银行内部网向互联网敞开了大门，因此，如何保证网上银行交易系统的安全，是公司现金流量安全管理的重要环节。

（二）付款控制

公司在收款时应尽量加快收款的速度，而在付款时应尽量延缓现金支出的时间。快速收款与慢速付款相结合，将产生更多的可用现金。付款控制有以下两种策略。

1.合理运用浮游量

所谓浮游量是指公司账户上现金余额与银行账户上所示的存款余额之间的差额。有时，公司账簿上的现金余额已为零或负数，而银行账簿上该公司的现金余额还有不少。这是因为有些支票公司虽已开出，但客户还没有到银行兑现。如果能正确预测浮游量并加以利用，可节约大量资本。当一个公司在同一国家内有多个银行存款户时，则可选用一个能使支票流通在外的时间最长的银行来支付货款，以扩大浮游量。

利用现金的浮游量，公司可适当减少现金数量，达到现金的节约。但是，一个公司的利益，就是另一个公司的损失，因而利用浮游量往往对供应商不利，又可能破坏公司和供应商之间的关系，这一因素应谨慎考虑。

2.控制付款时间

为了最大限度地利用现金，合理地控制现金支出的时间是十分重要的。例如，公司在采购材料时，如果付款条件是“2/10，N/45”，应安排在发票开出日期后的第10天付款，这样，公司可以最大限度地利用现金而又不丧失现金折扣。

（三）短期证券投资的现金流量管理

对于将多余现金投资于有价证券的决策，作为公司的财务经理，首先要了解短期证券的投资类型，比如国库券、政府机构债券、银行承兑汇票、商业票据、可转让存单、回购协议等。

（1）利用银行不同期限的存款进行资本运作。在实务中，银行通常提供7天通知存款业务，它给予储户在定期、活期储蓄之外的一个选择，具有定期收益、活期便利的特点，适用于短期内需要支付大笔现金又没有明确支付日期的客户。公司一次性存入大额款项后，针对分批动用的现金，只需提前电话通知银行，将该笔资本从通知存款账户转入活期账户，原有部分依旧按通知存款利率计息。此外，如公司现金富余达3个月以上，因各种限制，不能投资证券时，可以采取3个月定期与通知存款相结合的方式，实现资本收益最大化。

（2）依托证券一级市场进行资本运作。把公司短期资本投入证券市场并不意味着一定要购买高风险的证券，公司也可以选择在一级市场申购新股的办法。具体操作如下：公司在证券公司开立资金账户，当一级市场没有新股发行时，可按上面提到的通知存款或3个月定期存款方式进行资金运作；当一级市场有新股发行时，可利用银行的银证划款系统划转资金，申购新股。按目前的新股申购办法，资金至多占用期限为5天，公司损失的是活期存款利息，获得的是低风险收益。近几年，一级市场的新股申购中签率虽然有所降低，新股上市后的市场溢价也有不断下降的趋势，但年平均收益率仍在5%～10%之间，远高于同期银行定期存款利率。需要注意的是，不是所有的新股申购都能获利，增发和配售的股票申购要慎重，公司应组织专门的人员进行新股定价的研究或接受专业机构的建议，公司要制定严格的资金管理制度，确保资金的安全，避免资金投入二级市场购买高风险证券。

（3）购买国债。当公司的预计资本闲散时间较长时，除了银行定期存款以外，还可以购买国债。国债有“金边债券”之称，购买国债不仅风险小，而且可以享受免利息所得税待遇。现在国家发行的国债多以记账式为主，而且其流动性大为增强，公司急需资本时，可以到银行提前兑取，银行在兑付时，超过6个月后，一般会分阶段计算利息。国债票面利率本来就高于银行同期存款利率，考虑到免税因素，购买国债比定期存款更划算。

（4）委托信誉较好、规模较大的专业机构理财。专业投资管理机构具有专家理财、内部控制严密、组合投资、规模效益等特点，在面对风险多变的证券市场和众多投资品种时，它们往往比公司自身具有更强的抗风险能力。虽然新的委托理财管理办法出台以后，委托理财不能像过去一样承诺保底收益，但与公司直接参与二级市场投资相比，委托专业机构进行委托理财仍是风险较小的一种选择。

（5）适当利用商业信用和银行信用进行融资，增加公司的可支配现金量。当公司的现金并不充裕时，公司可以利用自己的商业信用和银行信用，通过办理银行承兑汇票，减少对外采购中现金的支付；或者通过进行短期融资和中长期融资等方式，调节公司可支配现金流量。由于办理银行承兑汇票不需银行动用现金，手续简便，近年来越来越为银行和大多数公司接受，成为公司进行现金管理，弥补日常经营用现金不足的重要手段。办理银行承兑汇票需要以公司之间的购销合同做基础，公司一般交纳一定比例的保证金即可办理，根据公司实力、信誉和与银行关系的不同，保证金的比例一般为10%～50%，期限一般在6个月以内。

第三节 应收账款管理

一、应收账款管理目标

随着市场经济的不断发展，商业竞争的日趋加剧，公司的应收账款数额明显增多，因此，应收账款管理已成为流动资产管理中的重要课题。应收账款的管理目标，就是正确衡量信用成本和信用风险，合理确定信用政策，及时收回账款，保证流动资产的质量。

公司提供商业信用，采取赊销、分期付款等销售方式，可以扩大销售，增加利润，但是应收账款的增加，也会造成资本成本、坏账损失等费用的增加。收益与风险并存的客观现实，要求公司在强化应收账款管理、扩大销售功能的同时，应尽可能降低应收账款的成本，最大化应收账款的投资收益。

（一）应收账款成本

应收账款成本是指公司持有一定应收账款所付出的代价，主要包括机会成本、管理成本和坏账成本三种。

机会成本是指公司资本如果不投放于应收账款，便可用于其他投资并获得收益，比如投资于有价证券便会有利息收入。这种因投放于应收账款而放弃的其他收入，即为应收账款的机会成本，这种成本一般按有价证券利息率计算。

管理成本是指公司对应收账款进行管理所耗费的各种费用，即为应收账款的管理成本，主要包括对客户的资信调查费用、应收账款账簿记录费用、收账费用、收集相关信息的费用、其他相关费用。

坏账成本是指应收账款因故不能收回而给公司带来的损失。此项成本一般与应收账款的额度成正比。为避免坏账成本给公司生产经营活动的稳定性带来不利影响，公司应按规定提取一定的坏账准备。

（二）信用风险

信用风险是公司由于实施商业信用而使应收账款收回产生的不确定性。为了预防和控制信用风险，公司必须对每一个信用申请者进行评估，并且考虑客户发生坏账或者延迟付款的可能性。信用评估程序一般包括：第一，获取申请者的相关信息；第二，分析信息以确定申请者的信用可靠度；第三，进行信用决策，实施信用标准。

公司在进行风险分析与评估时，可以借鉴5C评估法（或5C评估系统）和信用评分法。

（1）5C评估法。它是通过对影响客户信用的5个主要因素进行定性分析，以判别客户还款意愿和能力的一种专家分析法。这5个因素英文都以C开头，故称为5C评估法。

品质（character），是指客户的信誉，即履行偿债义务的可能性。公司必须设法了解客户的付款历史，看其是否有按期如数付款的一贯做法，与其他供货公司的关系是否良好。这是衡量客户是否信守契约的重要标准，也是决定是否赊销的首要条件。

能力（capacity），是指客户的偿债能力，即其流动资产的数量和质量以及与流动负债的比例关系等。客户的流动资产越多，即流动比率越高，其转化为现金支付款项的能力就越强。同时，公司还应注意客户流动资产的质量，看其是否存在过多的不良债权或积压存货以及影响其变现能力和支付能力的情况。

资本（capital），是指客户的财务实力和财务状况，表明客户可能偿还债务的背景。

抵押（collateral），是指客户拒付款项或无力支付款项时能被用作抵押的资产，这对于不知底细或信用状况有争议的客户尤为重要。一旦这些客户的款项不能收回，便以抵押品抵补。如果这些客户提供足够的抵押，就可以考虑向他们提供相应的信用。

条件（condition），是指可能影响客户付款能力的经济环境。比如，出现经济不景气等情况，会对客户的付款能力产生什么影响，客户会如何做等，这需要了解客户在过去经济困境时期的付款历史。

（2）信用评分法。这种方法是先对一系列财务比率和信用情况指标进行评分，然后进行加权平均，得出客户综合的信用分数，并以此进行信用评估的一种方法。进行信用评分的基本公式是：

$$Y = a_1x_1 + a_2x_2 + a_3x_3 + \cdots + a_nx_n = \sum_{i=1}^{n} a_ix_i \qquad (10-9)$$

式中：Y表示某公司的信用评分；a_i表示事先拟定的对第i种财务比率和信用品质进行加权的权数；x_i表示第i种财务比率或信用品质的评分。

现以客户某信息服务公司为例来说明这种方法，详细情况见表10-3。

表10-3 某信息服务公司信用评分状况

项　目	财务比率和信用品质（1）	分数（x_i）（0～100）（2）	预计权数（a_i）（3）	加权平均数（a_ix_i）（4）=（2）×（3）
流动比率	1.8	90	0.20	18.00
资产负债率（%）	60	90	0.10	9.00
净资产收益率（%）	10	85	0.10	8.50
信用评估等级	AA	85	0.25	21.25
付款历史	尚好	75	0.25	18.75
公司未来预计	尚好	75	0.05	3.75
其他因素	好	85	0.05	4.25
合　计	—	—	1.00	83.50

表10-3中：第（1）栏是根据搜集来的资料及分析确定的；第（2）栏是根据第（1）栏的资料确定的；第（3）栏是根据财务比率和信用品质的重要程度确定的。

在采用信用评分法进行信用评估时：分数在80分以上者，说明其信用状况良好；分数在60～80分者，说明其信用状况一般；分数在60分以下者，则说明其信用状况较差。对于某些应收账款而言，特别是一笔数额不大的应收账款，搜集信息的成本可能会超过该项应收账款产生的潜在收益；同时，公司还必须考虑到调查信用申请者所花费的时间。

实际销售业务中，向客户发货时逐一彻底评估信用在时间上并不现实，因此，信息分析者在判断客户信用时，还可以借助其他一种或多种信息，主要有：

第一，交易核查。经常与同一客户销售的各公司之间交流信息，公司可以向客户的其他供应商询证与该客户的交往经历。

第二，银行核查。许多银行设有大型信用部门，将承担信用核查作为对客户的一项服务。

与个别直接查询者相比，银行通常更倾向于与其他银行共享信息，因此，获取信息的有效方式是通过自己的开户行直接进行信用调查。

第三，公司经验。公司销售部门和销售人员在经常性甚至临时性销售业务中，对客户的信用历史和付款记录比较清楚，这些经验将为财务管理者提供相当有用的信息。当然，在信息传递过程中，销售人员会本能地倾向于客户，管理者应当具有一定的辨别力。

第四，权威机构的信用评级和信用报告。权威机构的信用评级与报告是公司了解客户的简捷路径。另外，商业信用数据库也将为公司信用分析提供相应的数据信息。

二、信用政策分析与决策

应收账款信用政策的主要内容包括信用标准、信用条件和收账政策。信用政策分析决策的基本原则是将实施信用政策或改变信用政策所引起的销售收入变化带来的收益增加额与应收账款成本增加额进行比较，从中选择能够使公司收益增加的信用政策方案。

（一）信用标准与信用条件

信用标准是指客户获得公司的交易信用所应具备的条件。如果客户达不到信用标准，便不能享受或较少享受公司的信用，公司信用标准的高低将会直接影响公司的销售收入和销售利润。公司信用标准若定得较高，仅对信用卓著的客户给予赊销待遇，其结果是：一方面可以使坏账损失缩小，应收账款的机会成本降低；但另一方面将丧失一部分来自信用较差客户的销售收入和销售利润。这就要求公司权衡得失，进行授予信用的成本与收益的比较，较为准确地对不同客户规定相应的信用标准。

信用条件是指公司要求客户支付赊销款项的条件，包括信用期限、折扣期限和现金折扣。信用期限是公司为客户规定的最长付款时间；折扣期限是为客户规定的可享受现金折扣的付款时间；现金折扣是在客户提前付款时给予的优惠。如销售合同中的“5/10，N/30”就是一项信用条件，它规定如果在发票开出后10日内付款，可享受5%的折扣；如果不想取得现金折扣，这笔货款必须在30日内付清。其中，30日为信用期限，10日为折扣期限，5%为现金折扣比例。提供比较优惠的信用条件能提高市场占有率，增加营业收入，但也会带来额外的负担，比如会增加应收账款的机会成本、坏账成本、现金折扣成本等。

公司在决定对客户应当核定多长的折扣期限，给予客户多大程度的现金折扣优惠时，必须将信用期限及加速收款所得到的收益与付出的现金折扣成本结合起来加以考虑。如果加速收款带来的收益能够充裕地弥补现金折扣成本，公司就可以采取现金折扣或进一步改变当前的信用条件；反之，现金优惠政策便是不恰当的。

（二）信用条件备选方案分析与决策

对于符合不同信用标准的客户，公司给予的信用条件是不同的。公司在对客户提供信用并且规定出相应的信用条件后，随着公司生产经营、竞争程度、市场等环境的不断变化，公司需要对信用条件中的某些规定进行修改和调整，并对改变条件的各个备选方案进行认真的评价和决策。

［例10-5］某公司预测的年度赊销收入净额为1 200万元，其信用条件是：N/30。变动成本率为60%，年资本成本（或有价证券年利息率）为10%。假设公司固定成本总额不变，公司对客户可实施3个备选方案。

A：维持N/30的信用条件。

B：N/60。

C：N/90。

各个备选方案的赊销水平、坏账比率和收账费用等有关数据见表10-4。

表10-4 **信用条件备选方案** 金额单位：万元

项目 \ 方案	A (N/30)	B (N/60)	C (N/90)
①年赊销额	1 200	1 320	1 500
②应收账款周转率（次）	12	6	4
③应收账款平均余额（①÷②）	100	220	375
④维持赊销业务所需资金（③×变动成本率）	100×60%=60	220×60%=132	375×60%=225
⑤坏账损失	24	39.6	75
⑥坏账损失÷年赊销额×100%	2%	3%	5%
⑦收账费用	12	15	46

根据上述资料，本公司对各个备选方案的信用条件的分析与决策见表10-5。

表10-5 **信用条件分析与决策** 单位：万元

项目 \ 方案	A (N/30)	B (N/60)	C (N/90)
①年赊销额	1 200	1 320	1 500
②变动成本（①×变动成本率）	720	792	900
③信用成本前收益（①-②）	480	528	600
④信用成本			
应收账款机会成本	60×10%=6	132×10%=13.2	225×10%=22.5
坏账损失	24	39.6	75
收账费用	12	15	46
小计	42	67.8	143.5
⑤信用成本后收益（③-④）	438	460.2	456.5

根据表10-5的资料可知，3个备选方案中，选择B方案（N/60）公司获利最多，它比A方案（N/30）增加收益22.2万元，比C方案（N/90）增加收益3.7万元。因此，在其他条件不变的情况下，B方案最佳。

承上例，若公司选择了B方案，但为了加速应收账款的回收，公司将出台D方案，即“2/10，1/20，N/60”。估计约有40%的客户（按赊销额计算）将利用2%的折扣；10%的客户将利用1%的折扣。坏账损失率降为2%，收账费用降为13万元。根据上述资料，D方案有关指标可计算如下：

应收账款周转期=40%×10+10%×20+50%×60=36（天）

应收账款周转率=360÷36=10（次）

应收账款平均余额=1 320÷10=132（万元）

维持赊销业务所需要的资金=132×60%=79.2（万元）

应收账款机会成本=79.2×10%=7.92（万元）

坏账损失=1 320×2%=26.4（万元）

现金折扣=1 320×（2%×40%+1%×10%）=1 320×0.9%=11.88（万元）

根据上述计算结果，B、D方案相关指标对比见表10-6。

表10-6　信用条件分析与决策　单位：万元

项目＼方案	B（N/60）	D（2/10，1/20，N/60）
①年赊销额	1 320	1 320
减：现金折扣	—	11.88
②年赊销净额	1 320	1 308.12
③变动成本	792	792
④信用成本前收益（②-③）	528	516.12
⑤信用成本		
应收账款机会成本	13.2	7.92
坏账损失	39.6	26.4
收账费用	15	13
小计	67.8	47.32
⑥信用成本后收益（④-⑤）	460.2	468.8

上述结果表明，实行新的信用条件（D方案）后，公司收益增加8.6万元，因此，公司最终应选择D方案。

三、收账政策分析

（一）收账政策

收账政策是指公司向客户收取逾期未付款的收账策略与措施。公司收账政策是通过一系列收账程序的组合来完成的。这些程序包括给客户打电话、发传真、发信、拜访、融通、采取法律行动等。

公司的信用政策影响着坏账损失，为了避免或减少坏账损失，提高收款的效率，公司对不同客户应制定相应的收账政策。一般公司为了扩大产品销售量，增强竞争能力，往往对客户的逾期未付款项规定一个允许拖欠的期限，超过规定的期限，公司就将进行各种形式的催收。如果公司制定的收账政策过宽，会导致逾期未付款的顾客拖延时间更长，对公司不利；收账政策过严，催收过急，又可能伤害无意拖欠的顾客，影响公司未来的销售和利润。因此，公司在制定收账政策时必须十分谨慎，做到宽严适度。

（二）收账政策具体分析与决策

公司采用任何方式催收拖欠款，都要付出一定的代价，即收账费用。在一定的范围内，收账费用与坏账损失呈反向变动，收账费用适当增加，坏账损失率会相对减少，但二者并非直线线性关系。初始期，随着收账业务的展开，收账费用的增加，坏账损失明显减少；以后，随着收账费用的逐渐增加，坏账损失继续减少，费用增加的幅度将小于坏账损失减少的幅度。到一定限度时，继续增加收账费用对坏账损失减少的影响就较小了，这个限度称为饱和点，为图10-7中的G点。

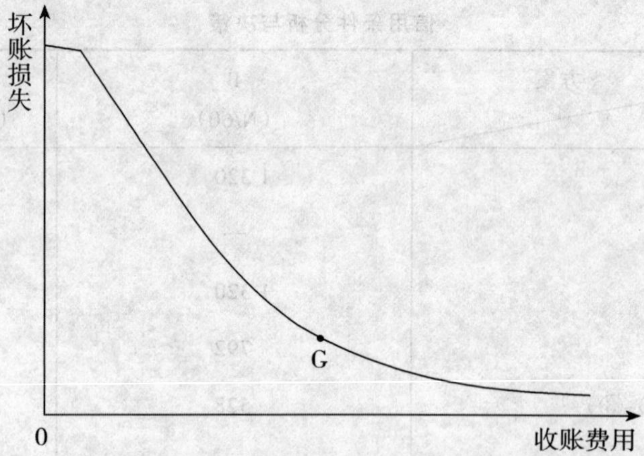

图10-7 坏账损失和收账费用的关系

在G点上，收账费用除与坏账损失有关外，与应收账款平均收回天数也有一定的关系。增加收账费用，将会减少应收账款平均收回天数。公司可以根据收账费用、坏账损失、应收账款的平均回收天数三者的关系，制定收账政策，或修改原有的收账政策。在进行收账政策决策时，掌握的原则是，所花费的收账费用必须小于回收的应收账款的收益额。

［例10-6］某公司现行收账政策和拟改变的收账政策见表10-7。

表10-7 收账政策备选方案

项目	现行收账政策	拟改变的收账政策
年赊销额（元）	4 800 000	4 800 000
应收账款周转天数（天）	30	15
年收账费用（元）	40 000	60 000
坏账损失率	2%	1%

假设同期资本成本为20%，两种收账政策分析评价见表10-8。

表10-8　收账政策分析评价　金额单位：元

项目	现行收账政策	拟改变的收账政策
①年赊销额	4 800 000	4 800 000
②应收账款周转率（次）（360÷周转天数）	360÷30=12	360÷15=24
③应收账款平均占用额（①÷②）	400 000	200 000
④坏账损失率	2%	1%
⑤收账成本		
应收账款的机会成本（③×资本成本）	400 000×20%=80 000	200 000×20%=40 000
坏账损失（①×④）	4 800 000×2%=96 000	4 800 000×1%=48 000
年收账费用	40 000	60 000
收账成本合计	216 000	148 000

因此，拟改变的收账政策将使公司增加收益（减少损失）68 000元（216 000-148 000）。

从理论上讲，履约付款是客户义不容辞的责任，是债权人合法权益的体现。但实际上，每个客户拖欠和拒付账款的原因不尽相同。许多信用良好的客户也可能因某些原因无法如期付款，公司应区别对待。通过法院强行收回账款一般是公司不得已而为之的最后办法。国外一些国家兴起了一种新的收账代理业务，但由于委托手续费往往较高，许多经济实力较弱的公司很难采用。影响公司收账政策的因素很多，有可控因素，也有不可控因素，这就使得收账政策的制定更为复杂。一般而言，理想的收账政策应该是那种公司实施某种决策所带来的信用收益最大的政策。

四、应收账款全过程管理

完善信用管理部门职能，建立系统性的应收账款全过程管理体系非常重要；而完整的客户档案是信用管理的基础。客户档案应包括以下内容：客户基本资料、客户信用资料、赊销合同、以往交易记录等。信用管理部门依靠完整的客户资料评价和跟踪客户的信用状况，确定客户的信用额度，对逾期账款进行有效管理。客户档案应从与客户建立交易关系前就着手建立，并在客户关系的发展过程中及时补充和更新。

（一）账龄分析

公司应收账款能否收回以及能收回多少，不一定完全取决于时间的长短，但一般来说，账款被拖欠的时间越长，发生坏账的可能性就越大。邓白氏一份调查数据显示，应收账款逾期的时间越长，追账的成功率就越低。当逾期时间为1个月时，追账成功率为93.80%，当逾期半年时，追账成功率急降至57.80%，而当逾期2年时，追账成功率只能达到13.50%。

账龄分析就是将所有赊销客户的应收账款的实际归还期编制成表，汇总反映其信用分类、账龄、比重、损失金额和百分比。

账龄分析表是显示应收账款在外天数（账龄）长短的报告，具体格式见表10-9。

表10-9 20××年度账龄分析表

应收账款账龄	客户数量	应收金额（万元）	金额比例（%）
信用期内（1个月内）	30	300	30
超过信用期1个月	15	200	20
超过信用期2个月	10	200	20
超过信用期3个月	5	100	10
超过信用期半年	3	100	10
超过信用期1年	2	50	5
超过信用期2年	1	30	3
超过信用期3年以上	5	20	2
合　计		1 000	100

通过表10-9，可分析如下：①尚在信用期内欠账。由于这部分款项没有超过信用期，属正常欠款，但到期后能否收回，还应具体分析，故应及时监控。②已超过信用期欠账，应分析超过时间不等的款项各占多少，有多少欠款最终形成坏账。表10-9显示，有700万元的应收账款已超过信用期，所占比例为70%，拖欠时间较短（如1个月内）的有200万元，所占比例为20%，其收回的可能性相对较大；账龄越长的款项，其坏账的可能性越大。公司应针对不同客户采取相应的收账方法制定经济可行的收账政策，防止出现不良债权。此外，应借助账款逾期率、账款回收周期、账龄结构、坏账率等财务比率进行客户信用风险分析。

实际业务中，可以通过比较方式，对应收账款账龄和客户的信用质量实施过程监控和评价。以下是WW公司对两个客户的账龄及其信用分析的简要过程，详见表10-10。

表10-10 WW公司账龄分析比较表（A、B客户）

客户 / 应收账款账龄	客户A		客户B	
	应收账款数额（元）	结构（%）	应收账款数额（元）	结构（%）
0～10天	1 300 000	86.09	800 000	52.98
11～30天	200 000	13.25	350 000	23.18
31～45天	10 000	0.66	180 000	11.92
46～65天	0	0.00	120 000	7.95
65天以上	0	0.00	60 000	3.97
应收账款总计	1 510 000	100.00	1 510 000	100.00

通过表10-10得知，尽管A、B两客户的应收账款总额相同，但B客户的平均账龄远高于A客户，表明其发生坏账的可能性要高于A客户，如果两客户的信用条件相同，说明WW公司对B客户在应收账款管理方面存在某些漏洞，比如对客户的信用分析不够，导致较多的低信用客户享受到不该享受的商业信用，或者WW公司在收账政策上过于宽松，导致一些逾期款项无法及时收回等。

（二）日常管理

应收账款发生后，公司应当制定各种控制措施，尽量按时回收款项，防止坏账、呆账的出现。其具体措施包括：

（1）确定合理的收账程序。催收账款的程序一般是：信函通知、电话催收、派员面谈、法律行动。当客户拖欠账款时，要先给客户发一封有礼貌的通知信件；接着，可寄出一封措辞较直率的信件；进一步则可通过电话催收；如果再无效，公司的收账员可直接与客户面谈，协商解决；如果谈判不成，就只好交给公司的律师采取法律行动。

（2）确定合理的收账方法。客户拖欠货款的原因比较多，但可以概括为两类：无力偿还和故意拖欠。无力偿还是指顾客因经营管理不善，财务出现困难，没有资本偿还到期债务，对这种情况要进行具体分析。如果客户确实遇到暂时困难，经过努力可以东山再起，公司应该帮助顾客渡过难关，以便收回较多的账款；如果客户遇到严重困难，已达到破产界限，无法恢复活力，则应及时向法院起诉，以期在破产清算时得到债权的部分清偿。故意拖欠是指客户虽然有能力付款，但为了无偿使用或其他目的而想方设法不付款。这时则需要确定合理的收账方法，以达到回笼货款的目的。目前，采取收账公司追账的方式比较可行。特别是涉及海外应收账款时，往往会出现时差、语言障碍、商业程序等问题。聘请专门的追账公司，会弥补公司在经验方面的不足。追账公司追账主要有两种方式：当公司成为追账公司会员时，交纳一定的会员费即可；对于非会员来讲，则需要交纳一定的手续费。当应收账款追回时，公司与收账公司双方分成。分成比例根据应收账款追收难度的大小确定。

第四节 存货规划与控制

一、存货成本

虽然存货管理不直接隶属于财务经理的职责范围，但是，在存货上的资金投资却是财务管理的重要组成部分，财务经理必须掌握控制存货的各种有效方法，以达到资本的有效配置。存货成本包括以下三项：

（一）取得成本（TC_a）

取得成本是指为取得某种存货而支出的成本，包括订货成本和购置成本两类。

（1）订货成本。订货成本是指取得订单的成本，比如办公费、差旅费、邮资、电报费、电话费支出。订货成本中有一部分与订货次数无关，比如常设采购机构的基本开支等，称为订货的固定成本，用F_1表示。另一部分与订货次数有关，如差旅费、邮资等，称为订货的变动成本。每次订货的变动成本用K表示；订货次数等于存货年需要量D与每次进货量Q之商（D/Q）。订货成本的计算为：

$$订货成本 = D/Q \times K + F_1 \tag{10-10}$$

（2）购置成本。购置成本是指存货本身的价值，经常用数量（D）与单价（U）的乘积来确定。年需要量用D表示，于是购置成本为DU。

订货成本加上购置成本就等于存货的取得成本，可用公式表达为：

$$TC_a = F_1 + D/Q \times K + DU \tag{10-11}$$

（二）储存成本（TC_c）

储存成本是指为保持存货而发生的成本，包括存货占用资本应计的利息（若公司用现有现金购买存货，便失去了将现金存放于银行或投资于证券本应取得的利息，称为"放弃利息"；若公司借款购买存货，便要支付利息费用，称为"付出利息"）、仓库费用、保险费用、存货破损和变质损失等，通常用TC_c来表示。

储存成本也分为固定成本和变动成本。固定成本与存货数量的多少无关，如仓库折旧、仓库职工的固定月工资等，常用F_2表示。变动成本与存货的数量有关，如存货资本的应计利息、存货的破损和变质损失、存货的保险费用等，单位成本用K_c表示。用公式表达的储存成本为：

$$TC_c = F_2 + K_c \times Q/2 \tag{10-12}$$

（三）短缺成本（TC_s）

短缺成本指由于存货供应中断而造成的损失，包括材料供应中断造成的停工损失、产成品库存短缺造成的拖欠发货损失和丧失销售机会的损失（还应包括需要主观估计的商誉损失）；如果生产公司以紧急采购代用材料解决库存材料中断之急，那么短缺成本表现为紧急额外购入成本（紧急额外购入的开支会大于正常采购的开支）。短缺成本用TC_s表示。

如果以TC来表示储备存货的总成本，则它的计算公式为：

$$TC = TC_a + TC_c + TC_s = F_1 + D/Q \times K + DU + F_2 + K_c \times Q/2 + TC_s \tag{10-13}$$

公司存货的最优化，即使上式TC最小。

二、存货预测与控制方法

存货预测与控制方法主要有经济订货批量模型、存货ABC分析法、适时供应系统等。

（一）经济订货批量模型

经济订货批量是指在订购成本及持有成本条件下，存货成本最低时的采购批量。确定经济订货批量模型的假设条件主要是：（1）公司能够及时补充存货，所需存货市场供应充足，在需要存货时，可以立即到位。（2）存货集中到货，而不是陆续入库。（3）不允许缺货，即无缺货成本。（4）一定时期的存货需求量能够确定，即需求量为常量。（5）存货单价不变，不考虑现金折扣，单价为已知常量。（6）公司现金充足，不会因现金短缺而影响进货。在设定上述条件后，存货相关总成本的公式可简化如下。

存货总成本的公式为：

$$TC = TC_a + TC_c$$

即：

$$TC = F_1 + \frac{D}{Q}K + DU + F_2 + K_c\frac{Q}{2} \tag{10-14}$$

经济批量的公式为：

$$Q^* = \sqrt{\frac{2KD}{K_c}} \tag{10-15}$$

经济批量下存货总成本的公式为：

$$TC(Q^*) = \sqrt{2KDK_c} \tag{10-16}$$

最佳订货次数的公式为：

$$N^* = \frac{D}{Q} = \sqrt{\frac{DK_c}{2K}} \tag{10-17}$$

最佳订货周期的公式为：

$$t^* = \frac{1}{N} \tag{10-18}$$

经济批量占用资金的公式为：

$$I^* = \frac{Q^*}{2} \times U \tag{10-19}$$

式中：TC表示存货总成本；D表示存货年需要量；Q表示每次进货批量；K表示每次订货的变动成本；K_c表示存货的单位储存变动成本；F_1表示订货固定成本；F_2表示储存固定成本；U表示单位购置成本。

根据以上存货经济批量的基本模型，即可对公司各项存货（原材料、在产品等）的采购、投产等批量进行决策。

［例10-7］德博化工厂生产需要A材料，年度采购总量为180 000千克，材料单价为500元，一次订货成本为240元，每千克材料的年平均储存成本为0.60元。根据上述资料，存货决策如下。

（1）A材料的经济采购批量：

$$Q^* = \frac{2KD}{K_c} = \sqrt{\frac{2 \times 240 \times 180\,000}{0.60}} = 12\,000(\text{千克})$$

（2）A材料年最佳采购次数：

$N^* = 180\,000 \div 12\,000 = 15(\text{次})$

（3）经济采购批量下的最低总成本：

$TC(Q^*) = \sqrt{2KDK_c} = \sqrt{2 \times 240 \times 180\,000 \times 0.60} = 7\,200$（元）

不同采购批量下的相关成本见表10-11。

表10-11　**不同采购批量下的相关成本**　金额单位：元

采购批量（千克）	采购批次	年订货成本	平均储存量（千克）	年储存成本	存货总成本
（1）	（2）=180 000÷（1）	（3）=（2）×240	（4）=（1）÷2	（5）=（4）×0.60	（6）=（3）+（5）
9 000	20	4 800	4 500	2 700	7 500
10 000	18	4 320	5 000	3 000	7 320
12 000	15	3 600	6 000	3 600	7 200
15 000	12	2 880	7 500	4 500	7 380
18 000	10	2 400	9 000	5 400	7 800

表10-11的结果表明，当采购批量为12 000千克时，年存货总成本最低，则该采购

批量即为经济采购批量。通过进一步分析还可以看出，当某一订货批量的年订货成本等于年储存成本时，存货总成本最低，即在经济订货批量下，年订货成本与年储存成本相等。

一般情况下，公司的存货不能做到随时补充，因此，不能等存货用完再去订货，而需要在没有用完时提前订货。在提前订货的情况下，公司再次发出订单时，尚有存货的库存量，称为订货点，它的数量等于交货时间和每日平均需用量的乘积。假设公司订货日至到货期的时间为10天，每日存货需用量为10千克，则经济订货点的采购量为100千克（10×10），即公司尚存100千克存货时，就应当再次订货，等到下批订货到达时（再次发出订单10天后），原有库存刚好用完。此时有关存货的每次订货批量、订货次数、订货间隔时间等并无变化，与瞬时补充时相同。这就是说，订货提前期对经济订货批量并无影响，可仍以原来瞬时补充情况下的300千克为订货批量，只不过在达到再订货点（库存100千克）时即发出订货单罢了。交货时间与经济订货点关系如图10-8所示。

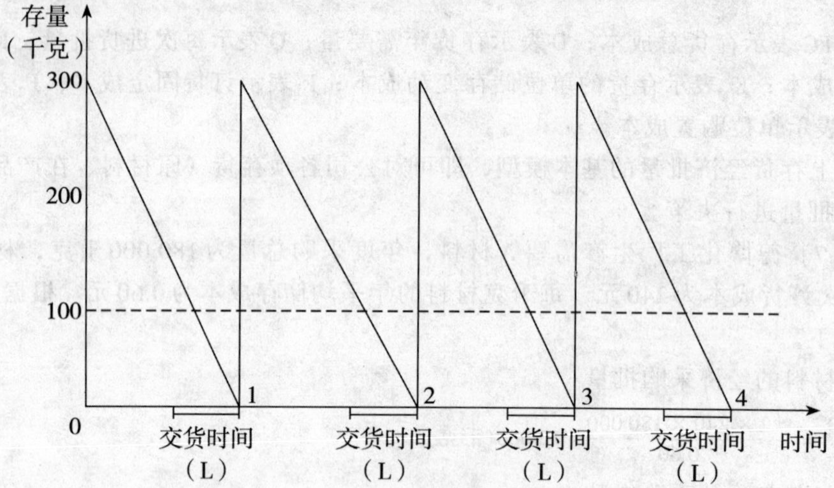

图10-8　交货时间与经济订货点关系图

（二）存货ABC分析法

存货管理的ABC分析法是意大利经济学家巴雷特于19世纪首创的，经过不断的发展与完善，现已广泛用于现代公司的存货管理与控制。ABC分析法是对存货各项目（如原材料、在产品、产成品等）按种类、品种或规格分清主次，并进行重点控制的方法。ABC分析法的操作步骤如下：第一，计算每一种存货在一定期间内（通常为1年）的资金占用额。第二，计算每一种存货资金占用额占全部资本占用额的百分比，并按大小顺序排列，编成表格。第三，将存货占用资金巨大、品种数量较少的确定为A类；将存货占用资金一般、品种数量相对较多的确定为B类；将存货品种数量繁多，但价值金额较小的确定为C类。第四，先对A类存货进行重点规划和控制，然后对B类存货进行次重要管理，最后对C类存货实行一般管理。

［例10-8］某公司生产所需20种材料，共占用材料资本100万元。其中：A类材料2种（10%比重），价值量占60%；B类材料4种（20%比重），价值量占20%，C类材料14种（70%比重），价值量占20%。存货ABC分析法具体如图10-9所示。

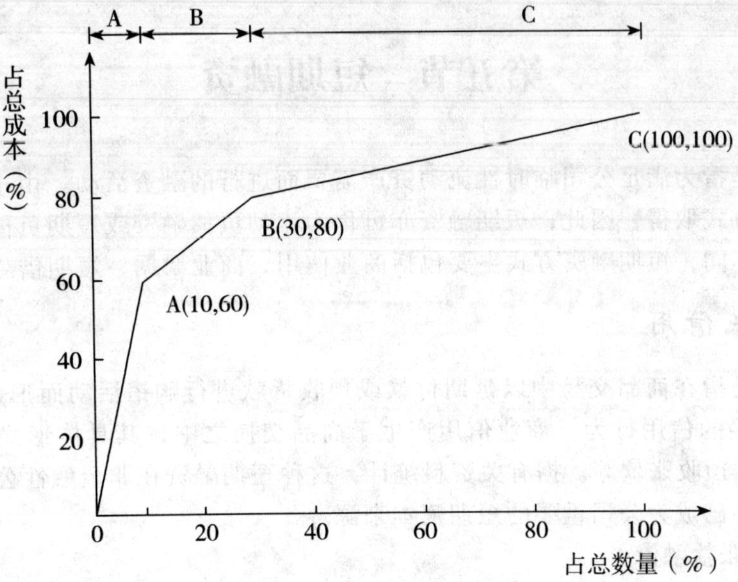

图10-9　存货的ABC分析法

通过对存货进行A、B、C分类，可使公司分清主次，并采取相应的措施进行有效的管理和控制。从财务管理的角度来看，A类存货种类虽然较少，但占用资本较多，应集中精力，对其经济批量进行认真规划，实施严格控制；C类存货虽然种类繁多，但占用资本很少，不必耗费过多的精力分别确定其经济批量，也难以实行分品种或分大类控制，因此，可凭经验确定进货量；B类存货介于A类和C类之间，也应给予相当的重视，但不必像A类那样进行非常严格的规划和控制，管理中应根据实际情况采取灵活措施。

（三）适时供应系统

适时供应系统（just-in-time，JIT），是指公司在生产自动化的情况下，合理规划并大大简化生产和销售过程，使从原材料进厂到产成品出厂进入市场的每个环节都能够紧密衔接，使整个公司生产经营中的各个环节能够像钟表一样相互协调、准确无误地运转，从而达到降低产品成本，全面提高产品质量、劳动生产率和综合经济效益目的的先进管理系统。它的核心思想是减少公司存货，减少浪费，降低成本，最终增加公司利润，强化公司的竞争地位。

在工艺流程中，适时供应思想是公司将存货恰好在需要时取得并且投入流程，使得生产准备成本最小，经济订货批量下降，存货占用资本量较低。因此，要求公司具有高效的采购计划，极为可靠的供应商以及有效的存货处理系统，并可通过计算机网络获得即时信息，从而有利于适时供应思想成为现实。

原材料存货可以通过提高内部管理效率减少，同时，与可靠供应商的合作，对于降低原材料库存至关重要；对于减少在产品的占用，提高内部物流管理效率可以达到目标；对于产成品存货而言，将受到客户满意程度的影响，适销对路必然减少库存。适时供应将加快生产流程，要求管理者一方面降低存货水平，另一方面防止缺货成本的发生，实现最佳的存货占用水平。

第五节 短期融资

短期融资是指为满足公司临时性流动资产需要而进行的融资活动。由于短期资本一般通过流动负债方式取得，因此，短期融资亦可称为流动负债融资或短期负债融资。根据采取的信用形式不同，短期融资方式主要包括商业信用、商业票据、短期借款等。

一、商业信用

商业信用是指在商品交易中以延期付款或预收货款进行购销活动而形成的借贷关系，它是公司间直接的信用行为。商业信用产生于商品交换之中，其具体形式主要是应付账款、应付票据、预收账款等。据有关资料统计，这种短期融资在非金融性公司中占短期负债的40%左右，已成为公司重要的短期资本来源。

（一）应付账款融资

应付账款即赊购商品，这是一种典型的商业信用形式。买卖双方发生商品交易，买方收到商品后不立即支付货款，也不出具借据，而是形成“欠账”，延迟一定时期后才付款。这种关系完全由买方的信用来维持。对于卖方来说，这是一种促销的手段，可以利用这种方式增加公司的销售收入。但如果买方资金紧张，可能会造成长期拖欠。所以，卖方应随时掌握买方的支付能力和财务信誉；对买方来说，延期付款则等于向卖方借用资本购进商品，以满足短期资本需要。

公司在一定时期应付账款融资额的多少不但与公司生产经营状况有关，也与供应商（卖方）提供的信用条件有关。供应商为了促使购货方按期付款、及早付款，通常给予购货方一定的信用条件。如规定“2/10，N/30”，即供应商允许的最长付款期限为30天，购货方如在购货后10天内付款，可以享受2%的现金折扣；如在10天之后至第30天付款，购货方必须全额支付货款。这一信用条件也可以理解为购货方多占用了20天购货款，需支付2%的利息。

应付账款融资按是否付出代价，可分为免费信用、有代价信用和展期信用。免费信用是指购货方不需支付任何代价的信用。如按上述信用条件，购货方在购货后的前10天使用资金即为免费信用。有代价信用是指公司需付出一定代价取得的信用。如按上述信用条件，购货方在购货后第11天至第30天付款，则须放弃2%的现金折扣，这2%就是延长资金使用期限的代价。展期信用是指购货方在信用期限到期时仍没支付货款，继续占用对方资金的行为。

［例10-9］假设某公司按“2/10，N/30”的信用条件购买一批商品，价值100 000元，如果公司10天内付款，则可获得最长10天的免费融资，并可获得现金折扣2 000元，（100 000×2%），免费融资额为98 000元（100 000-2 000）。如果公司放弃现金折扣，在第30天付款，付款总额为100 000元。公司延长资金使用期限的利率是多少？

公司为推迟20天付款，须多支付2 000元。这可以看作一笔为期20天金额为98 000元的借款，利息为2 000元，借款的实际利率为：

$$20天的实际利率 = \frac{2\ 000}{98\ 000} \times 100\% = 2.04\%$$

在融资活动中，利息通常以年利率表示，因此，需要把20天的利率折算为全年360天的利率，则实际年利率为：

$$实际年利率 = 2.04\% \times \frac{360}{20} = 36.72\%$$

若用公式表示，公司放弃付现折扣的实际利率可按下式计算：

$$放弃付现折扣实际利率 = \frac{折扣率}{1 - 折扣率} \times \frac{360}{信用期限 - 折扣期限} \quad (10\text{-}20)$$

根据［例10-9］中的资料，按公式计算的放弃付现折扣的实际利率为：

$$放弃付现折扣实际利率 = \frac{2\%}{1 - 2\%} \times \frac{360}{30 - 10} = 36.73\%$$

计算结果表明，公司放弃现金折扣，以换取这笔为期20天的资本使用权，是以承担36.73%的年利率为代价的。或者说，放弃2%的现金折扣意味着该公司可向供应商融通98 000元的资本，使用期限为20天。

公司是否放弃现金折扣，延长资本的使用期限，应与公司短期资本成本和短期投资收益进行比较。如果公司其他短期资本成本低于放弃付现折扣的年利率，公司应用其他短期融资方式融入资本，在折扣期内付款，享受现金折扣；否则，不应享受现金折扣。如果公司短期投资收益高于放弃付现折扣的年利率，公司应放弃现金折扣，在信用期的最后一天付款，获取投资收益；否则，不应推迟付款、享受现金折扣。如果该公司能以12%的年成本，融通短期资本100 000元，且公司暂无其他短期投资项目，则公司就应在第10天付款，享受2%的付现折扣。因为此时公司短期融资成本低于放弃付现折扣的年成本（12%＜36.73%）。如果公司现有闲置资本100 000元，但公司有一短期投资项目，预期短期投资的年化收益率为20%。此时，公司应选择在折扣期内付款，享受现金折扣。因为此时公司放弃付现折扣的年成本高于短期投资的预期收益率（36.73%＞20%）。

信用展期即延长应付账款的付款期限，它能使公司在更长的时间里占用供应商的资金，同时也降低了放弃付现折扣的年成本。但展期信用不是无代价信用，它会给公司带来信用风险和潜在的融资成本。其主要包括：①信用损失。如果公司的信用展期没能得到销货方的理解和允许，将给公司的信用等级带来不良影响。②利息罚金。有些供应商会向延期付款的客户收取一定的利息罚金。③改变信用条件。由于公司信用等级的降低，供应商将原有的信用条件制定得更为严格或不提供商业信用。④停止供货。公司拖欠货款可能招致供应商停止供货，由此产生生产部门停工待料的损失。⑤法律追索。严重拖欠货款会招致供应商采取法律措施，这将使公司正常的经营活动受到影响。

（二）应付票据融资

应付票据是购货方根据购销合同，向供应商签发或承兑的，反映供销双方债权债务关系的一种信用凭证。根据承兑人的不同，应付票据分为商业承兑汇票和银行承兑汇票两种。商业承兑汇票是由收款人签发，经付款人承兑，或由付款人签发或承兑的票据；银行承兑汇票是由承兑申请人签发，由承兑申请人向开户银行申请，经银行审查同意，并由银行承兑的票据。商业汇票承兑后，承兑人负有将来无条件支付票款的责任，经承兑的商业票据允许背书转让。无论是商业承兑汇票还是银行承兑汇票，都可以看作购货方先收货后付款的一种融资方式。

应付票据的融资期限一般为1~6个月，最长不超过9个月，具体可由供销双方协商确定。应付票据可以带息，也可以不带息。带息应付票据的利率一般低于其他短期融资的利率。但应付票据到期必须兑付，如果延期兑付就要支付罚金，所以债务风险较大。

（三）预收账款融资

预收账款是供货方根据合同或协议规定，在提供商品之前向购货方收取部分或全部货款的信用形式。对供货方来说，等于预先向购货方融通了一笔资金，待以后用提供的商品偿还。预收账款主要发生在商品价值量大、生产周期长的企业。

商业信用融资方式最突出的特点是容易取得，它伴随着商品购销活动产生，无须办理任何手续，是一种持续性信用形式；商业信用融资限制条件较少，有利于公司自主安排资金；大部分商业信用形式是没有成本的。商业信用融资的缺点是融资期限较短，只能用于公司短期资金的周转使用；商业信用融资若使用不当，会影响公司的信誉，加大公司的经营风险。

二、商业票据

商业票据是指由金融公司或某些信用较好的企业开出的无担保短期票据。商业票据的可靠程度依赖于发行企业的信用程度，可以背书转让，可以贴现。商业票据的期限在一年以下，利率高于同期银行存款利率。商业票据可以由企业直接发售，也可以由经销商代为发售。但对出票企业信誉审查十分严格，如由经销商发售，则它实际在幕后担保了售给投资者的商业票据，商业票据有时也以折扣的方式发售。

商业票据是一种无担保的短期期票，有确定的金额及到期日。商业票据是一种可转让的金融工具，通常是不记名的。与存款单一样，商业票据是筹措流动资金的工具。从融资成本看，发行商业票据与存款单应没有什么区别，因为两者的收益率是相当的，但商业票据的期限通常在30天以内，以避免与存款单市场竞争。

商业票据的优点在于：①对卖方来说，对现有或新的客户提供远期付款方式，可以增加销售额，提高市场竞争力。②对买方来说，利用远期付款，以有限的资本购进更多货物，最大限度地减少对营运资金的占用与需求，有利于扩大生产规模。③相对于贷款融资可以明显降低财务费用。④公司筹资的灵活性强。公司在发行商业票据筹资时，可以根据对资金的需求确定发行量、利率、次数。⑤有利于提高公司的信誉。公司有能力发行兑付票据，表明公司有较好信誉，发行后也有利于塑造良好的公司形象。公司也可借此来向银行争取较好的借贷条件。⑥投资者投资可享有盈利性、流动性、安全性。投资者购买公司票据后，可以获取比银行更高的利息收入，票据如经信用评级，银行担保也比较安全，需要资金时可以把持有的未到期票据到二级市场出售，取得流动性。

商业汇票的缺点在于：①信誉一般，多数卖家不太愿意接受，尤其是初次与之交往的商户。②适用范围相对较窄，使用对象也相对较少。

三、短期借款

短期借款是指公司向银行和非银行的金融机构借入的期限在1年以内的借款，主要用于满足公司生产周转性资金、临时资金和结算资金的需求。一般情况下，短期借款是仅次于商业信用的短期融资方式。在我国，短期借款是绝大多数公司短期资金来源中最重要的方式，所占比重较大。

（一）短期借款的种类

短期借款按有无担保分为信用借款和担保借款两大类。担保借款又分为保证借款、抵押借款和质押借款。

1.信用借款

信用借款是指公司凭借自身的信誉从银行取得的借款。公司向金融机构举借短期借款，首先要提出申请，并将公司近期财务报表、市场分析报告等财务资料送交银行，银行凭借上述资料对公司的盈利能力、偿债能力进行分析，据此作出是否向公司贷款的决策。如果银行同意贷款，就会与公司签订借款合同，对借款的用途、期限、利率、偿还方式、违约责任等方面进行约定。信用借款还应注意相关的一些条件，如信用额度、周转信贷协议、补偿性余额等。

信用额度是借款公司与银行间正式或非正式协议规定的银行能够向公司提供的无担保贷款的最高限额。信用额度有效期限通常为1年，但也可获得展期。一般情况下，借款公司在约定的信用额度内可随时使用银行借款，但当公司财务状况不佳，信用风险加大时，银行可以不按约定的额度提供贷款，并且不必承担法律责任。

周转信贷协议是指银行具有法律义务承诺提供不超过某一最高限额的贷款协议。公司与银行签订了周转信贷协议，就要对贷款限额内未使用的部分支付承诺费，这主要是对银行在协议有效期内保证公司随时使用贷款限额的一种补偿。

补偿性余额是银行要求借款公司按贷款限额或实际借款额的一定比例在银行账户中保持最低存款数额。一般情况下，补偿性余额的比例为10%～20%，补偿性余额对银行来说降低了贷款风险，对借款公司来说则提高了实际利率。

2.担保借款

担保借款是指有担保人作保证或利用一定的财产作为抵押或质押而取得的借款。其具体形式有：①保证借款，是以第三人承诺在借款人不能偿还时，按约定承诺一般保证责任或连带责任而取得的借款。②抵押借款，是以借款人或第三方的财产作为抵押物而取得的借款。用于抵押的标的物主要是不动产和部分动产，如房屋、建筑物、运输车辆、应收账款、存货等。③质押借款，是以借款人或第三方的动产或权利作为质押品而取得的借款。质押借款有动产质押和权利质押两种基本形式。质押和抵押的主要区别是：在质押借款中，质押品或权利凭证在质押期内要转移给贷款银行，借款公司不能占有、使用；在抵押借款中，借款公司或第三方在借款期限内不转移抵押物的占有。

短期担保借款借贷双方在借款合同中除了约定信用借款的相关条款外，还需约定保证人、抵押物或质押品（权利凭证）的名称、数量及相关说明。因为抵押贷款的风险高于信用借款，所以银行会要求抵押借款的利率高于信用借款的利率。同时，银行管理抵押物也要耗费物力、财力，故要向公司收取一定的手续费。

（二）短期借款的利息支付

短期借款的利息支付方式主要有利随本清法、贴现法和加息法3种。利随本清法又称收款法，是在借款到期偿还本金时一并支付利息。采用这种付息方式，借款的实际利率和名义利率相同。贴现法是银行在发放贷款时预先扣除贷款利息，借款人可以使用的款项只是本金扣除利息后的余额，但借款利息需按本金全额支付，这就导致借款的实际利率高于名义利率。加息法是银行发放分期等额偿还贷款时采用的利息收取办法。此方法下，银行将按照名义利率计算的利息加到贷款的本金中，计算出贷款的本息和，要求借款人在贷款期限内分期等额偿还本息和。这种借款使借款公司在借款期限内实际只使用了贷款本金的一半，却按贷款本金支付了全部利息，公司承担的实际利率是名义利率的2倍。

（三）贷款银行的选择

公司向银行借款是借贷双方双向选择的行为。银行为了自身投资的安全，会选择产品市场前景好、现金流动性强、偿债能力强的公司作为贷款对象。公司也会根据自身的融资需求，选择贷款银行。公司在选择贷款银行时，通常考虑如下方面：

1.贷款银行的风险政策

银行由于其经营目的、资本实力、决策者的风险承担能力等方面的差异，使得一些银行偏重经营传统业务，一些银行青睐业务创新。通常资本实力雄厚，业务范围大的银行风险承担能力较强；而规模较小的地方银行、专业银行风险承担能力相对较弱。

2.贷款银行的金融服务水平

借款公司与银行签订了借款合同，银企双方就存在了债权债务关系。公司不仅需要银行资本支持，还需要银行提供相关的金融服务。如宏观货币政策的咨询、资本市场利率的预期、外汇风险的规避、市场前景预测等。如果银行拥有素质较高的专业人员就能向公司提供相关的服务。

3.贷款银行与借款企业的合作关系

良好的银企关系是互惠互利，共同发展。在借款公司资金周转出现问题，财务状况不佳时，银行不应急于向公司催缴贷款本息，而应向公司施以援手，与公司一同分析问题产生的原因，采取措施帮助公司摆脱困境，渡过难关，这样的银行是借款公司所愿意选择的。

□ 思政课堂

建设社会信用体系的重要性

信用是市场经济的基石。构建诚实守信的社会氛围，形成和维护良好的社会信用秩序，能够推动社会主义市场经济的发展。国务院2014年颁布了《社会信用体系建设规划纲要（2014—2020年）》，开启了社会信用体系建设的新阶段。

加快推进社会信用体系建设，具有鲜明的时代特征和重大的现实意义。诚信，对个人而言，是立足于社会的通行证，也是我们做人的基本准则。一个人一旦失信，不仅会损害自己的声誉，而且会影响消费、理财等生活各个方面。信用，对企业而言，是企业的立业之本，既是创业者成功创业的秘诀，又是守业的根本。企业失信，会影响企业的日常经营和企业声誉，严重时甚至会遭到政府部门联合惩戒，威胁到企业的生存和发展。对社会而言，信用是良好社会秩序的保证。加强以信用为核心的事中事后监管，可以保障市场规范有序运行。

首先，加快推进社会信用体系建设，是完善社会主义市场经济体制的重要基础。市场经济本质上是信用经济。要完善社会主义市场经济体制，充分发挥市场在资源配置中的决定性作用，必须建立健全社会信用体系，打造良好的市场信用环境。其次，加快社会信用体系建设是加强和创新社会治理的重要举措。通过褒扬诚信，惩戒失信，不断提高社会公共生活的透明度，可以有效降低社会交往的风险和成本，减少社会生活中的矛盾和冲突，为社会治理奠定良好的微观基础。总之，社会信用体系的建设对于国家治理体系和治理能力现代化的实现，完善社会主义市场经济体制以及调动凝聚社会力量都有着十分重要的意义。

诚实守信自古以来就是中华民族的传统美德，古人云："诚者，天之道也；思诚者，人之道也"。作为肩负民族复兴重任的接班人和振兴发展的生力军，每位同学理应成为诚实守信的先锋和表率，努力做到"立身当立德，诚信我为先"，争做诚信理念恪守者和诚信楷模践行者。

资料来源　连维良. 加快推进信用建设 积极构建信用中国［J］. 宏观经济管理，2015（11）：4-9.

□ 本章小结

1. 营运资本投资策略分为保守型、激进型和适中型，营运资本融资策略分为稳健型、激进型和折中型。

2. 公司置存一定数量现金的动机包括交易性需要、预防性需要和投机性需要。现金管理的主要内容包括目标现金余额的确定和现金流量日常管理。

3. 应收账款的管理目标，就是正确衡量信用成本和信用风险，合理确定信用政策，及时回收账款，保证流动资产的质量。应收账款成本是指公司持有一定应收账款所付出的代价，包括机会成本、管理成本和坏账成本。

4. 信用标准是指客户获得公司的交易信用所应具备的条件。信用条件是指公司要求客户支付赊销款项的条件，包括信用期限、折扣期限和现金折扣。信用期限是公司为客户规定的最长付款时间。折扣期限是为客户规定的可享受现金折扣的付款时间；现金折扣是在客户提前付款时给予的优惠。

5. 存货成本包括取得成本、储存成本和短缺成本。取得成本是指为取得某种存货而支出的成本，包括订货成本和购置成本两类。订货成本是指取得订单的成本。购置成本是指存货本身的价值。储存成本是指为保持存货而发生的成本。短缺成本是指由于存货供应中断而造成的损失。

6. 经济订货批量是在各种假设条件下，确定存货总成本最低时的订货批量，以及经济批量下的存货总成本、最佳订货次数、最佳订货周期以及经济批量占用的资本等数学模型。

7. 营运资本融资策略是指如何配置公司的流动资产与其资金来源。

8. 根据采取的信用形式不同，短期融资方式主要包括商业信用、商业票据、短期借款等。

□ 基本训练

1. 如果您是某公司的CFO，您认为应如何加强对公司现金管理和控制，建立健全现金的内部控制，以确保经营管理活动合法有效？

2. 信用标准变化与销售额、坏账损失、应收账款的机会成本以及收益之间存在一定的内在联系，实践中信用标准变化还会影响公司哪些重要指标？

基本训练指引
10-1

试分析信用风险产生的主观原因与客观原因，公司在实施商业信用时，应如何规避信用风险？实践中5C评估法有何局限性？

基本训练指引 10-2

基本训练指引 10-3

基本训练指引 10-4

基本训练指引 10-5

3.20世纪90年代信息技术和互联网技术兴起之后，存货管理发生了很大变化。通过信息技术在公司中的运用（如ERP、SAP等），可以使公司的生产计划与市场销售的信息充分共享，计划、采购、生产和销售等各部门之间也可以更好地协同。通过互联网技术可以使存货预测较以前更准确可靠。戴尔公司是这次互联网技术的成功实践者，几乎完全消灭了成品库存。请上网查询戴尔公司存货管理模式，说明戴尔公司存货管理的特点和基本做法，以及对公司存货管理的启发。

4.为加速货款收回，许多公司将应收账款证券化，即将应收账款汇集后直接出售给专门从事资产证券化的特殊目的机构SPV（special purpose entity），其经过重新整合和包装，并寻求途径使其信用级别提高。SPV以应收账款为基础向国内外资本市场发行有价证券（如商业票据），根据应收账款的信用等级、质量和现金流等内容确定所发行证券的价格，从而使应收账款出售方达到融资目的。因此，应收账款证券化既是一种重要的应收账款管理方式，又是一种重要的融资方式。请上网查询并讨论应收账款证券化的定价、操作流程，以及实施应收账款证券化的前提条件。

5.上海A公司是一家汽车挡风玻璃分销商，挡风玻璃在中国香港生产然后运至上海。该公司预计年度需求量为9 800块，挡风玻璃单位进货成本为425元（包括运费，单位是人民币，下同）。与订购和储存这些挡风玻璃相关的资料如下：

（1）去年共发出订单32份，订货发出与处理订单的总成本为15 800元，其中固定成本12 760元，预计未来成本性态不变。

（2）虽然对于中国香港原产地商品进入内地已经免除关税，但是对于每一张订单都需要经过检查，其费用为390元。

（3）挡风玻璃从中国香港运抵上海后需要验货，为此雇用一名工程师，每月支付工资3 800元，每份订单检验工作需要6小时，发生变动费用每小时2.5元。

（4）为存储挡风玻璃需要租用公共仓库，仓库租金每年3 500元，另外按平均存量加收每块挡风玻璃8元/年。

（5）挡风玻璃为易碎品，估计每块破损成本为年平均存货价值的8%。

（6）占用资金利息等其他储存成本为38元。

（7）从发出订单到货物运到上海需要6个工作日。

（8）为防止供货中断，A公司设置了100套保险储备。

（9）A公司每年营业50周，每周营业6天。

要求：

（1）计算每次订货的单位变动成本。

（2）计算每块挡风玻璃的单位储存变动成本。

（3）计算经济订货批量。

（4）计算每年与经济订货批量相关的存货总成本。

（5）计算再订货点。

（6）计算每年与储存存货相关的总成本。

□ 微型案例

在2012年底至2015年的创业板大牛市中，乐视网股价上涨了近27倍，市值一度高达1 784亿元，不仅一跃成为创业板市值最高的公司，也成了众多散户心目中的神话。而2017年乐视网却亏损138.8亿元，占据了各大财经版块头条，成为2017年A股上市公司“亏损王”。巨额亏损直接导致公司资不抵债，如此惊人的亏损究竟是如何发生的呢？错综复杂的迷雾下暗藏着波涛汹涌的财务大戏，搜集数据，思考问题。

（1）信息来源

深圳证券交易所网站：http：//www.szse.cn/main/disclosure。

巨潮资讯数据库：http：//www.Cninfo.com.cn/sjzx/sctj.htm。

巨灵经济信息网：http：//www.genius.com.cn/data。

中国证监会网站：http：//www.csrc.gov.com。

（2）搜集内容

①乐视网2013—2017年各年资产负债表和利润表。

② 乐视网2013—2017年前五大关联客户销售情况。

③ 乐视网2013—2017年前五大关联客户坏账计提情况。

④ 乐视网2013—2017年各年应收账款的详细情况。

案例分析指引

（3）提出问题

① 指出应收账款的成本构成。

② 结合乐视网案例，说明公司在制定信用政策和收账政策时需要考虑的因素。

③ 从应收账款角度分析乐视网2017年出现巨额亏损的原因。

④ 对乐视网2016年的应收账款质量进行评价。

⑤ 分析乐视网在应收账款管理方面存在哪些问题，如何加强应收账款全过程管理，对其他公司有何警示。

第三篇　财务管理专题

第十一章

经济增加值与价值管理

著名的管理学大师彼得·德鲁克在1995年《哈佛商业评论》上撰文指出的：我们通常所说的利润，其实并不是真正意义上的利润。如果一家企业未能获得超出资本成本的利润，那么它就是处于亏损状态。缴纳税款看似产生了真正的利润，但其实这一点毫无意义，企业的回报仍然少于资源消耗……这并不创造价值，而会损害价值。20世纪80年代，美国Stern & Stewart咨询公司引入经济增加值并向可口可乐公司首次推介了这一理念，使其在实际运作中见到成效。此后，在全球范围内得到广泛应用。至今，世界已有300多家（包括西门子、索尼等）公司在运用经济增加值的管理体系，其效率以及增长率均得到大幅度的提高。EVA被美国《财富》杂志称为“创造财富的密钥”。经济增加值不仅可以评价公司是否为股东创造价值，还可以识别公司价值创造的驱动因素，实施价值导向管理。魏斌曾任华润集团首席财务官，根据多年的财务管理实践，按照公司价值创造的逻辑，提出了“5C价值管理体系”，由资本结构（capital structure）、现金创造（cash generation）、现金管理（cash management）、资金筹集（capital raising）、资产配置（capital allocation）五个模块组成，这五个模块是构成公司价值的五个关键因素。其中，现金创造和现金管理与公司的回报与增长水平直接相关，资本结构和资金筹集体现公司的财务能力，或者说主要风险水平，资产配置推动公司的持续发展。5C价值管理体系涵盖了从获得资本来源到进行业务经营和日常管理，再到进一步成长，最终实现可持续发展的完整价值创造与管理循环。[①]5C价值管理体系使价值管理可以系统地在公司落地实施。

通过本章学习，可以掌握经济增加值的经济意义和基本模型；了解从会计利润到经济

① 魏斌．价值之道——公司价值管理的最佳实践［M］北京：中信出版社，2018.

增加值的主要调整项目与方法；熟悉经济增加值与净现值、市场增加值的关系；掌握公司价值创造的动因及财务战略矩阵的基本内容；熟悉价值创造、价值评价与价值分享体系的基本内容。

第一节 经济增加值调整方式

一、经济增加值基本模型

经济增加值（economic value added，EVA）是一种剩余价值指标，在数量上等于税后净经营利润超过资本成本的价值。其计算公式为：

$$EVA = NOPAT + Adj_{op} - WACC \times \left(IC + Adj_{ic}\right) \tag{11-1}$$

式中，NOPAT（net operating profit after taxes）为税后净经营利润；Adj_{op}为NOPAT的调整数；WACC为公司加权平均资本成本；IC为投入资本总额；Adj_{ic}为投入资本的调整数。

假设不考虑各种调整因素，经济增加值可表述为：

$$\begin{aligned} EVA &= IC \times \left[\frac{NOPAT}{IC} - WACC\right] \\ &= IC \times (ROIC - WACC) \end{aligned} \tag{11-2}$$

式中：ROIC为投入资本收益率；IC为投入资本；NOPAT可根据息税前利润直接计算，即：

NOPAT=净利润+利息费用×（1-所得税税率）=息税前利润×（1-所得税税率）

公式（11-2）中的（ROIC-WACC）称作收益率差（return spread），收益率差为正时创造价值，收益率差为负时损害价值。单纯的增长并不一定创造价值，只有收益率差为正时，增长才有意义。因此，管理的目标不是预期收益率最大，而是预期收益率差最大。在其他因素保持不变的情况下，提高投入资本收益率、降低资本成本、增加资本投入（假设新投资的ROIC大于WACC）或减少资本投入（如果被剥离资产的投资收益率小于资本成本）时，就会增加经济增加值，为股东创造价值。

二、标准会计调整

经济增加值与会计利润的主要区别在于后者只考虑了以利息形式反映的债务资本成本，忽略了股权资本成本。经济增加值是扣除全部资本成本后的收益，反映了使用全部资本的机会成本。为此需要对经营利润和投入资本进行一定的调整。

1.主要调整项目

经济增加值的倡导者，Stem & Stew公司列出了多达164个调整项目，这些调整主要有三个目的：（1）消除会计稳健原则的影响，如对研发费、商誉等的调整，使调整后的数据能够反映公司的真实业绩；（2）消除或减少管理当局进行盈余管理的机会，如对各种准备金（如坏账准备）的调整；（3）使业绩计量免受过去会计计量误差的影响，如将研发费和商誉资本化而不是在费用发生当期冲减利润，消除了经营者对这类投资的顾虑。以对外报告的会计数据为基础进行调整，常见的调整项目主要有资本化研发费用、商誉、递延税项、存货跌价、各种准备金等。

（1）研究开发费

研究开发费与其他有形资产投资一样，旨在提高公司未来的经营业绩。但会计稳健性原则要求公司在研发费发生的当年将其作为费用一次性摊销，这种会计处理方法可能降低研发费发生当年公司的经营业绩，同时低估公司资本占用额。因此，应将研发费用资本化，在支出的当年，将全部的研发费加回到经营利润和投入资本中，以后逐年摊销的研发费从NOPAT中扣除，而未摊销的余额部分仍然包括在投入资本总额中。

假设某公司2022年度财务报表披露2018—2022年研发费用和各年摊销额见表11-1，假设研究开发费用在发生时即资本化，分5年摊销。

表11-1 **各年研发费用与摊销费** 单位：万元

年度	研发费用	摊销费用				
		2018年	2019年	2020年	2021年	2022年
2018年	990	198	198	198	198	198
2019年	1 020		204	204	204	204
2020年	1 130			226	226	226
2021年	1 520				304	304
2022年	960					192
合计	5 620	198	402	628	932	1 124

为计算2022年的经济增加值，将2022年960万元的研发费用加回到税后净经营利润，2022年摊销的研发费用1 124万元，将其从税后净经营利润中扣除。2022年和以前未摊销的研发费用2 336万元（5 620-198-402-628-932-1 124）加入到投入资本中。

（2）商誉

对商誉的会计处理有两种方法：一是将商誉逐年摊销；二是在商誉产生时作为费用一次性核销。这两种方法都将这部分投资从资产负债表中扣除了，从而不能真正反映公司实际占用的资本额，消除了经营者对这部分资本负有的增值责任。因此，在计算经济增加值时，对商誉不进行摊销，而是将其视为一项永久性无形资产，且在整个经济寿命期内发挥作用。如果在会计处理时已将商誉作为费用进行摊销，应将其每年的摊销额加回到净经营利润中，并将累计的摊销额加入投入资本中。这样，不仅可以真实反映公司占用的所有资本，也可以使利润不受商誉摊销的影响。

（3）递延税项

根据会计准则计算的利润与按照税法计算的应纳税所得额存在差异时，就会产生递延税项。当会计利润大于应纳税所得额时，形成“递延所得税负债”（反之形成“递延所得税资产”），公司的纳税义务向后推延。只要公司持续发展并不断更新设备，递延税款实际上一直保持一个余额，相当于公司永久性占用的资本，和其他资本一样可用于生产经营。会计利润与应税所得的时间性差异产生的原因如图11-1所示。

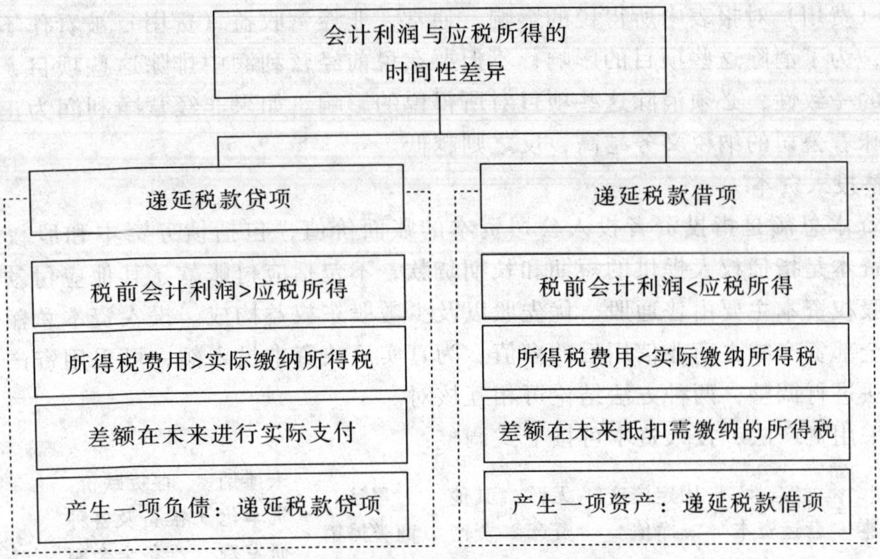

图11-1　递延税款时间性差异产生原因

对递延税项的调整是将其贷方余额加回到投入资本总额中；若为借方余额，由于递延所得税资产并不是公司真正意义上的资产，应从资本总额中扣除；同时，将当期递延税项贷方余额增加值加回到当期的后净经营利润中，或将其借方余额的增加值从后净经营利润中扣除。通过调整后计算出的经济增加值能够更准确地反映公司的经营业绩。

（4）存货跌价准备和各种准备金

如果公司采用后进先出法确定存货成本，应按先进先出法进行调整。对于各种准备金，如坏账准备、存货跌价准备、长期股权投资减值准备、固定资产减值准备、无形资产减值准备等，出于稳健性原则，我国会计制度规定公司要为将来可能发生的损失预先提取准备金，准备金余额抵减对应的资产项目，余额的变化计入当期费用冲减利润。但这些准备金并不是公司当期资产的实际减少，准备金余额的变化也不是当期费用的现金支出。提取准备金的做法一方面低估了公司实际投入经营的资本总额，另一方面低估了公司的利润，因此不利于反映公司的真实盈利能力；同时，公司管理人员还有可能利用这些准备金账户操纵账面利润。因此，计算经济增加值时应将准备金账户的余额加入资本总额之中，同时将准备金余额的当期变化加到税后净经营利润。

2.调整税后净经营利润

计算公司经济增加值时，需要对税后净经营利润和投入资本总额进行调整。税后净经营利润反映了公司资产的盈利能力，为纠正会计信息对真实业绩的扭曲，调整后的税后净经营利润可按下式计算：

$$\text{调整后的NOPAT}=\text{息税前利润}+\text{本年发生的研发费}-\text{本年研发费摊销额}+\text{本年发生的商誉}-\text{本年商誉摊销额}+\text{存货跌价准备和各种准备金增加额}-\text{调整后所得税} \tag{11-3}$$

其中：

$$\text{调整后所得税}=\text{利润表中的所得税费用}-\text{递延税款贷方增加额}-\text{非经营收益(费用)所得税}+\text{利息费用所得税}$$

对所得税进行调整，其目的在于剔除非经营活动对税金的影响，主要是利息费用、非经营收益（费用）对报表中所得税的影响。通常，非经营收益（费用）被看作不再重复发生的项目，为了消除这些项目的影响，不但要在税前经营利润中排除这些项目，而且为了保持计算的一致性，必须消除这些项目对所得税的影响。如果非经营净利润为正，则净利润越大意味着公司的纳税义务越高，反之则越低。

3.调整投入资本

投入资本总额是指投资者投入公司资本的账面价值，包括债务资本和股权资本。其中，债务资本是指债权人提供的短期和长期贷款，不包括应付账款、其他应付款等商业信用负债；股权资本主要由普通股、优先股以及少数股东权益构成。投入资本总额也可以理解为公司全部资产减去商业信用后的净值。为真实反映资本投入额，可采用资产法或融资法两种方法进行调整，两种方法结论可相互核对。

（1）采用资产法，投入资本可按下式调整：

$$\text{调整后投入资本}=\text{经营性营运资本}+\text{固定资产净值}+\text{无形资产}+\text{其他资产}+\text{累计商誉摊销}+\text{未摊销资本化研发费}+\text{存货跌价准备及各种准备金余额} \tag{11-4}$$

（2）采用融资法，投入资本可按下式调整：

$$\text{调整后投入资本}=\text{普通股权益}+\text{少数股东权益}+\text{递延税项贷方余额(借方余额为负值)}+\text{累计商誉摊销}+\text{未摊销资本化的研发费}+\text{存货跌价准备及各种准备金余额}+\text{短期借款}+\text{一年内到期的长期借款}+\text{长期借款}+\text{租赁债务}-\text{超额现金} \tag{11-5}$$

［例11-1］现以GMS公司为例，说明经济增加值调整方式。根据GMS公司利润表（见表11-2）和资产负债表（见表11-3），以及与估价有关的报表附注，计算GMS公司的经济增加值。

表11-2　　GMS公司利润表　　金额单位：万元

项目	2021年	2022年
销售收入	180 000	185 000
销售成本	128 095	130 830
销售、管理费用	18 845	22 252
折旧前经营利润	33 060	31 918
折旧和摊销	12 318	13 411
息税前利润（经营利润）	20 742	18 507
利息费用	7 750	9 552
非经营收益（费用）和特殊项目	1 036	2 333
税前利润	14 028	11 288
所得税费用（25%）	3 507	2 822
少数股东权益	28	0
非常项目前利润	10 493	8 466
非常项目和非持续经营业务利润	426	0
净利润	10 919	8 466
发行在外的股数（万股）	619	548
每股收益：不包括非常项目（元）	16.95	15.45
每股收益：包括非常项目（元）	17.64	15.45

资料来源　格兰特. 经济增加值基础［M］.刘志远，等译. 大连：东北财经大学出版社，2005：148-154。从数据平衡和简化的原则对引用的数据进行了一定的修正和调整，此案例仅为说明从会计利润到经济增加值的调整方式。

表11-3　**GMS公司资产负债表**　单位：万元

项目	2021年	2022年
流动资产		
现金和短期投资	10 442	10 284
应收账款	94 788	110 788
存货	16 316	16 704
其他流动资产	9 006	8 388
流动资产合计	**130 552**	**146 164**
固定资产总额	119 418	120 815
折旧、摊销（累计）	43 798	42 972
固定资产净值	75 620	77 843
无形资产	14 847	14 795
其他资产	53 711	64 298
资产总额	**274 730**	**303 100**
负债		
一年内到期的负债	15 677	19 018
应付票据（含息票据）	53 266	59 933
应付账款	21 516	25 725
应付所得税	1 445	1 016
应计费用	24 723	24 810
其他流动负债	1 001	2 001
流动负债合计	**117 628**	**132 503**
长期负债	62 963	65 843
递延所得税	6 656	6 451
其他负债	66 243	67 421
负债总额	**253 490**	**272 218**
股东权益		
普通股	1 033	914
资本公积	13 808	21 108
留存收益	5 803	8 153
普通股权益	20 644	30 175
少数股东权益	596	707
股东权益总额	**21 240**	**30 882**
负债和股东权益总额	**274 730**	**303 100**

资料来源　格兰特．经济增加值基础［M］.刘志远，等译．大连：东北财经大学出版社，2005：148-154。从数据平衡和简化的原则对引用的数据进行了一定的修正和调整，此案例仅为说明从会计利润到EVA的调整方式。

为估计调整后税后净经营利润（NOPAT）和投入资本（IC），根据GMS财务报表披露的信息，与估价有关的附注如下：

附注1：GMS公司在2021年、2022年存货跌价准备分别为1 890万元和1 929万元。

附注2：假设GMS公司研发费用在发生时即已资本化，假设研究开发费用分3年直线摊销，GMS公司研发费用及未摊销研发费用见表11-4。

表11-4 GMS公司研究开发费用及其摊销 单位：万元

项目	研发费用	摊销费用			
		2019年	2020年	2021年	2022年
2019年	8 200	2 733	2 733	2 733	
2020年	7 900		2 633	2 633	2 633
2021年	6 800			2 267	2 267
2022年	6 600				2 200
合计	29 500	2 733	5 366	7 633	7 100
2022年年初未摊销的研发费用				7 168	
2022年年末未摊销的研发费用					6 668
未摊销的研发费用的净变化					-500

在表11-4中，2022年初、年末未摊销的研发费用计算方式如下

2022年年初未摊销的研发费用=29 500-2 733-5 366-7 633-6 600=7 168（万元）

2022年年末未摊销的研发费用=29 500-2 733-5 366-7 633-7 100=6 668（万元）

附注3：公司最低现金按销售收入3%计算，公司超额现金为资产负债表中“现金与短期投资”与最低现金的差额，经营性营运资本等于经营性流动资产减去经营性流动负债，有关数据见表11-5。

表11-5 GMS公司最低现金与经营性营运资本（2022年年初） 金额单位：万元

项目	2022年年初	说明
最低现金为销售收入3%	3%	
最低现金	5 400	利润表：180 000×3%
超额现金	5 042	资产负债表：10 442-5 400
经营性流动资产	125 510	资产负债表：130 552-5 042
经营性流动负债	48 685	资产负债表：117 628-15 677-53 266
经营性营运资本	76 825	125 510-48 685

根据上述资料，计算GMS公司的经济增加值如下：

第一，根据利润表、资产负债表和报表附注，估计调整后的税后净经营利润见表11-6。

表11-6　GMS公司调整后税后净经营利润（2022年）　单位：万元

项目	金额	说明
息税前利润	18 507	利润表
加：本年研发费用增加额	6 600	附注（2）
减：本年研发费用摊销额	-7 100	
商誉摊销增加额	0	
存货跌价准备增加额	39	附注（1）（1 929-1 890）
调整后税前净经营利润	18 046	
报表上的所得税费用	2 822	利润表
减：递延所得税增加额	-205	资产负债表（6 451-6 656）
加：利息费用抵税收益	2 388	9 552×25%
减：非经营收益（费用）和特殊项目抵税收益	583	2 333×25%
现金所得税	4 832	2 822-（-205）+2 388-583
调整后税后净经营利润	13 214	18 046-4 832

第二，采用资产法和融资法分别估计GMS公司2022年年初投入资本，见表11-7、表11-8。

表11-7　GMS公司调整后投入资本（资产法）（2022年年初）　单位：万元

资产法	金额	说明
经营性营运资本	76 825	附注（3）
固定资产净值	75 620	资产负债表
无形资产	14 847	资产负债表
其他资产	53 711	资产负债表
未摊销资本化研发费	7 168	附注（2）
存货跌价准备	1 890	附注（1）
投入资本	230 061	合计

表11-8　GMS公司调整后投入资本（融资法）（2022年年初）　单位：万元

融资法	金额	说明
股东权益		
普通股权益	20 644	资产负债表
加：少数股东权益	596	资产负债表
递延税项贷方余额	6 656	资产负债表
未摊销资本化研发费用	7 168	附注（2）
存货跌价准备	1 890	附注（1）
减：超额现金	5 042	附注（3）
股东权益总额	31 912	
付息债务		
付息短期负债	68 943	应付票据+一年内到期债务
长期借款	62 963	
其他负债	66 243	
付息债务总额	198 149	
调整后投入资本	230 061	31 912+198 149

第三，根据调整后的税后净经营利润和调整后的投入资本，结合资本成本，计算GMS公司的经济增加值，见表11-9。

表11-9 GMS公司经济增加值（2022年） 金额单位：万元

项目	金额	说明
债务	198 149	付息债务/投入资本：86.13%
股东权益	31 912	股东权益/投入资本：13.87%
投入资本	230 061	
公司债务税前成本	6.00%	
所得税税率	25.00%	
债务税后成本	4.50%	6%×（1-25%）
无风险收益率	5.00%	
市场风险溢价	6.00%	
β系数	1.1	
股权资本成本	11.60%	CAPM：5%+1.10×6%
加权平均资本成本	5.48%	WACC：86.13%×4.5%+13.87%×11.6%
投入资本收益率	5.74%	ROIC：13 214÷230 061
EVA	598	EVA：230 061×（5.74%-5.48%）

GMS公司经济增加值

上述计算表明，在2022年，GMS公司实现的净利润为8 466万元，为股东创造的经济增加值为598万元。

经济增加值的最大贡献就是采用经济利润而不是会计利润进行财务决策，它克服了现行会计准则只确认和计量债务成本、对股权成本只作为利润分配处理的缺陷，充分体现了资本保值增值的要求。

三、经济增加值调整在中国的实践

2003年10月21日，国务院国有资产监督管理委员会发布了《中央企业负责人经营业绩考核暂行办法》，其后进行了三次修订。《中央企业负责人经营业绩考核办法》于2018年12月14日经国务院国有资产监督管理委员会第159次主任办公会议审议通过，自2019年4月1日起施行。有关项目的计算方式如下：

经济增加值=税后净经营利润-资本成本

=税后净经营利润-调整后资本×平均资本成本

其中：税后净经营利润=净利润+（利息支出+研究开发费用调整项）×（1-25%）

公司通过变卖优质资产等取得的非经常性收益在税后净经营利润中全额扣除。

调整后投入资本=平均所有者权益+平均负债合计-平均无息流动负债-平均在建工程

根据经济增加值考核细则，有关项目确定方式如下：

（1）利息支出是指企业财务报表中“财务费用”项下的“利息费用”。

（2）研究开发费用调整项是指企业财务报表中“管理费用”项下的“研究与开发费”和当期确认为无形资产的研究开发支出。对于勘探投入费用较大的企业，经国资委认定后，将其成本费用情况表中的“勘探费用”视同研究开发费用调整项按照一定比例（原则上不超过50%）予以加回。

（3）无息流动负债是指企业财务报表中“应付票据”、“应付账款”、“预收款项”、“应交税费”、“应付利息”、“其他应付款”和“其他流动负债”；对于因承担国家任务等原因造成“专项应付款”“特种储备基金”余额较大的，可视同无息流动负债扣除。

（4）在建工程是指企业财务报表中符合主业规定的“在建工程”。工程物资和在建工程作为不能为当期实际创造利润的长期性、持续性投资，不应包括在资本占用当中，当期完工并转入固定资产时才计入。

（5）其他重大调整事项。对那些重大政策变化、严重自然灾害等不可抗力因素，企业重组上市及会计准则调整等不可比因素进行调整。

资本成本是计算经济增加值的重要参数。从理论上讲，资本成本应采用加权平均资本成本（WACC），资本成本高低应体现行业的风险差异，由于中国资本市场尚不成熟，股票交易价格的形成机制并不能充分反映上市公司的风险与价值。在估计经济增加值时，国资委考核中央企业的资本成本原则上定为5.5%（基于长期贷款利率确定）；承担国家政策性任务较重且资产通用性较差的企业，资本成本定为4.1%；资产负债率在75%以上的工业企业和80%以上的非工业企业，资本成本上浮0.5个百分点；资本成本确定后，3年保持不变。

国资委引入经济增加值指标评价企业业绩，向央企发出了清晰的信号：企业必须从以规模为导向的发展模式逐步向以价值创造为导向的发展模式转化。

四、经济增加值与净现值

在项目评估中，投资决策的法则之一是净现值法则。项目净现值用于衡量投资项目对公司增量价值的贡献。投资于净现值为正的项目将会增加公司价值；反之，则会损害公司价值。经济增加值是对净现值法则的简单拓展。或者说，项目净现值是它在寿命周期内所追加的经济增加值的现值，即：

$$NPV = \sum_{t=1}^{n} \frac{EVA_t}{(1 + WACC)^t} \tag{11-6}$$

假设公司有一投资项目，初始投资额为100万元，项目周期为4年，按直线法计提折旧，资本成本为10%，每年税后净经营利润见表11-10第二栏，采用折现现金流量法计算的项目净现值和采用折现经济增加值法计算的各投资年度经济增加值现值之和均为74.34万元。由于投资年度的经济增加值的现值等于投资项目的净现值，因此，投资项目经济增加值现值也可以作为投资决策的一种评价指标。

表11-10 投资项目净现值与经济增加值的现值 单位：万元

年份	税后净经营利润	折旧	现金净流量	资本成本费用	投资余额	经济增加值
0			-100.00		100	
1	30	25	55.00	10.0	75	20.0
2	30	25	55.00	7.5	50	22.5
3	30	25	55.00	5.0	25	25.0
4	30	25	55.00	2.5	0	27.5
NPV			74.34			74.34

五、市场增加值

市场增加值（MVA）是从总体上衡量公司为投资者创造价值能力的指标，其不仅取决于公司当前经营创造价值的能力，还与公司未来创造价值的能力有关。

市场增加值是指一个公司的市场价值与它所占用的资本（投资额）之差，即：

$$MVA_t = MV_t - BV_t \tag{11-7}$$

式中：MV_t表示t时点公司市场价值，即债务与股权市场价值之和；BV_t表示t时点公司投入资本的账面价值，它是根据经济增加值的概念进行调整的。

由于公司资本是由债务资本和股权资本两部分构成的，市场增加值可相应地分解为债务市场增加值和股权市场增加值，前者等于公司债务的市场价值减去账面价值的净额，后者等于公司股权资本的市场价值减去账面价值的净额。如果公司债务的市场价值等于账面价值，市场增加值就等于股权资本市场增加值。

根据市场增加值的定义，如果市场增加值大于零，说明公司资本的市场价值大于投资者投资公司的资本数量，从而为投资者创造价值；反之，则说明公司损害了投资者的价值。从某一特定时点来说，市场增加值的大小反映了公司为投资者创造价值或损害价值的数量。因此，公司管理的目标是市场增加值最大化，而不是市场价值最大化，因为后者只关注公司在资本市场上的价值定位，忽略了公司的资本占用量，不能反映价值的创造。

从投资的角度分析，市场增加值计算公式中的投入资本账面价值应当是公司过去和现在所有项目投入资本总额。如果资本市场是理性的，则上述所有项目未来预期现金流量的现值之和等于公司投入资本的市场价值。因此，接受净现值大于零的投资项目意味着市场增加值的增加，该项目对公司市场增加值贡献的大小就是该项目的净现值。根据市场增加值、净现值、经济增加值之间的关系，公司市场价值可写为：

$$\begin{aligned} MV &= IC_0 + \sum_{t=0}^{\infty}\frac{NCF_t}{(1+WACC)^t} \\ &= IC_0 + \sum_{t=1}^{\infty}\frac{EVA_t}{(1+WACC)^t} \end{aligned} \tag{11-8}$$

公式（11-8）中的公司市场价值等于投入资本账面价值加上所有未来经济增加值的现值。重新调整后，市场增加值可按下式计算：

$$MVA_0 = MV_0 - IC_0 = \sum_{t=1}^{\infty} \frac{EVA_t}{(1 + WACC)^t} \quad (11-9)$$

公式（11-9）描述了经济增加值和市场增加值的关系，即市场增加值等于未来经济增加值的现值，经济增加值越多，公司价值的增值就越多，为股东创造的财富就越多。

从市场增加值和经济增加值的关系看，市场增加值作为经营业绩的衡量指标，反映了股东投入资本的增值部分，直接与股东财富的创造相关。市场增加值标志着一家公司合理运用稀缺资源的能力。经济增加值的作用在于它扣除了资本成本，减去了投资者期望的最低投资收益。因此，当市场认为公司的经济增加值为零时，公司收支平衡，投资者只获得了最低回报，从而公司的市场增加值等于零。此时，公司市值与资本的账面价值相等。

将前述的净现值与经济增加值、市场增加值结合起来，可以发现这些指标是从不同的角度反映公司价值的增值的。采用净现值分析公司价值的增值，实质上是项目投资决策分析中的净现值最大化原则，如果把股东投资公司看成一个投资期趋近于无穷大的投资项目，公司价值最大化目标就是公司所有投资的子项目累积净现值最大化目标，也就是市场增加值最大化目标。从本质上说，经济增加值是公司价值实现的内在动力，市场增加值是公司价值的外在市场表现，净现值是公司价值实现的微观决策标准。可见，公司价值最大化与经济增加值直接相关。一些投资公司的研究报告表明，经济增加值的长期变化是上市公司市场增加值变动的最重要原因。

第二节 经济增加值驱动因素

一、价值驱动因素分析的思路

价值驱动因素是影响或推动价值创造的一个决策变量。根据财务估价理论，公司价值创造的源泉是存量资产创造的价值和公司未来增长机会创造的价值。如果资产账面价值与投入资本相等，根据公式（11-8），公司市场价值为初始投入资本与未来经济增加值现值之和，其中未来经济增加值的现值来源于两个方面：存量资产创造的各期经济增加值现值和未来增量投资创造的各期经济增加值的现值，因此，公式（11-8）可改写为：

$$MV = IC_{存量资产} + \sum_{t=1}^{\infty} \frac{EVA_{t,\ 存量资产}}{(1 + WACC)^t} + \sum_{t=1}^{\infty} \frac{EVA_{t,\ 未来投资}}{(1 + WACC)^t} \quad (11-10)$$

在公式（11-10）中，存量资产的价值创造主要取决于公司存量资源的经营效率；未来增长价值主要取决于增量资源的投入与整合。因此，可从经营效率和增长价值两个方面研究价值创造的驱动因素。

二、经营效率驱动因素

反映公司经营效率的关键业绩指标既可以采用净资产收益率（ROE）或投入资本收益率（ROIC），也可以采用现金流量指标（FCFF）或经济增加值（EVA）以及影响这些指标的派生因素。

以净资产收益率作为关键业绩指标，其价值驱动因素可分为销售利润率、总资产周转率、财务成本比率、权益乘数和税收效应比率等。为反映经营活动对净资产收益率的影响，也可根据杜邦财务分析体系，将净资产收益率指标分解为总资产收益率和权益乘数。

如果以公司自由现金流量作为关键业绩指标，价值驱动因素主要是现金流量、资本成本和增长率。

如果以经济增加值作为关键业绩指标，价值驱动因素是投入资本、税后净经营利润和资本成本等。在其他因素保持不变的情况下，提高投入资本收益率（ROIC）、降低资本成本（WACC）、增加资本投入（假设新投资的ROIC大于WACC）或减少资本投入（如果被剥离资产的投资收益率小于资本成本）时，就会增加经济增加值，为股东创造价值。

三、增长价值驱动因素

影响公司增长价值的因素不仅表现为较高的增长率，还表现为高增长率的持续期或竞争优势持续期。在其他因素不变的情况下，伴随着超额收益，高增长时期持续越长，公司的价值增值就越大。公司收益增长率一方面受商品市场和管理效率双重影响，另一方面受金融市场和财务政策的影响，如负债水平、投资规模、融资方式、股利政策等。因此，某一销售增长率是否能实现，不仅取决于公司的经营效率，也取决于公司的财务政策或财务资源的影响。

需要注意的是，如果公司的增长率是通过增加投资或资本扩张（如并购与重组）等实现的，应特别注意这种增长必须是能带来现金流量或收益的增长，单纯的快速增长不一定会创造价值，只有当增长创造的增量价值大于增量成本时，才会为公司创造价值。

[例11-2] 假设ABC公司存量资产的投入价值（IC）为10 000万元，税后净经营利润为1 500万元，预期投入资本收益率（ROIC）为15%，资本成本为12%。为扩大收益、增加公司价值，公司预期在未来5年每年年初追加投资1 000万元，这些投资的预期收益率为15%，预期资本成本仍保持在12%的水平上。在第5年之后，公司将继续投资1 000万元，且收益每年增长5%，新投资收益率与资本成本均为12%。假设公司持续经营，根据经济增加值模型，ABC公司市场价值计算见表11-11。

表11-11 ABC公司市场价值计算 单位：万元

项目	现值	计算方法
存量资产		
投入资本	10 000.00	
EVA的现值	2 500.00	10 000×（15%-12%）÷0.12
第1年年初投资的EVA现值	250.00	1 000×（15%-12%）÷0.12
第2年年初投资的EVA现值	223.21	[1 000×（15%-12%）÷0.12] /1.12
第3年年初投资的EVA现值	199.30	[1 000×（15%-12%）÷0.12] /1.12^2
第4年年初投资的EVA现值	177.95	[1 000×（15%-12%）÷0.12] /1.12^3
第5年年初投资的EVA现值	158.88	[1 000×（15%-12%）÷0.12] /1.12^4
公司市场价值（MA）	13 509.34	

在表11-11中，假设每年投资均发生在各年年初；各年投资的经济增加值为一固定数额，且一直持续到永久。在调整时，可将各年的经济增加值按永续年金调整到各年投资的期初，然后调整到第0期。例如，对于第2年年初投资的经济增加值的现值进行为期1年的折现。

表11-11中的计算结果表明，公司市场价值为13 509.34万元，其中存量资产的投入资本为10 000万元，存量资产创造的经济增加值现值为2 500万元，第1年至第5年每年追加投资获得的经济增加值现值合计为1 009.34万元。据此，市场价值增加值为3 509.34万元（13 509.34-10 000）。需要注意的是，只有当投入资本收益率大于资本成本时，才会为公司创造市场增加值。尽管公司在第5年后将继续增加投资，由于投入资本收益率等于资本成本，投资的边际收益等于零。由此说明，增加投资并不意味着增加价值，只有投入资本收益率的增长率大于资本成本的增长率时才会创造增量价值。如果公司投资的收益等于或低于资本成本，增加投资只会损害公司价值。

四、价值驱动因素分析

现以经济增加值为例说明不同价值驱动因素对公司价值的影响。根据公式（11-2），影响经济增加值的因素主要有投入资本、税后净经营利润和加权平均资本成本。在其他因素保持不变的情况下，提高投入资本收益率（ROIC）、降低加权平均资本成本（WACC）、增加资本投入（假设新投资的ROIC大于WACC）或减少资本投入（假设被剥离资产的投资收益率小于资本成本）时，就会增加经济增加值，为股东创造价值。

［例11-3］假设XYZ公司目前投入资本（IC）为2 000万元，加权平均资本成本（r_w）为10%，投入资本收益率（ROIC）第1年为18%，以后每年递减1%，到第9年时与资本成本相同。据此，未来经济增加值现值与公司市场价值计算见表11-12。

表11-12　**未来经济增加值现值与公司市场价值的基本数据**　金额单位：万元

年度	0	1	2	3	4	5	6	7	8	9
ROIC-WACC		8%	7%	6%	5%	4%	3%	2%	1%	0
EVA		160	140	120	100	80	60	40	20	—
PV（EVA）（10%）	533									

根据表11-12，假设公司资产的账面价值（BV）与投入资本（IC）相等，公司市场价值计算如下：

$$MV = 2\,000 + \frac{160}{(1+10\%)} + \frac{140}{(1+10\%)^2} + \cdots + \frac{20}{(1+10\%)^8}$$

$$= 2\,000 + 533 = 2\,533(\text{万元})$$

上述计算表明公司未来经济增加值的现值为533万元，公司的市场价值（2 533万元）为投入资本与未来经济增加值现值之和。以表11-12中的数据为基础，分析不同因素变化对公司价值的影响。

（1）提高现有资本投资收益率（ROIC）

假设XYZ公司通过提高经营效率，如提高市场份额、降低成本、提高资产周转率等，使第1年的投入资本收益率由18%提高到20%，以后每年递减1.25%，第9年的投入资本收益率与资本成本相同。假设投入资本和资本成本等因素保持不变，投入资本收益率变化对公司市场价值的影响见表11-13。

表11-13 提高现有资本收益率对公司市场价值的影响 金额单位：万元

年度	0	1	2	3	4	5	6	7	8	9
ROIC-WACC		10.0%	8.75%	7.50%	6.25%	5.00%	3.75%	2.50%	1.25%	0
EVA		200	175	150	125	100	75	50	25	0
PV（EVA）	666									

在表11-13中，在其他因素不变的情况下，提高投入资本收益率，未来经济增加值的现值增加了133万元（666-533），公司市场价值也随之由2 533万元增加到2 666万元，增加了133万元。

（2）剥离不良资产，降低资本占用

假设XYZ公司的资产由A、B两类构成，A类资产总额为1 500万元，投入资本收益率为22%，B类资产总额为500万元，投入资本收益率为6%，A、B资产平均投入资本收益率为18%。假设公司决定以账面价值出售B类资产。A类资产收益率每年递减1.5%，第9年时与资本成本相同。假设资本成本保持不变，公司剥离不良资产后的价值见表11-14。

表11-14 资产剥离后市场价值 金额单位：万元

年度	0	1	2	3	4	5	6	7	8	9
ROIC-WACC		12.0%	10.5%	9.0%	7.5%	6.0%	4.5%	3.0%	1.5%	0
EVA		180	158	135	113	90	68	45	23	—
PV（EVA）	600									

表11-14表明公司剥离不良资产500万元后，未来经济增加值现值为600万元，市场价值降为2 100万元（1 500+600）。与表11-12比较，虽然公司市场价值减少了433万元（2 533 -2 100），但资本减少了500万元，两者相比，相当于创造了67万元的价值，这与未来经济增加值现值增加值67万元（600-533）刚好相等。

上述计算表明，如果以比资本投入增加更快的速度增加市场价值，或者以比市场价值减少更快的速度减少资本投入，都会得到同样的效果，即增加股东价值。因此，价值创造的目标不是市场价值最大化，而是市场增加值最大化。

（3）延长竞争优势期

上述各例中均假设竞争优势期为8年，假设延长至10年，每年收益率仍呈线性递减，假设其他因素保持不变，市场价值计算见表11-15。

表11-15表明，公司竞争优势期限延长2年，未来经济增加值现值将增加84万元（617-533），同样公司市场价值也增加了84万元（2 000+617-2 533）。

表11-15 延长竞争优势期的市场价值 金额单位：万元

年度	0	1	2	3	4	5	6	7	8	9	10	11
ROIC-WACC		8.0%	7.2%	6.4%	5.6%	4.8%	4.0%	3.2%	2.4%	1.6%	0.8%	0
EVA		160	144	128	112	96	80	64	48	32	16	—
PV（EVA）	617											

任何公司经过一段时间的快速增长后，都会进入增长速度等于或小于经济平均增长速度的成熟期。当公司的投入资本收益率大于加权平均资本成本，即存在超额利润时，高速增长能提高公司价值；同时，某一领域的超额利润会吸引竞争者进入，导致竞争加剧，最终导致高速增长期结束。因此，要延长高速增长期，公司必须建立并提高进入壁垒和竞争优势，并采取必要的措施延长竞争优势的持续期间以提高公司价值。

（4）降低加权平均资本成本

假设其他因素不变，加权平均资本成本降低到8%，则第1年投入资本收益率与加权平均资本成本之间的差额为10%（18%-8%），以后每年递减1.25%（10%÷8），第9年时为零。表11-16列示了加权平均资本成本降低后的公司价值。

表11-16 降低加权平均资本成本后的公司价值 金额单位：万元

年度	0	1	2	3	4	5	6	7	8	9
ROIC-WACC		10.0%	8.75 %	7.50%	6.25%	5.00%	3.75%	2.50%	1.25 %	0
EVA		200	175	150	125	100	75	50	25	—
PV（EVA）（8%）	704									

表11-16中，降低加权平均资本成本2%，使未来经济增加值现值增加了171万元（704-533），公司市场价值由2 533万元增加到2 704万元（2 000+704），同样增加了171万元。

第三节 可持续增长与财务战略矩阵

一、内含增长率

影响公司价值的重要参数是未来收益的增长率，特别是销售收入增长率是影响公司价值增长的关键因素。为考察这一指标的合理性，通常将预期销售收入增长率与公司内含增长率和可持续增长率进行比较。

假设XYZ公司预计销售收入增长率为10%，并假设公司主要是通过外部融资（长期借款）和减少股利支付满足增加资产、扩大销售的资金需要。如果不追加外部资金，仅仅依靠新增的留存收益和自然融资形成的资金来源（假设折旧全部用于当年的更新改造）所能达到的最大增长率称为内含增长率（internal growth rate）。假设销售收入增长率用g表示，用Div表示股利，外部资金需要量可通过下式计算：

$$AFN=(A/S)gS_0-(L/S)gS_0-\left[M(1+g)S_0-Div\right] \quad (11\text{-}11)$$

式中：AFN为外部资金需要量；A/S为基期资产（A指与销售增长有关的资产项目）与期初销售收入（S_0）的比率，表示增加1元的销售收入需要增加的资产，A/S也可以表示为总资产周转率的倒数；L/S表示自然融资增加的负债（指应付账款和应计项目，不包括银行借款和债券）与初期销售收入的比率关系，说明销售收入每增加1元，自然产生的融资额；M为基期销售净利率；Div表示股利支付额。

如果无外部追加资金，即AFN=0，通过公式（11-11）即可求出内含增长率。

$$AFN=(A/S)gS_0-(L/S)gS_0-\left[M(1+g)S_0-Div\right]=0$$

$$g=\frac{MS_0-Div}{S_0\left[(A/S)-(L/S)-M\right]}$$

假设公司每年股利支付率为d，且保持不变，则下一年度的股利为：

$$Div=dMS_0(1+g)$$

将Div代入上式，即可得到内含增长率*g*的计算公式：

$$g=\frac{M(1-d)}{(A/S)-(L/S)-M(1-d)} \quad (11\text{-}12)$$

内含增长率（不使用外部资金的最大增长率）与销售净利率（M）呈正相关，与股利支付率（*d*）负相关。销售净利率越高，其内含增长率越高；股利支付率越高，内含增长率越低。公式中的分母是每单位增量销售收入所需追加的增量资金。

假设XYZ公司2021年销售净利率（M）为6.6%，股利支付率（d）为66.67%，与销售有关的资产/销售收入比率（A/S）为0.6，与销售有关的负债/销售收入比率（L/S）为0.1，如果这些财务指标保持不变，则公司内含增长率为：

$$g=\frac{6.6\%\times(1-66.67\%)}{0.6-0.1-6.6\%\times(1-66.67\%)}=4.60\%$$

上述计算结果表明，XYZ公司内部资金能使其维持在4.60%的增长水平上，超过这一增长水平，公司将不得不追加外部资金。

二、可持续增长率

如果一个公司增长所需资金完全来自内部（留存收益和自然融资），那么经过一段时间后公司资金总额中的股东权益不断增加，由此引起负债比率不断下降。如果公司希望继续保持原有的资本结构，就需要发行新债融资。可持续增长率（sustainable growth rate，SGR）是指在财务杠杆不变的条件下，运用内部资金和外部资金所能支持的最大增长率。

如果公司新增的股东权益仅来自留存收益，而留存收益又取决于下一年度的销售收入、股利支付率、销售净利率，即：

留存收益增加额=下一年度净利润×（1−股利支付率）=MS_0（1+g）×（1−d）

在长期负债与股东权益比率一定的情况下，公司追加债务数额取决于留存收益和杠杆比率（D/E为有息债务/股东权益）两个因素，即：

债务增加额=留存收益增加数×杠杆比率=MS_0（1+g）（1−d）×（D/E）

如果资产增长与销售增长相等，则资产需求增加额等于自然融资增加额与留存收益增加额和债务增加额之和，即：

$$(A/S)gS_0 = (L/S)gS_0 + MS_0(1+g)(1-d) + MS_0(1+g)(1-d)(D/E)$$
$$= (L/S)gS_0 + MS_0(1+g)(1-d)(1+D/E)$$

整理上式后，增长率（g）可表示为与财务政策（杠杆比率、股利支付率等）相一致的最大的销售收入增长率，即可持续增长率，通常用g^*表示，即：

$$g^* = \frac{M(1-d)(1+D/E)}{(A/S)-(L/S)-M(1-d)(1+D/E)} \tag{11-13}$$

可持续增长率与杠杆比率（D/E）和销售净利率正相关，与股利支付率负相关。负债比率越大，可持续增长率越高，销售净利率越高。但股利支付率越高，可持续增长率越低。

在其他因素一定的情况下，由于可持续增长率是运用内部和外部资金的最大增长率，因此，它一般高于内含增长率。在本例中，XYZ公司基期杠杆比率为66.67%，假设销售净利率、股利支付率保持不变，则：

$$g^* = \frac{6.6\%(1-66.67\%)(1+66.67\%)}{0.6-0.1-6.6\%(1-66.67\%)(1+66.67\%)} = 7.91\%$$

在上述分析中，如果杠杆比率保持不变，随着股东权益的增长，负债必须以相同的比率增长，负债和股东权益的共同增长决定了资产所能扩展的速度，当然后者也会限制销售的增长。也就是说限制销售增长的主要因素是股东权益的扩张速度。

上述计算结果表明，在各种比率保持不变的条件下，公司运用内外部资金的最大可持续增长率为7.91%，低于预期销售收入增长率10%，公司必须调整经营计划或改变财务政策，以平衡发展与资金之间的关系。

三、财务战略矩阵

在财务管理中，价值创造与可持续增长率的组合分析是通过财务战略矩阵实现的。财务战略矩阵是通过两维的参数综合分析公司价值增长程度的工具，一是资本收益率差幅（ROIC-WACC）；二是销售收入增长率与可持续增长率之间的差幅（$G_{销售}$-SGR）。为分析方便，假设公司具有多个部门或业务单元，它们各自创造的价值构成了公司价值创造总额。根据不同的资本收益率差幅和增长率差幅将财务战略矩阵分为四个象限，如图11-2所示。每一象限对应资本收益率差幅与增长率差幅的不同组合，对应不同的经营状态。①

在图11-2中，纵坐标表示资本收益率差幅，用于衡量公司某一特定业务单元创造价值的能力。如果资本收益率差幅大于零，则表明该业务单元为公司创造价值；反之，则损害公司价值。横坐标表示增长率差幅，用于衡量公司某一特定业务单元为销售增长提供现金的能力。如果增长率差幅大于零，表明业务单元现金短缺；反之，则表明该业务单元现金剩余。对处于不同象限的部门或业务单元，应采用不同的财务策略。

象限Ⅰ：处于这一象限的业务单元，资本收益率差幅与增长率差幅大于零。该业务单元的经营活动创造价值，但现金短缺。对此，可供选择的财务策略是：①筹措资金，满足销售增长的需要；②缩小经营规模，使公司的可持续增长率与销售收入增长率平衡。这个

① 哈瓦维尼，维埃里．经理人员财务管理——创造价值的过程［M］．王全喜，等译．北京：机械工业出版社，2006：301.

战略可以使公司通过进入更加细分的市场，提高留存业务的价值创造能力。

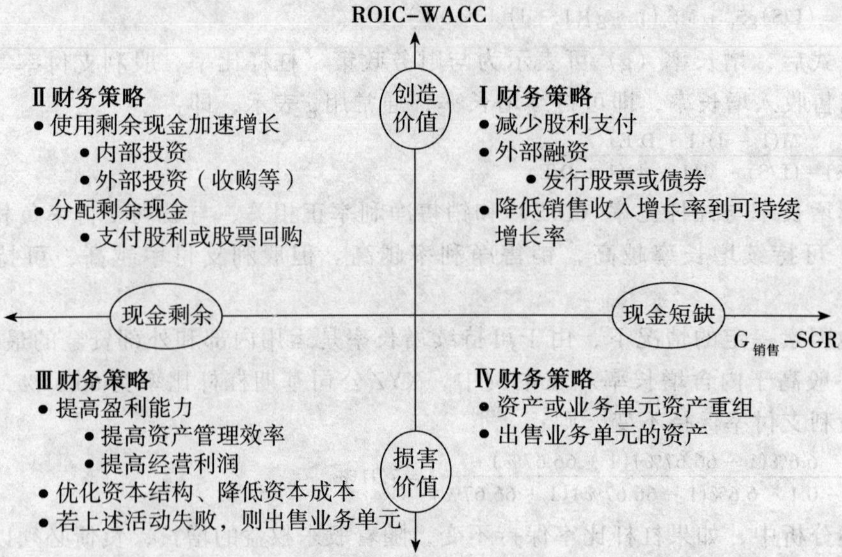

图11-2 财务战略矩阵

象限Ⅱ：处于这一象限的业务单元，资本收益率差幅大于零，但增长率差幅小于零。该业务单元的经营活动创造价值，并产生剩余现金。根据是否存在增长机会采取不同的财务策略，如果存在增长机会，可将多余的现金投资于现有业务单元，促进现有业务的扩张，或者通过收购实现外部增长；如果目前尚未发现有利的投资机会，可通过现金股利或股票回购方式将多余的现金返还股东。

象限Ⅲ：处于这一象限的业务单元，资本收益率差幅和增长率差幅均小于零。该业务单元虽然能够产生足够的现金流量维持自身发展，但是业务的增长反而会降低经营的价值，这是公司处于衰退期的前兆。对此，可采取的财务策略是：①将多余的现金用于该业务单元的业务重组，提高投入资本收益率；②通过扩大销售、提高价格、减少费用等途径提高边际收益；③通过有效营运资本管理（加速收款、减少存货）等方法提高资产周转率；④通过业务重组降低资本成本；⑤将该业务单元的业务出售，并将多余的现金返还给股东。

象限Ⅳ：处于这一象限的业务单元，资本收益率差幅小于零，增长率差幅大于零。该业务单元的经营活动既不能创造价值，又不能支持其自身的发展。如果不能彻底改变这一局面，就必须出售该业务单元的资产，全面退出该业务。

经济增加值作为一种评价指标，能够准确地反映经营者为股东创造的价值，但由于经济增加值对公司未来成长的估算是建立在既有的产品、技术和市场的基础上，同时经济增加值的计算对资本成本高度敏感，而资本成本的确定又依赖于历史数据分析。因此，经济增加值的可操作性还有诸多问题需要解决，如对公认财务会计准则的调整、股权资本成本的确定等，这在一定程度上限制了公司的外部信息使用者使用该方法。

四、经济增加值动量分析

Stewart Bennett（2010）将经济增加值和营业收入增长率相结合，提出了经济增加值动量（EVA Momentum）分析方法。经济增加值动量的计算方法如下：

$$\text{经济增加值动量} = \frac{\text{本期经济增加值增量}}{\text{上一期营业收入}} \tag{11-14}$$

经济增加值动量可以进一步分解为经营效率指标（Productivity Gains）和盈利增长效率指标（Profitable Growth），如下式所示：

$$\text{经济增加值动量} = \Delta\left(\frac{\text{经济增加值}}{\text{营业收入}}\right) + \frac{\text{经济增加值}}{\text{营业收入}} \times \text{营业收入增长率}$$
$$= \text{经营效率} + \text{盈利增长效率}$$

根据格力电器财务报表计算实际的经济增加值动量变动趋势如图11-3所示。

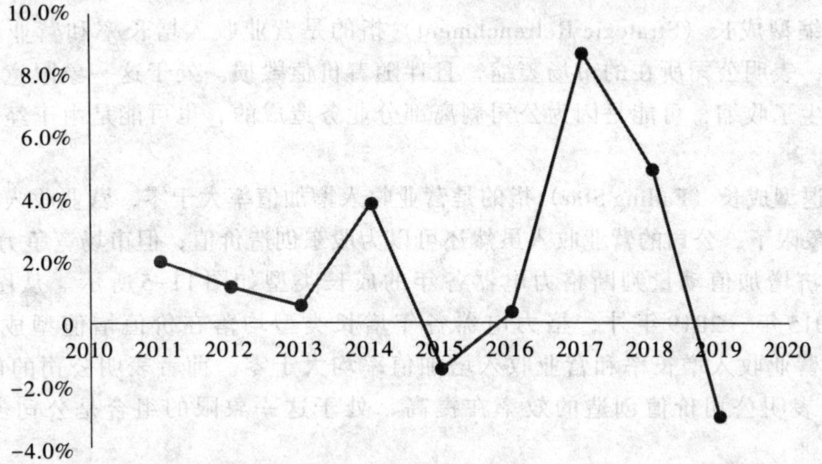

图11-3　格力电器经济增加值动量变动趋势（2010—2019年）

经济增加值动量不仅可以衡量公司价值创造效率，而且可以判断公司的成长类型，如图11-4所示。

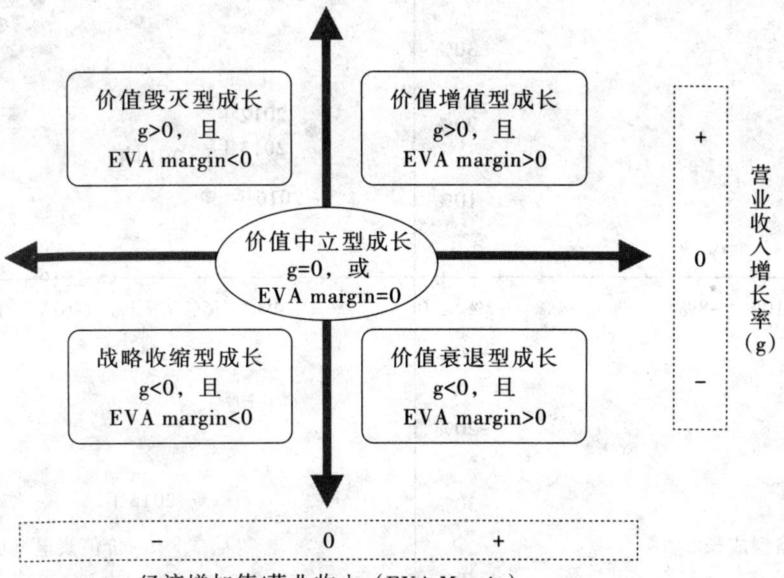

图11-4　价值成长型矩阵（The “Profitable Growth” Grid）

资料来源　STEWART .EVA momentum：the one ratio that tells the whole story［J］. Journal of Applied Corporate Finance，2010，21（2）：74-86.

价值中立型成长（Value Neutral）指的是营业收入增长率或营业收入增加值率（经济增加值/营业收入）二者中有一个指标为零，处在这种状态时对经济增加值动量无影响。

价值增值型成长（Valuable Growth）指的是营业收入增长率和营业收入增加值率均大于零。前者表明公司的市场份额在扩张，后者表明公司价值创造的效率在提高，处于这一象限的组合是公司经营的最佳状态。

价值毁灭型成长（Destructive Growth）指的是营业收入增长率大于零，但营业收入增加值率小于零，由于单位营业收入的价值创造为负，因此，营业收入越高，价值毁灭程度越高，公司应极力避免这一象限的组合。

战略收缩型成长（Strategic Retrenchment）指的是营业收入增长率和营业收入增加值率均为负值，表明公司所在的市场萎缩，且伴随着价值毁损。处于这一象限意味着公司的经营规模发生了收缩，可能是因为公司剥离部分业务造成的，也可能是由于经营环境等造成经营受阻。

价值衰退型成长（Fading Star）指的是营业收入增加值率大于零，营业收入增长率小于零，在这一象限下，公司的营业收入虽然还可以为股东创造价值，但市场竞争力在下降。

根据经济增加值动量判断格力电器各年的成长类型如图11-5所示。从图11-5可以看出，除2015年、2019年外，格力电器各年增长类型均落在价值增值型成长区域内。这表明公司营业收入增长率和营业收入增加值率均大于零。前者表明公司的市场份额在扩张，后者表明公司价值创造的效率在提高，处于这一象限的组合是公司经营的最佳状态。

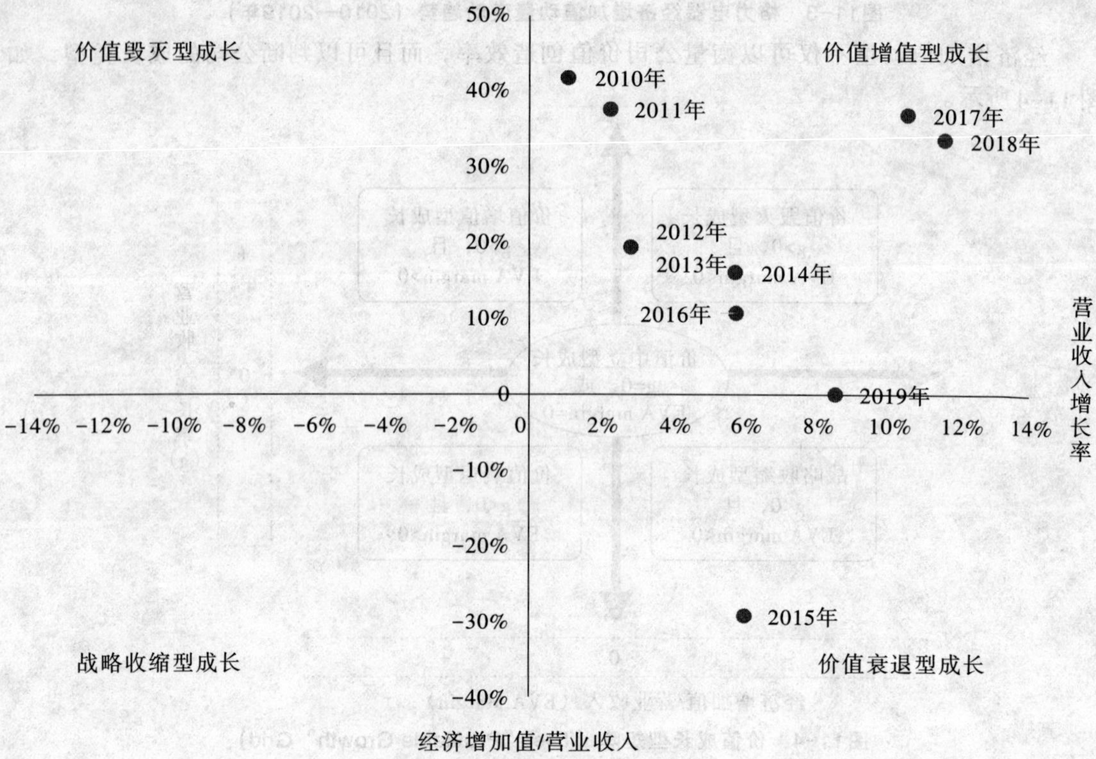

图11-5 格力电器成长类型

五、价值创造与财务支持策略

公司财务的研究框架主要有两个：一是通过资源的流动和重组实现资源的优化配置和价值增值，即如何在商品市场上进行实物资产投资，为公司的未来创造价值；二是通过各种金融工具的创新和资本结构的调整实现资本的扩张和增值，即如何在金融市场上筹措投资所需要的资本，为投资者创造价值。在实务中，公司财务管理主要表现为投资决策、融资决策和营运资本管理三种形式，最终目标是实现市场增加值最大化，如图11-6所示。

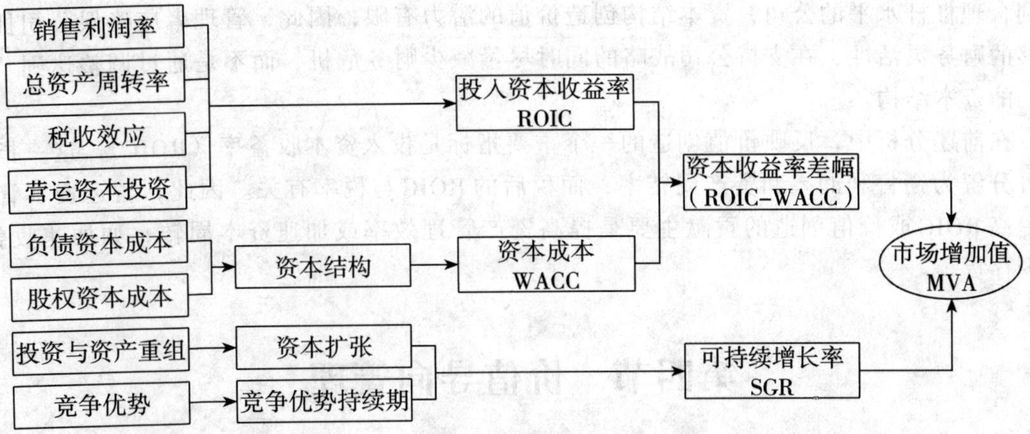

图11-6　价值创造

在图11-6中，市场增加值的来源是公司的投资活动和经营活动，市场增加值主要是向市场或投资者展示这种价值的度量结果，仅当投资活动和经营活动所创造的价值大于资本成本时，才能为投资者创造增量价值。可以说，价值创造与价值评价是一种动因和结果的关系。

投资决策是评价和选择投资项目、优化资源配置的一种经济活动。投资项目决策的目的旨在评价或选择能够创造公司价值的投资项目，以便提高公司价值的长期增长潜力。在投资决策中，除了选择和评价投资项目，财务部门也可以通过监控和量化公司股票价格与其内在价值的关系，识别价值创造的新机会。例如，上市公司当前股价小于股票内在价值，即股票价值被低估时，财务部门可以寻找不同的方法消除差距，如通过加强与投资者的沟通、回购股票、剥离或出售某些资产、并购其他业务、放弃某些与公司战略不符的业务等方式提高股票市场价格。

在融资决策中，竞争和套利机制的结果，很难找到净现值大于零的融资方案或融资机会。因此，公司必须通过其他方法（如证券创新）去创造价值。[①]在实务中，融资决策创造价值可以直接通过节税或降低融资成本来实现，也可以通过提高公司资金来源的可靠性和灵活性、降低公司风险等方式间接实现。20世纪90年代后期，安然公司的管理层为了达到增长目标，采用债务资本对宽带进行投机性投资。宽带投资失败后，巨额的债务将安

① 近年来的金融创新品种层出不穷，公司从开发和高价发行具有独创性的证券中获得好处，但是，从长远看，证券创新者所能从中获得的价值很小。因为证券创新者通常不能对其创新证券的思想申请专利或版权，所以其他公司很快就能复制和发行类似的证券，最终迫使价格下跌。

然拖入了破产的泥潭。安然事件的教训之一是融资策略与投资策略是互补的，拟定融资策略之前要先充分考虑到经营业务方面的风险，一旦经营业务发生变化，要重新审视融资策略合适与否。这意味着财务部门还应掌握评估和监控与投资决策有关的风险管理技术与工具。例如，财务部门可通过掉期、远期、期货、期权等衍生工具转移风险、降低风险或化解风险。由于公司的投资、融资可以看作某种期权的组合，根据期权理论设计的各种避险工具，既可规避下方风险，又不丧失上方收益。

如果说投资管理强调公司的发展，那么融资管理强调的则是公司的生存。尽管保持合理的资本结构可以减少财务危机成本，但资本结构并不是一个关键的价值动因，对于已经达到合理杠杆水平的公司，资本结构创造价值的潜力有限，因此，管理者应确保公司拥有足够的财务灵活性，在支持公司战略的同时尽量减少财务危机，而不是通过调整达到“最佳”的资本结构。

在前述分析中，反映价值创造的一个重要指标是投入资本收益率（ROIC），这一指标又可分解为销售利润率和资产周转率，而税后的ROIC与税率有关。因此，营运资本管理对提高ROIC或价值创造的贡献主要是提高资产管理效率或加速资本周转，如加速收款、减少存货等。

第四节　价值导向管理

一、价值创造体系

从历史渊源分析，管理是根据以下五种思想或理论建立的：1211年佛罗伦萨银行家发明的簿记法；20世纪初泰勒发明的科学管理；20世纪20年代斯隆提出的分权组织；20世纪50年代德鲁克提出的公司战略和目标管理；20世纪90年代肯尼斯·布兰查德提出的价值导向管理。如果说簿记法使工业革命催生的大型公司组织得以迅速发展，那么价值导向管理使传统的经营理念发生了革命性的变化。

价值导向管理作为一种价值管理体系，主要包括价值创造体系、价值评价体系和价值分享体系。价值创造体系主要回答公司价值创造的驱动因素；价值评价体系主要回答不同的价值驱动因素对公司价值创造的贡献程度；价值分享体系主要回答如何回报不同贡献程度的价值驱动因素。

根据核心能力理论，公司价值的持续增长来源于公司的持续竞争优势，持续竞争优势则来源于公司所拥有的战略资源。在上述各节的讨论中，主要是从财务资源的角度分析价值创造的驱动因素，事实上，除投资者提供的财务资源外，人力资源和客户资源以及其他无形资产都是构成公司竞争优势不可缺少的资源。因此，在价值管理中，不仅要为财务资源的提供者——股东创造价值，也要为人力资源提供者或财务资源的使用者——员工（包括经营者和其他员工）创造价值。此外，还要为公司产品/服务的购买者——客户创造价值。股东价值、客户价值和员工价值也可以看作结果与动因之间的关系，如图11-7所示。

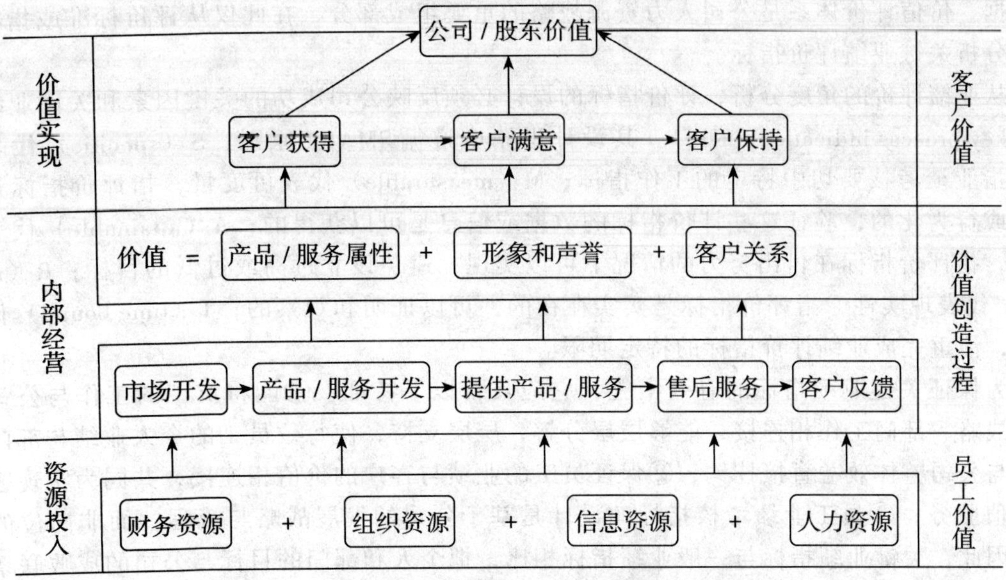

图11-7 股东价值、客户价值、员工价值动因图

图 11-7 中的财务资源主要表现为有形资产；组织资源、信息资源和人力资源主要表现为无形资产。在无形资产中，信息资源主要包括信息系统、数据库、图书馆和网络资源等。组织资源是指为执行创造公司价值战略所要求的组织能力，主要包括：①文化——执行战略所需要的使命、愿望和核心价值的意识和内在化；②领导力——管理者动员和领导员工实现公司目标的能力；③协调一致——个人、团队和部门目标与战略目标的实现相结合；④团队工作及知识管理——整个公司共享的具有战略潜力的知识。人力资源主要指员工技能、知识和诀窍的有效性，这些技能、知识和诀窍主要用来执行对创造公司价值至关重要的内部经营。

资源投入是创造价值的第一步，经过产品/服务开发过程、生产过程、销售过程创造价值。这一过程是通过公司的内部业务经营完成的，即从确定客户的要求开始，到研究开发满足客户要求的产品与服务项目、制造并销售产品或服务，最后提供售后服务、满足客户要求的一系列活动，它是公司改善经营业绩的重点。客户满意和实现股东价值最大化都要从内部业务经营中获得支持。

公司价值或股东价值的实现是通过为客户创造价值完成的，或者说，通过为客户提供超越竞争对手的价值，从而为公司或股东创造价值。为提高客户价值，公司不但要在产品属性、服务质量、价格、品牌等客户价值收益来源上做文章，而且也要研究影响客户支出成本的因素，设法降低客户购买成本、时间成本、精神成本、体力成本以及风险承担（因信息不对称导致的客户所购与所需产生差异而带来的损失）；通过建立客户信息共享机制和内部沟通机制，实现公司与客户的双向沟通，建立基于共同利益上的新型公司，通过客户服务（争取客户、满足客户、保持客户）创造价值。

二、价值评价体系

价值评价体系是对资源创造的价值或价值创造的因素进行系统和科学评价的一整套标准、过程和方法，旨在度量不同价值驱动因素对价值创造的贡献程度，为经营业绩考核提供依据。价值评价体系是公司人力资源战略的重要组成部分，在此仅从评价标准或指标的角度分析关键业绩评价指标。

从业绩评价的角度分析，评价指标的设计必须反映公司成功的关键因素和关键业绩指标（key process indication，KPI）。其设计思路应遵循SMART原则：S（specific）代表具体，指业绩考核要切中特定的工作指标；M（measurable）代表可度量，指评价指标是数量化或行为化的，验证这些评价指标的数据或信息是可以获得的；A（attainable）代表可实现，指评价指标在付出努力的情况下可以实现，避免设立过高或过低的目标；R（realistic）代表现实性，指评价指标是实实在在的，可以证明和观察的；T（time bound）代表时限，注重完成业绩评价指标的特定期限。

为保证关键业绩指标的有效实施，它应具备以下特征：①能将员工的工作与公司远景、战略、部门工作相连接，能够层层分解，层层支持，使每位员工的个人业绩与部门业绩、与公司整体效益直接挂钩；②保证员工的业绩与客户的价值相连接，共同为实现客户的价值服务；③员工业绩考核指标的设计是基于公司的发展战略与流程，而非岗位的功能。因此，关键业绩指标与一般业绩指标相比，把个人和部门的目标与公司的成败联系起来，就更具有长远的战略意义。关键业绩指标能集中测量员工的行为，使员工按照业绩的测量标准和奖励标准去做，真正发挥业绩考核指标的牵引和导向作用。

公司应根据所在行业特点、发展阶段、内部状况因素来确定关键业绩指标。通常，公司关键业绩指标的定位框架主要表现为八个方面：市场地位、创新、生产率、实物及金融资产、利润、管理人员的表现和培养、工人表现和态度、公共责任感。

基于价值创造的驱动因素，价值评价指标主要包括股东价值、客户价值和员工价值评价指标。股东价值评价指标主要有ROA、ROE、ROIC、EVA、MVA以及与此有关的派生指标，可参阅有关章节的相关内容。

三、价值分享体系

在信息经济时代，管理发生了革命性的变化：公司资源由单一财务资源拓展为财务资源、人力资源和客户资源的结合；价值评价由注重股东价值的结果性指标发展到注重价值驱动过程且由过程性指标和结果性指标相结合的分层指标体系；财务管理机制由股东独享财权的单边治理发展到由股东、员工、客户共同分享财权的多边共同治理；公司收益分配机制由利润分享发展到价值分享。

这里的价值分享主要是从员工业绩评价的角度进行的，价值分享体系主要解决两个问题：①如何回报价值创造的驱动因素，即如何确定公司的薪酬战略和薪酬政策；②以什么样的方式和什么样的水平回报和激励员工，即薪酬模式的选择问题。价值分享体系设计的目的旨在实现公司价值或股东价值最大化的同时，实现个人价值最大化。公司价值最大化需要员工全力创造价值，如实现工作目标、提高工作技能、认同公司的价值观等；个人价值最大化则需要给员工合理分配价值，如发放工资、奖金，荣誉，营造良好的工作氛围，乃至给员工配售股权/期权等。员工分配价值的依据是他所创造的价值，这就涉及如何对员工创造的价值或价值创造的要素进行评价。

虽然在关键业绩指标中从不同的角度列示了许多考核指标，但最终都会落实到部门或员工对公司价值创造的贡献程度。相对于传统的会计业绩指标，经济增加值是衡量公司价值创造能力的一个较准确的尺度，而且是一个容易被管理者理解和掌握的财务衡量尺度。以经济增加值为基础的薪酬激励计划，员工的奖金与经济增加值指标直接挂钩。EVA对员工的激励一直可以渗透到管理层的底部，许多影响经济增加值的重要经营指标都与一线管理者甚至普通员工的行为相关，并且能为他们直接控制。这些指标反映的经营信息与一组财务业绩指标联系起来，直接解释了经济增加值的变化。以经济增加值为基础的薪酬激励计划，公司只对超过资本成本的增加值进行奖励，从而将奖金的数量与员工为股东创造的财富紧密地联系起来，使员工开始像公司的所有者一样思考。此外，经济增加值指标计算过程中对相关事项的调整有效地避免了会计指标短期化和过分稳健的影响，更加精确地说明了员工对价值的实际贡献。

自1982年以来，有近300家大公司采用经济增加值体系作为下属业务单元业绩评估和经营者奖励的依据，包括Coca-Cola、AT&T、Quaker Oats、Briggs&Stratton以及CSX等巨型跨国集团。以西门子为例，公司44万名员工中参与激励计划的占15%~20%，前50名高层管理者60%的薪酬与价值指标挂钩。公司根据当年的股价来估计下一年投资者对经济增加值的预期增加值，并以此作为标准。如果下一年达到了预期的标准，高层管理者将得到全部的目标奖金。当然，公司还在其他方面（如市场份额）设定了标准，达到或超过这些标准，高级管理层会得到更多的报酬。但是，公司实行的是价值创造“一票否决制”，即所有增加的奖金只有在经济增加值目标已达到的基础上才能拿到。在完成经济增加值指标的前提下，对照主要竞争对手的增长和市场份额，加倍奖励。

对公司来说，只有解决好价值创造、价值评价、价值分享这一条价值链的连接和平衡，才能促使员工有持续的动力去创造价值，换言之，才能构筑员工的动力机制。可以说，全力创造价值、科学评价价值、合理分享价值构成了价值导向管理的核心主线。

□ 思政课堂

影响央企经济增加值的因素有哪些？

经济增加值概念在20世纪80年代被提出，经过多年的推广，逐渐被资本市场投资者接受，全球有400多家大公司采用EVA作为业绩评价和奖励经营者的重要依据。在我国，根据国务院国有资产监督管理委员会的相关规定，从2010年起，包含127家央企下属的三级企业共近2万户国企将推行经济增加值考核，并将考核结果与央企负责人薪酬、任免直接挂钩。

假设你刚刚到一家企业实习，公司财务总监让你根据公司的会计数据，将会计利润调整为经济增加值，并以书面材料说明各项指标的调整依据和调整方法，说明公司将EVA作为指标考核管理者经营业绩有什么作用？采用EVA指标考核经营者业绩需要注意什么问题？

根据价值成长型矩阵，结合格力电器经济增加值动量指标变动趋势，说明企业不同成长类型的判断方法。

假设将经济增加值动量的思想引入到个人成长，组织学生讨论如何实施价值增值型增长。

□ 本章小结

1.经济增加值是扣除全部资本成本后的收益，反映了使用全部资本的机会成本。计算经济增加值时，需要对经营利润和投入资本进行一定的调整。其目的在于：①消除会计稳健原则的影响，如对研发费、商誉等的调整，使调整后的数据能够反映公司的真实业绩；②消除或减少管理当局进行盈余管理的机会，如对各种准备金（如坏账准备）的调整；③使业绩计量免受过去会计计量误差的影响，如将研发费和商誉资本化而不是在费用发生当期冲减利润，消除了经营者对这类投资的顾虑。

2.价值驱动因素是影响或推动价值创造的一个决策变量。根据财务估价理论，公司价值创造的源泉来源于存量资产创造的价值和公司未来增长机会创造的价值。前者主要取决于公司存量资源的经营效率，后者主要取决于增量资源的投入与整合。因此，可从经营效率和增长价值两个方面研究价值创造的驱动因素。

3.如果以经济增加值作为关键业绩指标，价值驱动因素是税后净经营利润和资本成本等，在其他因素保持不变的情况下，提高投入资本收益率（ROIC）、降低加权平均资本成本（WACC）、增加资本投入（假设新投资的ROIC大于WACC）或减少资本投入（假设被剥离资产的投资收益率小于资本成本）时，就会增加EVA，为股东创造价值。

4.财务战略矩阵是通过两维的参数综合分析公司价值增长程度的工具，一是资本收益率差幅（ROIC-WACC），二是销售收入增长率与可持续增长率之间的差幅（$G_{销售}$-SGR）。

5.对公司来说，只有解决好价值创造、价值评价、价值分享这一条价值链的连接和平衡，才能促使员工有持续的动力去创造价值。可以说，全力创造价值、科学评价价值、合理分享价值构成了价值导向管理的核心主线。

□ 基本训练

1.根据安然公司2000年报，无论从哪个角度评估，安然公司在2000年度的业绩都是无可挑剔的。2000年公司年度净利润达到历史最高。安然公司预计未来每股收益会持续上涨。安然公司会计利润与经济增加值有关数据见表11-17。

表11-17 安然公司会计利润与经济增加值比较

项目	1996年	1997年	1998年	1999年	2000年
净利润（百万美元）	600	100	700	880	990
每股收益（美元/股）	1.25	0.185	1.155	1.4	1.2
经济增加值（百万美元）	−10	50	−200	−330	−650

安然公司作为世界上最大的电力、天然气以及电信公司之一，2000年披露的营业额达1 010亿美元之巨。公司连续六年被《财富》杂志评选为“美国最具创新精神公司”。但是，这个拥有上千亿资产的公司2002年宣告破产。请查询安然公司相关信息，结合表11-17的数据，从会计利润和经济增加值的角度分析安然公司破产的原因。

2.AAA公司2022年销售收入为1 000万元，销售利润率为15%，投入资本为1 000万元，公司无负债，资本成本为10%。为提高收益，目前公司正在考虑两个方案：

（1）引进新产品扩大销售：AAA公司正在考虑引入一个新产品，根据市场预测，新产品会使销售收入提高10%，该产品的销售利润率为15%，但需要新增投资500万元。假设不考虑所得税，你认为公司应引入这一新产品线吗？

（2）改善采购：AAA公司拟通过改善采购流程、节约成本等措施，使销售利润率上升到17%，但同时要投入资本150万元。

要求：

假设销售收入保持不变，不考虑所得税，你认为公司是否应执行该方案？

3.公司2022年业绩平平，销售及利润的增长均为5%左右，而竞争者增长率为10%，假设你被聘为公司总经理，目标要使销售收入增长10%，见表11-18；预计资产负债表见表11-19；投资类似企业的预期收益率（股权资本成本）为20%；公司与竞争者的相关数据见表11-20。

基本训练指引 11-1

基本训练指引 11-2

基本训练指引 11-3

表11-18　**预计利润表**　单位：万元

项目	2022年实际	2023年预计
销售收入	2 000	2 200
营业费用	-1 780	-1 920
折旧	-20	-50
息税前利润	200	230
利息费用（10%）	-50	-60
税前利润	150	170
减所得税（T=40%）	-60	-68
净利润	90	102

表11-19　**预计资产负债表**　单位：万元

项目	2022年实际	2023年预计	项目	2022年实际	2023年预计
投入资本			资本来源		
现金	100	60	短期债务	200	300
经营性营运资本需求（WCR）	600	780	长期债务	300	300
净固定资产	300	360	所有者权益	500	600
合计	1 000	1 200	合计	1 000	1 200

表11-20　　**公司与竞争者相关数据**

指标	2022年实际	2023年预计	竞争者
销售收入增长率	5.0%	10.0%	9.0%
净利润增长率	5.0%	13.3%	10.0%
营业费用增长率	6.0%	7.9%	9.0%
投入资本增长率	8.0%	20.0%	10.0%
经营性营运资本增长率	8.0%	30.0%	25.0%
短期债务/经营性营运资本	33.3%	38.5%	25.0%
投入资本收益率（ROIC）	12.0%	12.55%	14.0%

要求：请说明这一计划是否可行？

4.假设DSA公司存量资产的投资额为10 000万元，税后净经营利润为1 200万元，预期投入资本收益率为12%，资本成本为10%。为扩大收益、增加公司价值，公司预期在未来5年每年年初追加投资1 000万元，这些投资的预期收益率为12%，预期资本成本仍保持在10%的水平上。在第5年之后，公司将继续投资1 000万元，且收益每年增长5%，新投资收益率与资本成本均为10%。

基本训练指引 11-4

要求：

（1）假设公司持续经营，根据经济增加值模型，计算DSA公司价值，并将公司价值分为存量资产创造的经济增加值和未来投资创造的经济增加值。

（2）以（1）作为基础方案，对经济增加值进行敏感性分析，即改变某一参数或变量后，计算经济增加值和公司价值，并与基础方案进行分析。

方案1：减少投入资本。假设投入资本降至5 000万元（降低50%），税后净经营利润为1 200万元，其他变量保持不变，分析降低投入资本对经济增加值的影响。

方案2：减少投入资本，租赁资产。假设公司管理层能够以租赁的方式租赁资产（投入资本的50%），进一步假设这些租赁资产的租赁成本为4 000万元；经过调整，公司年度税后净经营利润为1 200万元，投入资本收益率为13.33%；其他变量保持不变。

方案3：投入资本收益率变动。假设公司存量资产收益率由12%提高至12.5%，每年再投资部分收益率降至11%；其他变量保持不变。

方案4：投资收益率和资本成本同时提高。假设存量资产和再投资的投入资本收益率从12%提高至13.5%，资本成本从10%提高至11%，其他变量保持不变。

5.XYZ集团为专门从事家电类产品的生产与经营的上市公司，其下设四个子公司，分别从事电视、冰箱、洗衣机、微波炉四类家电产品的生产和销售，这些子公司的有关数据见表11-21。

表11-21　XYZ集团各子公司主要财务比率

项目	电视	冰箱	洗衣机	微波炉
销售收入增长率	9.0%	13.0%	8.0%	5.0%
投入资本收益率	8.0%	15.0%	8.0%	12.0%
净资产收益率	13.0%	18.0%	14.0%	16.0%
加权平均资本成本	10.0%	12.0%	9.0%	11.0%
股利支付率	50.0%	40.0%	25.0%	60.0%

要求：

（1）计算XYZ集团各子公司留存收益比率，按简化方式计算可持续增长率（留存收益率×净资产收益率）、资本收益率差幅（ROIC-WACC），销售收入增长率与可持续增长率之间的差幅（$G_{销售}$-SGR）。

（2）根据（1）的计算结果，说明各子公司在财务战略矩阵中处于哪个象限？不同的子公司应采用何种财务策略提高公司价值创造的能力或改善价值毁损状况？

基本训练指引
11-5

□ 微型案例

ESP公司预计财务报表是在财务业绩分析的基础上，以公司预测期的战略目标、经营目标和财务目标为导向，预计价值评估期间各期经营业绩和财务状况。ESP公司预计利润表、预计资产负债表、预计资本成本等数据分别见表11-22、表11-23、表11-24。

表11-22　ESP公司预计利润表　单位：亿元

年份	基期	2020年	2021年	2022年	2023年	2024年	2025年
销售收入	400.00	448.00	492.80	532.22	564.16	592.37	621.98
减：销售成本	291.20	326.14	358.76	387.46	410.71	431.24	452.80
主营业务利润	108.80	121.86	134.04	144.76	153.45	161.12	169.18
加：其他业务利润	0.00	0.00	0.00	0.00	0.00	0.00	0.00
减：销售和管理费用	32.00	35.84	39.42	42.58	45.13	47.39	49.76
折旧费	24.00	26.88	29.57	31.93	33.85	35.54	37.32
短期借款利息	3.84	4.30	4.73	5.11	5.42	5.69	5.97
长期借款利息	2.24	2.51	2.76	2.98	3.16	3.32	3.48
财务费用合计	6.08	6.81	7.49	8.09	8.58	9.00	9.45
税前利润	46.72	52.33	57.56	62.16	65.89	69.19	72.65
减：所得税	14.02	15.70	17.27	18.65	19.77	20.76	21.79
净利润	32.70	36.63	40.29	43.51	46.13	48.43	50.85
加：年初未分配利润	20.00	24.00	50.88	75.97	98.05	115.93	131.73
可供分配的利润	52.70	60.63	91.18	119.49	144.17	164.36	182.58
减：普通股股利	28.70	9.75	15.20	21.44	28.24	32.64	34.27
留存收益	24.00	50.88	75.97	98.05	115.93	131.73	148.31

表11-23 **ESP公司预计资产负债表** 单位：亿元

年份	基期	2020年	2021年	2022年	2023年	2024年	2025年
货币资金	4.00	4.48	4.93	5.32	5.64	5.92	6.22
应收账款	80.00	89.60	98.56	106.44	112.83	118.47	124.40
存货	60.00	67.20	73.92	79.83	84.62	88.85	93.30
其他流动资产	16.00	17.92	19.71	21.29	22.57	23.69	24.88
减：应付账款	32.00	35.84	39.42	42.58	45.13	47.39	49.76
其他流动负债	8.00	8.96	9.86	10.64	11.28	11.85	12.44
经营性营运资本	120.00	134.40	147.84	159.67	169.25	177.71	186.60
固定资产原值	300.00	350.88	402.85	454.49	504.31	553.96	606.08
提取折旧	24.00	26.88	29.57	31.93	33.85	35.54	37.32
减：累计折旧	100.00	126.88	156.45	188.38	222.23	257.77	295.09
固定资产净值	200.00	224.00	246.40	266.11	282.08	296.18	310.99
投入资本总计	320.00	358.40	394.24	425.78	451.33	473.89	497.59
短期借款	64.00	71.68	78.85	85.16	90.27	94.78	99.52
长期借款	32.00	35.84	39.42	42.58	45.13	47.39	49.76
有息负债合计	96.00	107.52	118.27	127.73	135.40	142.17	149.28
股本	200.00	200.00	200.00	200.00	200.00	200.00	200.00
累计留存收益	24.00	50.88	75.97	98.05	115.93	131.72	148.31
股东权益	224.00	250.88	275.97	298.05	315.93	331.72	348.31
有息债务及股东权益	320.00	358.40	394.24	425.78	451.33	473.89	497.59

为简化，假设采用二阶段增长模型评估经济增加值，高速增长期预计为5年（2020—2024年），第6年（2025年）起进入稳定增长期，假设稳定增长期增长率为5%。

价值评估中的资本成本是根据预测期间预计的无风险利率、长期借款利率、风险溢价以及该公司的β系数确定。假设所得税税率为30%，与资本成本预测有关的估计数据见表11-24。

表11-24 **资本成本相关参数预计**

年份	基期	2020年	2021年	2022年	2023年	2024年	2025年
无风险利率	5.00%	5.00%	5.00%	5.00%	5.00%	5.00%	5.00%
β系数	1.05	1.05	1.05	1.05	1.05	1.05	1.00
风险溢价	7.00%	7.00%	7.00%	7.00%	7.00%	7.00%	6.00%

续表

年份	基期	2020年	2021年	2022年	2023年	2024年	2025年
股权资本成本	12.35%	12.35%	12.35%	12.35%	12.35%	12.35%	11.00%
短期借款利率	6.00%	6.00%	6.00%	6.00%	6.00%	6.00%	6.00%
长期借款利率	7.00%	7.00%	7.00%	7.00%	7.00%	7.00%	7.00%
短期借款/有息债务	66.67%	66.67%	66.67%	66.67%	66.67%	66.67%	66.67%
长期借款/有息债务	33.33%	33.33%	33.33%	33.33%	33.33%	33.33%	33.33%
借款平均利率	6.33%	6.33%	6.33%	6.33%	6.33%	6.33%	6.33%
税后债务成本	4.43%	4.43%	4.43%	4.43%	4.43%	4.43%	4.43%
有息债务/投入资本	30.00%	30.00%	30.00%	30.00%	30.00%	30.00%	30.00%
股东权益/投入资本	70.00%	70.00%	70.00%	70.00%	70.00%	70.00%	70.00%
加权平均资本成本	9.98%	9.98%	9.98%	9.98%	9.98%	9.98%	9.03%

要求：根据上述数据计算ESP公司预测期经济增加值、经济增加值动量。

案例分析指引

第十二章

期权定价与公司财务

黑格尔说："不理解过去人们的思想，也就不能理解过去的历史。正是在这种意义上，历史就是思想史，一切历史都是思想史。"金融思想最初萌芽于Louis Bachelier（1990）的这篇博士论文"投机理论"，其率先采用数学工具解释股票市场的运作。20世纪50年代以后，随着资本市场作用的日益提高，金融理论的研究空前繁荣，出现了一群日后在金融学史上举足轻重的代表性人物。在马科维茨（Markowitz，1952）、夏普（Sharpe，1964）、米勒（Miller，1958）、法玛（Fama，1965）等学者的努力下，金融学成为半个世纪以来最活跃的一个经济学分支。这些理论成为金融学史上具有重大学术价值的历史文献，反映了主流金融经济学的基本走向和理论框架。1973年5月费希尔·布莱克（Fischer Black）和迈伦·斯科尔斯（Myron Scholes）发表了《期权和公司债务的定价》一文，推导出无红利支付股票的任何衍生品的价格必须满足的微分方程，并成功地得到了欧式看涨期权和看跌期权定价的解析公式（B-S模型），使期权和其他衍生证券的定价理论获得了突破性的进展，从而成为期权定价的经典模型，并引发了第二次华尔街革命。同样在1973年，罗伯特·默顿（Robert Merton）放宽了B-S所依赖的假设条件，提出了B-S-M模型。这一模型一出现，很快被程序化输入计算机，应用于刚刚营业的芝加哥期权交易所。随着计算机、通信技术的进步，这一模型以及它的一些变形已被期权交易商、投资银行、金融管理者、保险人等广泛使用。瑞典皇家科学院将1997年度的诺贝尔经济学奖授予美国斯坦福大学教授迈伦·斯考尔斯和哈佛大学教授罗伯特·莫顿，以表彰两位对现代期权估价理论有突破性贡献的经济学家。

通过本章学习，可以熟悉期权价值、内含价值与时间价值的关系；掌握无套利定价和风险中性定价模型；熟悉二项式模型的基本原理；掌握B-S期权价值评估的基本理论与方法；了解股票与债券隐含期权价值及分析方法。

第一节　期权交易的基础知识

一、期权合约的构成

期权（option）或称选择权，是买卖双方达成的一种可转让的标准化合约，它给予期权持有人（期权购买者）具有在规定期限内的任何时间或期满日按双方约定的价格买入或卖出一定数量标的资产的权利；而期权立约人（期权出售者）则负有按约定价格卖出或买入一定数量标的资产的义务。

（一）期权类型

按期权所赋予的权利不同，期权可分为买权（call option）和卖权（put option）。前者又称看涨期权，是指期权购买者可以按行权价格在到期前或到期日买入一定数量标的资产的权利；后者又称看跌期权，是指期权购买者可以在到期前或到期日按行权价格卖出一定数量标的资产的权利。期权买卖双方的权利与义务如图12-1所示。

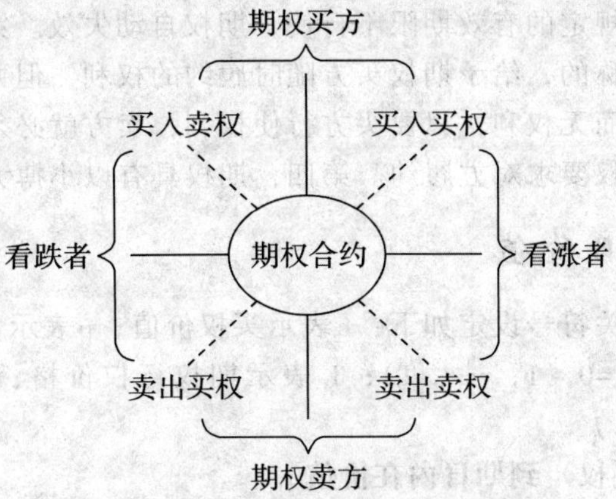

图12-1　期权买卖双方的权利与义务

在图12-1中，如果预计未来标的资产（本章中的标的资产，一般是指股票）价格呈上升趋势，期权交易者可以买入买权（buy call options）或卖出卖权（sell put options）；如果预计未来标的资产价格呈下降趋势，期权交易者可以买入卖权（buy put options）或卖出买权（sell call options）。

按照期权权利行使时间不同，期权可分为欧式期权（european option）和美式期权（american option）。美式期权在期权的有效期内任何营业日均可行使权利；而欧式期权则只有在到期日才能履约。此外，介于欧式权证和美式权证之间的权证称为百慕大权证。标准的百慕大权证通常在权证上市日和到期日之间多设定一个行权日，取名"百慕大"正是因为百慕大位于美国本土与夏威夷之间。后来百慕大权证的含义扩展为权证可以在事先指定的存续期内的若干个交易日行权。

按照期权交易的对象划分，期权可分为现货期权（利率期权、货币期权、股票指数期权、股票期权）和期货期权（利率期货期权、货币期货期权、股票指数期货期权）。

（二）行权价格和到期日

行权价格又称履约价格（exercise price）、敲定价格（strike price）或执行价格，是指期权合约所规定的，期权买方在行使期权时实际执行的价格，即期权买方据以向期权出售者买入或卖出一定数量的某种标的资产的价格。这一价格是在期权合约买卖时确定的，在期权有效期内，无论标的资产的市场价格上涨或下跌到什么水平，只要期权购买者要求执行该期权，期权出售者就必须以约定的价格履行义务，因此，也可将其称为固定价格。

到期日是指期权持有人有权履约的最后一天。如果期权持有人在到期日不执行期权，则期权合约自动失效。

（三）期权价值/期权费

期权价值具有双重含义，它既是期权持有人为购买期权而支付的购买费用，称为期权费（premium），又是期权出售人出售期权并承担履约义务而收取的收入，称为权利金。需要注意的是，期权价值与行权价格是完全不同的两个概念，后者是约定的到期对应标的资产交割的价格，前者是现在取得到期按约定价格买入或卖出标的资产的权利的价格。

期权作为一种金融商品，具有几个显著特点：第一，期权的交易对象是一种权利，即买入或卖出特定标的物的权利，但并不承担一定要买入或卖出的义务。第二，这种权利具有较强的时间性，超过规定的有效期限不行使，期权自动失效。第三，期权合约买者和卖者的权利和义务是不对称的，给予期权买方随时履约的权利，但并不要求其必须履约；给予期权卖方的只是义务而无权利，只要买方行使权利，卖方就必须履约；若买方认为行使期权对其不利，卖方无权要求对方履约。第四，期权具有以小搏大的杠杆效应。

二、期权到期日价值

为简化，本章中有关符号设定如下：c表示买权价值；p表示卖权价值；S_t表示标的资产在t时的市场价格（t=0，1，…，T）；K表示期权行权价格；T表示期权有效期最后一天。

（一）看涨期权（买权）到期日内在价值

假设你持有某公司股票的欧式看涨期权，执行价格为100元。期权到期时，如果股票价格高于执行价格，例如120元，你就可以通过执行看涨期权（支付100元的执行价格购买标的股票），然后立即在公开市场以120元价格卖出股票，20元的差额就是期权价值；反之则放弃行权。需要说明的是，执行期权后的差额（120-100）既可以表示为期权的内在价值，也可以表示执行期权后的损益（pay-off）。

假设用S表示到期日股票价格，K表示期权执行价格，c表示看涨期权内在价值，则看涨期权到期日的内在价值可表示为：

$$c=\max[S-K,\ 0] \qquad (12-1)$$

上式表明，看涨期权内在价值是股票价格（标的资产价格）与期权执行价格之差和零两者中的最大值。

期权到期时，如果股票价格大于执行价格，期权的购买者将执行看涨期权，期权的出售者必须按执行价格将股票卖给期权购买者，期权出售者的损失为股票价格与执行价格的差价。或者说，期权购买者的收益恰好是出售者的损失。反之，如果到期日股票价格低于执行价格，看涨期权将不被执行，期权出售者的收益为零。

（二）看跌期权（卖权）到期日内在价值

假设你持有某公司股票的欧式看跌期权，执行价格为100元，期权到期日，如果股票价格低于执行价格，例如为90元，看跌期权持有者将会执行期权，即有权以超过价值的价格卖出股票，或者说他能以90元的市场价格购买股票并随即以100元的执行价格售出，获得10元（K-S）的损益。因此，看跌期权在到期日的价值等于执行价格与到期股票价格的差额。反之，如果到期日，股票价格高于90元，看跌期权的持有者将会放弃行权。看跌期权在到期日的内在价值（p）可表示为：

$$p=\max[K-S,\ 0] \qquad (12-2)$$

上式表明，看跌期权内在价值是期权执行价格与股票价格（标的资产）之差和零两者中的最大值。

对于看跌期权的出售者，如果到期日股票价格低于执行价格，卖权购买者将这些股票卖给期权出售者，出售者在这笔交易中将蒙受损失10元。反之，如果到期日股票价格低于执行价格，则看跌期权将不被执行，而出售者的收益为零。

三、期权交易策略

简单的期权交易策略主要包括买入买权（buy call options，long call）、卖出买权（sell call options，short call）、买入卖权（buy put options，long put）、卖出卖权（sell put options，short put）四种，其交易损益与标的资产价格（股票价格）之间的关系如图12-2所示。

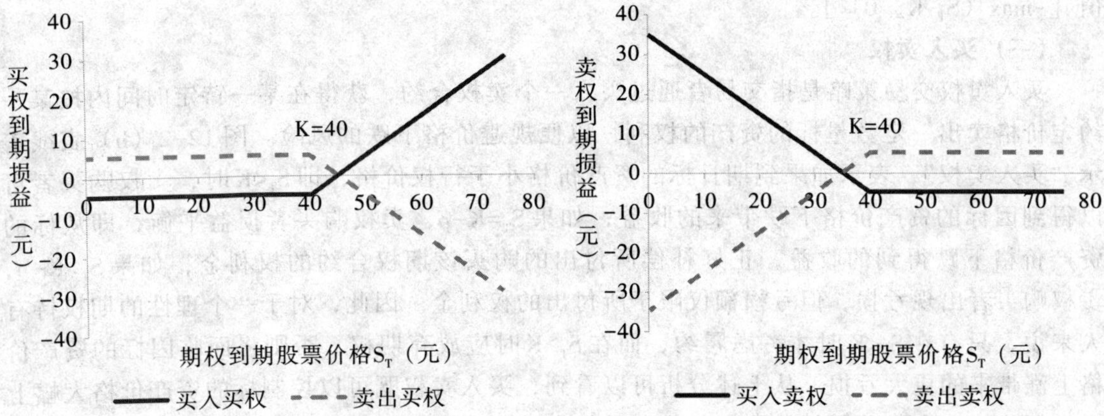

12-2（a）买入买权与卖出买权交易损益　12-2（b）买入卖权与卖出卖权交易损益

图12-2　买权卖权交易损益

（一）买入买权

买入买权交易策略是指交易者通过买入一个买权合约，获得在某一特定时间内按某一约定价格买入一定数量标的资产的权利，以便为将要买入的标的资产确定一个最高价格水平，从而达到规避价格上涨风险的保值目的。图12-2（a）中实线为"买入买权"线，表示如果到期日标的资产价格大于行权价格（K=40），即$S_T>K$，期权持有人可以得到标的资产价格升值收益；如果$S_T=K+c$，期权交易为损益平衡，即期权持有人从标的资产价格升值中得到的收益，正好补偿所付出的购买该期权合约的权利金（c）；如果$S_T>K+c$，期权持有人可获得标的资产价格升值带来的净收益；如果$S_T<K+c$，期权持有人开始出现亏损，但亏损额仅限于所付出的权利金。因此，对于一个理性期权持有人来说，只有当$S_T>K$时才考虑履约，当$S_T\leqslant K$时，则应放弃期权，否则将蒙受由于价格下跌带来的更大损失。从上述分析可以看到，买入买权策略既享有保护和控制标的资产价格大幅下降的好处，又享有获得标的资产价格升值收益的机会。从理论上说，买入买权策略可谓"损失有限，收益无限"。

假设投资者购买一份A股票的看涨期权，执行价格为40元。如果期权到期日A股票市场价格大于40元，买权购买者将执行买权。如果初始买权价格为5元，买权购买者的净损益模型为：

买权购买者净损益=max（S_T-K，0）-c=max（S_T-40，0）-5

上式表明，买权购买者的净损益包括两部分：买权执行时的价值［max（S_T-K，0）］，这部分价值一般称为期权头寸（position），以及购买买权的初始成本（c）。

（二）卖出买权

卖出买权交易策略是指交易者通过卖出一个买权合约，获得一笔权利金收入（c），并利用这笔款项为今后卖出标的资产提供部分价值补偿。图12-2（a）中虚线为“卖出买权”线，表示如果期权到期日标的资产价格小于行权价格，即S_T<K，买权出售者将获得全部权利金收入；如果S_T=K+c，买权出售者损益平衡，即买权出售者从出售买权合约中得到的权利金收益正好抵消标的资产价格上升所造成的损失；如果S_T>K+c，买权出售者出现亏损，S_T越大，亏损额就越大。A股票的买权出售者的净损益模型：

买权出售者净损益=c-max（S_T-K，0）=5-max（S_T-40，0）

买权出售者的净损益包括两部分：出售买权获得的权利金（c）；以及买权被执行的价值［-max（S_T-K，0）］。

（三）买入卖权

买入卖权交易策略是指交易者通过买入一个卖权合约，获得在某一特定时间内按某一约定价格卖出一定数量标的资产的权利，以便规避价格下跌的风险。图12-2（b）实线表示“买入卖权”，表示如果到期日标的资产价格小于行权价格，即S_T<K时，卖权购买者可以得到因标的资产价格下跌带来的收益；如果S_T=K-p，卖权购买者损益平衡，即从标的资产价格下跌得到的收益，正好补偿所付出的购买该期权合约的权利金；如果S_T>K-p，卖权购买者出现亏损，但亏损额仅限于所付出的权利金。因此，对于一个理性的期权持有人来说，只有在S_T<K时才考虑履约，而在S_T≥K时应放弃期权，否则将面临因标的资产价格上涨带来的更大亏损。从上述分析可以看到，买入卖权既可以控制标的资产价格大幅上升的风险，又享有获得标的资产价格下跌带来的收益机会。

如果你购买一份关于股票A的看跌期权，执行价格（K）为40元。期权到期时，仅当股票A的市场价格低于40元时，卖权持有者会执行该看跌期权。如果卖权价格（p）为5元，卖权购买者的净损益模型：

卖权购买者净损益=max（K-S_T，0）-p=max（40-S_T，0）-5

卖权购买者的净损益包括两部分：卖权执行时的价值［max（K-S_T，0）］，以及购买卖权的初始成本（p）。

（四）卖出卖权

卖出卖权交易策略是指交易者通过卖出一个卖权合约，获得一笔权利金收入，并利用这笔款项为今后买入标的资产提供部分价值补偿。图12-2（b）中虚线为“卖出卖权”线，表示如果期权到期日标的资产价格小于40元，即S_T<K-p，卖权出售者开始出现亏损，并且S_T越小，亏损越大。如果S_T=K-p，卖权出售者损益平衡，即卖权出售者从出售卖权合约中得到的权利金收入，正好抵消标的资产价格下跌造成的损失；如果S_T≥K，卖权出售者将获得全部的权利金收益。卖权出售者的净损益模型：

卖权出售者净损益=p-max（K-S_T，0）=5-max（40-S_T，0）

卖权出售者的净损益包括两部分：出售卖权获利的权利金（p）；以及卖权被执行的价值［-max（40-S_T，0）］。

在期权交易中，如果不考虑交易手续费和税负，买卖双方是一个零和游戏（zero-sum

game)，即期权卖方的损益和买方刚好相反，形成一种“镜像效应”。图12-2（a）反映了买权的买卖双方的损益情况；图12-2（b）反映了卖权的买卖双方的损益情况。

综上所述，期权买卖双方的风险和收益是不对称的，期权买方的风险是可预见的、有限的（以期权费为限），而收益的可能性却是不可预见的；期权卖方的风险是不可预见的，而获得收益的可能性是可预见的、有限的（以期权费为限）。

（五）解读期权报价

2020年7月24日，苹果公司股票每股市价为370.46美元，图12-3给出了APPL股票期权部分期权信息。现以两份期权合约为例解读报价信息。

Apple Inc. (AAPL)										
Stock price($)(2020/7/24)		370.46	At close: July 24 4:00PM EDT							
CallsforDecember 18, 2020										
Contract name	Last trade date	Strike	Last price	Bid	Ask	Change	% change	Volume	Open interest	Implied volatility
AAPL201218C00450000	2020-07-24 3:00PM EDT	450	6.37	5.85	6.8	-0.34	-5.07%	68	1,267	31.07%
AAPL201218C00460000	2020-07-24 3:47PM EDT	460	5.3	3.5	7.8	-0.27	-4.85%	63	237	34.83%
AAPL201218C00470000	2020-07-24 2:01PM EDT	470	4.5	3.6	5.1	-0.25	-5.26%	13	1,180	32.26%
AAPL201218C00480000	2020-07-24 2:35PM EDT	480	3.8	2.51	4	-0.05	-1.30%	27	586	31.91%
AAPL201218C00490000	2020-07-24 11:44AM EDT	490	3	2.8	3.7	-0.45	-13.04%	21	386	32.99%
AAPL201218C00500000	2020-07-24 3:53PM EDT	500	2.95	2.6	3.2	-0.12	-3.91%	144	2,763	33.45%
AAPL201218C00520000	2020-07-24 2:48PM EDT	520	2.23	0.05	4.5	-0.17	-7.08%	28	818	39.75%
AAPL201218C00540000	2020-07-24 3:06PM EDT	540	1.85	0.27	1.94	-0.18	-8.87%	33	1,297	35.55%
AAPL201218C00560000	2020-07-24 3:37PM EDT	560	1.63	1.5	2.49	-0.07	-4.12%	23	290	40.09%
AAPL201218C00580000	2020-07-24 3:43PM EDT	580	1.43	1.41	1.45	-0.08	-5.30%	92	405	38.53%
PutsforDecember 18, 2020										
Contract name	Last trade date	Strike	Last price	Bid	Ask	Change	% change	Volume	Open interest	Implied volatility
AAPL201218P00410000	2020-07-24 3:58PM EDT	410	55.08	52.7	55.5	0.08	0.15%	18	1,085	32.50%
AAPL201218P00420000	2020-07-24 3:17PM EDT	420	62.3	60.1	62.9	11.09	21.66%	7	1,078	32.46%
AAPL201218P00440000	2020-06-26 3:37PM EDT	440	93.42	76	79.15	0	-	1	2	32.94%
AAPL201218P00450000	2020-07-20 10:25AM EDT	450	73.67	84.65	89.2	0	-	15	15	35.39%
AAPL201218P00460000	2020-07-20 10:25AM EDT	460	82.1	93.5	97.85	0	-	15	18	35.65%
AAPL201218P00480000	2020-07-23 1:14PM EDT	480	105.9	112	115.1	0	-	2	3	35.07%
AAPL201218P00500000	2020-07-13 9:57AM EDT	500	111.67	131	134.9	0	-	-	40	38.29%
https://sg.finance.yahoo.com/quote/AAPL/options?p=AAPL&date=1608249600										

图12-3　Apple Inc.（AAPL）期权报价

AAPL201218C00450000看涨期权合约：执行价格为450美元，期权到期日为2020年12月18日，买权价格（Last price）为6.37美元，买入价（Bid）为5.85美元，卖出价（Ask）为6.8美元，看涨期权价格比前期下降了0.34美元，降幅5.07%，当天交易成交合约数（Volume）为68份，未平仓合约数（Open interest）为1 267份，隐含波动率（Implied volatility）为31.07%。

AAPL201218P00420000看跌期权合约：执行价格为410美元，到期日为2020年12月18日，卖权价格为55.08美元，买入价为52.70美元，卖出价为55.50美元，看跌期权价格比前期上升了0.08美元，涨幅为0.15%，当天交易合约数为18份，未平仓合约数为1 085份，隐含波动率为32.50%。

（六）期权组合分析

期权组合分析是指投资者会通过持有期权组合而将期权头寸合并，在存在风险的同时获得收益。假设你同时持有行权价格均为60元的买入买权（期权费=4元）和买入卖权（期权费=3元），那么到期日你的投资组合如图12-4所示。图12-4中的虚线为买入买权到期时损益，点划线为买入卖权到期时损益，实线部分为投资组合（同时持有买权和卖权）到期时损益。从图12-4可以看出，期权到期时，只有当股票价格与行权价格相等时，扣除期权费后投资组合价值为负值，而在其他情况下组合价值均为正值，这种组合称为跨式组合（straddle）。投资者预期股票价格上下波动幅度较大，但不能确定股价变动方向时，有时会采取这种跨式策略。与此相反，投资者预期股价接近期权行权价格时，会选择出售跨式组合。

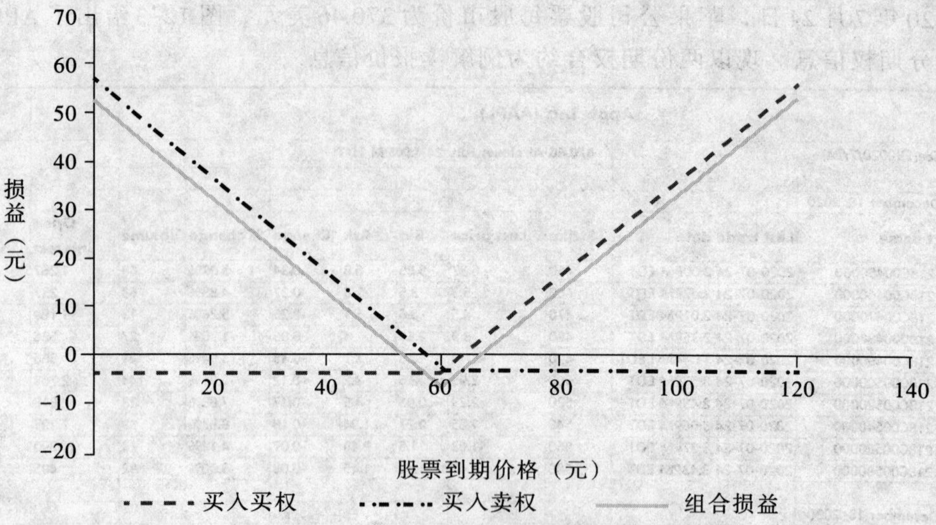

图12-4 跨式组合到期日损益

如果买卖权的行权价格不相等，同时购买1份看涨期权和1份看跌期权，期权到期时，买卖权投资组合价值如图12-5所示。在图12-5中，买入买权的行权价格为55元，期权费为4元；买入卖权行权价格为45元，期权费为1.2元；图中的虚线为买入买权到期时损益，点划线为买入卖权到期时损益，实线部分为投资组合（同时持有买权和卖权）到期时损益。如果期权到期时股票价格处于两个行权价格之间，投资者亏损，在其他情况下组合价值均可获利，这种组合称为蝶式组合（butterfly）。

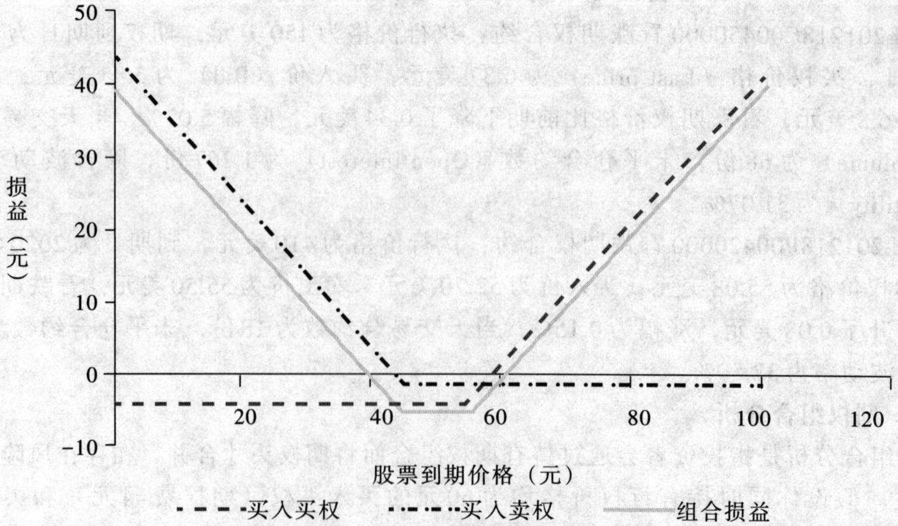

图12-5 蝶式组合到期日损益

为规避股票价格下跌风险，你既可以单独购买一份卖权，也可以采用期权组合投资。假设你持有当前价格为每股60元的股票S，为避免股票下跌至60元以下，决定购买行权价格为60元的1个月到期的欧式看跌期权，图12-6中实线部分是由1股股票S和1份行权价格为60元的股票S欧式看跌期权所构成的投资组合在期权到期日时的价值（其中虚线部分为股票S价值，点划线部分为买入卖权的价值）。如果期权到期时股票S价格在60元以下，你将执行看跌期权，以60元卖出股票；如果期权到期时股票价格高于60元，你将继续持有股票。这样你避免了股价下跌的损失，又获得了股价上升的收益。

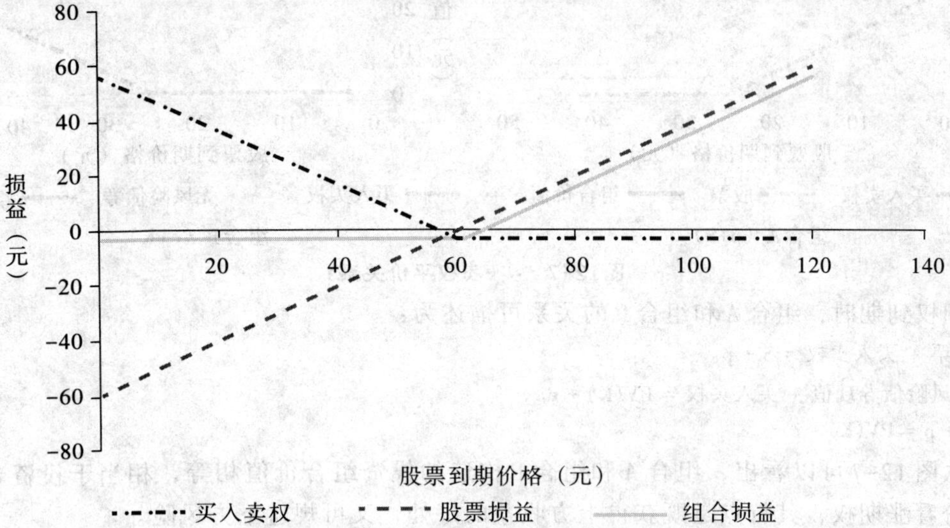

图12-6 股票与买入卖权组合

采用这种投资策略相当于构造了一个保护性看跌期权组合。这一投资组合结果也可以通过买入1份面值为60元的零息无风险债券和1份行权价格为60元的股票S欧式看涨期权得以实现。在这种情况下，如果股票S价格低于60元，你可以获得一张价值60元的无息债券，如果到期时股价大于60元，你可以执行看涨期权，即用出售无息债券（60元）获得的价款买入股票，股票价格高于60元的部分即为执行看涨期权的收益。

四、买-卖权平价（put-call parity）

买-卖权平价关系是指具有相同的行权价格与到期日的金融工具，其买权与卖权价格间存在的基本关系。如果两者不相同，则存在套利的空间。如果一个投资组合由一只股票和一个看跌期权组成，另一个投资组合由一个零息债券和一个看涨期权组成，那么这两个投资组合的价值是一样的。将买权、卖权、债券和股票一起考虑，就可以得到欧式期权的平价关系：

$$S + p = c + PV(K) \tag{12-3}$$

式中：S表示股票价值；p表示卖权价格；c表示买权价格；K表示债券价值（行权价格）；PV（K）表示零息债券的现值，在连续复利条件下，PV（K）$=Ke^{-rT}$。

1.组合A与组合B

组合A（S+p）：假设当前市场价格S为20元，交易者购买并持有1股股票，同时买入1份欧式股票看跌期权，执行价格为25元，期权期限为1年。期权到期时，不同股票价格情形下，投资组合价值如图12-7组合A所示。

组合B（K+c）：假设交易者持有1份无风险零息债券，债券面值为25元，同时买入1份看涨期权，执行价格为25元，期限为1年。期权到期时，在不同股票价格情形下，投资组合价值如图12-7组合B所示。

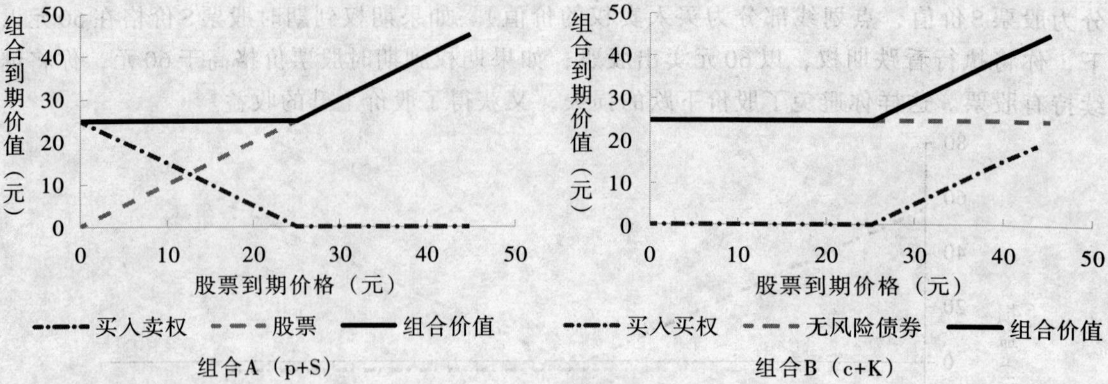

图12-7 买-卖权平价关系1

期权到期时，组合A和组合B的关系可描述为：

股票 + 买入卖权 = S + p

无风险债券现值 + 买入买权 = PV(K) + c

S + p = PV(K) + c

从图12-7可以看出，组合A和组合B构造的投资组合价值相等，相当于投资者构造了一份看涨期权，其特点是既获得上方收益的好处，又可规避下方风险。

2.组合C和组合D

组合C（S-c）：以当前市场价格购买并持有1股股票，同时卖出1份欧式股票看涨期权，执行价格为25元，期权期限为1年。期权到期时，不同股票价格情形下，投资组合价值如图12-8组合C所示。

组合D（K-p）：持有1份无风险债券，债券面值为25元，同时卖出1份看跌期权，执行价格为25元，期权期限为1年。期权到期时，不同股票价格情形下，投资组合价值如图12-8组合D所示。

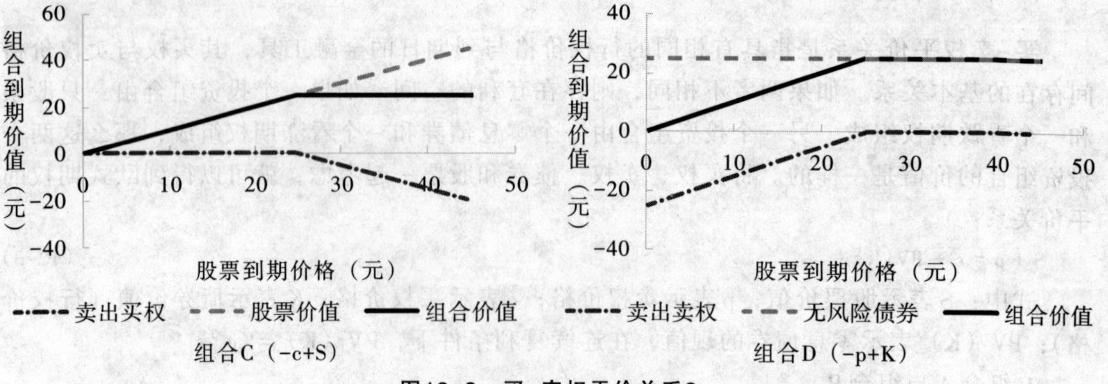

图12-8 买-卖权平价关系2

期权到期时，组合C与组合D的关系可描述为：

股票 + 卖出买权 = S − c

无风险债券现值 + 卖出卖权 = PV(K) − p

S − c = PV(K) − p

组合C和组合D构造的投资组合价值相等，投资者相当于持有1份卖出卖权，当股票价格上升时，卖权持有者不行使期权，投资者可以获得固定的权利金收入。

［例12-1］假设有两个投资组合：A为持有1份欧式股票卖权和1股股票；B为持有1份欧式股票买权和1张到期值为K的无风险债券。在期权到期日，两种组合的价值都为max［S_T，K］，见表12-1和表12-2。

表12-1　欧式股票卖权与股票组合

投资组合	$S_T>K$	$S_T<K$
买入卖权	0	$K-S_T$
股票	S_T	S_T
合计	S_T	K

表12-2　欧式股票买权与无风险债券组合

投资组合	$S_T>K$	$S_T<K$
买入买权	S_T-K	0
无风险债券	K	K
合计	S_T	K

由于两种组合到期值相同，因此在到期日前的任一时刻也应等值，即存在买-卖权平价关系。假设某公司股票现行市场价格为44元，与欧式期权有关的资料如下：行权价格为55元，期权有效期为1年，卖权价格为7元，买权价格为1元，无风险利率为10%，预计1年后股票价格为58元或34元。根据上述资料，投资者可采取下列组合抵消风险：购买1股股票和1份卖权，同时出售1份买权，投资组合的有关价值计算见表12-3。

表12-3　投资组合价值

投资组合	初始现金流量	到期日投资组合价值	
		股价=58元	股价=34元
购买1股股票	−44	58	34
买入1份卖权	−7	0	21=（55−34）
卖出1份买权	1	−3=−（58−55）	0
合计	−50	55	55

上述结果表明，无论股价如何变动，投资组合都可得到相同的结果（55元），其投资收益率即为无风险利率10%（（55÷50−1）×100%）。

在上例中假设没有套利活动，投资者可获得10%的无风险收益，如果卖权价格为6元，则初始投资为49元，投资者在1年后将有12.2%（（55÷49-1）×100%）的非均衡收益，超过了平衡点利率。为防止套利行为，投资者的初始投资必须遵循下列关系：

股票价值+卖权价值-买权价值=行权价格现值

44+7-1=50=55÷（1+10%）

上式即为买-卖权平价关系，利用这种平价关系，就可以根据欧式买权价格，推断出相同行权价、相同到期日的欧式卖权价格；反之亦然。

第二节　二项式期权定价模型

一、无套利定价

在一个有效的金融市场上，任何一项金融资产的价格必然会对套利行为作出相应的调整，重新回到均衡状态，这就是无套利的定价原则。根据这一原则，金融资产在市场的合理价格是这个价格使得市场不存在无风险套利机会。

无套利定价的关键方法是“复制”技术，即用一组证券来复制另外一组证券。假设存在两个不同的资产组合，它们的未来损益（future payoff）相同，但它们的成本不同；在这里，可以简单把损益理解成现金流。如果现金流是确定的，则相同的损益指相同的现金流。如果现金流是不确定的，即未来存在多种可能性（或者说存在多种状态），则相同的损益指在相同状态下现金流是一样的。如果一个资产组合的损益等同于一个证券，那么这个资产组合的价格等于该证券的价格。这个资产组合称为证券的“复制组合”（replicating portfolio）。

期权复制是指通过股票与无风险债券来构造一个投资组合，并使得该组合在任何状态下（股票价格上升或下跌）的未来现金流和该看涨期权的未来现金流完全相同。例如，“1份看涨期权的未来现金流=A份股票的未来现金流+B份债券的未来现金流”，即“1Call=A Shares +B Bonds”，则称由A份股票和B份债券构成的投资组合可以复制1份看涨期权。

[例12-2] 假设有两个“基础资产”：股票A和债券B，以及一个在该股票上的看涨期权。股票当前价格100元/股，1年后可能上涨25%（期末价格为125元/股），也可能下跌15%（期末价格为85元/股）；无风险利率为8%（国库券年利率），债券的当前价格为1元；该股票看涨期权的执行价格为100元，期限1年。

根据上述数据，股票、债券和看涨期权的期末价格可以表示为二项式，如图12-9所示。

根据无套利定价原则，看涨期权的（现在）价格和其复制（股票和债券的组合）的（现在）价格相等，即期权可以通过股票和债券来定价。如果期权和期权复制在期末的价格满足“1Call=A Shares +B Bonds”，则

$$125A + 1.08B = 25$$

$$85A + 1.08B = 0$$

解此方程可以得到：

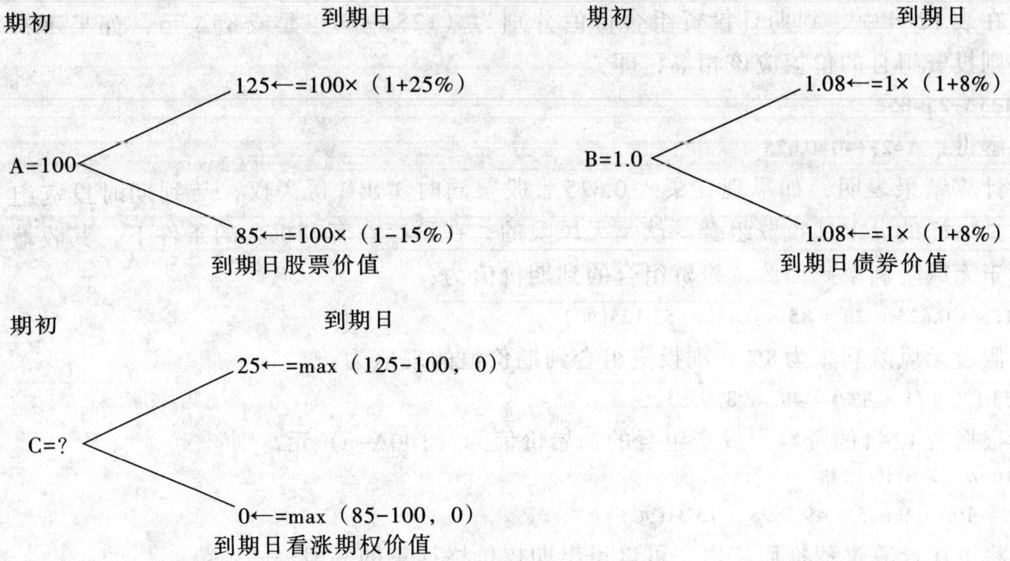

图12-9　单期二项式期权定价

$$A = \frac{25}{125 - 85} = 0.6250$$

$$B = \frac{0 - 85A}{1.08} = -49.1898$$

根据该线性方程的解，1Call=0.625 Shares +（-49.1898）Bonds。如果股票价格上涨，买入 0.625 份股票并且以 8% 的利率借入 49.1898 份的债券，就可以复制一份看涨期权，即

看涨期权价格=0.625×100+（-49.1898）=13.31（元）

这种定价方法是无套利定价法，如果两项资产或一组资产（这里是看涨期权和证券投资组合（0.625 Shares-49.1898Bonds））有相同的收益，那么它们一定有相同的市场价格。

二、风险中性定价

假设股票当前价格为S，股票未来的价格或上涨或下跌，且上涨和下跌的幅度是确定的。如果股票的未来价格或上涨到Su，u>1，或下跌到Sd，d<1，那么，依附于该股票的看涨期权价格是多少？为解决这一问题，可以构造一个证券组合：购买Δ股股票，同时卖出1份买权，1年后投资组合价值见表12-4。

表12-4　**无风险投资组合**

投资组合	初始现金流量	到期价值	
		$S_{T=1}$=125	$S_{T=1}$=85
买入Δ股股票	-100Δ	125Δ	85Δ
卖出1份买权	C	-25	0
合计	c-100Δ	125Δ-25	85Δ

在表12-4中，到期日投资组合价值分别为（125Δ-25）元或85Δ元，如果不存在风险，则投资组合的价值应该相等，即：

$125\Delta-25=85\Delta$

解得：$\Delta=25\div40=0.625$

计算结果表明，如果现在买入0.625股股票同时卖出1份买权，与到期时投资组合的价值是一样的。上述投资组合既然是无风险的，在不存在套利机会的条件下，其收益率一定等于无风险利率。因此，投资组合的到期价值为：

$125\times0.625-25=85\times0.625=53.125$(元)

假设无风险利率为8%，则投资组合到期价值的现值为：

$53.125\div(1+8\%)=49.1898$（元）

根据表12-4的资料，投资组合的初始价值为（100Δ-c）元，则：

$100\Delta-c=49.1898$

$c=100\times0.625-49.1898=13.31$(元)

将上述计算过程推而广之，可以得出期权价格计算的一般公式：

$Su\Delta-c_u=Sd\Delta-c_d$

或$\Delta=\dfrac{c_u-c_d}{Su-Sd}=\dfrac{c_u-c_d}{S(u-d)}$

上式中的Δ为保值比率，即买权价格变动率与股票价格变动率之间的比率关系。在上例中，保值比率计算如下：

$$\Delta=\frac{25-0}{100\times(1.25-0.85)}=0.625$$

保值比率说明：（1）股票价格变动1个单位，买权价格变动0.625个单位；（2）“Δ值”的倒数表示套期保值所需购买或出售的期权份数，在这里，投资者可购买1股股票同时卖出1.6份买权，这与前述的购买0.625股股票同时卖出1份买权是相同的。

上式表明，如果Δ=0.625，无论股票价格上升还是下跌，该组合的价值都相等。显然，该组合为无风险组合，因此我们可以用无风险利率对（$Su\Delta-c_u$）或（$Sd\Delta-c_d$）进行折现求解该组合的现值。在无套利机会的假设下，该组合的收益现值应等于构造该组合的成本，即：

$(S\Delta-c)=(Su\Delta-c_u)/(1+r)$

$$c=\frac{S\Delta(1+r)-Su\Delta+c_u}{1+r}=\frac{S\Delta\left[(1+r)-u\right]+c_u}{1+r}$$

将保值比率代入上式，再对各项进行重新组合，就可得到看涨期权的价值为：

$$c=\frac{1}{1+r}\left\{c_u\left[\frac{(1+r)-d}{u-d}\right]+c_d\left[\frac{u-(1+r)}{u-d}\right]\right\}$$

为简化上式，令：

$$p=\frac{(1+r)-d}{u-d},\ 1-p=\frac{u-(1+r)}{u-d} \tag{12-4}$$

就可以得到：

$$c=\frac{pc_u+(1-p)c_d}{1+r} \tag{12-5}$$

我们称p为风险中性概率（risk-neutral probability），这一概率总是大于0而小于1，所以具有概率性质。在一个风险中立的世界里：（1）所有可交易证券的期望收益都是无风险利率；（2）未来现金流量可以用其期望值按无风险利率折现。根据表12-4的数据，股票价格上升25%，即u=1+25%=1.25，或股票价格下跌15%，即d=1-15%=0.85，无风险利率为8%，股票价格上升或下跌概率、买权价值计算如下：

$$p = \frac{(1+r)-d}{u-d} = \frac{(1+8\%)-0.85}{1.25-0.85} = 0.5750$$

$$1-p = \frac{u-(1+r)}{u-d} = \frac{1.25-(1+8\%)}{1.25-0.85} = 0.4250$$

$$c = (0.5750 \times 25 + 0.4250 \times 0)/(1+8\%) = 13.31$$

事实上，股价上升概率（p）或下跌概率（1-p）已经隐含在下面的等式中，

$$125p + 85(1-p) = 100(1+8\%)$$

上式表明，1年后股价或涨至125元或跌至85元的股票之所以当前价格为100元，是因为投资者总体已经对股票未来价格波动的概率有一个预期，即预计股票上涨或下跌的概率分别为0.5750和0.4250，用这一概率我们可以计算出买权1年后的预期价值：

$$0.575 \times 25 + 0.425 \times 0 = 14.375$$

在一个没有风险的中立世界里，1年后的14.375元在当前的价值（以无风险利率进行折现）为：

$$14.375/(1+8\%) = 13.31$$

比较以上两种方法可以看到，无套利定价法和风险中性定价法实际上具有内在的一致性。在无套利定价过程中，并没有考虑标的资产价格上升和下降的实际概率，但从p在公式中的地位和特征上看很像概率，因此，p常被称作假概率。把p解释为股票价格上升的概率相当于假设股票的收益率等于无风险利率。如果与证券相关的资本市场上的投资者都是风险中性者，那么投资者要求的收益率就等于无风险利率。

在这种风险中性假设下，看涨期权、看跌期权的定价可表述如下：

c=［0.5750×max（100×1.25-100，0）+0.4250×max（100×0.85-100，0）］/1.08=13.31

p=［0.5750×max（100-100×1.25，0）+0.4250×max（100-100×0.85，0）］/1.08=5.90

除了采用风险中性定价该股票的看涨期权和看跌期权，也可以通过建立买-卖权平价关系定价：

$$S + p = c + PV(K)$$

100+5.90=13.31+100/（1+8%）

注意在买-卖权平价中的现值PV（K）：在连续时间框架（标准Black-Scholes框架中），PV（K）=Ke^{-rT}；在本例中，现值PV（K）采用的是离散时间，即PV（K）=K/（1+r）^{T}。

三、多期二项式期权定价

单期二项式模型虽然比较简单，但已包含了二项式定价模型的基本原理和方法。因此，可以进一步拓展到多期二项式模型。二项式模型的基本原理是把期权的有效期分为很多很小的时间间隔Δt，并假设在每一个时间间隔Δt内标的资产（S）价格只有上升或下降两种可能。图12-10描述了二项式模型的一般表现形式。在图12-10中，每一个数值称为一个节点，每一条通往各节点的线称为路径。“u”和“d”分别代表标的资产上升或下降为原来数值的倍数，“u”和“d”的数目表示上升或下降的次数。例如，当时间为0时，

证券价格为S，时间为Δt时，证券价格要么上涨到Su，要么下降到Sd；时间为$2\Delta t$时，证券价格就有三种可能：Su^2、Sud（等于S）和Sd^2，以此类推。一般而言，在$i\Delta t$时刻，证券价格有$i+1$种可能。需要说明的是，在较大的时间间隔内，这种二值运动的假设是不符合实际的，但是当时间间隔非常小，且在每个瞬间，资产价格只有两个方向变动时，其假设是可以接受的。因此，二项式模型实际上是在用大量离散的小幅度二值运动来模拟连续的资产价格运动。

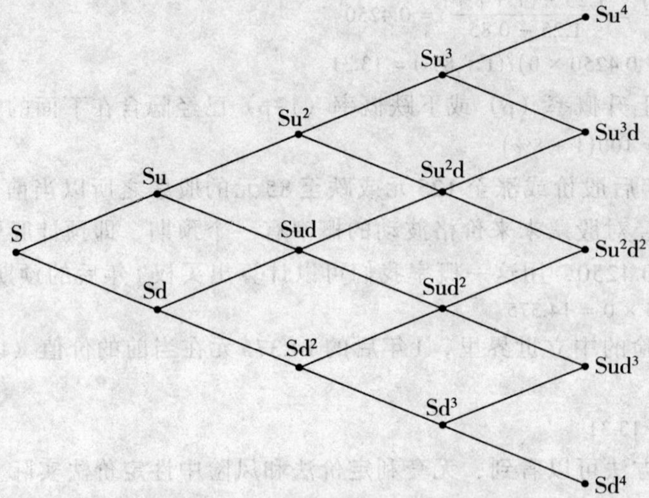

图12-10 二项式模型一般表现形式

在图12-10中，根据每个节点标的资产的价格，采用倒推法计算每个节点的期权价格，即从结构图的末端T时刻开始往回倒推。由于在到期T时刻的预期期权价值是已知的，例如买权价值为$\max(S_T-K, 0)$，卖权价值为$\max(K-S_T, 0)$。在风险中性条件下，求解$T-\Delta T$时刻的每一节点上的期权价值，都可通过将T时刻的期权价值的预期值在Δt时间长度内以无风险利率r折现求出。同理，要求解$T-2\Delta T$时的每一节点的期权价值，也可以将$T-\Delta t$时的期权价值预期值在时间Δt内以无风险利率r折现求出，以此类推。采用这种倒推法，最终可以求出零时刻（当前时刻）的期权价值。

[例12-3] 某种股票当前价格为50元，考虑3个阶段（每个阶段间隔为0.25年）的价格变化，假设每个阶段股票价格可能上涨下跌20%，同期无风险债券利率为2.02%，现有一份股票看涨期权，执行价格K=52元，计算该看涨期权的价格。

首先，计算不同时点上升或下跌时股票价格，如图12-11上半部分所示。

其次，计算风险中立概率：

$$p=\frac{(1+r)-d}{u-d}=\frac{(1+2.02\%)-0.80}{1.20-0.80}=0.5504$$

$$1-p=\frac{u-(1+r)}{u-d}=\frac{1.20-(1+2.02\%)}{1.20-0.80}=0.4495$$

最后，计算图12-11中下半部分各个节点的期权价格。在图12-11中，在三期结束时（t=3）股票价格和期权价格计算方式见表12-5。

t=2时，根据风险中性概率（这个概率是依赖于股票运动的状态和市场利率的）计算三个节点的期权价格：

21.03=（0.5504×34.4+0.4495×5.6）÷1.0202

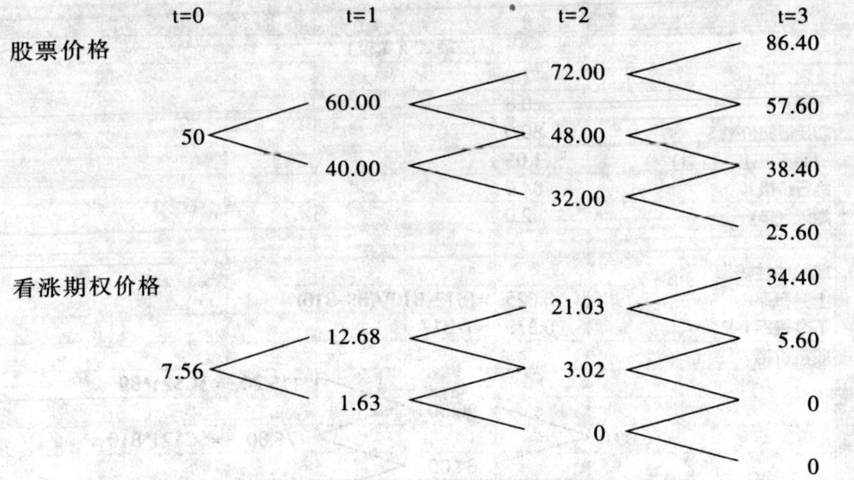

图12-11　三期二项式期权定价（单位：元）

表12-5

股票价格和期权价格（t=3）

状态	股票价格（元）	期权价格（元）
价格三次上涨	$Su^3 = 50 \times 1.20^3 = 86.4$	34.4=max（86.4-52，0）
价格二次上涨，一次下跌	$Su^2d = 50 \times 1.20^2 \times 0.80 = 57.6$	5.6=max（57.6-52，0）
价格一次上涨，两次下跌	$Sud^2 = 50 \times 1.20 \times 0.80^2 = 38.4$	0=max（38.4-52，0）
价格三次下跌	$Sd^3 = 50 \times 0.8^3 = 25.6$	0=max（25.6-52，0）

3.02=（0.5504×5.6+0.4495×0）÷1.0202

0=（0.5504×0+0.4495×0）÷1.0202

t=1时，计算二个节点的期权价格：

12.68=（0.5504×21.03+0.4495×3.02）÷1.0202

1.63=（0.5504×3.02+0.4495×0）÷1.0202

t=0时的期权价格：

7.56=（0.5504×12.68+0.4495×1.63）÷1.0202

上述计算表明，看涨期权价值等于以无风险利率折现的两个期间的期望值（此处采用风险中立概率计算）。三期二项式模型可以推广为多项二项式期权定价模型。

以上是欧式期权的情况，如果是美式期权，就要在二项式结构的每一个节点上，比较在本时刻提前执行期权或继续持有t时间，到下一个时刻再执行期权，选择其中较大者作为本节点的期权价值。

假设以KW公司股票为标的资产的欧式卖权的行权价格为84元，到期时间为2年。假设该公司股票当前市场价格为80元，以后每年将上升或下降20%，假设无风险利率为5%。采用二期二项式期权定价模型计算该卖权价值为7.245元，不同状态下股票价格、期权价格的方式如图12-12所示。

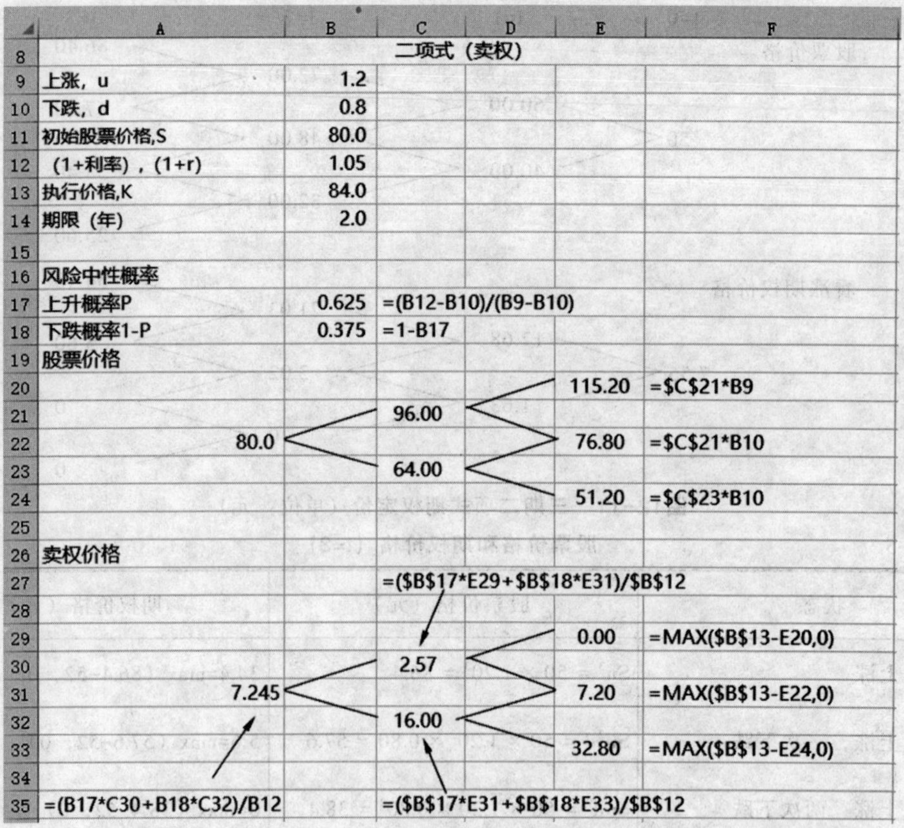

图12-12 二期二项式卖权价值

第三节 布莱克-斯考尔斯模型

一、B-S模型的基本思想

在二项式模型中，是通过投资组合的价值关系确定期权价值的。这种方法虽然简单，但在现实生活中很难实行。这是因为在期权有效期内，标的资产（股票）价格的变化不只局限于两种情况，而且股票价格变化是连续性的，在每一瞬间，股票价格都会发生变化，并由此引起期权价值的变化。因此，我们必须从动态的角度研究每一瞬间的期权价值。美国学者Fischer Black与Myron Scholes于1973年在“期权估值与公司债务”一文中推出了期权估值模型（简称B-S），把财务理论推向了一个崭新的阶段。

在B-S模型中，主要的假设条件是：①资本市场是完善的，没有交易手续费、税负、保证金、融资限制等；②存在一个无风险利率，在期权有效期内它不会变动，投资者可以此利率无限制地借款和贷款；③标的资产价格的变动是连续的，在一段极短（infinitesimal）的时间内，标的资产的价格只能有极微小的变动，亦即排除了跳空上涨或跳空下跌的可能性；④期权为欧式的；⑤标的资产在期权有效期内不支付股利和利息；⑥标的资产的价格变动符合几何布朗运动，其主要特点是：每一个小区间内标的资产的收益率服从正态分布，且不同的两个区间内的收益率相互独立；⑦市场提供了连续交易的机会。

B-S模型的基本思路是利用期权和有关证券组合，进行无风险投资保值，导出期权估价模型。在表12-4的投资组合中，当股票价格上升ΔS时，投资者在卖出买权这一交易中损失1.6×0.625ΔS或ΔS，但在股票投资上赚了ΔS，所以组合投资价值为零，也就是说，组合资产的Δ为零，这样的组合资产称作Δ中立（delta neutral）组合。但资产组合保持中立只是暂时的，随着股票价格和时间的变动，同一期权的Δ值也会发生变化，因此，投资者必须不断调整其投资组合，使买入股票与卖出买权的数量比例始终维持与Δ值的比值为倒数关系。在连续的调整过程中，所有的资本都必须在该投资组合内周转，称为自我融资（self-financing），亦即期初的支出（如100-1.6c）一经确定，投资者不应再动用自己的任何资金。

在无风险、无套利与自我融资的情况下，投资者会一直赚取无风险利率，此时再把股价波动的随机过程纳入便可导出财务理论史上具有深远意义的买权评价公式。

$$c = SN(d_1) - Ke^{-rT}N(d_2) \tag{12-6}$$

式中：

$$d_1 = \frac{\ln(S/K) + (r + \sigma^2/2)T}{\sigma\sqrt{T}} \tag{12-7}$$

$$d_2 = d_1 - \sigma\sqrt{T} \tag{12-8}$$

式中：c表示买权价值；S表示标的资产现行市场价格；K表示行权价格；r表示无风险利率（按连续复利计算）；σ表示标的资产价格波动率（volatility）；T表示期权距到期日的时间；N（x）表示标准正态分布的累积概率分布函数（即某一服从正态分布的变量小于x的概率），根据标准正态分布函数特性，可知：N（-x）=1-N（x）。

从B-S期权定价模型经济含义看，N（d_1）等于保值比率Δ，反映了标的资产变动一个很小单位时，期权价格的变化量。或者说，如果要避免标的资产价格变化给期权价格带来的影响，一个单位的看涨期权多头，就需要Δ单位的标的资产空头加以保值。N（d_2）实际上是在风险中性世界中S_T大于K的概率，或者说是欧式买权被执行的概率，因此，$Ke^{-rT}N$（d_2）是K的风险中性期望值的现值。SN（d_1）=$e^{-rT}S_TN$（d_1）是S_T的风险中性期望值的现值。因此，整个欧式买权公式就可以被看作期权未来预期收益的现值，即买权价值等于标的资产价格期望现值减去行权价格现值。

根据买权平价关系，得到一个可以直接计算卖权价值（p）的公式，即：

$$\begin{aligned} p &= c + Ke^{-rT} - S \\ &= SN(d_1) - Ke^{-rT}N(d_2) + Ke^{-rT} - S \\ &= S[N(d_1) - 1] + Ke^{-rT}[1 - N(d_2)] \\ &= Ke^{-rT}N(-d_2) - SN(-d_1) \end{aligned} \tag{12-9}$$

二、B-S模型的计算方法

根据公式（12-6）和公式（12-7），B-S模型中的期权价格取决于下列五个参数：标的资产市场价格、行权价格、到期期限、无风险利率和标的资产价格波动率（即标的资产收益率的标准差）。在这些参数当中，前三个较容易获得确定的数值。但是无风险利率和标的资产价格波动率则需要通过一定的计算确定。

（一）估计无风险利率

在发达的金融市场上，可选择国债利率作为无风险利率的估计值。但由于国债利率通常为年名义利率，因此需要将其转化为按连续复利方式表达的利率。此外，如果利率期限结构曲线倾斜严重，那么不同到期日的收益率很可能相差很大，必须选择距离期权到期日最近的那个国债利率作为无风险利率。

（二）估计标的资产价格的波动率

1.历史波动率

历史波动率是指从标的资产价格的历史数据中计算出价格收益率的标准差。计算波动率时，可以采用统计学中计算样本均值和标准差的简单方法。首先，从市场上获得标的资产（如股票）在固定时间间隔（如每天、每周或每月等）的价格；其次，对于每个时间段，求出该时间段末的股价与该时间段初的股价之比的自然对数；最后，求出这些对数的标准差，再乘以一年中包含的时段数的平方根（选取时间间隔为天，按交易日计算，一般每年按252个交易日计算，即乘以$\sqrt{252}$），得到的即为历史波动率。

表12-6列示了IBM公司11个交易日的收盘价（2016年10月20日至2016年11月3日），据此可得到11个交易日的收益率及波动率信息，据此说明波动率计算方法。

表12-6　　IBM股票历史波动率数据

日期	调整后收盘价（美元）	收益率 $\ln(r_t)$	$(\ln r_t-\bar{r})^2$
2016/10/20	151.52		
2016/10/21	149.63	−1.26%	0.00017
2016/10/24	150.57	0.63%	0.00003
2016/10/25	150.88	0.21%	0.00000
2016/10/26	151.81	0.61%	0.00003
2016/10/27	153.35	1.01%	0.00009
2016/10/28	152.61	−0.48%	0.00003
2016/10/31	153.69	0.71%	0.00004
2016/11/1	152.79	−0.59%	0.00004
2016/11/2	151.95	−0.55%	0.00004
2016/11/3	152.37	0.28%	0.00000
合计		0.56%	0.00048

资料来源　根据http：//cn.finance.yahoo.com/调整后收盘价计算。

根据表12-6，计算股票收益率的均值、标准差：

$$\text{收益率均值}(\bar{r})=\frac{1}{n}\sum_{t=1}^{n}\ln r_t=\frac{0.56\%}{10}=0.056\%$$

$$\text{收益率标准差}(\sigma_{日})=\sqrt{\frac{1}{n-1}\sum_{t=1}^{n}\left(\ln r_t-\bar{r}\right)}=\sqrt{\frac{0.00048}{9}}=0.00005$$

$\sigma_{年} = \sigma_{日} \times \sqrt{252} = 0.00005 \times \sqrt{252} = 0.0007937$

在上述例子中，采用11天股票价格的历史数据（或10个收益率观测值）计算的波动率（日标准差）为0.005%，年标准差为0.07937%。从这11个交易日的收盘价看，IBM的股票价格在149.63~153.69美元之间波动。在实务中，收益率标准差可以按日、按周或按月度数据计算。时间跨度可根据需要选择短期（一年内）或长期（一年以上）。从统计的角度来看，时间越长、数据越多，收益标准差的精确度越高。但是，资产价格收益率的波动率却又常常随时间而变化，太长的时间段反而可能降低波动率的精确度。因此，计算波动率时，要注意选取距离估价日较近的时间，一般的经验法则是设定度量波动率的时期等于期权的到期日。

在B-S公式所用的参数中，有三个参数与时间有关：到期期限、无风险利率和波动率。值得注意的是，这三个参数的时间单位必须相同，或者同为天、周，或者同为年。

2.隐含波动率

从B-S期权定价模型本身来说，公式中的波动率指的是未来的波动率数据，即投资者对未来标的资产波动率的预期。历史波动率并不能很好地反映这种预期值，为克服这一缺陷，可采用隐含波动率。B-S期权定价所要求的5个参数中，有4个是可以直接观测的：S、K、r和T，只有一个参数，股票价格波动率σ是不可直接观测到的。在实务中，可以根据B-S公式“倒推”计算得到。也就是说，可以将除波动率以外的参数和市场上的期权报价代入B-S公式，计算得到的波动率可以看作市场对未来波动率的预期。由于B-S期权定价公式比较复杂，隐含波动率的计算一般需要通过计算机完成。在实务中，通常采用数据提供商提供的隐含波动率。

严格地说，B-S模型只适用于计算在无派息条件下的欧式股票期权的理论价值，但在进行必要的修正之后，该模型也可用于估算其他类型期权价值的理论值。

一般情况下，公司发放股利后会使股票价格在除息日后按一定幅度下降，因而引起买权价值下跌。事实上，现金股利代表公司对具有相应权利的股东而非期权持有者的部分清偿，如果公司支付清算性股利，那么股票价格将降为0，期权价值也将降为0。在其他条件不变的情况下，期权到期之前支付股利的现值越大，期权的价值就越小。在B-S模型中，对存在股利的标的股票进行调整的一种方法就是把所有至到期日为止的预期未来股利的现值从股票的现行市价中扣除，然后按无股利情况下的B-S模型计算期权价值。如果预期标的资产的股利收益（y=股利/股票的现值）在寿命周期内保持不变，B-S模型可改写为：

$$c = Se^{-yT}N(d_1) - Ke^{-rT}N(d_2) \tag{12-10}$$

$$d_1 = \frac{\ln(S/K) + (r - y + \sigma^2/2)T}{\sigma\sqrt{T}} \tag{12-11}$$

d_2与公式（12-8）相同。在B-S模型中考虑股利的结果是降低了买权价值，这种调整方法简单易行，但仍然没有考虑提前履约的可能性。

［例12-4］2020年7月24日，苹果公司（AAPL）股票每股市价为370.46美元，根据图12-3的数据，采用以下两份期权合约说明B-S期权定价方法。

AAPL201218C00480000买权合约：行权价格为480元，期权到期时间为2020年12月18日，隐含波动率为31.91%。

AAPL201218P00480000卖权合约：行权价格为480元，期权到期时间为2020年12月18日，隐含波动率为35.07%

假设无风险利率为0.14%，在此期间公司不支付股利。根据B-S模型分别计算期权的买权价格、卖权价格，见表12-7。

表12-7 布莱克-斯科尔斯期权定价（AAPL股票期权）

期权合约	看涨期权	看跌期权	说明
输入：			
S	370.46	370.46	2020年7月24日股票价格
K	480.00	480.00	=AAPL期权报价
r	0.14%	0.14%	美国6个月国债利率（2020年7月24日）
T	0.4027	0.4027	=（7+31+30+31+30+18）/365
Sigma	31.91%	35.07%	=AAPL期权报价
输出：			
d_1	−1.1751	−1.0501	=（LN（S/K）+（r+0.5*sigma^2）*T）/（sigma*SQRT（T））
d_2	−1.3776	−1.2727	=d_1-sigma*SQRT（T）
N（d_1）	0.1200	0.1468	= NormSDist（d_1）
N（d_2）	0.0842	0.1016	=NormSDist（d_2）
$-d_1$		1.0501	=$-d_1$
$-d_2$		1.2727	=$-d_2$
N（$-d_1$）		0.8532	=1-N（$-d_1$）
N（$-d_2$）		0.8984	=1-N（$-d_2$）
看涨期权价格	4.0716	5.6711	=S*N（d_1）-K*exp（-r*T）*N（d_2）
看跌期权价格		114.94	=call price -S + K*Exp（-r*T）：买-卖权平价关系
		114.94	=K*exp（-r*T）*N（$-d_2$）-S*N（$-d_1$）

资料来源 AAPL期权报价：https：//sg.finance.yahoo.com/quote/AAPL/options？p=AAPL&date=1608249600。

根据AAPL201218C00480000买权合约，买权价格的计算如下：

第一，计算d_1与d_2

$$d_1 = \frac{\ln(S/K) + (r + \sigma^2/2)T}{\sigma\sqrt{T}}$$

$$= \frac{\ln(370.46/480) + (0.14\% + 0.5 \times 0.3191^2) \times 0.4027}{0.3191 \times \sqrt{0.4027}} = -1.1752$$

$$d_2 = d_1 - \sigma\sqrt{T}$$

$$= -1.1752 - 0.3191 \times \sqrt{0.4027} = -1.3777$$

第二，计算N（d_1）和N（d_2）

N（d）可通过标准正态分布[①]的累积概率分布函数计算，一般是根据Excel函数（NORMSDIST）得到上述参数，即：在Excel电子表格中输入：=NORMSDIST（d），回车后可以得到N（d_1）和N（d_2）。例如，AAPL买权中N（d_1）、N（d_2）的输入方式：

=NORMSDIST（-1.1752），回车后，N（d_1）=0.1200

=NORMSDIST（-1.3777），回车后，N（d_2）=0.8410

第三，计算买权理论价值。

$$c = SN(d_1) - Ke^{-rT}N(d_2)$$
$$=370.46\times0.1200-480\times e^{-0.14\%\times0.4027}\times0.0841$$
$$=44.455-40.35=4.110\text{（美元）}$$

AAPL201218P00480000卖权合约的理论价值计算如下：

首先计算与看跌期权估值相关的各种参数，见表12-7中第三栏。现采用两种方法计算卖权价格：

根据买-卖权平价关系：

$$P = c - S + Ke^{-r*T}$$
$$= 5.6711 - 370.46 + 480e^{-0.14\%\times0.4027} = 114.94\text{（美元）}$$

根据卖权公式计算：

$$p = Ke^{-rT}N(-d_2) - SN(-d_1)$$
$$= 480e^{-0.14\%\times4027}\times0.8984 - 370.46\times0.8532 = 114.91\text{（美元）}$$

需要说明的是，采用手工计算的结果与采用Excel计算的结果有偏差。

根据B-S模型，采用Excel计算结果表明，AAPL看涨期权理论价值为4.0716美元，看跌期权理论价值为114.94美元。两种期权理论价值估计的结果均高于图12-3列示的实际交易价格。

在此之前讨论的是欧式期权，对于美式期权来说，期权持有者在到期日之前的任意时间均可履约。由于美式期权能提供所有欧式期权所提供的权利，而且还提供了比欧式期权更多的机会，因此，它的价值至少应等于或大于与其同等的欧式期权的价值。通常，在无股利情况下，美式期权不应提前执行，如果提前支付行权价格，那么履约者不仅放弃了期权，而且还放弃了货币的时间价值。如果不提前履约，在其他条件一定的情况下，美式期权与欧式期权的价值才会相等。只有在支付股利的情况下，美式期权与欧式期权的估价方法才有所不同。

三、B-S参数分析

以上所讨论的只是期权价值理论上的价值构成，期权价值的形成和确定受多种因素的影响，如宏观经济形势、期权市场供求状况以及交易者的心理预期等，其中较为重要的因素有以下六种：

（1）标的资产市价（S）：买权价值与S呈正向变动关系，S越高（低），买权价值越大（小）；卖权价值与S呈负向变动关系，S越高（低），卖权价值越小（大）。

（2）行权价格（K）：买权价值与K呈反向变动关系，K越高（低），期权买方盈利的可能性越小（大），因而买权价值越小（大）；卖权价值与K呈正向变动关系，K越大

① 标准正态分布是指E（r）=0、σ=1的正态分布，从这个分布抽取的数值小于0的概率为50%，即N（0）=50%。

(小)，卖权盈利的可能性就越大（小），卖权价值就越大（小）。

（3）合约剩余有效期（T）：由于期权具有时间价值，且与合约剩余有效期长短呈正向变动关系，因此，在一般情况下，买权价值和卖权价值均与T呈正向变动关系。但对于欧式期权来说，由于欧式期权只能在到期日履约，因而也可能在买方履约愿望较强时，出现T越短、期权价值越高，T越长、期权价值越低的情况。

（4）标的资产价格的波动性或风险性（σ）：σ通常以标的资产收益率的标准差来衡量，但标准差只衡量离中趋势，并未指明S会向哪边波动，而且正反方向的波动机会均等，如往正向波动，买权持有者有无限的获利空间；如往负向波动，买权因可弃权，受损程度有限，两相抵消后仍以正向波动的好处较大，因此σ与c有正向变动关系。对卖权而言，若S负向波动，卖权有较大的获利空间；若S正向波动，卖权因可弃权而使损失有限，两相抵消后仍以负向波动的好处较大，因此σ与P也有正向变动关系。

（5）利率（r）：买权是在一定时间内以固定价格购买标的资产的权利，利率越高，行权价格的现值就越小，犹如履约成本减少，对买权有利；但行权价格是卖权出售标的资产时所能得到的款项，在利率上涨、现值降低时，犹如卖权的履约收入降低，因此r与c有正向变动关系，与p有负向变动关系。

（6）标的资产的孳息（D）：在期权有效期内，股票可能发放股利，债券会有应计利息，外币会有其各自的汇率，这些都是所谓的孳息。这些孳息越多，S就越会有下降的趋势（如股票会因除息而跌价），对卖权有利，对买权不利，因此，D与c有负向变动关系，与p有正向变动关系。

第四节　期权与融资估值

一、期权在融资中的应用

MM定理的发明者米勒教授指出：“我们只有依赖期权定价法才能对股票进行准确的数量化的定价。”在实务中，含有期权特征的证券主要有以下几种：

（1）优先认购权（pre-emptive rights）是指公司在发行新股时，给现有股东优先认购的权利。这种认购权使现有股东在一定时期内以低于市场价格的价格购买新股，优先认购权主要用于保护现有股东对公司的所有权和控制权。公司现有股东可以在规定的时间按优惠价格购买公司新股，也可在市场上出售优先认购权。影响优先认购权价值的参数与影响B-S模型的参数相同。

（2）备兑协议（standby agreements）是指承销商与发行者之间关于股票承销的一种协议。按协议规定，公司发行新股时，如果在规定的时间内按一定的价格发售后还有剩余的未售股票，承销商（投资银行）有义务按协定价格或优惠价格全部买入这部分股票，然后再转售给投资公众。对投资银行来说，为了防止在备兑协议期间股票市场价格下跌遭受损失，要求发行公司事先支付一笔风险溢价，这笔溢价可视同股票的卖权价值。

（3）权证可分为认购权证（call warrants）和认售权证（put warrants）两种。前者是一种买入权利（而非义务），即权证持有人有权在约定期间（美式）或到期日（欧式），以约定价格买入约定数量的标的资产。认售（沽）权证，则属于卖出权利（而非义务），权证持有人有权在约定期间或到期日，以约定价格卖出约定数量的标的资产。

（4）可转换债券（convertible bonds）是指在将来指定的时期按约定的转换比率转换成同一公司发行的其他证券，如股票等。

（5）可回售债券（股票）（putable bonds，putable stocks）规定证券持有者可以在未来某一时间以约定价格提前用持有的证券兑换现金，这种证券的持有者不但购买了证券，还购买了证券的卖权，即证券本身包含了一个卖权多头。

（6）可赎回债券（callable bonds）规定发行公司可以在未来某一时间以约定的价格购回债券，这种债券的持有者相当于出售给发行公司一个买权，即债券本身包含了一个买权空头。

含有期权特征的证券价值高于纯证券价值（不含期权）的部分即为期权价值，一般可根据B-S期权定价模型进行估价，也可以采用其他方法，如决策树法、模拟分析法等。本节主要从融资的角度讨论认股权证和可转换债券的期权价值。

二、附认股权证债券

附认股权证公司债券（bond with attached warrant 或 equity warrant bonds）指公司债券附有认股权证，持有人依法享有在一定期间内按约定价格认购公司股票的权利，是债券加上认股权证的产品组合。对于发行人来说，附认股权证的公司债券可以起到一次发行、二次融资的作用，可以有效降低融资成本。相对于普通可转债，这一融资品种的不同之处表现在：第一，发行人一直都有偿还本息的义务；第二，如果债券附美式权证，会给发行人的资金规划带来一定的不利影响；第三，无赎回和强制转股条款，从而在发行人股票价格高涨或者市场利率大幅降低时，发行人需要承担一定的机会成本。

附认股权证公司债券价值由纯债券价值和认股权证价值两部分构成，其中纯债券价值可根据第四章债券估值公式计算。认股权证作为期权的一个变种，其价值主要由内在价值和时间价值构成，采用B-S模型确定认股权证内在价值计算方式如下：

$$c_w = \max[n(S-K),\ 0] \tag{12-12}$$

式中：c_w表示认股权证的内在价值；n表示行权比率，即每份认购权证能购买的普通股股数；S表示普通股每股市价；K表示行权价格。

认股权证的持有者无投票权，也不能分得股利，但如果公司发行股票或进行股票分割，认股权证的行权价格将会自动调整。由于套利机制，认股权证的内在价值构成了认股权证的最低极限价格。由于普通股的市场价值随着时间的推移而变动，因此，认股权证的内在价值也会随之变动。

影响权证价值的因素与影响股票期权价值的因素基本相同，此外，在确定认股权证价值时，还应考虑股利因素。由于权证持有者不享有股利分配权，权证持有时间越长，丧失的股利收入就越多，当权证杠杆效应所带来的收益不足以弥补其所丧失的股利时，权证价值就会下跌。

当认股权证持有者行使转换权利时，将增加公司流通在外的普通股股数，其结果是普通股每股收益降低，这种潜在的每股收益稀释也将导致认股权证价值下跌。认股权证内含价值计算步骤如下：

第一步，根据认股权证被执行后的预期稀释效应对股票价格进行调整，稀释后普通股每股预期价格为：

$$稀释后普通股每股预期价格=\frac{S\cdot N+n\cdot W\cdot K}{N+n\cdot W} \quad (12-13)$$

式中：S代表普通股当前每股价格；N代表认股权证行使前公司发行在外的普通股股数；n代表每张认股权证可以购买普通股股票的数量；W代表发行认股权证的数量；K代表认购价格。

第二步，根据B-S模型计算普通股买权价值，B-S模型中所用的方差是公司股票价值的方差。

第三步，根据认股权证与普通股买权价值的关系计算认股权证价值，每份认股权证的内含价值为：

$$\max\left[n\left(\frac{S\cdot N+n\cdot W\cdot K}{N+n\cdot W}-K\right),\ 0\right]=\max\left[\frac{N\cdot n}{N+n\cdot W}(S-K),\ 0\right] \quad (12-14)$$

$$=\frac{N\cdot n}{N+n\cdot W}\max[S-K,\ 0]$$

公式（12-14）中的max［S−K，0］为普通股买权价值，公司认股权证内含价值等于公司普通股买权价值的$\frac{N\cdot n}{N+n\cdot W}$倍。

［例12-5］2008年4月2日青岛啤酒发行1 500万张附认股权证的债券（或分离交易可转债），募集资金共计15亿元，其中每张债券的持有人可以获得公司派发的7份认股权证。债券面值为100元，票面利率为0.8%，期限为6年，信用等级为AA+。认股权证部分的存续期为18个月，行权日为2009年10月13日，初始行权价为28.32元，行权比例为2∶1。

（1）认股权证内在价值

假设现在是2008年8月21日，青岛啤酒股票（正股）收盘价格为21.09元/股。为测算每份认股权证的理论价值，对B-S模型中的参数做如下设定：行权价格（K）为28.06元，无风险收益率（r）取2年期国债利率2.88%，按连续复利计算为2.92%，股票波动率（σ）为青岛啤酒股票收益率的隐含波动率104.9%，权证存续期（T）为1.16年。将上述参数代入B-S模型，采用Excel函数计算出青岛啤酒股票买权价值为7.52元，见表12-8。

表12-8 青岛啤酒股票买权价值计算表（B-S模型）

参数	数额	说明
输入：		
S	21.09	股票当前市场价格（2008年8月21日）
K	28.06	行权价格
r	2.92%	无风险利率（按2年期国债利率连续复利计算）
T	1.16	期权到期时间（以年为单位）
σ	104.90%	股票隐含波动率
输出：		
d_1	0.3422	=（LN（S/K）+（r+0.5*sigma^2）*T）/（sigma*SQRT（T））
d_2	−0.7876	=d_1−sigma*SQRT（T）
N（d_1）	0.6339	= NormSDist（d_1）
N（d_2）	0.2155	=NormSDist（d_2）
买权价值	7.52	=S*N（d_1）−K*exp（−r*T）*N（d_2）

根据青岛啤酒分离交易可转债的公告，该次认股权证发行总量为10 500万份，行权比例为2：1，即2份认股权证可认购1股青岛啤酒A股股票，流通股为23 575.55万股。结合表12-8的数据，青岛啤酒认股权证内含价值计算如下：

$$\text{认股权证内含价值} = 7.52 \times \frac{N \cdot n}{N + n \cdot W}$$

$$= 7.52 \times \frac{23\,575.55 \times 0.5}{23\,575.55 + 0.5 \times 10\,500} = 3.08\ (\text{元})$$

在实务中，通常是根据认股权证合理的溢价率水平确定其市场定价。溢价率是权证一个重要的风险指标，表示以当前价格买入权证并持有到期，标的股票需要向有利的方向变动多少（百分比），投资者才可以不盈不亏。限于篇幅，在此不做说明。

(2) 债券价值

公司债券价值主要取决于到期收益率和债券票面利率，2008年8月，沪市企业债券交易所市场交易5～6年期企业债共有20种，到期收益率的平均值为5.08%，以此作为折现率；青岛啤酒债券剩余年限为5.611年。根据上述数据，青岛啤酒债券价值为79.86元（见12-9最后一行合计数）。

表12-9 青岛啤酒债券价值

剩余年限（年）	0.611	1.611	2.611	3.611	4.611	5.611
利息及到期本金（元）	0.800	0.800	0.800	0.800	0.800	100.800
现值（元）(5.08%)	0.776	0.739	0.703	0.669	0.637	76.333

三、可转换债券估价

可转换债券（convertible bonds）是一种以公司债券（也包括优先股）为载体，允许持有人在规定的时间内按规定的价格转换为发行公司或其他公司普通股的金融工具。

(一) 可转换债券的基本概念

纯债券价值（straight-debt value）：指非转换债券所具有的价值，即不含转换权债券的价值，一般根据债券估价模型计算。

转换价值（conversion value）：指可转换债券能以当前股票价格立即转换为普通股时可转换债券所能取得的价值，其计算公式为：

$$\text{转换价值}=\text{转换比例}\times\text{股票当前市场价格} \tag{12-15}$$

转换价格（conversion price）：指可转换债券转换为股权时的行权价格，可转换债券合约中规定的这一价格为初始转换价格。

转换比率（conversion ratio）：指每份可转换债券可转换成普通股的股数。

转换比率与转换价格之间的关系可用下式表示：

$$\text{转换比率} = \frac{\text{可转换债券的发行价格}}{\text{转换价格}} \tag{12-16}$$

转换时间：指债券持有人行使转换权利的有效期限。通常有两种规定：一种是发行公司制定一个特定的转换期限，只有在该期限内，公司才受理可转换债券的换股事宜；另一种方式是不限制转换的具体期限，只要可转换债券尚未还本付息，投资者可以任意选择转换时间。

转换权：指债券持有人在规定的时间内可以按规定的转股价格将可转换债券转换为股票的权利，转换权是可转换债券的基本特征。

赎回权（callable option）：发行人在一定的时期内可以提前赎回未到期的可转换债券的权利而非义务，赎回价格一般高于面值。赎回权一般在公司与投资者之间关于赎回行为的赎回条款中书面约定。

回售权（putable option）：在股票价格表现欠佳时，投资者要求发行人收回发行在外的可转换债券，并在指定日期内以高于面值一定的溢价出售给发行人的权利。回售权一般在公司与投资者之间关于回售行为的回售条款中约定。

（二）可转换债券价值

可转换债券可以看作一份债券和一份公司股票的看涨期权的组合，这与前述的附认股权证的债券组合几乎相同。只不过可转换债券持有者行权时必须放弃债券，而附认股权证债券持有者在行权后可继续持有债券。

可转换债券价值主要由纯债券价值（或转换价值）加上期权价值构成。在可转换债券到期日前：如果纯债券价值>转换价值，投资者不会行使转换权，持有债券以赚取高额利息收入；如果转换价值>纯债券价值，投资者将债券转换为股票，从中获利。在可转换债券到期日，可转换债券持有人要么立即转换，成为公司的股东，要么接受公司支付的债券本息。因此，到期日可转换债券的价值是纯债券价值和转换价值中的最大者，这一价值也是可转换债券的最小值或底价。

在可转换债券到期前，可转换债券持有人不必立即作出选择，他们可以等待获利机会，再行决断。这样未到期的可转换债券的价值总是大于它的底价，其间的差额称为可转换债券期权价值或溢价，这笔溢价相当于公司股票的美式买权价值。假设不考虑债券违约情况，纯债券价值、转换价值、期权价值、可转换债券价值之间的关系如图12-13所示。

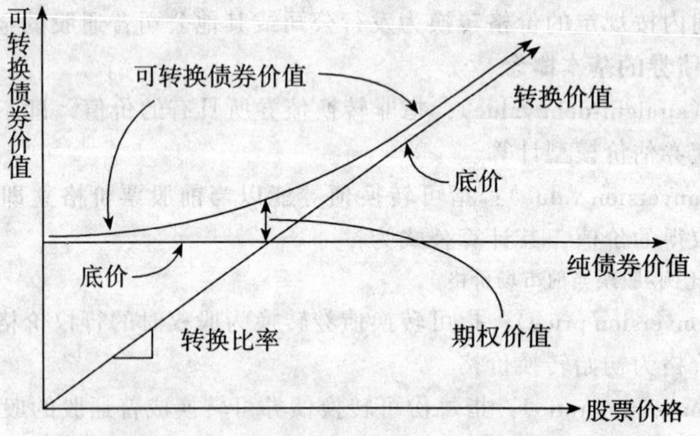

图12-13 可转换债券价值与股票价格关系图

在图12-13中，纯债券价值与转换价值越接近（无论两者谁高），可转换债券期权价值越大；纯债券价值与转换价值之间的差距越大，期权价值相对越小；纯债券价值与转换价值相等时，期权价值相对最大。随着债券到期日（或转换日）的接近，可转换债券的市场价值与转换价值几乎相等，亦即可转换债券期权价值为零。在可转换债券到期日前，其价值等于纯债券价值和转换价值二者中的较大值与期权价值之和，即：

可转换债券价值=max（纯债券价值或转换价值）+期权价值 （12-17）

［例12-6］2019年12月30日晚，新希望发布公告将于2020年1月3日在网上发行40亿元可转债，期限6年。本次募集资金（扣除发行费用）将全部投资于生猪养殖项目。希望转债（127015）有关资料见表12-10。

表12-10 希望转债（127015）有关资料

发行规模	400亿元	发行价格（元）	100
债券期限	2020/01/03至2026/01/03	起息日	2020/01/03
付息频率	1年1次	每年付息日	2020/01/03
票面利率	各年利率：0.20%、0.40%、0.80%、1.20%、1.60%、2.00%		
初始转股价格（元）	19.63	初始转股比例	5.0942
转股期	2020/070/9至2026/01/03		
回售触发价格（元）	13.74	强赎触发价格（元）	25.52
到期赎回价格（元）	106		
信用评级	AAA	剩余天数	1995

假设现在是2020年7月17日，新希望股票市场价格为30.9元/股。

2020年7月10日，5年期国债收益率为2.84%，10年期为3.03%。假设6年期国债收益率为3.01%。可转债历史隐含波动率见表12-11，为简化，假设以可转债历史隐含波动率中位数26.55%为希望转债的隐含波动率。

表12-11 可转债隐含波动率历史分布

项目	2003年至2019/07	2003至2019/07（剔除2007年、2008年、2015年）
均值	30.39%	27.62%
最高值	75.06%	66.13%
75%分位数	38.74%	32.31
中位数	26.55%	24.64%
25%分位数	21.18%	20.21%
最低值	10.03	10.03%
2009年7月值	22.19%	22.19%
历史分位点	29.60%	36.00%

资料来源 Wind资讯、国信证券经济研究所整理。

根据上述数据计算希望转债纯债券价值、期权价值及可转换债券价值。

（1）希望转债纯债券价值

根据中债2019年12月30日数据，6年期AAA企业债收益率为3.85%，为简化，假设以此为希望转债投资者要求的最低收益率，到期时债券赎回价格为106元。按3.85%折现，希望转债纯债券价值为89.9329元，计算过程见表12-12。

表12-12 希望转债纯债券价值 金额单位：元

项目	2020/07/17	2021/01/03	2022/01/03	2023/01/03	2024/01/03	2025/01/03	2026/01/03
剩余年限		0.4658	1.4658	2.4658	3.4658	4.4658	5.4658
利率		0.2%	0.4%	0.8%	1.2%	1.6%	2.0%
现金流量		0.20	0.40	0.80	1.20	1.60	106.00
现值	89.9329	0.1965	0.3785	0.7288	1.0527	1.3516	86.2248

（2）希望转债期权价值与转换价值见表12-13。

表12-13 希望转债期权价值与转换价值

参数	数额	说明
输入：		
S	30.90	新希望股票市场价格（2020/07/17）
K	19.63	行权价格，初始转股价格
r	3.01%	6年期（2020年7月中债国债收益率）
T	5.47	期权到期时间（以年为单位）（1995/365）
Sigma	26.55%	历史隐含波动率中位数（2003—2019年）
输出：		
d_1	1.3063	=（LN（S/K）+（r+0.5*sigma^2）*T）/（sigma*SQRT（T））
d_2	0.6856	=d_1-Sigma*SQRT（T）
N（d_1）	0.9043	=NormSDist（d_1）
N（d_2）	0.7535	= NormSDist（d_2）
买权价格	15.39	=S*N（d_1）-K*exp（-r*T）*N（d_2）
转股价值		
初始转股比率	5.0942	=100/19.63
股票价格	30.90	新希望股票价格
转换价值	157.41	=5.0942*30.90

希望转债价值=max（纯债券价值或转换价值）+期权价值

=max（89.93，157.41）+15.39=172.81（元）

从价值构成来看，可转换债券可以看作普通的公司债券与一个看涨期权的组合。但可转换债券结构极为复杂，通常隐含转股权、赎回权和回售权等，这些都会影响希望转债的期权价值。

由于可转换债券赋予投资者在一定时间的转换期内都具有可转换的权利，所以采用美式期权定价应该说是最合适的。因此，采用B-S欧式期权定价模型估计的转债期权价值只是一个参考值，还应结合其他各种因素进行调整。

四、可赎回债券与可回售债券

公司在发行债券时，可以对债券附加一些条款，以便减少发行者的风险或增加债券投资者的吸引力，最常见的条款之一就是可赎回条款。这一条款允许发行人（公司）在某一规定的期间内以事先确定的价格从债权人手中赎回全部债券。一般而言，购回价格会超过债券的票面价值100元。购回价格与票面价值之间的差价称为购回溢价（call premium）。例如，债券的购回价格为面值的105%，则债券赎回溢价等于面值的5%。初始赎回价格通常设定为债券面值加上年利息，并且随着到期时间的减少而下降，逐渐趋近面值。赎回条款一般有两种：随时赎回条款和推迟赎回条款。随时赎回条款规定，债券一经发行，债券发行人即有权随时赎回债券；推迟赎回条款规定，债券发行人只能在一定时间后才能赎回已发行的债券。

从期权的角度分析，可赎回债券的发行人可以在利率下跌（债券价格上升）时以约定的价格赎回旧债券，这表明可赎回债券相当于在纯债券上附加了一份在标的资产（债券）价格上涨时以某固定价格（赎回价格）购买该资产的看涨期权。

如果债券契约中载明允许发行公司在到期日前将债券从持有者手中赎回的条款，则当市场利率下降时，公司会发行利率较低的新债券，并以所筹措的资金赎回高利率的旧债券。在这种情况下，可赎回债券持有者的现金流量包括两部分：（1）赎回前正常的利息收入；（2）赎回价格（面值+赎回溢价）。赎回条款的存在，降低了该类债券投资者的实际预期收益率。为弥补被赎回的风险，这种债券发行时通常有较高的息票率和较高的承诺到期预期收益率。

可回售债券给予债券投资人在债券到期日之前的某一时点将持有的债券以一定的价格回售给发行人。当利率上升，债券价格下跌时，债券投资人可以行使回售权，将资金重新投资于收益率更高的债券或其他投资产品。同时回售价格是债券价格的下限，有助于在债券价格下跌时保护投资者。因此，可回售债券可以看作一份纯债券加上一份看跌期权的组合。与可赎回债券相反，可回售债券有利于投资者，不利于融资者，因为需要承担更大的市场风险。作为给予投资人回售选择权的交换，发行人可用更低的票面利率再融资。例如，一只5年期、含投资人3年期末回售选择权的债券（3+2）票面利率不仅应低于5年期债券票面利率，也应低于3年期债券票面利率。这是因为，上述可回售债券等价于一个3年期纯债券加上一个投资者按照同样或更高（若存在利率跳升）的利率将现有债券继续持有两年的选择权，从而使得可回售债券的价值更高。

可赎回和回售债券含有的期权价值，一般可通过蒙特卡罗模拟等方法进行定价。

第五节　股票、债券期权价值分析

一、股票、债券与公司价值

Fischer Black and Myron Scholes（1973）在《期权估值与公司债务》中首次提出负债

公司的股权实际上是公司价值的看涨期权。此后，大量的研究进一步说明了如何将期权定价理论运用于解决公司财务问题之中，例如，含期权融资产品、资本结构、兼并与收购、投资决策、风险管理等。

如果以公司资产作为期权标的资产，站在不同的角度进行分析，股票、债券持有者具有不同的权利和义务，现从买权和卖权两方面进行分析。

（一）买权分析

假设公司资本总额由股权资本（普通股）和负债资本（零息债券）两部分组成；假设公司债券面值为D，期限为T年，债券到期时，股票总价值E_T与公司资产价值V_T关系如下：

$$E_T = \max[V_T - D, 0] \tag{12-18}$$

公式（12-18）与买权的到期日价值为同一形态，因此，公司的股票可以解释为以公司资产为标的资产、以债券面值为行权价、以债券期限为权利期的一种欧式买入期权，而以股票为标的资产的买权变成了买权的买权，称为复合买权（compound option）。此时买权的真正标的资产是公司资产，而不是公司股票，通过以股价为中介，买权（股票价值）主要与公司资产价值及债券面值有关，如图12-14所示。

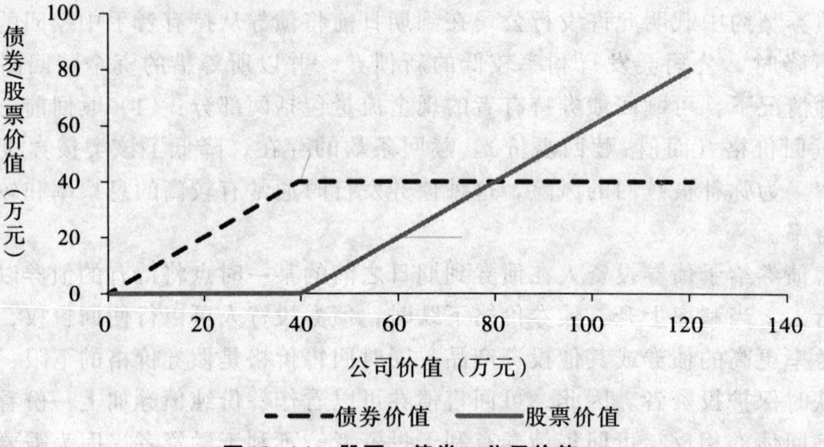

图12-14 股票、债券、公司价值

假设零息债券到期价值，D=40万元。根据买权定价理论，债券到期时，股票持有人（股东）有两种选择：偿还债券或宣告破产。如果$V_T>D$，债券将被偿还，即股东执行期权；如果$V_T<D$，公司将无力偿还债券，按股东承担有限责任的观点，债权人将接受公司的全部资产，或者说股东将不行使买权，此时买权一文不值（即股票价值为零）。从理论上说，股票持有人的上方收益是无限的（他们分享了公司资产价值超过债券价值的所有部分），而下方风险是锁定的。

从债权人的角度看，债券到期时，如果$V_T>D$，债权人将公司资产以债券面值“出售”给股东；如果$V_T<D$，债权人将得到小于债券面值的公司资产。此时，债权人有两项权益：（1）他们是公司资产的持有者；（2）他们是公司资产买权的出售者，即承担将公司资产出售给股东的义务。

$$\text{债券价值}=\text{公司资产价值}-\text{公司资产买权价值} \tag{12-19}$$

从理论上说，债券持有人的上方收益和下方风险是有限的（以债券面值为限）。图

12-15中的实线描述了债权人的损益状况。

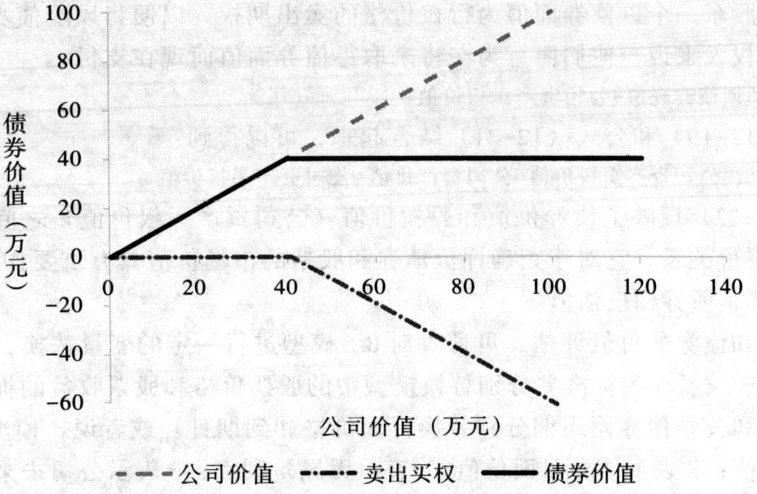

图12-15　债券价值——解释之一

（二）卖权分析

从股东的角度看，股东对公司资产有三项权益：（1）他们是公司资产的持有者；（2）他们是公司债券的偿还者；（3）他们持有一份以公司债券为行权价的卖权。债券到期时，如果 $V_T<D$，股东则行使期权，以债券面值将公司资产出售给债权人。此时，仅仅是公司资产与债券的交换，并没发生任何现金流动，交易结束后股东一无所有。如果 $V_T>D$，股东放弃行权，按债券价值偿还债券后，股东仍是公司资产的所有者。

股票价值=公司资产价值-预期债券的现值+公司资产卖权价值　　(12-20)

从债权人的角度看，持有人有两项权益：（1）他们拥有债券索偿权；（2）他们是公司资产卖权的出售者。债券到期时，如果 $V_T<D$，股东行使卖权时，债权人必须以债券面值将公司资产买回，交易结束后，股东和债权人的权利和义务相互抵消。如果 $V_T>D$，股东则放弃期权，此时，债权人仅按债券面值收到偿还额。图12-16中的实线显示了公司债权人的损益。

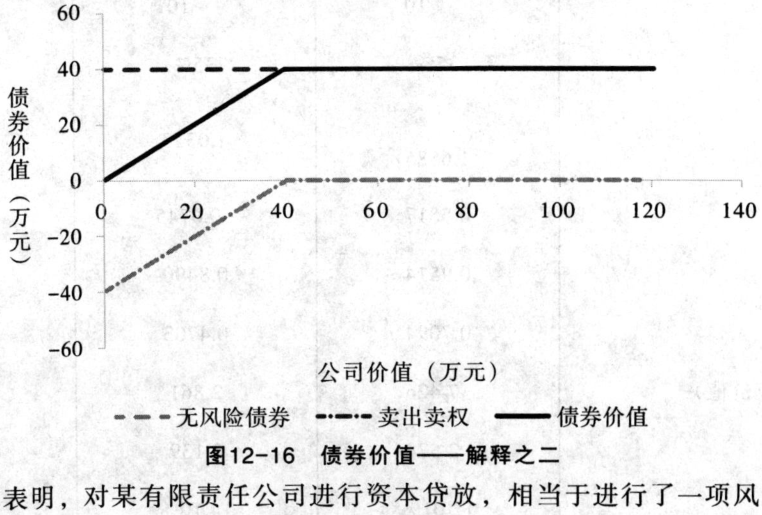

图12-16　债券价值——解释之二

图12-16表明，对某有限责任公司进行资本贷放，相当于进行了一项风险投资。为了

避免风险，债权人会在购买了一张按无风险利率（无违约风险）折现的公司债券的同时，还出售给公司股东一个以债券面值为行权价格的卖出期权，以便将风险债券调整为无风险债券。对于债权人来说，他们愿意为在将来取得债券面值而现在支付：

债券价值=预期债券现值-公司资产卖权价值 （12-21）

将公式（12-19）和公式（12-21）结合起来，可以得到：

预期债券现值-公司资产卖权价值=公司资产价值-公司资产买权价值 （12-22）

公式（12-22）反映了债券价值和股权价值（公司资产买权价值）之间的关系，亦即前述买-卖权平价关系，它对于正确评价债券和股票的市场价值具有重要作用。

（三）股票、债券期权估值

关于股票和债券的价值评估，可通过对B-S模型进行一定的变量替换，即用公司资产价值和公司资产收益率的标准差分别替换模型中的股票价格和股票收益的标准差；用公司债券账面价值和公司债券偿还期分别替换行权价格和到期日。或者说，模型中的S表示公司资产市场价值；K表示债券账面价值；r表示无风险利率；σ表示公司未来市场价值的标准差；T表示公司债券期限；c表示股票价值（买权价值）。据此可计算公司股票的价值，进而计算债券价值和公司总价值。

［例12-7］APX公司目前资产价值预计为1亿元，公司价值标准差为35%；债券面值为8 000万元（10年期零息债券），10年期国债利率为8%。根据B-S模型分三种情景估计该公司股权价值、债券价值、债券利率，见表12-14。

表12-14 **不同情景下APX股权价值、债券价值**

项目	情景1	情景2	情景3
输入：			
公司价值S（万元）	10 000	5 000	9 800
零息债券K（万元）	8 000	8 000	8 000
无风险利率r	10%	10%	10%
到期时间T（年）	10	10	10
年波动率σ	35%	35%	50%
输出：			
d_1	1.6585	1.0323	1.5514
d_2	0.5517	-0.0745	-0.0298
N（d_1）	0.9514	0.8490	0.9396
N（d_2）	0.7094	0.4703	0.4881
股票价值（买权价值）	7 426	2 861	7 771
债券价值	2 574	2 139	2 029
债券利率	12.01%	14.10%	14.71%

情景1：根据B-S模型，APX公司股权价值计算如下：

$$股权价值 = 10\,000 \times 0.9514 - 8\,000 \times e^{-0.10 \times 10} \times 0.7094 = 7\,426（万元）$$

债券价值等于公司价值减去股权价值，即：

债券价值=10 000−7 426=2 574（万元）

根据债券的市场价值计算10年期零息债券的市场利率如下：

$$债券利率 = \left(\left(\frac{8\,000}{2\,574}\right)^{1/10} - 1\right) \times 100\% = 12.01\%$$

上述计算结果表明，10年期零息债券的违约风险溢价为2.01%（12.01%−10%）。

采用期权模型估计股权价值的一个隐含意义在于，股权资本总是具有价值，即使在公司价值远远低于债券面值时，只要债券没有到期，股权资本仍然具有价值。原因在于标的资产价值在期权剩余期限内仍具有时间价值，或在债券到期前资产价值仍有可能超过债券的面值。

情景2：APX公司的价值下跌到5 000万元，低于流通在外的债券价值，在其他因素不变的条件下，APX公司股权价值和债券价值、债券利率计算如下：

$$股权价值 = 5\,000 \times 0.8490 - 8\,000 \times e^{-0.10 \times 10} \times 0.4703 = 2\,861（万元）$$

债券价值=5 000−2 861=2 139（万元）

$$债券利率 = \left(\frac{8\,000}{2\,139}\right)^{1/10} - 1 = 14.10\%$$

事实上，即使公司资产价值下跌到1 000万元或更低，股权资本在本例中仍具有价值，如图12-17所示。

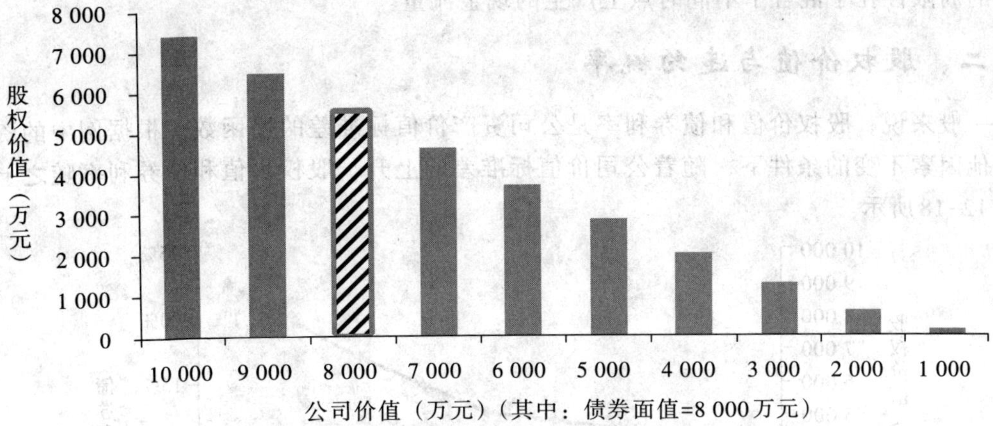

图12-17　公司价值与股权资本价值

在上述分析中，假设公司只存在一次性发行的零息债券，这与大多数公司不同，因此采用B-S模型时需要进行一定的调整。对公司价值而言，一般有三种调整方式：

（1）如果公司所有的债券和股票都在公开的市场进行交易，可以据此确定公司总价值（股票与债券市场价值之和），然后根据期权定价模型把这一价值在股权价值和债券价值之间进行重新分配。这种方法虽然简单，但得到的却是与市场价值完全不同的股权价值与债券价值。

（2）根据资本成本对预期现金流量进行折现，以确定公司资产的市场价值。在这种方法下，期权定价模型中的公司价值应该是它在清算时获得的价值，因此有可能忽略了公司未来投资的增长价值，也可能降低了清算成本。

（3）选择同行业可比公司，根据价格乘数法计算公司价值。

对于公司价值方差，如果公司的股票、债券都是上市的，可以直接获得公司价值的方差：

$$\sigma_{公司}^2 = w_e^2\sigma_e^2 + w_d^2\sigma_d^2 + 2w_e w_d \rho_{ed}\sigma_e\sigma_d \quad (12-23)$$

式中：w_e 和 w_d 分别表示股权和债权的市场价值权数；σ_e 和 σ_d 分别表示股票价格和债券价格的标准差；ρ_{ed} 表示股票价格和债券价格的相关系数。

如果公司债券不在市场上交易，可以采用相似等级债券的标准差作为对 σ_d 的估价值，而把相似等级债券与公司股票价格之间的相关系数作为对 ρ_{ed} 的估计值。如果公司股票或债券价格波动幅度比较大，采用上述方法可能得出错误的结论。在这种情况下，可以采用同行业平均方差作为估价值。

对于公司债券来说，假设公司债券是由不同期限、不同利率的债券构成的，采用期权估价法时，需要将多次发行的债券调整为一次性的零息债券。对于不同期限的公司债券，一般有两种调整方法：一种是估计每一次债券的持续期或久期，然后计算不同债券持续期的加权平均数；另一种是以不同期限债券的面值为权数计算的加权平均期限作为零息债券的到期期限。

在期权定价法下，对债券面值可采用两种方式确定：一是将公司所有债券到期本金视为公司已发行的零息债券面值。这种方法的局限性在于忽略了公司在债券期间必须支付的利息。二是将公司预期的利息支付加总到到期本金上，从而获得债券的累积性面值。这种方法的局限性在于混合了不同时点上产生的现金流量。

二、股权价值与违约概率

一般来说，股权价值和债券利率是公司资产价值标准差的增函数。根据例中的资料，在其他因素不变的条件下，随着公司价值标准差的上升，股权价值和债券利率随之上升，如图12-18所示。

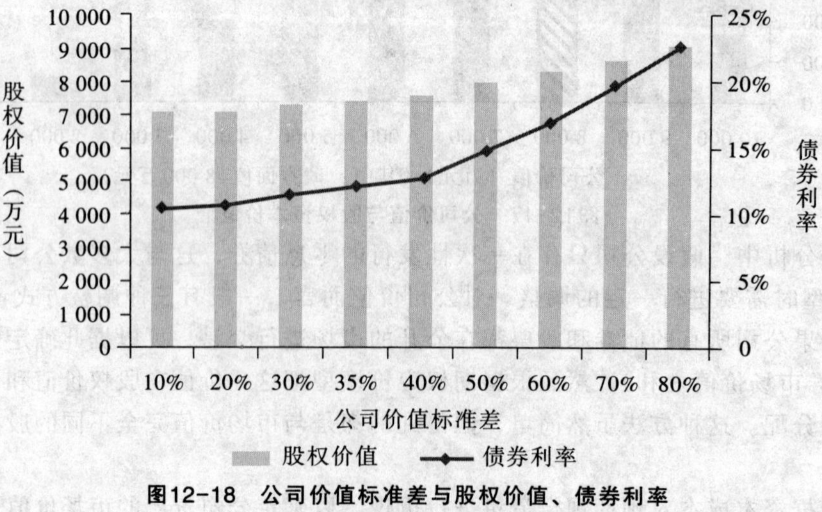

图12-18 公司价值标准差与股权价值、债券利率

B-S模型不仅可以用于估价，还可通过这一模型估计公司违约风险的中性概率。在

B-S模型中，N（d_2）是$S_T>K$的风险中性概率。在这里它是公司资产价值超过债券面值的概率。因此，违约风险中性概率为"1-N（d_2）"，而债券违约风险溢价则是公司债券利率与无风险利率之间的差额。图12-19描述了公司违约风险中性概率和违约风险溢价与公司价值标准差之间的关系。

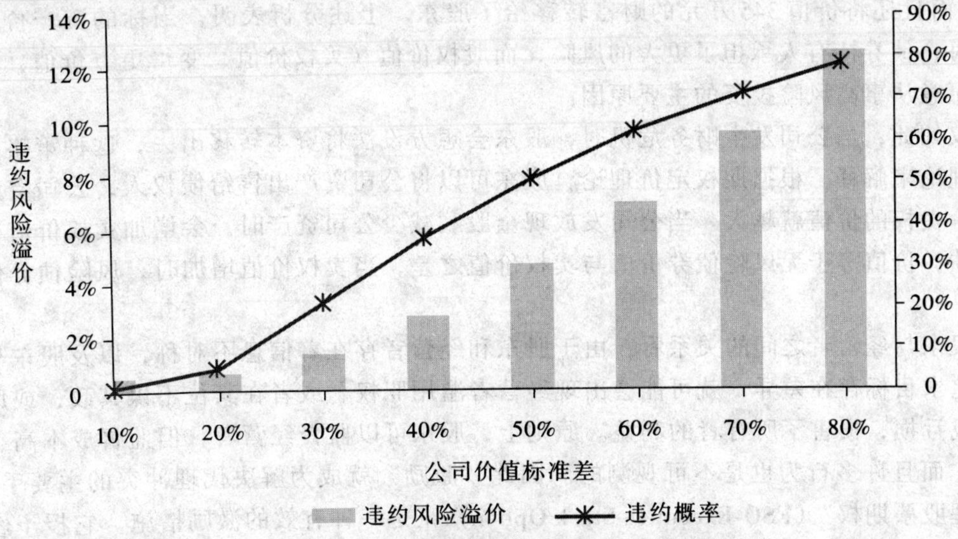

图12-19　违约风险中性概率和违约风险溢价

在图12-19中，公司资产价值标准差越高，违约风险中性概率和违约风险溢价就越大，而且上升的幅度很大。

三、期权与代理问题

从股东和债权人之间的关系来说，股东相当于公司资产价值的买权持有者，债权人则是这一买权的出售者。根据B-S模型，股票价值（买权价值）与公司资产价值（标的物）标准差呈同向变化，标准差越大，风险越高，股票价值就越大，债券价值就越小。图12-20描述了在情景1时公司资产标准差对股票、债券价值的影响。因此，负债公司的股东通常比无负债公司的股东更愿意从事高风险项目，或为了获得高报酬，或为了向债权人转移风险。

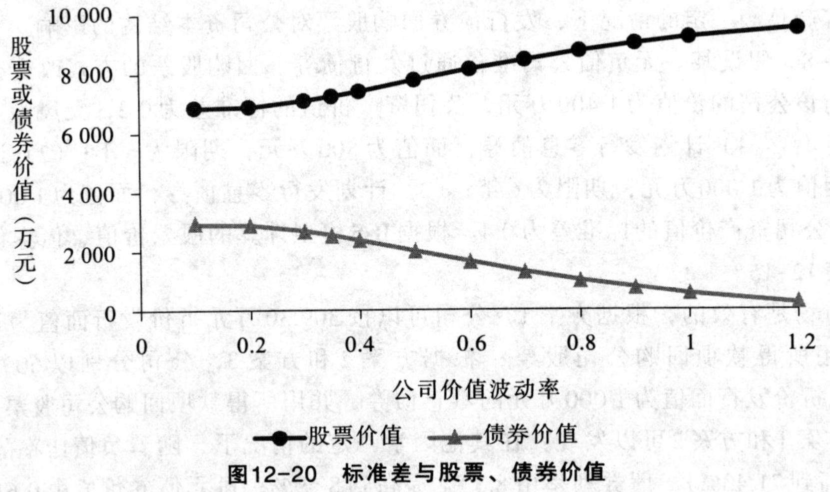

图12-20　标准差与股票、债券价值

在表12-14中，情景3假设公司进行项目投资，净现值为-200万元，公司价值标准差由35%提高到50%。在公司价值降低，标准差上升的情况下，即使其他因素保持不变，股权价值由7 426万元增加到7 771万元，增加了345万元；债券价值由2 574万元降低到2 029万元，下降了545元；这意味着债券持有人不但承担了项目投资的全部损失（-200万元），而且还将价值345万元的财富转移给了股东。上述分析表明，当标的资产价值风险加大时，债券持有人承担了更大的风险，而股权价值（买权价值）变得更有价值，这也是股东愿意从事高风险投资的主要原因。

不仅如此，当公司发生财务危机时，股东会想方设法将资本转移出去，这种策略可以用卖权理论来解释。根据期权定价理论，股东可以将公司资产出售给债权人，公司资产价值越低，卖权的价值就越大。当公司发放现金股利减少公司资产时，会增加卖权价值，由于风险债券价值等于无风险债券价值与卖权价值之差，当卖权价值增加时，风险债券价值减少。

从股东与经营者之间的关系看，由于股东和经营者存在着信息不对称，以及股东与经营者的追求目标存在差异，就可能会出现经营者滥用职权、或者在其位不谋其政，或风险经营造成亏损，损害了所有者的利益。原则上，股东可以监督经营者，但监督成本高、缺乏效率，而且许多行为也是不可观测的。因此"激励"就成为解决代理冲突的主要手段，而"经理股票期权"（ESO-Executive Stock Option）正是一种有效的激励措施。它授予经营者（主要指经理人）未来以预先设定价格（即行权价格）购买本公司的股票，这种权利不能转让，但所得股票可以在市场上出售。其激励的逻辑是：提供期权激励——经营者努力工作，实现公司价值最大化，公司股价上升——经营者行使期权获得利益。反之，经营者利益受损。这就使经营者的个人收益成为公司长期利润的增函数，使他们像股东一样思考和行事，从而有效地降低了代理成本，矫正了经营者的短视行为。所以，有的管理学者把经营者股票期权比喻为"金手铐"。由于股票可以看作对公司资产价值的一种买权。所以，这种方法也可以看作是期权原理的一种应用。

四、期权与资本结构

公司发行股票回购债券，或发行债券回购股票是改变资本方式之一。现从期权的角度说明，在资产总额一定的情况下，发行债券回购股票对公司资本结构的影响。

[例12-8] 假设某一无负债公司准备通过发行债券、回购股票的方式改变公司的资本结构。目前该公司的价值为1 400万元，公司资产价值的标准差为0.2，无风险利率为8%。现有三个方案：(1) 计划发行零息债券，面值为500万元，期限为6年；(2) 计划发行零息债券，面值为1 000万元，期限为6年；(3) 计划发行零息债券，面值为1 000万元，期限为6年，公司资产价值的标准差为0.4。根据B-S模型计算的股票价值、债券价值，负债比率等见表12-15。

如果市场是有效的，根据方案1，公司可以按309.30万元折价发行面值为500万元的债券，并用所得款项回购公司股票；根据方案2和方案3，公司分别以609.94万元和522.57万元折价发行面值为1 000万元的零息债券，并用所得款项回购公司股票。

比较方案1和方案2可以发现：在其他因素一定的情况下，随着负债比率的提高（从35.71%提高到71.43%），债券利率由8.33%提高到8.59%；每元债券价值由0.6186元降低

表12-15 根据B-S模型计算的股票价值、债券价值、负债比率

项目	方案1	方案2	方案3
输入：			
公司价值S（万元）	1 400.00	1 400.00	1 400.00
零息债券K（万元）	500.00	1 000.00	1 000.00
无风险利率r	8.00%	8.00%	8.00%
到期时间T（年）	6	6	6
年波动率σ	20.00%	20.00%	40.00%
输出：			
d_1	3.3264	1.9116	1.3232
d_2	2.8365	1.4217	0.3434
N（d_1）	0.9996	0.9720	0.9071
N（d_2）	0.9977	0.9224	0.6344
看涨期权价格	1 090.70	790.06	877.43
看跌期权价格	0.09	8.84	96.22
股票价值	1 090.70	790.06	877.43
风险债券价值	309.30	609.94	522.57
债券利率	8.33%	8.59%	11.42%
负债/资产价值	35.71%	71.43%	71.43%
每元债券价值（债券现值/面值）	0.6186	0.6099	0.5226

到0.6099元。这是因为公司的负债越多，风险越大，债权人要求的收益率就会越高，从而降低了债券价值。同理，比较方案2和方案3可以发现：在其他因素一定的情况下，经营风险由0.2上升到0.4，公司的股票价值由790.06万元上升到877.43万元，这表明当标的资产价值风险加大时，期权变得更有价值。与此相对应的是，负债价值由609.94万元降到522.57万元，利率由8.59%上升到11.42%。这意味着债券持有人承担了更大的风险，而股东却可能占有最大的潜在利益，这也是股东愿意从事高风险投资的主要原因。

□ 思政课堂

完美制药公司（ACME Pharmaceuticals）及其神秘配方

假定完美制药公司正在研制一种可能对治疗癌症非常有效的畅销药物。美国食品与药品监督管理局认为这种药品存在着50%的致癌概率，所以目前该药物还没有进入临床试验阶段。美国食品与药品监督管理局认为这种药物当中的一种活性剂既有可能抗癌，也有可能致癌，它们将在一个月之内就此问题公布最终的研究报告。在此之前，完美制药公司将会对这种活性剂的成分严格保密。

市场上的许多投资者都在探测和分析新药活性剂成分，某些活性剂，例如，甘草的市场价格也发生了较大的波动。与此同时，在地球另一面的新加坡，有一位贸易商正在通过他的个人电脑密切地关注着石油、航空股票和甘草的价格变动情况。到了晚上，他自言自语道："哇，真不知道是什么原因让甘草市场如此神经过敏！"

当美国市场上甘草未来价格的不确定性大幅增加的时候，在地球的另一面，这一变化通过甘草期权价格的波动得到了同步的反映。这就是所谓的隐含波动。由此可见，通过某种商品期权价格的变动，就可以意识到它未来价格的不确定性。正因如此，在看到甘草期权价格暴涨时，那位正在对完美制药公司的新药配方百思不得其解的贸易商会立即恍然大悟："我知道了，这种药物当中的神秘成分一定就是甘草！"

假设在美国食品与药品监督管理局研究报告发布前，你意外地得到一个消息：这种神秘的活性剂居然是甘草。你马上意识到，未来甘草的价格要么大幅上涨，要么大幅下跌。你会怎么做呢？假设在当前甘草期权市场上，1个月买权和卖权的执行价格均等于甘草当前的市场价格20美元，1个月甘草买权和卖权价格均为1美元，你会采取什么措施，将甘草价格的不确定性变成获利的工具？

组织学生讨论：在未来的生活和职业生涯规划中，如何利用期权理论规避风险和对冲风险。

资料来源 萨维奇 S. 被平均的风险：如何应对未来的不确定性［M］. 刘伟，译. 北京：中信出版，2019.

□ 本章小结

1.期权价值在任一时点都是由内含价值和时间价值两部分组成的。当期权处于无价时，期权价值完全由时间价值构成；当期权处于平价时，期权价值完全由时间价值构成，且时间价值达到最大；当期权处于有价时，期权价值由内含价值和时间价值两部分构成。期权价值伴随着合约剩余有效期的减少而减少，期满时时间价值为零，期权价值完全由内含价值构成。

2.无套利定价法和风险中性定价法实际上具有内在的一致性。在无套利定价过程中，并没有考虑标的资产价格上升和下降的实际概率，但从p在公式中的地位和特征上看很像概率，因此，p常被称作假概率。把p解释为股票价格上升的概率相当于假设股票的收益率等于无风险利率。如果与证券相关的资本市场上的投资者都是风险中性者，那么投资者要求的收益率就等于无风险利率。

3.从B-S期权定价模型经济含义看，$N(d_1)$ 等于保值比率Δ，反映了标的资产变动一个很小单位时，期权价格的变化量。$N(d_2)$ 实际上是在风险中性世界中S_T大于K的概率，因此，$Ke^{-rT}N(d_2)$ 是K的风险中性期望值的现值。$SN(d_1) = e^{-rT}S_TN(d_1)$ 是S_T的风险中性期望值的现值。因此，整个欧式买权公式就可以被看作期权未来预期收益的现值，即买权价值等于标的资产价格期望现值减去行权价格现值。

4.可转换债券价值主要由纯债券价值（或转换价值）加上期权价值构成。纯债券价值与转换价值越接近（无论两者谁高），可转换债券期权价值越大；纯债券价值与转换价值之间的差距越大，期权价值相对越小；纯债券价值与转换价值相等时，期权价值相对最大。

5.公司的股票可以解释为以公司资产为标的资产、以债券面值为行权价、以债券期限为权利期间的一种欧式买入期权，而以股票为标的资产的买权变成了买权的买权，称为复合买权。此时买权的真正标的资产是公司资产，而不是公司股票，通过以股价为中介，买权（股票价值）主要与公司资产价值及债券面值有关。

□ 基本训练

1.1995年，当时日经指数在10 000点徘徊，而巴林银行在亚洲主管衍生金融工具业务的里森构造了一个非常“进取”的期权组合。他同时卖出了两项期权：（1）允许其他投资人在日经指数跌破9 500点时，仍然以9 500点的价格向巴林银行出售这些投资人所持有的指数投资；（2）允许其他投资人在日经指数涨过10 500点时，仍然以10 500点的价格从巴林银行手中收购指数投资。在这样的头寸安排下，如果日经指数在这些期权的结算到期日时，落在9 500点和10 500点之间，巴林银行就获得出售两项期权所带来的收益。而一旦日经指数跌破9 500点或者涨过10 500点，巴林银行都要承担巨大的损失。结果当结算日将近时，里森发现日经指数跌破9 500点，且有进一步下跌的趋势。为了挽回损失，他开始调动巴林银行的资金大量买入日经指数现货，以期通过这种手段将日经指数重新拉回到9500点以上的安全区。结果日本阪神大地震的利空消息令日经指数继续大幅下跌，巴林银行损失惨重，最终倒闭。请查询有关资料，画出里森构造的蝶式期权组合，分析导致巴林银行倒闭的原因，透过巴林银行倒闭事件，我们应当怎样看待衍生性金融工具？

基本训练指引
12-1

2.2006年4月27日，万华化学认股权证和认售权证在上海证券交易所挂牌上市，两个权证均为欧式权证，其有关要素如下：两个权证的存续期均为1年；行权比例均为1，前者是1份认股权证可按行权价（9元）向公司购买1股万华化学A股股票，后者是1份认售权证可按行权价（13元）向公司出售1股万华化学A股股票；认股权证上市总数为5 657.6万份，认售权证上市总数为8 486.4万份。万华的蝶式权证类似于“宽跨式”（strangle）权证组合，但在一般的“宽跨式”权证组合里，认股权证的行权价高于认售权证的行权价，收益曲线呈现“_/”形状。请说明万华股份蝶式权证的特点与教材中图12-5的区别，假设你是一个投资者，请解释这种蝶式权证对你的投资收益与风险的影响。

基本训练指引
12-2

3.A股票价格为36元，行权价格为34元，无风险年利率为10%，当前9个月的欧式买权价格为6.4元，9个月的欧式卖权价格为3.6元。根据上述资料计算分析：

（1）根据买卖权平价关系，在给定卖权条件下计算买权价格；

（2）根据买卖权平价关系，在给定买权条件下计算卖权价值；

（3）将计算结果与买或卖权现行价格比较，你认为应采用何种投资策略进行套利活动？试举例说明。

基本训练指引
12-3

4.假设一个四期二项式模型有如下特征：每期股价从上一期开始上涨25%或下跌15%（每个时期为1年）；股票当前价格为100元，无风险利率为8%（国库券年利率）；债券的当前价格为1元。现有一份股票欧式看涨期权，执行价格为100元，期限4年，计算该看涨期权价格。

基本训练指引
12-4

5. 假设A公司资产的现值为2 000万元，公司资产价值变动的标准差为40%；公司债务账面价值为1 600万元（10年到期的零息票债券）；假设10年国库券利率为10%。要求：

基本训练指引 12-5

（1）计算公司股权资本价值、公司债务价值和债务的利率。

（2）假设A公司的价值仅为1 000万元，低于债务面值1 600万元，以股权作为买权时的各参数保持不变，在这种情况下，公司股权资本的价值是多少？为什么股权仍有价值？

（3）假设公司资产价值为2 000万元，有10年期零息票债券1 600万元，公司价值的标准差为40%，现假设公司有机会投资一项净现值为-40万元的项目，该项目风险很高，将使公司价值的标准差上升到50%。计算股权资本价值和债务价值，将计算结果与（1）的结果进行对比，并说明原因。

基本训练指引 12-6

6.2017年3月17日，IBM股票价格为175.65美元/股，到期日为2017年6月16日、行权价格均为160美元的买权、卖权合约如图12-21所示。期权到期期限为0.2493年，同期美国3月国债利率为0.73%。

International Business Machines Corporation (IBM)									
2017年3月17日									
股票价格 ($)		175.65			At close: 4:03PM EDT				
Strike	Contract name	Last price	Bid	Ask	Change	% change	Volume	Open interest	Implied volatility
CallsforJune 16, 2017									
160	IBM170616C00160000	17.45	16.7	17	-1	-0.0542	152	897	0.188
PutsforJune 16, 2017									
160	IBM170616P00160000	1.51	1.52	1.7	0.03	0.0203	15	1,892	0.2046

图12-21 IBM股票期权部分报价

要求：

（1）采用B-S模型计算IBM股票买权价格和卖权价格。

（2）根据（1）的计算结果，对B-S期权定价进行敏感性分析。分别说明买权价格、卖权价格、行权价格、无风险利率、到期期限、隐含波动率变化的敏感性。敏感性分析主要是应用模拟运算表功能求出变化，然后描绘结果图，以更直观地描述两个变量之间的关系。

□ 微型案例

深南电油品合约损益分析

深南电的主业是燃油发电，燃料油计价成本在整个发电成本中占比很大，为规避油价上升风险，2008年，深南电与高盛子公司杰润公司签订了两份期权合约的确认书：

第一份确认书的有效期为2008年3月3日—12月31日，由三个期权合约构成。当浮动价（每个决定期限内纽约商品交易所当月轻质原油期货合约的收市结算价的算术平均数）高于63.5美元/桶时，深南电每月可获30万美元（1.5美元/桶×20万桶）的收益；浮动价低于63.5美元/桶、高于62美元/桶时，深南电每月可得（浮动价-62美元/桶）×20万桶的收益；浮动价低于62美元/桶时，深南电每月需向杰润公司支付与（62美元/桶-浮动价）×40万桶等额的美元。

第二份确认书的有效期为2009年1月1日至2010年10月31日，杰润在2008年12月30日18点前，拥有是否执行的选择权。当油价高于66.5美元/桶时，深南电每月可获34万美元（1.7美元/桶×20万桶）的收益；油价高于64.5美元/桶、低于66.5美元/桶时，深南电每月可获（浮动价-64.5美元/桶）×20万桶的收益；油价低于64.5美元/桶时，深南电每月需要向杰润支付与（64.5美元/桶-浮动价）×40万桶等额的美元。

以第一份确认书为例，杰润将一份简单的期权协议拆解成三份来描述，表面上很复杂，但仔细分析可以发现，这份合约就是一份看跌期权，深南电和杰润分别是这一看跌期权的卖方和买方，合约双方损益如图12-22所示：

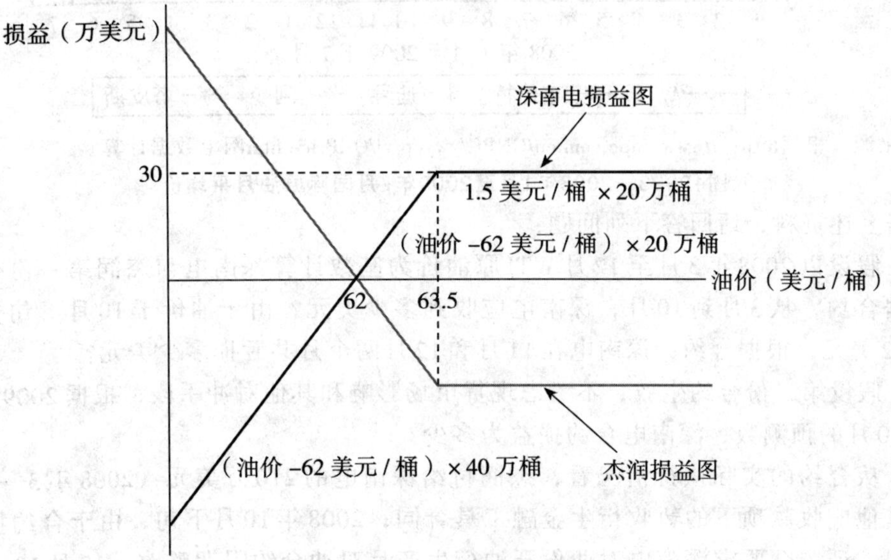

图12-22 合约双方损益示意图

从本质上说，深南电卖出的是两个看跌期权，期权的有效期为10个月（2008年3月到2008年12月），由于合约按月执行，可以看作10份期权组合，合约签署时原油期货价格约为每桶100.75美元。期权1的标的物是20万桶原油，执行价格为每桶63.5美元，期权费为30万美元。期权2的执行价格为每桶62美元，期权费为零，合约规模视油价高低而不同：如果浮动价大于62美元，期权合约规模为20万桶原油，如果浮动价低于62美元，合约规模为40万桶原油。

当油价高于63.5美元时，两份合约都不会被行权，深南电获得1.5美元/桶期权费，每月为30万美元；当油价在63.5美元到62美元之间时，期权1被行权，此时深南电被要求行权，盈亏为（浮动价-63.5）/桶，加上每桶1.5美元的期权费，总计盈亏为（浮动价-62美元）/桶；如果价格低于62美元，期权1和期权2都被行权，深南电总体盈亏为2×（浮动价-62美元）/桶。

与第一份合约不同，第二份合约实际上是一个复合期权，杰润对合约有优先选择权，即只有在国际原油价格有利于杰润时其才会选择执行合约；对深南电来说，则几乎没有任何避险功能。

合约签署后，国际原油价格经历了过山车般的大起大落。以纽约商品交易所12月份交货的轻质原油期货为例，2008年7月11日创下147.27美元/桶的历史最高纪录；11月上旬开始跌破62美元/桶，到12月，国际油价已跌至每桶40美元；2009年7月，油价重上60美元以上。以WTI、布伦特、迪拜、阿曼、塔皮斯为例，2008年1月至2009年7月原油月平均价如图12-23所示：

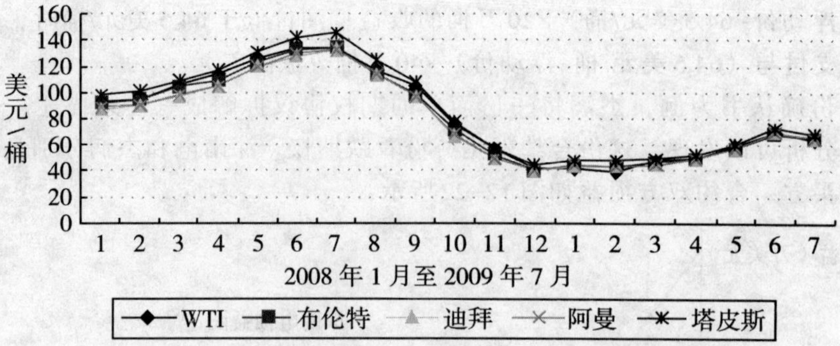

资料来源　根据http：//www.cnpc.com.cn/CNPC/ywycp/yj/OilPrice.htm网上数据计算。

图12-23　2008年1月至2009年7月国际原油月平均价

根据上述资料，请回答下列问题：

（1）假设以2008年3月至12月WTI原油价为基数计算深南电与杰润第一份合约的损益。根据合约，从3月到10月，深南电应收到多少美元？由于油价于10月下旬交易盘中已跌破62美元，根据合约，深南电在11月和12月两个月共亏损多少美元？

（2）假设第二份合约生效，不考虑现货市场影响和其他对冲手段，根据2009年1月至2010年10月的预测数，深南电合约损益为多少？

（3）从合约的实际执行情况看，杰润付给深南电的210万美元（2008年3—9月）已被划入其他应收款项下的暂收衍生金融工具合同；2008年10月下旬，由于合约披露等方面的原因，证监会要求深南电对两份石油衍生产品对冲合约限期整改；12月13日，合约双方宣布终止交易。终止交易对深南电有何影响？

（4）深南电与杰润公司对赌的标的石油数量是20万桶，2008年3月到12月，若纽约商品交易所原油价格高于62美元，则深南电每月最高可获得30万美元的收益；若原油价格低于62美元，则深南电需要向杰润公司支付（62美元-浮动价格）/桶×40万桶，也就是每下跌1美元，深南电要向杰润支付40万美元。如此不对称的对赌协议深南电为何会签呢？

（5）从合约的实际执行情况看，杰润付给深南电的210万美元（2008年3—9月）已被划入其他应收款项下的暂收衍生金融工具合同；2008年10月下旬，由于合约披露等方面的原因，证监会要求深南电对两份石油衍生产品对冲合约限期整改；12月13日，合约双方宣布终止交易。终止交易对杰润有何启示？

案例分析指引

第十三章

公司战略与实物期权

关于项目投资价值的评估，几十年来，这一领域一直呈现出驻足不前的状态。在学术领域和实务中，已经有越来越多的人认识到有关公司资源配置的各种标准方法已然失效。其最主要的原因在于这些标准无法恰当地把握管理者在应对未曾预及的市场变化时调整、矫正后续决策的灵活性，无法把握由某一项已获得论证的技术所产生的战略价值，无法把握各个项目之间的相互依存性和竞争性。在瞬息万变且不确定的市场经济中，管理者所拥有的经营灵活性以及战略适应能力，已经构成了准确地利用有利于未来的投资机会、限制逆向市场变化和竞争活动所导致损失的关键。最初用金融期权理论来审视战略投资的思想源于摩西·鲁曼发表在《哈佛商业评论》上的两篇文章《视投资机会为实物期权：从数字出发》①和《实物期权投资组合战略》②，在后一篇文章中，摩西·鲁曼写道："用金融观点来看，公司投资更似一系列的期权，而不是稳定的现金流"。实物期权所要探讨的是在不确定的状态下如何进行资源配置和项目评估，特别是对项目投资决策中的灵活性和战略性进行估价。对公司来讲，任何一项投资价值是公司战略和风险的函数。决定项目的风险或不确定性因素可能是内生，也可能是外生，外生不确定性随着时间的推移可以解决，而内生不确定性因素则需要通过战略投资来降低。不管是外生不确定性还是内生不确定性，都会提高实物期权经济价值。实物期权将公司战略和公司财务策略联系起来，为投资决策、投资模式选择等提供实质性意见，同时它也为解释、预测不确定性下的决策制定提供良好视角。

通过本章学习，你可以熟悉公司战略与价值驱动因素；了解实物期权分析与折现现金流量分析的联系与区别；了解扩展（战略）净现值的基本思想；熟悉实物期权的类型和分析方式；熟悉实物期权价值评估的基本理论与方法

第一节　公司战略价值评价

一、公司战略与价值驱动因素

任何一家公司都可以看作是一个价值增值系统，通过各种生产要素的投入，如资本、

① LUEHRMAN.Investment opportunities as real options：getting started on the numbers［J］. Harvard Business Review，1998，76（4）：51-67.

② LUEHRMAN.Strategy as a portfolio of real options［J］. Harvard Business Review，1998，76（5）：89.

土地、劳动力以及管理能力为公司创造价值。当最终的消费者支付的价格超过投入要素的成本，公司的价值就发生了增值。一般来说，选择任何一个投资项目，其目都在于提高公司超过竞争对手的优势。例如，规模经济和范围经济、绝对成本优势和产品差异化能力，这些都是公司增长价值的驱动因素。事实上。任何一项项目投资，都是反映和实施公司战略的行动方案。

最有代表性的竞争战略理论是产业结构理论、战略资源理论和核心能力理论。以迈克尔·波特（Michael E.Potrer）[①]为代表的产业结构理论认为，公司战略选择与其所处的市场环境高度相关。一个产业的竞争状态和盈利能力取决于公司竞争者、购买方、供应方、替代产品、潜在竞争者五种基本竞争力量之间的相互作用，而每种竞争力量又受到诸多经济技术因素的影响。在这种指导思想下，公司只能通过战略性投资，如投入新产品开发（产品差异化战略）、扩大生产规模（低成本战略），提高行业壁垒和打击竞争者，从而获得超额收益。

以巴莱（Barney）[②]、鲁梅尔特（Rumelt）[③]为代表的战略资源理论是以公司内部专有资源为基础研究公司战略。这一理论认为，公司是一系列独特资源的组合，公司可以获得超出行业平均收益的原因在于它能够比竞争对手更好地掌握和利用某些核心资源或能力。公司战略研究的主要内容是如何培育公司独特的战略资源，以及最大限度地优化配置这种战略资源的能力。

以提斯（Teece，1997）[④]为代表的核心能力理论，把公司的资源分为四个层次：（1）公共资源，如基本的生产要素；（2）专有资源，如商业秘密、专利技术等；（3）组织与管理能力，即将公司的生产要素与专有资源有机地结合起来的组织与管理能力；（4）创新能力。在核心能力理论下，资源的概念不再是你拥有多少资源，而是你能调度多少资源。资源概念的变化使管理引入了整合的概念，不仅要善于整合内部资源，更要善于整合外部资源为己所用。资源整合能力与创新能力是公司发展和价值创造的真正源泉。在信息时代，公司只有不断地进行技术创新、制度创新和组织创新，才能获得更多的战略性资源，持久地保持竞争优势。

事实上，公司竞争优势的形成可能归属于上述某一种战略，也可能是不同战略组合的结果。例如，组装个人电脑的戴尔公司是通过直销、战略联盟、外包维修服务、选择性研究开发、弹性雇佣政策、订单制造法等六大秘密武器实施低成本竞争战略获得超额价值。而位于个人电脑行业上游的微软则是通过维护软件行业的领导地位、致力于技术创新、不惜代价保护版权、拒绝技术的授权使用、注重公司形象塑造与广告促销以及专有技术等六大秘密武器获得超额价值。从产业链的角度分析，微软和戴尔恰好处于PC产业微笑曲线的两端，在图13-1描述的微笑曲线上[⑤]，价值的最低点是简单的装配，左边沿着生产显示

① POTRER. From competitive advantage to corporate strategy [J]. Harvard Business Review, 1987, May-June: 43-59.

② Barney.The resource—based theories of competitive advantage: A ten-year retrospective on the resource—based view [J]. Journal of Management, 2001, (27): 643-650.

③ RUMELT, SCHENDEL, TEECE.Strategic Management and Economics [J]. Strategic Management Journal.1991, (12) 5-29.

④ TEECE, PISANO, SHUEN. Dynamic capabilities and Strategic Management [J]. Strategic Management Journal, 1997, (14): 61-74.

⑤ 20世纪90年代初，宏碁集团董事长施振荣提出“微笑曲线”（Smiling Curve）的概念，用一个开口向上的抛物线来描述个人电脑制造流程中各个环节的附加价值。“微笑曲线”其实就是“附加价值曲线”，即通过品牌、行销渠道、运筹能力提升工艺、制造、规模的附加价值，也就是要通过向“微笑曲线”的两端渗透来创造更多的价值。实际上，“微笑曲线”这一现象不仅在计算机制造行业存在，在其他行业也普遍存在。

器、内存、CPU以及提供软件等价值逐渐上升，右边沿着本土化配件生产、市场运作、销售渠道建立、电子商务等逐渐上升。微软位于左边的产业价值链最高端，因此，在PC领域获得较高的附加值。戴尔处于产业链的右端，戴尔的成功并不是直销模式，而是建立在直销模式上的低成本配件供应与装配运作体系的实施能力，这种运营能力使得消费者可以低价地接受个性化服务。

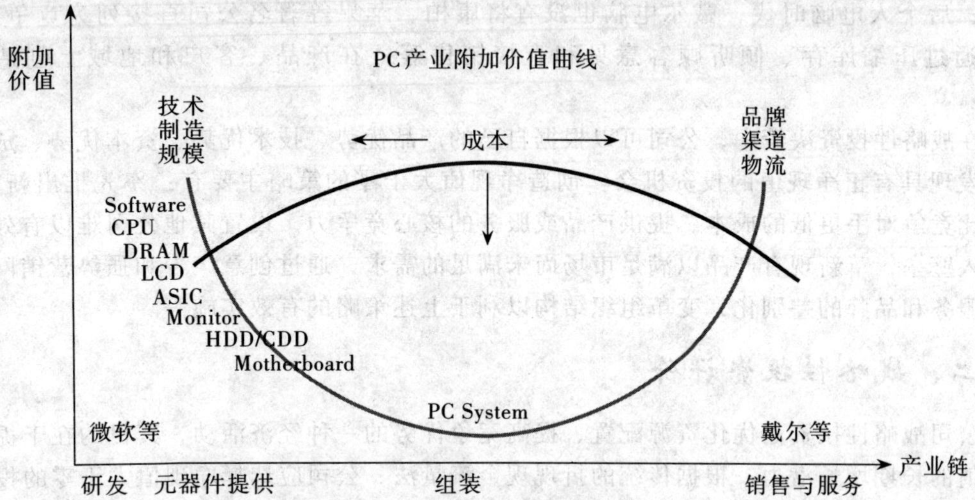

图13-1　PC产业链的"微笑曲线"

微笑曲线的突破重点是技术、品牌/服务等，强调的是创造"与众不同"，但问题的关键是，创造"与众不同"的策略是技术至上的"自上而下"型，还是客户至上的"自下而上"型。从实物期权角度分析，一个产业链条上的上游公司拥有下游公司的一个增长期权。图13-2描述了微软、英特尔（生产个人电脑微处理器）、戴尔等公司在PC产业链中所处的地位及其影响。

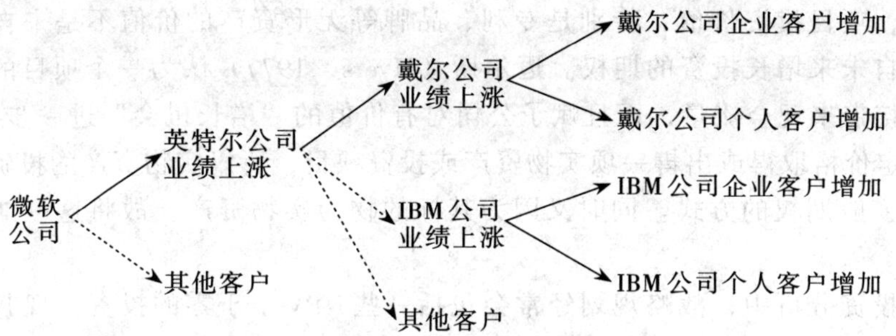

图13-2　产业价值链

资料来源　周洛华.中级金融工程学［M］.上海：上海财经大学出版社，2005：265-266.

从市场价值表现看，英特尔公司拥有戴尔公司业务增长的买方期权，其价值等于自身业务创造的价值加戴尔和其他客户的增长期权价值，因而英特尔的市场定价高于戴尔；而盘踞在个人电脑产业链最上方的微软公司持有英特尔公司的增长期权，如果英特尔业务发展迅速，微软也会从中受益。由此，一个产业链上游公司的市场定价普遍高于下游公司。这也是为什么许多公司将"待在食物链的上方"（stay at the upstream of the food chain）视为自己的经营哲学。

从产业链的角度研究公司价值创造与分配，强调技术至上，这是一种自然竞争法则在工业时代商业运作中的应用。在信息社会，商业运作的规则发生了很大的变化，即使处在产业链下游的公司，也可能通过创新获得附加价值。这种战略的价值取向不是立足已知市场空间开展竞争，而是力图开辟一个全新的、非竞争性的市场空间。例如，大型电脑时代，苹果电脑没有和它的竞争对手进行竞争，而是开拓了个人电脑的新领域；个人电脑时代，康柏电脑没有和苹果电脑逐鹿中原，而是自己开拓了个人电脑服务器的新时代；后个人电脑时代，戴尔电脑也没有将康柏、苹果等著名公司直接列为竞争对手，而是通过压缩库存、倾听顾客意见和直接销售等，在产品、客户和地域上创造竞争优势。

在战略性投资决策中，公司可以根据自己的产品优势、技术优势、资本优势、成本优势等发现具有正净现值的投资机会。创造净现值大于零的策略主要有：率先推出新产品，建立比竞争对手更低的成本，提供产品或服务的核心竞争力，设置其他公司难以有效竞争的进入壁垒，革新现有产品以满足市场尚未满足的需求，通过创意广告和强势营销网络以强化服务和品牌的差别化，变革组织结构以利于上述策略的有效实施等。

二、战略性投资评价

公司战略性投资是优化资源配置、提高竞争优势的一种经济活动，其目的在于提高公司价值的长期增长潜力。根据传统的折现现金流量法，公司应选择净现值大于零的投资项目，这一法则与市场增加值最大化的目标相一致。这种方法的优点是对所有项目都具有清晰、一致的决策标准，只要项目的净现值大于零，项目就是可行的。因此，广泛应用于投资项目的价值评价。但是，这种方法隐含着对未来机会的预先假定，即投资决策是“现在投资或永远不投资”；没有考虑不确定环境下，公司“等等再看”的决策价值；没有考虑公司不仅有权决定是否投资于一个新项目，而且还有权决定在何时扩大或放弃这个新项目的价值。

事实上，项目投资价值，特别是专利、品牌等无形资产的价值不是来自直接的现金流，而是来自未来增长投资的期权。迈尔斯（Myers，1977）认为一个项目的初始投资不仅给公司直接带来现金流量，而且赋予公司对有价值的“增长机会”进一步投资的权利，即未来以一定价格取得或出售一项实物资产或投资项目，所以实物资产的投资评估可以应用类似评估一般期权的方式。同时又因为其标的物为实物资产，故将这一期权称为实物期权。

在项目投资分析中，战略规划经常会包括一些NPV小于零的投资，现时投资虽然不能获得，但这些先行投资可为公司奠定后续投资的前提和战略地位。例如，研发中的先行投资，可以看作未来增加投资的增长期权，如果研发成功，且具有商业价值，公司可以选择进入下一个投资阶段。研发投资、试验项目或进入新领域的市场都有附加战略价值，因为它们都可能创造未来投资的机会。

假设有客户向IIT公司定购价值3 000万元的特殊电脑系统。而IIT公司目前尚无现成的产能来提供全套解决方案。该公司的技术中心提出：需要150万元的研究经费，以便设计出一套生产方案。但是，技术中心不能保证其设计的方案最终在经济上可行：技术中心设计出的特殊电脑系统有可能需追加投资1 000万元（经济上可行），有可能需追加投资5 000万元（经济上不可行），概率均为50%。那么，是否要给技术中心拨款150万元？采用两种方法计算项目的净现值见表13-1。

表13-1　**不同方法下的项目决策**　单位：万元

项目	折现现金流量法	实物期权分析法
预期订单收益	3 000	1 500=3 000×50%
预期成本现值	3 150=150+（1 000×50%+5 000×50%）	1 150=150+1 000
净现值	-150	350
项目决策（是否拨款）	不拨款	拨款

在表13-1中，采用不同方法的结论完全不同。从期权角度分析，对于IIT公司而言，给技术中心拨款进行研发，就等于花费150万元购买了一项期权，这项期权对于IIT公司而言，其价值为350万元。在这个例子中，IIT把一个订单的完成分成了“研发”和“生产”两个阶段。使之在完成“研发”阶段工作，收到新信息之后，才决定是否进入“生产”阶段，在图13-3中，只有技术中心设计的特殊电脑系统的追加支出为1 000万元时才接受订单，反之则取消订单。在DCF法下，不论设计成本为多少都接受订单，忽略了项目决策的灵活性。

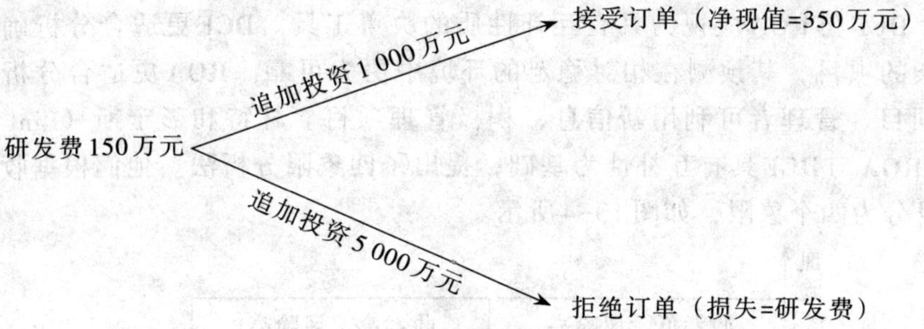

图13-3　IIT接受订单与否的决策

三、实物期权分析法与折现现金流量法的关系

实物期权分析（real option analysis，ROA）有利于管理者在高度不确定的情况下更睿智地作出投资决策。这一分析技术与传统的折现现金流量法（DCF）的区别主要表现在以下两方面：

第一，不确定性与投资价值的关系。在项目投资分析中，DCF法隐含了一个假设：未来以现金流量度量的收益是可以预测的，或者说，未来收益是确定的。如果出现不确定性，则会降低这项投资的价值。不确定性越大，投资的价值就越小。实物期权分析法认为投资项目的不确定性具有两种含义：一方面意味着以现金流量度量的未来收益仅仅是一个粗略的估计，因此，不足以准确反映投资项目的真实价值；另一方面认为许多投资决策的机会往往取决于项目的发展状况，未来投资的不确定性越大，期权就越有价值。原因在于盈亏不平衡（这与期权买卖双方的不对等合约相似），如果项目顺向发展，盈利的可能性为“无限大”；如果项目逆向发展，净现值为负数，期权不行使从而限制了亏损，即亏损不会随着风险的加大而增加。例如，外国航空公司即使亏损经营也要维持飞往中国的航线，因为航线也是一种权利，一旦停飞，就会被取消航权。外国公司虽然经营亏损，但获得了一个买方期权，等待未来飞往中国航线需求上升而获利。

第二，折现现金流量法否认项目“灵活性”价值，把项目决策看作一种当期的决策，而与决策后可能出现的新信息无关。而实物期权分析法假设，即使接受某些投资项目后，也不是一成不变的。随着时间的推移，有关项目商业价值的信息逐渐明朗，管理者可以根据新的信息作出某种改变（扩大、收缩、放弃等）来影响后续的现金流量或项目寿命期。在投资分析中，可用“如果发生某种情况，则将有机会做某事”等诸如此类来描述这种选择权。

例如，在实物期权分析中，将公司的投资视为购买了一份看涨期权，在特定期间内，支付一定的费用可以行使看涨期权并得到标的资产。如果等待没有机会成本或者没有持有特定资产能得到类似“股利”的收益，持有者将会推迟到期权到期日（t）才作出是否行使权利的决策。在实物期权中，标的资产是项目投资后预期现金净流量的现值 V_t，行权价格是指在时间 t 时的投资额 I_t。在时间 t，如果 $V_t>I_t$，公司进行投资，并在此时获得项目的净现值 $NPV = V_t - I_t$。如果 $V_t<I_t$，公司放弃投资，项目价值为零，在这种情况下，公司仅仅损失了购买期权的费用。如果项目的价值不确定，公司也可推迟项目投资，有时持有期权等待最有利时机再行投资可能具有更高的价值。

虽然折现现金流量法受到越来越多的批评，但实物期权分析法并不是替代传统方法的全新框架。DCF与ROA应视为具有互补性质的决策工具。DCF更适合分析确定决策环境中并不复杂的项目，其预测在相对稳定的环境中更为可靠。ROA更适合分析不确定环境中的复杂项目，管理者可利用新信息，积极管理项目。林特和彭宁斯（Lint & Pennings，2001）①以ROA与DCF具有互补性为基础，提出了四象限分析法。他们根据收益和风险的不同将项目分为四个象限，如图13-4所示。

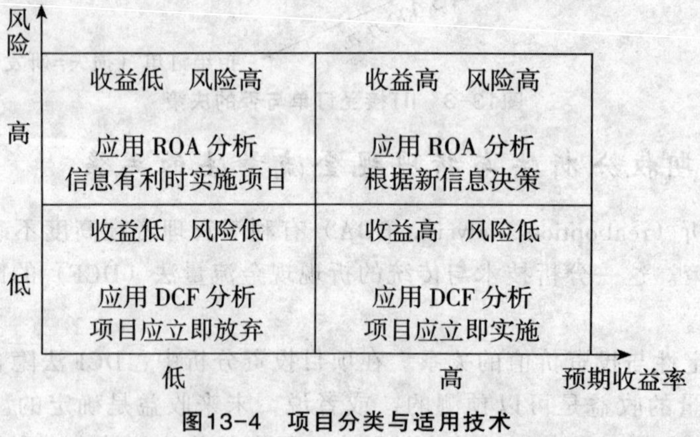

图13-4 项目分类与适用技术

在图13-4中，根据项目预期投资收益与风险的关系采用不同的分析技术和投资策略。如果项目的风险较低，可根据DCF法进行决策，或立即实施该项目，或放弃该项目；如果项目的风险较高，可采用ROA法进行决策，或根据新信息重新进行项目决策，或在有利信息来临时实施项目。

① LINT，PENNINGS.An options approach to the new product development process：a case study at philips electronics [J]. R & D Management，2001，31（2）：163-172.

四、扩展（战略）净现值模型①

斯密特和特里杰奥吉斯（Smit & Trigeorgis，2004）在《战略投资学——实物期权和博弈论》中将折现现金流量法、实物期权理论、博弈论和战略规划方法纳入一个分析框架。图13-5中的三个层次都会对投资机会创造的NPV产生影响：第一，从公司竞争优势的角度，采用DCF法评估投资项目产生的预期现金流量的价值；第二，从成长机会的角度，采用实物期权分析法评估公司应变能力所带来的灵活性价值；第三，从战略博弈的角度，用博弈论或产业组织经济学等方法评价公司战略决策价值，这部分价值由公司建立、加强或保护自己的战略地位的努力而产生的。据此，特里杰奥吉斯将传统的公司财务理论与战略规划相连接，提出一个扩展（战略型）的NPV估值模型，即

扩展（战略）的NPV=（静态的）NPV+灵活性（期权）价值+战略（博弈论）价值

在上式中，传统的DCF法可以估计公司在预期情况下的现金流量的价值，由于传统的NPV标准没有包含实物期权的投资战略的价值，故被称为静态NPV。实际上项目的投资机会类似于拥有看涨期权，实物期权分析法给出了一种当未来的发展可能与预期情况不一致时的估值方法，因此，在项目的价值中要考虑期权的价值。如果市场上的竞争者可能会影响彼此的行为时，就需要一种扩展的战略分析（通常是通过博弈论的原理）。扩展的NPV模型试图分析除了未来预期现金流量的净现值以外的灵活性价值和战略价值。

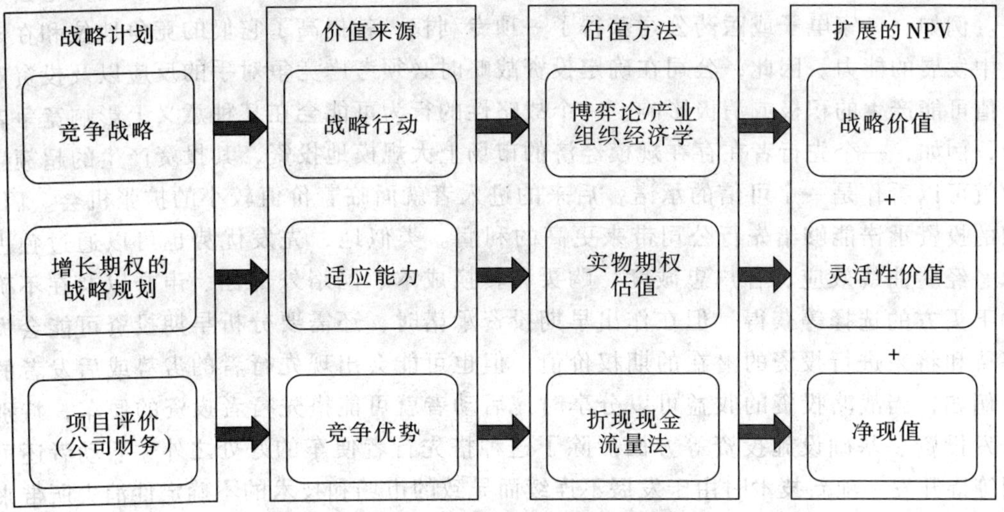

图13-5　公司财务价值与战略价值的关系

资料来源　斯密特，特里杰奥吉斯．战略投资学：实物期权和博弈论［M］．狄瑞鹏，译.北京：高等教育出版社，2006.对图中项目进行了一定的调整。

斯密特和特里杰奥吉斯指出，项目价值的驱动因素可以被看作公司财务的定量评估工具和战略规划的定性分析相结合的过程。因此，必须考察净现值（NPV）、灵活性价值和战略价值的驱动因素，以便了解为什么一个特定的项目对一个公司要比对于它的竞争者更有价值。

① 斯密特，特里杰奥吉斯．战略投资学：实物期权和博弈论［M］．狄瑞鹏，译.北京：高等教育出版社，2006.感兴趣者可以阅读此书，获得更多关于战略博弈方面的相关内容。

净现值的价值驱动因素主要来源于公司可持续的竞争优势，这种竞争优势带来的价值创造可以通过多种战略而得到。例如，成本优势和差异化优势都会使公司可以比其他的竞争者收取更高的价格溢价。如果公司能够拥有独特的能力和核心竞争力来保证收取更高的溢价，那么，这种差异化就可以成为一种主要的竞争优势。如果需求的价格灵活性比较低，产品性质或服务的差异化就可以在客户愿意支付的价值中显示出来，那么这种策略是相对更有吸引力的。

在实物期权的视角下，项目投资价值主要来源于一系列公司未来投资机会的期权集合。战略规划中可能会出现采用传统的DCF法计算的净现值小于零的项目，但实际上它们可能会通过创造一个后续的投资机会来帮助公司获得有利的竞争地位。例如，如果对于诸如研发这样的多期投资有足够的信息，那么管理层就可根据有价值的灵活性来决定是对下一个阶段进行投资还是终止投资，甚至改变未来的投资计划。对于一个研发投资、一个试验性项目、进入一个新地理区域的市场方案，之所以具有附加的战略价值，是因为它们创造更多的未来投资机会。类似于一个看涨期权，灵活性或成长期权的价值驱动因素主要是不确定性、到期时间（或对项目的支出能推迟的时间）和利率等。

关于战略行为和战略价值，斯密特和特里杰奥吉斯主要从博弈论的视角对公司之间的竞争性反应进行了深入的分析。博弈论描述了公司与竞争者战略相互之间产生影响时的决策关系。这种博弈可能是一个零和博弈，大家共同分享一个经济蛋糕；或者为了提高整体价值而合作和作出符合共同利益的决策。在零和博弈中，一个公司的收益就是其他公司的损失。例如，一家电子或医药公司获得了一项专利权，就提高了它们的竞争地位和在未来行业中发展的能力。因此，公司在确定投资战略时必须考虑竞争对手的反应以及投资对自身价值可能产生的积极或消极影响。一个战略性的行为可能会在某种意义上影响竞争者的行为，例如，一个先行者在存在规模经济的市场上大规模地投资，其投资产生的超额生产能力就可以看作是一个可信的承诺，后来的进入者就面临着价值较小的扩张机会。因此，早期的投资承诺能够给先行公司带来更高的利润。类似地，先发优势也可以通过独占的技术、经验曲线效应、客户忠诚度、购买者转换成本、网络外部性、声誉以及在不确定条件下买方的选择等获得。但在作出早期投资承诺时，还需要分析早期投资可能会失去的等待和将来进行投资的潜在的期权价值。但也可能会出现先行者的劣势或后发者的优势，例如，当战略投资的收益可以分享时，后动者就可能搭先行者投资的便车，特别是在研发投资、基础设施投资等方面。除了这种搭先行者便车的好处之外，后动者还可能得到等待开发一项新技术时由于发展不连续而导致的市场和技术的不确定性消失所带来的优势。当未来不确定性很高，等不确定性消失之后进行投资可以有很大收益时，等待期权就是非常重要的。如果不能建立可持续的竞争优势，这些先行者就可能遭受失败，但从另一方面说，一旦公司可以影响未来不确定性的解决过程的时候，先行进入就是非常有吸引力的。

在上述分析的基础上，斯密特和特里杰奥吉斯提出了连接实物期权和博弈的方法思路的动态战略评估方法，在这种方法下，传统的NPV方法只是一种特殊情况，还应包括实物期权和博弈论的决策树方法。NPV方法评估确定情况下的战略规划的价值和项目的现金流的价值，实物期权方法用于评估不确定情况下未来机会的价值，博弈论方法则用于分析竞争性互动情况的价值。

第二节　期权投资法

一、实物期权的类型

实物期权是处理一些具有不确定性投资结果的非金融资产的一种投资决策工具，是将现代金融领域中的金融期权定价理论应用于实物投资决策的分析方法和技术。目前，实物期权理论已广泛地运用在自然资源投资、海上石油租赁、柔性制造系统等涉及资本预算的研究领域。

夏普（Sharp，1991）将实物期权分为递增期权（incremental option）和柔性期权(flexibility option)。他认为递增期权为公司提供“有利可图、逐渐增加投资的机会”。面对不确定的环境，公司首先作出小额试探性投资，当不确定性消除且呈现增长潜力时，公司利用先动优势全面投资。柔性期权是指公司多阶段投资以后，根据不同情景选择不同行为的灵活性期权。夏普认为，递增期权需要额外投资，而柔性期权可以充分利用已有投资。递增期权一般仅需要小额的初始投资，在获得信息之后决定是否进一步投资；柔性期权常需要比较大的初始投资以覆盖可能的或有情景。

柔性生产一直是工业界积极追求的重要目标之一，其原因主要在于客户的需求很难预测，造成产品的需求也存在一定程度的不确定性。实现了柔性生产和经营之后，公司就能够灵活地应对不断变化的客户需求。例如，一家公司在进行购买工业锅炉的投资决策，面临三种选择：燃油锅炉 A，燃气锅炉 B，可以使用油、气两种燃料的锅炉 C。如果公司购买了锅炉 C，则无论将来柴油和天然气的价格如何变化，公司总能拥有权利选择使用最便宜的那一种燃料（忽略燃料变更成本）。这种选择的权利就是一个“柔性期权”，如果这个期权的价值超过锅炉 C 与锅炉 A 或 B 的价格差，则投资购买锅炉 C 是正确的选择。

美国学者 Eugene F.Brigham 和 Louis C.Gapenski 在其合著的《财务管理》一书中将与实物期权有关的项目投资机会分为五种：（1）开发后续产品的机会；（2）扩大产品市场份额的机会；（3）扩大或更新厂房、设备的机会；（4）延缓投资项目的机会；（5）放弃项目投资的机会。这些投资机会对某些具有战略性的投资项目，诸如研究开发、商标或网络投资具有重要的意义。上述五种投资机会选择也可归纳为扩张（缩小）期权、放弃期权、延期期权三类。

二、扩张（缩小）期权分析

假设公司正在评估一种新药，管理层认为这种新药完全开发后，可以作为口服药物，也可以作为注射药物，这样的效果更佳。因为研发新药存在一些不确定性，公司决定现在开发口服药剂，几年之后再决定是否追加投资研发注射剂形式的药物。这样，公司就创造了一个扩张期权。也就是说，从现在到几年后的任何时候，可以选择（而不是必须）研发作为注射剂形式的新药。利用这种投资决策的灵活性，公司降低了最初研发口服形式和注射剂形式的风险。从实物期权的角度分析，口服剂形式的新药可以为研发注射剂形式的新药提供一种增长期权。口服剂的研发费可视为期权价格，注射剂形式的新药投资可视为行权价格，公司是否投资取决于口服药剂的结果，而不承担必须“履约”的义务。如果口服药剂形式的新药失败或没有商业价值（如产品价格或市场发生逆向变动等），公司会放弃投资，最大损失是支付的研发费、试制费和市场调研费；反之则行使期权，扩大投资。由于期权费是一种收不回来的成本，投资者必须在期权实现取得利润时加以补偿，这使期权的购买价格成为一种风险投资。

又如，一个现时投资净现值为负数的项目之所以有价值，就在于这个项目能够给投资者未来继续投资提供一种决策的弹性。设想一个公司决定购买一片尚未开发但储藏大量石油的荒地，但在此时开采石油的成本远远高于其现行的市场价格。那么石油公司为什么愿意支付一大笔资金购买这片看来无利可图的荒地呢？答案就在于它给予投资者一种看涨期权，公司并不负有必须开采石油的义务。如果石油价格一直低于其开采成本，公司将不会开发这片荒地，此时期权无价；如果未来油价上升且超过了开采成本，则荒地投资者会获利丰厚，此时期权有价。根据期权理论，荒地投资者的上方收益是“无限”的，而下方风险是锁定的（最大损失为购买荒地的支出）。

扩张（缩小）期权的特点是，如果投资项目出现“有利机会”，则采取扩大投资策略；如果投资项目出现“不利情况”，则缩小投资规模或终止项目。一般来说，扩张项目期权对于处于变化剧烈、收益较高行业的项目（如生物技术或者计算机软件），要比所处行业较稳定且收益率较低的项目（如器具、汽车制造）明显更有价值。

［例13-1］假设ACC公司正计划建立一家工厂，两年后该项目产生的现金流量及其概率如图13-6所示。项目初始投资1.4亿元（A点）。如果前两年项目运行情况良好，则现金流量为2亿元（D点）；如果前两年项目运行情况一年好，一年不好，则现金流量为1.5亿元（E点）；如果前两年项目运行情况不好，则现金流量为1亿元（F点）。

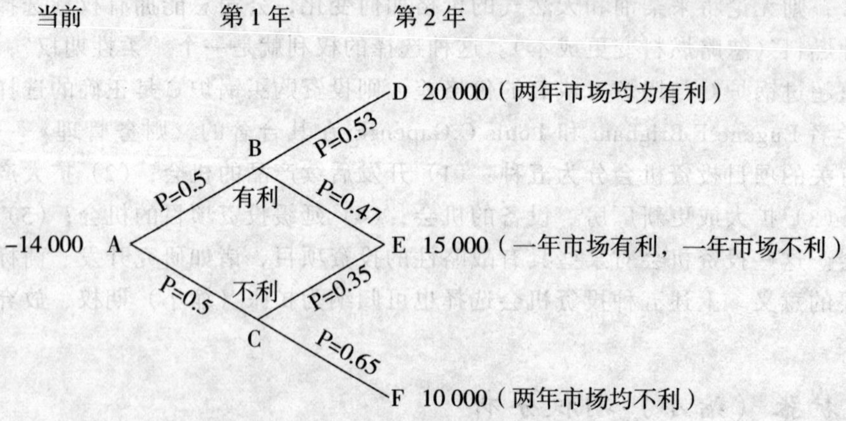

图13-6 生产能力不变时的现金流量（万元）

假设折现率为6%，现从两种情况计算项目价值和净现值：（1）生产能力不变时；（2）生产能力扩大一倍时。

（1）生产能力不变时，不同状态下项目价值和净现值计算如下：

图13-6中B点（经营情况良好）项目价值：

$$\frac{0.53 \times 20\,000 + 0.47 \times 15\,000}{1.06} = 16\,651(\text{万元})$$

图13-6中C点（经营情况不好）项目价值：

$$\frac{0.35 \times 15\,000 + 0.65 \times 10\,000}{1.06} = 11\,085(\text{万元})$$

图13-6中A点项目净现值：

$$NPV_1 = -14\,000 + \frac{0.5 \times 16\,651 + 0.5 \times 11\,085}{1.06} = -917(\text{万元})$$

（2）生产能力扩大一倍时，不同状态下项目价值和净现值计算如下：

项目运营一年后，如果经营情况良好，则公司再投资1.4亿元，使生产能力扩大一倍，期末现金流量也增加一倍。各种情况出现的概率相同，如图13-7所示。

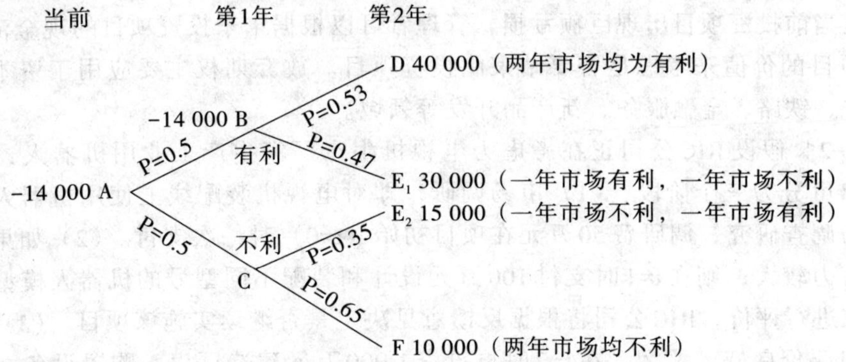

图13-7 生产能力扩大一倍时的现金流量（万元）

图13-7中B点（经营情况良好）项目价值：

$$-14\,000 + \frac{0.53 \times 40\,000 + 0.47 \times 30\,000}{1.06} = 19\,302(\text{万元})$$

图13-7中C点（经营情况不好）项目价值与第一种情况相同（11 085万元）。

图13-7中A点项目净现值：

$$NPV_2 = -14\,000 + \frac{0.5 \times 19\,302 + 0.5 \times 11\,085}{1.06} = 333(\text{万元})$$

以上计算结果表明，在第一种情况下，即不考虑增加项目生产能力的期权，投资项目的净现值为负数，根据传统的资本预算方法，应放弃净现值小于零的项目。但如果考虑项目价值未来的增长机会，则应进行投资。实际上，公司现在要做的决策就是：是否投资第一个1.4亿元。至于是否投资第二个1.4亿元，要取决于一年后的实际情况。如果现在进行投资，一年后就有机会进行第二次投资。否则，公司将失去第二次投资的机会。或者说，一年后如果机会看好（NPV>0），而公司现在没有进行投资，那么，公司将会坐失良机。在本例中，当考虑公司拥有可灵活增加产量的期权时，项目的价值增长了1 250万元，足以使净现值由负变正。

三、放弃期权分析

如果说扩大投资期权是一种看涨期权，旨在扩大上方投资收益，那么放弃投资期权则是一种看跌期权，意在规避下方投资风险。例如，公司支付的财产保险费就相当于一种看跌期权，期权的行权价格就是保险合同规定的偿付额。如果财产未受损坏，就不需履行保险契约；如果发生意外灾害（如火灾或地震等），财产遭受损失，其价值低于保险赔款，公司将放弃财产并按照保险合同收取赔款。又如，当租赁资产的价值低于租赁费价值时，承租人就会取消租赁，而将资产归还给出租人。这类似于股票降到某种价值后，持有者就会行使卖权。某投资项目是继续进行还是中途放弃，主要取决于继续使用是否具有经济价值。如果该项目不能提供正的净现值，就应放弃这一项目，或将项目资产出售，或将项目资产另作他用。一般来说，当发生以下两种情况时，应该放弃投资项目：（1）其放弃价值（项目资产出售时的市场价值）大于项目后继现金流量的现值；（2）现在放弃该项目比未来某个时刻放弃更好。当放弃的可能性存在时，投资项目的价值就会增加。同其他实物期权一样，放弃期权可以使公司在有利条件下获得收益，不利条件下减少损失。

放弃期权相当于公司持有一个投资项目的卖权，如果市场情况恶化或公司生产出现其他原因导致当前投资项目出现巨额亏损，管理者可以根据未来投资项目的现金流量与放弃目前投资项目的价值来考虑是否要结束此投资项目。放弃期权主要应用于资本密集型产业，如航空、铁路、金融服务、新产品开发等领域。

［例 13-2］假设RIC公司正在考虑为电视机生产厂家生产工业用机器人，这一项目的投资支出可分为三个阶段：（1）市场调研，即对电视机装配线上使用机器人的潜在市场进行市场调查研究，调研费50万元在项目初始（t=0）时一次支付。（2）如果该项产品未来市场潜力较大，则在t=1时支付100万元设计和装配不同型号的机器人模型，并交由电视机厂家进行评价，RIC公司将根据反馈意见决定是否继续实施该项目。（3）如果对机器人的模型评价良好，那么，在t=2时再投资1 000万元建造厂房，购置设备。在此基础上，项目分析人员预计该项目在以后的4年内每年的现金净流量及其概率分布如图 13-8 所示。

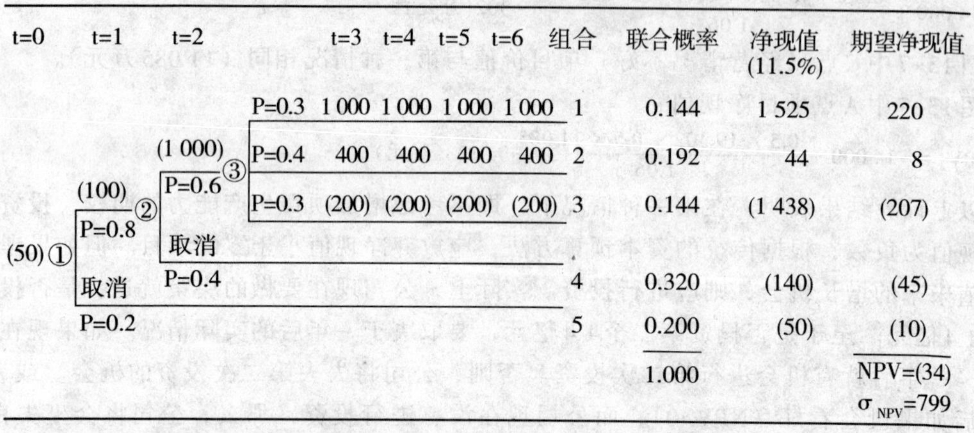

图13-8 机器人项目（不考虑放弃期权价值，金额单位：万元）

在图 13-8 中，假设项目决策期间隔一年，每个圆圈代表一个决策点或阶段，决策点左边的金额表示“进入”这一阶段所需要的投资，如果项目被实施，则在t=3至t=6时会产生现金流入量。每条横线代表决策树的一个分支，每个分支都标有预计的概率。例如，如果该公司决定“进入”这个项目的决策点1，那就要支付50万元的市场调研费。市场调查结果为可行的概率是0.8，这表示项目可进入第二阶段；市场调查结果为不可行的概率为0.2，这表示项目进行到第一阶段后即应予以取消。如果项目就此停止，公司的损失为50万元的市场调研费。

如果市场潜力较大，RIC公司将“进入”决策点2，支付100万元用于机器人模型的设计和装配。根据市场调研，管理者预计电视机厂家愿意使用机器人的概率为0.6，不愿意使用的概率为0.4。如果电视机厂家接受机器人，RIC公司将进入决策点3，再投资1 000万元，如果机器人不受欢迎，这个项目就放弃。最后，如果RIC公司投入生产，各年经营现金流量取决于届时的经济形势和市场情况。预计项目的生产期为4年（t=3至t=6），每年现金净流量为1 000万元的概率为0.3，现金净流量为400万元的概率为0.4，每年损失200万元的概率为0.3。注意在生产期内，RIC公司也可根据情况停止机器人的生产。

假设项目资本成本为11.5%，图13-8中组合1有关指标计算如下：

联合概率=0.8×0.6×0.3 =0.144

$$NPV = -50 - \frac{100}{(1.115)} - \frac{1\,000}{(1.115)^2} + \sum_{t=1}^{4}\frac{1\,000}{(1.115)^t} \times \frac{1}{(1.115)^2}$$

$$= 1\,525(\text{万元})$$

期望净现值=0.144×1 525=220（万元）

这是其中的一种可能结果，用同样的方法对其他各种组合依次进行计算，然后汇总，最后得到期望净现值为-34万元。

根据图13-8可知，项目期望净现值为负数，净现值标准差为799万元，其亏损的概率为0.664（0.144+0.320+0.200），这表明该项目本身的风险比较大，从一般的决策规则看，应放弃该项投资。

但在项目决策时，特别是阶段性项目决策，往往还要考虑决策当时的经济形势或市场情况，如果经济形势比较好，则继续投资或生产，反之则放弃。即使公司在决策点3时投资了1 000万元，第3年投产后现金净流量为-200万元，公司也可在第4年放弃项目。假设公司在第4年不再生产亏损产品，并将与项目有关的厂房或设备出售，获得现金净流量300万元，则修正后的现金流量、净现值、净现值标准差如图13-9所示。

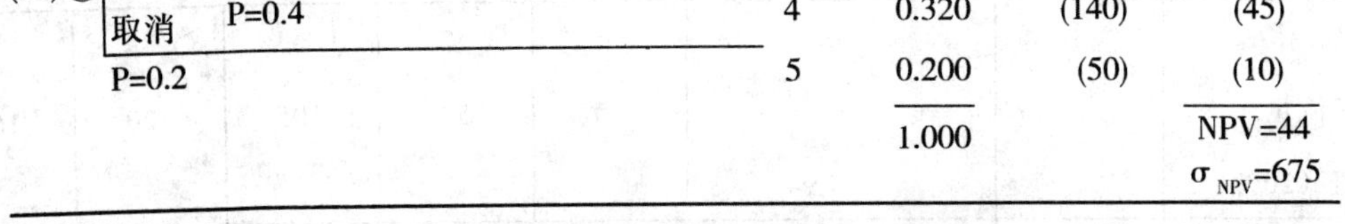

图13-9　机器人项目（考虑放弃期权价值，金额单位：万元）

如果在第4、5、6年停止机器人产品生产，并出售与项目有关的设备，则项目期望净现值将由-34万元变为44万元，净现值标准差则由799万元降为675万元。因此，根据情况变化，放弃投资项目，可能会使一个净现值为负数的项目变为有利可图的项目，减少损失或风险。当然公司也可将该项目的资产用于生产其他产品，例如RIC公司可将用于生产电视机装配线机器人设备改为生产其他产品装配线机器人。由于项目投资的收益和风险都是不确定的，因此，投资决策不应该也不可能是一次性的，公司可根据不同的情况作出扩大投资、减少投资或取消投资等不同选择。

四、延期期权分析

对于某些投资项目，有时存在着一个等待期权，也就是说，不必立即实行该项目，等待不但可使公司获得更多的相关信息，而且，在某些情况下等待（即持有期权而不急于行使）具有更高的价值。例如某项新技术用以生产一种新产品，立即投产，净现值为负数，此项投资应被否定。但这并不等于该项技术没有价值，持有该技术可能给公司带来新的机会，如果未来情况发生变化，如材料价格下跌、市场需求突然变化以及相应生产工艺的改善等，使这项新技术所带来的新产品项目有可能成为正净现值项目。由于未来是不确定的，等待或推迟项目可使项目决策者有更多的时间研究未来的发展变化，避免不利情况发生所引发的损失。但等待也可能减少或延缓项目的现金流量，或引起更多的竞争者进入同一市场。因此，在项目决策时，应权衡立即行使期权或等待的利弊得失。

［例13-3］ADD公司正计划投资建立一座工厂，投资总额200万元，项目周期5年，项目出现最差情景、正常情景、最好情景的概率分别为20%，30%和50%，不同情景下各年现金净流量见表13-2。假设项目投资要求的最低收益率为20%，根据折现现金流量法，项目立即投资的净现值为-18.04万元。

表13-2 投资开发时间与现金流量 金额单位：万元

A.最差情景		概率0.2					
年份		0	1	2	3	4	5
现金净流量		-200	15	18	35	40	55
净现值（20%）		-113.35					
B.正常情景		概率0.5					
年份		0	1	2	3	4	5
现金净流量		-200	30	36	70	80	110
净现值（20%）		-26.70					
C.最好情景		概率0.3					
年份		0	1	2	3	4	5
现金净流量		-200	45	54	105	120	165
净现值（20%）		59.94					
项目净现值	-18.04	=20%×（-113.35）+50%×（-26.7）+30%×59.94					

ADD公司管理者有权决定是立刻投资200万元，还是推迟一年，等到第二年年初再决定是否投资。图13-10上半部分描绘了推迟一年，如果一年后项目出现最好的情景，可在第一年初进行投资，各年现金流量顺序后移。采用被动等待和观察战略，项目的净现值为49.95万元。

假设公司支付5万元市场调研费，可以观察到项目出现最好的情景在半年后，公司可以半年后进行项目投资，扣除调研费后，项目的净现值为49.72万元，见图13-10下半部分。

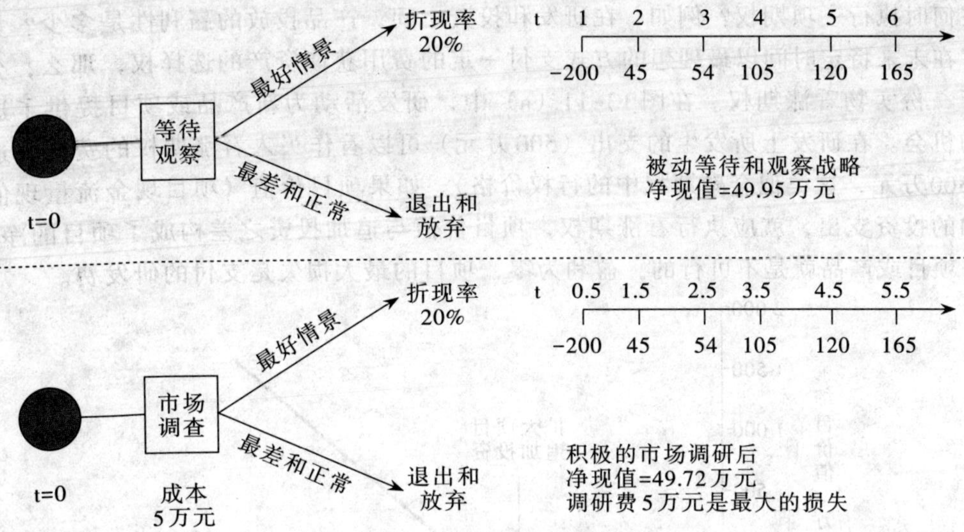

图13-10　延期期权（万元）

比较延迟一年、延迟半年投资净现值大于立即投资的净现值，因此，推迟开发项目是有利的。但是，管理层需要找出愿意支付的市场调研费的最大值，以减少在作出明智决策前必须等待的时间。即市场调查支付的费用是多少时，第一个等待期权与第二个等待期权相等。把49.95万元和49.72万元之间的差额（0.23万元）定为市场调查成本的减少，成本就从5万元减少到4.77万元。企业支付市场调研费的最大值不能超过4.77万元，否则，绝对明智的是跟随被动战略并且等待一年。在本例中，项目投资的最大后悔值DCF法下的-113.35万元；在实物期权分析法下，最大损失为市场调研费4.77万元。

延期期权实质上相当于公司获得了一个以该投资项目的未来现金流量现值为标的资产的美式看涨期权。根据期权定价理论，提前执行不付股利的美式看涨期权是不明智的，投资者持有它将会获得更高的价值，也就是说，在某些情况下，不必立即实行该项目，等待可使公司获得更多的相关信息，使项目决策者有更多的时间研究未来的发展变化，从而避免不利情况发生所引发的损失。但等待意味着公司将放弃项目早期的现金流量，而且可能失去先发优势。也就是说，项目早期的现金流量类似于美式买入期权的股利，如果有足够大的股利，美式买入期权提前执行也许是最佳的选择。因此，公司管理者对一个新项目进行决策时，他们就拥有现在实施该项目或者推迟到将来实施该项目的延期期权。延期期权是否提前执行，取决于项目早期产生的现金流量的延期期权内含价值的大小。延期期权主要应用于自然资源的开采、房地产开发等领域。

第三节　实物期权价值评估

一、实物期权价值分析

实物期权分析主要解决两个问题：一是公司应该以多少成本或代价获得或卖出一项期

权？例如，为了在未来拥有一项新技术的期权，公司当前在研发上支出是多少？二是公司应该在何时执行一项期权？例如，在研发和投资之间，产品投放的赢利性是多少？如果公司拥有在未来特定时间以最理想的方式支付一定的费用获取资产的选择权，那么，公司就拥有了一份实物看涨期权。在图13-11（a）中，研发活动为新产品或项目提供了进一步投资的机会。在研发上所发生的支出（500万元）可以看作买入看涨期权的费用，追加投资（1500万元，这类似金融期权中的行权价格）。如果项目价值（项目现金流量现值）大于追加的投资支出，就应执行看涨期权，项目价值与追加投资之差构成了项目的净现值；反之，项目或产品就是不可行的，盈利为零，项目的最大损失是支付的研发费。

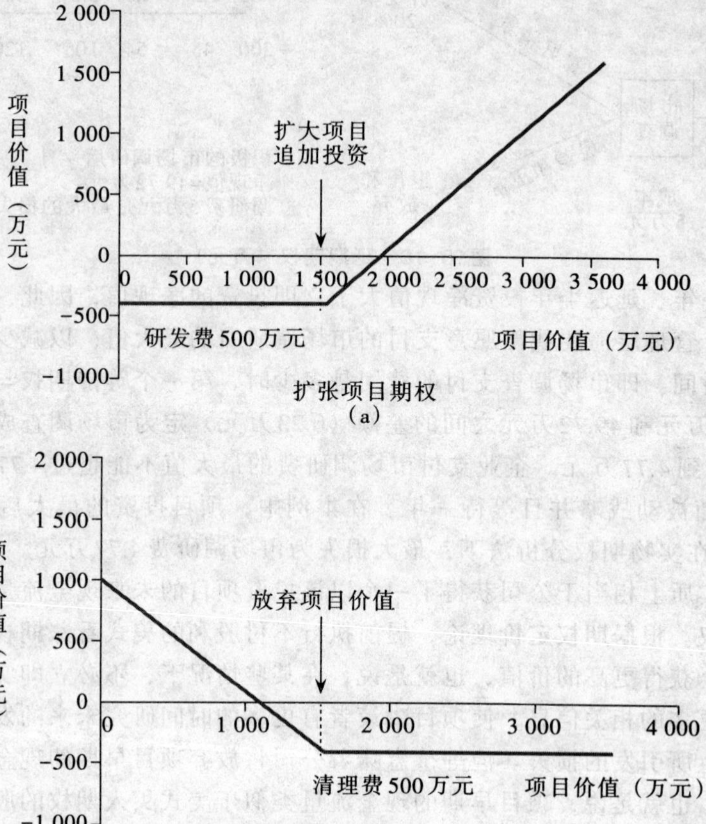

扩张项目期权
（a）

放弃项目期权
（b）

图13-11 扩张（放弃）项目期权

如果公司能在未来特定时间以最理想的方式处置一项资产，那么，公司就拥有了一份看跌期权。如果在t时，项目未来现金流量现值小于投入资本（NPV≤0），此时，公司可以考虑放弃该项目或将该项目的资产出售或转作他用。假设V代表项目在t时的剩余价值，L代表该项目在同一时点上将项目资产出售产生的价值（或残值），那么：

放弃期权价值=0　　　如果V＞L

放弃期权价值=L-V　　如果V≤L

例如，在图13-11（b）中，假设在t时，项目的价值为800万元，初始投资1 000万元，净现值小于零，且预期随后的项目价值将继续下跌。如果公司在t时停止该项目，且将项目的资产出售价值假设为1 500元，出售价值大于项目继续经营的价值（1 500>

1 000)，公司应行使放弃项目期权，项目价值越低，放弃项目期权的价值就越高。在本例中，公司放弃项目的最大损失是出售资产发生的清理费用。

在图13-12中，假设公司拥有在某个时间窗口结束时（例如t时）投资于一个项目的实物期权，横轴表示项目或标的资产价值（指项目未来预期现金流量在t时的现值）；纵轴表示该项目产生的净现值（等于标的资产价值减去投入资本，即行权价格=2 400万元）；图13-12中倾斜（虚）线就是这个项目立即执行的净现值，当标的资产价值等于项目的投入资本（行权价格）的现值时，净现值为零。图13-12中带标记的折线表明了在不同的市场条件下，执行期权后公司所能获得的净现值。只有在投资预期的净现值至少等于零时才会投资，这条折线也可视为实物期权的内含价值。图13-12中最上端的曲线表示了在实物期权还没有到期时该实物期权价值。

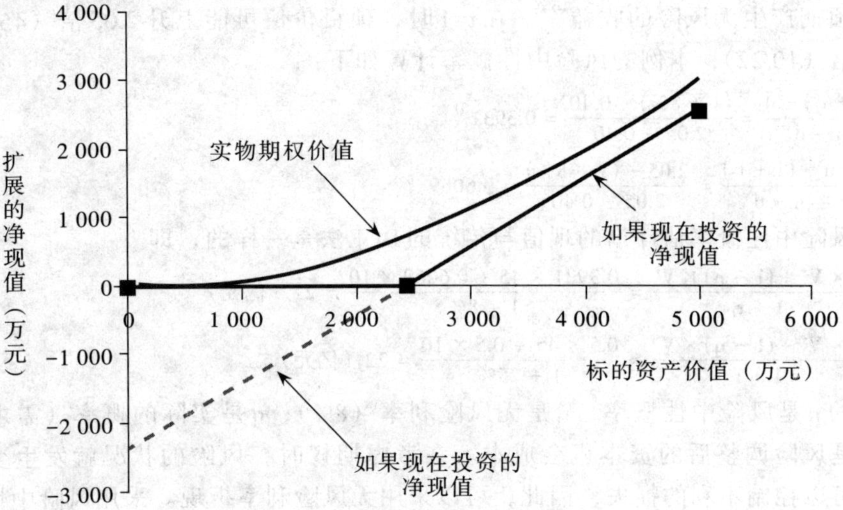

图13-12　实物看涨期权与延迟期权价值

由于项目投资是一种风险投资，未来不确定性越大，项目的投资价值和期权价值就越大。如果未来项目的价值与预期值相同，可保持项目的初始计划；如果未来项目的价值大于预期值，可执行扩张期权；如果项目的价值低于预期值，可执行缩减或放弃期权。

[例13-4] BIO公司是一家生物技术公司，拥有一项新药生产的许可证。假设新药的初始投资支出 I_0 = 20亿元，项目投资后预期现金流量现值（V）将随着市场需求随机波动，假设在t=1时，V^+ = 45亿元或 V^- = 10亿元（两者概率相同，q=0.5），项目在t=1时的预期价值 $E(V_1)$ = 27.5亿元（45×0.5+10×0.5），项目资本成本为25%，则新药项目的现值为 V_0 = 22亿元（27.5/（1+25%））。在传统的折现现金流量法下，该项目的净现值为2亿元（$V_0 - I_0$ = 22 − 20），项目是可行的。

（1）递延期权

在NPV法中，资本市场对高风险项目要求较高的收益率，因此立即投资的项目市场价值较低。假设新药许可证产生的投资机会比立即投资更有价值，例如，延迟一年，在项目条件（如需求量或价格）有利于时进行投资，t=1时，许可证投资机会期权价值为25亿元（$V^+ - I_0$ = 45 − 20 = 25），或是在不利条件下放弃投资，损失为0。这样，许可证提供的投资机会就类似于以开发或完成项目（V）的价值为标的资产的一个看涨期权，行权价格就是投资支出（$I_0=20$），项目等待的价值如图13-13所示。

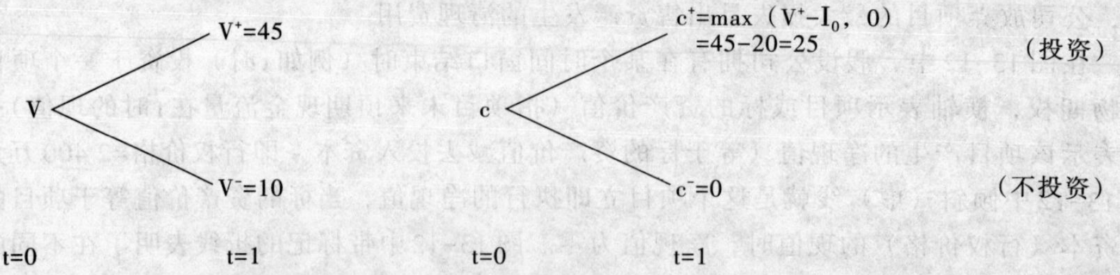

图13-13　许可证：等待投资机会价值（亿元）

标的资产的期权定价通常采用风险中性法，用这种方法给投资机会定价，需要确定风险中性概率，以便采用无风险利率进行折现。风险中性概率是指在风险中性的情况下所有的资产都预期产生无风险的收益率。在t=1时，项目价值可能上升2.05倍（45/22），或下跌至0.45倍（10/22），本例的风险中性概率计算如下：

$$p=\frac{(1+r_f)-d}{u-d}=\frac{(1+8\%)-0.40}{2.05-0.40}=0.3931$$ [①]

$$1-p=\frac{u-(1+r_f)}{u-d}=\frac{2.05-(1+8\%)}{2.05-0.40}=0.6069$$

运用风险中性概率估计出的现值与传统的DCF法是一样的，即

$$V_0=\frac{p\times V^+ +(1-p)\times V^-}{1+r_f}=\frac{0.3931\times 45+0.6069\times 10}{1+8\%}=22\text{（亿元）}$$

$$V_0=\frac{q\times V^+ +(1-q)\times V^-}{1+r}=\frac{0.5\times 45+0.5\times 10}{1+25\%}=22\text{（亿元）}$$

这里的p是风险中性概率，r_f是无风险利率（8%）；q是实际的概率（需求上升，q=50%），r是风险调整后的资本机会成本。在考虑期权时，风险的状况就发生变化了，例如，由于可以控制不利的损失，因此，可以采用无风险利率折现。采用风险中性概率计算的许可证投资机会的期权价值为：

$$c=\frac{p\times c^+ +(1-p)\times c^-}{1+r_f}=\frac{0.3931\times 25+0.6069\times 0}{1+8\%}=9.10\text{（亿元）}$$

这一期权也可以根据套期保值方法估价，首先计算保值比率：

$$\Delta=\frac{c_u-c_d}{Su-Sd}=\frac{25-0}{45-10}=0.7143$$

保值比率倒数为1.4（1/0.7143），表示出售1.4个该项目的买权可以得到一个套期保值组合（见表13-3）。

表13-3　**套期保值组合**　单位：亿元

投资组合	初始现金流量	标的资产到期价值（t=1）	
		Su=45	Sd=10
买入标的资产	−22	45.00	10.00
卖出1.4份买权	1.4c	−35.00=−25×1.4	0.00=0×1.4
合计	1.4c−22	10.00	10.00

无风险利率为8%，则投资组合到期价值的现值为：

① 尾差由Excel计算产生，下同。

$10/(1+8\%)=9.2593$（亿元）

投资组合的初始投资为（22-1.4c）亿元，则：

$22-1.4c=9.2593$

$c=\frac{22-9.2593}{1.4}=9.10$（亿元）

上述计算结果表明，许可证投资机会的期权价值为9.10亿元，则考虑期权后项目的净现值为11.10亿元（静态NPV+期权价值=2+9.10）。

在不确定的情况下，如果项目收益比预期差且不能撤消投资和收回初始成本，就要谨慎选择作出投资决策的时机，只有当项目产生溢价（NPV>0）时才应该投资。这时递延投资的机会可以被看作一个对标的资产的看涨期权，标的资产价值为项目预期现金净流量的现值，行权价格为投资支出的现值。在期权到期日（即不可能再延迟的时候），期权价值可表述为：

扩展的NPV=max［净现值（V_t-I_0），放弃，0］

（2）扩张（缩小）期权

在例13-4中，如果BIO公司执行递延期权，在期权到期时（例如，t=1），公司面临三种决策：扩张规模、缩减规模、保持基础方案不变。在一个扩张期权中，以x代表扩张产能使项目价值增长的百分比，以I_1'代表扩张产能需要追加的投资（行权价格），在到期日，此期权价值可表示为：

c = max［扩展的NPV($xV-I_1'$)，0］

缩减生产规模的期权与扩大生产规模的期权类似，当产品在市场上表现低于预期时，可以放弃或减少原计划的投入资本。因此，缩减生产规模的期权可以视为缩减规模的项目的看跌期权，行权价格就是减少的投入资本。如果需求低于原计划，那么就不需要使用全部的生产能力，甚至缩小经营规模，这样通过缩减就能节省变动成本（或弥补转售损失）。假设y代表项目缩小规模使项目价值降低的百分比，R代表缩减规模节省的变动成本。那么，缩小期权价值可表示为：

p = max［缩小的NPV($R-yV$)，0］

在例13-4中，假设项目在第0期开始，在初始投资一年后可以追加投资8亿元（即$I_1'=8$），用于增加额外生产能力或提高广告费，这样将使项目价值扩大50%（x=50%）。在第1年内，公司除了进行投资维持现有的经营规模外，也可以选择将生产规模和该项目的价值缩小50%（y=50%），节省变动成本7亿元（R=7）。

上述两种情况的价值是多少？很明显，如果事情如预期一样发展，就应该保持原计划的生产规模。如果下一年市场情况低于预期，就应该执行缩小项目规模期权。如果情况好于预期，就应该执行扩大项目规模期权。在到期日，选择追加投资、缩减投资或维持原规模，主要取决于谁的收益更高。即：

$\max[0,(xV-I_1'),(R-yV)]$

（1）到期日，市场情况好于预期，追加投资8亿元，项目价值增加50%：

$\max[0,(50\%\times45-8),(7-50\%\times45)]=14.5$（亿元）

（2）到期日，市场情况低于预期，缩小生产（亿元）规模，项目价值下降50%，节约变动成本7亿元：

$\max[0,(50\%\times10-8),(7-50\%\times10)]=2$（亿元）

当市场有利时执行扩张期权，当市场不利时执行缩减期权，投资机会（期权价值）变为：

$$\text{扩展的NPV} = 2 + \frac{0.3931 \times 14.5 + 0.6069 \times 2}{1 + 8\%}$$

$$= 2 + 6.37 = 8.37(\text{亿元})$$

在不确定市场上引进新产品时，扩大和缩小生产能力的期权可能特别有价值。它们只有在未来市场的发展与预期不一致时才会被执行，使原本不值得进行的维持基础生产规模的投资（静态的NPV）变得值得进行。在进行生产能力决策时，考虑扩大或缩小生产规模的期权，可使公司比竞争对手更容易进行调整以适应市场的变动。

二、实物期权估值：B-S模型

期权是一种衍生产品，其价值以标的资产的价格为基础。金融期权的标的资产是金融资产，如股票、债券、货币等。实物期权的标的资产是各种实物资产，如土地、设备、石油等。由于金融资产具有流动性、收益性和风险性，因此金融资产容易标准化，便于形成市场性、规模化的连续交易。相对而言，实物期权不仅具有期权的某些特性，同时还具有投资的特性，因此，实物期权比金融期权更为复杂。

实物期权既可以类似于欧式或美式金融期权，也可能是两者的混合。例如，在对一种新药投资之前，它的临床试验通常会持续一个固定的时期，这看起来像一个欧式期权。但是当实验结束且成功后，公司拥有根据市场情况作出立即投资或“等等”再投资的灵活性，这相当于公司持有一个美式期权。

尽管金融期权估值（例如，二项式、B-S模型）的许多假设，如连续交易、常数利率、不提前执行等并不符合实物期权的特点，但实物期权与金融期权估值仍有许多相通之处，两种期权价值的决定因素及相互关系如图13-14所示。

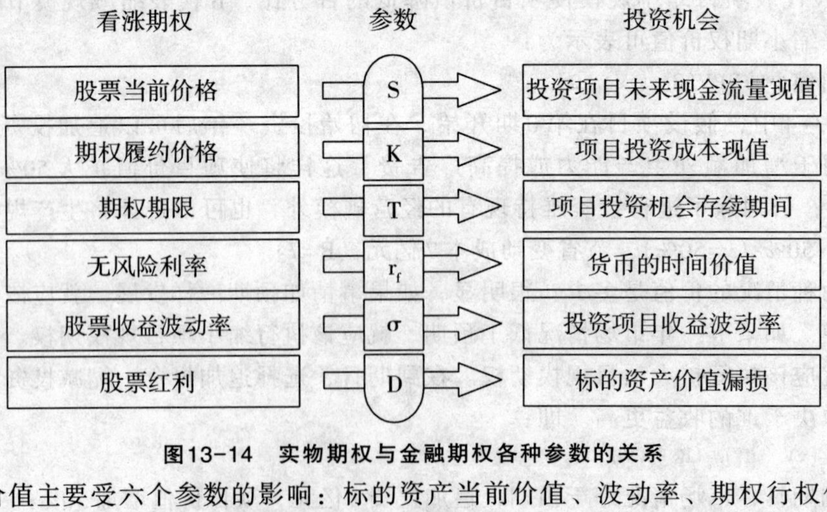

图13-14 实物期权与金融期权各种参数的关系

期权价值主要受六个参数的影响：标的资产当前价值、波动率、期权行权价格、实物期权的期限、折现率、标的资产价值漏损。根据实物期权的特点，对这些参数作一个简单的说明。

（1）标的资产当前价值。金融期权的标的资产是股票等，并假设股票价格运动符合对数正态分布，这对于股票而言是合理的。但在实物期权中，标的资产并不符合这一假设，因为实物资产或投资项目的价值有可能出现负数，而股价不会低于零。此外，金融期权定价的基本假设是标的资产能够在金融市场以公平的市场价格自由交易，而实物资产通常不具备自由交易的特征。解决这一问题的方法就是在市场上找到“类似证券”来复制实物资产价值的变化。例如，对于自然资源的投资决策，如油田、铝矿等，可以在公开交易的商品期货市场上寻找类似的项目，据以构造一个类似的证券组合；多元化经营公司的某一产业部门在拆分、并购时的估价可参考最近从事单一该产业的公司股票构造类似的证券组合；如果实物资产对公司市场价值的影响非常大，公司可以选择本公司的股票作为类似的证券；如果上述条件都不能满足，通常假设实物资产价值是实物资产交易情况下其市场价值的无偏估计且与其完全相关，因此，可直接将实物资产价值作为标的资产价值。

（2）期权行权价格。金融期权的行权价格是事先约定并且是到期一次性支付的。实物期权的行权价格不是事先约定的，而是根据期权的类型不同而不同（如进一步投资的成本或放弃原投资所能收回的价值），并随着时间的延续而变化。行权价格具有不确定性使得公司在执行实物期权时并不能确保获得超额利润。

（3）实物期权的期限。金融期权的执行时间一般通过合约详细规定，而实物期权的执行期限事先可能并不知道，期权的执行可能会受到其他期权是否执行的影响，还受到不确定状况的影响，如竞争态势与格局、技术创新与升级、宏观经济环境等。

（4）波动率。金融期权标的资产收益的波动率可以通过观察历史数据得到或通过期权市场价格计算隐含波动率。但对实物期权而言，既不存在历史收益率信息，也不存在期权的市场价格。因此，对波动率的估计就成了实物期权方法中的重要问题。解决这一问题有两种方法：近似资产的收益分布和蒙特卡罗模拟等方法。如果可以找到类似的证券，例如，其产品存在期货市场的自然资源开发项目，可用类似证券的历史收益率波动性来代替该实物资产项目的波动性。蒙特卡罗模拟是通过构造预测现金流量表，分析影响经营的各项因素，对各种输入变量的概率分布作一定的假设，然后通过蒙特卡罗模拟得到项目价值的概率分布，其中包括项目价值的均值和标准差信息。

（5）折现率。金融期权定价的一个关键假设是存在一个由标的资产和无风险债券组成的用于对冲所有风险的复制证券的组合。由于所有风险都被所复制证券组合对冲，因此，金融期权定价中所用的折现率为无风险利率。如果实物期权定价能够满足上述假设，则实物期权定价中的折现率也可采用无风险利率。

（6）标的资产价值漏损。在金融期权定价中，标的资产的股利支付减少了看涨期权的价值，提高了看跌期权的价值。金融期权的股利支付是事先知道的，可以直接在期权定价公式中调整。而实物期权的“股利支付”表现为现金的支付、租金、保险费用以及版税等多种形式，其数量和时间难以事先预知，因此，一些学者将此称之为“价值漏损”（value leakage）

现根据B-S期权估价模型，说明扩张期权、递延期权、放弃期权的定价方法。

[例13-5] 假设现在是20×0年，XYZ公司预计投资1 000万元建一条生产线，生产A1型产品，预计20×1—20×5年各年现金净流量见表13-4。公司预计到20×3年，替代A1产品的A2产品技术将达到成熟，届时公司可以上马A2型产品生产线。目前（20×0年）公司对20×3年及之后的A2型产品的现金流量作了最为保守的预测见表13-5。假设同类项目的资本成本为18%，公司现在要做的决策是是否应投资A1项目？

表13-4 **A1项目投资现金流量** 单位：万元

年份	20×0	20×1	20×2	20×3	20×4	20×5
初始投资	-1 000					
现金净流量		300	400	340	320	190

表13-5 **A2项目投资现金流量** 单位：万元

年份	20×3	20×4	20×5	20×6	20×7	20×8
初始投资	-2 400					
现金净流量		500	1 000	1 200	600	400

（1）折现现金流量法（DCF）分析

$$NPV_{A1} = -1\,000 + \frac{300}{(1+18\%)} + \frac{400}{(1+18\%)^2} + \cdots + \frac{190}{(1+18\%)^5}$$

$$= -1\,000 + 996.55 = -3.45(\text{万元})$$

对于A2项目，以20×3年为预测基点：

$$NPV_{A2} = -2\,400 + \frac{500}{(1+18\%)} + \frac{1\,000}{(1+18\%)^2} + \cdots + \frac{400}{(1+18\%)^5}$$

$$= -2\,400 + 2\,356.59 = -43.41(\text{万元})$$

以20×0年为预测基点：

$$NPV_{A2} = \frac{-2\,400}{(1+18\%)^3} + \frac{2\,356.59}{(1+18\%)^3}$$

$$= -1\,460.71 + 1\,434.29 = -26.42(\text{万元})$$

在DCF法下，现在上A1型生产线的投资价值为996.55万元，净现值为-3.45万元，净现值小于零，说明此项投资不可行。根据预测数据，公司在20×3年投资2 400万元建设A2型产品生产线，其投资价值为1 434.29万元，净现值为-26.42万元。按照传统的投资分析法，此项投资也不可行。

（2）实物期权分析法分析

从期权角度分析，A2型产品线投资价值（现在为1 434.29万元）具有较大的不确定性。假设随市场情况的变化，投资价值波动率（年标准差）估计为35%。这意味着项目净现值存在大于0的可能性。3年后，A2型产品的市场前景会较为明朗和确定，净现值是否大于0将更为明确。

实际上，公司现在要做的决策就是：是否上马A1型产品生产线，至于是否上马A2型产品生产线则要视3年以后的情况而定。如果现在上马A1型产品生产线，3年后就有机会上马A2型产品生产线，否则公司将失去上马A2型产品生产线的机会。或者说，如果现在上马A1型产品生产线，除了可以获得5年的现金流入量外，还有一个3年后上马A2型产品生产线的机会。那么，这一机会的价值是多少呢？用期权的概念解释，这样一个机会的价值相当于一个期限为3年、行权价格为2 400万元、标的资产当前价值为1 434.29万元的实物期权。假设无风险利率为5%，根据B-S模型，这一机会的价值为171.15万元（见表13-6），因此，20×0年投资A1型产品生产线提供的净现值为167.77万元（A1项目净现值+期权价值=-3.42+171.15），净现值大于零，公司应该投资A1型产品生产线。

表13-6　**B-S模型项目期权价值**　金额单位：万元

B-S模型	金额	说明
输入		
S	1 434.29	投资2 400万元价值（标的资产当前价值）
K	2 400.00	投资额（履约价格）
r	5.00%	无风险利率
T	3	期权执行期限（年）
σ	35%	投资项目收益波动率
输出		
d_1	-0.2987	=（LN（S/K）+（r+0.5*sigma^2）*T）/（sigma*SQRT（T））
d_2	-0.9049	=d_1-sigma*SQRT（T）
N（d_1）	0.3826	= NormSDist（d_1）
N（d_2）	0.1828	= NormSDist（d_2）
买权价值	171.15	= S*N（d_1）-K*exp（-r*T）*N（d_2）

［例13-6］假设TBT公司正在考虑一个长达10年的项目。这个项目要求它与房地产开发商一起投资5亿元分期开发房地产，项目预期现金流量现值为5.4亿元。由于4 000万元的净现值过小，TBT公司犹豫不决。为此，房地产开发商又提出：在未来5年内，TBT公司随时可以将股份作价3亿元回售给开发商而退出。通过对项目现金流量的模拟运算，得出联合开发所带来的现金流量现值标准差为30%。假设标的资产价值漏损=1/项目所需时间= 1/10（假设项目的现值以每年大约1/n的速度下降），5年期的无风险利率为7%。放弃项目的期权定价类似卖权或看跌期权，其计算过程见表13-7。

表13-7　**放弃期权**　金额单位：亿元

B-S模型	参数	说明
输入		
S	5.4	房地产项目现金净流量现值（标的资产价值）
k	3.0	回售成本（行权价格）
r	7.0%	无风险利率
T	5	期权的到期时间（年）
Sigma	30.0%	房价的波动性
y*	10%	标的资产价值漏损
输出		
d_1	0.98802	=（LN（S/k）+（r+0.5*sigma^2）*T）/（sigma*SQRT（T））
d_2	0.31720	=d_1-sigma*SQRT（T）
N（d_1）	0.83843	=NormSDist（d_1）
N（d_2）	0.62445	=NormSDist（d_2）
$-d_1$	-0.98802	=$-d_1$
$-d_2$	-0.31720	=$-d_2$
N（$-d_1$）	0.16157	=1-N（d_1）
N（$-d_2$）	0.37555	=1-N（d_2）
放弃期权	0.26475	= K*exp（-r*T）*N（$-d_2$）-S*exp（-y*T）*N（$-d_1$）

*根据资产价值漏损后的调整公式计算的。

根据表13-7的计算结果，考虑放弃期权价值后的项目净现值。

净现值=项目净现值+放弃期权价值=4 000+2 648=6 648（万元）

在上面的分析中，假设放弃项目期权的价值可以清楚地确定并且在项目期限内不发生变化，例如，合同中规定了放弃项目的选择权。在实务中，更常见的情况是公司拥有放弃项目的选择权，但残值收入不易确定。此外，放弃项目期权的价值在项目的期限内会发生变化，这使得传统期权定价法的运用遇到困难。在某些情况下，放弃项目完全有可能非但不带来清偿价值反而发生成本。例如，一家制造型公司将不得不给工人们发放遣散费。在这种情况下，放弃项目并没有意义，除非项目所带来的负现金流量更大。

[例13-7] 假设中海油公司拥有一项开采权，允许其在5年内在北海某固定区域勘探和开采石油资源。勘探结束后，中海油公司探明1亿桶原油储量，但石油价格低于开采成本。中海油公司决定执行延期期权，其准备向政府申请延期3年，并愿意支付一笔费用，假设目前石油价格每桶60美元，海上油田的开采成本是65美元/桶，石油价格波动率为30%，同期无风险利率为5%。那么，中海油应该向政府缴纳多少代价来获得这个3年期的延期开采权？采用B-S模型计算不同开采期限的期权价值见表13-8。

表13-8 **不同开采期限期权价值** 金额单位：万美元

B-S模型	开采期限5年	开采期限8年
输入		
S	600 000	600 000
k	650 000	650 000
r	5.00%	5.00%
T	5	8
Sigma	30.000%	30.000%
输出		
d_1	0.58877	0.80134
d_2	−0.08205	−0.04719
N（d_1）	0.72199	0.78853
N（d_2）	0.46730	0.48118
买权价值	196 637	263 464

在表13-8中，标的资产价值石油储量（S）为600 000万美元（10 000×60），期权行权价格（K）为650 000万美元；石油价格波动率（σ）为30%；无风险利率（r）为5%。

根据B-S模型，在5年内开采石油的期权价值为196 637万美元，允许8年内开采出全部原油的买方期权的价值为263 464万美元，两者相差66 827万美元。计算结果表明，中海油公司最多向政府支付66 827万美元，来换取延期3年开采权，以便继续观望市场价格，等待石油价格上升。

期权概念及其定价方法在财务管理中已经得到了广泛的应用，许多问题在引入期权理论后变得更容易理解。随着期权的进一步创新和财务理论的持续发展，人们或许能在期权的框架下解决更多的财务问题。

任何理论或模型的应用都有一定的局限性，20世纪90年代，期权理论被迅速推广到公司投资决策中，许多公司根据由专家修正过的期权定价模型来确定某一具体投资项目的价值。在应用这一模型时，将预计可能获得的利润视作必然能够获得的利润，由此过高地估计了某项期权的价值。例如，那些本来没有盈利的“. com”公司的股票价格可以在公司没有任何收益的情况下迅速上升，其原因就在于投资者普遍认为这是网络公司所具有的期权价值。

□ 思政课堂

亚马逊的“可选择权”战略

1995年，贝佐斯辞职创办亚马逊，两年后公司上市。亚马逊以卖书起家，此后不断地扩展公司的边界。1998年宣布进军书籍之外的行业；2002年探索99美元包邮服务；2005年正式推出Prime会员服务；2006年AWS（Amazon Web Services）成熟，向外推出并且商业化，同年推出了协助第三方卖家的FBA（Fulfillment by Amazon，亚马逊物流）服务；2007发布电子阅读器Kindle，同年扩充了28个大的商品品类，“万货商店”基本形成雏形；2009年收购了鞋类电商Zappos，进军相对难标准化的鞋类市场；2011年开始进军视频和娱乐这类内容行业；2014年收购游戏视频公司Twitch；2015年开始涉足线下餐厅的供应链配送；2017年收购了全食超市（Whole Foods）。亚马逊的扩张，一方面围绕不同商品品类的特点把它们从线下搬到线上；另一方面把这个过程中需要用到的各种服务，比如仓储物流服务FBA、云服务AWS不断打磨并且开放出来，也进行商业化，最终形成了一个帝国式的产业。

对贝佐斯影响很大的重要思想就是制造“可选择权”。贝佐斯思考三个问题：能打败亚马逊的公司到底是谁，是很难预测的；公司投入资源做的事情可能产生的回报，是非线性的；应该让自己的公司创造更多的“可选择权”，通过试错和创新，用可控的风险赌黑天鹅级别的创新。

请组织学生查询亚马逊发展历程，从实物期权的视角梳理亚马逊和贝佐斯的战略选择与思维方式。不管是Marketplace，还是AWS云服务，都让亚马逊成为了一家成功的大公司。如果Marketplace或AWS失败，是否会导致亚马逊的失败？

引导学生思考：在以后的工作和生活中，如何让自己获得更多的“可选择权”，从不确定性中获利。

资料来源　根据张潇雨的商业经典案例课改编。

□ 本章小结

1.在战略性投资决策中，公司可以根据自己的产品优势、技术优势、资本优势、成本优势等发现具有正净现值的投资机会。

2.DCF与ROA应视为具有互补性质的决策工具。DCF更适合分析确定决策环境中并不复杂的项目，其预测在相对稳定的环境中更为可靠。ROA更适合分析不确定环境中的复杂项目，管理者可利用新信息，积极管理项目。

3.递增期权为公司提供"有利可图的逐渐增加投资的机会"。面对不确定的环境，公司首先作出小额试探性投资，当不确定性消除且呈现增长潜力时，公司利用先动优势全面投资。柔性期权是指公司多阶段投资以后，根据不同情景选择不同行为的灵活性期权。

4.如果说扩大投资期权是一种买入买权，旨在扩大上方投资收益，那么放弃投资期权则是一种看跌期权，意在规避下方投资风险。对于某些投资项目，有时存在着一个等待期权，也就是说，不必立即实行该项目，等待不但可使公司获得更多的相关信息，而且，在某些情况下等待（即持有期权而不急于行使）具有更高的价值。

5.NPV方法评估确定情况下的战略规划的价值和项目的现金流的价值，实物期权方法用于评估不确定情况下未来机会的价值，博弈论方法则用于分析竞争性互动情况。

□ 基本训练

1.MIT公司是一家大型信息技术公司，主要从事信息产业中的系统集成、网络、软件与信息服务等业务。目前公司开发了一套新的计算机操作系统（以下简称"新系统"），并申请注册取得相应的专利权，期限为20年。与该新系统开发与生产相关的资料如下：

（1）根据对新系统潜在市场和预期售价的分析，预计其投入市场后每年可为公司带来现金净流量11.28亿元，同类项目的投资必要收益率为10%。

（2）新系统的初始开发成本为100亿元。

（3）目前无风险收益率为6.5%，已上市的各信息技术公司价值的平均标准差为15%。

（4）假设新系统仅在专利有效期限内会给公司带来超额收益，专利期满后由于竞争的存在会使公司不再具有获取超额收益的优势。

要求：

基本训练指引 13-1

（1）计算新系统投入市场后带来的现金流量的现值。

（2）计算新系统的净现值，并按照传统的投资决策分析方法对该投资项目进行评价。

（3）如果公司打算推迟新系统的开发与生产1年，采用期权定价理论估计该专利权的价值，并计算该项目调整后的净现值，同时说明公司是否应该推迟新系统的开发与生产。

2.FHK公司是一家大型的汽车生产公司，为了实现多元化经营，目前正准备投资收购一家计算机公司，收购成本为10亿元，预计经营期限为16年，并且收购后这一公司预期将会给FHK公司带来现金流量现值为12亿元。由于这项收购属于跨行业投资，公司管理当局在计算机行业没有丰富的管理经验，对其未来市场是否能够良好发展也没有太大的把握，为了规避这项投资风险，FHK公司与一家国际知名的计算机公司（AIT）签订协议，约定在未来的4年内，FHK公司随时可以将该被收购公司以9亿元的价格出售给AIT公司并退出计算机行业。通过对被收购公司的现金流量的模拟预算得出，其标准差为35%，假设标的资产价值漏损等于1除以项目所需时间为6.25%（假设项目的现值以每年大约1÷n的速度下降），4年期的无风险利率为8%。

要求：

（1）计算该项目放弃期权价值。

（2）计算该项目考虑放弃期权价值后的净现值。

3.FUR公司是一家国内知名的房地产开发公司，目前拟进入汽车制造行业，生产一种新型的低耗能的小汽车。公司预计生产该种汽车的初始投资为1 200万元，在未来经营的5年内每年产生的现金净流量均为325万元。

基本训练指引 13-2

公司预计，随着生产技术和管理的不断成熟与发展，在投产经营的第3年年末，可以引进国外的先进技术，对现有的生产线进行技术改造，以提高产品的质量和产量，并可以延长该汽车生产线的经营期限到10年。预计投入技术改造成本为3 000万元，未来7年每年生产销售小汽车的现金净流量分别为480万元、620万元、840万元、1 000万元、650万元、480万元、350万元。改造后生产线的投资价值具有很大的不确定性，假设随着市场情况的变化，投资项目价值波动率（年标准差）估计为25%。

现行的无风险利率为6%，假设汽车行业的β系数为1.2，市场风险溢价为5%。

要求：

（1）计算该投资项目现在进行投资的净现值。

（2）计算在第3年年末进行技术改造所获得的净现值。

（3）从实物期权的角度分析该项目的净现值。

基本训练指引 13-3

4.ADD公司正计划投资建立一座工厂，投资总额1亿元，每年年末产生的系列现金流量见表13-9。ADD公司管理者有权决定是立刻投资1亿元，还是推迟1年，等到第2年年初再决定是否投资。由于项目所生产的产品市场需求难以预测，取决于是否会有竞争产品。但是，这种不确定性可能在第一年末变为确定。如果第一年需求量高，则项目现金净流量为1 000万元，第二年的需求量为1 500万元，以后各年均为1 500万元，假设为永续的现金流。如果第一年需求量低，则项目现金净流量为1 000万元，第2年的需求量为250万元，以后各年均为250万元，假设为永续的现金流。假设两种情况发生的概率均为50%，项目资本成本为10%，无风险利率为5%。请评估推迟一年投资的期权价值。

基本训练指引 13-4

表13-9　　**投资开发时间与现金流量（立即投资）**　　单位：万元

市场情况	0	第1年	第2年	第3年	第4年	第…年
市场有利	-10 000	1 000	1 500	1 500	1 500	1 500
市场不利	-10 000	1 000	250	250	250	250

5.假设ABC电视台拥有在未来两年内对奥运会赛事进行电视直播的权利，并试图将这项权利出售给另一家有线电视公司。ABC电视台预计奥运会赛事的直播成本为5亿元，预计各种赛事的直播将获得4.5亿元现金流量现值。这一估值变化很大，预期现金流量现值的标准差为30%，无风险利率为5%。

要求：

（1）以当前估值为基础，计算奥运会直播项目的净现值。

（2）估计公司将直播权出售给另一家有线电视公司的期权价值。

基本训练指引 13-5

第十四章

公司并购与资产剥离

公司作为诸多生产要素的组合体，是一种最具开发价值的商品。当一个公司经营者确认某种资源已不适合生产的发展，不能为其带来收益，并需承担一定风险时，它就会将公司及其产权（或股权）以商品形式出让，以实现新的合理的资源配置；当一家公司用其货币资本来购买企业比它自已直接投资建厂的收益更大时，购买就显得十分必要且经济可行。在市场竞争中，公司的兴衰成败相伴发生，社会资源的闲置与不足并存，优胜劣汰的竞争机制迫使经营困难的公司将其闲置生产要素转移给那些发展迅速，急需扩大生产规模的公司，而完成这一转移的最有效途径就是并购。并购作为社会资源优化配置的基本方式，已成为公司扩大规模、提高核心竞争力的重要途径。乔治·J.斯蒂格勒指出，综观美国著名大企业，几乎没有哪一家不是以某种方式，在某种程度上应用了兼并、收购而发展起来的。但是，20世纪80年代并购浪潮又表现出一个主要特点，即许多公司把无关业务剥离出去，同时相应地并购同类业务公司，使生产经营范围更加集中。2017年8月15日，证监会发文称，按全市场口径统计，2013年上市公司并购重组交易金额为8 892亿元，到2016年已增至2.39万亿元，年均增长率41.14%，居全球第二，并购重组已成为资本市场支持实体经济发展的重要方式。目前，中国的并购仍然以制造业、工业为主。跨国并购日益增多，产业结构逐步由重工业为主转向新经济产业，研究并购的主题很多，本章仅从价值创造的角度讨论与公司并购相关问题。

通过本章学习，你可以熟悉并购的类型、并购协同效应与价值来源；掌握并购对价方式对并购双方股东价值的影响；熟悉反收购的管理策略和抗拒策略；熟悉资产出售、股权分割等重组对公司价值的影响。

第一节　并购与价值创造

一、相关概念界定

合并（combination）是指两家以上的公司依契约及法令归并为一个公司的行为。公司合并包括吸收合并和创新合并两种形式：吸收合并是指两个以上的公司合并中，其中一个公司因吸收了其他公司而成为存续公司的合并形式；创新合并是指两个或两个以上的公司通过合并创建一个新的公司。

兼并（merger）是指一个公司采取各种形式有偿接受其他公司的产权，使被兼并公司丧失法人资格或改变法人实体的经济活动。

收购（acquisition）是指一家公司（收购方）通过现金、股票等方式购买另一家公司（被收购公司或目标公司）部分或全部股票或资产，从而获得对该公司的控制权的经济活动。与收购相近的两个概念是接管和要约收购。

接管（take over），通常是指一家公司由一个股东集团控制转为由另一个股东集团控制的情形。接管可通过要约收购、委托投票权[1]得以实现，因此接管比收购的范围更大。

要约收购（tender off）或标购，是指一家公司直接向目标公司股东提出购买他们手中持有的该公司股份的要约，达到控制该公司目的的行为。

公司兼并和收购，在本质上都是公司所有权或产权的有偿转让；在经营理念上都是通过外部扩张型战略谋求自身的发展；其目的都是增强公司竞争力、经济实力，形成规模经济，实现资产一体化和经营一体化。因此通常将公司兼并和收购统称为并购。

二、并购基本类型

根据并购的产业组织特征和行业特点，并购分为横向并购、纵向并购和混合并购三种类型。

横向并购是指处于相同市场层次上的公司并购，即两个或两个以上生产和销售相同或相似产品公司之间的并购行为。通过横向并购，使公司资本向同一生产、销售领域集中，可以扩大并购后的市场份额，增强垄断势力；可以扩大公司的生产经营规模，取得规模收益。

纵向并购是指发生在同一产业的上下游之间的并购，即生产经营同一产品相继的不同生产阶段，在工艺上具有投入产出关系公司之间的并购行为。纵向并购的公司之间不是直接的竞争关系，而是供应商和需求商之间的关系。通过纵向并购，使位于同一产业链上游、中游和下游的公司相互整合，构成同一集团内的产业价值链，上游公司为下游公司节省各种成本，形成从原材料供应到制造加工，再到销售终端的整个产业链。

混合并购是指两个或两个以上相互没有直接投入产出关系公司之间的并购行为，是跨行业、跨部门之间的并购。混合并购是实现多元化的一个重要手段，其目的是通过生产经营范围广度的扩大分散整体运行风险。

除以上最基本的分类外，按并购的实现方式划分，可分为现金支付型、品牌特许型、换股并购型、以股换资型、托管型、租赁型、合作型、合资型、无偿划拨型、债权债务承担型、杠杆收购型、管理层收购型以及联合收购型等。

全球七次并购浪潮

三、内生式扩张与外延式扩张

内生式扩张是通过建立新的产品线、市场和流程实现自我发展。外延式扩张是通过并购获得社会上现存的生产能力实现发展。相对而言，并购可以迅速获得所需要的资源或生产能力，缩短从投资到投产所需要的时间；并购可以直接获得原有公司的经营经验，减少竞争压力和经营风险[2]；并购可以通过换股方式获得公司扩张的资本来源，降低公司的财务风险。

---

① 即一个股东集团欲通过投票选举新的董事会从而在董事会中获得大多数席位。

② 如果市场的竞争水平已经很高，并且出现剩余生产能力，如果再建立新的生产能力，必然会遭到现有市场参与者的反击，在这种情况下，对现有公司的收购会降低这种还击的风险。

公司究竟采取内生式扩张还是外延式扩张取决于对公司进行优势、劣势、机会和威胁（SWOT）的分析。这种自我分析可以使潜在的收购者明确自身具有的竞争优势，明确不同扩张方式对公司价值的影响，以便决定采用何种方式实现扩张。

［例14-1］假设XYZ公司预期下年度销售收入为20 000万元，投入资本为6 000万元，投入资本收益率（ROIC）为20%，折旧等非现金费用为投入资本的10%，经营性营运资本追加额为销售收入的0.6%，资本支出净额为投资额的4%。假设不考虑最低现金持有量，公司自由现金流量为1 440万元。假设资本成本为10%，预期增长率为4%，采用稳定增长模型计算的公司价值如下：

$$公司价值 = \frac{1\,440}{10\% - 4\%} = 24\,000(万元)$$

为扩大资产规模，增加公司价值，不同投资方式对收购公司价值的影响分析如下：

第一，内生式扩张。公司自己投资300万元建设一条产品生产线，预计销售收入为1 000万元，假设ROIC、折旧占投资比例、经营性营运资本追加投资比例、资本支出净额比例、预期增长率、资本成本等指标保持不变。公司自己投资的自由现金流量现值为1 200万元，扣除投资额（300万元），公司价值将增加900万元，即公司价值提高了3.8%（900/24 000×100%），见表14-1第三栏。

第二，外延式扩张。公司拟收购一家公司而不是自己建立新产品线，收购后出现两种情况：（1）收购后无协同效应。假设目标公司价值增长模式与收购公司内部增长模式相同，则目标公司未来现金流量的现值为1 200万元。假设收购溢价为30%，则收购价格为1 560万元（1 200×1.3），大于目标公司未来现金流量的现值，收购行为没有为公司创造价值，反而使收购方的价值下降了1.5%（-360/24 000×100%），见表14-1中第四栏。（2）假设收购后可使目标公司的ROIC由20%提高到30%，其他变量保持不变，目标公司的价值为1 700万元，扣除收购价格1 560万元，收购方价值增加了0.58%，见表14-1中的第五栏。

表14-1 不同扩张方式对公司价值的影响 金额单位：万元

项　目	公司价值（收购方）	内生式（自己投资）	外延式（收购后目标公司价值）	
			无协同效应	ROIC=30%
销售收入	20 000	1 000	1 000	1 000
预期增长率	4%	4%	4%	4%
投入资本	6 000	300	300	300
净利润	1 200	60	60	90
加：折旧等非现金费用	600	30	30	30
减：经营性营运资本增加额	120	6	6	6
减：资本支出净额	240	12	12	12
公司自由现金流量	1 440	72	72	102
公司价值（FCFF现值）	24 000	1 200	1 200	1 700
收购溢价（30%）		300*	360	360
购买价格（1 200+360）		300*	1 560	1 560
价值创造		900	-360	140
价值创造/收购方价值		3.8%	-1.50%	0.58%

*初始投资额。

表14-1的结果表明，收购一家公司创造的价值（即使在ROIC为30%时）低于公司自己投资建立产品生产线创造的价值。由于支付了30%的并购溢价，新创造的价值大部分转移给了目标公司的股东。内生式扩张使公司价值增长了3.8%，而外延式（并购）扩张使公司价值增长了0.58%（在ROIC为30%时）。

表14-1是假设内生式扩张是外延式（并购）扩张的一种潜在替代方式；假设收购方新产品的生产能力、技术能力和营销能力与目标公司相同。事实上，收购方进入一个新的领域可能面临高于目标公司的竞争压力，而且收购时支付太高的溢价也会降低收购创造的价值。

四、并购协同效应与价值创造

寻求资本增值，增加公司价值是并购行为的基本动因。假设A公司拟收购B公司，公司价值分别为V_A和V_B（对于上市公司一般是指两家公司独立存在时的市场价值，且假设等于其独立状态下的内在价值），两家公司合并价值为V_{AB}，如果V_{AB}大于（V_A+V_B），则其差额称为协同效应。在例14-1的假想并购交易中，假设目标公司的内在价值为1 200万元，协同效应价值为500万元，并购支付价格为1 560万元，因此，这一交易创造的价值为140万元。并购协同效应引起的价值增值主要表现在收入、成本、税负和财务效应等方面。

（一）收入协同效应

收入协同效应主要来自：（1）通过并购可以重新整合并购双方的战略资源或能力，最大限度地发挥未曾充分利用的经济资源的使用价值，扩大并购后的市场份额，增强垄断势力。（2）通过并购可以快速进入某一垄断行业、某一地域、某一新兴市场、获得某一关键技术、获得某一品牌，从而创造新的收入增长点。（3）通过并购可以获得因竞争减少、价格上升引起的收入增加。不过，如果并购旨在减少竞争而于社会无益时，可能会受到反垄断法的阻止。

（二）成本协同效应

成本协同效应主要表现在：（1）通过并购可以充分利用规模效应，增加产量，降低单位成本和费用；通过并购可以合理布局专业化生产和销售流程，降低运输费用和仓储费用。（2）通过并购可以有效规划、整合市场销售网络，合理布局售后服务网点，科学设计广告策略，以一个品牌支撑系列产品，可以扩大市场占有率、节约营销费用。（3）通过并购可以集中人力、物力、财力用于新产品、新技术的开发，加快技术商品化进程，可以节约科研开发支出等。

（三）税负协同效应

税负协同效应主要表现在：（1）利用税法中的税收递延条款合理避税，如一家获利高并因此归于最高课税等级的公司并购一家有累积纳税亏损的公司，并购后即可利用税收中的亏损递延规定，获得减交或免交所得税的益处。（2）利用尚未动用的举债能力，可以获得抵税效应。（3）利用支付工具合理避税，当目标公司股东不是将其本身的股票直接转换为并购公司的股票，而是首先购买并购公司发行的可转换债券，然后再通过一定的程序和条件转换为并购公司的普通股股票的情况下，对于并购公司而言，由于可转换债券的利息是从税前列支的，因此在转换为普通股之前可以少交公司所得税；对于目标公司股东来说，由于资本收益（可转换债券）的延期偿付，可以延迟缴纳资本利得税。

（四）财务协同效应

财务协同效应主要表现在：(1) 在并购一方的产品生命周期处于成熟期、拥有充足的财务资源（如充足的现金流量、大量未被抵押的优质资产等）未被充分利用，而另一方产品生命周期处于成长发展期、拥有较多投资机会而急需现金的情况下，可以通过并购的财务互补和协同效应，充分利用并购双方现有的财务资源，避免资本的闲置和浪费，节约融资成本。此外，当并购一方产品的生产销售周期与并购另一方不同时，通过并购可以充分利用不同产品生产销售周期的差异，相互调剂资本余缺，同样可以减少资本闲置，节约融资成本。(2) 公司并购一般伴随着公司规模的扩大、实力的加强、知名度的提高，不但增强了公司抵抗风险的能力，而且也提高了公司的信用等级和融资能力，可以使并购后的公司取得更加有利的信用条件和融资便利。(3) 非上市公司通过并购上市公司，可以取得上市公司宝贵的“壳”资源。“借壳上市”不但可以迅速取得上市资格，提高公司知名度，而且通过向上市公司注入优质资产可获取配股以及发行新股的资格，较为便利地通过证券市场募集资本，并节约上市费用。

五、并购与财富再分配

并购协同效应一般是通过横向并购或纵向并购实现的，由于混合并购的动机在于实现经营多元化，旨在降低经营风险，因此，混合并购不会增加股东财富。从本质上说，两家公司合并可以视作一个投资组合。根据投资组合理论，投资于多个公司比投资单一公司风险要低，或者说，并购后公司的总风险比并购前单一公司的风险要低。

根据期权定价模型，在公司价值给定的情况下，由于公司股票的市场价值相当于公司价值的一个买权，而公司债务价值相当于公司价值减去这一买权。风险增加会增加股票（买权）价值，降低债券价值；反之，风险降低会降低股票价值，同时增加债券价值。由于并购后公司的总风险比并购前单一公司风险要低，因此，股票价值相对于债券价值会有所下降。在现实中，并购后公司的总价值恰好等于原来各自价值的情况并不多见，因此并购后公司股票价值绝对下降情况也很少。但无论如何，公司并购所带来的风险降低更有利于公司的债权人而不是股东。

[例14-2] 假设A、B公司从事不同的经营业务，两家公司希望通过合并进行多元化经营，合并前两家公司的有关数据见表14-2，根据表中数据计算合并后公司价值标准差为39.24%。

表14-2 A、B公司合并前价值评估数据 金额单位：万元

项　目	A公司	B公司
公司价值	10 000	15 000
债券面值（零息债券）	8 000	5 000
债券期限（年）	10	10
公司价值标准差	40%	50%
权数	0.4	0.6
公司价值相关系数	0.4	
合并后公司价值标准差	39.24%	

假设10年期国债利率为8%，根据B-S期权估值模型分别计算A、B公司期权价值，合并前后价值，见表14-3和表14-4。

表14-3　**A公司、B公司及合并后期权价值**　金额单位：万元

参数	A公司	B公司	合并后	说明
输入				
S	10 000.00	15 000.00	25 000.00	标的资产价值：公司价值
K	8 000.00	5 000.00	13 000.00	执行价格：零息债券面值
r	8.00%	8.00%	8.00%	年度无风险利率
T	10.00	10.00	10.00	到期时间（年）：债券到期时间
Sigma	40.00%	50.00%	39.24%	标的资产价值波动率：公司价值标准差
输出				
d_1	1.4413	1.9914	1.7921	=（LN（S/K）+（r+0.5*sigma^2）*T）/（sigma*SQRT（T））
d_2	0.1764	0.4102	0.5511	=d_1-sigma*SQRT（T）
N（d_1）	0.9253	0.9768	0.9634	= NormSDist（d_1）
N（d_2）	0.5700	0.6592	0.7092	= NormSDist（d_2）
c	7 203.54	13 170.75	19 943.24	=S*N（d_1）-K*exp（-r*T）*N（d_2）
p	798.17	417.40	784.51	=K*exp（-r*T）*N（-d_2）-S*N（-d_1）:
股票价值	7 203.54	13 170.75	19 943.24	=看涨期权价格：公司资产买权价格
	7 203.54	13 170.75	19 943.24	=公司价值-预期债券现值+看跌期权价格
债券价值	2 796.46	1 829.25	5 056.76	=债券价值=公司价值-看涨期权价格
	2 796.46	1 829.25	5 056.76	= 债券价值=预期债券现值-看跌期权价格

表14-4　**A、B公司合并前后价值**　单位：万元

项　目	A公司	B公司	合并前公司AB	合并后公司AB	价值变化
股权价值	7 204	13 171	20 374	19 943	-431
债权价值	2 796	1 829	4 626	5 057	431
公司价值	10 000	15 000	25 000	25 000	0

根据表14-4，合并前两家股权价值为20 374万元，合并后股权价值为19 943万元，下降了431万元；而债权价值却增加了相同的数量。因此，合并的结果使财富从股东转移给了债权人。也就是说，如果合并后没有提高财务杠杆比率，很可能发生公司财富重新分

配的现象。

合并前后价值变化也可以根据期权理论来解释，即并购增加了债权人的价值是因为降低了股东卖权（违约）价值。或者说，合并前A公司和B公司各自发行的债券对应有两份卖权或违约期权，合并后AB公司债券（13 000万元）的卖权价值低于两份期权的价值总和。也就是说，如果两家公司在合并前各自发行了债券，那么合并后，它们所持有的债券原本只是一家公司的资产担保，现在却由两家公司资产担保。这种保证称作并购的共同保险效应（coinsurance effect），如果两家公司都有负债，则它们可以互为保证。或者说并购的共同保险效应将财富从股东转移给了债权人。

六、并购价值创造的经验证据

为检验并购对并购双方股东财富或公司价值的影响，许多学者进行了大量的实证研究，Berkovitch and Narayanan（1993）将其大致归结为3类，见表14-5。

表14-5 **并购动机及其对并购双方价值的影响**

动　机	总收益	目标公司收益	收购公司收益
Ⅰ效率性和协同性	+	+	+
Ⅱ自负（赢者诅咒和过度支付）	0	+	–
Ⅲ代理问题或错误	–	+	–

资料来源 BERKOVITCH，NARAYANAN. Motives for takeovers：an empirical investigation［J］. Journal Financial and Quantitative Analysis，1993（28）：347-362.

在表14-5中，目标公司股东是并购活动的绝对赢家，并购事件为目标公司股东带来的收益总是正的；并购事件对收购公司股东收益的影响表现为正、负两种情况；并购事件对并购双方总价值的影响表现为正、零和负三种情况。

将并购动机与并购收益联系起来可以发现：

（1）如果并购的动机是提高效率和协同性，并购收益总是为正值，如果增加的价值由并购双方共同分享，并购双方的收益也为正值；但是即使总收益为正值，如果收购公司支付的溢价高于总收益，那么收购公司的收益也为负值。

（2）Roll[①]于1986年提出了自负理论，认为收购竞价者之间的竞争容易导致最终胜出者支付的溢价超过所能获得的协同效应，收购公司竞价超过目标公司真实价值的原因在于收购公司管理者的过分自信和傲慢，他们的自大导致在评估并购机会时犯了过分乐观的错误，实际上并购收益并不能弥补收购时所支付的溢价。在有效市场上，目标公司现行的市场价格已经反映了其全部价值，收购公司支付过高价格造成了财富向目标公司股东的转移。因此，并购并没有增加社会总收益。由于并购总收益为零，所以当目标公司的收益为正值时，收购公司的收益必然为负值。

（3）当存在代理问题和错误时，经营者会根据自己的利益而不是股东利益采取行动。

① ROLL R.The hubris hypothesis of corporate takeovers［J］. Journal of Business，1986，59（2）：197-216.

Mueller[①]1969年提出的经理主义假说认为，经理人有动机扩大公司规模，经理的报酬是公司规模的函数，因此，经理人可能为扩大公司规模进行低效率的并购活动，从而降低了公司价值。

Bradley等（1988）[②]以美国1963—1984年发生的并购交易为样本，计算了并购前后并购双方股东财富的变化，发现并购总收益在每个时期都为正，位于7%～8%。他们得出的结论是并购产生了协同效应收益，但协同效应的分配不同，目标公司股东获得了大部分收益，而收购公司得不到或得到很少的收益。

此外，许多学者对过去百年间公司并购结果的考察表明，将近70%的并购没有收效或者赔本，只有近1/3的并购达到了预期效果。他们的研究认为，并购方过于乐观地估计了并购带来的协同效应而在交易价格中支付了过高的溢价，而实施并购后预期的协同效应无法实现是并购失败的主要原因[③]。

在并购的长期绩效研究中，Geoffrey（1977）[④]研究了1964—1971年英国233个合并交易的收益，结果表明交易后收购公司的总资产收益率呈递减趋势，并在交易后第5年达到最低点。同时，有将近2/3的收购公司的业绩低于行业平均水平。总的来讲，合并使收购公司盈利水平轻度下降。

Healy等（1992）[⑤]提出了相反的发现，他们研究了1979—1984年美国最大的50宗合并交易后的会计数据，并使用行业业绩作为基准来检验收购方的业绩。并购后收购公司的资产生产效率显著提高，导致其比非收购的同类公司获得了更高的营运现金流入。收购公司维持了与行业水平大体相当的资本性支出与研发开支的比率，这表明业绩的改善不是以削减基础投资为代价换来的。最主要的是，公司合并股票的宣告收益与合并后营运业绩的改善显著相关，这表明合并宣告时的股价变动是由预期的业绩改善所驱动的。

张新（2003）[⑥]在《并购重组是否创造价值？——中国证券市场的理论与实证研究》一文中，研究范围覆盖了1993年1月到2002年12月我国A股非金融类上市公司的并购重组事件，总计1 216个样本（其中还包含了22例吸收合并的案例），研究结果显示，并购事件为目标公司的二级市场表现起了提前的推动作用，使二级市场价格在披露前逐步上升，从这个意义来说，并购为目标公司的股东创造了价值。

周小春和李善民（2008）[⑦]以问卷调查收集2000—2003年的63家中国上市公司所从事的并购交易为样本，对我国上市公司的并购价值创造的影响因素进行了实证研究。结果显示，现金对价收购、较高的收购比例、较好的并购整合程度和并购双方密切的行业相关度都有利于我国上市公司并购价值创造。

---

① MUELLER D C.A theory of conglomerate mergers [J]. The Quarterly Journal of Economics, 1969, 83 (4): 643-659.

② BRADLEY M, DESAI A, KIM E H.Synergistic gains from corporate acquisitions and their division between the stockholders of target and acquiring firms [J]. Journal of Financial Economics, 1988, 21 (1): 3-40.

③ 杨华. 上市公司并购重组和价值创造［M］. 北京：中国金融出版社，2007：26-27.

④ MEEKS.Disappointing marriage: a study of the gains from merger [M]. London: Cambridge University Press, 1977.

⑤ HEALY P M, PALEPU K G, RUBACK R S.Does corporate performance improve after mergers? [J]. Journal of Financial Economics, 1992, 31 (2): 135-175.

⑥ 张新. 并购重组是否创造价值？——中国证券市场的理论与实证研究［J］. 经济研究，2003（6）：20-29.

⑦ 周小春，李善民. 并购价值创造的影响因素研究［J］. 管理世界，2008（5）：134-143.

第二节 并购价格与对价方式

一、并购价格的影响因素

一个公司的买卖价格（值）与一件商品的买卖价格（值）不同，后者的价值判断取决于个人对商品消费的效用，而公司的价值判断取决于未来的获利能力。公司价值的评估方法见第三章、第四章，但在并购估价中，不同的购买者出于不同的动机和目的，可采用不同的评估方法。如果并购是为了利用目标公司现有的资源持续经营，则采用现金流量折现法较为合理；如果并购是为了将目标公司分拆出售，则以清算价格法较为合理；如果目标公司为上市公司，且股价较为适宜，可采取乘数法。一般来说，现金流量折现法以目标公司未来现金流量为估价基础，可以客观地反映目标公司现有资源的盈利潜力，易于为并购双方所接受，理论上较为合理，但操作难度较大，争论较多，因为预测未来现金流量受主观判断和未来不确定因素的影响较大。乘数法较为直观、操作简便，但需要以发达、成熟和有效的证券市场和并购市场的存在为前提。

与一般价值评估相比，并购价值评估的风险比较大。这种风险的程度依次取决于收购方所获信息的质量；目标公司是公开招股公司还是私人公司；收购行动是敌意还是善意；筹备收购所花时间和收购前对目标公司的审核等。

如果股票市场是充分有效的，上市公司的股票价格能够反映市场对该公司的经营业绩、未来成长性和可能存在风险的预期，那么并购方可根据现行市价加上一定比例的溢价确定其购买价格。解释溢价并购的原因主要有3种：

第一，控制权溢价论。如果并购公司通过收购股票而取得目标公司的相对控股权，就必须为此支付溢价。这里的"控制权"，事实上是一种无形资产，只要并购公司取得了目标公司的相对控股地位，对目标公司的资产就具有相对的处置权、经营权和收益分配权。因此，并购溢价反映了获得目标公司控制权的价值。

第二，诱饵论。为了诱使目标公司股东尽快放弃公司控制权，并购公司通常以高于市价的出价作为诱饵，促使目标公司股东尽快脱手其持有的股票，而不管支付的市场溢价能否得到补偿。尤其是近年来愈演愈烈的并购大战，使竞争激烈的并购市场逐步脱离其本身应有的经济意义。

第三，价值增值分配论。在并购活动中，通过并购双方重组和整合产生的协同效应与价值增值，是利用并购双方的资源共同创造和贡献的，因此应将并购后的预期增量收益拿出一部分作为市场溢价支付给目标公司的股东。事实上，并购行为本身就向市场投资者以及潜在投资者传递了一个利好消息，即目标公司的股票被低估了。因此，在并购宣布后（或在并购消息泄露后），目标公司的股票价格通常会有所上升，并购宣布日前后股票价格的差额基本反映了投资者对并购行为可能带来价值增值的合理预期。

此外，并购价格的协商或确定还应考虑各种并购条件。一般来说，买卖双方在协商收购交易时，买方争取的不仅是尽可能低的价格，还包括有利的付款条件及交易上的保护，相对来说，卖方除了争取最高的价格外，也要尽量避免承诺不利于卖方的交易条件等。如果目标公司是亏损公司，卖方过去的亏损可因在未来抵减所得税而节省税负。因此，此项税负节余可作为一种价值，加在原已计算的价值中。这是卖方在价格谈判上可以争取加价的理由，但买方是否接受，则是谈判力量的问题了。

事实上，按照各种方法确定的目标公司支付价格仅仅是并购交易的底价，最终交易价值的确定是各种因素综合的结果。在其他因素一定的情况下，并购双方谈判技巧及分析影响因素的能力在这里很重要。从底价→谈判价→成交价，既是一项技术性极强的工作，也是一项技巧性极强的工作。在并购价格的形成过程中，不仅要讲究定价策略和方法，更要讲究定价的各种技巧。从一定意义上说，公司价值是一回事，成交价格又是另一回事，双方合意价格的达成，受双方谈判力量的影响最大。

二、现金对价方式分析

并购作为一种战略投资，可以采用并购净现值作为决策标准。假设A公司拟收购B公司，公司价值分别为V_A和V_B，两公司合并价值为V_{AB}，并购后的净现值可按下式计算：

$$NPV = V_{AB} - (V_B + P_B) - V_A$$
$$= V_{AB} - (V_A + V_B) - P_B \quad (14-1)$$

式中，$V_{AB}-(V_A+V_B)$为并购的协同效应；P_B为并购溢价，即并购公司付给目标公司的价格高于V_B的差额部分，在双向交易原则下，溢价P_B既代表目标公司的收益，又代表并购公司的成本；V_B+P_B为并购支付价格。公式（15-1）表明，只有当并购协同效应大于并购溢价时，才能为并购方创造价值。[①]

以现金支付并购价格是一种单纯的并购行为，它是由并购方支付一定数量的现金，从而取得了被并购公司的所有权。由于现金具有较强的流动性，因而对被并购方而言，特别是对那些因举债过多而被迫出售的公司，即时获取现金，无疑是比较受欢迎的付款方式。在现金支付方式下，如果并购引起的价值增值大于其并购成本，即并购后的净现值大于零，这种并购活动就是可行的。

［例14-3］假设A公司拟采用现金支付方式并购B公司，其有关分析资料如下：（1）A公司股票市价为1 000 000元，B公司股票市价为500 000元；（2）A、B两公司资本均为股权资本；预计两个公司合并后由于经营效率提高，公司价值将达到1 750 000元，即并购的协同效应为250 000元；（3）经并购双方协商，B公司股东愿意以650 000元出售该公司；（4）为简化假设不考虑并购的交易成本。

根据上述资料，B公司股东在这次并购活动中获得了150 000元的溢价收益，即B公司得到了并购协同效应250 000元中的150 000元。B公司的收益就是A公司支付的成本，并购后持续经营的A公司价值为1 100 000元（1 750 000-650 000），A公司原股东获得的净现值为100 000元（1 100 000-1 000 000）。换句话说，在这次并购活动中，相当于A公司股东持有的价值变为1 100 000元，B公司股东持有的价值变为650 000元。如果投资者得知A公司将并购B公司，并对并购收益的估计与管理者相同，那么这一消息将会使B公司股票价值从500 000元上升到650 000元；A公司股票市场价值将会从1 000 000元增加到1 100 000元。

① 为简化，假设不考虑并购时发生的各种交易成本，如并购过程中所发生的搜寻、策划、谈判、文本拟定、资产评估、法律鉴定、公证等中介费用；发行股票时支付的申请费、承销费等。

三、股票对价方式

通过交换股票方式实现并购是实务中经常采用的并购方式。在吸收合并方式下，并购公司通过向目标公司股东增发本公司股票，以换取目标公司股东合并前持有的本公司股票，目标公司宣告终止，进而实现对目标公司的合并。在新设合并方式下，新设公司通过向拟解散公司股东发行新设立公司的股票，以换取拟解散公司股东合并前持有的各自公司股票，拟解散公司宣告终止，进而实现新设合并。在换股合并过程中，股票如何交换、交换比例如何确定是合并双方能否合并成功的关键。

假设例14-3中，A公司流通在外的普通股为10 000股，每股市价100元；B公司流通在外的普通股为8 000股，每股62.5元。那么如何确定股票互换比率？

假设A公司发行6 500股普通股交换B公司股东原持有的8 000股股票，转换比率为0.8125：1。并购前A公司股票每股价值100元，由于6 500股×100元/股=650 000（元），这刚好等于用现金650 000元购买B公司的数值。从表面上看，并购支付价是650 000元，但实际支付价大于650 000元。

如果并购前的市场价值反映了两个独立公司的真实价值，并购协同效应为250 000元，那么换股并购后A公司市场价值为1 750 000元。如果A公司发行6 500股并购B公司，则并购后A公司股票数量达到16 500股，B公司原来的股东拥有并购后A公司39.39%（6 500/16 500×100%）的股权，该股权价值为689 325元（0.3939×1 750 000），而不是650 000元。因此，并购溢价为189 325元（689 325−500 000）。也就是说，在这次并购中，B公司原股东获得的净利润为189 325元，而A公司原股东获得的净利润为60 675元（250 000−189 325）。或者说，并购协同效应中的收益（250 000元），大部分归原B公司的股东，只有60 675元归原A公司的股东。

在表14-6中，股票互换后A公司股票价格由100元上升为106.06元（1 750 000/16 500）；而在现金支付方式下，并购后A公司股票价格为110元（1 100 000/10 000）。这之间的差额说明股票互换交易使A公司付出了更高的成本。

那么转换比率为多少才能使得B公司股东仅得到价值650 000元的A公司股票？假设B公司股东拥有并购后A公司的股权比例为α，换股并购后公司价值为1 750 000元，则并购后B公司股东的价值为1 750 000α。如果B公司股东愿意以650 000元的价位出售其公司，则

$$1\ 750\ 000\alpha=650\ 000$$

解上式，α=0.3714286，也就是说，B公司股东得到并购后A公司37.14286%的股权，其股票价值为650 000元。据此可根据下式计算B公司股东得到的股票数：

$$0.3714286=\frac{\text{增发的股票数量}}{10\ 000+\text{增发的股票数量}}$$

解上式得到：增发股票数量为5 909股，这样并购后A公司的股票数量增至15 909股，用5 909股交换B公司的8 000股股票，转换比率为0.7386：1。采用这一转换比率的结果见表14-6。普通股的每股价值为110元（1 750 000/15 909），正好等于用现金购买方式下的价值。因此，如果B公司股东愿意以650 000元出售公司，那么，转换比率应为0.7386：1，而不是0.8125：1。

表14-6　**不同对价方式下的并购溢价**　金额单位：元

项　目	并购前公司价值		并购后A公司价值		
	A公司（并购公司）	B公司（目标公司）	现金对价	股票对价	
				转换比率（0.8125：1）	转换比率（0.7386：1）
市场价值	1 000 000	500 000	1 100 000	1 750 000	1 750 000
普通股股数（股）	10 000	8 000	10 000	10 000	10 000
发行股数（股）				6 500	5 909
并购后股数				16 500	15 909
每股价格	100	62.5	110	106.06	110.00
并购支付价值			650 000	689 394	650 000
并购溢价			150 000	189 394	150 000

在换股支付中，换股比例的高低，将直接影响到参与并购各方股东在并购后的主体中所拥有的股权份额。因此，通过换股方式实现并购，与其说是参与并购公司之间的行为，不如说是参与并购各方股东之间的行为。公司并购虽然一般是由参与并购的公司管理者发起，但并购的最终决定权则主要取决于公司的股东。换股比例的确定对并购各方股东权益的影响主要体现在以下几个方面：

第一，稀释主要股东的持股比例。换股并购方式是在存续公司或新设公司，通过向拟解散公司增发或新发存续公司或新设公司股票的方式下进行的，无论增发股票或是新发股票都会改变并购双方股东的持股比例，有可能稀释主要股东对并购公司的控制能力（如由绝对控股转为相对控股）。当主要股东的股权稀释到不能有效控制并购后的公司、而主要股东又不愿放弃这种控制权时，主要股东可能反对并购。

第二，可能摊薄公司每股收益。如果目标公司收益能力较差，并购后每股收益达不到按换股比例折算的并购公司每股收益水平，那么，采取换股并购方式将摊薄并购公司的每股收益，这可能导致并购公司股东抵制这种并购行为。公司管理者也不希望摊薄公司每股收益，因为，每股收益是衡量经理人员经营业绩的一个重要尺度。反之，目标公司股东可能抵制公司并购。

第三，可能降低公司每股净资产。在目标公司一方实际每股净资产较低的情况下，如果确定的换股比例不合理，则有可能降低并购公司每股净资产。由于每股净资产反映了公司股东持有的每股股票的实际价值，减少每股净资产就是对并购公司股东权益的侵害。反之，有可能降低目标公司每股净资产。

因此，公司并购必须首先正确选择目标公司，合理确定目标公司价值，综合考虑目标公司的成长性、发展机会、并购双方的互补性、协同性等因素，全面评估并购双方的资产，正确确定换股比例。现简要说明不同对价方式对公司价值的影响。

如果并购对价不受并购方资金限制，那么，现金对价和股票对价对并购双方股东的影响，直接表现为并购双方股东承担风险和分享收益的情况。采用现金对价，并购方股东承担了并购的风险。假设在上例中，预计并购后的协同效应为250 000元，并购方支付价格为650 000元。假设并购后的协同效应比预计降低或上升了100 000元，不同对价方式对并购双方股东价值的影响见表14-7。

表14-7 **不同对价对并购双方股东价值的影响** 金额单位：元

项目	预计		实际
	协同效应=250 000	协同效应=150 000	协同效应=350 000
并购后公司价值	1 750 000	1 650 000	1 850 000
现金对价			
并购方股东价值	1 100 000	1 000 000	1 200 000
目标公司股东价值	650 000	650 000	650 000
并购后价值创造			
归属于并购方股东价值	100 000	0	200 000
归属于目标公司股东价值	150 000	150 000	150 000
股票对价			
并购后股数（股）	15 909	15 909	15 909
原A公司股东持有股数（股）	10 000	10 000	10 000
原B公司股东换股数（股）	5 909	5 909	5 909
并购后股价（元/股）	110.000	103.714	116.286
并购方股东持股价值	1 100 000	1 037 143	1 162 857
原目标公司股东持股价值	650 000	612 857	687 143
并购后价值创造			
并购方股东价值	100 000	37 143	162 857
目标公司股东价值	150 000	112 857	187 143

如果采用现金对价，不论协同效应是否达到250 000元，目标公司股东价值均增加了150 000元；与此不同，并购方股东价值与协同效应呈同方向变化，协同效应为350 000时股东价值增加了200 000元，协同效应为150 000时，并购活动并没有为并购方创造价值。

如果采用股票对价，目标公司股东成为并购后合并公司的股东，他们与并购方的股东一起承担风险和获得收益。如果协同效应增加，原目标公司股东所持股票价值比并购前价值增加了187 143元，与现金对价相比，价值增加了37 143元；如果协同效应下降，原目标公司股东所持股票价值为612 857元，比并购前价值增加了112 857元，比现金对价方式减少了37 143元。对并购方股东来说，如果协同效应增加，股东价值比并购前增加了162 857元，与现金对价方式相比，价值减少了37 143元（200 000-162 857）；如果协同效应减少，股东价值比并购前增加了37 143元，比现金对价相比，价值也增加了37 143元。

从表14-7的数据可以发现，采用现金对价方式对并购方股东价值的影响比较大。如果并购方相信并购后可以获得更多的协同效应，则应采用现金对价，反之则采用股票对价。采用股票对价时，无论并购双方价值被高估还是被低估，并购双方都将分担市场修正的结果。

采用何种对价方式还应考虑资本结构的影响，现金对价虽然不会引起股权稀释，但会造成并购方公司现金流量恶化，特别是通过发行债券实现现金对价，如果并购后没有达到预期的协同效应，公司可能因为债台高筑而进行债务重组。采用部分或全部股票对价可以由并购双方共同分担风险。

虽然不同的对价方式对并购双方的影响不同，但是决定并购的关键因素是并购活动是否创造了价值，只要有一方认为不能增加财富，就不能达成并购协议。对目标公司来说，当并购价格大于其独立经营时的内在价值和所需要的溢价时，才愿意出让该公司。对并购方来说，当并购后创造的价值能够增加普通股每股收益或公司价值时，才愿意进行这种并购活动。当然，并购协议的签订只是获得经营另一家公司的权利，要想实现并购协同效应还需要进行大量的组织整合、资源整合、业务流程整合以及文化整合等工作。

第三节　资产剥离价值分析

一、资产剥离形式

剥离（divestiture）是投资或收购的反向操作，即公司将其子公司、部门、产品生产线、固定资产等出售给其他公司的一种交易。资产剥离主要包括资产出售与分立两种形式。资产出售（sell-off）是指将不符合公司战略的资产、无利可图资产或已经达到预定目标的资产转卖给其他公司，其目的旨在优化资产结构，提高公司资产整体质量；或者筹集新的资本，用于公司核心经营业务。

分立可以看作是一种特殊形式的剥离，是指在法律上和组织上将一个公司划分为两个或两个以上独立的实体。分立有股权分割和持股分立两种形式。

股权分割（spin-off）是公司创设一个子公司，并将其股份按比例分配给公司的股东（一种对股东的非现金支付方式）。股权分割后，该子公司通过上市成为一家公众公司，母公司不再对子公司的资产拥有控制权。这种完全分离使子公司战略具有更大的灵活性，从更具有竞争力的公司（而不是从前的母公司）寻求资源，从而改进经营，提高经营业绩。

持股分立（equity carve-out）是指公司公开出售子公司的部分股票，从而将子公司的股权从母公司的联合实体中分离出来。与股权分割不同的是，在持股分立中，母公司一般只售出其在子公司权益中一小部分，因而仍保留其对子公司资产和经营的控制权。持股分立的原因可能是希望维持母公司与子公司之间的协同效应，或者保护子公司免受并购等市场影响。通过公开出售子公司的股票，可以获得支持公司增长所需要的资金。由于母公司保留在子公司的控股权，不仅使公司治理结构更加复杂，而且在公司战略和利益分配上母子公司可能会发生一些冲突，从而影响分立后子公司的经营业绩。

二、资产剥离分析

从理论上说，两家公司的价值应该与分离前单个公司的价值没有差别，但剥离后的实证研究表明，积极性的资产剥离具备价值创造的潜力。与此相比，有些公司的高层管理者往往回避使用资产剥离。很多剥离交易是迫于某种形式压力的被动行为，如母公司经营不善、业务单元经营不善，或两者兼具。另外，在这些被动交易中，大多数都是在公司绩效不佳且持续多年之后才进行剥离的。管理者之所以不愿意进行资产剥离，是因为这些交易稀释了公司的收益。

[例 14-4] 假设某公司资产剥离前的公司价值、息税前利润、每股收益等数据见表14-7第二栏，该公司拟出售其下属的子公司，出售价1 000万元。如果该子公司在母公司的经营下，息税前利润为110万元，预期价值为800万元。由于出售价值大于母公司自己经营时的价值，出售将会创造价值。假设出售子公司获得的现金有三种使用途径：(1) 短期投资（利率为2%）；(2) 偿还债务；(3) 回购股票（50万股）。不同使用方式对公司收益的影响见表14-8后三栏。

表14-8　**出售子公司对母公司收益的影响**　金额单位：万元

项目	剥离前业务	剥离的业务	剥离后		
			短期投资	偿还债务	股票回购
经营价值	5 000.00	800.00	4 200.00	4 200.00	4 200.00
现金			1 000.00		
公司价值	5 000.00		5 200.00	4 200.00	4 200.00
其中：债权价值	1 200.00		1 200.00	200.00	1 200.00
股权价值	3 800.00		4 000.00	4 000.00	3 000.00
流通普通股股数（万股）	200.00		200.00	200.00	150.00
股票价格（元/股）	19.00		20.00	20.00	20.00
息税前利润	533.60	110.00	423.60	423.60	423.60
利息收入（2%）			20.00		
利息费用（6%）	72.00		72.00	12.00	72.00
税前利润	461.60	110.00	371.60	411.60	351.60
所得税（30%）	138.48	33.00	111.48	123.48	105.48
净利润	323.12	77.00	260.12	288.12	246.12
每股收益	1.62		1.30	1.44	1.64
市盈率（倍）	11.76		15.38	13.88	12.19

在表14-8中，如果出售子公司获得的现金用于短期投资，每股收益由1.62元降至1.30元，原因在于短期投资利息收入（20万元）低于被出售子公司创造的收益110万元，

或者说短期投资收益低于该子公司继续经营所获得的息税前利润。但是，股权价值的提高使市盈率由11.76倍提高到15.38倍。

如果出售子公司获得的现金用于偿还债务，利息费用减少了60万元，低于拟出售子公司创造的息税前利润110万元，考虑所得税因素，出售后净利润减少了35万元，从而每股收益由子公司出售前的1.62元降至1.44元。与短期投资相比，在偿还债务的情况下，对每股收益稀释的影响较低，原因是债务利率高于短期投资利率，利息费用降低增加了每股收益。

如果母公司将出售子公司获得的现金用于回购股票，使流通在外的普通股股数减少了50万股，从而使每股收益从1.62元增加至1.64元，市盈率下降至12.19倍。

三、资产剥离与价值创造

与并购相同，作为公司战略的一部分，资产剥离旨在对公司业务组合进行重新定位。资产剥离的价值来源可从以下几个方面解释：

（一）核心竞争力效应

资产出售是两个独立公司之间的交易，双方都可以获得益处。对于资产剥离者来说，可以将出售获得的现金投在其他更有效益的业务上，释放被剥离业务此前吸纳的冗余的资源管理方式，从而加强资产剥离者的核心能力，为资产剥离者增加效益。2005年5月，美的电器将所持有的从事小家电生产的子公司日电集团85%的股权以24 886.92万元的价格转让给美的集团。这样美的电器就可以从微波炉、热水器等小家电业务中脱身，将精力集中于美的集团旗下的空调、压缩机、冰箱等大家电业务。

对于买方来说，被剥离的业务可能与其在战略上配合更好，产生更多的协同效应。这意味着被剥离业务对买方比对卖方更有价值，这种增加的效益可由买方独享，或由买卖双方分享。增加值的分享比例则依赖于双方讨价还价的相对实力、卖方的财务状况、资产剥离的市场供应状况、两家公司的相对大小，以及资产剥离者需要现金的迫切程度。

（二）信息效应

一般认为，股市对公司的透明度有偏好。分立后的子公司作为一个独立的经济实体，要定期公布财务报表、披露相关信息，使投资者和证券分析师更容易评估子公司的价值，这种持续的公开信息可能对子公司的业绩产生正面的影响。例如美国IU公司是在纽约证券交易所挂牌的一家拥有数亿美元资产的上市公司，该公司为了实现多元化经营，相继并购了远洋运输、金矿开发等业务以便分散风险、稳定收入。从经营战略的角度看，公司的这一举措是合理的，但在资本市场上却不尽如人意。IU公司高度分散的经营很难使它归于某个特定产业，所以证券分析师不愿对其证券作出定性分析，也很少向投资者推荐这家公司（证券分析师一般都倾向于集中研究某个产业，他们不愿意推荐，投资者也不会投资于一个他们知之甚少的产业），结果IU公司的股价很低。鉴于此，公司决定将其分立为3个公司——从事石油运输的远洋公司、电子设备公司和金矿开采公司。分立后，该公司股票价格从10美元/股上升到75美元／股，大大超过了股票市场的平均收益。

（三）消除负协同效应

如果公司的某些业务对实现公司整体战略目标是不重要的，或者这些业务不适合公司的其他业务发展，或者这些业务目前处于竞争的劣势地位，保留这些业务不但不能创造价值，反而会毁灭价值，即所谓的负协同效应（1+1<2）。在这种情况下，剥离这些不适宜的业务是消除负协同效应的最好手段。例如，国际收割机公司在一些产品的市场上遇到了强大的竞争，就当时该公司的生产率水平，研究开发能力而言，很难在竞争中取胜。因此，该公司决定从这些市场上退出，并将这些业务部门出售给一家较大的、有较强融资能力的公司，从而避免了公司在竞争中可能造成的损失。

（四）市场形象效应

公司出售资产可能改变了公司的市场形象，提高公司股票的市场价值。例如，美国的埃斯马克（Esmark）公司是一个拥有快餐、消费品生产和石油生产等业务的集团公司，但在投资者的印象中它却仅仅是一个快餐和消费品生产公司，忽视了该公司拥有的大量有价值的石油储量。这些石油储量在公司资产负债表上仅以较低的价值反映出来，该公司的股票价格因此被市场低估了。公司管理人员认为目前公司状况可能会导致被其他公司收购的危险，因此决定将其拥有的包括石油生产在内的非消费品生产部门出售给美孚石油公司，由此获得了11亿美元的现金收入，公司股票的每股市场价格也因此从19美元上升到45美元。在这一分立案中，不仅增加了公司的股票价格，也打消了并购方的并购意图。

四、剥离价值影响的实证数据

一项对370家私人和上市公司进行的研究发现，各种类型的剥离在其公告期前后存在着较大的超额收益，见表14-9。

表14-9 公告前一天与后一天之间的累计超额收益

项　目	全部	股权分割	持股分立	资产出售
均值	3.00%	4.50%	2.30%	2.60%
中值	1.80%	3.60%	0.90%	1.60%
交易数量（家）	370	106	125	19

资料来源　MULHERIN J H，BOONE A L.Comparing acquisitions and divestitures［J］. Journal of Corporate Finance，2000，6（2）：117-139.

Rosenfield（1984）①的研究样本为1969—1951年发生在美国的62家出售资产的公司，运用均值调整法发现资产剥离宣告当天，股东能获得显著为正的异常收益，而且资产剥离宣告前30天至前1天，累计异常收益率为正。

Jain（1985）②选取了1976—1975年在美国发生的超过1 000个剥离事件，出售方股东获得的超额收益为0.7%，而且在统计上是显著的。但是在剥离事件宣告之前，其股东在-360到-n天存在负的额外收益，为-10.8%。

Cho与Cohen（1997）③通过对1983—1987年发生在美国的50起最大资产剥离事件进行研究，发现企业在剥离之后的经营现金流回报（operating cash flow returns）一般会比剥

① ROSENFELD J D.Additional evidence on the relation between divestiture announcements and shareholder wealth［J］. Journal of Finance，1984，39（5）：1437-1448.

② JAIN P C.The effect of voluntary sell-off announcements on shareholder wealth［J］. Journal of Finance，1985，40（1）：209-224

③ CHO M H，COHEN M A.The economic causes and consequences of corporate divestiture［J］. Managerial and Decision Economics，1997，18（5）：367-374.

离之前有较轻微提高，但在5%的显著性水平上并不显著。

Brown（1994）[①]选取1979—1988年49家陷入财务困境的公司为样本，发现如果出售资产所得收入用于偿还债权人的话，市场将会作出消极的反应（异常收益率为-1.63%）；而如果继续由企业持有的话，市场的反应则是积极的（异常收益率为1.87%）。

国内学者陈信元和张田余（1999）[②]以1997年在上海证券交易所上市的有资产重组活动的所有公司为研究样本，其中资产剥离类的样本为14家。通过选取资产重组前后20天的累计非正常报酬率（CAR）作为研究指标，并运用市场模型法进行检验，作者发现资产剥离在公告日后的CAR值有几天显著地大于零，其他大部分时间的CAR值与零没有显著差异，甚至在公告日后15天和18天的CAR值显著地小于零。

陆国庆（2000）[③]对1999年沪市上市公司不同类型的资产重组进行了绩效比较，选取的指标为托宾Q。结果显示资产重组能显著改善上市公司业绩，对于绩效差的公司而言尤其如此，但不同的重组类型绩效相差较大。用股权收益率来评价，以资产剥离+收购兼并、第一大股东变更的股权转让+资产剥离+收购兼并、资产剥离的绩效最好，单纯的收购兼并次之，资产置换和没有实质性重组的股权转让不但没有改善企业业绩，相反还恶化了企业的财务状况。

□ 思政课堂

小天鹅值多少钱？

2014年7月1日，小天鹅公告《无锡小天鹅股份有限公司要约收购报告书》，美的集团宣布自2014年7月3日起向除美的集团及TITONI外的小天鹅全体流通股股东发出部分要约，收购其所持有的小天鹅A股股份和小天鹅B股股份，这次要约收购完成后，美的集团占小天鹅总股价的52.67%。2018年10月24日晚，美的集团再次发布公告，拟以发行A股方式，换股吸收合并小天鹅。

2014年小天鹅要约价格与2018年换股吸收合并小天鹅换股价格对应的估值水平对比见表14-10。

表14-10 美的集团收购小天鹅的要约/换股价格

项目	要约购/换股价格	市盈率	市销率	市净率
2014年小天鹅A要约价格	10.75元/股	16.54	0.78	1.74
2014年小天鹅B要约价格	10.43港元/股	12.57	0.59	1.33
2018年小天鹅A换股价格	50.91元/股	21.38	1.51	4.57
2018年小天鹅B换股价格	48.41港元/股	16.99	1.2	3.63

根据表14-10中的数据，2018年换股吸收合并中，小天鹅A股、B股的换股价格对应的估值水平显著高于2014年对小天鹅A股、B股要约收购的要约价格。此外，要约收购系

① BROWN D T，JAMES C M，MOORADIAN R M.Asset sales by financially distressed firms［J］. Journal of Corporate finance，1994，1（2）：233-257.

② 陈信元，张田余．资产重组的市场反应——1997年沪市资产重组实证分析［J］．经济研究，1999（9）：47-55.

③ 陆国庆．中国上市公司不同资产重组类型的绩效比较：对1999年度沪市的实证分析［J］．财经科学，2000（6）：20-24.

现金收购，小天鹅股东通过接受现金退出，其核心考虑因素是要约收购价格。2018年采取的是换股方式，小天鹅股东通过换股成为美的集团股东，影响投资者决策的因素更为复杂。

2018年换股吸收合并与2014年要约收购的交易本质存在较大差异，请组织学生阅读教材中的案例，上网查询相关资料，说明影响要约收购价格和换股合并价格的因素。

假设采用折现现金流量法评估小天鹅的并购价值，组织学生讨论影响小天鹅价格的最重要因素是什么？假设你将自己看作一个公司，请根据稳定增长模型评估个人的价值。

□ 本章小结

1.吸收合并是指两个以上的公司合并中，其中一个公司因吸收了其他公司而成为存续公司的合并形式；创新合并是指两个或两个以上的公司通过合并创建一个新的公司。

2.公司扩张形式一般分为内生式和外延式两种，前者是通过建立新的产品线、市场和流程实现自我发展；后者是通过并购获得社会上现存的生产能力实现发展。

3.目标公司股东是并购活动的绝对赢家，并购事件为目标公司股东带来总是正的收益；并购事件对收购公司股东收益的影响表现为正、负两种情况；并购事件对并购双方总价值的影响表现为正、零和负三种情况。

4.现金对价和股票对价对并购双方股东的影响，直接表现为并购双方股东承担风险和分享收益的情况。

5.剥离是投资或收购的反向操作，即公司将其子公司、部门、产品生产线、固定资产等出售给其他公司的一种交易，资产剥离主要包括资产出售与分立两种形式。资产剥离价值创造主要来源于核心竞争力效应、信息效应、消除负协同效应和市场形象效应。

□ 基本训练

1.2014年12月31日，中国南车股份有限公司（以下简称“中国南车”，A股证券代码为“601766”）发布公告称：将与中国北车股份有限公司（以下简称“中国北车”）合并。2015年5月28日交易顺利完成。请你登录巨潮资讯网（http: //www.cninfo.com.cn/）查找相关公告，回答以下问题：

基本训练指引14-1

（1）中国南车与中国北车的合并属于吸收合并还是创新合并？属于什么类型的并购？

（2）本次并购交易是否构成重大资产重组？是否构成关联交易？

（3）本次并购交易是怎样定价的？采取什么对价方式？

（4）本次并购对交易双方产生了怎样的影响？

基本训练指引14-2

2.2014年8月5日，云南锡业股份有限公司（以下简称“锡业股份”，A股证券代码为“000960”）发布公告称：本公司将铅业分公司资产出售给云南锡业集团（控股）有限责任公司（以下简称“云锡控股”）。请登录巨潮资讯网（http: //www.cninfo.com.cn/）查找相关公告和其他媒体信息，回答以下问题：

（1）锡业股份为何要将资产剥离给云锡控股？

（2）锡业股份转让资产的价款、支付期限和方式。

（3）简要分析锡业股份资产剥离的影响。

3.甲公司拟并购乙公司，公司价值按市场价值法估算。并购前相关的资料如下：甲公司股票每股市价45元，普通股股数250万股，公司市场价值11 250万元；乙公司股票每股市价20元，普通股股数150万股，公司市场价值3 000万元。预计两家公司合并后由于经营效率提高，存续甲公司的价值将达到14 500万元，经并购双方协商，乙公司股东愿意以3 150万元的价格出售该公司。

要求：

（1）假定甲公司拟采用现金对价方式并购乙公司，预计并购发生的交易成本为80万元，请计算：

① 并购的协同效应；

② 并购溢价；

③ 并购净现值，并为甲公司作出决策。

（2）假定甲公司拟采用股票对价方式并购乙公司，预计并购发生的交易成本为90万元，请计算：

基本训练指引 14-3

① 甲公司增发的股票数量；

② 甲乙公司股票的转换比率；

③ 并购净现值，并为甲公司作出决策。

4.东方公司正在评估并购西南公司的方案，西南公司在未来两年内预测期利润表简表见表14-11。西南公司的投资刚好抵消折旧，同时保持财务杠杆（负债/股东权益）为2∶3，西南公司的股权资本成本为18%。东方公司和西南公司税前借款利率均为10%，所得税税率为25%，股利支付率为100%。东方公司资本全部为股权资本，其资本成本为16%，如果东方公司目前并购西南公司，则两年后东方公司预计会将该资产以550 000元的价格出售。计算股利、资产和负债价值时，应充分考虑其对应的风险水平。

表14-11　**西南公司未来两年预期利润表简表**　单位：元

项目	并购后第1年	并购后第2年
收入	550 000	620 000
成本	385 000	550 000
折旧	50 000	40 000
息税前利润	115 000	30 000
利息	15 000	15 000
利润总额	100 000	15 000
所得税	25 000	3 750
净利润	75 000	11 250

要求：

（1）计算东方公司两年内预计收到的西南公司股利的价值。

（2）计算东方公司两年后预计出售西南公司这项资产的价值。

（3）计算东方公司两年后预计出售西南公司时应清偿的债务价值。

（4）计算东方公司目前并购西南公司所能支付的最高价款。

基本训练指引14-4

5.A公司拟以发行股票方式收购B公司，A公司、B公司的股票面值均为1元/股，其他相关信息见表14-12。

表14-12 并购时A、B公司相关资料

项 目	A公司	B公司
净利润（万元）	3 400	720
普通股股数（万股）	1 700	480
市盈率（倍）	10	8

并购成功后，由于规模效应，预计A公司每年的费用将减少400万元，销售收入将增加1 200万元，A公司的销售利润率为15%，所得税税率为25%。B公司同意将其股票以目前市价20%的溢价由A公司以其股票相交换。

要求：

（1）若并购后B公司的净利润保持不变，计算并购后A公司的每股收益和B公司的每股收益，并做简要分析。

（2）若并购后A公司的市盈率为12倍，计算其每股市价。

（3）若并购后A公司保持70%的股利支付率，计算市盈率为12倍时的股利收益率（每股股利／每股市价）。

（4）若并购后确保B公司每股收益不变，计算股票转换率。

基本训练指引14-5

□ 微型案例

案例1 吉利并购沃尔沃案例分析

吉利控股集团2010年8月2日宣布以13亿美元和2亿美元票据完成了对沃尔沃汽车公司的并购案。对于只有13年造车历史的吉利来讲，并购有超过80年历史的沃尔沃汽车，成为中国汽车制造商最大的一宗海外并购。沃尔沃汽车公司是北欧最大的汽车企业，也是瑞典最大的工业企业集团。1999年福特以64亿美元并购了沃尔沃，使这一豪华乘用车品牌成为福特旗下一个全资子公司。2008年全球金融危机爆发，福特汽车出现巨额亏损，根据福特的年度财务报告，2004—2009年累计亏损275亿美元；沃尔沃在此期间销售收入由2004年的161亿美元下降到2009年的124亿美元，税前利润由2004年的-2.56亿美元下降到2009年的-9.34亿美元。为减少亏损，改善财务状况，在出售路虎、捷豹之后，沃尔沃也成为福特剥离的目标。福特于2008年12月1日宣布出售沃尔沃汽车公司，并且标出了60亿美元的售价，约合人民币412.4亿元。吉利控股集团聘请的财务顾问——英国投资银行洛希尔公司（NMRothschild），采用现金流量法和乘数法对沃尔沃资产进行价值评估，确定合理的价位在20亿～30亿美元之间，其中并购价格为15亿～20亿美元，后期运营资本为5亿～10亿美元。根据洛希尔的这一估值，吉利控股集团提出了并购沃尔沃的竞标价。事实上，洛希尔的估值仅仅是并购交易的底价，真正的成交价是各种因素综合的结果，如经济周期、股市预期、行业壁垒、卖方的市场份额、收入和利润的增长能力，以及并购交易对价方式、并购方式、融资能力、并购双方谈判能力等。在吉利并购案中，从并购宣告日（2010年3月28日）到并购交割日（2010年8月2日），并购交易价格从18亿美元降为13亿美元现金和2亿美元票据。交易价格调整的原因之一是受到了欧元贬值的影响。自并购宣告日到交割日前一天，欧元兑人民币价格从9.1719元跌至8.8441元，跌幅达3.574%，其中最低价为2010年6月7日的8.1301元。并购谈判期间以欧元计价的资产大幅走低，从而使吉利并购团队在谈判中取得了强势地位，使交割日价格比宣告日价格降低了3亿美元。这一并购案的最终交易价格需根据养老金义务和营运资本等因素确定的并购协议作出最终调整，为此，吉利控股集团为这部分“其他因素”准备了3亿美元。除现金对价外，根据协议吉利还需承担沃尔沃的部分债务。

请登录上海证券交易所网站（http: //www.sse.com.cn），查找并下载有关吉利并购沃尔沃的其他详细资料，分析吉利为什么采取单一的现金对价方式完成并购沃尔沃的交易。现金对价会对吉利未来的发展产生怎样的影响？

案例1分析指引

案例2　美的集团收购小天鹅：定价与收购目的[①]

2018年10月24日晚，美的集团发布公告，拟以发行A股方式，换股吸收合并小天鹅，即美的集团向小天鹅除美的集团及TITONI INVESTMENTS（以下简称TITONI）外的所有换股股东发行股票，交换这部分股东所持有的小天鹅A股股票及小天鹅B股股票。交易作价合计143.83亿元，对应的小天鹅市值303.85亿元。美的集团及TITONI所持有的小天鹅A股及B股股票不参与换股，这部分股票将在本次换股吸收合并后予以注销。

本次换股吸收合并完成后，小天鹅将终止上市并注销法人资格，美的集团或其全资子公司将承继及承接小天鹅的全部资产、负债、业务、人员、合同及其他一切权利与义务。美的集团因本次换股吸收合并所增发A股股票将申请在深交所主板上市流通。

本次合并不会导致实际控制人变更，不构成美的集团重大资产重组及关联交易，构成小天鹅重大资产重组及关联交易，不构成重组上市。

1.美的集团收购小天鹅历程

始建于1958年的小天鹅最早是一家国有企业。1978年，中国第一台全自动洗衣机就在这里诞生。2008年，小天鹅经历了历史上的一次重大变革，美的电器（2013年更名为美的集团）以16.8亿元收购了该公司24.01%的股权，成为公司控股股东，小天鹅也由一家国企变成了民企。经过2008年收购、2010年资产注入、2014年溢价收购，美的集团已逐步将持股比例提升至52.67%。2018年，美的集团又开启了对小天鹅的全股份收购。美的集团收购小天鹅的历程如图14-1所示。

2.美的集团换股吸收合并小天鹅方案要点

（1）换股发行的对象。本次换股吸收合并的发行对象为合并实施股权登记日收市后在中国证券登记结算有限公司登记在册的除公司及TITONI之外的小天鹅的下列股东：未申报、部分申报、无权申报或无效申报行使现金选择权的小天鹅全体A、B股股东；向行使现金选择权的小天鹅股东支付现金的现金选择权提供方。

① 本案例改编自美的集团关于收购小天鹅发布的相关公告以及网上相关资料。本案例的目的主要是帮助学生了解实务界并购定价及并购动因等理论与实务问题。

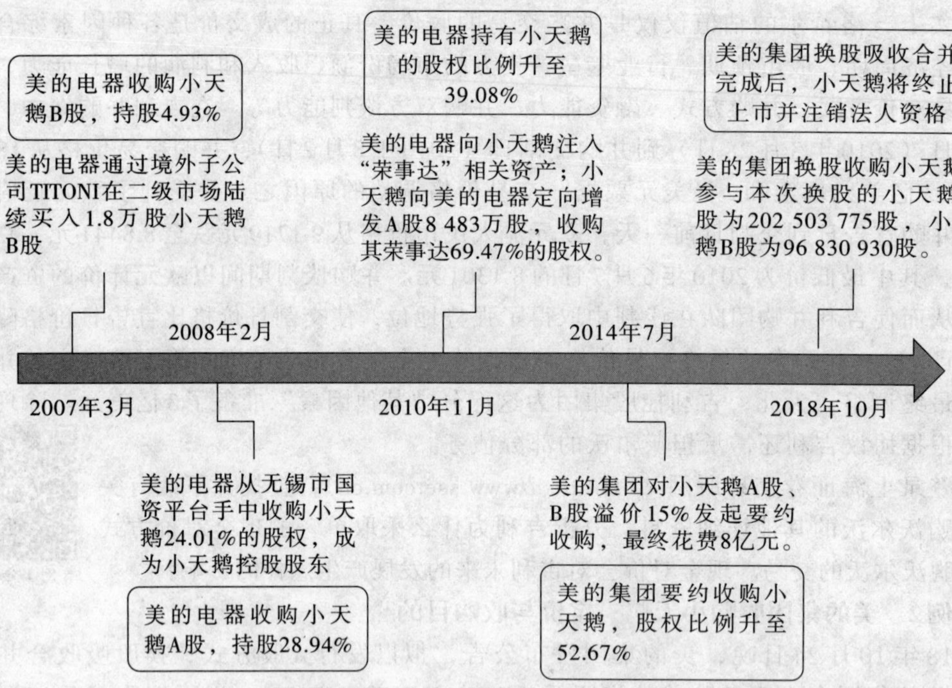

图14-1 美的集团收购小天鹅的历程

（2）换股价格及换股比例。本次吸收合并中，美的集团于定价基准日前20个交易日股票交易均价为42.04元/股；小天鹅A股定价基准日前20个交易日股票交易均价为46.28元/股，并在此基础上给予10%的溢价率，即50.91元/股；小天鹅B股定价基准日前20个交易日股票交易均价为37.24港元/股，并在此基础上给予30%的溢价率，即48.41港元/股，采用B股停牌前一交易日即2018年9月7日中国人民银行公布的人民币兑换港元的中间价（1港元=0.8690元人民币）进行折算，折合人民币42.07元/股。换股价格见表14-13。

表14-13 **换股价格**

交易方	定价基准日前20个交易日股票交易均价	溢价率	换股价格
合并方			
美的集团	42.04元/股	0	42.04元/股
被合并方			
小天鹅A	46.28元/股	10%	50.91元/股
小天鹅B	37.24港元/股	30%	42.07元/股

若美的集团自定价基准日起至换股实施日发生派送现金股利、股票股利、资本公积金转增股本、配股等除权除息事项，则上述换股价格将作相应调整。同样，若小天鹅自定价基准日起至换股实施日发生派送现金股利、股票股利、资本公积金转增股本、配股等除权除息事项，则上述换股价格将作相应调整。①

① 2019年6月，美的集团发布公告，在小天鹅中期利润分配方案以及美的集团2018年利润分配方案实施完毕后，本次换股吸收合并涉及的换股价格、换股比例等事项进行如下调整：①小天鹅A股的换股价格由50.91元/股调整为46.91元/股，小天鹅B股的换股价格由42.07元/股调整为38.07元/股。②美的集团的股票发行价格由42.04元/股调整为40.74元/股。③小天鹅A股的换股比例调整为1：1.15144821，即每1股小天鹅A股股票可换得1.15144821股美的集团股票。小天鹅B股的换股比例调整为1：0.93446244，即每1股小天鹅B股股票可换得0.93446244股美的集团股票。

小天鹅A股换股比例=小天鹅A股换股价格/公司本次吸收合并的股票发行价格

=50.91÷42.04=1.211

根据上述发行价格和换股价格，小天鹅A股换股比例为1∶1.2110，即小天鹅A股股东所持有的每股小天鹅A股股票可以换得1.2110股美的集团本次发行的A股股票。

同样，小天鹅B股的换股比例为1∶1.0007，即每1股小天鹅B股股票可以换得1.0007股美的集团股票。据此可以得到此次换股股数见表14-14。

表14-14　**换股股数**

	小天鹅A股	小天鹅B股
截至本次董事会决议公告日的股数	441 451 892股	191 035 872股
除美的集团直接及间接持有的小天鹅股份外，参与本次换股的股数	202 503 775股	96 830 930股

参照本次换股比例计算，美的集团为本次换股吸收合并发行的股份数量合计为342 130 784股（202 503 775×1.211+96 830 930×1.0007）。

根据表14-13和表14-14计算的交易价格为143.83亿元，即：

交易价格=小天鹅A股换股价格×小天鹅A股股数（除美的集团持有的股份）

+小天鹅B股换股价格×小天鹅B股股数（除TITONI持有的股份）

=50.91×2.02503775+42.07×0.9683093

=143.83（亿元）

在表14-13中，为何A股换股价格较基准日溢价10%，B股换股价格较基准日溢价30%？并购财务顾问给予的解释是：两者溢价存在差异的原因在于充分考虑了B股市场的特殊性，缩小两市估值差异。

由于历史原因，B股市场近年来交易冷淡，B股公司股价较A股价格普遍存在较大折价。截至2018年9月7日，上交所共计44家A+B上市公司的A股股价较B股股价平均溢价64.25%，深交所共计38家A+B上市公司A股股价较B股股价平均溢价87.14%，上交所及深交所共计82家A+B上市公司A股股价较B股股价平均溢价74.86%。

2018年9月7日，小天鹅A股及B股的收盘价分别为46.50元/股、36.17港元/股，A股收盘价较B股收盘价溢价47.94%。本次交易中，小天鹅A股及B股的换股价格分别为50.91元/股、48.41港元/股，分别较其定价基准日前20日股票交易均价溢价10%、30%，小天鹅A股换股价格较B股换股价格虽仍有21.01%溢价，但相对价差较定价基准日前最后收盘价已有所缩小，充分考虑了市场和历史因素，兼顾了小天鹅A股及B股投资者利益。

（3）异议股东收购请求权和现金选择权。本次换股吸收合并将由美的集团向公司异议股东提供收购请求权。公司异议股东收购请求权价格以定价基准日前一个交易日的收盘价40.30元/股的90%确定，即36.27元/股，公司异议股东可以在收购请求权申报期自行选择以其持有的公司股票按36.27元/股的价格全部或部分申报行使收购请求权。

本次换股吸收合并将由美的集团作为小天鹅A股异议股东现金选择权提供方。小天鹅A股异议股东的现金选择权价格以小天鹅A股定价基准日前一个交易日的收盘价46.50元/股的90%确定，即41.85元/股；小天鹅B股异议股东的现金选择权价格以小天鹅B股定价基准日前一个交易日的收盘价36.17港元/股的90%确定，即32.55港元/股。

异议股东回购请求权和现金选择权价格见表14-15。

表14-15 **异议股东回购请求权和现金选择权价格**

美的集团	收购请求权	定价基准日前一个交易日的收盘价40.30元/股的90%	36.27元/股
小天鹅A	现金选择权	定价基准日前一个交易日的收盘价46.50元/股的90%	41.85元/股
小天鹅B	现金选择权	定价基准日前一个交易日的收盘价36.17港元/股的90%	32.55港元/股（折合人民币28.29元/股）

*采用B股停牌前一个交易日即2018年9月7日中国人民银行公布的人民币兑换港元的中间价（1港元=0.8690元人民币）进行折算。

若美的集团（包括其下属公司）作为现金选择权提供方，其受让的小天鹅A股和小天鹅B股股票不参与换股，将在本次换股吸收合并后注销。若由无关联第三方作为现金选择权提供方，现金选择权提供方通过现金选择权而受让的小天鹅A股和小天鹅B股股票将在本次换股吸收合并方案实施日全部按换股比例转换为美的集团为本次换股吸收合并所发行的A股股票。

根据《深圳证券交易所上市公司现金选择权业务指引》，现金选择权是指当上市公司拟实施资产重组、合并、分立等重大事项时，相关股东按照事先约定的价格在规定期限内将其所持有的上市公司股份出售给第三方或者上市公司的权利。因此，现金选择权在功能上是为资产重组、合并、分立等事项中持异议的股东提供一个出售股份取得现金并退出公司的机会。《深圳证券交易所上市公司现金选择权业务指引》并未对现金选择权价格作出限定。在吸收合并交易中，异议股东有权通过行使现金选择权退出，其退出所得具有确定性，承担的风险相对较小，因此异议股东现金选择权价格通常低于换股价格。

美的集团发布重组预案后，深交所随后发布问询，要求美的集团对以下两个问题进行论证。

问题1.请结合美的集团于2014年要约收购小天鹅、小天鹅近年来财务状况和经营成果等情况，进一步广泛选取市场案例，说明以定价基准日前20个交易日股票交易均价为确定换股价格基础的合理性，小天鹅A股换股价格溢价10%、B股换股价格溢价30%的合理性，并分别从美的集团、小天鹅角度论证定价机制是否充分保护了投资者的合法权益，即是否符合美的集团和小天鹅双方股东利益。

问题2.请结合美的集团、小天鹅的经营现状，对比分析换股吸收合并前后情况，进一步说明本次换股吸收合并的必要性，以及对两家公司的生产经营、品牌延续、上下游关系维护等的影响。

要求：请上网查阅美的集团的回复函及相关资料，总结说明深交所提出的两个问题。

案例2分析指引

附录一

财务管理主要参考文献

Introduction and Overview of Corporate Finance

[1] BRENNAN, MICHAEL J. Corporate finance over the past 25 years [J]. Financial Management, 1995 (24): 9-22.

[2] GRAHAM J R, HARVEY C R. The theory and practice of corporate finance: Evidence from the field [J]. Journal of Financial Economics, 2001 (60): 187-243.

[3] GRAHAM, JOHN R, CAMPBELL R H. The theory and practice of corporate finance: the data [R]. [S. L.]: SSRN eLibrary, 2003.

[4] JENSEN, MICHAEL C, CLIFFORD W S. The theory of corporate finance: a historical overview [J]. Modern Theory of Corporate Finance, 1989: 3-26.

[5] BROUNEN D, A DE JONG, K KOEDIJK. Corporate finance in europe: Confronting theory with practice [J]. Financial Management, 2004 (33): 71-101.

Part I Asset Pricing, Long-term Performance and Market Efficiency

[1] FAMA E F, FRENCH K. The cross-section of expected stock returns [J]. Journal of Finance, 1992 (47): 427-465.

[2] FAMA E F, FRENCH K. Common risk factors in the returns on stocks and bonds [J]. Journal of Financial Economics, 1993 (33): 3-56.

[3] FAMA E F, MAC B J. Risk, return, and equilibrium: Empirical tests [J]. Journal of Political Economy, 1973 (91): 607-636.

[4] Fama E F. Efficient capital markets: A review of theory and empirical work [J]. Journal of finance, 1970 (25): 383-417.

[5] Fama E F, FRENCH K. Multifactor explanations of asset pricing anomalies [J]. Journal of Finance, 1996 (51): 55-84.

[6] Fama E F, FRENCH K. The capital asset pricing model: Theory and evidence [J]. The Journal of Economic Perspectives, 2004 (18): 25-46.

[7] KOTHARI S P. Capital markets research in accounting [J]. Journal of Accounting and Economics, 2001 (31): 105-231.

[8] DHALIWAL D, K LEE, et al. The association between unexpected earnings and

abnormal security returns in the presence of financial leverage [J]. Contemporary Accounting Research, 1991 (8): 20-41.

Part II Information, Investors and Corporate Policy

[1] AKERLOF, GEORGE. The market for "lemons": qualitative uncertainty and market mechanism [J]. Quarterly Journal of Economics, 1970 (84): 488-500.

[2] GROSSMAN S J, STIGLITZ J E. On the impossibility of informationally efficient markets [J]. American Economic Review, 1980, (70): 393-408.

[3] HART O. Financial contracting [J]. Journal of Economic Literature, 2001, (39): 1079-1100.

[4] MERTON R C. A simple model of capital market equilibrium with incomplete information [J]. Journal of Finance, 1987, (42): 483-510.

[5] MYERS S C, MAJLUF N S. Corporate financing and investment decisions when firms have information that investors do not have [J]. Social Science Electronic Publishing, 2001, (13): 187-221.

[6] ROSS S A. The determination of financial structure: The incentive-signalling approach [J]. Bell Journal of Economics, 1977, (8): 23-40.

[7] ROTHSCHILD M, STIGLITZ J. Equilibrium in competitive insurance markets: an essay on the economics of imperfect information [J]. The Quarterly Journal of Economics, 1976, (90): 629-649.

[8] THAKOR A V . Strategic issues in financial contracting: an overview [J]. Financial Management, 1989, (18): 39-58.

Part Ⅲ Capital Structure, Financing Decisions, Investment and Taxes

[1] CHANG C, LEE A C, LEE C F. Determinants of capital structure choice: a structural equation modeling approach [J]. Quarterly Review of Economics & Finance , 2009 (49): 197-213.

[2] FAMA E F, FRENCH K R. Testing trade-off and pecking order predictions about dividends and debt [J]. Review of Financial Studies, 2002, 15 (1): 1-33.

[3] FRANK, MURRAY, VIDHAM G. Testing the pecking order theory of capital structure [J]. Journal of Financial Economics, 2003 (67): 217-248.

[4] GRAHAM J R. How big are the tax benefits of debt? [J]. The Journal of Finance, 2000 (55): 1901-1941.

[5] GRAHAM J R. Taxes and corporate finance: a review [J]. Social Science Electronic Publishing, 2003 (16): 1075-1129.

[6] HARRIS M, RAVIV A. The theory of capital structure [J]. Journal of Finance, 2012 (46): 297-355.

[7] JALILVAND A, HARRIS R S. Corporate behavior in adjusting to capital structure and dividend targets: An econometric study [J]. Journal of Finance, 2012 (39): 127-145.

[8] PHILLIPS, GORDON. Increased debt and industry product markets: an empirical analysis [J]. Journal of Financial Economics, 1995 (37): 189-238.

[9] RITTER J R, WELCH I. A review of IPO activity, pricing, and allocations [J]. Journal of Finance, 2002 (57): 1795-1828.

[10] TITMAN S, WESSELS R. The determinants of capital structure choice [J]. The Journal of Finance, 1988 (43): 19.

Part Ⅳ　Agency Theory and Ownership

[1] FAMA E F, JENSEN M C. Agency problems and residual claims [J]. Journal of Law & Economics, 1983 (26): 327-349.

[2] FAMA E F, JENSEN M C. Separation of ownership and control [J]. Journal of Law & Economics, 1983 (26): 301-325.

[3] FAMA E F. The effects of a firm's investment and financing decisions on the welfare of its security holders [J]. American Economic Review, 1978 (68): 272-284.

[4] JENSEN M C, MECKLING W H. Theory of the firm: Managerial behavior, agency costs and ownership structure [J]. Social Science Electronic Publishing, 1976 (3): 305-360.

[5] DEMSETZ H. The structure of ownership and the theory of the firm [J]. Journal of Law & Economics, 1983 (26): 375-390.

[6] JENSEN M C. Agency costs of free cash flow, corporate finance, and takeovers [J]. American Economic Review, 1999 (76): 323-329.

[7] MYERS S. The determinants of corporate borrowing [J]. Journal of Financial Economics, 1977 (5): 146-175.

[8] PARRINO R, WEISBACH M S. Measuring investment distortions arising from stockholder - bondholder conflicts [J]. Journal of Financial Economics, 2016 (53): 3-42.

[9] HARFORD J. Corporate cash reserves and acquisitions [J]. Social Science Electronic Publishing, 1999 (54): 1969-1997.

[10] OPLER T, PINKOWITZ L, STULZ R, et al. The determinants and implications of corporate cash holdings [J]. Nber Working Papers, 1999 (52): 3-46.

[11] LIE E. Excess funds and agency problems: an empirical study of incremental cash disbursements [J]. Review of Financial Studies, 2000 (13): 219-247.

[12] MORCK R, SHLEIFER A, VISHNY R W. Management ownership and market valuation : An empirical analysis [J]. Social Science Electronic Publishing, 1988 (20): 293-315.

Part Ⅴ　Corporate Governance

[1] FAROOQUE O A, ZIJL T V, DUNSTAN K, et al. Co - deterministic relationship between ownership concentration and corporate performance [J]. Accounting Research Journal, 2010 (23): 172-189.

[2] BUSHMAN R, QI C, ENGEL E, et al. Financial accounting information,

organizational complexity and corporate governance systems [J]. Journal of Accounting & Economics, 2004 (37): 167-201.

[3] CHANG J C, H L, SUN. Does the disclosure of corporate governance structures affect firms' earnings quality? [J]. Review of Accounting and Finance, 2010 (9): 212-243.

[4] GILLAN S L. Recent development in corporate governance: An overview [J]. Journal of Corporate Finance, 2006 (12): 381-402.

[5] PORTA R L, LOPEZ-DE-SILANES F, SHLEIFER A. Corporate ownership around the world [J]. Journal of Finance, 1999 (54): 471-517.

[6] PORTA R L, LOPEZ-DE-SILANES F, SHLEIFER A, et al. Agency problems and dividend policies around the world [J]. Journal of Finance, 2000 (55): 1-33.

[7] MURPHY K J, JENSEN M C. Performance pay and top management incentives [J]. Journal of Political Economy, 1990 (98): 225-264.

[8] MCCONNELL J J. Additional evidence on equity ownership and corporate value [J]. Journal of Financial Economics, 1990 (27): 595-612.

[9] SHLEIFER A, VISHNY R W. A survey of corporate governance [J]. Journal of Finance, 1997 (52): 737-783.

[10] YERMACK D. Higher market valuation of companies with a small board of directors [J]. Journal of Financial Economics, 1996, (40): 185-211.

Part Ⅵ Payout Policy

[1] BAKER M P, WURGLER J. A catering theory of dividends [J]. Journal of Finance, 2004 (59): 1125-1165.

[2] BAKER M, WURGLER J. Appearing and disappearing dividends: The link to catering incentives [J]. Journal of Financial Economics, 2003 (73): 271-288.

[3] BRAV A , GRAHAM J R , HARVEY C R , et al. Payout policy in the 21st century [J]. Journal of Financial Economics, 2005 (77): 483-527.

[4] FENN G W , LIANG N . Corporate payout policy and managerial stock incentives [J]. Social Science Electronic Publishing, 2000 (60): 45-72.

[5] FARINHA J. Dividend policy, corporate governance and the managerial entrenchment hypothesis: An empirical analysis [J]. Journal of Business Finance & Accounting, 2003 (30): 1173-1209.

[6] MICHIELS A , VOORDECKERS W , LYBAERT N , et al. Dividends and family governance practices in private family firms [J]. Small Business Economics, 2015 (44): 299-314.

Part Ⅶ Option

[1] BLACK F, SCHOLES M. The pricing of options and corporate liabilities [J]. Journal of Political Economy, 1973 (81): 637-654.

[2] BRENNAN M J, SCHWARTZ E S. Savings bonds, retractable bonds and callable

bonds [J]. Journal of Financial Economics, 1977 (5): 67-88.

[3] COX J C, ROSS S A, RUBINSTEIN M. Option pricing: a simplified approach [J]. Journal of Financial Economics, 1979 (7): 229-263.

[4] DAN W, MAHER M W. Operational hedging against adverse circumstances [J]. Journal of Operations Management, 2009 (27): 362-373.

[5] KOVALOV P, LINETSKY V. Valuing convertible bonds with stock price, volatility, interest rate, and default risk [J]. SSRN Electronic Journal, 2008.

[6] LAI T L, LIM T W. Option hedging theory under transaction costs [J]. Journal of Economic Dynamics & Control, 2009 (33): 1945-1961.

[7] MERTON R C. Thoughts on the future: Theory and practice in investment management [J]. Financial Analysts Journal, 2003, (59): 17-23.

[8] MOEL A, TUFANO P. When are real options exercised? an empirical study of mine closings [J]. Review of Financial Studies, 2002 (15): 35-64.

[9] PADDOCK J L, D R SIEGEL, J L SMITH. Option valuation of claims on physical assets: The case of offshore petroleum leases [J]. Quarterly Journal of Economics, 1988 (103): 479-508.

[10] QUIGG L. Empirical testing of real option-pricing models [J]. Journal of Finance, 2012 (48): 621-640.

[11] ZABOLOTNYUK Y. The optimal call policy for convertible bonds: Is there a market memory effect? [J]. Applied Economics Letters, 2012 (19): 661-664.

Part Ⅷ Mergers and Acquisitions

[1] AMES K. Management buyouts and firm - level productivity: Evidence from a panel of UK manufacturing firms [J]. Scottish Journal of Political Economy, 2010 (493): 304-317.

[2] FULLER K, NETTER J, STEGEMOLLER M. What do returns to acquiring firms tell us? Evidence from firms that make many acquisitions [J]. Journal of Finance, 2010 (57): 1763-1793.

[3] HEALY P M, PALEPU K G, RUBACK R S. Does corporate performance improve after mergers? [J]. Social Science Electronic Publishing, 1990 (31): 135-175.

[4] MARTYNOVA M, RENNEBOOG L. What determines the financing decision in corporate takeovers: Cost of capital, agency problems, or the means of payment? [J]. Journal of Corporate Finance, 2009 (15): 290-315.

[5] MARTYNOVA M, RENNEBOOG L. A century of corporate takeovers: What have we learned and where do we stand? [J]. Journal of Banking & Finance, 2008 (32): 2148-2177.

[6] MARTIN, KENNETH J. The method of payment in corporate acquisitions, investment opportunities, and management ownership [J]. The Journal of Finance, 1996 (9): 1227-1246.

[7] NETTER J M, POULSEN A B, STEGEMOLLER M A. The rise of corporate governance in corporate control research [R]. [S. L.]: SSRN eLibrary. 2008.

[8] SHLEIFER A, VISHNY R W. Stock market driven acquisitions [J]. Journal of Financial Economics, 2003 (70): 295-311.

[9] STRÁSKA M, WALLER G. Do antitakeover provisions harm shareholders? [J]. Journal of Corporate Finance, 2010 (16): 487-497.

[10] SLOVIN M B, SUSHKA M E, POLONCHEK J A. Methods of payment in asset sales: Contracting with equity versus cash [J]. Journal of Finance, 2010 (60): 2385-2407.

Part Ⅸ Capital Budgeting

[1] BERGER P G, OFEK E. Causes and effects of corporate refocusing programs [J]. Review of Financial Studies, 1999 (12): 311-345.

[2] CAMPA J M, KEDIA S. Explaining the diversification discount [J]. Journal of Finance, 2002 (57): 1731-1762.

[3] CHIRINKO R S, SCHALLER H. Business fixed investment and "bubbles": The Japanese case [J]. American Economic Review, 1996 (91): 663-680.

[4] DURNEV A, MORCK R, YEUNG B. Value-enhancing capital budgeting and firm-specific stock return variation [J]. Journal of Finance, 2010 (59): 65-105.

[5] FAVARA G. Agency problems and endogenous investment fluctuations [J]. The Review of Financial Studies, 2012 (25): 2301-2342.

[6] MOYEN N. Investment-cash flow sensitivities: Constrained versus unconstrained firms [J]. Journal of Finance, 2004 (59): 2061-2092.

[7] MYERS S C, TURNBULL S M. Capital budgeting and the capital asset pricing model: Good news and bad news [J]. Journal of Finance, 2012, (32): 321-333.

[8] MOYEN N, PLATIKANOV S. Corporate Investments and Learning [J]. Review of Finance, 2013 (17): 1437-1488.

[9] RUBACK R S. Calculating the market value of riskless cash flows [J]. Journal of Financial Economics, 1986 (15): 323-339.

[10] SCHOAR A. Effects of corporate diversification on productivity [J]. Journal of Finance, 2010 (57): 2379-2403.

[11] VILLALONGA B. Diversification discount or premium? New evidence from BITS Establishment-Level Data [J]. The Journol of Finance, 2004 (2).

Part Ⅹ Valuation

[1] BRUGNI T V, SARLO N A, BORTOLON P M, et al. Different levels of corporate governance and the ohlson valuation framework: The case of Brazil [J]. Social Science Electronic Publishing, 2013 (9): 486-497.

[2] DECHOW P M, AMY P H, RICHARD G S. An empirical assessment of the residual income valuation model [J]. Journal of Accounting and Economics, 1999 (26): 1-34.

[3] D'MELLO R, SHROFF P K. Equity undervaluation and decisions related to repurchase tender offers: An empirical investigation [J]. Journal of Finance, 2010 (55): 2399-2424.

[4] FRANCIS J, OLSSON P, OSWALD D R. Comparing the accuracy and explainability of dividend, free cash flow, and abnormal earnings equity value estimates [J]. Journal of Accounting Research, 2000 (381): 45-70.

[5] FRANKEL R, LEE C. Accounting valuation, market expectation, and cross-sectional stock returns [J]. Journal of Accounting and Economics, 1998, (25): 283-319.

[6] KWON Y K. Book value, residual earnings, and equilibrium firm value with asymmetric information [J]. Review of Accounting Studies, 2001 (6): 387-395.

[7] MYERS J N. Implementing residual income valuation with linear information dynamics [J]. Accounting Review, 1999 (74): 1-28.

Part XI Derivatives, Risk Management

[1] ADAM T R, FERNANDO C S. Hedging, speculation, and shareholder value [J]. Journal of Financial Economics, 2006 (81): 283-309.

[2] ALLAYANNIS G, LEL U, MILLER D P. Corporate governance and the hedging premium around the world [J]. SSRN Electronic Journal, 2009.

[3] CLARK E, JUDGE A. The determinants of foreign currency hedging: Does foreign currency debt induce a bias? [J]. European Financial Management, 2010 (14): 445-469.

[4] GASTINEAU G L. The currency hedging decision: A search for synthesis in asset allocation [J]. Financial Analysts Journal, 1995 (51): 8-17.

[5] GLAUM, MARTIN. The determinants of selective exchange risk management: Evidence from german non-financial firms [J]. Journal of Applied Corporate Finance, 2010 (14): 108-121.

[6] HAGELIN N, HOLMÉN M, KNOPF J D, et al. Managerial stock options and the hedging premium [J]. European Financial Management, 2007 (13): 721-741.

[7] HENTSCHEL L, KOTHARI S P. Are corporations reducing or taking risks with derivatives? [J]. Journal of Financial & Quantitative Analysis, 2001 (36): 93-118.

[8] NOCCO B W, STULZ R M. Enterprise risk management: Theory and practice [J]. Journal of Applied Corporate Finance, 2006 (18): 8-20.

附录二

网上资源与数据库

网上资源

［1］http：//www.teachmefinance.com
［2］http：//www.studyfinance.com
［3］http：//www.financewise.com
［4］http：//www.wiso.gwdg.de/ifbg/finance.mhtml
［5］http：//www.research-finance.com
［6］http：//www.stern.nyu.edu/~adamodar
［7］http：//www.gtarsc.com/login.aspx
［8］http：//www.riskglossary.com
［9］http：//www.investopedia.com
［10］http：//fisher.osu.edu/fin/journal/jofsites.htm
［11］http：//www.valuetool.com.cn/valuetool/index.php
［12］http：//treasurychina.com/
［13］http：//comm.mergers-china.com/
［14］http：//www.hexun.com/
［15］http：//cn.finance.yahoo.com
［16］http：//www.chinabond.com.cn
［17］http：//www.Valuepro.net
［18］http：//www.ibbotson.com
［19］http：//www.equity.stern.nyu.edu
［20］http：//www.cfonet.com/
［21］http：//www.standardandpoors.com/ratings/
［22］http：//www.ganesha.org/invest/index.mhtml#bond
［23］http：//www.bondsonline.com/rating.htm
［24］.http：//www.stockwarrants.com/
［25］http：//www.appliederivatives.com/
［26］http：//www.corporateinformation.com/
［27］http：//www.mhhe.com/penman2e

［28］http：//www.fdm.uni-freiburg.de/UK/
［29］http：//www.fyii.net/software/software.htm
［30］http：//www.risk.net/

常用金融专业数据库网

数据库名称	网址
CRSP	www.crsp.com
Reuters	www.Reuters.com
Bloomberd	www.Bloomberg.com
Wind	www.wind.com.cn
GTA	www.gtadata.com
CCER中国金融经济数据库	www.ccer.edu.cn
聚源数据	www.gildata.com.cn
锐思数据	www.resset.cn

学术数据库①*

［1］中国知网：国内最大学术数据库，包括期刊、学位论文、统计年鉴等。

［2］万方数据：仅次于中国知网，包括期刊、学位论文等。

［3］人大复印资料：期刊、论文等。

［4］维普：期刊、论文等。

［5］中经网：有较多行业研究报告，宏观数据较全。

［6］国研网：数据较为权威，有些报告可以一看。

［7］上海公共研发平台：可以注册，人工审核，包含较多数据库。

［8］EBSCO：较全的一个数据库，包含较多的商业数据，好用。

［9］Elsevier：学术文章全，更新速度快。

［10］数据汇：http：//www.shujuhui.com/database/；国内的宏观数据，国外的也有一部分。

［11］数据圈：http：//www.shujuquan.com.cn/；免费共享平台，行业研究报告，统计年鉴等。

［12］FRED：http：//research.stlouisfed.org/fred2/。

［13］OECD：http：//www.oecd-ilibrary.org/economics；联合国图书馆。

［14］中国台湾学术数据库：http：//fedetd.mis.nsysu.edu.tw/；部分文章提供免费全文下载。

［15］中国台湾大学电子书：http：//ebooks.lib.ntu.edu.tw/Home/ListBooks。

共享文库*

［1］百度文库：http：//wenku.baidu.com/；国内文档数据量最大的共享文库，综合

① 前9项大致介绍了国内的商业及学术数据库，但这些数据库都是通过收费或学校账号才能使用，平时临时研究使用没有必要去购买。从［10］开始，介绍一些免费可用的数据库。

型的。

[2] 豆丁文库：http：//www.docin.com/；其收费的盈利模式导致用户数量逐年减少，文档质量也不如百度文库。

[3] 爱问共享：http：//ishare.iask.sina.com.cn/；综合型文库，里面也时常发现好的行业研究报告、电子书籍等。

[4] 道客巴巴：http：//www.doc88.com/；综合型文库，后起之秀，文档数量和质量较好。

[5] 智库文档：http：//doc.mbalib.com/；以管理、行业文档为主，质量较好。

[6] 文库大全：http：//www.wenkudaquan.com/；无须注册，通过点击广告模式盈利，文档内容多。

[7] IT168文库：http：//wenku.it168.com/；专业型文库，以计算机及IT技术相关的文档为主。

[8] CSDN文库：http：//www.csdn.net/；全球最大的中文IT社区。

[9] 呱仕网：http：//www.guasee.com/；以创业投资、证券市场等文档为主的专业型文库，刚起步状态。

[10] 新浪地产：http：//dichan.sina.com.cn/；国内最大房地产类文库，房地产相关策划、数据较全。

[11] Scribd：http：//www.scribd.com；全球最大的文档分享平台。

[12] Docstoc：http：//www.docstoc.com；在线文档与图片分享平台。

专业论坛*

[1] 人大经济论坛：http：//bbs.pinggu.org/；经济、学术型论坛，其中行业研究、统计年鉴数量多，更新速度快。

[2] 经济学家：http：//bbs.jjxj.org/；经济学专业论坛，其中统计年鉴、行业报告、国内外数据等有特色。

[3] 随意网-经济论坛：http：//economic.5d6d.net/；新建网站，有些内容尚可。

[4] 理想在线：http：//www.55188.com；股票券商研究报告。

[5] 迈博汇金：http：//www.hibor.com.cn/，股票券商研究报告，目前已经收费，只能查询有哪些最新报告了，无法下载。

[6] 博瑞金融：http：//www.brjr.com.cn/forum.php；金融行业专业型论坛。

[7] 华尔街社区：http：//forum.cnwallstreet.com/index.php；国内专业的金融论坛。

[8] 投行先锋论坛：http：//www.thxflt.com/；专业型为投行人士探讨而设立的论坛。

[9] 春晖投行在线：http：//www.shenchunhui.com/；证券相关政策的汇编整合论坛。

[10] 中华股权投资论坛：http：//www.tzluntan.com/；PE投资专业型论坛。

证券交易所*

[1] 上海证券交易所：http：//www.sse.com.cn/；其中研究出版栏目中有些研究报告。

[2] 深圳证券交易所：http：//www.szse.cn/；其中研究/刊物中有研究报告。

[3] 全国中小企业股份转让系统（新三板）：http：//www.neeq.com.cn/；新三板挂牌公

司的转让及信息披露。

［4］中国香港证券交易所：http：//www.hkexnews.hk/index_c.htm。

［5］中国台湾证券交易所：http：//www.tse.com.tw/ch/index.php。

［6］新加坡证券交易所：http：//www.sgx.com/。

［7］纽约证券交易所：http：//www.nyse.com。

［8］纳斯达克证券交易所：http：//www.nasdaq.com。

*参阅：投资基本功全套工具方法论：数据、尽调、行研等史上最全收藏。中国投行俱乐部“全球投行CEO大本营”微信号：ibankclub。

附录三

现值、终值表

附表一　　复利终值系数表　　（F/P，r，n）＝（1+r）^{n}

r \ n	1	2	3	4	5	6	7	8	9	10	11	12	13	14	n / r
1%	1.01000	1.02010	1.03030	1.04060	1.05101	1.06152	1.07214	1.08286	1.09369	1.10462	1.11567	1.12683	1.13809	1.14947	1%
2%	1.02000	1.04040	1.06121	1.08243	1.10408	1.12616	1.14869	1.17166	1.19509	1.21899	1.24337	1.26824	1.29361	1.31948	2%
3%	1.03000	1.06090	1.09273	1.12551	1.15927	1.19405	1.2297	1.26677	1.30477	1.34392	1.38423	1.42576	1.46853	1.51259	3%
4%	1.04000	1.08160	1.12486	1.16986	1.21665	1.26532	1.31593	1.36857	1.42331	1.48024	1.53945	1.60103	1.66507	1.73168	4%
5%	1.05000	1.10250	1.15763	1.21551	1.27628	1.34010	1.40710	1.47746	1.55133	1.62889	1.71034	1.79586	1.88565	1.97993	5%
6%	1.06000	1.12360	1.19102	1.26248	1.33823	1.41852	1.50363	1.59385	1.68948	1.79085	1.89830	2.01220	2.13293	2.26090	6%
7%	1.07000	1.14490	1.22504	1.31080	1.40255	1.50073	1.60578	1.71819	1.83846	1.96715	2.10485	2.25219	2.40985	2.57853	7%
8%	1.08000	1.16640	1.25971	1.36049	1.46933	1.58687	1.71382	1.85093	1.99900	2.15892	2.33164	2.51817	2.71962	2.93719	8%
9%	1.09000	1.18810	1.29503	1.41158	1.53862	1.67710	1.82804	1.99256	2.17189	2.36736	2.58043	2.81266	3.06580	3.34173	9%
10%	1.10000	1.21000	1.33100	1.46410	1.61051	1.77156	1.94872	2.14359	2.35795	2.59374	2.85312	3.13843	3.45227	3.79750	10%
12%	1.12000	1.25440	1.40493	1.57352	1.76234	1.97382	2.21068	2.47596	2.77308	3.10585	3.47855	3.89598	4.36349	4.88711	12%
14%	1.14000	1.29960	1.48154	1.68896	1.92541	2.19497	2.50227	2.85259	3.25195	3.70722	4.22623	4.81790	5.49241	6.26135	14%
16%	1.16000	1.34560	1.56090	1.81064	2.10034	2.43640	2.82622	3.27841	3.80296	4.41144	5.11726	5.93603	6.88579	7.98752	16%
18%	1.18000	1.39240	1.64303	1.93878	2.28776	2.69955	3.18547	3.75886	4.43545	5.23384	6.17593	7.28759	8.59936	10.1472	18%
20%	1.20000	1.44000	1.72800	2.07360	2.48832	2.98598	3.58318	4.29982	5.15978	6.19174	7.43008	8.91610	10.6993	12.8392	20%
24%	1.24000	1.53760	1.90662	2.36421	2.93163	3.63522	4.50767	5.58951	6.93099	8.59443	10.6571	13.2148	16.3863	20.3191	24%
28%	1.28000	1.63840	2.09715	2.68435	3.43597	4.39805	5.62950	7.20576	9.22337	11.8059	15.1116	19.3428	24.7588	31.6913	28%
32%	1.32000	1.74240	2.29997	3.03596	4.00746	5.28985	6.98261	9.21704	12.1665	16.0598	21.1989	27.9825	36.9370	48.7568	32%
36%	1.36000	1.84960	2.51546	3.42102	4.65259	6.32752	8.60543	11.7034	15.9166	21.6466	29.4393	40.0375	54.4510	74.0534	36%
40%	1.40000	1.96000	2.74400	3.84160	5.37824	7.52954	10.5414	14.7579	20.6610	28.9255	40.4957	56.6939	79.3715	111.120	40%
50%	1.50000	2.25000	3.37500	5.06250	7.59375	11.3906	17.0859	25.6289	38.4434	57.6650	86.4976	129.746	194.620	291.929	50%

续表

r \ n	15	16	17	18	19	20	21	22	23	24	25	26	27	28	n / r
1%	1.16097	1.17258	1.18430	1.19615	1.20811	1.22019	1.23239	1.24472	1.25716	1.26973	1.28243	1.29526	1.30821	1.32129	1%
2%	1.34587	1.37279	1.40024	1.42825	1.45681	1.48595	1.51567	1.54598	1.57690	1.60844	1.64061	1.67342	1.70689	1.74102	2%
3%	1.55797	1.60471	1.65285	1.70243	1.75351	1.80611	1.86029	1.91610	1.97359	2.03279	2.09378	2.15659	2.22129	2.28793	3%
4%	1.80094	1.87298	1.94790	2.02582	2.10685	2.19112	2.27877	2.36992	2.46472	2.56330	2.66584	2.77247	2.88337	2.99870	4%
5%	2.07893	2.18287	2.29202	2.40662	2.52695	2.65330	2.78596	2.92526	3.07152	3.22510	3.38635	3.55567	3.73346	3.92013	5%
6%	2.39656	2.54035	2.69277	2.85434	3.02560	3.20714	3.39956	3.60354	3.81975	4.04893	4.29187	4.54938	4.82235	5.11169	6%
7%	2.75903	2.95216	3.15882	3.37993	3.61653	3.86968	4.14056	4.43040	4.74053	5.07237	5.42743	5.80735	6.21387	6.64884	7%
8%	3.17217	3.42594	3.70002	3.99602	4.31570	4.66096	5.03383	5.43654	5.87146	6.34118	6.84848	7.39635	7.98806	8.62711	8%
9%	3.64248	3.97031	4.32763	4.71712	5.14166	5.60441	6.10881	6.65860	7.25787	7.91108	8.62308	9.39916	10.2451	11.1671	9%
10%	4.17725	4.59497	5.05447	5.55992	6.11591	6.72750	7.4025	8.14027	8.95430	9.84973	10.8347	11.9182	13.1100	14.4210	10%
12%	5.47357	6.13039	6.86604	7.68997	8.61276	9.64629	10.8038	12.1003	13.5523	15.1786	17.0001	19.0401	21.3249	23.8839	12%
14%	7.13794	8.13725	9.27646	10.5752	12.0557	13.7435	15.6676	17.8610	20.3616	23.2122	26.4619	30.1666	34.3899	39.2045	14%
16%	9.26552	10.7480	12.4677	14.4625	16.7765	19.4608	22.5745	26.1864	30.3762	35.2364	40.8742	47.4141	55.0004	63.8004	16%
18%	11.9737	14.1290	16.6722	19.6733	23.2144	27.3930	32.3238	38.1421	45.0076	53.1090	62.6686	73.9490	87.2598	102.967	18%
20%	15.4070	18.4884	22.1861	26.6233	31.9480	38.3376	46.0051	55.2061	66.2474	79.4968	95.3962	114.475	137.371	164.845	20%
24%	25.1956	31.2426	38.7408	48.0386	59.5679	73.8641	91.5915	113.574	140.831	174.631	216.542	268.512	332.955	412.864	24%
28%	40.5648	51.9230	66.4614	86.0706	108.890	139.380	178.406	228.360	292.300	374.144	478.905	612.998	784.638	1 004.34	28%
32%	64.3590	84.9538	112.139	148.024	195.391	257.916	340.449	449.393	593.199	783.023	1 033.59	1 364.34	1 800.93	2 377.22	32%
36%	100.713	136.969	186.278	253.338	344.540	468.574	637.261	866.674	1 178.68	1 603.00	2 180.08	2 964.91	4 032.28	5 483.90	36%
40%	155.568	217.795	304.913	426.879	597.630	836.683	1 171.36	1 639.90	2 295.86	3 214.20	4 499.88	6 299.83	8 819.76	12 347.7	40%
50%	437.894	656.841	985.261	1 477.89	2 216.84	3 325.26	4 987.89	7 481.83	11 222.7	16 834.1	25 251.2	37 876.8	56 815.1	85 222.7	50%

附表二 **复利现值系数表** (P/F, r, n) = $(1+r)^{-n}$

r \ n	1	2	3	4	5	6	7	8	9	10	11	12	13	14	n / r
1%	0.99010	0.98030	0.97059	0.96098	0.95147	0.94205	0.93272	0.92348	0.91434	0.90529	0.89632	0.88745	0.87866	0.86996	1%
2%	0.98039	0.96117	0.94232	0.92385	0.90573	0.88797	0.87056	0.85349	0.83676	0.82035	0.80426	0.78849	0.77303	0.75788	2%
3%	0.97087	0.94260	0.91514	0.88849	0.86261	0.83748	0.81309	0.78941	0.76642	0.74409	0.72242	0.70138	0.68095	0.66112	3%
4%	0.96154	0.92456	0.88900	0.85480	0.82193	0.79031	0.75992	0.73069	0.70259	0.67556	0.64958	0.62460	0.60057	0.57748	4%
5%	0.95238	0.90703	0.86384	0.82270	0.78353	0.74622	0.71068	0.67684	0.64461	0.61391	0.58468	0.55684	0.53032	0.50507	5%
6%	0.94340	0.89000	0.83962	0.79209	0.74726	0.70496	0.66506	0.62741	0.59190	0.55839	0.52679	0.49697	0.46884	0.44230	6%
7%	0.93458	0.87344	0.81630	0.76290	0.71299	0.66634	0.62275	0.58201	0.54393	0.50835	0.47509	0.44401	0.41496	0.38782	7%
8%	0.92593	0.85734	0.79383	0.73503	0.68058	0.63017	0.58349	0.54027	0.50025	0.46319	0.42888	0.39711	0.36770	0.34046	8%
9%	0.91743	0.84168	0.77218	0.70843	0.64993	0.59627	0.54703	0.50187	0.46043	0.42241	0.38753	0.35553	0.32618	0.29925	9%
10%	0.90909	0.82645	0.75131	0.68301	0.62092	0.56447	0.51316	0.46651	0.42410	0.38554	0.35049	0.31863	0.28966	0.26333	10%
12%	0.89286	0.79719	0.71178	0.63552	0.56743	0.50663	0.45235	0.40388	0.36061	0.32197	0.28748	0.25668	0.22917	0.20462	12%
14%	0.87719	0.76947	0.67497	0.59208	0.51937	0.45559	0.39964	0.35056	0.30751	0.26974	0.23662	0.20756	0.18207	0.15971	14%
16%	0.86207	0.74316	0.64066	0.55229	0.47611	0.41044	0.35383	0.30503	0.26295	0.22668	0.19542	0.16846	0.14523	0.12520	16%
18%	0.84746	0.71818	0.60863	0.51579	0.43711	0.37043	0.31393	0.26604	0.22546	0.19106	0.16192	0.13722	0.11629	0.09855	18%
20%	0.83333	0.69444	0.57870	0.48225	0.40188	0.33490	0.27908	0.23257	0.19381	0.16151	0.13459	0.11216	0.09346	0.07789	20%
22%	0.81967	0.67186	0.55071	0.45140	0.37000	0.30328	0.24859	0.20376	0.16702	0.13690	0.11221	0.09198	0.07539	0.06180	22%
24%	0.80645	0.65036	0.52449	0.42297	0.34111	0.27509	0.22184	0.17891	0.14428	0.11635	0.09383	0.07567	0.06103	0.04921	24%
26%	0.79365	0.62988	0.49991	0.39675	0.31488	0.24991	0.19834	0.15741	0.12493	0.09915	0.07869	0.06245	0.04957	0.03934	26%
28%	0.78125	0.61035	0.47684	0.37253	0.29104	0.22737	0.17764	0.13878	0.10842	0.08470	0.06617	0.05170	0.04039	0.03155	28%
30%	0.76923	0.59172	0.45517	0.35013	0.26933	0.20718	0.15937	0.1259	0.09430	0.07254	0.05580	0.04292	0.03302	0.02540	30%
35%	0.74074	0.54870	0.40644	0.30107	0.22301	0.16520	0.12237	0.09064	0.06714	0.04974	0.03684	0.02729	0.02021	0.01497	35%

续表

r \ n	15	16	17	18	19	20	21	22	23	24	25	26	27	28	n / r
1%	0.86135	0.85282	0.84438	0.83602	0.82774	0.81954	0.81143	0.80340	0.79544	0.78757	0.77977	0.77205	0.76440	0.75684	1%
2%	0.74301	0.72845	0.71416	0.70016	0.68643	0.67297	0.65978	0.64684	0.63416	0.62172	0.6095	0.59758	0.58586	0.57437	2%
3%	0.64186	0.62317	0.60502	0.58739	0.57029	0.55368	0.53755	0.52189	0.50669	0.49193	0.47761	0.46369	0.45019	0.43708	3%
4%	0.55526	0.53391	0.51337	0.49363	0.47464	0.45639	0.43883	0.42196	0.40573	0.39012	0.37512	0.36069	0.34682	0.33348	4%
5%	0.48102	0.45811	0.43630	0.41552	0.39573	0.37689	0.35894	0.34185	0.32557	0.31007	0.29530	0.28124	0.26785	0.25509	5%
6%	0.41727	0.39365	0.37136	0.35034	0.33051	0.31180	0.29416	0.27751	0.26180	0.24698	0.23300	0.21981	0.20737	0.19563	6%
7%	0.36245	0.33873	0.31657	0.29586	0.27651	0.25842	0.24151	0.22571	0.21095	0.19715	0.18425	0.17220	0.16093	0.15040	7%
8%	0.31524	0.29189	0.27027	0.25025	0.23171	0.21455	0.19866	0.18394	0.17032	0.15770	0.14602	0.13520	0.12519	0.11591	8%
9%	0.27454	0.25187	0.23107	0.21199	0.19449	0.17843	0.16370	0.15018	0.13778	0.12640	0.11597	0.10639	0.09761	0.08955	9%
10%	0.23939	0.21763	0.19784	0.17986	0.16351	0.14864	0.13513	0.12285	0.11168	0.10153	0.09230	0.08391	0.07628	0.06934	10%
12%	0.18270	0.16312	0.14564	0.13004	0.11611	0.10367	0.09256	0.08264	0.07379	0.06588	0.05882	0.05252	0.04689	0.04187	12%
14%	0.14010	0.12289	0.10780	0.09456	0.08295	0.07276	0.06383	0.05599	0.04911	0.04308	0.03779	0.03315	0.02908	0.02551	14%
16%	0.10793	0.09304	0.08021	0.06914	0.05961	0.05139	0.04430	0.03819	0.03292	0.02838	0.02447	0.02109	0.01818	0.01567	16%
18%	0.08352	0.07078	0.05998	0.05083	0.04308	0.03651	0.03094	0.02622	0.02222	0.01883	0.01596	0.01352	0.01146	0.00971	18%
20%	0.06491	0.05409	0.04507	0.03756	0.03130	0.02608	0.02174	0.01811	0.01509	0.01258	0.01048	0.00874	0.00728	0.00607	20%
22%	0.05065	0.04152	0.03403	0.02789	0.02286	0.01874	0.01536	0.01259	0.01032	0.00846	0.00693	0.00568	0.00466	0.00382	22%
24%	0.03969	0.03201	0.02581	0.02082	0.01679	0.01354	0.01092	0.00880	0.00710	0.00573	0.00462	0.00372	0.00300	0.00242	24%
26%	0.03122	0.02478	0.01967	0.01561	0.01239	0.00983	0.00780	0.00619	0.00491	0.00390	0.00310	0.00246	0.00195	0.00155	26%
28%	0.02465	0.01926	0.01505	0.01175	0.00918	0.00717	0.00561	0.00438	0.00342	0.00267	0.00209	0.00163	0.00127	0.00100	28%
30%	0.01954	0.01503	0.01156	0.00889	0.00684	0.00526	0.00405	0.00311	0.00239	0.00184	0.00142	0.00109	0.00084	0.00065	30%
35%	0.01109	0.00822	0.00609	0.00451	0.00334	0.00247	0.00183	0.00136	0.00101	0.00074	0.00055	0.00041	0.00030	0.00022	35%

附表三 **年金终值系数表** $(F/A，r，n)=[(1+i)^{n}-1]/r$

r \ n	1	2	3	4	5	6	7	8	9	10	11	12	13	14	n / r
1%	1.00000	2.01000	3.03010	4.06040	5.10101	6.15202	7.21354	8.28567	9.36853	10.4622	11.5668	12.6825	13.8093	14.9474	1%
2%	1.00000	2.02000	3.06040	4.12161	5.20404	6.30812	7.43428	8.58297	9.75463	10.9497	12.1687	13.4121	14.6803	15.9739	2%
3%	1.00000	2.03000	3.09090	4.18363	5.30914	6.46841	7.66246	8.59234	10.1591	11.4639	12.8078	14.1920	15.6178	17.0863	3%
4%	1.00000	2.04000	3.12160	4.24646	5.41632	6.63298	7.89829	9.21423	10.5828	12.0061	13.4864	15.0258	16.6268	18.2919	4%
5%	1.00000	2.05000	3.15250	4.31012	5.52563	6.80191	8.14201	9.54911	11.0266	12.5779	14.2068	15.9171	17.7130	19.5986	5%
6%	1.00000	2.06000	3.18360	4.37462	5.63709	6.97532	8.39384	9.89747	11.4913	13.1808	14.9716	16.8699	18.8821	21.0151	6%
7%	1.00000	2.07000	3.21490	4.43994	5.75074	7.15329	8.65402	10.2598	11.9780	13.8164	15.7836	17.8885	20.1406	22.5505	7%
8%	1.00000	2.08000	3.24640	4.50611	5.86660	7.33593	8.92280	10.6366	12.4876	14.4866	16.6455	18.9771	21.4953	24.2149	8%
9%	1.00000	2.09000	3.27810	4.57313	5.98471	7.52333	9.20043	11.0285	13.0210	15.1929	17.5603	20.1407	22.9534	26.0192	9%
10%	1.00000	2.10000	3.31000	4.64100	6.10510	7.71561	9.48717	11.4359	13.5795	15.9374	18.5312	21.3843	24.5227	27.9750	10%
12%	1.00000	2.12000	3.37440	4.77933	6.35285	8.11519	10.0890	12.2997	14.7757	17.5487	20.6546	24.1331	28.0291	32.3926	12%
14%	1.00000	2.14000	3.43960	4.92114	6.61010	8.53552	10.7305	13.2328	16.0853	19.3373	23.0445	27.2707	32.0887	37.5811	14%
16%	1.00000	2.16000	3.50560	5.06650	6.87714	8.97748	11.4139	14.2401	17.5185	21.3215	25.7329	30.8502	36.7862	43.6720	16%
18%	1.00000	2.18000	3.57240	5.21543	7.15421	9.44197	12.1415	15.3270	19.0859	23.5213	28.7551	34.9311	42.2187	50.8180	18%
20%	1.00000	2.20000	3.64000	5.36800	7.44160	9.92992	12.9159	16.4991	20.7989	25.9587	32.1504	39.5805	48.4966	59.1959	20%
22%	1.00000	2.22000	3.70840	5.52425	7.73958	10.4423	13.7396	17.7623	22.6700	28.6574	35.9620	44.8737	55.7459	69.0100	22%
24%	1.00000	2.24000	3.77760	5.68422	8.04844	10.9801	14.6153	19.1229	24.7125	31.6434	40.2379	50.8950	64.1097	80.4961	24%
26%	1.00000	2.26000	3.84760	5.84798	8.36845	11.5442	15.5458	20.5876	26.9404	34.9449	45.0306	57.7386	73.7506	93.9258	26%
28%	1.00000	2.28000	3.94840	6.01555	8.69991	12.1359	16.5339	22.1634	29.3692	38.5926	50.3985	65.5100	84.8529	109.612	28%
30%	1.00000	2.30000	3.99000	6.18700	9.04310	12.7560	17.5828	23.8577	32.0150	42.6195	56.4053	74.3270	97.6250	127.913	30%
35%	1.00000	2.35000	4.17250	6.63288	9.95438	14.4384	0.4919	28.6640	39.6964	4.5902	74.6967	101.841	138.485	187.954	35%

续表

r \ n	15	16	17	18	19	20	21	22	23	24	25	26	27	28	n / r
1%	16.0969	17.2579	18.4304	19.6147	20.8109	22.0190	23.2392	24.4716	25.7163	26.9735	28.2432	29.5256	30.8209	32.1291	1%
2%	17.2934	18.6393	20.0121	21.4123	22.8406	24.2974	25.7833	27.2990	28.8450	30.4219	32.0303	33.6709	35.3443	37.0512	2%
3%	18.5989	20.1569	21.7616	23.4144	25.1169	26.8704	28.6765	30.5368	32.4529	34.4265	36.4593	38.5530	40.7096	42.9309	3%
4%	20.0236	21.8245	23.6975	25.6454	27.6712	29.7781	31.9692	34.2480	36.6179	39.0826	41.6459	44.3117	47.0842	49.9676	4%
5%	21.5786	23.6755	25.8404	28.1324	30.5390	33.0660	35.7193	38.5052	41.4305	44.5020	47.7271	51.1135	54.6691	58.4026	5%
6%	23.2760	25.6725	28.2129	30.9057	33.7600	36.7856	39.9927	43.3923	46.9958	50.8156	54.8645	59.1564	63.7058	68.5281	6%
7%	25.1290	27.8880	30.8402	33.9990	37.3790	40.9955	44.8652	49.0057	53.4361	58.1767	63.2490	68.6765	74.4838	80.6977	7%
8%	27.1521	30.3243	33.7502	37.4502	41.4463	45.7620	50.4229	55.4568	60.8933	66.7648	73.1059	79.9544	87.3508	95.3388	8%
9%	29.3609	33.0034	36.9737	41.3013	46.0185	51.1601	56.7645	62.8733	69.5319	76.7898	84.7009	93.3240	102.723	112.968	9%
10%	31.7725	35.9497	40.5447	45.5992	51.1591	57.2750	64.0025	71.4027	79.5430	88.4973	98.3471	109.182	121.100	134.210	10%
12%	37.2797	42.7533	48.8837	55.7497	63.4397	72.0524	81.6987	92.5026	104.603	118.155	133.334	150.334	169.374	190.699	12%
14%	43.8424	50.9804	59.1176	68.3941	78.9692	91.0249	104.768	120.436	138.297	158.659	181.871	208.333	238.499	272.889	14%
16%	51.6595	60.9250	71.6730	84.1407	98.6032	115.380	134.841	157.415	183.601	213.978	249.214	290.088	337.502	392.503	16%
18%	60.6953	72.9390	87.0680	103.740	123.414	146.628	174.021	206.345	244.487	289.494	342.603	405.272	479.221	566.481	18%
20%	72.0351	87.4421	105.931	128.117	154.740	186.688	225.026	271.031	326.237	392.484	471.981	567.377	681.853	819.223	20%
22%	85.1922	104.935	129.020	158.405	194.254	237.989	291.347	356.443	435.861	532.750	650.955	795.165	971.102	1 185.74	22%
24%	100.815	126.011	157.253	195.994	244.033	303.601	377.465	469.056	582.630	723.461	898.092	1 114.63	1 383.15	1 716.10	24%
26%	119.347	151.377	191.735	242.585	306.658	387.389	489.110	617.278	778.771	982.251	1 238.64	1 561.68	1 968.72	2 481.59	26%
28%	141.303	181.868	233.791	300.252	385.323	494.213	633.593	811.999	1 040.36	1 332.66	1 706.80	2 185.71	2 798.71	3 583.34	28%
30%	167.286	218.472	285.014	371.518	483.973	630.165	820.215	1 067.28	1 388.46	1 806.00	2 348.80	3 054.44	3 971.78	5 164.31	30%
35%	254.738	344.897	466.611	630.925	852.748	1 152.21	1 556.48	2 102.25	2 839.04	3 833.71	5 176.50	6 989.28	9 436.53	12 740.3	35%

附表四 **年金现值系数表** (P/A，r，n) = [1-(1+r)$^{-n}$] /r

r \ n	1	2	3	4	5	6	7	8	9	10	11	12	13	14	n / r
1%	0.99010	1.97040	2.94099	3.90197	4.85343	5.79548	6.72819	7.65168	8.56602	9.47130	10.3676	11.2551	12.1337	13.0037	1%
2%	0.98039	1.94156	2.88388	3.80773	4.71346	5.60143	6.47199	7.32548	8.16224	8.98259	9.78685	10.5753	11.3484	12.1062	2%
3%	0.97087	1.91347	2.82861	3.71710	4.57971	5.41719	6.23028	7.01969	7.78611	8.53020	9.25262	9.95400	10.6350	11.2961	3%
4%	0.96154	1.88610	2.77509	3.62990	4.45182	5.24214	6.00206	6.73275	7.43533	8.11090	8.76048	9.38507	9.98565	10.5631	4%
5%	0.95238	1.85941	2.72325	3.54595	4.32948	5.07569	5.78637	6.46321	7.10782	7.72173	8.30641	8.86325	9.39357	9.89864	5%
6%	0.94340	1.83339	2.67301	3.46511	4.21236	4.91732	5.58238	6.20979	6.80169	7.36009	7.88687	8.38384	8.85268	9.29498	6%
7%	0.93458	1.80802	2.62432	3.38721	4.10020	4.76654	5.38929	5.97130	6.51523	7.02358	7.49867	7.94269	8.35765	8.74547	7%
8%	0.92593	1.78326	2.57710	3.31213	3.99271	4.62288	5.20637	5.74664	6.24689	6.71008	7.13896	7.53608	7.90378	8.24424	8%
9%	0.91743	1.75911	2.53130	3.23972	3.88965	4.48592	5.03295	5.53482	5.99525	6.41766	6.80519	7.16073	7.48690	7.78615	9%
10%	0.90909	1.73554	2.48685	3.16987	3.79079	4.35526	4.86842	5.33493	5.75902	6.14457	6.49506	6.81369	7.10336	7.36669	10%
12%	0.89286	1.69005	2.40183	3.03735	3.60478	4.11141	4.56376	4.96764	5.32825	5.65022	5.93770	6.19437	6.42355	6.62817	12%
14%	0.87719	1.64666	2.32163	2.91371	3.43308	3.88867	4.28830	4.63886	4.94637	5.21612	5.45273	5.66029	5.84236	6.00207	14%
16%	0.86207	1.60523	2.24589	2.79818	3.27429	3.68474	4.03857	4.34359	4.60654	4.83323	5.02864	5.19711	5.34233	5.46753	16%
18%	0.84746	1.56564	2.17427	2.69006	3.12717	3.49760	3.81153	4.07757	4.30302	4.49409	4.65601	4.79322	4.90951	5.00806	18%
20%	0.83333	1.52778	2.10648	2.58873	2.99061	3.32551	3.60459	3.83716	4.03097	4.19247	4.32706	4.43922	4.53268	4.61057	20%
22%	0.81967	1.49154	2.04224	2.49364	2.86364	3.16692	3.41551	3.61927	3.78628	3.92318	4.03540	4.12737	4.20277	4.26456	22%
24%	0.80645	1.45682	1.98130	2.40428	2.74538	3.02047	3.24232	3.42122	3.56550	3.68186	3.77569	3.85136	3.91239	3.96160	24%
26%	0.79365	1.42353	1.92344	2.32019	2.63507	2.88498	3.08331	3.24073	3.36566	3.46481	3.54350	3.60595	3.65552	3.69485	26%
28%	0.78125	1.39160	1.86844	2.24097	2.53201	2.75938	2.93702	3.07579	3.18421	3.26892	3.33509	3.38679	3.42718	3.45873	28%
30%	0.76923	1.36095	1.81611	2.16624	2.43557	2.64275	2.80211	2.92470	3.01900	3.09154	3.14734	3.19026	3.22328	3.24867	30%
35%	0.74074	1.28944	1.69588	1.99695	2.21996	2.38516	2.50752	2.59817	2.66531	2.71504	2.75188	2.77947	2.79939	2.81436	35%

续表

n / r	15	16	17	18	19	20	21	22	23	24	25	26	27	28	n / r
1%	13.8651	14.7179	15.5623	16.3983	17.2260	18.0456	18.8570	19.6604	20.4558	21.2434	22.0232	22.7952	23.5596	24.3164	1%
2%	12.8493	13.5778	14.2919	14.9920	15.6785	16.3514	17.0112	17.6580	18.2922	18.9139	19.5235	20.1210	20.7069	21.2813	2%
3%	11.9379	12.5611	13.1661	13.7535	14.3238	14.8775	15.4150	15.9369	16.4436	16.9355	17.4131	17.8768	18.3270	18.7641	3%
4%	11.1184	11.6523	12.1657	12.6593	13.1339	13.5903	14.0292	14.4511	14.8568	15.2420	15.6221	15.9828	16.3296	16.6631	4%
5%	10.3797	10.8378	11.2741	11.6896	12.0853	12.4622	12.8212	13.1630	13.4886	13.7986	14.0939	14.3752	14.6430	14.8981	5%
6%	9.71225	10.1059	10.4773	10.8276	11.1581	11.4699	11.7641	12.0416	12.3034	12.5504	12.7834	13.0032	13.2105	13.4062	6%
7%	9.10791	9.44665	9.76322	10.0591	10.3356	10.5940	10.8355	11.0612	11.2722	11.4693	11.6536	11.8258	11.9867	12.1371	7%
8%	8.55948	8.85137	9.12164	9.37189	9.60360	9.81815	10.0168	10.2007	10.3711	10.5288	10.6748	10.8100	10.9352	11.0511	8%
9%	8.06069	8.31256	8.54363	8.75563	8.95011	9.12855	9.29224	9.44243	9.58021	9.70661	9.82258	9.92897	10.0266	10.1161	9%
10%	7.60608	7.82371	8.02155	8.20141	8.36492	8.51356	8.64869	8.77154	8.88322	8.98474	9.07704	9.16095	9.23722	9.30657	10%
12%	6.81086	6.97399	7.11963	7.24967	7.36578	7.46944	7.56200	7.64465	7.71843	7.78432	7.84314	7.89566	7.94255	7.98442	12%
14%	6.14217	6.26506	6.37286	6.46742	6.55037	6.62313	6.68696	6.74294	6.79206	6.83514	6.87293	6.90608	6.93515	6.96066	14%
16%	5.57546	5.66850	5.74870	5.81785	5.87746	5.92884	5.97314	6.01133	6.04425	6.07263	6.09709	6.11818	6.13636	6.15204	16%
18%	5.09158	5.16235	5.22233	5.27316	5.31624	5.35275	5.38368	5.40990	5.43212	5.45095	5.46691	5.48043	5.49189	5.50160	18%
20%	4.67547	4.72956	4.77463	4.81219	4.84350	4.86958	4.89132	4.90943	4.92453	4.93710	4.94759	4.95632	4.96360	4.96967	20%
22%	4.31552	4.35673	4.39077	4.41866	4.44152	4.46027	4.47563	4.48822	4.49854	4.50700	4.51393	4.51962	4.52428	4.52810	22%
24%	4.00129	4.03330	4.05911	4.07993	4.09672	4.11026	4.12117	4.12998	4.13708	4.14281	4.14743	4.15115	4.15415	4.15657	24%
26%	3.72607	3.75085	3.77052	3.78613	3.79851	3.80834	3.81615	3.82234	3.82725	3.83115	3.83425	3.83670	3.83865	3.84020	26%
28%	3.48339	3.50265	3.51769	3.52945	3.53863	3.54580	3.55141	3.55579	3.55921	3.56188	3.56397	3.56560	3.56688	3.56787	28%
30%	3.26821	3.28324	3.29480	3.30369	3.31053	3.31579	3.31984	3.32296	3.32535	3.32719	3.32861	3.32970	3.33054	3.33118	30%
35%	2.82545	2.83367	2.83975	2.84426	2.84760	2.85008	2.85191	2.85326	2.85427	2.85502	2.85557	2.85598	2.85628	2.85650	35%

附录四

正态分布曲线面积

正态分布曲线面积

Z	0.00	0.01	0.02	0.03	0.04	0.05	0.06	0.07	0.08	0.09
0.00	0.0	0.0040	0.0080	0.0120	0.0160	0.0199	0.0239	0.0279	0.0319	0.0359
0.10	0.0398	0.0438	0.0478	0.0517	0.0557	0.0596	0.0636	0.0675	0.0714	0.0753
0.20	0.0793	0.0832	0.0871	0.0910	0.0948	0.0987	0.1026	0.1064	0.1103	0.1141
0.30	0.1179	0.1217	0.1255	0.1293	0.1331	0.1368	0.1406	0.1443	0.1480	0.1517
0.40	0.1554	0.1594	0.1628	0.1661	0.1700	0.1736	0.1772	0.1808	0.1844	0.1879
0.50	0.1915	0.1950	0.1985	0.2010	0.2054	0.2088	0.2133	0.2157	0.2190	0.2224
0.60	0.2257	0.2291	0.2324	0.2357	0.2389	0.2422	0.2454	0.2486	0.2517	0.2549
0.70	0.2580	0.2611	0.2642	0.2673	0.2703	0.2734	0.2764	0.2793	0.2823	0.2852
0.80	0.2881	0.2910	0.2939	0.2967	0.2995	0.3023	0.3051	0.3078	0.3106	0.3133
0.90	0.3159	0.3186	0.3212	0.3238	0.3264	0.3289	0.3315	0.3340	0.3365	0.3389
1.00	0.3413	0.3438	0.3461	0.3485	0.3508	0.3531	0.3554	0.3577	0.3599	0.3621
1.10	0.3643	0.3665	0.3686	0.3703	0.3729	0.3749	0.3770	0.3790	0.3810	0.3830
1.20	0.3849	0.3869	0.3888	0.3907	0.3925	0.3943	0.3962	0.3980	0.3997	0.4015
1.30	0.4032	0.4049	0.4066	0.4082	0.4099	0.4115	0.4115	0.4147	0.4162	0.4177
1.40	0.4192	0.4207	0.4222	0.4236	0.4251	0.4265	0.4279	0.4292	0.4306	0.4319
1.50	0.4332	0.4345	0.4357	0.4370	0.4382	0.4394	0.4406	0.4418	0.4429	0.4441
1.60	0.4452	0.4463	0.4474	0.4484	0.4495	0.4550	0.4515	0.4525	0.4535	0.4545
1.70	0.4554	0.4564	0.4573	0.4582	0.4591	0.4599	0.4608	0.4616	0.4625	0.4633

续表

Z	0.00	0.01	0.02	0.03	0.04	0.05	0.06	0.07	0.08	0.09
1.80	0.4641	0.4649	0.4656	0.4664	0.4671	0.4678	0.4686	0.4693	0.4699	0.4706
1.90	0.4713	0.4719	0.4726	0.4732	0.4738	0.4744	0.4750	0.4756	0.4761	0.4767
2.00	0.4772	0.4778	0.4783	0.4788	0.4793	0.4798	0.4803	0.4808	0.4812	0.4812
2.10	0.4821	0.4826	0.4830	0.4834	0.4838	0.4842	0.4846	0.4850	0.4854	0.4857
2.20	0.4861	0.4864	0.4868	0.4871	0.4875	0.4878	0.4881	0.4884	0.4887	0.4890
2.30	0.4893	0.4896	0.4898	0.4901	0.4904	0.4906	0.4909	0.4911	0.4913	0.4916
2.40	0.4918	0.4920	0.4922	0.4925	0.4927	0.4929	0.4931	0.4932	0.4934	0.4936
2.50	0.4938	0.4940	0.4941	0.4943	0.4945	0.4946	0.4948	0.4949	0.4951	0.4952
2.60	0.4953	0.4955	0.4956	0.4957	0.4959	0.4960	0.4961	0.4962	0.4963	0.4964
2.70	0.4965	0.4966	0.4967	0.4968	0.4969	0.4970	0.4971	0.4972	0.4973	0.4974
2.80	0.4974	0.4975	0.4976	0.4977	0.4977	0.4978	0.4979	0.4979	0.4980	0.4981
2.90	0.4981	0.4982	0.4982	0.4983	0.4984	0.4984	0.4985	0.4985	0.4986	0.4986
3.00	0.4986	0.4987	0.4987	0.4988	0.4988	0.4989	0.4989	0.4989	0.4990	0.4990
3.10	0.4990	0.4991	0.4991	0.4991	0.4992	0.4992	0.4992	0.4992	0.4993	0.4993
3.20	0.4993	0.4993	0.4994	0.4994	0.4994	0.4994	0.4994	0.4995	0.4995	0.4995
3.30	0.4995	0.4995	0.4995	0.4996	0.4996	0.4996	0.4996	0.4996	0.4996	0.4997
3.40	0.4997	0.4997	0.4997	0.4997	0.4997	0.4997	0.4997	0.4997	0.4997	0.4998
3.50	0.4998	0.4998	0.4998	0.4998	0.4998	0.4998	0.4998	0.4998	0.4998	0.4998
3.60	0.4998	0.4998	0.4999	0.4999	0.4999	0.4999	0.4999	0.4999	0.4999	0.4999
3.70	0.4999	0.4999	0.4999	0.4999	0.4999	0.4999	0.4999	0.4999	0.4999	0.4999
3.80	0.4999	0.4999	0.4999	0.4999	0.4999	0.4999	0.4999	0.4999	0.4999	0.4999
3.90	0.5000	0.5000	0.5000	0.5000	0.5000	0.5000	0.5000	0.5000	0.5000	0.5000

注：Z为标准差的个数，表中数据是平均数和Z个标准差之间的那部分正态曲线下的总面积。